SUCCESSIONS ET DONATIONS

6e édition

REGARDS SUR
LE DROIT
LUXEMBOURGEOIS

DROIT CIVIL

MONIQUE WATGEN
RAYMOND WATGEN (†)
MEE-RAN BORRI

SUCCESSIONS ET DONATIONS

6e édition
Nouvelle édition actualisée 2023

LARCIER
LUXEMBOURG

FSC
www.fsc.org
MIXTE
Papier issu de sources responsables
FSC® C008551

Pour toute information sur notre fonds et les nouveautés dans votre domaine de spécialisation, consultez notre site web : www.larcier-intersentia.com

Larcier Luxembourg. Une marque éditée par Lefebvre Sarrut Belgium SA
c/o DBIT SA
7, rue des Trois Cantons - L-8399 Windhof

Imprimé en Belgique

ISBN : 978-2-87998-841-2
ISSN 2227-9660

Préface à la sixième édition

Par le biais de la nouvelle édition de cet ouvrage, paru pour la première fois en 1997 et mis à jour par Me Monique Watgen et son associée, Me Mee-Ran Borri, il est rendu hommage à son premier co-auteur et père, feu Monsieur Raymond Watgen, qui nous a malheureusement quitté le 4 mars 2021, nous laissant, au travers des nombres éditions de ce livre et de sa belle et longue carrière professionnelle, son savoir et ses expériences sur les nombreuses questions relatives aux successions et donations.

Depuis la parution de la 5e édition en 2015, la législation en matière de succession *ab intestat* et de libéralités n'a pas réellement connu de modifications notables, mais la jurisprudence a dégagé un certain nombre d'interrogations pratiques, voire a même entraîné des revirements conséquents en la matière.

Au niveau législatif, il convient cependant de mentionner le règlement (UE) n° 650/2012 du 4 juillet 2012, qui s'applique depuis le 17 août 2015 à la succession de toute personne décédée à partir de cette même date et ayant demeuré en dernier lieu au sein de l'Union européenne.

Ce « règlement succession » et la jurisprudence qui en découle depuis sa date d'entrée en vigueur apportent des solutions pratiques aux successions internationales, donc à toute succession comprenant un élément d'extranéité, soit le domicile ou la nationalité du défunt et surtout en présence de biens situés à l'étranger.

Cependant, il est d'emblée précisé que ce règlement « succession » est sans aucune incidence sur le volet fiscal du droit des successions qui relève toujours des différents États où se trouvent effectivement les biens concernés par la succession.

D'autre part, il ne faut pas omettre l'application du règlement (UE) n° 2016/1103 mettant en œuvre une coopération renforcée en matière de régimes matrimoniaux, ainsi que les modifications résultant de la loi du 27 juin 2018 instituant le juge aux affaires familiales, alors que la liquidation du régime matrimonial a un impact direct sur le droit des successions, puisqu'elle précède la succession et constitue la première étape pour déterminer la masse successorale du défunt si ce dernier était marié.

À l'exception des deux grandes réformes précitées, le livre se consacre également à d'autres innovations légales ayant leur répercussion en matière successorale et tente d'expliquer plus concrètement certaines mécaniques qui semblent encore perplexes et nécessitent d'être approfondies davantage.

La jurisprudence a ces dernières années notamment été largement marquée par les avantages matrimoniaux et/ou autres mécanismes de prélèvement de biens de la communauté entre conjoints ou de biens propres d'un des conjoints, telles les fondations ou sociétés d'acquêts, en vue de réduire dans la mesure du possible la réserve héréditaire prévue à l'article 913 du Code civil.

Cependant, les Tribunaux protègent toujours prioritairement la réserve héréditaire des descendants du défunt à un tel niveau qu'ils ont tendance à réintégrer dans la masse successorale, du moins en valeur, tout prélèvement de biens qui auraient dû tomber dans la succession du défunt, puisque ces prélèvements s'assimilent à des libéralités, en l'absence d'une contrepartie adéquate.

La complexité pratique du mécanisme de la réduction des libéralités qui dépassent la quotité disponible a interpellé les auteurs au point qu'elles entendent présentement expliquer aussi clairement que possible la différence entre la réunion fictive, le rapport, l'imputation et la réduction des donations, ainsi que toutes les conséquences qui découlent d'une telle réduction.

Signalons enfin le revirement de jurisprudence le plus surprenant et inattendu, intervenu par un arrêt de la Cour de cassation du 5 juillet 2018, qui admet qu'un testateur peut par le biais de toute forme de testament, même olographe, révoquer ses testaments antérieurs, sans considération de la forme du testament révoqué, donc même un testament authentique.

Effectivement, une importance accrue à la volonté du testateur, tout en respectant l'éventuelle réserve héréditaire, a clairement pu être observée dans la jurisprudence de ces dernières années.

Les auteurs espèrent que les personnes intéressées par le droit successoral et les problèmes juridiques y attachés trouveront dans ce nouvel ouvrage une réponse à leurs interrogations.

Sommaire

Introduction générale

Le droit successoral prend sa place dans le droit de la famille et, plus particulièrement, dans le droit patrimonial familial. Ce droit régit les rapports pécuniaires à caractère familial. Trois matières en font la substance, à savoir :

- le régime matrimonial,
- les successions,
- les libéralités, c'est-à-dire les donations et les testaments.

Ce sont les deux derniers sujets, qui font l'objet du présent ouvrage, sans qu'on ne puisse toutefois pour autant omettre complètement le régime matrimonial, qui a des connexités non négligeables avec le régime des successions. Aussi, le régime matrimonial est-il sommairement abordé au présent ouvrage.

Le droit successoral présente des aspects économiques, voire même philosophiques, intéressants. Il soulève en grande partie les mêmes questions, qui sont discutées en rapport avec le droit de la propriété, comme, par exemple, celle de savoir s'il faut protéger avant tout les intérêts individuels ou les intérêts collectifs.

Ce livre se limite néanmoins aux questions purement juridiques. Celles-ci sont traitées dans un sens pratique, plutôt que doctrinal.

Le présent ouvrage comprend trois parties.

La première partie traite des successions ab intestat, c'est-à-dire de la dévolution d'une succession en l'absence d'un testament.

La deuxième partie analyse les donations. La donation est le contrat, par lequel une personne se dépouille gratuitement, avec effet immédiat, de tout ou de partie de ses biens au profit d'une personne qui accepte ce don.

La troisième partie a pour objet les testaments. Le testament est l'acte unilatéral, par lequel le testateur dispose, pour après sa mort, de tout ou de partie de ses biens, acte qui est toujours révocable.

PARTIE 1

LES SUCCESSIONS AB INTESTAT

Chapitre 1

L'objet du droit successoral

A. - GÉNÉRALITÉS

1 Le droit de succession détermine les conséquences de la mort sur la fortune du défunt. Il répond à deux questions fondamentales :

1) Qu'advient-il des biens laissés par le défunt ? Qui les recueillera, une ou plusieurs personnes, et, dans cette dernière hypothèse, comment s'opérera le partage des biens du défunt entre les différents intéressés, qu'on qualifie d'« héritiers » ?
2) Qui supportera le passif d'une succession et quels sont les droits des créanciers sur les biens successoraux ?

Ces diverses questions sont traitées au Livre III, Titre 1er, du Code civil par les articles 718 à 892. Ces articles ont été assez substantiellement modifiés par trois lois, à savoir celle du 26 avril 1979, celle du 12 mars 1982 et, finalement, la loi du 8 avril 1993. Toutes ces lois se sont inspirées étroitement des réformes françaises dans le domaine successoral.

Notre droit de succession constitue un compromis entre deux tendances. Ce sont, d'un côté, la liberté laissée au défunt, qu'on désigne également par le qualificatif « de cujus », de disposer à sa guise de sa fortune à cause de mort, et, d'un autre côté, les restrictions apportées à cette liberté par l'obligation légale imposée au testateur de réserver une partie de sa fortune à certains héritiers privilégiés.

Le terme « succession », employé dans cet ouvrage, a deux significations. Il désigne, en premier lieu, la transmission des biens d'une personne du fait de sa mort. Succession signifie, en second lieu, le patrimoine transmis suite à la mort d'un individu. Dans ce sens, il est synonyme d'héritage.

B. - DROITS NON VISÉS PAR LE RÉGIME DE SUCCESSION

2 Il serait erroné de penser que le droit de succession appréhende toutes les suites de la mort d'une personne. Y échappent en effet les phénomènes extrapatrimoniaux et également certains droits patrimoniaux.

1. Les phénomènes extrapatrimoniaux

Sont visés par cette notion le corps du défunt et certains droits extrapatrimoniaux spécifiques :

1) Le corps du défunt *:* Il appartient à chaque personne de décider ce qui doit advenir de sa dépouille mortelle, si elle désire être enterrée ou

incinérée, avec ou sans cérémonie religieuse. Elle peut faire don de son corps à la science ou autoriser des prélèvements sur celui-ci.

2) Dans ce contexte, signalons que la loi du 25 novembre 1985 autorise en son article 6, sous certaines conditions, le prélèvement d'organes à des fins thérapeutiques ou scientifiques, sur le cadavre d'une personne, à condition que celle-ci n'ait pas, de son vivant, fait connaître, par écrit, son refus à un tel prélèvement.

3) Les autopsies sont réglées par la loi du 17 novembre 1958 sur l'autopsie, le moulage, ainsi que l'utilisation de cadavres humains dans l'intérêt scientifique ou thérapeutique (abrogée en ce qui concerne les prélèvements sur le corps humain par la loi du 25 novembre 1985). La loi de 1958 subordonne les autopsies au consentement des parents du défunt. Une exception à cet accord s'applique aux autopsies ordonnées par les autorités judiciaires.

4) Sont considérés comme parents du défunt, les membres de sa famille jusqu'au deuxième degré, ainsi que le conjoint. Si le défunt avait exprimé de son vivant de façon expresse son opposition à une autopsie sur sa dépouille mortelle, il ne peut pas être passé outre à ce refus, même avec le consentement de son conjoint et de ses proches parents.

5) Dans les hôpitaux, des autopsies peuvent être pratiquées, si un intérêt scientifique ou thérapeutique le commande, à moins que l'intéressé, ses parents ou son conjoint n'aient manifesté leur opposition.

6) Les droits extra-patrimoniaux *:* Les droits de la personnalité s'éteignent par la mort de leur titulaire. Néanmoins, la jurisprudence reconnaît aux héritiers le droit d'intenter une action en responsabilité civile contre ceux qui ont porté atteinte à l'honneur du défunt.

Comme autres droits extra-patrimoniaux, soumis à une réglementation spéciale, signalons le droit de l'autorité parentale sur les enfants mineurs après la mort du père et de la mère. Le de cujus a le droit de désigner lui-même le titulaire de cette autorité parentale. En l'absence d'une telle initiative, la loi règle elle-même cette désignation.

2. Les droits patrimoniaux non soumis au régime successoral

Les droits patrimoniaux comprennent les droits réels et les droits personnels. Les droits réels sont ceux qui portent directement sur une chose. Les principaux en sont le droit de propriété, l'usufruit, la nue-propriété, la servitude et l'hypothèque. Le droit personnel, synonyme de créance, est le droit subjectif d'exiger une certaine prestation d'une personne (contrat de bail, prêt, créance d'argent).

Certains droits patrimoniaux s'éteignent par la mort de leur titulaire. Il en est ainsi de quelques droits réels, comme l'usufruit, le droit d'usage ou le droit d'habitation. Par suite du décès de l'usufruitier, la pleine propriété d'un immeuble, grevé d'usufruit, se reconstitue sur la tête du nu-propriétaire.

En ce qui concerne les droits personnels, la plupart survivent à la mort d'une des parties au contrat. Quelques rares créances s'éteignent par la mort d'un des contractants. Tel est le cas, sauf exception spécialement convenue, de l'obligation alimentaire. La pension alimentaire payée à un conjoint divorcé ou à un enfant cesse d'être due par la mort du débiteur de ce secours ou du créancier de celui-ci. Le mandat s'éteint tant par la mort du mandant que par celle du mandataire.

Il y a d'autres obligations contractuelles qui cessent d'exister par la mort d'une seule des parties et non par celle de l'autre. Il en est ainsi du décès du salarié, qui fait cesser le contrat de travail, mais non celui de l'employeur, du moins dans la mesure où ses héritiers continuent l'entreprise.

Chapitre 2

L'ouverture de la succession

La succession s'ouvre par certaines causes, à une certaine date et en un certain lieu. Ces différents éléments sont examinés ci-après.

A. – CAUSES ET DATE D'OUVERTURE D'UNE SUCCESSION

3 La cause normale d'ouverture d'une succession est la mort d'un individu. L'absence d'une personne peut également, sous certaines conditions, donner lieu à ouverture d'une succession. Un intéressé est considéré comme absent si, depuis une période prolongée, on n'a plus eu de ses nouvelles et que l'on ne sait pas s'il vit encore ou s'il est décédé. Le régime successoral applicable à l'absent sera analysé sous le numéro 8.

La date d'ouverture de la succession correspond au jour du décès du de cujus. Cette date est importante à plus d'un titre :

- c'est à la date du décès qu'il faut se placer pour la dévolution de la succession ;
- c'est la législation applicable au jour du décès qui désigne les héritiers ;
- c'est à cette date qu'il faut apprécier si une personne remplit les conditions requises pour succéder. Quiconque, à cette date, est décédé ou n'est pas encore conçu, ne peut pas hériter ;
- c'est au jour du décès du de cujus que naît l'indivision successorale, si le défunt a laissé plusieurs héritiers ;
- c'est finalement à cette date que remontent normalement les droits des héritiers sur les biens leur attribués par l'héritage.

B. – LES COMOURANTS

4 Les comourants désignent les personnes qui, appelées chacune à la succession de l'autre, meurent ensemble, sans qu'on ne puisse établir laquelle est morte la première. Cette mort se produit normalement dans un accident de la circulation ou dans une catastrophe naturelle.

L'ancien article 720 avait établi, pour le cas où plusieurs personnes, appelées à la succession l'une de l'autre, périssaient dans un même évènement, sans qu'on ne puisse reconnaître laquelle est décédée la première, des présomptions de survie, « déterminées par les circonstances du fait, et, à leur défaut, par la force de l'âge et du sexe ».

Cet article présupposait donc que les personnes mortes ensemble étaient appelées à la succession l'une de l'autre. À défaut de pouvoir constater laquelle de ces personnes avait survécu quelques instants à l'autre, avant de mourir à son tour, cet article fixait, sur base de certaines règles préétablies (présomptions), quelle personne était censée être morte la dernière. Celle-ci recueillait alors la succession du présumé prémourant et la transmettait, ensemble avec sa propre succession, à ses héritiers à elle. De ce fait, les héritiers de la personne supposée morte la première, étaient écartés de sa succession, à supposer évidemment que les héritiers n'étaient pas les mêmes pour les deux personnes mortes ensemble.

Le Code civil originaire avait établi des présomptions de survie, fondées sur l'âge des victimes ou sur leur sexe, pour déterminer fictivement celle d'entre elles présumée avoir survécu et avoir transmis à ses héritiers tant sa propre fortune que celle de la personne prédécédée.

Ces présomptions étaient souvent contradictoires et lacuneuses. C'est ainsi qu'elles admettaient, à titre d'exemple, que, si deux personnes, de sexes différents et de même âge, meurent dans un même évènement, c'est le mâle qui est présumé avoir survécu. Une telle présomption est manifestement contredite par les statistiques démographiques dont il résulte que les femmes ont une durée de vie plus longue que les hommes.

Lesdites présomptions étaient d'autre part parfaitement superflues. Souvent elles aboutissaient au même résultat, en ce qui concerne la dévolution d'une succession, que si elles n'avaient pas existé, par exemple en cas de décès simultané de deux frères sans descendants, laissant un autre frère et leurs parents.

Les présomptions légales susvisées ont donc souvent soulevé plus de questions qu'elles n'en ont résolues. Elles ont par conséquent été abolies par la loi du 25 février 1977 qui a modifié l'article 720. Cette loi a mis en application dans notre pays la Convention Benelux du 29 décembre 1972 relative aux comourants et son annexe.

D'après l'article 720 modifié, si plusieurs personnes, appelées à la succession l'une de l'autre, meurent ensemble, sans qu'on ne puisse établir l'ordre des décès, ces personnes sont présumées être mortes en même temps et ne sont pas à considérer comme héritiers l'un de l'autre.

En effet, la règle de l'article 720 implique que, pour chaque personne morte dans les conditions précitées, il y a ouverture d'une succession autonome. Ainsi, si deux conjoints sont tués dans un accident de circulation, la succession du défunt va à ses héritiers et celle de son conjoint revient aux héritiers de sa propre famille.

La règle établie par l'article 720 peut se révéler contraire à la réalité. En effet, il arrive que les victimes d'un accident mortel meurent à des moments différents, ce fait pouvant être constaté, soit par des témoins, soit par une expertise médicale.

Les héritiers du dernier mourant ont donc intérêt à prouver la survie temporaire de leur auteur, dans la mesure où il a été appelé à la succession du prédécédé. Il a donc hérité de celui-ci, et sa succession doit leur revenir. Les héritiers en question recueillent donc deux successions.

C'est l'hypothèse visée par l'article 721. Il permet de rapporter la preuve précitée, qui est essentiellement d'ordre médical. Si les héritiers intéressés éprouvent des difficultés pour rapporter l'ordre des décès dans le délai normal de procédure, le tribunal peut leur accorder un délai supplémentaire pour se munir de la preuve requise.

L'article 721 impose cependant l'exigence qu'il puisse être raisonnablement admis que la preuve pourra être rapportée dans le délai, susceptible d'être accordé par le tribunal. Il s'agit d'éviter qu'une des parties se serve de moyens dilatoires, pour empêcher l'autre partie de recueillir la succession de son auteur, tué dans un accident mortel simultané.

C. – LE LIEU D'OUVERTURE DE LA SUCCESSION

5 La détermination du lieu d'ouverture de la succession est importante à un double titre :

Dans le domaine du droit national, ce lieu fixe la compétence du tribunal appelé à toiser les litiges concernant une succession. Le tribunal compétent est en effet celui dans le ressort duquel s'est ouverte la succession, c'est-à-dire le lieu dans lequel le de cujus avait son dernier domicile avant son décès.

Dans le domaine du droit international privé, une contestation peut surgir entre les héritiers sur la détermination de la loi nationale applicable à la succession à partager, quand la fortune du défunt est répartie entre différents pays.

À cet égard, le règlement succession (UE) n° 650/2012 du 4 juillet 2012, qui s'applique dans notre pays depuis le 17 août 2015, s'est fixé sur la dernière résidence habituelle du défunt pour déterminer le lieu d'ouverture de la succession et la loi applicable par défaut à toute la succession dans son ensemble. Pour plus de détails sur les successions internationales, les lecteurs voudront se référer aux numéros 203 à 231.

Le lieu d'ouverture d'une succession est celui du dernier domicile du de cujus et non le lieu de son décès, qui peut être un lieu de passage fortuit. Il peut même être incertain (accident maritime, par exemple). Le domicile d'une personne présente par contre un élément de stabilité. C'est le lieu où cette personne habite ordinairement avec sa famille et où se trouve le centre de ses activités.

Le domicile est facilement déterminable, étant donné que la loi oblige chaque résident d'une commune à faire à celle-ci une déclaration de résidence, ainsi qu'une déclaration de départ, s'il quitte cette commune pour s'établir en dehors du Grand-Duché de Luxembourg. Toute nouvelle déclaration de résidence auprès d'une autre commune du Grand-Duché de Luxembourg vaut déclaration de départ auprès de la commune de son ancien domicile.

Il suit de ce qui précède que, si une personne, ayant son domicile dans une commune luxembourgeoise, meurt dans une clinique étrangère, le lieu d'ouverture de sa succession reste fixé au Grand-Duché et la loi luxembourgeoise règle la dévolution de cette succession.

La situation se présente autrement si un Luxembourgeois, faute d'avoir trouvé une place dans une maison de retraite située au pays, se résigne à se faire admettre dans une maison de soins à l'étranger. Dans ce cas, cette personne a transféré son domicile dans le pays étranger. Si elle y meurt, c'est la loi de ce pays qui détermine normalement la loi applicable à sa succession, sauf éventuellement celle applicable à sa succession immobilière si la loi applicable opère par le système de la scission.

La définition de domicile telle qu'établie au Royaume-Uni peut également soulever des interrogations, puisque « la notion du domicile en droit anglais est un domicile d'origine, attribué à la naissance et qui se maintient par une présomption dont la preuve contraire est difficile à rapporter », vu qu'« il ne faut non seulement l'établissement prolongé en un autre lieu, mais aussi la perte de l'esprit de retour que vient parfois conforter une naturalisation ».

Or, un jugement rendu par le Tribunal d'arrondissement de et à Luxembourg, 17e Chambre, en date du 14 juin 2017 (rôle n° 177.292), confirmé par la Cour d'appel, 1re Chambre civile, dans son arrêt du 29 mai 2019 (n° 45.361 du rôle), a souligné que « *le juge saisi applique sa propre loi pour déterminer si une personne a son domicile sur le territoire de l'État dont il relève* », de sorte que les juridictions du Grand-Duché de Luxembourg apprécient la notion de « dernier domicile » au sens du Code civil luxembourgeois.

Chapitre 3

Les conditions générales requises pour hériter

La loi soumet l'aptitude à hériter à deux conditions fondamentales :

1) l'existence ;
2) l'absence d'indignité.

A. – L'EXISTENCE

6 D'après l'article 725, l'héritier doit exister à l'instant de l'ouverture de la succession. L'existence, dont parle cet article, ne vise pas tant l'existence physique que l'existence juridique, c'est-à-dire l'aptitude à acquérir des droits.

Aux termes de l'article précité, ne satisfont pas à la condition d'existence :

a) l'enfant mort-né ;
b) l'enfant né vivant, mais non viable.

Lesdits enfants n'ont en effet pas acquis une personnalité juridique propre. Ils ne sont partant pas des sujets de droit et, en conséquence, n'étant pas capables d'acquérir des droits, ils ne peuvent pas hériter.

1. L'enfant simplement conçu

7 L'on pourrait tirer des constatations précitées la conclusion qu'un enfant, non encore né, mais déjà conçu lors du décès du de cujus, ne saurait être appelé à la succession de ce dernier.

Tel n'est cependant pas le cas. Le droit romain avait déjà appliqué l'adage « *infans conceptus pro nato habetur, quoties de commodis ejus agitur* », ce qui signifie que l'enfant conçu est considéré comme né, chaque fois qu'il y va de son intérêt.

L'enfant conçu lors de la mort de son auteur hérite donc de celui-ci, à condition qu'il naisse vivant et viable. Il faut cependant que soit établie l'antériorité de la conception de l'enfant au décès du de cujus. Cette preuve peut soulever des problèmes, quand l'enfant est né aux alentours de neuf mois après le décès de son père.

Le droit de la filiation connaît un régime spécial pour déterminer la durée de la grossesse. La présomption légale prévue par l'article 342 répute que l'enfant est conçu entre le 300e et le 180e jour avant sa naissance. Cette présomption constitue donc une période légale de conception de 121 jours.

Le second alinéa du même article prévoit que la conception est présumée avoir eu lieu à n'importe quel moment de cette période légale de 121 jours. Suivant son intérêt, l'enfant, né postérieurement au décès de son père, peut donc situer sa conception à l'une quelconque des dates situées à l'intérieur de la période légale de conception.

Les présomptions légales sont appelées à simplifier certains faits complexes, mais elles peuvent se révéler parfois contraires à la réalité. Aussi l'article 342 permet-il aux autres héritiers du défunt d'apporter la preuve que, bien que disposant de la présomption susvisée, l'enfant a, en réalité, été conçu seulement après la mort du de cujus.

2. Les droits successoraux de l'absent

Un problème spécial se pose en ce qui concerne l'absent. Par définition, l'absent est la personne dont on ne sait pas si elle vit encore ou si elle est déjà morte. Son existence est donc incertaine. 8

Pendant une première période, qualifiée de période de présomption d'absence, le présumé absent est réputé vivant. Il a donc la personnalité juridique et peut valablement être appelé à succéder, même si le partage, auquel l'absent participe, doit se dérouler sous le contrôle de la justice.

Si, par contre, l'absence a déjà été déclarée, normalement après une période de présomption d'absence d'au moins 10 ans, l'absent est tenu pour mort et ne peut plus hériter.

B. – L'ABSENCE D'INDIGNITÉ SUCCESSORALE

L'indignité successorale est la déchéance du droit de succéder qu'encourt l'héritier qui a eu un comportement répréhensible à l'égard du de cujus.

L'article 727 énumère trois cas d'indignité successorale, privant un héritier de son droit d'hériter. En fait, il n'y a que deux cas, alors que le deuxième, par suite de la suppression légale d'un de ses éléments, est devenu caduc.

1. Les cas d'indignité visés par la loi

L'indignité successorale est encourue dans les cas suivants : 9

1) en cas de condamnation d'un héritier pour avoir donné ou tenté de donner la mort au de cujus.

   L'exclusion de l'héritage exige expressément une condamnation pénale définitive pour meurtre ou assassinat ou pour une tentative de meurtre.

   L'indignité successorale ne s'applique donc pas si, malgré le meurtre commis, il n'y a pas eu de condamnation intervenue contre le prévenu (par exemple, en cas de décès de ce dernier avant le jugement, de prescription de l'action publique ou d'amnistie après la condamnation).

2) si l'héritier a porté contre le de cujus une accusation capitale, jugée calomnieuse.

   L'application de ce cas d'indignité successorale suppose que trois conditions soient remplies :

   a) l'existence d'une accusation (plainte ou dénonciation) portée par un héritier contre le de cujus ;

   b) la dénonciation doit avoir été jugée calomnieuse à l'égard de la personne calomniée ou, après sa mort, de ses héritiers ;

   c) la dénonciation ou l'accusation doit avoir été capitale, c'est-à-dire porter sur un crime susceptible d'entraîner la peine de mort pour le de cujus.

   Au stade actuel de notre législation pénale, cette troisième condition ne peut plus se réaliser. En effet, dans notre pays, la peine de mort a été abolie par la loi du 20 juin 1979.

   Il s'ensuit donc que, du moins à l'état actuel, le deuxième cas d'indignité successorale ne saurait pas s'appliquer.

3) l'exclusion de la succession vise encore l'héritier majeur qui, instruit du meurtre du défunt, ne l'a pas dénoncé à la justice.

   La loi punit donc celui qui ne dénonce pas à la justice le meurtre du de cujus, même s'il en ignore l'auteur. La même sanction frappe celui qui omet de dénoncer à la justice le meurtrier connu de lui.

   La sanction en question est basée sur le devoir moral incombant à un héritier présumé envers la mémoire du défunt. Son obligation morale est de tout mettre en œuvre pour retrouver le meurtrier du de cujus et de le faire condamner.

   La sanction visée par le présent point comporte cependant deux exceptions.

   D'un côté, étant donné que l'article 727 parle de l'héritier majeur, il ne concerne pas l'héritier mineur. La jurisprudence assimile au mineur le majeur incapable.

   En second lieu, le même article 727 prévoit une excuse de ne pas avoir dénoncé le meurtre commis sur le de cujus, pour certains proches parents ou alliés du meurtrier. Cette excuse est basée sur la solidarité familiale. Il se pose un cas de conscience à celui qui doit choisir entre ne pas voir punir le meurtre du de cujus et devoir dénoncer à la justice un proche parent ou allié comme son meurtrier.

   Par proche parent, la loi entend les ascendants et descendants du meurtrier ou ses alliés au même degré, son conjoint, ses frères et sœurs, ses oncles et tantes, ainsi que ses neveux et nièces. Tous les autres parents tombent sous le coup de la sanction visée par l'article 727.

2. Les effets de l'indignité successorale

L'indignité successorale ne vaut que pour la succession légale, c'est-à-dire celle qui s'applique en l'absence d'une libéralité du défunt (donation ou testament). 10

Elle ne concerne donc pas de façon automatique les legs ou donations. Néanmoins, les héritiers, qui auraient été écartés de la succession en vertu d'un testament, pourraient agir en justice pour demander la révocation de la libéralité pour cause d'ingratitude du légataire. Cette dernière sanction ne s'appliquerait cependant pas, si le de cujus avait fait la libéralité au profit de l'indigne en connaissance de cette indignité. Le de cujus dispose donc de la faculté d'accorder son pardon au légataire malhonnête.

La sanction appliquée à l'indigne peut, dans certains cas, avoir un effet rétroactif. Si l'indigne s'est déjà mis en possession de biens successoraux, il doit les rendre aux autres héritiers. Il est obligé de remettre non seulement les biens eux-mêmes, mais également les revenus générés par ces biens (intérêts, loyers, fermages).

Si l'héritier indigne ne s'est pas encore mis en possession de biens de la succession, il est automatiquement privé de sa part successorale. Bien plus, si ses enfants mineurs venaient à la succession en question, l'indigne serait privé de l'usufruit que la loi accorde aux père et mère sur les biens de leurs enfants mineurs.

L'indignité successorale présente cependant un caractère relatif en ce sens qu'elle est limitée à la succession du de cujus, à l'égard duquel un héritier s'est déshonoré. L'indigne conserve ses droits dans la succession des parents de celui de la succession duquel il a été écarté comme indigne. Il peut, par exemple, hériter d'un frère du de cujus.

Les descendants de l'indigne conservent leurs propres droits dans une succession à laquelle l'indigne ne peut pas participer. Par exemple, si le fils unique a tué son père, ses propres enfants peuvent recueillir la succession de leur grand-père.

Tel ne serait cependant plus le cas si les enfants de l'indigne venaient à la succession en représentation de leur père prédécédé (cf. le numéro 28).

L'exemple ci-après illustre cette règle.

Le de cujus laisse un fils A et deux petits-fils C et D, issus d'un fils B prédécédé et condamné pour tentative de meurtre sur son père. B est donc indigne de succéder à ce dernier. En l'absence d'indignité de leur père, les petits-fils C et D auraient hérité de leur grand-père en représentation de leur père. Comme on ne peut pas représenter un indigne, C et D sont écartés de la succession de leur grand-père.

Par contre, si B n'était pas prédécédé, ses enfants C et D seraient venus en nom personnel à la succession de leur grand-père si A était prédécédé sans laisser de descendants.

Chapitre 4

Incidence du régime matrimonial sur le droit successoral

A. – NOTIONS GÉNÉRALES

11 Le régime matrimonial détermine les prescriptions régissant la fortune des conjoints durant leur mariage et fixe les règles suivant lesquelles cette fortune est liquidée à la fin du mariage.

Le régime matrimonial et le régime successoral n'ont normalement pas d'incidence l'un sur l'autre. Chacune de ces deux branches du droit patrimonial répond à des règles spécifiques.

Il semble donc que la législation sur les régimes matrimoniaux n'ait pas sa place dans le cadre de cet ouvrage. Tel n'est cependant pas le cas. En effet, si les deux matières susvisées ont chacune leur réglementation propre, toujours est-il que la liquidation d'un régime matrimonial, s'il comporte une communauté de biens, a son incidence sur la composition de l'actif successoral.

Ainsi, la succession d'une personne mariée englobe le plus souvent également sa part dans la communauté de biens ayant existé entre les conjoints.

Pour déterminer l'actif et le passif d'une succession, il faut donc arrêter au préalable la valeur des biens résultant du partage de la communauté entre conjoint. Il est vrai que cette exigence existe seulement si les conjoints étaient mariés sous un régime de communauté. Comme, néanmoins, les conjoints mariés sous un régime de séparation de biens sont rares, la liquidation préalable de la communauté s'impose normalement, avant de pouvoir déterminer l'actif et le passif successoral.

Même dans un régime de séparation de biens, une distinction nette entre la fortune du défunt et celle du conjoint n'est en pratique guère possible. Il y a presque toujours des cas où l'un des conjoints a payé, ou du moins a contribué à payer, une dette incombant en définitive à l'autre conjoint. Il faut donc nécessairement faire des comptes à la fin du régime et le résultat, soit positif, soit négatif, doit se répercuter sur la succession du conjoint prémourant.

Étant donné l'importance des problèmes de régime matrimonial sur la composition d'une succession, il paraît nécessaire de se consacrer sommairement à l'étude des questions sur les régimes matrimoniaux.

Nous étudierons successivement le régime matrimonial légal, qui est le régime s'appliquant aux personnes mariées qui n'ont pas fait de contrat de mariage, et le régime matrimonial conventionnel, qui est celui s'appliquant à des conjoints ayant établi un tel contrat.

L'étude sera limitée à la composition de la communauté légale, en faisant abstraction des règles portant sur l'administration des biens communs et des biens propres.

1. Le régime matrimonial légal

Les personnes qui, au jour de leur mariage n'ont pas fait de contrat 12
de mariage, sont soumises au régime matrimonial légal défini par les articles 1400 à 1491, modifiés par la loi du 4 février 1974. Ce régime est celui de la communauté réduite aux acquêts.

Ce régime distingue entre les biens qui restent propres à chaque conjoint et les biens qui deviennent communs (acquêts). On dit encore de ces derniers biens qu'ils entrent en communauté.

Sont propres et restent de ce fait exclus de la communauté : les biens qu'un conjoint possède au jour du mariage, ainsi que ceux qui lui échoient au cours du mariage sous forme de donation ou de succession. Sont également propres, les effets personnels des conjoints, tels que les vêtements, les souvenirs de famille, les bijoux, les droits de propriété littéraire et artistique, ainsi que les actions en réparation d'un dommage corporel ou moral.

Sont par contre communs : les produits du travail d'un conjoint (salaire ou bénéfice commercial), les fruits et revenus des biens propres d'un conjoint échus durant le mariage (loyers, fermages, intérêts, dividendes), ainsi que les biens acquis à titre onéreux durant le mariage.

À la fin de la communauté, si elle intervient à la suite d'un divorce, les biens communs sont partagés, à parts égales, entre les conjoints. Si la communauté a été dissoute par la mort d'un conjoint, la moitié des biens communs revient au conjoint survivant et l'autre moitié fait partie de la masse successorale du conjoint prédécédé.

Cependant, les mariages célébrés avant la modification intervenue par la loi du 4 février 1974, qui n'ont pas fait l'objet d'un contrat de mariage, sont à ce jour encore soumis à l'ancien régime légal qui fut la communauté des meubles et acquêts. Ce régime matrimonial peut désormais toujours être adopté conventionnellement et sera analysé sous le numéro 15.

2. Les régimes conventionnels

Les conjoints qui, pour une raison ou une autre, ne veulent pas s'accommo- 13
der du régime matrimonial légal, tel qu'esquissé ci-dessus, ont la possibilité d'opter pour un régime mieux adapté à leur situation spécifique.

À cet effet, ils doivent passer un contrat de mariage devant un notaire. Ce contrat est normalement conclu avant le mariage. Il peut aussi être conclu, voire même changé, à tout moment au cours de mariage. Depuis la modification introduite par la loi du 27 juin 2018 instituant le juge aux affaires familiales, tout changement du régime matrimonial n'est plus soumis à un temps d'attente de deux ans d'application du précédent régime matrimonial.

Dans la rédaction de leur contrat de mariage, les conjoints doivent respecter certaines règles impératives définies par le Code civil et notamment par l'article 1388. Cet article est libellé comme suit : « *les conjoints ne peuvent déroger ni aux devoirs, ni aux droits qui résultent pour eux du mariage (articles 212 à 226), ni aux règles de la puissance paternelle, de l'administration légale et de la tutelle* ». Il est précisé à ce niveau que le terme « *puissance paternelle* » a été remplacé par le terme « *autorité parentale* » dans le Code civil et la pratique, à l'exception de cet article et l'article 340-2. L'article 1389 défend encore aux conjoints de changer l'ordre légal des successions.

Sous le respect de ces règles incontournables, les conjoints sont libres d'adopter le régime matrimonial qui convient le mieux à leur situation particulière.

Par ailleurs, le Code civil a défini lui-même certaines conventions matrimoniales, qu'il soumet au choix des conjoints.

Ces régimes conventionnels sont les suivants :

1) différents régimes de communauté ;
2) la communauté des meubles et acquêts ;
3) la communauté universelle ;
4) la séparation de biens ;
5) la participation aux acquêts.

Nous allons examiner sommairement ces divers régimes matrimoniaux.

2.1. *Les régimes de communauté*

14 Ces régimes s'apparentent à la communauté légale définie par le Code civil. Ils s'en distinguent généralement, en ce qui concerne :

- le partage de la communauté, qui se fait autrement que par parts égales ;
- les pouvoirs d'administration des conjoints quant aux biens communs ;
- l'étendue des biens entrant en communauté.

ad 1 : En rapport avec le partage inégal de la communauté, le Code civil a prévu plusieurs clauses possibles. Une de celles-ci est la clause de prélèvement d'un bien commun moyennant indemnité. Cette clause ne change rien au partage égal des biens communs, mais porte seulement sur la nature des biens à partager entre les conjoints.

Elle permet seulement à un conjoint de se faire attribuer, lors de la dissolution de la communauté, un bien commun auquel il tient particulièrement, quitte à payer à son conjoint, ou à la succession de celui-ci, une indemnité en compensation de ce bien.

Signalons, en second lieu, la clause de préciput. Elle habilite un conjoint à prélever, lors de la liquidation de la communauté, sans indemnité dans le cadre de cette liquidation, un bien déterminé, les autres biens communs étant partagés à égalité.

Finalement, ce sont des modalités de partage inégal de la communauté qui permettent d'attribuer à un conjoint plus de la moitié de celle-ci.

Cependant, ce partage inégal de la communauté constitue également un avantage matrimonial qui peut subir une réduction dans le cadre de la succession du conjoint prédécédé en présence de descendants.

ad 2 : Quant à la modification des pouvoirs d'administration des conjoints, deux clauses entrent essentiellement en ligne de compte.

a) la clause de la main-commune (article 1503). Contrairement aux règles d'administration fixées pour le régime légal, qui confèrent certains droits individuels d'administration à chaque conjoint, les conjoints entendent agir en commun pour chaque acte d'administration individuel.

b) la clause de la représentation mutuelle (article 1504). Les conjoints se donnent pouvoir réciproque d'administrer les biens communs. Les actes d'administration, que l'un d'eux a faits seul, dans les cas où le consentement de l'autre serait requis, sont opposables à ce dernier.

ad 3 : Les conjoints peuvent déroger aux règles légales sur la composition de la communauté. Ils arrêtent, par exemple, dans leur contrat de mariage que la communauté comprend tous les biens meubles, même ceux possédés par l'un d'eux ou par les deux avant le mariage. On parle dans ce cas d'une communauté de meubles et d'acquêts.

Les conjoints ont également la possibilité de stipuler que tous les biens meubles ou immeubles, même ceux possédés avant leur mariage ou leur advenus au cours du mariage par donation ou succession, entrent en communauté. On parle dans ce cas d'une communauté universelle.

Eu égard à la large application qui est faite dans notre pays de ces deux régimes, cela tant pour des raisons législatives que successorales et fiscales, nous réservons un exposé plus développé au régime de la communauté des meubles et acquêts et au régime de la communauté universelle.

2.2. *La communauté des meubles et acquêts*

15 Il s'agit de l'ancien régime légal qui s'appliquait et s'applique toujours aux mariages célébrés avant la modification intervenue par la loi du 4 février 1974, sans qu'aucun contrat de mariage n'ait été conclu par la suite.

À la différence du nouveau régime légal de la communauté réduite aux acquêts, cette communauté comprend tous les biens meubles des deux conjoints, donc non seulement les biens acquis par les deux conjoints durant leur mariage (acquêts), mais également tous les biens meubles leur ayant appartenu avant le mariage, ainsi que tous les biens meubles recueillis par succession ou libéralités même après le mariage.

Cependant, les biens immeubles (bâtiments, constructions ou terrains), ayant appartenu à l'un ou l'autre des conjoints avant le mariage ou reçus par succession ou libéralité pendant le mariage, n'entrent pas dans la communauté de ce régime conventionnel, mais restent des biens propres.

Le passif commun de ce régime est plus complexe dans le sens où il comprend, en sus des dettes qui en feraient partie sous le régime légal, une fraction proportionnelle des dettes déjà grevées aux biens qui entrent dans la communauté le jour du mariage, sinon ultérieurement par successions ou libéralités.

2.3. *La communauté universelle*

16 Dans ce régime, il peut être stipulé que tous les biens, possédés par les conjoints au jour de leur mariage et ceux qui leur adviennent au cours du mariage, sont des biens communs et entrent en communauté. Dans ce régime, il n'y a donc pas de biens propres.

Si la communauté universelle est choisie aussi souvent au Grand-Duché, ce n'est pas tant dans un « esprit communautaire », mais en raison des avantages qu'elle présente pour le conjoint survivant.

Il est, en effet, généralement stipulé dans le contrat de mariage qu'au cas où la communauté universelle est dissoute par la mort d'un conjoint, le survivant a droit à toute la communauté.

En limitant l'application de cette clause à la mort d'un conjoint, on l'écarte dans le cas où la communauté est dissoute par divorce. Pour ce cas, les conjoints stipulent le plus souvent que le partage de leurs biens doit s'opérer comme s'il y avait eu entre eux communauté légale.

Dans quel dessein des conjoints choisissent-ils la communauté universelle ? La raison en est double :

1) Ce choix se fait d'abord pour un motif d'ordre fiscal. Le survivant, qui recueille après la mort de son conjoint la totalité des biens ayant

appartenu aux conjoints, n'a pas à payer de droits de succession sur la valeur des biens reçus.

L'article 1527 déclare en effet que les avantages que l'un ou l'autre des conjoints peut retirer des clauses d'une communauté conventionnelle (donc également de la communauté universelle), ne sont pas à assimiler à une donation. Ces avantages ne sont pas non plus à considérer comme une part d'héritage à soumettre au paiement de droits de succession.

En ce sens, le régime de la communauté universelle était particulièrement avantageux pour les conjoints sans enfants communs, qui étaient, à l'opposé des conjoints avec enfants communs, obligés de payer des droits de succession sur l'héritage recueilli de leur conjoint prédécédé avant la loi du 15 décembre 2017 supprimant cette distinction (cf. numéro 235 sur les droits de succession).

2) La seconde raison du choix de la communauté universelle répond à un motif proprement successoral. Elle vise les conjoints ayant des enfants et ne désirant pas qu'à la mort de l'un d'eux, ces enfants puissent se disputer la succession avec le conjoint survivant. Ces conjoints ont donc convenu, par contrat de mariage, que le survivant recueillera tous les biens laissés par le conjoint prémourant. On justifie cette possibilité légale par la considération que les enfants ne sont pas les victimes d'une pareille stipulation matrimoniale. En effet, ce qu'ils ne recueillent pas à la mort du premier mourant de leurs parents, ils l'héritent lors de la mort du survivant.

   Ce raisonnement est exact, à la double condition suivante :

   1) que le conjoint survivant gère en bon père de famille les biens lui laissés par le prémourant, et ne les dilapide pas,

   2) que le conjoint survivant ne se remarie pas sous un régime matrimonial faisant tomber tout ou partie des biens provenant de son conjoint prédécédé dans une nouvelle communauté de biens, créée avec son second conjoint.

Si le Code civil n'a pas interdit au conjoint survivant, qui se remarie, de conclure une autre communauté universelle avec le second conjoint, l'article 1527 a cependant interdit à ce conjoint d'attribuer, à son décès, la totalité de la communauté à son second conjoint. Cette prohibition n'existe cependant que pour le conjoint remarié qui laisse des enfants d'un précédent mariage ou un enfant naturel reconnu. En effet, ces enfants seraient sinon définitivement privés de la fortune de leur parent prémourant.

Dans les cas visés par l'alinéa précédent, l'article 1527 limite les avantages matrimoniaux au profit du second conjoint aux donations permises entre conjoint (cf. numéro 336).

2.4. *La séparation de biens (articles 1536 à 1541)*

17 Si, dans la communauté universelle, tous les biens appartiennent aux deux conjoints, dans la séparation de biens, il n'y a logiquement pas de communauté de biens. Chaque conjoint reste propriétaire de la fortune qu'il possède avant le mariage ou qu'il a acquise durant le mariage, soit à titre gratuit (succession, testament ou donation), soit à titre onéreux (achat).

Chaque conjoint est également tenu seul des dettes en rapport avec ses biens. Il contribue aux charges financières du mariage suivant l'arrangement prévu dans le contrat de mariage. À défaut d'une pareille convention, les conjoints contribuent à ces charges suivant leurs facultés contributives, conformément à l'article 214.

S'il arrive aux conjoints d'acheter en commun un bien, par exemple un immeuble, il ne se crée pas une communauté entre eux portant sur cet immeuble. Ce dernier reste indivis entre les conjoints et chacun d'eux peut, à tout moment, demander le partage de cet élément de fortune.

Le régime de la séparation de biens est défavorable pour le conjoint qui n'exerce pas d'activité professionnelle rémunérée, mais reste à la maison pour faire le ménage et élever les enfants. Celui-ci ne profite donc pas des revenus épargnés par son conjoint, après sa contribution aux charges d'entretien du ménage.

Pour éviter cet inconvénient, il est recommandé d'adjoindre au régime de la séparation de biens un régime de communauté limité aux revenus des conjoints. Dans ce cas, il y a lieu, avant d'aborder la succession du conjoint prémourant, de liquider la communauté de biens susvisée.

2.5. *Le régime de participation aux acquêts (articles 1569 à 1581)*

18 Il s'agit en l'occurrence d'un régime matrimonial introduit lors de la réforme du 4 février 1974. Ce régime est d'origine scandinave et constitue en Allemagne le régime matrimonial légal.

Il fonctionne, durant le mariage, comme une séparation des biens et, lors de sa liquidation, comme un régime de communauté. En effet, à la dissolution du régime, chacun des conjoints a le droit de participer, pour moitié, en valeur aux acquêts nets, se retrouvant dans le patrimoine de l'autre, et mesurés sur la double estimation du patrimoine originaire et du patrimoine final (article 1569).

On procède donc, pour chaque conjoint, au calcul de l'augmentation (voire de la diminution) de la valeur de ses biens existant à la fin du mariage, par rapport à celle ayant existé au début du mariage. Si le patrimoine final d'un conjoint est inférieur à son patrimoine originaire, ce déficit est supporté par ce conjoint seul. S'il lui est supérieur, l'accroissement représente les acquêts nets et donne lieu à participation de l'autre conjoint.

Cette augmentation, ou diminution de valeur, étant effectuée, on procède à la compensation entre les accroissements des valeurs respectives de chaque fortune.

Le conjoint, en faveur de qui le solde de cette compensation est le plus élevé, doit partager la moitié de cette valeur avec l'autre.

Il s'agit donc d'un régime matrimonial assez compliqué, qui ne trouve pas une large application dans notre pays.

B. – LA LOI DU 4 JUILLET 2014 PORTANT RÉFORME DU MARIAGE

Comme soulevé déjà dans la cinquième édition de cet ouvrage, après les Pays-Bas (2001), la Belgique (2003), l'Espagne (2005), la Suède et la Norvège (2009), le Portugal et l'Islande (2010), le Danemark (2012), la France et la Grande-Bretagne (2013), le Grand-Duché de Luxembourg s'est doté le 4 juillet 2014 d'une loi qui porte réforme globale du mariage et de l'adoption et qui modifie un certain nombre de dispositions qui relèvent du Code civil, du Nouveau Code de Procédure civile, du Code d'instruction criminelle et de plusieurs autres lois particulières.

1. Le mariage pour tous

Cette loi du 4 juillet 2014 portant réforme du mariage, publiée au Mémorial A N° 125 le 17 juillet 2014, a permis – à compter du 1er janvier 2015 – le mariage également aux personnes de même sexe et leur a accordé les mêmes droits que ceux dont jouissent les couples hétérosexuels. L'article 143 du Code civil dispose désormais que : « *Deux personnes de sexes différents ou de même sexe peuvent contracter mariage* ». 19

Ces droits ne se limitent pas au mariage au sens strict du terme, mais s'étendent à tous les effets produits par le mariage, comme la filiation, le régime matrimonial légal ou les régimes conventionnels (exemple : régime de communauté universelle), l'adoption, le régime successoral et les libéralités, pour ne citer que les principales dispositions légales s'appliquant aux personnes mariées.

L'actuel régime légal applicable aux couples hétérosexuels n'en est guère modifié, mais les droits dont disposent ces personnes ont été étendus aux couples mariés de même sexe.

Pour clarifier le champ d'application de la loi du 4 juillet 2014, il convient de citer la première partie de phrase de l'article 8 des dispositions générales de cette loi, libellée comme suit : « *Dans toutes les dispositions légales en vigueur au jour de l'entrée en vigueur de la présente loi...* », qui vise toutes les lois, quelle qu'en soit la matière traitée, qui visent de façon directe ou indirecte le mariage, à moins que la loi ne prévoie une exception à ce champ d'application générale.

Dérogations : Un certain nombre d'articles du Code civil sont expressément exclus de l'application de la nouvelle loi. Il en est ainsi des articles 312, 313.1, 314 à 317.

L'article 312 dispose que « l'enfant conçu pendant le mariage a pour père le mari ». Il s'agit de la disposition qualifiée de « présomption de paternité », laquelle ne s'appliquera en conséquence pas dans le cadre d'un mariage de même sexe.

L'article 313-1 prévoit dans quel cas la présomption de paternité est déjà actuellement écartée pour des conjoints de sexes différents. Cette disposition ne pourra en conséquence pas non plus s'appliquer dans le cadre d'un mariage de même sexe.

Les articles 314 à 317 ont trait essentiellement au désaveu de paternité que pourra faire le père présomptif de l'enfant mis au monde par son conjoint, ainsi que le délai dans lequel cette action en désaveu doit être exercée.

2. Autres modifications de la législation relative au mariage

20 Outre cet objectif primordial, la loi du 4 juillet 2014 a aussi modifié certaines dispositions légales concernant le mariage.

En premier lieu, il faut citer l'âge légal minimum pour contracter mariage, qui est désormais fixé uniformément à 18 ans, tant pour l'homme que pour la femme (nouvel article 144 alinéa 1er du Code civil).

Rien n'a changé sous ce regard pour les hommes, dans la mesure où la limite d'âge pour se marier était depuis 1808 fixée à 18 ans. Pour les femmes, par contre, jusqu'à présent, cette limite d'âge était de 16 ans. Jusqu'à la réforme du mariage par la loi du 10 août 1992, cette limite d'âge avait même été fixée à 15 ans, la conception de l'époque étant qu'à cet âge, une femme est suffisamment mature pour assumer ses responsabilités en tant que femme mariée.

Il restera toujours possible pour un couple de mineurs de se marier. Cette possibilité est toutefois soumise à une autorisation à accorder pour motif grave par le juge aux affaires familiales, à la demande, soit des parents ou de l'un d'eux, soit du tuteur des incapables mineurs, soit du/des mineur(s) lui(eux)-même(s).

La nouvelle loi a encore aboli le délai de viduité de 300 jours, courant pour la femme depuis le jour de la dissolution d'un premier mariage, soit par divorce, soit par le décès du conjoint avant de contracter un nouveau mariage, tel que ce délai lui était imposé par l'article 228 du Code civil.

Rappelons sous ce regard qu'une femme divorcée ou une veuve ne pouvait contracter un nouveau mariage qu'après l'expiration du délai de 300 jours précité, afin d'éviter que des problèmes de paternité d'un enfant à naître ne puissent surgir, alors que cette paternité pouvait être attribuée tant au mari divorcé ou prédécédé qu'au nouveau conjoint.

Il avait en effet été jugé que l'imposition d'un tel délai de viduité constituait non seulement une discrimination à l'égard des femmes par rapport aux hommes, qui n'y étaient jamais soumis, mais ne correspond plus aux besoins de la société moderne.

Dorénavant, la femme pourra, dès son divorce ou le décès d'un premier conjoint, s'engager dans un nouveau mariage, sans avoir à attendre l'expiration d'un délai quelconque.

La loi du 4 juillet 2014 a encore réformé le délai légal pour former des demandes en nullité du mariage pour absence d'un consentement libre (ex. : mariage forcé).

Jusqu'à présent, la demande en nullité du mariage devait être introduite dans un délai de 6 mois ou de 12 mois au maximum après le mariage. Or, il a été jugé que ces délais sont trop courts pour permettre à la victime de former sa demande.

La loi du 4 juillet 2014 a réformé la législation antérieure sur deux points :

a) Elle a tout d'abord augmenté le délai pour la victime pour agir en nullité du mariage pour le porter désormais à 5 ans à compter du mariage contracté.

b) Elle a également donné au Parquet le droit d'engager une action en nullité du mariage s'il s'avère que le consentement des deux conjoints, ou de l'un d'eux, fait défaut.

Mentionnons finalement que la loi du 4 juillet 2014 a encore abrogé l'article 1595 du Code civil, qui avait jusqu'à présent restreint le droit pour deux conjoints de conclure une vente entre eux à trois hypothèses bien déterminées. Il s'en dégage qu'à compter du 1er janvier 2015, des conjoints peuvent librement et sans restriction aucune se vendre réciproquement tout bien ou droit.

La loi du 4 juillet 2014 poursuit encore d'autres objectifs, bien que d'une importance moindre que l'objectif principal dont question ci-avant. Citons sous ce regard notamment l'objectif de lutter plus efficacement contre des mariages ou des partenariats simulés (mariages blancs ou mariages fictifs) et encore contre des mariages forcés.

Il existe en effet deux types de mariage simulé, à savoir le *mariage de complaisance* et le *mariage forcé*. Le mariage de complaisance (ou « mariage blanc », « mariage fictif ») est l'union qui est essentiellement contractée, soit aux fins d'obtenir une autorisation d'établissement dans un autre pays que le pays d'origine, soit pour s'assurer un avantage professionnel, social, fiscal ou successoral. Le mariage est de ce fait détourné de son objectif naturel et ne constitue plus qu'un moyen pour accéder à des avantages personnels indus.

Le mariage forcé est celui qui est contracté par un conjoint dont le consentement a été extorqué par contrainte ou violence et qui le prive de ce fait de son libre choix, soit de se marier ou de rester célibataire, soit quant au choix de la personne de son conjoint.

Il s'agit de renforcer les moyens juridiques tant pour éviter de telles situations que pour sanctionner de telles pratiques.

La réforme du mariage renforce par ailleurs la législation existante pour protéger plus adéquatement les victimes de ces pratiques, en sanctionnant pénalement sur base des articles 387 à 389 du Code pénal :

1) celui qui a contracté un mariage ou un partenariat aux seules fins d'obtenir, ou de faire obtenir, des avantages sur le plan de l'octroi d'une autorisation de séjour (article 387 du Code pénal),
2) celui qui s'est fait remettre une somme d'argent pour le rétribuer pour la conclusion d'un mariage ou d'un partenariat aux seules fins d'obtenir ou de faire obtenir un avantage sur le plan de l'octroi d'une autorisation de séjour (article 388 du Code pénal),
3) celui qui, par des violences ou des menaces, a contraint quelqu'un à contracter un mariage ou un partenariat.
4) Ces délits seront punis de peines d'emprisonnement, pouvant s'étendre de 6 mois à 4 ans, et/ou d'une peine d'amende pouvant aller de 10 000. – à 30 000. – €.

La loi du 4 juillet 2014 a finalement aboli l'examen prénuptial, alors qu'un avis daté du 2 juin 2010 du Conseil supérieur de l'hygiène avait conclu qu'un tel examen prénuptial, dans sa forme actuelle, pouvait être supprimé sans risque sanitaire pour la population résidante.

C. – LES RÉGIMES MATRIMONIAUX EN DROIT INTERNATIONAL

Les régimes matrimoniaux comprenant un élément d'extranéité n'étaient pas réellement encadrés par le droit international luxembourgeois et ont trouvé un encadrement surtout grâce à la Convention de La Haye du 14 mars 1978 sur la loi applicable aux régimes matrimoniaux.

Le règlement (UE) n° 2016/1103 du 24 juin 2016 a surtout permis d'améliorer le cadre initialement mis en place par la Convention de La Haye du 14 mars 1978 pour apporter plus de transparence à la loi applicable aux régimes matrimoniaux de couples confrontés à des éléments d'extranéité.

1. Les mariages célébrés avant le 1er juillet 1984

Les mariages célébrés avant le 1er juillet 1984, qui n'ont pas opté pour une loi spécifique applicable à leur régime matrimonial d'après la Convention de La Haye du 14 mars 1978 ou d'après le règlement du 24 juin 2016, restent d'après la loi luxembourgeoise simplement soumis à la loi de l'État de la première résidence commune des parties après le mariage. 21

2. La Convention de La Haye du 14 mars 1978 sur la loi applicable aux régimes matrimoniaux

La Convention de La Haye du 14 mars 1978, entrée en vigueur au Luxembourg le 1er juillet 1984, par l'adoption de la loi du 17 mars 1984, avait déjà apporté de l'innovation et une première harmonisation entre ses États contractants quant à la loi applicable aux régimes matrimoniaux. 22

2.1. *La loi applicable par défaut*

En l'absence de choix de loi, la loi applicable aux mariages célébrés entre le 1er juillet 1984 et le 28 janvier 2019 est, d'après l'article 4 de cette Convention :

- la loi de l'État de la première résidence commune,
- sinon la loi nationale commune,
- sinon la loi de l'État avec lequel le régime matrimonial des parties présentait le plus de rattachements.

En règle générale, la loi de l'État de la première résidence commune s'applique au régime matrimonial d'un couple qui présente au moins un élément d'extranéité.

La loi d'une des nationalités communes aux deux conjoints ne s'applique qu'aux cas de figure spécifiques suivant :

a) si les conjoints n'ont pas immédiatement après leur mariage de première résidence habituelle commune,

b) si l'État contractant de la nationalité commune des époux avait déclaré au moment de la ratification, de l'acceptation, de l'approbation ou de l'adhésion, conformément à l'article 5 de la Convention, que sa loi interne s'applique,

c) si l'État de la nationalité commune des époux ne fait pas Partie à la Convention et que son droit international privé prévoit que la loi interne s'applique, mais uniquement si les conjoints ont établi leur première résidence habituelle commune après le mariage soit :
   - dans un État contractant ayant fait la déclaration prévue par l'article 5 de la Convention,
   - dans un État, n'étant pas Partie à la Convention, qui prévoit également l'application de leur loi nationale.

Il est, cependant, important de préciser que la déclaration prévue à l'article 5 de la Convention n'est d'aucun effet si les conjoints établissent leur première résidence commune sur le même territoire où ils avaient tous les deux leur résidence habituelle depuis au moins cinq ans avant leur mariage.

Finalement, à défaut tant d'une résidence habituelle commune et à défaut d'une nationalité commune aux deux époux, la loi de l'État avec lequel le régime matrimonial des parties présentait le plus de rattachements devient applicable.

2.2. *Le choix de la loi applicable*

La Convention de La Haye du 14 mars 1978 avait donc déjà introduit, par le biais de son article 6, la possibilité aux couples déjà mariés ou qui célébraient leur mariage à partir de sa date d'entrée en vigueur, soit à partir du 1er juillet 1984 au Grand-Duché de Luxembourg, de choisir la loi applicable à leur régime matrimonial, même si cette loi n'est pas celle d'un État contractant.

Les couples pouvaient donc déjà choisir la loi applicable à leur régime matrimonial parmi leurs lois nationales respectives ou la loi de leurs États de résidence respectifs ou de leur État de résidence commun au moment de la désignation de la loi applicable.

Cette loi choisie par les mariés s'appliquait à toute la période de leur mariage, même antérieurement à sa détermination écrite sous la forme prescrite pour les contrats de mariage suivant la loi interne désignée ou la loi interne du lieu où intervient cette désignation.

2.3. *La mutation automatique*

En l'absence de choix de loi, d'après l'article 7 de cette Convention, pour les couples qui ont célébré leur mariage durant cette période, il y a mutation automatique, donc changement de la loi applicable par défaut au régime matrimonial, en faveur de la loi interne de l'État où les mariés ont tous les deux leur résidence habituelle :

a) dès leur emménagement dans cet État s'ils ont tous les deux la nationalité de cet État,

b) lorsque leur résidence habituelle y est établie depuis plus de dix ans, ou

c) dès leur emménagement dans cet État, si la loi par défaut antérieurement applicable avait été déterminée par leur nationalité commune.

Cette mutation automatique qui ne s'applique que pour l'avenir, donc pas à la période antérieure, a malheureusement comme conséquence que différentes lois peuvent s'appliquer au régime matrimonial d'un couple en fonction de leurs lieux de résidence à ces différentes périodes, ce qui peut compliquer la liquidation de ce régime matrimonial par la suite.

En cas de mutation automatique indésirable, afin d'harmoniser tout leur régime matrimonial sous une même loi applicable, il est conseillé à des époux mariés entre le 1er juillet 1984 et le 28 janvier 2019 sans avoir opté pour une loi applicable, de procéder maintenant au choix d'une loi applicable sous le régime du règlement (UE) n° 2016/1103 du 24 juin 2016.

3. Le règlement (UE) n° 2016/1103 du 24 juin 2016

Le règlement (UE) n° 2016/1103 du 24 juin 2016 n'est malheureusement pas un règlement européen à portée générale qui s'applique dans tous les États membres de l'Union européenne, mais met seulement en œuvre une coopération renforcée entre les États membres qui ont décidé de l'adopter, soit la Belgique, la Bulgarie, la République tchèque, l'Allemagne, la Grèce, l'Espagne, la France, la Croatie, l'Italie, le Luxembourg, Malte, les Pays-Bas, l'Autriche, le Portugal, la Slovénie, la Finlande, la Suède et Chypre. 23

Il a cependant permis aux États membres qui font partie de la coopération renforcée à faciliter davantage la détermination de la loi applicable aux régimes matrimoniaux de couples confrontés à des éléments d'extranéité et a mis en place des règles de compétence territoriales.

Le présent ouvrage détaille surtout la loi applicable aux régimes matrimoniaux et ne s'intéresse pas aux compétences territoriales en la matière qui ne s'appliquent pas à la dissolution du régime matrimonial pour cause de mort d'un des conjoints.

En effet, la seule disposition relative à la compétence territoriale qui intéresse le droit de succession est l'article 4 de ce règlement qui dispose qu'en cas de décès d'un des conjoints, la juridiction compétente pour statuer sur la succession en application du « règlement succession » est également compétente pour statuer quant aux questions concernant le régime matrimonial y relatif (cf. numéro 203).

3.1. *La loi applicable par défaut*

En l'absence de choix de loi, la loi applicable aux mariages célébrés à partir du 28 janvier 2019, déterminée par l'article 26, est la loi de la première résidence commune, sinon la loi nationale commune, sinon la loi de l'État avec lequel le régime matrimonial du couple présente le plus de rattachements.

Ce règlement ne prévoit donc pas toute la complexité liée à la loi de la nationalité commune des deux époux et la déclaration prévue à l'article 5 de la Convention de La Haye de 1978 ou le droit international d'un État non contractant.

S'il y a une résidence habituelle commune, la loi de l'État de cette résidence habituelle commune s'applique par défaut en tout premier lieu. C'est uniquement s'il n'y a pas de résidence habituelle commune que la loi de la nationalité commune est envisagée.

Cependant, si les conjoints ont plus d'une nationalité commune au moment de la célébration de leur mariage, à défaut de résidence habituelle commune, c'est la loi de l'État avec lequel le régime matrimonial du couple présente le plus de rattachements qui s'applique.

En effet, il n'est pas possible dans le cas de figure de la loi applicable par défaut qu'il y ait deux options simultanément envisageables.

3.2. *L'exception à la loi applicable par défaut*

Le règlement ne prévoit qu'une seule exception à la détermination de la loi applicable par défaut.

En effet, si l'un des conjoints fait une demande devant l'autorité judiciaire compétente saisie d'une question relative au régime matrimonial, cette dernière peut appliquer la loi de l'État de leur dernière résidence habituelle commune, à condition :

- que les conjoints aient maintenu leur dernière résidence habituelle commune sur cet État plus longtemps que dans l'État de leur première résidence habituelle commune,
- qu'ils se soient basés sur la loi de l'État de leur dernière résidence habituelle commune quant à l'organisation de leurs rapports patrimoniaux,
- que cette loi ne porte pas atteinte aux droits dont auraient bénéficié des tiers dans le cadre de l'application de la loi de la première résidence habituelle commune,
- que les conjoints n'aient pas conclu une convention matrimoniale avant la date d'établissement de leur dernière résidence habituelle commune.

Cette désignation exceptionnelle d'une autre loi applicable par défaut s'applique normalement à partir de la date de la célébration du mariage, à moins que l'un des conjoints ne s'y oppose, réduisant l'applicabilité de cette loi à partir de la date d'établissement de la dernière résidence habituelle commune dans l'État en question.

3.3. *Le choix de la loi applicable*

Le règlement (UE) n° 2016/1103 du 24 juin 2016 a à son tour permis, à partir du 28 janvier 2019, aux couples mariés de choisir le régime applicable parmi leurs lois nationales respectives et la loi de l'État sur le territoire duquel du moins l'un d'eux a sa résidence, même si cette loi n'est pas celle d'un État membre.

Contrairement à la Convention de La Haye du 14 mars 1978, ce choix de loi n'a pas d'effet systématique rétroactif, sauf convention contraire. Il ne faut donc pas oublier de préciser dans l'acte déterminant le choix de la loi applicable au régime matrimonial, si ce choix de la loi doit s'appliquer rétroactivement.

D. – L'INCLUSION DE LA PART DE COMMUNAUTÉ D'UN CONJOINT PRÉDÉCÉDÉ DANS SA SUCCESSION

24 Comme il a déjà été dit, la succession d'un conjoint décédé se compose de sa part dans la communauté entre conjoints, ainsi que de ses biens propres.

La quote-part des biens communs dans l'actif successoral du défunt dépend du régime de communauté auquel étaient soumis les conjoints.

Si ce régime a été la communauté légale (communauté réduite aux acquêts), la moitié des biens de cette communauté entre dans la succession du conjoint prédécédé, l'autre moitié revient au conjoint survivant.

Si des clauses d'un contrat de mariage prévoient un partage inégal de la communauté conventionnelle (ou un préciput), le pourcentage des biens communautaires entrant dans la succession du conjoint prédécédé, varie en fonction des stipulations de la clause correspondante du contrat de mariage.

Généralement, cette clause est stipulée au profit du conjoint survivant. Dans ce cas, ce dernier reçoit plus de la moitié des biens de la communauté, de sorte que moins de la moitié de ces biens entrent dans la succession du conjoint prédécédé.

Il s'agit d'un avantage matrimonial qui est tout de même pris en considération dans la succession du conjoint prédécédé et qui ne peut pas dépasser la quotité disponible.

Dans le cas de la communauté universelle avec clause d'attribution de la communauté au conjoint survivant, toute la fortune des conjoints revient au conjoint survivant. Il s'ensuit qu'aucun bien ne se trouve dans la succession du conjoint décédé.

Il en est autrement, si le conjoint prémourant avait consenti, avant d'adopter le régime de la communauté universelle, des donations à un ou plusieurs héritiers. Ces donations doivent alors, à son décès, être rapportées à la succession du défunt ou subir une réduction pour dépassement de la quotité disponible. Ces biens, ou sommes d'argent, font, dans ce cas, partie de la succession du conjoint prémourant.

Dans un régime de séparation de biens, toute la fortune du conjoint décédé entre dans sa succession.

Dans le cas d'un régime de participation aux acquêts, la moitié de l'accroissement de valeur de la fortune finale sur la fortune initiale, après compensation faite entre les conjoints, revient au conjoint survivant. L'autre moitié entre dans la succession du conjoint prémourant.

Chapitre 5

La détermination des héritiers

Aux numéros 6 à 10, nous avons vu certains critères généraux requis dans le chef d'une personne pour hériter, à savoir : exister juridiquement au moment du décès du de cujus et ne pas avoir été écarté de sa succession pour cause d'indignité. Il s'agit maintenant de compléter ces critères et de déterminer de manière précise quelles sont, pour une succession déterminée, les personnes qui en héritent.

D'une façon générale, on peut dire qu'une vocation successorale existe uniquement en faveur des parents du de cujus et au profit du conjoint survivant. Par contre, l'alliance entre personnes ne confère aucun droit de succession. On n'hérite donc jamais d'un parent de son conjoint (beaux-parents, gendre, bru, beau-frère ou belle-sœur). La même observation vaut en ce qui concerne le concubinage ou le partenariat entre deux personnes. Quel que soit le temps que les concubins ou partenaires aient vécu ensemble, la mort de l'un d'eux n'ouvre pas de droit à sa succession pour l'autre.

Il est évident que l'exclusion successorale des alliés, des concubins et partenaires ne joue qu'en cas de succession ab intestat. Elle ne vise pas la possibilité de gratifier ces personnes d'une donation ou d'un legs testamentaire.

A. – L'ORDRE DES HÉRITIERS – RÈGLES GÉNÉRALES ET DÉFINITION DES NOTIONS

25 La désignation des héritiers se fait en fonction de l'ordre légal dans lequel sont rangés ces héritiers et le conjoint survivant. L'ordre des héritiers correspond à une hiérarchie des diverses catégories de parents du défunt.

L'ordre le plus proche exclut de la succession les ordres plus éloignés. Ce n'est donc pas la proximité du degré de parenté par rapport au de cujus qui compte. C'est l'ordre des héritiers, dans lequel un parent figure, qui est déterminant. C'est seulement à l'intérieur du même ordre qu'un parent plus proche en degré écarte un parent plus éloigné.

Avant de passer à l'examen des divers ordres d'héritiers, il paraît indiqué de définir deux notions de droit successoral, auxquelles il sera fait référence dans la suite.

1) *le degré de parenté* : l'article 735 dispose que « la proximité de parenté » s'établit par le nombre de générations ; chaque génération s'appelle un « degré ». Degré et génération sont donc synonymes. Le degré de parenté est égal au nombre de générations séparant deux personnes déterminées.
2) Le père et le fils, ou la mère et la fille, sont séparé(e)s d'une génération, donc d'un degré. Ils (elles) sont du 1er degré l'un(e) par rapport à

l'autre. Le grand-père (grand-mère) est séparé(e) de deux générations de son petit-fils (petite-fille). Il (elle) est donc parent de second degré.

3) *la ligne :* la suite des degrés forme la ligne (art. 736).

On distingue deux lignes principales, à savoir la ligne directe et la ligne collatérale.

- **La ligne directe** est celle, dans laquelle un membre de famille descend directement d'un autre (père-fils-petit-fils-arrière-petit-fils ou mère-fille-petite fille-arrière-petite-fille). Il s'agit dans ce cas de la ligne directe descendante.

Si l'on remonte du de cujus vers ses ascendants (père-grand-père-arrière-grand-père), on se trouve dans la ligne directe ascendante.

Ces deux lignes sont représentées sur le graphique ci-dessous :

Graphique 1

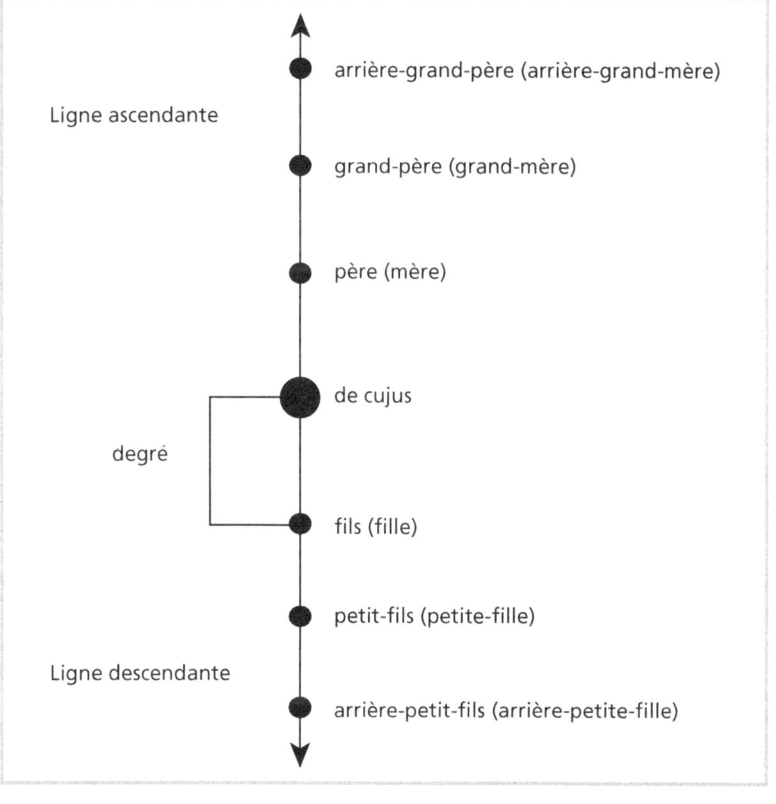

- **La ligne collatérale** comprend les parents qui ne descendent pas directement l'un de l'autre, mais qui ont un auteur commun (cf. graphique 2). Ainsi, deux frères (sœurs) ont comme auteur commun leur père (mère). Deux cousins ont comme auteur commun leur grand-père ou leur grand-mère.

  Le degré de parenté en ligne collatérale est égal à la somme des générations qui séparent de l'auteur commun chacun des deux personnes concernées.

  Ainsi, les frères et sœurs sont parents du second degré. L'oncle (tante) et le neveu (nièce) sont parents du troisième degré. Les cousins germains sont au quatrième degré, le grand-oncle et le petit-neveu du quatrième et les cousins issus de cousins germains du sixième degré.

  La ligne collatérale est représentée par le graphique 2

Graphique 2

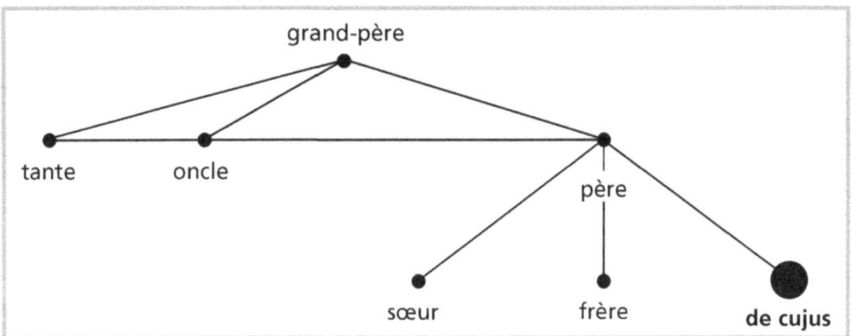

B. – LES DIVERS ORDRES D'HÉRITIERS

26 Ainsi qu'il vient d'être dit, le Code civil a établi une hiérarchie des héritiers, classés dans divers ordres, qui s'excluent mutuellement, à une exception près.

Depuis la réforme opérée par la loi du 26 avril 1979, cette hiérarchie entre les ordres des héritiers s'établit comme suit :

1) les descendants ;
2) le conjoint survivant ;
3) les père et mère, ensemble avec les frères et sœurs du défunt, et les descendants de ces derniers ;
4) les ascendants autres que les père et mère ;
5) les collatéraux autres que les frères et sœurs et leurs descendants ;
6) l'État.

Nous allons examiner ci-après les règles applicables à chaque ordre d'héritier.

L'ordre légal n'est évidemment pas le seul critère pour départager les héritiers. À l'intérieur d'un même ordre, il y a certains membres de la famille du de cujus qui concourent, soit pour être le successeur unique, soit pour partager la succession avec d'autres membres de famille. Cette observation ne vaut cependant pas pour le conjoint survivant, qui n'est exclu d'aucune succession ab intestat, s'il répond à certaines conditions.

Comment les héritiers, appartenant à un même ordre, sont-ils départagés ?

C'est normalement le degré de parenté par rapport au de cujus qui est déterminant.

Néanmoins, cette règle ne se vérifie pas dans tous les cas. Il y a, en effet, dans le droit successoral deux techniques fréquemment appliquées, qui font qu'un héritier de même degré soit préféré à un autre ou même qu'un héritier inférieur en degré l'emporte sur un héritier plus proche.

Ces deux techniques sont **la représentation** et **la fente**.

- **La représentation** est l'institution en vertu de laquelle un héritier exerce dans une succession les droits d'un autre héritier, de degré plus proche, décédé avant le de cujus.

  La représentation joue exclusivement dans l'ordre des descendants et dans celui des collatéraux privilégiés (frères et sœurs). Nous allons examiner cette institution au numéro 28.
- **La fente** est le partage de la succession en deux lignes, la ligne paternelle et la ligne maternelle, partage qui s'opère avant de déterminer les héritiers plus proches en degré. La fente joue exclusivement dans une succession mettant en jeu, soit des ascendants, soit des collatéraux. Nous allons examiner cette technique sous le numéro 29.

1. Les descendants

Les descendants sont les héritiers privilégiés du de cujus. Ils écartent tous les **27**
autres héritiers de la succession de leur père et mère, ainsi que de celle des autres ascendants. Dans la succession de leur père et mère, les descendants doivent concourir néanmoins avec leur parent survivant.

La notion de « descendant » vise trois catégories de successeurs :

- les enfants légitimes ;
- les enfants naturels ;
- les enfants adoptifs.

Tous ces descendants sont traités sur un pied d'égalité.

En ce qui concerne les enfants légitimes, il convient de ranger parmi ceux-ci les enfants légitimés par le mariage de leurs parents. Ils ne soulèvent pas de problème particulier.

Quant aux enfants naturels, ils sont reconnus, avec le conjoint survivant, être les grands bénéficiaires de la réforme intervenue par la loi du 26 avril 1979. En effet, avant celle-ci, les enfants naturels n'avaient droit qu'à une part successorale réduite (un tiers de ce qu'ils auraient obtenu, s'ils avaient été légitimes). Les enfants adultérins par contre avaient droit seulement à des aliments.

La réforme de 1979 a innové à un double titre. Elle a aboli d'abord le régime différent appliqué aux enfants naturels et aux enfants adultérins. D'ailleurs, depuis la loi du 13 avril 1979, qui a réformé le droit de la filiation, le Code civil ne parle plus des enfants adultérins. Ceux-ci sont assimilés aux enfants naturels. La réforme successorale de 1979 a donc tiré les conséquences résultant des modifications du droit de la filiation. Cette réforme a fait ensuite disparaître le traitement discriminatoire appliqué aux enfants nés hors mariage par rapport aux enfants légitimes.

Il existe cependant une condition pour que les enfants nés hors mariage soient assimilés aux enfants légitimes. Il faut que leur filiation soit officiellement établie.

En effet, il est requis qu'ils soient reconnus par leur mère, pour hériter d'elle, et par leur père, pour hériter de lui. Cette reconnaissance peut se faire de deux manières différentes, soit par une reconnaissance volontaire, soit par une reconnaissance par la justice.

En ce qui concerne la mère, la reconnaissance volontaire résulte automatiquement de l'indication de son nom dans l'acte de naissance de son enfant. La reconnaissance par le père peut avoir lieu dans l'acte de naissance ou postérieurement dans un acte authentique (notarié).

À défaut d'une reconnaissance volontaire par sa mère ou par son père, l'enfant naturel peut se faire reconnaître par la justice, en intentant une action en recherche de maternité contre sa mère présumée et/ou une action en recherche de paternité contre son père présumé.

Le statut d'enfant naturel peut résulter également d'une action en désaveu de paternité, intentée en justice par le mari contre son conjoint qui a accouché d'un enfant. Si le mari réussit à prouver, suivant les preuves admises par l'article 312, qu'il ne peut pas être le père de l'enfant mis au monde par son conjoint, le désaveu de paternité est prononcé par la justice. L'enfant, faisant l'objet de ce désaveu, a le statut d'enfant né hors mariage. Il ne peut hériter que de sa mère.

Il reste à parler des enfants incestueux, c'est-à-dire des enfants, nés de la relation d'une femme et d'un homme, pour lesquels il existe un empêchement de mariage, en raison d'un trop proche degré de parenté.

L'article 334-7 interdit la constatation d'une filiation incestueuse. Il s'ensuit qu'un enfant, né d'une telle relation, ne peut être héritier que de celui de ses parents qui l'a reconnu.

Quand les enfants naturels sont appelés à la succession de leurs parents, ils ont une vocation héréditaire également dans celle de leurs grands-parents. Inversement, ces derniers héritent également de l'enfant naturel, à moins qu'un ordre plus proche, tels les collatéraux privilégiés et leurs descendants, les excluent de cette succession.

Les enfants adoptés ont les mêmes droits que les enfants légitimes dans la succession de leurs parents. Les couples mariés de même sexe ne peuvent évidemment avoir de descendants communs que par suite d'adoption.

Étant donné qu'il existe deux formes légales d'adoption, l'adoption plénière et l'adoption simple, il y a lieu d'examiner séparément chaque forme d'adoption, en ce qui concerne les droits successoraux de l'enfant adopté.

Dans le cas de l'adoption plénière, l'article 368 prévoit que cette adoption confère à l'adopté et à ses descendants les mêmes droits et obligations que s'il était né du mariage des adoptants. L'adopté cesse par contre d'appartenir à sa famille d'origine. Il y perd donc tous droits successoraux.

Quant à l'adoption simple, la situation héréditaire de l'adopté est moins évidente qu'en cas d'adoption plénière. L'article 358 dispose que l'adopté simple reste dans sa famille d'origine et y conserve tous ses droits et obligations, notamment ses droits héréditaires.

Quant à ses droits héréditaires dans sa famille adoptive, l'adopté simple et ses descendants ont, en vertu de l'article 363, les mêmes droits successoraux qu'un enfant légitime.

Ils n'acquièrent cependant pas la qualité d'héritier réservataire à l'égard des ascendants de l'adoptant. L'héritier réservataire est l'héritier qui ne peut pas être écarté entièrement de la succession du de cujus par une donation ou un testament. Les problèmes en rapport avec la réserve héréditaire sont examinés sous les numéros 40 à 43.

La personne, qui a fait l'objet d'une adoption simple, a des droits héréditaires dans sa famille d'origine, dans laquelle elle garde sa réserve héréditaire.

Pour terminer l'analyse des droits successoraux des descendants, il reste à examiner la situation juridique des petits-enfants du de cujus. Du vivant de leur père et mère, ils n'héritent pas d'un de leurs grands-parents, alors que les premiers cités y exercent leurs droits successoraux respectifs.

Les petits-enfants deviennent successeurs de leurs grands-parents dans deux hypothèses.

Du vivant de leur père ou mère, les petits-enfants recueillent la succession de leur grand-père ou grand-mère, si leur père ou mère a renoncé à cette succession ou en a été exclu pour cause d'indignité successorale, à condition qu'il n'y ait pas d'autres héritiers du même ordre et d'un degré de parenté plus proche, les écartant de cette succession.

- Exemple 1 : Une personne A a laissé, à son décès, un fils B et les deux petits-fils B1 et B2, nés de B. Ce dernier renonce à la succession de A ou en est écarté comme indigne. Dans les deux cas, B1 et B2 se partagent la succession de A.
- Exemple 2 : Une personne A a laissé, à son décès, deux fils B et C, ainsi que deux petits-fils B1 et B2, nés de B. B renonce à la succession de A ou en est écarté comme indigne. Dans les deux cas, B1 et B2 ne sont pas héritiers de A, puisque leur oncle C est seul héritier réservataire de A, son degré de parenté avec A étant plus proche que le degré de parenté entre A et B1 ou A et B2.

  En second lieu, les petits-enfants héritent encore d'un de leurs grands-parents en cas de prédécès de leur père et/ou mère avant leur grand-père ou leur grand-mère. Les petits-enfants viennent dans ce cas à la succession de leurs grands-parents en représentation de leur père ou mère. Ils prennent donc la place que ce dernier (cette dernière) aurait prise dans la succession en question, s'il (si elle) avait survécu à son propre père ou à sa mère.
- Exemple : Une personne A a laissé un fils B et, d'une fille prédécédée C, deux petites-filles C1 et C2. Si C avait survécu à A, elle aurait partagé sa succession à parts égales avec B et aurait reçu la moitié de cette succession. En raison du prédécès de C, ses filles C1 et C2 se partagent la moitié de la succession de A, chacune reçoit donc un quart de celle-ci. Dans ce deuxième exemple, il a été fait application de la théorie de la représentation. Celle-ci joue un rôle assez grand en matière successorale.

Nous croyons donc indiqué, avant de continuer l'examen des divers ordres d'héritiers, d'analyser en détail la technique de la représentation.

Nous examinons également la technique de **la fente**, qui trouve une application dans l'ordre des ascendants et des collatéraux.

2. La représentation (article 739 à 744)

28 Au numéro 26, nous avons défini la représentation comme l'institution, en vertu de laquelle un héritier exerce dans une succession les droits d'un autre héritier, de degré plus proche, décédé avant le de cujus.

Le cas classique de la représentation est celui des petits-enfants du de cujus qui remplacent, dans la succession de leur grand-père ou de leur grand-mère, leur père ou leur mère prédécédé(e).

Les petits-enfants se partagent alors la part héréditaire de leur père (mère). Ils reçoivent ensemble la part que ce dernier aurait obtenue, s'il avait survécu au de cujus, ni plus, ni moins. Dans ce cas, les petits-enfants sont qualifiés de représentants. Le père ou la mère prédécédé(e) est le (la) représenté(e).

La représentation joue seulement dans deux ordres d'héritiers, à savoir dans celui des descendants et dans celui des collatéraux privilégiés. Dans ce dernier ordre, elle joue au profit des descendants des frères et sœurs du de cujus, donc au profit des neveux et nièces de ce dernier.

La représentation ne s'applique pas seulement aux représentants du premier degré par rapport au représenté, donc aux petits-fils ou aux neveux. Elle profite également aux descendants de ceux-ci, c'est-à-dire aux arrière-petits-enfants et aux arrière-arrière-petits-enfants. Elle s'étend également au petit-neveu, à l'arrière-petit-neveu, etc.

Le schéma ci-après illustre cette règle pour les descendants.

figure 1

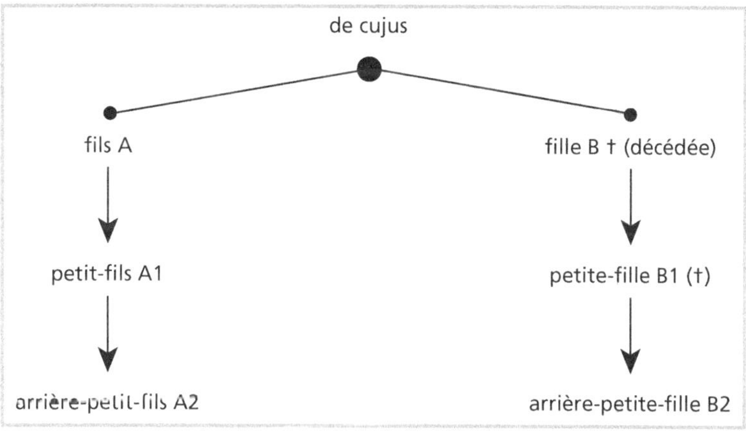

Dans cet exemple, le fils À partage la succession avec l'arrière-petite-fille B2. Chacun reçoit la moitié de cette succession.

Cet exemple illustre bien la règle qu'à l'intérieur d'un même ordre, ce n'est pas toujours la proximité de degré qui décide quel héritier recueille tout ou partie de la succession. Ainsi, le fils A, du premier degré, partage la succession avec l'arrière-petite-fille B2, qui est du 3e degré, alors que le petit-fils A1, de 2e degré, ne reçoit rien, étant donné qu'il est écarté par son père.

La représentation met donc parfois en échec la proximité de degré. La représentation ne s'opère, non pas par degré, mais par souche, c'est-à-dire en agissant, comme si le représenté avait survécu au de cujus et avait lui-même recueilli sa succession, qu'à sa propre mort, il transmet à ses descendants (cf. figure 2 ci-après).

figure 2

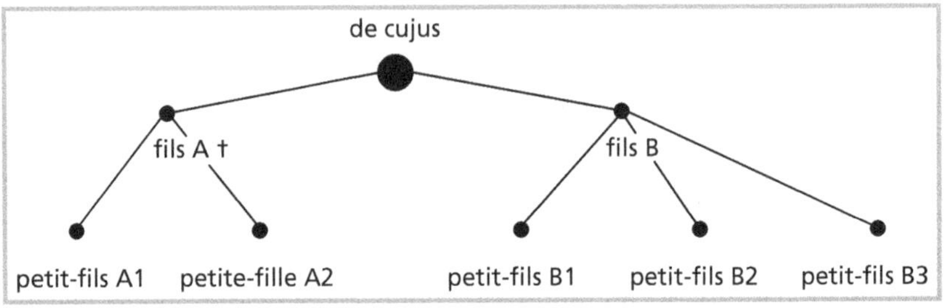

Dans cette succession, le fils B partage la succession avec le petit-fils A1 et la petite-fille A2. Le fils B recueille la moitié de la succession. Le petit-fils A1 et la petite-fille A2 se partagent la succession, que leur père aurait recueillie, s'il avait survécu au de cujus, donc la moitié. Chacun d'entre eux recueille partant un quart de la succession laissée par le de cujus.

Les petits-fils B1, B2 et B3 qui, comme le petit-fils A1 et la petite-fille A2, sont également du deuxième degré, restent étrangers à la succession de leur grand-père, alors que celle-ci est recueillie par leur propre père. Les petits-fils B1, B2 et B3 recueilleront leur part de l'héritage du grand-père en principe lors du décès de leur propre père.

L'on pourrait admettre que la représentation ne joue plus et que la proximité par degré trouve de nouveau application, si les descendants du premier degré sont tous morts avant le de cujus et que la succession met en présence uniquement des petits-enfants.

Or, il n'en est rien, ainsi que cela résulte de l'article 740 en ce qui concerne les descendants, et de l'article 742 quant aux collatéraux privilégiés. En effet, en vertu des dispositions légales précitées, la représentation joue également dans l'hypothèse susvisée.

Revenons à la figure 2 ci-dessus et admettons que le fils B soit mort également avant son père. La succession mettrait donc en présence les cinq petits-enfants du défunt.

Si la succession se partageait par tête, chacun des cinq petits-enfants en recueillerait un cinquième. Étant donné cependant que la représentation joue aussi dans ce cas, la succession se partage par souche. Les deux enfants du fils A se partagent donc la moitié qui serait revenue à leur père A. Chacun d'eux recueille donc un quart de la succession du de cujus. Les trois enfants du fils B prennent la moitié que leur père aurait recueillie, s'il avait survécu au de cujus. Chacun d'eux reçoit donc un tiers de la moitié, soit un sixième, de la succession de leur grand-père.

Mais, l'application de la représentation est encore soumise à d'autres règles.

Elle présuppose le prédécès du représenté avant le de cujus, donc la mort du fils ou de la fille avant celle du père ou de la mère. Il n'y a donc pas lieu à représentation si le représenté, vivant encore lors du décès du de cujus, n'est pas appelé à sa succession. Cette exclusion se produit dans deux cas. Si l'héritier le plus proche en degré est écarté de la succession du de cujus pour cause d'indignité ou s'il a renoncé à cette succession.

La non-application de la représentation en cas d'indignité ou de renonciation résulte de l'article 744, aux termes duquel « on ne représente pas les personnes vivantes, mais seulement celles qui sont mortes ».

La règle ci-dessus est illustrée par la figure 3. Étant donné que les règles de la représentation sont les mêmes dans l'ordre des collatéraux privilégiés que dans celui des descendants, l'exemple choisi concerne une succession entre frères et sœurs.

figure 3

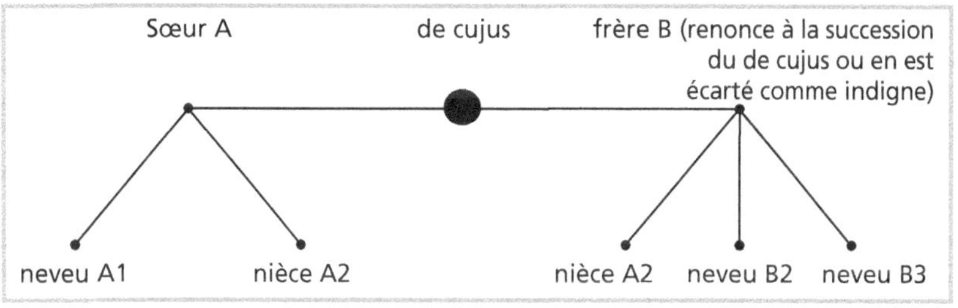

Étant donné que le frère B ne prend pas part à la succession de son frère, ses propres enfants n'y ont pas droit non plus. Toute la succession est donc recueillie par la sœur A.

D'autre part, il faut que le représenté et le représentant aient chacun soi-même la capacité d'hériter du de cujus. En d'autres termes, il ne faut pas qu'ils aient perdu leur vocation héréditaire pour cause d'indignité.

Pour illustrer cette règle, revenons à la figure 3 et supposons que la sœur A soit également morte avant le de cujus. Son fils (neveu A1) et sa fille (nièce A2) viendraient à la succession de leur oncle en représentation de leur mère.

Admettons d'abord que la sœur A prédécédée ait été déclarée indigne de succéder à son frère pour avoir tenté de le tuer. Si A avait survécu à son frère, elle n'aurait pas eu vocation à hériter de sa succession. Ces enfants A1 et A2 ne peuvent donc pas la représenter dans la succession de leur oncle, même en cas de prédécès de leur mère.

Admettons d'autre part que la sœur A prédécédée n'ait pas été déclarée indigne, mais que le neveu A1 ait été écarté de la succession de son oncle pour avoir tenté de le tuer. Il ne pourrait donc pas hériter de cet oncle en représentation de sa mère, mais sa sœur A2 hériterait seule la part qui aurait dû revenir à leur mère par le mécanisme de la représentation.

En revanche, le neveu A1 garderait ses droits dans la succession de son oncle, en représentation de sa mère, s'il était seulement écarté pour cause d'indignité de la succession de cette dernière.

Si un héritier a été condamné pour attentat à la vie du de cujus, il est indigne de lui succéder, qu'il vienne à cette succession en nom personnel ou par le mécanisme de la représentation.

Par contre, si cet héritier a été écarté de la succession du représenté pour cause d'indignité, il peut toujours recueillir sa part de succession en venant en représentation à la succession du de cujus. Il en est de même, si cet héritier avait renoncé à la succession du représenté.

Les causes qui écartent le représentant de la succession du représenté, ne l'empêchent donc pas de recueillir, en représentation, la succession du de cujus. Cette règle résulte de l'article 744, dont l'alinéa 2 spécifie qu'on peut représenter celui, à la succession duquel on a renoncé. Il est vrai que cet article parle seulement de la renonciation et non de l'indignité. Mais, étant donné que cette dernière produit les mêmes effets que la renonciation, il est normal que l'article 744 alinéa 2 s'applique également à l'indignité.

En conclusion des règles susvisées, on peut résumer la relation existant entre l'indignité successorale et la représentation comme suit :

1) Un indigne ne peut jamais venir en représentation à la succession de celui, à l'égard duquel il a eu des torts le rendant indigne de succéder.
2) Un indigne peut venir à la succession du de cujus en représentation de celui, de la succession duquel il a été écarté comme indigne ou à la succession duquel il a renoncé.
3) Un descendant ne peut pas venir à la succession du de cujus en représentation de son auteur, écarté pour cause d'indignité de cette même succession, même si l'indigne est prédécédé.

Existe-t-il des ordres successoraux, dans lesquels la représentation ne joue pas ?

La représentation joue dans l'ordre des descendants. Dans celui des collatéraux privilégiés, elle s'applique au profit des descendants des frères et sœurs du de cujus.

Ce sont là tous les cas d'application de la représentation. Elle n'intervient donc ni dans l'ordre des ascendants, ni dans celui des collatéraux ordinaires.

Dans l'ordre des ascendants, la représentation n'aurait guère d'utilité. Elle aurait généralement pour effet de faire passer une succession à des personnes âgées, dont la propre succession s'ouvrirait bientôt. Les biens recueillis par les ascendants venant en représentation, reviendraient, à court délai, à des collatéraux privilégiés ou non, qui les auraient hérités en l'absence de vocation successorale des ascendants ordinaires.

Dans l'ordre des collatéraux ordinaires, les raisons invoquées pour l'absence de la représentation pour les ascendants ordinaires, ne seraient pas valables au même degré. En effet, la représentation joue en faveur des descendants de ces collatéraux.

Néanmoins, dans le cas, la représentation des collatéraux ordinaires aurait pour effet d'élargir anormalement le cercle des héritiers et de compliquer, outre mesure, la détermination de ceux-ci.

Dans l'ordre des ascendants ordinaires et dans celui des collatéraux, autres que les frères et sœurs et leurs descendants, le partage de la succession se fait en fonction de la proximité du degré.

Toutefois, dans ces deux ordres, une autre technique légale trouve application. Il s'agit de la fente, qui sera examinée ci-après.

3. La fente

La fente consiste dans le partage, en deux moitiés égales, d'une succession 29
échue à des ascendants, à l'exception des père et mère, et à des collatéraux privilégiés (frères et sœurs du de cujus et leurs descendants).

Ce partage par moitié se fait entre la ligne paternelle et la ligne maternelle du de cujus. Chaque ligne détermine ses propres héritiers.

La fente joue dans trois ordres différents :

- dans celui des ascendants ordinaires,
- dans celui des collatéraux ordinaires,
- dans celui des collatéraux privilégiés.

Dans ce dernier ordre, la fente peut se combiner avec la représentation. Elle ne joue cependant que dans les rapports réciproques entre les collatéraux privilégiés et non à l'égard des père et mère appartenant au même ordre. Cela signifie que la fente s'applique seulement à la partie de la succession, non attribuée aux père et mère.

Quel est le sens de la fente ?

Elle a une longue histoire et existait déjà avant l'entrée en vigueur du Code civil. On peut considérer qu'à l'époque, elle a constitué un compromis entre, d'une part, la règle coutumière voulant que les biens restent dans la famille (les biens paternels dans la ligne paternelle et les biens maternels dans la ligne maternelle) et le principe romain de l'unité de la succession.

De nos jours, on peut considérer la fente plutôt comme l'application d'un devoir familial. Étant donné que la fortune d'une personne, dans la mesure où elle a été héritée de ses ancêtres, provient tant du côté paternel que du côté maternel, il est équitable que la succession de cette personne, en l'absence de descendants et d'un conjoint survivant, aille de même tant vers sa famille paternelle que vers sa famille maternelle.

Nous allons voir l'application des règles de la fente en examinant les trois ordres successoraux précités, pour les collatéraux privilégiés (cf. numéro 36), pour les ascendants (cf. numéro 37) et pour les collatéraux ordinaires (cf. numéro 38).

Avant cet examen, signalons cependant qu'il existe un système de fente spéciale. Il fonctionne, en cas d'adoption simple, entre la famille d'origine de l'adopté et sa famille adoptive, dans le cas où l'adopté meurt sans laisser de descendants, ni de conjoint survivant.

L'examen de cette fente spéciale se fait lors de l'étude des successions anomales (cf. numéro 44).

4. Le conjoint survivant

4.1. *L'évolution des droits successoraux du conjoint survivant*

30 Le conjoint survivant ne fait pas partie de la famille du de cujus. Il n'est donc pas étonnant qu'il ait longtemps été traité comme « parent pauvre » dans la succession de son conjoint prédécédé.

La raison de cette exclusion du conjoint survivant a été que, dans le temps, le droit successoral était conçu, avec le régime matrimonial, comme un instrument pour conserver les biens dans la famille. Or, faire du conjoint survivant un héritier comme tout autre, ce serait mettre en échec cette conservation. En effet, les biens familiaux risquent de passer, en tout ou en partie, à la famille du conjoint.

Dans le Code civil originaire, le conjoint survivant n'héritait de son conjoint qu'à défaut de tout parent au degré successible. Comme les parents du de cujus pouvaient hériter jusqu'au douzième degré, le conjoint survivant n'héritait en fait jamais.

Les conjoints, désireux d'éviter au survivant cette situation pénible, avaient la possibilité de choisir un régime matrimonial favorable à ce conjoint survivant, en faisant un contrat de mariage.

Ce dernier devait être fait avant le mariage, alors qu'en raison du principe de l'immutabilité du régime matrimonial applicable alors, il n'était pas possible de modifier ce régime au cours du mariage. Les conjoints pouvaient également se consentir des donations, soit par contrat de mariage, soit au cours du mariage. Néanmoins, en présence d'enfants, l'ampleur de ces donations était peu élevée.

Une légère amélioration du sort successoral du conjoint survivant a été réalisée par la loi du 12 mai 1905. Celle-ci fait bénéficier le conjoint survivant d'un droit d'usufruit viager, dont le taux variait en fonction de la proximité des parents laissés par le conjoint prémourant. Cet usufruit portait généralement sur la moitié de la succession laissée par ce dernier. L'attribution d'un usufruit au conjoint survivant ne mettait pas en brèche le principe de la conservation des biens dans la famille. En effet, par la mort du conjoint survivant, l'usufruit, dont il (elle) bénéficiait, s'éteignait et les biens revenaient de nouveau dans leur intégralité à la famille d'origine.

Un grand progrès, en ce qui concerne le sort successoral du conjoint survivant, a été réalisé par une loi qui, au fond, avait peu en commun avec le droit successoral. Il s'agit de la loi du 4 février 1974 relative au régime matrimonial.

On peut se demander comment une réforme étrangère au droit successoral peut avoir de grandes incidences sur ce droit, dans la mesure où il était appliqué au conjoint survivant. En effet, tel n'était pas l'intention des auteurs de la réforme du régime matrimonial.

Le résultat inattendu précité a pu être obtenu par la suppression du principe de l'immutabilité du régime matrimonial, dont il a été question ci-avant. Dorénavant, il devenait possible de modifier, au plus tôt après deux ans de mariage et même à tout moment à partir de l'entrée en vigueur de la loi du 27 juin 2018 instituant le juge aux affaires familiales, le régime matrimonial antérieur. Nombreuses ont été les personnes mariées à profiter de cette innovation. Presque toutes ont choisi le régime de la communauté universelle, avec attribution de cette communauté au conjoint survivant (cf. numéro 16).

Les premiers à profiter de cette nouvelle situation juridique ont été les couples sans enfants. Ceux-ci trouvaient à la fois la possibilité de régler avantageusement leurs problèmes de succession au profit du survivant et d'éviter le paiement des droits de succession.

Les couples avec enfants ont suivi. Leur souci primordial était d'éviter qu'à la mort du premier d'entre eux, leurs enfants ne viennent réclamer leur part de succession. Un tel partage aurait en effet mis surtout le conjoint survivant dans une situation difficile pour mobiliser les fonds nécessaires afin de satisfaire les prétentions héréditaires de ses enfants.

La réaction des couples face à la réforme matrimoniale de 1974 a rapporté la preuve que le principe cher aux auteurs du Code civil, à savoir que le droit successoral ne devrait pas avoir pour effet de faire sortir les biens de la famille, ne trouve plus d'écho auprès des gens mariés. Il a partant fallu tenir compte de cette constatation lors de la réforme du régime successoral. Celle-ci a été opérée par la loi du 26 avril 1979.

Depuis plusieurs décennies, de grands changements sociologiques de la vie familiale sont intervenus.

En premier lieu, la grande famille, dans laquelle vivaient, en règle générale, trois générations, a éclaté. Désormais, cette famille se réduit normalement au couple et à ses enfants. En cas de décès du mari, le conjoint survivant est donc plus exposé financièrement, alors qu'il (elle) ne peut plus compter, dans la même mesure, sur la solidarité de la famille.

En second lieu, si le conjoint survivant requiert une protection renforcée du point de vue du droit successoral, tel n'est plus le cas des ascendants du de cujus, y compris son père et sa mère. Ces derniers bénéficient maintenant d'une protection sociale améliorée. Ils touchent une pension de retraite ou de survie et sont assurés contre les risques de maladie.

Ces changements sociologiques, ayant affecté positivement les ascendants et négativement le conjoint survivant, ont déterminé les auteurs de la réforme de 1979 à renverser la priorité successorale.

Si, avant cette réforme, les ascendants, surtout privilégiés que sont les père et mère du de cujus, primaient le conjoint survivant, l'inverse sera le cas après cette réforme. Désormais, ce dernier occupe dans l'ordre successoral la deuxième position. Il exclut tous les héritiers, sauf les descendants. Il vient en concours avec ces derniers sur la succession de son conjoint mort avant lui.

4.2. *Les droits du conjoint survivant en l'absence de descendants*

31 Si le de cujus ne laisse pas de descendants, tels qu'ils ont été spécifiés ci-avant, le conjoint survivant prime tous les autres parents de son conjoint décédé. Il recueille partant l'intégralité de la succession délaissée par le prémourant.

Ces droits successoraux n'existent cependant que sous certaines conditions.

Il faut en premier lieu que le veuf ou la veuve ne soit pas divorcé(e) du conjoint prédécédé. Le divorce rompt les liens juridiques entre conjoints et supprime donc également les droits successoraux. Peu importe que le divorce ait été prononcé aux torts exclusifs du conjoint prédécédé ou à ceux du conjoint survivant.

Pour priver le conjoint survivant de ses droits héréditaires, il faut cependant que le divorce ait été définitivement prononcé. Si la mort d'un conjoint survient durant l'instance en divorce, les liens du mariage subsistent et les droits héréditaires du conjoint survivant sont maintenus. Est assimilée au divorce, en ce qui concerne les effets sur les droits successoraux du conjoint survivant, la séparation de corps, dans les cas où elle a été prononcée contre le conjoint survivant. Le mariage et les droits successoraux du conjoint survivant continuent d'exister si les conjoints sont seulement séparés de fait, même si cette séparation a duré plusieurs années.

Une deuxième condition, pour que le conjoint survivant puisse hériter de son conjoint prédécédé, est qu'il n'ait pas été écarté de sa succession par une donation ou par un testament de son conjoint. Le conjoint survivant n'est pas un héritier réservataire de son conjoint. Il n'a pas un droit inaliénable à cette succession.

Tout ce que le Code civil garantit au conjoint survivant, s'il est dans le besoin et s'il n'a pas hérité du conjoint prémourant, c'est un secours alimentaire. L'article 205 dispose en effet que la succession du conjoint prédécédé doit des aliments au conjoint survivant, s'il est dans le besoin. Ce droit existe même si les conjoints étaient séparés de corps.

Ces aliments sont prestés sous forme d'une pension périodique. Celle-ci est à charge des héritiers du défunt et, s'il ne reste pas à ceux-ci suffisamment d'actifs, le surplus est à supporter par les légataires, même à titre particulier, s'il en existe.

Le soutien visé par l'article 205 peut également être payé globalement par l'attribution au conjoint survivant d'un capital à prélever sur l'actif de la succession. Si cette aide est fournie sous forme de prestations périodiques, son paiement doit être garanti par les héritiers au moyen de sûretés suffisantes (caution personnelle ou hypothèque).

Le conjoint survivant, qui entend revendiquer le secours alimentaire en question, doit le faire dans le délai d'un an à partir du décès de son conjoint. Ce délai se prolonge, en cas de partage, jusqu'à l'achèvement de celui-ci.

4.3. *Les droits successoraux du conjoint survivant en présence d'enfants*

Avant la réforme de 1979, ces droits, en présence d'enfants, se limitaient 32
généralement, en l'absence de libéralités entre conjoint, à une quote-part en usufruit de la succession. Le conjoint survivant se trouvait donc en indivision, quant à cet usufruit, avec ses propres enfants, voire avec ceux du prémourant.

Une telle situation n'était pas pour rassurer le conjoint survivant qui devait toujours craindre que l'un des enfants vienne réclamer sa part d'héritage. On comprend donc l'attrait qu'a trouvé la communauté universelle avec attribution de celle-ci au conjoint survivant.

Cette situation a préoccupé les auteurs de la réforme successorale de 1979. Aussi, leur souci primordial a-t-il été d'assurer au survivant, dans la mesure du possible, le niveau de vie dont il bénéficiait au temps où le couple existait encore. À cet égard, une attention particulière s'attache à l'habitation commune des conjoints. Il a fallu libérer le conjoint survivant, surtout s'il était déjà âgé, de la crainte de devoir quitter la maison habitée souvent durant de nombreuses années avec le partenaire, au cas où les enfants réclament leur part héréditaire.

C'est donc le droit du survivant de pouvoir rester dans cet immeuble jusqu'à son décès, qui est l'idée dominante de cette réforme. D'où la création d'un usufruit viager au profit du conjoint survivant sur la maison ou l'appartement habité(e) par les conjoints jusqu'au décès du prémourant.

À côté de l'usufruit précité, l'article 767-1 a prévu une deuxième option en faveur du conjoint survivant, à savoir celle de recueillir un droit de succession en pleine propriété.

Nous allons examiner successivement ces deux options. Rappelons toutefois que, tout comme pour les droits héréditaires du conjoint survivant, en l'absence de descendants, ses droits visés au présent numéro restent soumis à la condition générale définie par l'article 767. Le conjoint survivant ne doit ni être divorcé de son conjoint prémourant, ni être séparé de corps de lui, ni encore être écarté de sa succession par une donation ou un testament.

4.4. *L'usufruit du conjoint survivant sur l'immeuble commun des conjoints*

33 Cet usufruit est viager, c'est-à-dire qu'il dure aussi longtemps que vit le veuf ou la veuve. Il porte sur l'immeuble habité par les conjoints, « *à condition que cet immeuble ait appartenu en propriété au défunt en totalité ou en copropriété avec le survivant* ».

Il existe donc une double condition pour que l'usufruit légal du veuf ou de la veuve puisse jouer : une habitation commune et une propriété ou copropriété dans le chef du défunt d'une maison ou appartement.

En ce qui concerne la première condition, elle implique deux conséquences. Si le prémourant ou les deux conjoints était (étaient) propriétaire(s) d'un immeuble, mais que les conjoints ne l'habitaient pas (par exemple, parce qu'ils disposaient d'un logement de service), l'usufruit légal visé par l'article 767-1 ne saurait jouer. Par ailleurs, si les conjoints sont propriétaires de plusieurs appartements dans une même résidence, ou même si toute la résidence leur appartient, l'usufruit légal ne saurait porter que sur l'appartement habité effectivement par les conjoints.

Quant à la seconde condition, l'usufruit ne saurait évidemment jouer que si le prémourant ou les deux conjoints était (étaient) propriétaire(s) d'une maison ou d'un appartement. Par contre, si les conjoints étaient uniquement locataires de leur habitation, l'usufruit légal ne peut pas s'appliquer. Il devrait en être de même, si la maison appartient à une société constituée par les conjoints. Bien qu'économiquement, cet immeuble continue à appartenir aux conjoints, juridiquement, il est la propriété de la société, créée par les conjoints.

L'usufruit légal du conjoint survivant s'étend non seulement à l'immeuble lui-même, mais encore aux « meubles meublants le garnissant ». L'article 767-1 parle expressément de meubles meublants, pour limiter les droits du conjoint survivant au mobilier, au sens courant du terme, se trouvant à l'intérieur de l'immeuble susvisé.

L'usufruit légal du conjoint survivant est en principe viager. Il n'en est pas toujours ainsi. L'article 767-1 prévoit en effet une hypothèse, dans laquelle cet usufruit cesse et est remplacé par un capital au profit de ce conjoint.

Cette hypothèse est donnée en cas de remariage du conjoint survivant, si les enfants s'opposent à la continuation de l'usufruit de leur père ou mère sur la maison familiale.

Probablement, les auteurs de la réforme de 1979 ont estimé que c'était beaucoup demandé aux enfants de voir leur parent survivant se remarier et continuer à vivre dans la maison parentale avec son nouveau conjoint.

Ces enfants ont donc le droit de revendiquer, en cas de remariage de leur père ou mère, que l'usufruit, dont ce dernier (cette dernière) bénéficie, soit converti en un capital à son profit. Ce capital est payé par les enfants. Il doit correspondre à la valeur de l'usufruit, qui est fonction de l'âge de l'usufruitier.

Pour que la conversion de l'usufruit en un capital puisse s'opérer, il faut qu'elle soit demandée au tribunal dans les six mois du remariage du parent survivant et qu'elle soit réclamée par tous les enfants (voire par les petits-enfants, en cas de prédécès d'un des enfants).

Si ces deux conditions sont réunies, la conversion de l'usufruit en un capital est obligatoire pour le tribunal. Celui-ci ne peut donc pas apprécier les motifs ayant incité les enfants à faire cesser l'usufruit légal précité.

Si, par contre, les enfants ne sont pas unanimes à demander la conversion en question, celle-ci est facultative pour le tribunal. Lorsque six mois se sont écoulés depuis le remariage du veuf ou de la veuve, sans qu'une demande en conversion ne soit introduite, le parent survivant est garanti contre toute demande ultérieure.

Si le remplacement de l'usufruit légal par un capital s'est réalisé, cet usufruit cesse. Tandis que les enfants avaient jusque-là uniquement un droit de nue-propriété sur l'ancien domicile conjugal, ils seront dorénavant pleins-propriétaires de cet immeuble. Au cas où ce dernier est la propriété exclusive du parent prémourant, les enfants en seront les seuls propriétaires. Le conjoint survivant perd donc tout droit sur cet immeuble.

Par contre, si ladite maison a appartenu aux deux conjoints, la cessation de l'usufruit du conjoint survivant fait des enfants des copropriétaires de cet immeuble, avec leur père ou leur mère survivant. Ils sont donc en indivision avec celui-ci (celle-ci) et peuvent demander le partage de l'immeuble, avec toutes les conséquences que ce partage peut comporter pour le veuf ou la veuve.

Au cas où l'usufruit légal du conjoint survivant subsiste, en l'absence d'une demande en conversion pour cause de remariage, les enfants ne peuvent pas demander le partage de la maison familiale. Il n'y a en effet pas indivision entre l'usufruitier et le nu-propriétaire. Or, là où il n'y a pas indivision, il n'y a pas matière à partager.

Tout ce que les enfants, ou l'un d'eux, pourraient faire, s'ils éprouvent un grand besoin d'argent, c'est de vendre leur part de la maison en nue-propriété. Mais ils risquent de ne pas trouver preneur ou, du moins, de ne toucher qu'un montant peu élevé comme prix de vente.

4.5. *La part d'enfant légitime le moins prenant*

34 C'est la deuxième alternative qui se présente au conjoint survivant, à côté de l'usufruit légal, commenté ci-avant.

Ce conjoint exerce son option, en considération de ses intérêts et en fonction de la consistance des biens qui composent la succession de son défunt conjoint.

Si l'habitation commune représente la majeure partie de la fortune des conjoints, le survivant se prononce évidemment pour l'usufruit de cet immeuble. Quand les conjoints ne sont pas propriétaires d'un immeuble, le conjoint, qui survit, ne peut opter que pour la part d'enfant. Il en est de même, au cas où le survivant est lui-même propriétaire exclusif de l'immeuble en question. Si le conjoint prémourant a laissé une grande fortune, le survivant a intérêt à opter pour la part d'enfant. Cet intérêt est encore renforcé, si le prémourant n'a laissé qu'un enfant. Dans ce cas, la part d'héritage, revenant au survivant, est maximale.

Comment se calcule « la part d'enfant légitime le moins prenant » ?

Cette part constitue un pourcentage déterminé de la succession en pleine-propriété et non seulement en usufruit. Elle se calcule en ajoutant une unité au nombre d'enfants laissés par le défunt. De sorte qu'en présence d'un enfant, la part héréditaire du conjoint survivant est de la moitié de la succession. Elle est d'un tiers en présence de deux enfants et d'un quart pour trois enfants et au-delà. Ce quart constitue toujours un minimum, quel que soit le nombre d'enfants que le conjoint prémourant a laissés. Les petits-enfants ne comptent pas individuellement, mais représentent seulement leur père et mère prédécédé(e), pour déterminer le nombre d'enfants à considérer.

Bien que l'article 767-1 ne le spécifie pas expressément, il faut cependant admettre que les enfants naturels reconnus du prémourant, comptent également pour déterminer le nombre d'enfants laissés. Cette interprétation s'impose en présence du fait que l'article 334-1 accorde aux enfants naturels reconnus les mêmes droits qu'aux enfants légitimes. Pour les enfants adoptifs, une assimilation aux enfants légitimes est également évidente.

L'article 767-1 parle d'une part d'enfant légitime le moins prenant. Que signifie cette limitation ?

L'article en question vise le cas où le conjoint prémourant, dans la limite de la quotité disponible (cf. numéros 41 et 42) a fait une donation à l'un de ses enfants ou l'a institué légataire. Dans ce cas, les enfants recueillent des parts inégales dans la succession de ce parent. Ce que l'un reçoit en plus, les autres le reçoivent en moins. Le conjoint survivant, pour le calcul de sa part de succession, est assimilé à l'enfant qui reçoit la plus faible part successorale. Il ne peut donc pas recevoir en sus de sa part d'enfant, sans qu'elle ne puisse être inférieure au quart de la succession.

L'alinéa 2 de l'article 767-1 dispose que « les parts des enfants ou descendants sont, en ce cas, réduites proportionnellement, dans la mesure nécessaire, pour constituer la part du conjoint ».

La portée de cette phrase est la suivante. En l'absence d'un conjoint survivant et à défaut d'une donation ou d'un testament au profit d'un descendant, chaque enfant aurait reçu une part de succession proportionnelle au nombre des enfants laissés par le défunt. Étant donné qu'on ajoute fictivement une unité au nombre d'enfants pour calculer la part du conjoint survivant, la part de chaque enfant se réduit en fonction de la part successorale attribuée au conjoint survivant.

Ainsi, un enfant unique aurait hérité de toute la succession de son père ou de sa mère. En présence de l'option du parent survivant pour la part d'enfant légitime, la part successorale de l'enfant unique se réduit à la moitié de la succession. Deux enfants reçoivent seulement chacun un tiers, alors qu'ils auraient reçu chacun la moitié, en l'absence de conjoint survivant.

Cinq enfants auraient eu droit chacun à un cinquième de la succession. Étant donné que le conjoint survivant peut revendiquer un quart de la succession, en présence de trois enfants et au-delà, les cinq enfants doivent se partager les trois quarts restants de la succession, donc 3/20 pour chacun.

4.6. *Le délai dans lequel l'option par le conjoint survivant doit être exercée*

35 Comme le conjoint survivant dispose de deux options quant à l'héritage de son conjoint prémourant, il doit se décider pour l'une ou l'autre des deux alternatives. Ce choix doit s'opérer dans un délai relativement court. En effet, avant que le conjoint survivant ne se soit prononcé, les parts héréditaires des enfants ne sont pas établies définitivement et ceux-ci ne peuvent en conséquence pas procéder au partage de la succession.

Ce délai est fixé de façon péremptoire par l'article 767-3. Celui-ci dispose que cette option doit être exercée avant le partage, ce qui est évident, en considération de ce qui a été exposé à l'alinéa précédent.

Le même article a fixé un second délai plus précis, en prévoyant que l'option doit être exercée dans les trois mois et quarante jours à compter du jour de l'ouverture de la succession (= jour du décès du conjoint prémourant).

Le délai précité semble bizarre, alors qu'il s'exprime en mois et en jours. On retrouvera ce même délai dans l'acceptation de la succession sous bénéfice d'inventaire (cf. numéro 57), dont l'article 767-3 semble s'être inspiré.

En pratique, le délai sus-indiqué vise deux actions différentes, à accomplir chacune dans un laps de temps déterminé.

Le délai de trois mois est destiné à faire inventaire des biens compris dans la succession du défunt. Pour exercer l'option demandée de lui, le conjoint survivant doit pouvoir agir en connaissance de cause et connaître l'envergure de la succession de son conjoint.

La deuxième partie du délai, à savoir les quarante jours, est un temps de réflexion. Connaissant la composition de la succession, il faut que le veuf ou la veuve se prononce pour l'une ou l'autre des deux alternatives que la loi lui offre.

Les trois mois, laissés au conjoint survivant pour faire inventaire, ne constituent pas un délai de rigueur. Ils peuvent être dépassés.

Toutefois, le délai global de trois mois et quarante jours est immuable. En effet, l'article 767-3 attache au non-respect de ce délai une conséquence : le conjoint survivant ne peut plus opter pour la part d'enfant légitime. La loi admet en effet, sans contre-preuve possible, que le conjoint survivant a opté pour l'usufruit de la maison commune des conjoints et des meubles qui s'y trouvent, s'il n'a pas exprimé son choix dans le délai légal. Cette option légale vaut même, si les conjoints n'ont pas été propriétaires d'un immeuble, sur lequel l'usufruit légal peut porter.

Cette présomption légale s'impose encore si le conjoint survivant est mort avant que le délai d'option n'ait expiré et sans qu'il ait fait connaître son choix avant son décès.

Partant, au cas où le conjoint survivant entend se prononcer pour la part d'enfant, il doit se décider avant l'expiration du délai précité. Une autre condition est encore exigée dans ce cas. Son option doit faire l'objet d'une déclaration au greffe du Tribunal d'arrondissement, dans le ressort duquel s'est ouverte la succession du défunt conjoint. Cette option doit être inscrite dans le registre destiné à recevoir les renonciations à une succession. Ce registre est public.

La déclaration au greffe constitue une espèce de publicité au profit des créanciers traitant avec le conjoint survivant. Du moment que l'option du conjoint survivant ne figure pas dans le registre en question, le délai d'option étant expiré, les créanciers sont assurés que ce conjoint a délibérément ou implicitement opté pour l'usufruit légal.

Signalons encore que l'article 767-4 oblige le conjoint survivant, qui a opté pour l'usufruit légal, à faire établir, dans les quinze jours de l'option, un inventaire des meubles compris dans la succession du conjoint prémourant. Cet inventaire doit être dressé entre toutes les parties intéressées, donc avec le concours des enfants.

Le survivant, qui a négligé d'établir cet inventaire dans le délai imparti, peut être condamné à des dommages-intérêts, si son omission a causé un préjudice aux autres héritiers.

C. – L'ORDRE DES PÈRE ET MÈRE ET DES COLLATÉRAUX PRIVILÉGIÉS

Les collatéraux privilégiés sont, ainsi que cela a déjà été dit, les frères et sœurs du de cujus et, en cas de leur prédécès, leurs descendants, donc les neveux et nièces du défunt. 36

Les père et mère, ainsi que les collatéraux privilégiés, frères et sœurs, ne recueillent la succession de leur fils/fille, respectivement frère/sœur, que si le de cujus n'a laissé ni descendants, ni conjoint survivant.

Le partage de la succession entre les héritiers du présent ordre se fait d'après les règles suivantes.

Si le de cujus laisse son père et sa mère, ainsi que des frères et sœurs, le père et la mère recueillent chacun un quart de la succession, soit au total la moitié. Les frères et sœurs, ou leurs descendants, se partagent l'autre moitié.

Si seul(e) le père ou la mère survit au de cujus, cet ascendant reçoit le quart de sa succession, les collatéraux privilégiés se voient attribuer les autres trois quarts de cette dernière.

En cas de prédécès tant du père que de la mère du de cujus, tout l'héritage revient à ses frères et sœurs. Ceux-ci écartent donc les ascendants ordinaires (grands-parents) du défunt, bien que ces derniers soient également du deuxième degré. Ces ascendants sont également écartés par les neveux ou nièces du de cujus, si ceux-ci viennent à la succession en représentation de leur père ou mère prédécédé(e), et pourtant ces neveux et nièces sont seulement du troisième degré.

En l'absence de collatéraux privilégiés et de descendants d'eux, toute la succession revient au père et à la mère du défunt, à chacun pour une moitié. Si seul le père ou la mère survit, celui-ci ou celle-ci hérite de toute la succession de son enfant prédécédé.

On aurait pu s'attendre à ce que, dans le cas où seul(e) le père ou la mère du de cujus lui survit, il y ait application de la fente, que nous avons commentée au numéro 29, et qui s'applique lorsque la succession est déférée à des ascendants.

Ainsi, par exemple, si la mère survit, elle aurait touché, en cas d'application de la fente, la moitié de la succession. L'autre moitié serait revenue à l'ascendant le plus proche de la ligne paternelle, par exemple au grand-père paternel.

Il n'en est pas ainsi au Grand-Duché, comme cela a été exposé ci-avant. La raison en est que les auteurs de la réforme de 1979 ont modifié le régime de la succession déférée aux ascendants. Ils ont créé, en l'absence de descendants et de conjoint survivant, en faveur du survivant des père et mère une situation privilégiée.

La part successorale des frères et sœurs, prises dans leur ensemble, varie entre la moitié et l'entièreté de la succession, suivant que le de cujus a laissé ses deux parents, l'un d'eux seulement, ou aucun.

Le partage successoral entre les frères et sœurs du défunt, ou éventuellement entre leurs descendants, ne soulève pas de problème spécial si ces héritiers, suivant la terminologie du Code civil, « sont tous du même lit ». Cette expression signifie que les parents n'ont laissé d'enfants que d'un seul mariage.

Dans ce cas, le partage de la succession se fait pratiquement comme pour les descendants, étant donné que la représentation joue de la même façon que pour ceux-ci.

Mais, il n'y a pas toujours exclusivement des frères et sœurs germains, c'est-à-dire ayant un même père et une même mère, qui prennent part à la succession de leur frère ou sœur prédécédé(e).

Les successions collatérales mettent souvent en présence des enfants, qui « sont de lits différents », pour continuer à utiliser la terminologie du Code civil.

Quand ces enfants sont nés d'un deuxième, voire d'un troisième mariage du père, divorcé ou veuf, le Code civil qualifie ces enfants de frères et sœurs « consanguins » par rapport aux frères et sœurs germains.

Quand c'est la mère, qui se remarie et a également des enfants de ce nouveau mariage, ces derniers enfants sont appelés par le Code civil frères et sœurs « utérins ».

Résumons : Sont frères et sœurs germains, ceux qui ont un même père et une même mère. Ceux qui ont seulement le père en commun, sont des frères et sœurs consanguins. Ceux qui ont seulement une même mère, sont des frères et sœurs utérins.

Quels sont maintenant les droits successoraux des frères et sœurs utérins ou consanguins, par rapport à leurs frères et sœurs germains ?

La réponse à cette question est fournie par l'article 752, qui est libellé comme suit : « Le partage de la moitié ou des trois quarts dévolus aux frères et sœurs... s'opère entre eux par portions égales, s'ils sont tous du même lit ; s'ils sont de lits différents, la division se fait par moitié entre les deux lignes paternelle et maternelle du défunt ; les germains prennent part dans les deux lignes et les utérins et consanguins chacun dans leur ligne seulement ; s'il n'y a de frères ou de sœurs que d'un côté, ils accèdent à la totalité, à l'exclusion de tous autres parents de l'autre ligne ».

Il se dégage de cet article que, s'il y a concours entre frères ou sœurs germains et frères ou sœurs consanguins ou utérins, il faut partager la succession, revenant aux frères et sœurs, entre les deux lignes paternelle et maternelle. Il y a donc lieu à application de la fente.

Par opposition cependant à la fente qui s'applique également dans l'ordre des ascendants et dans celui des collatéraux ordinaires, il y a, dans l'ordre des collatéraux privilégiés, combinaison possible entre fente et représentation.

Pour illustrer l'application de l'article 752 ci-dessus reproduit, reportons-nous à la figure ci-après.

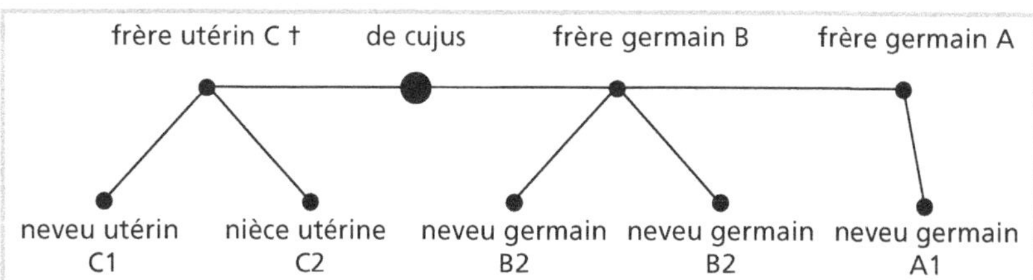

Étant donné que le frère utérin C est prédécédé, il y a également lieu à application de la représentation qui se combine avec la fente.

Les descendants du frère utérin prennent part seulement à la moitié de la succession déférée à la ligne maternelle. Dans cette ligne, il y a donc 3 héritiers. Dans la ligne paternelle, le frère utérin n'a pas de droits. La moitié de la succession, dévolue à cette ligne, revient donc aux deux frères germains, A et B. Les droits successoraux des héritiers se déterminent donc suivant les indications du tableau ci-après.

Parts de succession des différents intéressés :

	Ligne paternelle (moitié de la succession)	**Ligne maternelle (moitié de la succession)**	
Frère utérin C, représenté par le neveu utérin C1 et la nièce utérine C2	/	1/6 c.-à-d. 1/12 pour C1 c.-à-d. 1/12 pour C2	1/6 ou 2/12
Frère germain B	1/4	1/6	5/12
Frère germain A	1/4	1/6	5/12
		TOTAL	**12/12**

Le frère utérin C étant décédé, sa part de succession, à savoir 2/12, se partage entre ses deux enfants ; le neveu C1 reçoit en conséquence un douzième de la succession et la nièce C2 également un douzième.

L'article 752 *in fine* prévoit que, s'il n'y a de frères ou sœurs que d'un côté, ils succèdent à la totalité de la succession, à l'exclusion de tous autres parents de l'autre ligne.

Cela signifie donc que, si le de cujus laisse à son décès seulement des frères ou sœurs consanguins ou utérins, ces demi-frères ou sœurs ne partagent pas seulement la succession dévolue à leur ligne, par exemple maternelle, mais prennent également la moitié dévolue à la ligne paternelle. En d'autres termes, ils héritent de toute la succession dévolue aux collatéraux privilégiés.

Ils excluent donc, dans la ligne à laquelle ils n'appartiennent pas, les autres parents qui auraient une vocation successorale, en l'absence de la phrase finale de l'article 752, tels que les ascendants, les oncles ou tantes du de cujus.

D. – L'ORDRE DES ASCENDANTS

Sont compris dans cet ordre successoral, tous les ascendants, à l'exception des père et mère du de cujus qui appartiennent au troisième ordre, avec ses frères ou sœurs. Les ascendants du 4e ordre sont donc les grands-parents ou arrière-grands-parents du défunt. Le régime applicable aux ascendants ordinaires se résume en deux règles. 37

Il faut d'abord appliquer la fente, c'est-à-dire partager une succession dévolue aux ascendants entre les lignes paternelle et maternelle. Il s'agit, à l'intérieur de chaque ligne, d'attribuer la moitié de la succession à l'ascendant ou aux ascendants le(s) plus proche(s) en degré.

S'il y a donc dans les deux lignes les deux grands-parents, ceux-ci prennent, de chaque côté, la moitié de cette succession. Si seul le grand-père, ou seule la grand-mère, a survécu, il ou elle se voit attribuer cette moitié.

Comment convient-il de départager les héritiers si, dans la ligne paternelle ou maternelle, il n'y a pas d'ascendants ? Y a-t-il lieu dans ce cas à partager la moitié de la succession, dévolue à cette ligne, aux collatéraux de la même ligne ?

Ce n'est pas la solution du Code civil. L'article 753 dispose en effet qu'à défaut d'ascendants dans une ligne, la succession est dévolue aux ascendants de l'autre ligne.

Donc, les ascendants ordinaires excluent toujours les collatéraux ordinaires, même s'ils sont de ligne différente.

E. – L'ORDRE DES COLLATÉRAUX ORDINAIRES

L'article 753 précité prévoit qu'à défaut d'ascendants dans l'une et l'autre ligne, la succession est dévolue, pour moitié, aux parents les plus proches dans chaque ligne. Les parents les plus proches, au sens de l'article 753, sont les collatéraux ordinaires. 38

Rangent dans cette catégorie, l'oncle ou la tante du de cujus, ses grands oncles ou grandes tantes, ses cousins ou cousines, ainsi que les descendants de ces derniers.

La règle, exposée pour les ascendants, s'applique également aux collatéraux ordinaires. Il y a donc d'abord application de la fente et ensuite partage, dans chaque ligne, de la moitié de la succession dévolue à cette ligne, entre les collatéraux les plus proches en degré.

Pour illustrer cette règle, admettons que, dans la ligne paternelle, il y ait, à défaut d'héritiers appartenant à un ordre successoral supérieur, deux oncles, une tante, une grand-tante et quatre cousins.

Les deux oncles et la tante sont du troisième degré par rapport au de cujus. La grand-tante et les cousins sont du quatrième degré. Ces derniers sont donc écartés par les deux oncles et la tante, dont chacun reçoit un sixième de la succession.

Supposons que, dans la ligne maternelle, il y ait un grand-oncle et trois cousins. Tous ces héritiers, étant du quatrième degré, partagent entre eux la succession et chacun en reçoit un huitième.

Jusqu'à quel degré est-il possible de succéder à une personne ?

Suivant l'article 755, les parents collatéraux au-delà du sixième degré ne succèdent plus.

Cela signifie que, dans une succession ab intestat, tout héritier au-delà du petit-fils ou de la petite-fille d'un cousin ne peut plus hériter. Il faut apprécier cette limite dans chaque ligne. L'article 755, deuxième alinéa, prévoit en effet qu'à défaut de parents au degré successible dans une ligne (donc en l'absence d'un héritier inférieur ou égal au sixième degré), les parents de l'autre ligne succèdent pour le tout.

L'article précité prévoit deux exceptions à la règle qu'un héritier au-delà du sixième degré n'hérite plus.

La limitation en question vise les collatéraux ordinaires. Elle ne s'applique pas aux descendants de frères et sœurs. Donc, un tel descendant, même du septième degré, conserve sa vocation successorale. En pratique cependant, un tel cas devrait être rare.

En second lieu, le même article étend la capacité successorale au huitième degré au profit des parents collatéraux « lorsque le défunt n'était pas capable de tester ». L'exception joue en faveur d'une personne qui, pour des raisons physiques ou mentales, a été dans l'impossibilité de tester. Pendant combien de temps doit avoir duré cette incapacité, pour donner lieu à application des dispositions exceptionnelles de l'article 755 ? Est-il suffisant qu'elle ait existé les derniers jours précédant la mort du de cujus ou doit-elle avoir une durée plus longue ? La jurisprudence n'est pas bien fixée quant à cette question, de sorte qu'une tendance générale à ce sujet est difficile à dégager.

F. – LES DROITS SUCCESSORAUX DE L'ÉTAT

L'article 768 dispose qu'à défaut de parents au degré successible et de conjoint, la succession est acquise à l'État. On parle dans ce cas d'une succession en déshérence. 39

Une telle déshérence présuppose une succession pour laquelle il n'existe pas d'héritiers connus ou à laquelle tous les héritiers connus ont renoncé.

Normalement, ces successions ne constituent pas une source d'enrichissement pour l'État. Il importe cependant que quelqu'un prenne en main le règlement d'une telle succession, notamment qu'il paie, ne fût-ce que dans une certaine proportion, les dettes successorales, en vendant les quelques éléments monnayables laissés par le défunt.

À défaut d'héritiers assumant cette tâche, le Code civil a assigné cette mission à l'État, plus particulièrement à l'Administration de l'Enregistrement et des Domaines, normalement chargée de la gestion des biens appartenant à l'État.

Cette Administration commence sa mission par l'apposition des scellés sur les locaux habités par le défunt et par l'établissement d'un inventaire des biens meubles ayant appartenu au de cujus. Ensuite l'Administration précitée doit demander l'envoi en possession au Tribunal d'arrondissement du lieu d'ouverture de la succession. Le tribunal ne peut faire droit à cette requête qu'après trois publications dans les journaux. Cette publicité constitue un ultime appel à d'éventuels héritiers de se faire connaître et de prendre attitude à l'égard de la succession à laquelle ils sont appelés. Généralement cet appel dans la presse reste sans suite. Après ces formalités, il revient à l'Administration de l'Enregistrement et des Domaines de liquider cette succession.

La succession en déshérence n'est pas à confondre avec une succession vacante. Une succession est vacante, lorsqu'aucun héritier ne se présente pour la revendiquer et que l'État n'ait pas encore exercé son droit de succession en demandant l'envoi en possession. Nous traiterons de cette vacance de la succession au numéro 66 ci-après.

G. – PROTECTION SPÉCIALE DES DESCENDANTS : LA RÉSERVE HÉRÉDITAIRE

40 Nous avons examiné longuement les différents ordres d'héritiers et nous avons relevé les priorités que le Code civil accorde à telle catégorie d'héritiers par rapport à une autre.

Néanmoins, le de cujus peut avoir une appréciation personnelle de ses héritiers, différente de celle du Code civil. Il préfère, peut-être, un parent plus éloigné ou même un étranger, à ses parents plus proches, alors que le premier s'est occupé de lui et l'a soigné dans sa maladie, tandis que ses proches parents se sont désintéressés de lui.

Le de cujus peut déroger, par des libéralités, à l'ordre légal des successions. La question se pose cependant s'il jouit d'une liberté totale à cet égard ou si celle-ci subit une limitation au profit de certains héritiers méritant une protection légale particulière.

Le Code civil s'est prononcé pour une restriction à la liberté du de cujus. Il a en effet imposé certaines limites à sa liberté testamentaire et à sa liberté de faire des donations. Il a prévu des héritiers, à qui une partie de la succession est réservée. Celle-ci s'appelle la *réserve héréditaire*. Le de cujus ne peut donc disposer, à sa guise, de toute sa succession que s'il ne laisse pas d'héritiers réservataires. S'il en laisse, il ne peut tester librement que sur une partie de sa succession, partie qu'on qualifie de *quotité disponible.*

Nous examinerons en détail, lorsque nous parlerons de la composition de la masse successorale (cf. numéros 124 à 130), la façon de calculer la réserve pour une succession déterminée. Dans le présent chapitre, nous nous limitons à préciser quels sont ces héritiers réservataires et quelle quotité abstraite de la succession leur revient.

La réserve héréditaire est connue depuis l'origine du Code civil. Néanmoins, la catégorie des héritiers, qui en bénéficie, a varié sensiblement du Code civil originaire à celui de nos jours. Certains héritiers privilégiés, à qui le Code avait conféré la réserve, l'ont perdue depuis, alors que d'autres jouissent actuellement de la réserve que le Code civil leur refusait dans le temps.

Ce sont des considérations sociologiques ou d'équité, qui ont opéré ce changement. Du temps du Code civil de 1804, tous les ascendants étaient des héritiers réservataires, alors que les enfants naturels ne l'étaient pas, ni non plus les enfants adoptifs. Aujourd'hui, c'est la situation inverse qui s'applique.

La réforme de 1979 a enlevé la réserve aux ascendants, y compris aux père et mère du de cujus. On a estimé que les vieux jours des ascendants étaient suffisamment assurés par la sécurité sociale (caisse de pension et caisse de maladie). Il n'est donc pas nécessaire de leur réserver encore une partie de la succession de leur enfant, mort sans laisser de descendance.

La réserve a été accordée aux enfants naturels et adoptifs pour des raisons d'équité : ils ont été assimilés aux enfants légitimes.

Aujourd'hui, les seuls héritiers réservataires sont les enfants légitimes, légitimés, adoptifs et naturels du de cujus. Tous ont les mêmes droits à leur réserve héréditaire. Ces enfants ont une réserve, tant dans la succession de leur père et mère que dans celle des autres ascendants, tels que des grands-parents ou les arrière-grands-parents, sauf les restrictions déjà relevées en ce qui concerne les adoptés par adoption simple (cf. numéro 27 sur les droits successoraux des descendants).

Les petits-enfants ont évidemment aussi droit à une réserve dans la succession de leurs grands-parents. Toutefois, cette réserve ne joue que si les petits-enfants viennent à cette succession en représentation de leur père ou mère déjà décédé(e). Cela peut également être le cas si le père ou la mère a renoncé à la succession de son propre père ou mère ou en a été écarté(e) comme indigne à condition qu'il n'y ait pas d'autres héritiers du même degré dans l'ordre des descendants.

H. – LE TAUX DE LA RÉSERVE HÉRÉDITAIRE

Après avoir énuméré les héritiers réservataires, il convient de spécifier 41
le taux de cette réserve pour les descendants. Celle-ci n'est pas fixée en un pourcentage individuel pour chaque descendant, mais en une quotité globale de la succession, variable suivant le nombre de descendants laissés par le de cujus.

Ainsi, suivant l'article 913, un enfant a droit à la moitié de la succession laissée par son père ou sa mère. Deux enfants ont ensemble une réserve de deux tiers. Trois enfants peuvent revendiquer les trois quarts de la succession. Ce pourcentage reste le même si le nombre des enfants laissés par le de cujus dépasse trois.

Partant, la part de succession, dont un de cujus laissant des descendants, peut disposer (sa quotité disponible) varie également en fonction du nombre de ces descendants. Elle se situe entre la moitié de sa succession (un enfant) et le quart de celle-ci (trois enfants et au-delà).

Quant à la réserve des petits-enfants, quand ils viennent à la succession de leur grand-père ou grand-mère, elle n'est pas en fonction de leur nombre. Ces petits-enfants se partagent en effet la réserve, à laquelle leur père ou mère aurait eu droit, si celui-ci ou celle-ci avait participé à la succession de son propre père ou mère.

Ainsi, si le de cujus laisse une fille et deux petits-enfants d'un fils prédécédé, la réserve globale des descendants est de deux tiers, soit un tiers pour chaque enfant. Les deux petits-enfants ont donc droit, à titre de réserve, chacun à un sixième de la succession.

Comment faut-il calculer la réserve si un enfant renonce à la succession ? Ainsi, par exemple, le de cujus laisse trois enfants, dont l'un renonce à sa succession. Convient-il, dans ce cas, de calculer la réserve en fonction de deux ou de trois enfants ?

Normalement, en présence de la disposition du Code civil qu'un héritier renonçant est censé n'avoir jamais été héritier, il serait logique d'admettre que comptent seuls, pour le calcul de la réserve, les enfants venant effectivement à la succession, donc deux dans notre exemple.

Ce n'est cependant pas ainsi que le voit la jurisprudence, déjà ancienne et bien ancrée. Pour elle, le renonçant compte pour la détermination du taux de la réserve. Donc si, en présence de trois enfants, l'un renonce, il faut néanmoins déterminer le taux de la réserve sur base des trois enfants.

Cette position de la jurisprudence assure une protection supplémentaire de la réserve, en restreignant la liberté de disposer du de cujus. Faut-il assimiler l'enfant, écarté de la succession d'un ascendant pour cause d'indignité, à l'enfant renonçant ? À cet égard, il n'y a pas de jurisprudence bien établie. Il existe des décisions judiciaires différentes, suivant les espèces jugées.

1. La réserve des descendants en présence du conjoint survivant

42 L'article 913, qui a fixé les différents taux de la réserve en fonction du nombre des descendants, dispose en fin de texte « le tout sous réserve de l'application des articles 767-1 et 1094 ».

Ces deux articles concernent le conjoint survivant. L'article 767-1 vise son régime successoral légal et l'article 1094 les libéralités entre conjoint.

Dans le cas où le de cujus laisse un conjoint, la réserve des descendants est, en pratique, inferieure au niveau fixé par l'article 913.

Nous avons vu au numéro 32 que le conjoint survivant peut opter entre l'usufruit de l'immeuble habité par les deux conjoints, avec les meubles s'y trouvant, et une part d'enfant légitime. Cette disposition restreint la réserve des descendants du conjoint prémourant.

Admettons que la succession de ce dernier ne comporte que la seule maison habitée par les conjoints, ainsi que les meubles qui la garnissent. Si le conjoint survivant opte pour l'usufruit, alors il ne reste pour les enfants que la nue-propriété de cet immeuble et des meubles. Il n'y a donc rien à partager entre le conjoint survivant et ses enfants. En effet, usufruit et nue-propriété n'étant pas des droits de même nature, il n'y a pas indivision entre le conjoint survivant et les descendants.

L'article 1094, qui sera examiné dans le cadre des donations entre conjoints, fixe le niveau des libéralités (donation ou testament) que les conjoints peuvent se faire réciproquement. Le taux de ces libéralités dépasse évidemment celui de l'article 767-1. Celles-ci peuvent se faire sous deux modalités :

- soit la libéralité porte sur l'usufruit de toute la succession laissée par le conjoint prémourant ;
- soit elle s'étend à la quotité disponible ordinaire, en fonction du nombre des descendants du prédécédé, et à l'usufruit du surplus.

Pour illustrer cette dernière alternative, supposons que le de cujus ait eu deux enfants. La quotité disponible est d'un tiers de la succession ; elle passe au conjoint survivant. Le « surplus » est évidemment la réserve des descendants, dans notre exemple les deux tiers en présence de deux enfants. Sur cette part, le conjoint survivant a droit à l'usufruit. La réserve des descendants se restreint donc à la nue-propriété des deux tiers de la succession.

Puisque le conjoint survivant dispose dans cette alternative tant d'une partie en pleine propriété, qui comprend la nue-propriété et l'usufruit, que d'une partie en usufruit, les héritiers réservataires peuvent demander le partage de la nue-propriété.

Dans la première des alternatives précitées, réservant au conjoint survivant l'usufruit de toute la succession du conjoint prédécédé, les enfants se voient attribuer la nue-propriété de la succession de leur père ou mère prédécédé(e). Il n'y a donc rien à partager entre les enfants et leur père ou mère survivant.

Est-ce que la réforme de 1979 a entendu spolier les enfants au profit du conjoint survivant ? Évidemment non. Cette réforme est partie de l'hypothèse que la réserve des enfants va se reconstituer au décès du dernier mourant des parents.

Dans le cas où ce conjoint a bénéficié de l'usufruit, cette présupposition se vérifiera certainement. En effet, au décès de ce conjoint, son usufruit cessera et se joindra à la nue-propriété des descendants et la pleine-propriété se trouvera rétablie au profit de ces derniers.

Dans la seconde alternative, le raisonnement, fait à l'alinéa précédent, vaut également pour l'usufruit portant sur la réserve des descendants.

En ce qui concerne la quotité disponible (un tiers dans l'exemple ci-dessus), elle a été allouée en pleine-propriété au conjoint survivant. Celui-ci peut en disposer de son vivant, comme il l'entend. Si cette partie de succession revient en totalité, au décès du conjoint mourant le dernier, aux enfants ou à d'autres descendants du conjoint prémourant, dépend donc du fait si le conjoint survivant n'a pas d'enfants hors mariage ou d'enfants d'un second mariage et s'il a fait ou non des libéralités au profit de certains de ses descendants ou de son second conjoint.

2. L'article 917 et la réserve

43 L'article 917 constitue une entorse au plafond de la réserve. Ledit article prescrit en effet que « lorsque la disposition par acte entre vifs ou par testament est d'un usufruit ou d'une rente viagère, dont la valeur excède la quotité disponible, les héritiers, au profit desquels la loi fait une réserve, auront l'option ou d'exécuter cette disposition ou de faire l'abandon de la propriété de la quotité disponible ». Illustrons cette règle à l'aide d'un exemple.

Une personne, laissant deux descendants, a fait au profit d'un enfant ou d'un tiers, une donation ou un testament portant sur la moitié de sa succession en usufruit. La quotité disponible légale est d'un tiers dans ce cas. La donation ou le testament dépasse donc cette quotité pour l'usufruit. En effet, cette libéralité ne laisse aux descendants qu'une succession portant sur une moitié en pleine-propriété et une moitié en nue-propriété, au lieu de deux tiers en pleine-propriété. Au décès de l'usufruitier, la pleine-propriété de cette succession reviendra aux mains des réservataires ou de leurs héritiers.

L'article 917 laisse maintenant aux réservataires l'alternative, soit de consentir à l'usufruit portant sur la moitié de la succession, soit d'abandonner au donataire ou au légataire, la quotité disponible en pleine-propriété, donc un tiers.

L'article 917 ne vise évidemment pas le conjoint survivant. Les libéralités en usufruit à son profit peuvent porter sur toute la succession du conjoint prémourant, sans que les enfants ne disposent d'une action contre une telle libéralité.

Les donations ou legs en usufruit soulèvent toujours un problème d'évaluation. L'article 917 a soulevé en France des controverses tant sur sa finalité que sur son évaluation. Au Luxembourg, une jurisprudence spécifique quant à cette question n'est pas connue.

Pour déterminer si la donation ou le legs en usufruit dépasse la quotité disponible, faut-il convertir l'usufruit en un capital, l'évaluer donc sous forme de pleine-propriété, ou convient-il de calculer l'excédent sur base des revenus que l'usufruit est susceptible de produire, et de voir si ces revenus dépassent ceux de la quotité disponible légale ? Telle est la question discutée au sujet de l'interprétation à donner à l'article 917.

On peut justifier la portée de cet article par une considération d'équité. Il est probable que cet article ait voulu éviter qu'un héritier réservataire puisse vouloir deux choses à la fois : assurer sa réserve en réduisant une donation en usufruit excédentaire, et recevoir en plus une partie de la quotité disponible.

Il faut que ce réservataire choisisse : soit il veut sa réserve intacte, dans ce cas, il faut réduire la libéralité en usufruit jusqu'au niveau de la quotité disponible, suivant un procédé à fixer, à défaut d'accord entre les parties, par le tribunal, soit il souffre la libéralité excessive en usufruit. Sa réserve est donc provisoirement entamée, mais, au décès de l'usufruitier, il jouira de nouveau de toute la quotité disponible, dans la mesure où il survit à ce dernier. Si tel n'est pas le cas, cet usufruit revient aux héritiers du réservataire.

Chapitre 6

Les successions anomales

Généralement la succession présente une unité. Elle concerne un ensemble de biens soumis à un même régime successoral.

La loi détermine normalement les héritiers, en ne tenant compte ni de la nature des biens (meubles ou immeubles), ni de l'origine de ceux-ci (biens propres ou biens communs).

Cependant, ces règles ne s'appliquent qu'à la succession ordinaire. À côté de cette succession, il existe également une succession anomale, ou anormale qui, contrairement à la règle que la loi ne considère pas l'origine des biens, prévoit le retour de certains biens spécifiques vers leur auteur ou sa famille.

Dans d'autres cas, la loi considère également la nature des biens transmis par le de cujus et organise un régime spécial concernant le transfert de ces biens et droits à la mort de leur titulaire.

Nous allons examiner ci-après les différents cas de successions anomales.

A. - LES SUCCESSIONS ANOMALES BASÉES SUR L'ORIGINE DES BIENS

44 Par opposition au Code civil originaire, le droit successoral ne connaît aujourd'hui plus qu'un seul cas de succession anomale. C'est celui qui joue dans le domaine de l'adoption simple, si l'adopté est décédé sans postérité. Les biens donnés par l'adoptant à l'adopté lui reviennent alors ou, après son décès, retournent à ses descendants. Cette succession anomale est encore qualifiée de retour légal.

Les conditions d'application du retour légal, en cas d'adoption simple, sont définies par l'article 364. On sait qu'en cas d'adoption simple, l'adopté reste dans sa famille d'origine (le contraire se produit en cas d'adoption plénière). L'adopté simple a des droits héréditaires, tant dans sa famille d'origine que dans celle de l'adoptant.

L'idée à la base du retour légal est la conservation des biens dans la famille d'où ils proviennent. Il faut éviter que la fortune de l'adoptant puisse passer dans la famille d'origine de l'adopté.

La situation inverse, à savoir que les biens de la famille d'origine de l'adopté passent dans sa famille adoptive n'a pas, dans la même mesure, préoccupé les auteurs du Code civil. Cette situation se produit si l'adopté, après avoir hérité dans sa famille d'origine, meurt sans descendants, ni conjoint. Dans ce cas, il ne s'opère pas de retour légal au profit de la famille d'origine pour les biens hérités dans cette famille.

Il y a donc un certain illogisme en ce qui concerne ce retour légal.

Pour compenser cette lacune, l'article 364 prévoit que les autres biens de la succession de l'adopté, c'est-à-dire ceux ne retournant pas à la famille adoptive par l'effet du retour légal, reviennent exclusivement à sa famille d'origine. L'adoptant ou sa famille en est donc exclu.

L'article 364 connaît deux cas d'application du retour légal au profit de l'adoptant ou de ses descendants.

1) Si l'adopté meurt sans laisser ni descendant, ni conjoint survivant, les biens donnés par l'adoptant ou recueillis dans sa succession, retournent à l'adoptant ou à ses descendants, s'ils existent encore en nature.

   Ce retour légal ne joue donc pas si l'adopté laisse des descendants (légitimes, naturels ou adoptifs) ou un conjoint survivant. D'autre part, le retour légal s'applique uniquement si les biens donnés par l'adoptant ou recueillis dans sa succession, existent encore en nature dans la succession de l'adopté. Ce retour disparaît donc si l'adopté les a aliénés, peu importe que ce soit par vente, échange ou donation.

2) Si, du vivant de l'adoptant et après le décès de l'adopté, les enfants ou descendants laissés par l'adopté meurent sans postérité, l'adoptant succède aux biens par lui donnés à l'adopté s'ils existent encore en nature lors de l'ouverture de la succession de ce dernier. Ce retour des biens ne s'opère pas en cas de décès de l'adoptant, au profit de ses descendants.

   Quels sont les effets du retour légal ? Le retour légal sus-examiné a pour conséquence qu'il y a ouverture de deux successions : celle ayant pour objet le retour légal de l'adoptant et celle ordinaire au profit de la famille d'origine de l'adopté. Chaque succession a ses héritiers propres auxquels s'applique un régime successoral indépendant (obligation aux dettes de la succession, acceptation ou refus de la succession).

B. – LES SUCCESSIONS ANOMALES BASÉES SUR LA NATURE DES BIENS

Certains biens ou droits ne sont pas partagés suivant les règles régissant les 45
successions, mais sont soumis à un régime spécifique. Sont visés notamment les souvenirs de famille, les sépultures et le bail rural.

1. Les souvenirs de famille

Il s'agit de biens dont la valeur morale l'emporte sur leur valeur patrimoniale, comme des papiers de famille, des échanges de correspondance entre la famille et des personnes ayant une certaine renommée (écrivains, peintres, artistes), des décorations.

Le Code civil ne parle pas de cette catégorie de biens. C'est donc la jurisprudence qui a dû s'occuper de cette question. Elle a décidé que certains membres de famille qui sont les plus qualifiés peuvent se voir confier, à titre de dépôt, les souvenirs de famille. C'est avant tout le conjoint survivant ou l'aîné des descendants.

Cette personne est uniquement dépositaire de ces valeurs dans l'intérêt de la famille. Elle n'acquiert pas sur celles-ci un droit de propriété lui permettant de les aliéner et de garder pour elle le prix de vente. L'aliénation de ces valeurs ne peut se faire que du consentement de tous les héritiers et le prix touché pour leur réalisation est commun à tous les héritiers.

2. Les sépultures

Les concessions de sépulture dans un cimetière ne passent pas, en cas de décès du concessionnaire, à l'ensemble des héritiers de ce dernier. C'est la loi et, dans certains cas, le concessionnaire lui-même qui détermine les personnes ayant droit à l'inhumation dans une tombe.

À cet égard, la loi du 1er août 1972 portant réglementation de l'inhumation et de l'incinération des dépouilles mortelles, définit en son article 10 quels sont les proches parents qui ont ce droit. Ce sont, outre le concessionnaire, son conjoint et leurs descendants avec leurs conjoints. Le concessionnaire lui-même peut désigner d'autres personnes, « auxquelles l'attachent des liens de parenté, d'affection et de reconnaissance ». Les concessions sont limitées à trente ans, mais sont renouvelables.

3. Le bail rural

La loi du 21 septembre 2006, qui a abrogé la loi modifiée du 14 février 1955 sur le bail-à-loyer précise qu'en cas de décès du locataire, le bail continue au profit de son conjoint, de son partenaire ou du concubin et des autres membres de la famille du locataire décédé.

En ce qui concerne le bail à ferme, l'article 15 de la loi du 18 juin 1982 portant réglementation du bail à ferme, dispose qu'en cas de décès du preneur, le bail continue au profit de son conjoint, de ses descendants, ascendants et frères ou sœurs qui participent ou ont participé durant les cinq dernières années aux biens ruraux loués. Ces personnes doivent déterminer, entre elles, celui ou ceux qui continuera(ont) le bail.

Le bailleur ne peut pas donner congé aux personnes précitées. Celles-ci peuvent cependant donner congé au bailleur si elles n'entendent plus exploiter les biens loués. Le bailleur peut, par contre, donner congé aux personnes ne satisfaisant pas aux conditions susvisées.

La législation sur le bail à ferme traite donc différemment les héritiers du preneur, suivant qu'ils ont ou n'ont participé à l'exploitation des biens pris en location.

Chapitre 7

Le transfert des droits patrimoniaux du de cujus à ses successeurs

A. - LA NATURE DE CE TRANSFERT

46 Par sa mort, le de cujus a cessé d'être propriétaire de ses biens. Ces droits passent à ses successeurs. À quel moment s'opère ce transfert de droits ?

La réponse est donnée par l'article 724, tel qu'il a été modifié par la loi du 26 avril 1979, qui est libellé comme suit : « Par le seul effet de l'ouverture de la succession, tous les biens du défunt sont transmis à ses héritiers ». La même position était déjà admise par la jurisprudence antérieure. Cette conception est basée sur l'idée qu'il ne peut pas y avoir de droits sans titulaires.

Ainsi, par la mort du de cujus, ses droits patrimoniaux sont transférés, de plein droit, à ses héritiers. Toutefois, seul l'héritier unique ou le légataire universel acquiert, dès le décès, un droit privatif sur les biens qu'il recueille. Tous les autres successeurs deviennent uniquement propriétaires indivis. C'est seulement le partage qui fera de ces personnes des propriétaires de biens individuels de la succession.

Le transfert automatique des droits du de cujus à ses successeurs comporte certaines conséquences.

1) Si le successeur a survécu, ne fût-ce que peu de temps, au de cujus, il transmet les biens hérités à ses propres héritiers.
2) C'est au décès du de cujus qu'il faut se placer pour juger si le successeur remplit les conditions requises pour hériter.
3) Le successeur acquiert, dès le décès, les fruits des biens hérités (fruits naturels, intérêts, loyers).

Si les successeurs deviennent, par la mort de leur auteur, titulaires de ses droits patrimoniaux, cela ne signifie pas pour autant qu'ils puissent les exercer souverainement dès l'ouverture de la succession.

Le droit successoral distingue en effet entre l'acquisition des droits successoraux et leur exercice. Sans même parler des incapables qui ne sauraient eux-mêmes exercer les droits patrimoniaux qu'ils tiennent d'une succession, l'exercice de ces droits, même par des majeurs capables de leurs droits, ne doit pas être trop précipité. En effet, il convient d'éviter deux dangers qui peuvent menacer la succession.

Le premier danger est l'imposture. Elle consiste dans le fait qu'une personne, munie d'un testament irrégulier, voire falsifié, s'approprie certains biens successoraux et les dissimule au détriment des véritables héritiers ou légataires. Il convient donc de protéger ces derniers, en exerçant un contrôle des titres exhibés par de prétendus légataires, pour se mettre en possession des biens de la succession.

Le deuxième danger est celui du dépérissement possible des biens héréditaires. Un tel dépérissement pourrait se produire si les successeurs ignorent qu'ils ont hérité ou si, par négligence, ils ne veulent pas agir, parce que la succession ne les intéresse pas. Il faut donc aussi protéger les biens héréditaires contre la carence des héritiers.

Ce double danger milite à distinguer temporairement entre l'acquisition de droits successoraux et leur exercice. Des fois, il faut exercer un contrôle des titres invoqués par un successeur, prétendant avoir droit à certains biens héréditaires. Il convient notamment de contrôler les testaments. Dans d'autres cas, il est requis de prendre des mesures urgentes en vue de sauvegarder les biens successoraux.

Qui peut être chargé des devoirs dont question à l'alinéa précédent ? Une double possibilité existe à cet égard. On peut charger un administrateur étranger à la succession de la mission de vérifier les titres des prétendants et de gérer la succession. Une autre alternative consiste à conférer cette charge à certains successeurs auxquels la loi accorde une confiance spéciale.

C'est à cette deuxième solution que le Code civil a accordé sa préférence. Ainsi, il distingue entre les successeurs saisis et les successeurs non saisis, appelés, dans le temps, successeurs irréguliers. Les premiers sont ainsi désignés, parce que la loi leur a accordé la saisine qui les habilite à exercer, sans autre procédure, les droits du de cujus.

Nous allons traiter ci-après de ces deux catégories de successeurs et préciser les prérogatives des premiers et les obligations des seconds.

B. – LES HÉRITIERS SAISIS

La saisine est une très vieille institution du droit successoral. Elle permet de réaliser la double mission visée plus haut. L'attribution de la saisine est, avant tout, fonction de la vraisemblance du titre successoral. 47

À cet égard, le titre d'héritier légal dont nous avons parlé en examinant les ordres successoraux, donne le moins sujet à critique. En effet, le titre de cet héritier résulte de la loi et des liens de parenté avec le défunt, liens qui se laissent assez facilement constater. Il en est de même, en ce qui concerne le conjoint survivant.

Les héritiers légaux, dont le conjoint survivant, bénéficient donc de la saisine. Dans le Code civil originaire, les enfants naturels et le conjoint survivant, pour des raisons inhérentes à la conception morale et sociologique de l'époque, ne bénéficiaient pas de la saisine. La réforme des droits successoraux de ces deux catégories d'héritiers les fait ranger dans la catégorie des héritiers saisis.

Le seul héritier légal, qui actuellement ne jouit pas de la saisine, c'est l'État. Étant donné que l'État n'est pas un héritier comme les autres et n'est, en quelque sorte, qu'un héritier de « dernière réserve », il n'est pas utile qu'il puisse exercer, sans conditions spéciales, les droits du de cujus.

Contrairement à la méfiance qui existe *a priori* contre les légataires, le Code civil ne les a pas tous écartés de la saisine. En effet, il accorde la saisine au légataire universel, en l'absence d'héritier réservataire. Le légataire universel est la personne qui, par testament, recueille toute la succession ou est appelé à recueillir toute la succession si d'autres appelés y renoncent ou sont écartés.

Dans le cas du légataire universel susvisé, son titre devient assez vraisemblable, pour qu'un contrôle préalable ne soit pas requis.

Les légataires à titre universel et les légataires à titre particulier n'ont en aucun cas la saisine. Ils ne sauraient donc, sans formalités à respecter, exercer les droits du défunt.

C. – LES DROITS CONFÉRÉS PAR LA SAISINE

48 La saisine permet d'abord au successeur qui en est pourvu, d'exercer immédiatement les droits dont il est titulaire. D'autre part, elle l'habilite à veiller aux intérêts de l'ensemble de la succession, même quant aux droits qui ne le concernent pas exclusivement.

L'héritier saisi exerce les droits d'autres héritiers qui ne peuvent pas jouir eux-mêmes de ces droits ou des héritiers trop négligents pour s'occuper de leurs intérêts dans la succession. On dit que la saisine est indivisible, ce qui signifie que chaque héritier saisi peut veiller aux intérêts de l'ensemble de la succession.

L'étendue de l'habilitation en question varie évidemment suivant que l'héritier saisi fait valoir ses propres droits héréditaires ou ceux des autres héritiers. Il peut exercer toutes les prérogatives attachées aux droits dont il est lui-même titulaire. Il ne bénéficie toutefois pas des prérogatives attachées aux droits de ses cohéritiers. Quels sont les avantages que confère la saisine ? Ils sont triples :

1. Autoriser la délivrance des legs

Nous verrons dans la troisième partie consacrée aux testaments que les légataires, à une exception près, doivent demander aux héritiers saisis la délivrance de leurs legs, c'est-à-dire l'autorisation d'appréhender matériellement les biens faisant l'objet d'un testament.

La saisine permet donc aux héritiers saisis de contrôler le titre des légataires. Il convient toutefois de signaler que, si le légataire n'obtient pas amiablement l'autorisation requise des héritiers saisis, il peut s'adresser au juge.

2. Assurer la gestion de l'hérédité

La saisine habilite les héritiers à prendre possession de l'héritage, donc à appréhender matériellement les biens faisant partie de la succession. Un héritier peut donc revendiquer auprès d'un tiers un bien de la succession, même s'il n'en est pas l'héritier exclusif. Un héritier n'est cependant pas habilité à exercer un droit privatif sur un bien successoral avant qu'il n'en soit devenu seul propriétaire. L'indivisibilité de la saisine permet, du moins en principe, à un héritier saisi de demander la remise des fonds déposés à un compte bancaire. Cependant, dans le secteur bancaire, les règles sur la saisine et les pratiques bancaires entrent en conflit. En effet, les banques ont leurs propres règles quant à la restitution des fonds ou titres ayant appartenu au de cujus.

La saisine autorise l'exercice des actes d'administration sur les biens successoraux, notamment la perception des fruits ou l'encaissement des créances. Néanmoins, ces actes souffrent un certain nombre d'exceptions.

L'héritier saisi peut accomplir également des actes conservatoires, tels que demander la nullité d'un acte juridique passé par le de cujus, renouveler une inscription hypothécaire, interrompre une prescription courant contre un bien de la succession.

3. Substitution au de cujus dans les actions en justice

Cette substitution s'opère de plein droit, tant activement que passivement. Activement, le successeur saisi a qualité pour poursuivre toutes les actions intentées de son vivant par le de cujus. Passivement, il est habilité à défendre dans les actions judiciaires introduites contre le défunt du vivant de celui-ci.

D. – LES SUCCESSEURS NON SAISIS

49 Il s'agit de l'État et de la plupart des légataires.

Les légataires doivent satisfaire à deux conditions, pour qu'ils puissent exercer les droits successoraux qu'ils détiennent de leur institution par le testament du de cujus.

Ils doivent demander la délivrance de leur legs aux héritiers saisis et se faire envoyer en possession par le tribunal.

Nous reviendrons en détail sur ces formalités lors de l'examen des testaments et des obligations à respecter par les légataires.

Dans le cadre du présent numéro, nous nous limitons aux effets produits par la demande en délivrance, adressée par les légataires aux héritiers saisis.

Après la délivrance, le légataire est habilité à exercer ses droits. Il peut donc, en premier lieu, demander aux héritiers légaux la remise ou le paiement de son legs, suivant la nature de celui-ci. En second lieu, la demande en délivrance effectuée, le légataire a droit aux fruits de son legs (intérêts, loyers, fermages). Le moment où il a droit aux fruits est variable, suivant la catégorie de légataire et la date à laquelle la demande en délivrance a été effectuée.

Dans les rares cas où l'État a affaire à une succession, il ne peut pas non plus devenir opérationnel sans autre procédure. Il est tenu de demander son envoi en possession au tribunal. Cet envoi n'est pas accordé automatiquement. Il doit être précédé de l'apposition de scellés, de l'établissement d'un inventaire et de plusieurs publications dans les journaux constituant un dernier appel à d'éventuels héritiers de se faire connaître.

Si l'État bénéficie d'un envoi en possession, il se trouve dans la situation d'un héritier saisi et peut exercer les droits successoraux tout comme ce dernier.

E. – LA PREUVE DE LA QUALITÉ D'HÉRITIER

50 Même en dehors de tout procès ayant pour objet de contester à une personne sa qualité d'héritier légal ou de légataire, il arrive que quelqu'un, se disant héritier, ait à apporter à l'égard de tiers la preuve de sa qualité.

Cette preuve est assez simple pour un légataire qui a en mains un document, à savoir le testament qui l'a institué. Du moment qu'il a satisfait aux formalités exigées à cet égard et qu'il n'y a pas de contestation sur la validité de ce testament, le légataire tient la preuve de sa qualité.

Il en est autrement de l'héritier légal. Il devient héritier en vertu de la loi, comme appartenant à un ordre successoral prioritaire par rapport aux autres membres de famille du de cujus.

Il ne lui est cependant pas attribué un document officiel par une autorité certifiant sa qualité d'héritier. Il n'existe, en effet, pas au Grand-Duché d'autorité judiciaire, ou administrative délivrant, après contrôle, un certificat d'hérédité, comme cela se pratique en Allemagne.

Si une contestation judiciaire s'élève entre plusieurs personnes se disputant un héritage, le jugement tranchant ce litige représente un titre pour le gagnant du procès.

L'héritier légal doit veiller lui-même à se constituer une preuve de sa qualité d'héritier. Il en a souvent besoin, cela notamment à l'égard des instituts de crédit, détenant des fonds ou des titres ayant appartenu au de cujus. Les banques ne remettent en effet pas, sans formalités spéciales, ces fonds à une personne se disant héritier du titulaire du compte.

Comment l'héritier peut-il rapporter la preuve de sa qualité à l'égard de tiers détenteurs de valeurs provenant d'un héritage ? Est-ce qu'il doit produire les actes de l'état civil pour prouver sa relation avec le défunt ?

S'agissant de descendants, cette preuve est assez aisée, mais elle est plus compliquée pour des parents plus éloignés. L'article 815-11 mentionne à cet égard deux documents notariés pouvant servir de mode de preuve, à cet égard, l'acte de notoriété et l'intitulé d'inventaire.

Si, jusqu'à une époque relativement récente, l'acte de notoriété a toujours figuré comme moyen de preuve le plus répandu pour établir la qualité d'héritier, tel n'est plus le cas à l'heure actuelle.

L'acte de notoriété est un acte dressé par un notaire dans lequel il est attesté par deux déclarants, qui sont parfois des employés de l'étude du notaire instrumentant, qu'il est de notoriété publique qu'une personne déterminée est l'héritier légal de telle autre personne décédée et qu'elle est partant qualifiée pour recueillir une part de succession.

À ce sujet, une jurisprudence datant de 2004 a refusé à l'acte de notoriété une force probante suffisante pour établir la qualité d'héritier d'une personne qui s'en prévaut, si le contenu de cet acte de notoriété fait l'objet de contestations de la part de ses cohéritiers. Le contenu minimum exigé concernant l'acte de notoriété n'est pas défini légalement.

En effet, un jugement rendu par le Tribunal d'arrondissement de et à Luxembourg, 1re Chambre civile, le 20 décembre 2004 (rôle N° 81.231) a énoncé les motifs suivants pour démentir force probante suffisante à un acte de notoriété permettant d'établir la qualité d'héritiers dans le chef de demandeurs à une action en partage d'une succession :

> « *L'acte de notoriété du 4 mars 2003 est dressé par le notaire qui constate que deux personnes, dont les lieux et dates de naissance ne sont pas indiqués, lui déclarent qu'il est de notoriété publique que quatre personnes, actuellement défenderesses, sont héritières dans la ligne paternelle, et que les dix personnes demanderesses actuelles et deux parties défenderesses sont héritières dans la ligne maternelle.*
>
> *Le notaire ne fait pas de constatation personnelle quant aux qualités d'héritiers.*
>
> *L'acte relate donc simplement les déclarations de deux personnes dont l'identité précise ne résulte pas de l'acte. Les déclarants n'indiquent pas non plus dans quelles circonstances ils ont connu la défunte.*
>
> *Les déclarations n'expliquent pas non plus dans quelle mesure les relations familiales relatées sont connues du public. Ils n'indiquent même pas les raisons qui font qu'ils ont eux-mêmes une connaissance précise de la famille de la défunte, de sorte qu'ils connaissent les quatre cousins de la ligne paternelle de la défunte et les douze autres parents de la ligne maternelle, qui, aux termes des conclusions des parties, seraient parents au sixième degré…*
>
> *Le Tribunal relève que le droit luxembourgeois ne régit pas l'acte de notoriété qui est couramment utilisé en matière successorale.*
>
> *La juridiction saisie d'un acte qui l'appelle à dire que les parties ont la qualité d'héritiers est tenue de vérifier les modes de preuve soumis et d'apprécier si l'acte de notoriété est suffisamment probant des qualités d'héritiers qu'il affirme.*
>
> *L'acte de notoriété du 4 mars 2003, décrit ci-avant, ne contient que des déclarations péremptoires des déclarants, ne fait pas état du lien précis de parenté de douze héritiers, n'indique pas les éléments qui fondent la connaissance des déclarants et d'héritiers de la personne* ».

Le Tribunal en a déduit que l'acte de notoriété produit ne saurait constituer, dans le chef des parties demanderesses à l'action en partage, un moyen de preuve de la qualité contestée, d'héritiers de la personne dont elles ont poursuivi le partage de la masse successorale.

Ce jugement a été confirmé, en appel, sur le point relatif à la force probante déficiente de l'acte de notoriété produit, par un arrêt rendu par la Cour Supérieure de Justice, 9e Chambre civile, du 18 janvier 2007.

Il est évident que ces décisions judiciaires n'ont pas fait grand plaisir aux notaires du pays, dans la mesure où, dorénavant, il leur faudra procéder régulièrement à des recherches dans les actes de l'état civil avant de dresser un acte de notoriété comme preuve d'une qualité d'héritier d'un client qui s'en prévaut et détailler les actes de l'état civil qui lui permettent d'affirmer cette qualité, au lieu de se borner à l'affirmer tout simplement. Pour mettre fin aux difficultés susvisées, il serait indiqué, qu'à l'instar de la France, une loi précise à quelles exigences un acte de notoriété doit répondre.

Malgré les jugements et arrêt précités, il reste cependant que l'acte de notoriété continue à jouer son rôle probatoire en matière administrative, bancaire et de juridiction gracieuse, où il fait preuve de la dévolution successorale aux héritiers désignés dans cet acte.

Comme autre preuve de la qualité d'héritier, il convient de citer l'intitulé d'inventaire. On désigne ainsi le préambule de l'inventaire des biens meubles d'une succession (ou d'une communauté de biens). L'inventaire, du moins dans les cas où il est prescrit par la loi, doit être établi par un notaire. Ce dernier mentionne dans le préambule l'identité des successeurs qui ont requis le notaire de dresser ce document, leurs qualités (héritiers ou légataires), ainsi que l'étendue de leurs droits successoraux.

Comme chaque héritier peut obtenir une expédition de l'acte d'inventaire, il dispose d'un moyen pour prouver ses droits successoraux.

Chapitre 8

L'option des héritiers

Les héritiers bénéficiant de la saisine, c'est-à-dire l'ensemble des héritiers légaux, à l'exception de l'État sont, de plein droit, investis des droits patrimoniaux du de cujus.

Cela ne signifie cependant pas que ces héritiers ne sauraient pas se défaire de la succession qui leur est échue, et qu'ils doivent l'accepter, malgré eux.

A. - LES OPTIONS POSSIBLES

51 Le Code civil laisse aux héritiers une triple attitude à l'égard d'une succession à laquelle ils sont appelés.

Ils peuvent en effet :

1) accepter cette succession ;
2) renoncer à celle-ci ;
3) l'accepter sous bénéfice d'inventaire.

En ce qui concerne le délai dans lequel cette option doit s'exercer, il convient d'abord de remarquer que ce choix ne peut pas s'opérer avant l'ouverture d'une succession. La renonciation à une succession avant son ouverture est strictement prohibée par le Code civil, notamment par l'article 791. Elle constituerait en effet un pacte sur succession future, c'est-à-dire sur une succession non encore ouverte, mal vu par le Code civil. Pour les pactes sur succession future, les lecteurs voudront se reporter aux numéros 67 à 69.

À partir du jour de l'ouverture de la succession, l'héritier peut valablement exercer son option. Il n'est cependant pas obligé de le faire. Le Code civil lui accorde un délai afin qu'il puisse se décider, en connaissance de tous les éléments de la succession.

Ce délai est de trois mois et quarante jours. Nous avons déjà rencontré ce délai en matière d'option du conjoint survivant entre l'usufruit légal et la part d'enfant légitime (cf. numéro 35). Nous renvoyons à ce numéro en ce qui concerne la portée de ce délai. Celui-ci peut être prorogé par le juge, si, en raison de circonstances spéciales, il n'a pas été suffisant à l'héritier pour prendre sa décision.

La fixation du délai en question permet à un héritier de réserver sa position quant à son option successorale, s'il est assigné en justice par un créancier de la succession. En cas de poursuite en justice, l'héritier en question doit se décider à l'issue des trois mois et quarante jours.

En l'absence d'une action en justice intentée par les créanciers de la succession, l'héritier peut encore exercer son droit d'option au-delà des trois mois et quarante jours.

De quelle période un héritier dispose-t-il pour accepter la succession ou y renoncer ?

Aux termes de l'article 789, la faculté d'opter se prescrit par trente ans. Quel est l'effet de la prescription ? En d'autres termes, à l'expiration des trente ans, l'héritier est-il présumé avoir accepté la succession ou y avoir renoncé ? Le Code civil ne s'est pas prononcé sur cette question. La jurisprudence considère que l'héritier, qui n'a pas pris attitude endéans les trente ans, est censé avoir renoncé à la succession.

Une telle position est logique. En effet, si une personne attend aussi longtemps avant d'accepter une succession, il faut admettre qu'elle n'y est pas intéressée, sinon elle l'aurait acceptée depuis longtemps.

C'est celui qui invoque la prescription accomplie quant à l'acceptation d'une succession, qui doit rapporter la preuve du défaut de cette acceptation.

B. – LES FORMES DE L'OPTION

1. L'acceptation d'une succession

L'option la plus courante est évidemment l'acceptation pure et simple 52
d'une succession. Il est normal que l'héritier y prenne une attitude positive, alors qu'une succession est un des moyens les plus simples d'augmenter sa fortune, sans payer de contrepartie. Parmi les trois positions possibles à l'égard d'un héritage, c'est la seule qui n'obéit à aucun formalisme.

L'acceptation peut être expresse ou tacite, aux termes de l'article 778.

1.1. *L'acceptation expresse*

Elle doit résulter d'un écrit. La forme de cet écrit n'est pas essentielle. Cet 53
écrit peut donc être authentique ou sous seing privé. Il peut s'agir d'une simple lettre adressée à un héritier, à un créancier ou à une autorité. Mais il faut que de cet écrit résulte clairement l'intention de l'héritier concerné d'accepter ladite succession. Il ne suffit pas que l'auteur de la lettre y fasse seulement état de sa qualité d'héritier appelé à une succession.

Il importe, d'autre part, de signaler que la signature de certains écrits officiels, dressés après le décès d'une personne, ne vaut pas acceptation d'une succession. Il en est ainsi notamment de la déclaration de succession, qui est une obligation fiscale à laquelle aucun héritier ne saurait se dérober.

1.2. *L'acceptation tacite d'une succession*

54 L'article 778 dispose qu'« elle (l'acceptation) est tacite, quand l'héritier fait un acte qui suppose nécessairement son intention d'accepter et qu'il n'aurait droit de faire qu'en sa qualité d'héritier ».

L'acceptation tacite exige qu'une double condition soit remplie : a) la pose d'un acte ; b) l'intention d'accepter la succession en posant cet acte. C'est cette deuxième condition qui, en pratique, soulève le plus de problèmes. Cette intention peut être équivoque et répondre à un motif autre que celui d'accepter une succession.

Nous examinons ci-après les différentes hypothèses, en distinguant entre :

a) Les actes portant sur un bien successoral déterminé ;

b) Les actes portant sur la part successorale du successible.

1.2.1 Les actes portant sur un bien successoral déterminé

55 Le critère distinctif entre un acte valant acceptation d'une succession et un acte neutre à cet égard est le suivant : un acte vaut acceptation tacite s'il s'agit d'un acte d'ingérence dans un héritage, c'est-à-dire un acte de maître posé quant à un bien successoral.

Par contre, un acte de surveillance ou de conservation, exercé sur un tel bien, ne vaut pas acceptation de la succession, dans la mesure où il a pour but de ne pas nuire à l'intégrité de celle-ci. Nous examinons ce critère distinctif par rapport à la typologie des actes juridiques, à savoir 1. les actes de disposition (vente, échange, donation, hypothèque), 2. les actes conservatoires (actes généralement urgents ayant pour objet d'assurer la conservation matérielle d'un bien, comme les réparations urgentes ou sa conservation juridique, comme le renouvellement d'une inscription hypothécaire ou l'interruption d'une prescription) et 3. les actes d'administration ou de jouissance, comme la gestion d'une entreprise ou d'une exploitation agricole, la location d'un immeuble.

1) Les actes de disposition

   En général, vendre ou échanger un bien successoral vaut acceptation de la succession dont relève ce bien. Il en est certainement ainsi d'une donation portant sur un tel bien, qui présuppose nécessairement qu'on soit propriétaire de la chose qu'on donne à titre gratuit. En ce qui concerne la vente d'un bien successoral, il existe des cas où il faut davantage considérer l'intention de celui qui vend, que l'acte de vente lui-même.

   Tel est le cas, si cette chose est sujette à dépérissement ou trop dispendieuse à conserver. On n'a qu'à penser à la vente d'une récolte. La vente s'analyse alors plutôt comme un acte conservatoire, destiné à éviter le dépérissement des fruits vendus, que comme un acte de maître. Il est évident que, dans l'hypothèse considérée, l'argent touché pour la vente des produits périssables doit prendre la place de ceux-ci parmi les biens successoraux.

2) Les actes conservatoires

Le but d'un tel acte est essentiellement de sauvegarder l'état ou la valeur des biens successoraux. Ces actes ne valent donc pas acceptation tacite d'une succession.

3) Les actes d'administration ou de jouissance

Il s'agit d'une catégorie d'actes intermédiaires entre les actes de disposition et les actes conservatoires. La plupart des actes d'administration sont équivoques. Ils peuvent être assimilés, suivant l'intention de l'héritier, soit à la catégorie des actes de disposition, soit à celle des actes conservatoires.

Ainsi, la conclusion d'un bail s'interprète comme acceptation d'une succession, à moins qu'il ne soit réalisé que pour éviter le dépérissement d'un immeuble. Le recouvrement d'une créance vaut acceptation, sauf si ce recouvrement a été fait par un héritier pour faire face à des dépenses urgentes, possibilité expressément prévue par l'article 815-6, après autorisation par le président du tribunal civil.

La simple détention d'un bien successoral, ou l'usage d'un tel bien par un héritier peut être considéré comme un acte d'acceptation de la succession, suivant les circonstances et l'intention poursuivie par le détenteur ou l'utilisateur de ce bien.

L'examen des différents actes pouvant être posés par un héritier sur un bien de la succession, permet de constater qu'il peut y avoir matière à surprise pour cet héritier, s'il n'est pas encore décidé à accepter une succession purement et simplement.

L'héritier, en posant un de ces actes, tout en voulant réserver sa liberté d'option, doit agir avec prudence. Certaines possibilités s'offrent à lui. Il peut se faire autoriser par la justice à entreprendre cet acte, ce qui dénote qu'il n'est pas encore décidé à accepter la succession. Il peut encore, dans l'écrit rédigé pour documenter l'acte à réaliser, par exemple un contrat de bail, formuler une réserve disant que la conclusion de ce contrat ne vaut, de sa part, pas acceptation de la succession.

La preuve qu'un héritier a accepté de façon tacite une succession incombe à celui qui l'affirme. Une acceptation tacite ne se présume pas. L'héritier, qui a posé un acte qu'on peut interpréter comme acceptation de la succession, n'a donc pas à prouver son intention de ne pas l'accepter.

1.2.2 Les actes portant sur la part successorale d'un héritier

56 Un successeur peut non seulement engager un bien déterminé de l'héritage, mais aussi disposer de toute la part indivise qu'il détient dans cet héritage.

L'article 780 énumère trois cas qui valent acceptation tacite de la succession. Ces cas sont :

1) la cession gratuite ou onéreuse (par exemple par donation ou vente) de ses droits successifs ;
2) la renonciation gratuite à ses droits successifs au profit d'un ou de plusieurs de ses cohéritiers ;
3) la renonciation, même au profit de tous les cohéritiers, lorsque l'héritier renonçant reçoit le prix de sa renonciation, c'est-à-dire un prix de vente.

On peut s'étonner des cas visés sub 2) et 3). En effet, il est toujours permis à un héritier de renoncer à une succession. Or, ici, une telle renonciation est considérée comme valant acceptation tacite de cette succession.

La contradiction n'est qu'apparente. En effet, la renonciation à une succession, dont parlent les articles 784 à 792, doit répondre à deux conditions :

1) elle doit se faire au profit de tous les cohéritiers, condition qui n'est pas remplie sous le point 2 ci-dessus.
2) Elle doit d'autre part être gratuite, ce qui n'est pas le cas dans l'hypothèse visée sous 3.

Dans ce cas, il y a en effet vente de la part successorale de l'héritier, ce qui est évidemment le contraire d'une cession gratuite.

La jurisprudence a assimilé aux cas visés par l'article 780, toutes les actions intentées par l'héritier pour se faire attribuer sa part successorale, telles que les actions en partage ou celles en revendication contre un tiers qui détient un bien faisant partie de la succession.

2. L'acceptation sous bénéfice d'inventaire

57 Cette option concerne l'héritier hésitant, qui ne sait pas encore, s'il doit accepter la succession ou s'il doit y renoncer. Il se peut qu'il ne dispose pas encore de tous les éléments lui permettant de prendre sa décision en connaissance de cause. Il ignore notamment si la succession, après le paiement de toutes les dettes, laisse un actif. Si tel est le cas, il voudrait bien se l'approprier. Ce que cet héritier ne veut à aucun prix, c'est d'être obligé de payer les dettes de la succession au-delà de l'actif successoral qu'il recueille. Cette obligation lui incomberait s'il acceptait la succession purement et simplement.

Un tel héritier peut entrer en conflit avec les créanciers successoraux. En effet, si les dettes de la succession dépassent l'actif et que l'héritier n'entend payer ces dettes que jusqu'à ce plafond, ce sont les créanciers qui en subissent les conséquences, en n'étant payés que partiellement.

Il est donc nécessaire d'informer les créanciers successoraux sur l'attitude prise par l'héritier en question. Il faut de plus protéger ces créanciers, en établissant un inventaire fidèle et exact de l'actif successoral. L'acceptation d'une succession sous bénéfice d'inventaire est une procédure formaliste, à l'opposé de l'acceptation pure et simple.

L'information des créanciers de la succession se réalise par les héritiers, au moyen d'une déclaration au greffe du tribunal civil du lieu d'ouverture de la succession. Elle doit se faire par inscription à un registre spécial tenu à ce greffe, registre qui peut être consulté par les intéressés. Une telle inscription n'est pas nécessaire, quand les héritiers sont des mineurs ou des majeurs incapables. Le Code civil dispose en effet que des successions, impliquant les incapables précités, ne peuvent être acceptées par leur représentant légal que sous bénéfice d'inventaire. Mais, une fois que l'incapacité a cessé (par exemple si le mineur est devenu majeur), l'intéressé doit faire la déclaration au greffe, sous peine de perdre l'avantage de l'acceptation sous bénéfice d'inventaire.

L'inventaire de l'actif successoral a pour but de protéger les créanciers contre un détournement de celui-ci, qui constitue leur seul gage. L'inventaire constate de façon officielle la consistance des biens de la succession. Il doit être établi par un notaire et peut précéder ou suivre la déclaration au greffe. Mais cette déclaration reste sans effet, aussi longtemps que l'inventaire n'a pas été établi.

Cet inventaire doit être fait dans les trois mois et quarante jours à compter du décès du de cujus, ainsi que cela a déjà été relevé. En ce qui concerne la conséquence de ce délai, il convient de distinguer trois périodes.

1) Avant l'expiration dudit délai, un créancier ne peut pas forcer un héritier à prendre position à l'égard de la succession.
2) Après ce délai et jusqu'à l'expiration d'une période de trente ans après le décès du de cujus, l'héritier conserve son option et peut encore accepter la succession sous bénéfice d'inventaire (après trente ans, l'héritier est réputé renonçant). Ce qui a été dit sous le présent numéro ne s'applique que dans l'hypothèse où les créanciers successoraux restent inactifs pendant une période prolongée, ce qui paraît plutôt invraisemblable.
3) L'entrée en action des créanciers précités, après l'expiration du délai de trois mois et quarante jours, a pour but de forcer l'héritier à se décider. S'il veut accepter sous bénéfice d'inventaire, il faut qu'il satisfasse aux deux conditions précitées (déclaration au greffe et établissement d'un inventaire). Il peut accomplir ces deux formalités au plus tard le

jour où les créanciers obtiennent contre lui un jugement définitif, le condamnant à payer les dettes successorales. Après ce jugement, et sans l'accomplissement des formalités en question, l'héritier est considéré comme acceptant pur et simple, c'est-à-dire qu'il doit payer les dettes successorales même au-delà de l'actif héréditaire.

3. La renonciation à une succession

58 Il n'y a renonciation à une succession que si un héritier abandonne, sans contrepartie, tous ses droits successoraux à l'ensemble de ses cohéritiers.

Par la renonciation, un héritier devient étranger à la succession. Il n'a plus droit à sa part dans celle-ci et, en contrepartie, n'est plus tenu à contribuer au passif successoral.

Une telle situation intéresse certainement les créanciers de la succession. Ils ont donc le droit d'être informés qu'un héritier a refusé la succession. Les créanciers ne peuvent plus poursuivre cet héritier pour sa part dans les dettes de la succession et doivent donc limiter leurs poursuites aux autres héritiers.

La renonciation à une succession est, comme l'acceptation de celle-ci sous bénéfice d'inventaire, un acte formaliste. Un héritier ne peut pas renoncer tacitement à une succession, comme il peut l'accepter tacitement. On ne saurait donc présumer qu'un acte, posé par un héritier, constitue une renonciation à une succession.

Une renonciation valable doit se faire au greffe du tribunal civil du lieu d'ouverture de la succession, tout comme l'acceptation sous bénéfice d'inventaire.

À supposer qu'un héritier ait renoncé expressément dans un écrit au profit de tous ses cohéritiers et sans contrepartie, tout en omettant la déclaration au greffe, peut-on parler dans ce cas d'une renonciation valable à une succession ?

Le Code civil n'a pas prévu cette hypothèse. La position de la jurisprudence, quant à cette question, peut se résumer comme suit. À l'égard des créanciers successoraux ou des autres tiers, une renonciation expresse, sans déclaration au greffe, ne produit aucun effet. À l'égard des cohéritiers, les tribunaux ont fait une distinction, suivant que la renonciation, non accompagnée d'une déclaration au greffe, est faite par un acte unilatéral du renonçant, ou par un contrat.

Dans le premier cas, la jurisprudence n'admet pas qu'une déclaration, faite dans un écrit unilatéral par un héritier, équivaut à une renonciation à la succession.

Si la renonciation résulte d'un contrat, elle est efficace entre les cohéritiers, en ce sens que le renonçant ne peut plus faire valoir ses droits sur la succession au détriment de ses cohéritiers. Les créanciers, qu'il s'agisse de créanciers successoraux ou de créanciers personnels de l'héritier, peuvent saisir les biens successoraux, comme si l'héritier renonçant avait accepté la succession.

Quels effets produit la renonciation d'un héritier ? Il y a lieu de distinguer entre l'héritier renonçant lui-même et les autres héritiers.

3.1. *Effets en ce qui concerne l'héritier renonçant*

Cet héritier n'a plus de droits sur la succession. La transmission de celle-ci, qui s'est opérée automatiquement à son profit au décès du de cujus, est effacée rétroactivement au jour de ce décès. D'autre part, cet héritier reste étranger aux dettes successorales. Les créanciers successoraux n'ont donc aucune prise sur lui.

Si l'héritier renonçant a reçu une donation, qui dépasse la quotité disponible, il doit rapporter à la succession tout ce qui dépasse cette quotité. Si, par contre, la donation reçue reste inférieure à cette limite, il peut la garder pour lui.

3.2. *Effets de la renonciation quant aux autres héritiers*

La part successorale, qui serait revenue à l'héritier renonçant, accroît les parts des autres héritiers. Cet accroissement se fait automatiquement. Les cohéritiers ne peuvent pas renoncer à la part de leur cohéritier, qui n'a pas accepté sa part successorale. Si ces héritiers n'ont pas encore opté, ils doivent, ou bien opter pour leur propre part successorale plus la quote-part du renonçant, ou bien renoncer pour le tout.

Quels sont les héritiers qui vont voir accroître leur part successorale ? Ce sont normalement ceux qui se trouvent dans le même ordre successoral que le renonçant. Si ce dernier est un descendant, les autres descendants partagent sa part entre eux. Si l'héritier qui renonce, est le seul appelé à recueillir la succession, celle-ci passe en entier à l'ordre successoral suivant.

Ainsi, si le de cujus laisse un seul descendant et que celui-ci renonce, la succession passe au conjoint survivant. En l'absence d'un tel, ou en cas de renonciation de celui-ci, ce sont les père et mère du de cujus, ainsi que ses frères et sœurs, qui recueillent cette succession.

C. – LE RÉGIME DE L'OPTION

Nous avons examiné les différentes attitudes possibles pour un héritier à qui une succession est échue, ainsi que les prescriptions légales à observer, en fonction de chaque option légale prévue.

Il existe d'autres règles à respecter en rapport avec les différentes options. Plusieurs questions se posent en effet. Un héritier est-il toujours libre de faire le choix qu'il veut ? Dans quel cas un héritier est-il déchu de son choix ? Quelle est la portée exacte d'une option ; peut-elle se faire sous condition ? L'option une fois faite, peut-elle être révoquée et, dans l'affirmative, dans quelles conditions ?

1. La liberté de l'option et les exceptions

59 En principe, chaque héritier fait, en ce qui concerne la succession qui lui est échue, le choix qu'il juge le plus approprié à ses intérêts.

Ce principe souffre néanmoins d'assez nombreuses exceptions. Une première dérogation concerne les incapables, une deuxième le successible décédé et une troisième le successible receleur, c'est-à-dire celui qui a dérobé certains effets successoraux au détriment de ses cohéritiers ou des créanciers successoraux.

1.1. *Le successible incapable*

60 Il existe deux catégories d'incapables, à savoir les mineurs et les majeurs incapables. Pour ces personnes, la liberté d'option est restreinte. Il s'agit d'une mesure de protection de celles-ci. La loi ne veut pas que ces incapables souffrent des suites de l'acceptation pure et simple d'une succession déficitaire. D'autre part, elle entend éviter aussi que l'incapable ou, le plus souvent, le représentant de celui-ci, renonce à une succession dont l'actif dépasse manifestement le passif et qui est donc de nature à augmenter la fortune de l'incapable. Le Code civil a, quant à l'option successorale des incapables, institué un régime spécial, qui sera analysé ci-dessous.

1.1.1 Le mineur

Le Code civil a conçu un système de protection du mineur, variable suivant le régime légal sous lequel il est placé.

1) S'il s'agit du régime de l'administration légale pure et simple (qui s'applique, si les deux parents exercent l'autorité parentale à l'égard de leur enfant commun), chaque parent peut accepter seul, sous bénéfice d'inventaire, une succession échue à cet enfant. Pour accepter cette

succession purement et simplement, il faut l'accord des deux parents. Leur désaccord implique automatiquement l'acceptation sous bénéfice d'inventaire. Les parents ne peuvent renoncer à une succession, échue à leur enfant, qu'avec l'autorisation du juge aux affaires familiales.

2) Si l'administration des biens d'un mineur est placée sous le contrôle du juge aux affaires familiales (cas où l'autorité parentale du mineur est exercée par un seul de ses parents, parce que l'autre est décédé, n'a jamais reconnu l'enfant ou a été déchu de l'autorité parentale), le régime, en ce qui concerne l'option, est le suivant. Le parent, qui dispose de l'autorité parentale à l'égard du mineur, ne peut, sans autorisation, accepter la succession que sous bénéfice d'inventaire. Pour accepter la succession purement et simplement, ou pour y renoncer, il faut à ce parent l'autorisation du juge aux affaires familiales.

3) Si le mineur se trouve placé sous tutelle, ce qui se produit si ses deux parents sont morts ou déchus de leur autorité parentale, son tuteur peut, sans autorisation, accepter la succession sous bénéfice d'inventaire. Pour accepter purement et simplement, il lui faut l'autorisation du conseil de famille.

1.1.2 Le majeur incapable

Le Code civil connaît trois régimes de protection différents pour les majeurs incapables.

a) *le majeur sous tutelle*. C'est celui qui, en raison d'une altération de ses facultés mentales, a besoin d'être représenté, d'une manière continue, dans les actes de la vie civile. Un tel majeur est muni d'un tuteur. Le régime du majeur sous tutelle est, en ce qui concerne l'option successorale, assimilé à celui du mineur sous tutelle.

b) *le majeur sous curatelle*. La curatelle est un régime de protection moins strict que la tutelle. Elle s'applique normalement à une personne, qui doit être protégée seulement pour certains actes susceptibles de nuire à sa fortune. Le cas classique est celui du prodigue.

   Le majeur sous curatelle peut agir seul pour les actes courants de la vie civile. Pour des actes plus importants, il doit être assisté d'un curateur. Ainsi, le majeur sous curatelle peut accepter lui-même, sans assistance, une succession sous bénéfice d'inventaire. Pour accepter une succession purement et simplement ou pour y renoncer, il faut à cette personne l'assistance de son curateur. Mais, en aucun cas, le majeur sous curatelle ne peut, sans l'assistance de son curateur, recevoir des capitaux et en faire emploi.

c) *le majeur sous sauvegarde de justice*. Il s'agit d'un régime de protection assez souple, qui laisse au majeur protégé toute sa capacité juridique. Toutefois, s'il s'est avéré que l'acte posé lui est préjudiciable, il peut le faire rescinder.

Le majeur sous sauvegarde de justice peut donc accepter purement et simplement une succession ou y renoncer. Si son option lui cause préjudice, il peut revenir sur celle-ci.

1.2. *Le successible décédé*

61 Si une personne, à qui une succession est échue, décède avant d'avoir pris position à l'égard de celle-ci, l'option passe à ses propres héritiers. Ceux-ci peuvent donc exercer l'une des trois alternatives susvisées. Toutefois, une liberté d'option n'est donnée que si tous les héritiers peuvent se mettre d'accord sur la même attitude à prendre. En cas de désaccord, l'acceptation de la succession doit avoir lieu sous bénéfice d'inventaire (article 782).

1.3. *Le successible receleur*

62 Il s'agit de l'héritier malhonnête, qui a dissimulé un effet de la succession pour éviter de devoir le partager avec ses cohéritiers ou, s'il est héritier unique, pour soustraire ce bien au gage de ses créanciers. Il est évident que le Code civil ne saurait laisser sans sanction un tel geste. Il a même prévu une double sanction.

La première sanction intéresse les créanciers successoraux. L'héritier receleur est déchu de l'option successorale. Il est réputé héritier acceptant pur et simple. Les créanciers du de cujus peuvent donc saisir non seulement les effets dissimulés, mais également les autres biens de la succession et de l'héritier receleur.

La seconde sanction consiste dans la privation de cet héritier de sa part dans les biens recelés. Il doit remettre ces objets à ses cohéritiers. Ceux-ci partagent donc ces effets sans lui. Cette mesure intéresse donc les autres héritiers.

La double peine ne joue que dans les cas où il y a des cohéritiers et des dettes successorales. Dans les autres cas, une seule mesure est applicable.

Ainsi, si le receleur est héritier unique, il recueille toute la succession sans retranchement. Par contre, il est réputé avoir accepté la succession purement et simplement. Il doit donc payer les dettes successorales, même au-delà de l'actif de la succession.

Par contre, s'il n'existe pas de dettes successorales, ou des dettes seulement insignifiantes, la première sanction n'arrive pas à s'appliquer et seule demeure la privation de l'héritier receleur de sa part dans la valeur du bien dissimulé.

Sous quelles conditions les sanctions du recel sont-elles applicables ?

Le recel comporte deux éléments :

1) un élément matériel
2) un élément intentionnel.

1.3.1 L'élément matériel du recel

Cet élément a reçu, au cours des années, une large interprétation jurisprudentielle. Nous énumérons ci-après les différents cas dans lesquels les tribunaux ont vu un recel.

La situation classique est celle où l'hériter receleur enlève secrètement un objet ou une valeur (titre), appartenant à la succession du de cujus. Ou bien il retient, sans en faire mention à ses cohéritiers, un bien qu'il détenait du défunt, mais à titre précaire (prêt, dépôt). Le recel peut exister également, sans qu'il y ait dissimulation d'un bien successoral. L'héritier receleur peut fabriquer un faux, tel un testament falsifié l'instituant légataire universel, ou un faux acte de vente, supposé rédigé par le de cujus à son profit.

Le recel consiste aussi dans la dissimulation ou la destruction d'un testament, qui prévoit des legs au profit d'un héritier autre que le receleur. Le recel peut aussi être réalisé par l'établissement d'une fausse créance au profit du receleur contre le de cujus. Finalement, la jurisprudence voit même un recel dans le fait qu'un héritier a reçu du de cujus une donation indirecte ou déguisée, qui doit être prise en considération lors du partage successoral, mais que le donataire a cachée à ses cohéritiers.

1.3.2 L'élément intentionnel du recel

Le recel suppose une intention frauduleuse de l'héritier malhonnête. Il faut que celui-ci ait conscience de frauder les créanciers successoraux ou ses cohéritiers. Il n'y a donc pas recel, au cas où l'héritier a été dans l'erreur au sujet du bien qu'il est soupçonné d'avoir dérobé. Il ignorait, par exemple, qu'une chose, qu'il détient du de cujus, lui a été remise seulement à titre de prêt. Ou bien, il ne savait pas que la donation, qu'il a reçue du de cujus, doit être rapportée à la succession pour lui être mise en compte sur sa part successorale.

En rapport avec les donations, le recel ne s'applique évidemment que si la donation était effectivement rapportable (cf. numéros 103 à 110 sur le rapport des donations). D'autre part, il faut que le donataire vienne au partage de la succession. S'il n'y prend pas part, parce qu'il a renoncé à celle-ci ou en a été écarté par un testament du de cujus, il n'y a pas recel. Il en est de même de l'héritier exhérédé par le de cujus, même en l'absence d'une donation. Un non-héritier doit tout simplement remettre dans la succession un bien y dérobé, sans qu'il y ait application des sanctions du recel, en l'occurrence le paiement de sa part dans les dettes successorales.

Il appartient aux créanciers successoraux ou aux cohéritiers de rapporter la preuve que les conditions d'application du recel existent dans le chef de l'héritier présumé receleur.

2. L'indivisibilité de l'option

63 L'indivisibilité de l'option signifie que l'héritier qui fait son choix, ne peut pas restreindre celui-ci à certains biens de la succession ou à la quote-part correspondant à sa vocation (par exemple un tiers, en présence de trois héritiers).

Cette option doit porter, au besoin, sur toute la succession. Il est rappelé qu'en cas de renonciation d'un héritier, sa part accroît automatiquement celle de ses cohéritiers. Si, en présence de deux descendants, l'un renonce, l'autre se voit accorder toute la succession. Il doit donc, ou bien accepter la succession entière, ou y renoncer en bloc.

On pourrait invoquer qu'il n'y a aucun mal à hériter davantage, qu'on ne le croyait initialement. Si, normalement, l'accroissement de la part du renonçant à celle de l'héritier acceptant est un bienfait pour ce dernier, il peut en être autrement en cas d'une succession obérée, si donc le passif successoral dépasse l'actif. L'héritier, qui accepte purement et simplement une telle succession, paie les dettes héréditaires même au-delà de son actif. S'il y a plusieurs héritiers à se répartir ce passif, la charge à supporter par chacun d'eux sera moins lourde. Si toutefois, tous les héritiers renoncent, à l'exception d'un seul, celui-ci supporte alors toutes les dettes.

Ainsi, dans une succession lourdement grevée de dettes, il est prudent de se concerter entre cohéritiers, pour prendre une position commune, en ce qui concerne l'option à exercer.

À signaler, dans ce contexte, qu'on ne peut pas soumettre à des conditions l'option à exercer. Un héritier ne saurait accepter purement et simplement une succession, à condition que les cohéritiers en fassent autant, et renoncer à la succession pour le cas ou ceux-ci la refusent.

Une option sous condition est nulle. Elle est à assimiler au cas d'un héritier qui n'a pas encore exercé son option.

3. Caractère de l'option

64 L'option, une fois exercée, est-elle définitive ?

Cette question soulève le problème du caractère révocable ou irrévocable de l'option exercée par un héritier.

La réponse à cette question diffère, suivant la position qu'a prise l'héritier. Cette question sera examinée ci-après pour les trois alternatives possibles.

a) **L'acceptation pure et simple d'une succession** est irrévocable, du moins dans la mesure où l'héritier acceptant a pu se décider librement, c'est-à-dire qu'il n'a pas agi sous une influence extérieure. S'il a été soumis à une contrainte physique ou morale de la part d'un tiers pour le forcer à accepter, il peut, s'il réussit à prouver l'influence étrangère déterminante, revenir sur son acceptation.

   L'erreur, dans laquelle a versé l'héritier acceptant, peut donner lieu à révocation de l'acceptation, quand cette erreur a porté sur la substance, la nature ou l'étendue de la succession (par exemple, s'il croyait avoir droit à un plus grand pourcentage de la succession).

   Par contre, une erreur sur la valeur de l'héritage n'est pas un motif suffisant pour revenir sur l'acceptation (l'héritier croit que les biens hérités valent davantage que leur valeur effective). Cette erreur peut être assimilée à une lésion. Or, aux termes de l'article 783, le successeur, qui a accepté, ne peut pas revenir sur son option, sous prétexte de lésion. Ledit article cite cependant une exception, dont la portée est ambiguë et qui, en pratique, devrait jouer rarement. L'exception vise la découverte, après l'acceptation, d'un testament qui absorbe toute la succession ou, du moins, la diminue de plus de la moitié.

b) **L'acceptation sous bénéfice d'inventaire**. L'héritier, qui a accepté une succession sous bénéfice d'inventaire, ne peut plus revenir sur cette attitude pour renoncer à la succession. En effet, l'acceptation d'une succession, même faite sous bénéfice d'inventaire, constitue toujours une acceptation de celle-ci.

   L'héritier peut cependant revenir sur l'acceptation sous bénéfice d'inventaire pour accepter purement et simplement la succession. Ce changement d'option peut être exprès ou tacite. Dans ce dernier cas, une certaine prudence s'impose pour interpréter le comportement de l'héritier ayant accepté antérieurement sous bénéfice d'inventaire. On ne saurait assimiler sa situation à celle de l'héritier acceptant de façon tacite une succession purement et simplement.

c) **La renonciation**. L'article 790 autorise expressément l'héritier, qui a renoncé à la succession, à revenir sur cette renonciation. Ledit article impose cependant deux conditions pour que la révocation de la renonciation soit possible.

   La première condition est évidente. Il faut que la prescription du droit d'accepter ne soit pas encore acquise. Nous avons vu, en effet, que, trente ans après le décès du de cujus, une acceptation de la succession n'est plus possible. L'héritier, qui n'a pas encore opté alors, est réputé renonçant.

La deuxième condition, prévue par l'article 790, est que la succession n'ait pas encore été acceptée entretemps par un autre héritier. En effet, dans cette hypothèse, cette succession n'est plus disponible et une deuxième acceptation n'est plus possible.

D. – LE DROIT DE REGARD DES CRÉANCIERS SUCCESSORAUX SUR L'OPTION EXERCÉE PAR UN HÉRITIER

65 Le droit d'option sur une succession est personnel à un héritier. Ni un légataire, ni des créanciers successoraux ne peuvent s'immiscer dans son choix. En ce qui concerne ces derniers, la loi a néanmoins organisé différents moyens permettant à ceux-ci de sauvegarder leur gage.

Il n'en est pas ainsi des créanciers personnels des héritiers. Normalement, ceux-ci ne devraient pas subir de préjudice si leur débiteur fait une succession, puisque celle-ci augmente leur gage.

Il existe néanmoins des cas où l'option faite sur une succession par leur débiteur n'arrange pas ses créanciers personnels.

On n'a qu'à penser à l'héritier lourdement endetté, qui se dit à quoi bon accepter une succession dont tout le bénéfice ira aux créanciers. Cet héritier va renoncer à cette succession pour rester quitte de tous tracas en rapport avec celle-ci. Dans cette hypothèse, les créanciers personnels de cet héritier ne doivent pas souffrir du comportement, préjudiciable à leur égard, de leur débiteur.

Aussi, l'article 788 permet-il aux créanciers de l'héritier renonçant de se faire autoriser par la justice à accepter la succession de leur débiteur en son lieu et place. Ces créanciers doivent cependant prouver qu'en renonçant, leur débiteur a agi dans le but de leur causer préjudice. Celui-ci est établi, quand le successeur renonçant est insolvable et que la succession est solvable, peu importe que celle-ci soit importante ou peu élevée.

L'action des créanciers du successeur renonçant ne profite néanmoins pas à tous ses créanciers. Seuls en tirent bénéfice, ceux qui ont exercé l'action judiciaire pour faire annuler la renonciation de leur débiteur. Les créanciers restés passifs n'en profitent pas. L'héritier renonçant n'en bénéficie pas non plus dans le cas où, toutes les dettes étant payées, il resterait encore un actif. Ce dernier irait aux autres héritiers qui ont accepté la succession.

E. – LA SUCCESSION VACANTE

La succession est vacante, lorsqu'aucun héritier ne se présente pour la revendiquer. Cette vacance est subordonnée aux conditions suivantes : 66

- qu'il n'existe aucun successeur (héritier ou légataire) connu ou que ceux, qu'on connaît, ont renoncé à cette succession,
- que l'État n'ait pas encore exercé son droit de succession en demandant l'envoi en possession.

On ne peut pas parler de succession vacante lorsqu'il y a des héritiers connus, mais qui n'ont pas encore opté. Il en est de même s'il n'existe pas d'héritier jusqu'au sixième degré et que, de ce fait, la succession échoit à l'État. Dans ce cas, cette succession est en déshérence.

Les successions vacantes sont souvent des successions dont le passif dépasse l'actif. Dans le cas contraire, un successeur se serait certainement manifesté.

Que la succession soit intéressante du point de vue financier ou non, on ne peut pas s'en désintéresser, ne fût-ce que parce qu'il faut payer les créanciers successoraux, dans la mesure où l'actif disponible le permet.

La liquidation d'une succession vacante doit se faire suivant les dispositions prévues aux articles 811 à 814-1.

La vacance d'une succession doit être déclarée par le tribunal civil du lieu d'ouverture de cette succession. La demande au tribunal peut se faire par tout intéressé, créancier ou débiteur de la succession, éventuellement par un légataire à titre particulier ou même par le Procureur d'État.

Si le tribunal reconnaît la vacance successorale, il désigne un curateur. La première opération de celui-ci est de faire établir un inventaire de l'actif de cette succession. Il défend dans les actions judiciaires intentées contre cette succession. Ce curateur administre d'autre part les biens de cette succession et, si l'occasion se présente, se fait payer les créances dues à la succession. S'il existe des fonds liquides, le curateur les verse dans la caisse du receveur de l'Enregistrement. Il en est de même du prix touché pour la vente des meubles et des immeubles de la succession.

La vente des immeubles doit se faire suivant la procédure applicable à la vente des immeubles, dans le cadre de l'acceptation de la succession sous bénéfice d'inventaire (art. 1178 du Nouveau Code de procédure civile).

Le paiement des créanciers successoraux se fait suivant la procédure prévue en cas d'acceptation sous bénéfice d'inventaire (cf. numéros 73 et 74).

La vacance de la succession cesse, si un successeur se présente pour la revendiquer. Elle cesse de même, si l'État se fait envoyer en possession des biens de cette succession.

F. – LA PROHIBITION DES PACTES SUR SUCCESSION FUTURE

67 Tout acte juridique portant sur une succession non encore ouverte, c'est-à-dire sur la succession future d'une personne encore en vie, est nul, sauf les exceptions visées expressément par le Code civil.

Le principe de cette prohibition se retrouve dans plusieurs articles de ce Code. Ainsi, l'article 791 dispose : « On ne peut, même par contrat de mariage, renoncer à la succession d'un homme vivant, ni aliéner les droits éventuels qu'on peut avoir à cette succession ». Une disposition analogue se retrouve à l'article 1130, qui restreint encore cette prohibition, en déclarant nulles de pareilles conventions conclues « même avec le consentement de celui de la succession duquel il s'agit ».

L'article 1389, relatif au contrat de mariage, défend aux futurs conjoints de faire une convention ou renonciation, dont l'objet serait « de changer l'ordre légal des successions ». Finalement, l'article 1600, traitant de la vente, interdit de vendre la succession d'une personne vivante, même de son consentement.

La prohibition des pactes sur succession future a une très longue tradition et était déjà connue du droit romain. Quelle justification peut être donnée de cette prohibition ?

D'une façon générale, on peut dire qu'il est immoral de spéculer sur la mort d'un homme, de souhaiter sa mort pour pouvoir se mettre en possession de ses biens.

À part cette considération générale, on a donné comme autre justification de cette disposition la protection des intérêts du de cujus et de ceux de ses futurs héritiers.

En ce qui concerne le premier cité, il s'agit de lui maintenir, jusqu'à sa fin, sa liberté de tester. S'il lui était possible de disposer de sa succession par contrat, il ne pourrait plus revenir sur cette disposition, étant lié par le contrat. Sa liberté d'imposer ses dernières volontés doit être tenue pour inaliénable.

Quant à l'héritier, il faut le protéger contre le risque d'abus d'influence ou de lésion. Ne connaissant pas, au moment où il renonce à une succession, l'étendue de ses futurs droits, il pourrait agir sous la pression des membres de sa famille. Il risquerait aussi de céder à un tiers ses espérances dans la future succession en dessous de leur valeur.

Les justifications susvisées ne sont pas toujours convaincantes, pour la simple raison que le Code civil écarte de la prohibition des pactes sur succession future, certains contrats qui vont à l'encontre de la protection des intérêts du de cujus et de ses héritiers. Nous y reviendrons dans la suite.

Pour les dispositions non expressément exemptées de la prohibition par le Code civil, l'interdiction en question a pour objet de faire naître une insécurité juridique dans les conventions liées, d'une façon ou d'une autre, à la mort d'une personne.

La pratique notariale a créé au cours des années des formules intéressantes permettant, du vivant du disposant, de faire passer, à son décès, un bien (fonds de commerce, parts sociales) à un héritier déterminé. Malheureusement, de pareils arrangements risquent d'être qualifiés, après sa mort, de pactes sur succession future par les tribunaux et d'être déclarés nuls.

La jurisprudence a en effet tendance à interpréter d'une façon assez stricte la prohibition des pactes sur succession future. Ce qui est aussi grave, c'est que cette jurisprudence est assez flottante. Ainsi, les notaires se voient souvent dans une situation embarrassante à l'égard de leurs clients, qui souhaitent des arrangements familiaux, devant devenir opérationnels après le décès d'une des parties.

Pour illustrer ces incertitudes de la jurisprudence, citons quelques exemples.

En France, la jurisprudence a taxé de contraire à la prohibition des pactes sur succession future, la clause dite du fonds de commerce. Cette clause, insérée dans un contrat de mariage, a pour objet de transmettre, à la mort du conjoint propriétaire de ce fonds, la propriété de celui-ci à son conjoint survivant. Entretemps, la France a légiféré pour valider cette clause bien utile et, somme toute, peu dangereuse.

Au Grand-Duché, un jugement a déclaré contraire à la prohibition susvisée, les tontines. Il s'agit là d'un contrat par lequel deux ou même plusieurs personnes, généralement apparentées, acquièrent ensemble un bien, le plus souvent un immeuble, et stipulent que le survivant sera réputé en avoir été le seul acquéreur. En France, la jurisprudence a considéré une telle clause d'accroissement comme valable.

Les auteurs de cet ouvrage pensent que le mieux serait d'abolir la prohibition des pactes sur succession future, du moins, pour autant qu'elle vise le de cujus. D'ailleurs, une pareille prohibition n'existe pas dans le droit successoral d'un certain nombre de pays européens, notamment en droit allemand.

On se demande, en effet, pourquoi certaines dispositions, expressément prévues par le Code civil, échappent à cette sanction, alors que d'autres arrangements, non autorisés, mais d'un effet souvent moins grave, seraient frappés de nullité.

Il suffirait d'interdire les spéculations des héritiers sur des successions futures, telles que la vente de leur part, du vivant du de cujus.

1. La portée de l'interdiction – Sanctions

68 Après les considérations générales sur cette institution, il convient de préciser le champ d'application de la prohibition des pactes sur succession future.

Le terme généralement employé de « pacte », qui ne se trouve pas dans le Code civil, pourrait faire penser que seuls des contrats pourraient tomber sous cette mesure. Il n'en est rien. Sont également visés les actes unilatéraux, comme par exemple la renonciation à une succession future. D'autre part, il n'est pas relevant non plus de distinguer entre un acte à titre gratuit et un acte à titre onéreux.

L'étendue du pacte est par ailleurs sans conséquence. Peu importe que cette convention porte sur la totalité ou seulement sur une quote-part de la succession future. La prohibition s'applique tant à la succession légale que testamentaire. Donc, un légataire ne peut pas renoncer non plus, du vivant du de cujus, à ses droits successoraux ou les aliéner.

La sanction de cette interdiction, instituée par le Code civil, est la nullité absolue de la disposition contraire à cette interdiction. Cette nullité peut donc être invoquée par tout intéressé. Elle doit être relevée d'office par le tribunal, qui la constate à l'occasion d'un litige dont il est saisi (Lux. 30 mai 1956, Pas. 16, page 497).

S'agissant d'une nullité absolue, une disposition ayant encouru cette sanction ne pourrait pas être confirmée, après que la succession future se sera transformée en une succession ouverte, donc après le décès du disposant. Ce qui est cependant possible, c'est de refaire entièrement, après la mort du de cujus, la convention nulle comme pacte sur succession future. Cette solution présuppose cependant que toutes les personnes, impliquées dans ce contrat, soient d'accord pour le conclure à nouveau.

2. Les pactes sur succession future autorisés par le Code civil

69 Le Code cite à cet égard plusieurs dispositions. Les unes ont trait au disposant, les autres visent les héritiers.

En ce qui concerne le premier, citons l'institution contractuelle consentie par contrat de mariage ou au cours du mariage. Nous en parlerons dans le cadre des donations (cf. numéros 314 à 322).

Est permise également la donation-partage, traitée aussi dans le cadre des donations (cf. numéros 338 à 349).

Le Code civil autorise également, sous certaines conditions, les substitutions fidéicommissaires, qui sont examinées également en rapport avec les donations (cf. numéros 258 à 261).

Le contrat d'assurance sur la vie, bien que non visé par le Code civil, constitue également une dérogation à la prohibition des pactes sur succession future. En effet, le capital stipulé, payable au décès du contractant à un non-héritier, ne tombe pas dans sa succession, mais revient directement à ce bénéficiaire.

En ce qui concerne les pactes sur succession future autorisés au profit des futurs héritiers, citons les articles 918 et 930 alinéa 2.

Le premier article que nous examinerons dans le cadre de la liquidation et du partage d'une succession (cf. numéro 128) dispose que la vente d'un bien avec réserve d'usufruit ou d'une rente viagère ou à fonds perdu, faite par le de cujus au profit d'un successible en ligne directe, est considérée d'office comme donation préciputaire, est mise en compte à cet héritier pour le calcul de sa part successorale et est imputée sur la quotité disponible.

Cette mise en compte peut cependant être évitée si les autres descendants interviennent à cet acte de vente et déclarent qu'ils renoncent à attaquer cette disposition après le décès de l'ascendant-vendeur.

Quant à l'article 930 alinéa 2, il prévoit que le consentement des héritiers réservataires donné à l'aliénation opérée par le donataire du bien, faisant l'objet de la donation, vaut renonciation de leur part à demander, après le décès du donateur, la réduction de cette libéralité contre le tiers acquéreur (cf. numéro 144).

Le but de la disposition susvisée est d'assurer la sécurité des transactions. En l'absence d'une renonciation des héritiers réservataires, un acquéreur hésiterait à acheter un immeuble, que le vendeur a acquis lui-même par donation. En effet, au cas où la donation a dépassé la quotité disponible, le tiers acquéreur pourrait, dans certaines conditions, être inquiété par ces héritiers réservataires, qui demanderaient contre lui la réduction de la donation (cf. numéro 144).

Chapitre 9

Le passif successoral

A. - LA COMPOSITION DU PASSIF D'UNE SUCCESSION

70 Une succession présente normalement deux facettes, un actif, augmentant la fortune des héritiers ou légataires, et un passif, qui diminue la valeur de cet actif. Les héritiers et légataires ne peuvent jouir tranquillement des biens hérités qu'après avoir réglé les dettes grevant la succession recueillie.

1. Les dettes de la succession

Certaines dettes du de cujus s'éteignent par son décès. Il s'agit notamment de celles résultant de l'obligation alimentaire, à laquelle le de cujus était tenu à l'égard de son conjoint divorcé ou d'un enfant mineur. Il s'agit encore des amendes pénales.

Mais, en général, les dettes du défunt ne s'éteignent pas par sa mort et passent à ses héritiers et même à certains de ses légataires. En ce qui concerne ces dettes, il est indifférent que le de cujus les a contractées par contrat (achat, emprunt) ou qu'il s'agit d'une dette ayant une origine légale (impôts, cotisations à la sécurité sociale) ou extracontractuelle (condamnation à une indemnité sur base de l'article 1382).

Pour le créancier d'une des dettes visées à l'alinéa précédent, la mort du de cujus ne change rien à sa situation. Il conserve son droit intact.

Les dettes successorales présentent déjà assez de gênes aux successeurs quand elles sont nettement définies, en ce qui concerne leur nature, leur montant ou les conditions de leur paiement. D'autres dettes ne répondent pas à cette clarté. Il en existe en effet qui, au moment du décès du de cujus, ne sont pas encore chiffrées. Tel est le cas, par exemple, si un procès en indemnisation est en cours contre le de cujus. Le montant de cette dette sera seulement constaté par le jugement rendu dans cette affaire.

D'autres dettes en rapport avec la succession sont aléatoires. Elles peuvent naître ou ne pas devenir réalité. Il en est ainsi, par exemple, lorsque le défunt avait cautionné la dette d'un débiteur. Si ce dernier paie intégralement son créancier, l'engagement de la caution n'aura pas à jouer.

Dans le cas contraire, la caution doit payer en lieu et place du débiteur. Cet engagement du de cujus pourra devenir effectif longtemps seulement après son décès, compte tenu des longueurs d'une procédure judiciaire. Il tombera alors à charge de la succession.

Ces exemples montrent qu'il peut être prudent de ne pas trop se hâter à accepter purement et simplement une succession. On risque en effet, dans ces cas, d'assumer des dettes dont on ignorait l'existence au moment de l'acceptation.

Ce risque devient de plus en plus actuel avec l'internationalisation des affaires. Le de cujus peut avoir exercé une activité commerciale dans plusieurs pays, cela avec des résultats parfois changeants. Vu que les successions présentent un caractère d'unicité, c'est-à-dire qu'elles sont soumises à une seule loi successorale, les héritiers risquent de devoir payer des dettes que le de cujus a contractées hors du Grand-Duché.

On peut éviter ces aléas, en n'acceptant de telles successions que sous bénéfice d'inventaire. Dans ce cas, on est assuré de ne pas devoir payer les dettes successorales au-delà de l'actif recueilli.

Nous rappelons que le délai légal prévu à cet effet (trois mois et quarante jours) n'est contraignant qu'à partir du moment où un héritier est poursuivi en justice du chef des dettes successorales. Et, même dans ce cas, cet héritier peut demander au tribunal une prolongation du délai, s'il ne dispose pas de toutes les informations nécessaires pour établir l'inventaire requis.

2. Les charges de la succession

À part les dettes proprement dites, nées dans le chef du défunt, la succession comprend d'autres éléments passifs, qui ne sont pas imputables au de cujus, car ils sont nés après sa mort, mais qui sont en rapport avec son décès. On parle dans ce cas de charges de la succession.

Rentrent dans cette catégorie, les frais funéraires et les frais de liquidation et de partage (frais de scellés, d'inventaire et toutes les dépenses dans l'intérêt commun des successeurs). Par contre, les frais de deuil, dont l'article 1481 fait bénéficier la veuve du de cujus, ne sont pas des charges de la succession, mais sont à supporter par la communauté ayant existé entre conjoint.

3. Les legs de sommes d'argent

Comptent aussi dans le passif successoral, les legs de sommes d'argent que le de cujus a mis à la charge de son ou de ses héritiers.

L'assimilation de ces legs à une dette successorale ne résulte pas du Code civil, mais constitue une construction jurisprudentielle. Les tribunaux distinguent entre le legs d'un corps certain (meubles, maison, terrain) et le legs de choses de genre, dont notamment des sommes d'argent.

En ce qui concerne les corps certains, le légataire peut les revendiquer contre la personne de l'héritier ou contre un tiers qui les détient. Il dispose d'une action sur une chose (action réelle) et non d'une action contre une personne. Lorsque le corps certain n'est plus disponible (il a été détruit ou le de cujus l'a vendu), le légataire perd son droit à ce bien. Il n'a pas d'action contre les héritiers du chef de ce legs.

Il en est autrement du legs d'une somme d'argent. Dans ce cas, le légataire a une créance contre la succession. Celle-ci figure au passif successoral et doit être acquittée par les héritiers, tout comme les autres dettes successorales.

Cette assimilation des legs de sommes d'argent aux dettes successorales comporte des conséquences pour l'héritier qui a accepté la succession purement et simplement, au cas où l'actif successoral est inférieur au passif. Il en sera question au numéro 72.

B. – LA CHARGE DU PASSIF SUCCESSORAL – SON ÉTENDUE

71 Dans le présent chapitre, nous nous limitons à analyser dans quelle mesure les héritiers doivent payer le passif successoral. En ce qui concerne la contribution des légataires à ces dettes, il en sera question dans le cadre des obligations au passif des légataires (cf. les numéros 398 et 400).

Le paiement du passif successoral ne soulève de sérieux problèmes qu'en cas d'insuffisance d'actif. La question se pose en effet alors si les héritiers doivent payer le passif au-delà de la valeur des biens hérités.

La réponse à cette question varie suivant que les héritiers ont accepté la succession purement et simplement ou sous bénéfice d'inventaire. Nous rappelons que les héritiers renonçant à la succession sont dispensés de payer les dettes successorales.

1. Les héritiers acceptant purement et simplement

72 Ces héritiers ne peuvent pas se limiter à payer les dettes et charges successorales seulement jusqu'à concurrence de l'actif dont ils ont hérité. Ils doivent s'acquitter de ces dettes, au besoin, sur leur fortune personnelle.

Cette obligation résulte de l'article 724, qui dispose que les héritiers sont tenus de toutes les dettes et charges du de cujus. Le même article fait exception pour l'État, qui n'est obligé de payer les dettes du défunt qu'à concurrence de l'actif recueilli dans sa succession.

Une exception s'applique également pour la pension alimentaire due à charge de la succession au profit du conjoint survivant dans le besoin, dont nous avons parlé en rapport avec les droits successoraux du conjoint survivant. Cet article dispose en effet qu'en cas d'insuffisance d'actif, cette pension est supportée également par tous les légataires. Cette dernière disposition implique nécessairement que les héritiers légaux ne sont pas tenus au paiement de cette pension au-delà de leur part successorale.

Qu'en est-il des legs de sommes d'argent ? Doivent-ils être également supportés par les héritiers, si l'actif ne suffit pas à les payer dans leur intégralité ? Nous avons vu plus haut que la jurisprudence assimile le legs de sommes d'argent à une créance. Elle a décidé également que ce legs doit être payé par les héritiers, même au-delà de l'actif recueilli.

2. Les héritiers acceptant sous bénéfice d'inventaire

La contribution aux dettes successorales de ces héritiers se réduit à leur part d'héritage. Quel que soit le montant de ces dettes, ces héritiers sont toujours assurés de ne pas devoir les payer à charge de leur fortune personnelle. Tel est précisément le but de l'acceptation d'une succession sous bénéfice d'inventaire. 73

La conséquence de cet avantage est la limitation des pouvoirs des héritiers en question sur l'actif successoral. Celui-ci est l'unique gage des créanciers successoraux. Il faut donc éviter que les héritiers, ayant accepté la succession sous bénéfice d'inventaire, puissent dissimuler ou dissiper le gage de ces créanciers.

Il y a toutefois une exception à la contribution restreinte de ces héritiers. Cette limitation de leur engagement vaut pour les dettes successorales et les legs de sommes d'argent. Elle ne s'applique cependant pas aux charges successorales (frais funéraires, frais en rapport avec le partage). Ces charges doivent être payées, même si elles dépassent la part successorale d'un héritier acceptant sous bénéfice d'inventaire. Ces charges sont, en quelque sorte, des dettes personnelles de ces héritiers.

2.1. *Restrictions des droits sur les biens successoraux des héritiers bénéficiaires*

Est-ce que les héritiers, ayant accepté la succession sous bénéfice d'inventaire, sont des administrateurs pour compte des héritiers successoraux ou restent-ils les propriétaires des biens hérités ? 74

C'est pour cette dernière position que le Code civil s'est décidé. Il fait cependant de ces héritiers des propriétaires aux droits limités. Cette limitation vaut notamment pour l'aliénation des biens successoraux.

Un régime spécial s'applique à la vente d'immeubles successoraux. Ce régime est défini par l'article 1182 du Code de procédure civile. Cet article requiert des héritiers ayant accepté une succession sous bénéfice d'inventaire, qui veulent vendre un immeuble successoral, de demander, par requête, l'autorisation au président du Tribunal d'arrondissement. Si le président l'accorde, il commet un notaire pour procéder à la vente publique, selon un cahier des charges approuvé par lui. Ce juge peut également, par une décision motivée, autoriser la vente de gré à gré, lorsque ce mode de vente apparaît plus avantageux. Dans ce cas, il désigne le notaire chargé de recevoir l'acte et arrête les conditions de la vente. Ces conditions sont à observer sous peine de nullité.

Les meubles de la succession peuvent être vendus sans autorisation judiciaire. Mais leur vente doit se faire par adjudication publique, exception faite des biens périssables, notamment les récoltes.

Si l'héritier passe outre aux prescriptions précitées, il perd le bénéfice de l'acceptation sous bénéfice d'inventaire et est réputé acceptant pur et simple. Il encourt cette même sanction, en cas de recel de biens successoraux ou s'il a omis sciemment de faire comprendre certains des biens dans l'inventaire qu'il doit établir.

Les actes non visés par le Code civil sont en principe permis à l'héritier précité, sauf pour celui-ci à engager sa responsabilité, s'il a gravement lésé les intérêts des créanciers successoraux. Les dommages-intérêts, qu'il leur doit, sont évidemment à charge de sa fortune personnelle.

L'héritier, ayant accepté sous bénéfice d'inventaire, doit administrer les biens faisant l'objet de la succession et il doit rendre compte périodiquement aux créanciers.

Si cet héritier est négligent dans cette administration, les créanciers peuvent s'adresser à la justice pour faire désigner un tiers chargé d'administrer les biens successoraux.

L'héritier précité ne peut pas être contraint d'administrer les biens contre sa volonté. Il n'a tout simplement pas le droit de rester inactif ou négligeant dans cette gestion. Si cet héritier n'entend pas administrer les biens indivis, il peut se défaire de cette charge sur les créanciers successoraux, ainsi que sur les légataires. Cet abandon d'administration est expressément prévu par l'article 802-1°. Mais cet article ne définit pas la procédure suivant laquelle cette renonciation à administrer de l'héritier doit avoir lieu. Il est cependant évident qu'elle doit se faire pour tous les biens successoraux et non seulement pour une partie de ceux-ci.

Quant à la forme, il est requis que tous les créanciers successoraux soient informés. D'autre part, une déclaration à cet effet au greffe du tribunal civil est du moins prudente, sinon requise.

Les effets d'un abandon d'administration sont :

- en ce qui concerne les créanciers : la charge d'administrer les biens successoraux incombe à tous les créanciers de la succession. Si ceux-ci n'arrivent pas à s'entendre, ils doivent faire désigner un administrateur judiciaire ;
- en ce qui concerne l'héritier ayant accepté sous bénéfice d'inventaire, il reste propriétaire des biens successoraux, de sorte que si, après le paiement des créanciers de la succession, il reste un reliquat, celui-ci lui revient.

C. – LE PAIEMENT DES DETTES SUCCESSORALES EN CAS DE PLURALITÉ D'HÉRITIERS

Jusqu'ici nous nous sommes limités à parler de l'obligation des héritiers à payer les dettes et charges successorales et des limites de ce paiement, sans nous préoccuper de la question si le passif successoral est à supporter par un héritier unique ou si les créanciers ont en face d'eux plusieurs successeurs. L'étude de ce dernier aspect est abordée au présent chapitre. 75

Est-ce que les créanciers successoraux peuvent s'adresser à un seul des successeurs pour lui faire payer toutes les dettes ? Ce dernier devrait alors se retourner contre ses cohéritiers pour se faire rembourser leur part dans ces dettes. Ou, au contraire, les créanciers ne peuvent-ils se faire payer par un héritier que sa part dans les dettes de la succession ?

C'est cette dernière alternative qui s'applique. Le Code civil a consacré le *principe de la division des dettes successorales* entre les héritiers (articles 873 et 1220). À cet égard, il n'est pas fait de différence entre les héritiers ayant accepté purement et simplement et ceux ayant accepté sous bénéfice d'inventaire. Donc, s'il y a trois héritiers, les créanciers doivent poursuivre chacun pour un tiers des dettes.

Il faut nuancer cependant cette dernière règle. Elle ne s'applique que si tous les héritiers partagent la succession par parts égales. Elle ne vaut notamment pas, si certains héritiers recueillent la succession en représentation de leur père ou mère prédécédé(e).

À titre d'exemple, si le de cujus laisse une fille et deux petits-enfants, venant à sa succession en représentation de leur père prédécédé, les créanciers ne peuvent pas poursuivre chaque héritier pour un tiers. Par contre, ils doivent réclamer cinquante pour cent de la dette à la fille, et vingt-cinq pour cent à chacun des petits-enfants.

D'autre part, en réclamant à chaque héritier sa part dans les dettes, les créanciers doivent faire la division de celles-ci sur base de la vocation successorale des héritiers et non sur base de leur émolument effectif.

Ainsi, si de deux descendants, l'un reçoit, en plus de sa part successorale, un legs d'un bien déterminé (par exemple un terrain), les créanciers poursuivent néanmoins chaque héritier pour la moitié des dettes, bien qu'en valeur absolue, le descendant, à la fois héritier et légataire, ait reçu une plus grande partie de la succession que son cohéritier.

Cette répartition des dettes se justifie, parce que les légataires particuliers ne sont normalement pas tenus de participer au paiement des dettes successorales.

Cette règle est pratique pour les créanciers successoraux, alors qu'ils savent, dès le décès du de cujus, quel pourcentage des dettes ils peuvent réclamer à chaque héritier, sans devoir s'enquérir d'éventuels legs, faits à l'un d'eux.

1. Conséquences de la division des dettes pour les créanciers successoraux

76 Cette division des dettes n'est pas en faveur des créanciers de la succession. D'abord, quant à la procédure, si les héritiers ne paient pas volontairement, les créanciers doivent intenter autant d'actions judiciaires qu'il y a d'héritiers.

Sur le fond, ce principe de la division des dettes est plus grave encore. Elle est préjudiciable aux créanciers, à un double titre.

1) Si certains héritiers ont accepté une succession endettée sous bénéfice d'inventaire, la part de ces derniers dans ces dettes se réduit à leur émolument.

   La différence entre celui-ci et sa part de dette à supporter, si cet héritier avait accepté purement et simplement, est à charge des créanciers. Elle ne peut pas être réclamée à l'héritier ayant accepté sous bénéfice d'inventaire.

2) Si l'un des héritiers est insolvable, ce sont les créanciers, et non les autres héritiers, qui en supportent les conséquences.

2. Exceptions au principe de la division des dettes successorales

2.1. *Une première exception concerne les dettes hypothécaires*

Si un héritier a, dans son lot, un immeuble grevé d'une hypothèque, les créanciers hypothécaires, mais eux seuls, peuvent actionner cet héritier en paiement de toute la dette successorale, garantie par cette hypothèque. Cet héritier, après avoir payé la dette, peut se retourner contre ses cohéritiers pour leur réclamer le remboursement de leur part dans cette dette. 77

2.2. *Une deuxième exception tient à la volonté du de cujus*

Celui-ci peut convenir avec un créancier, qu'à son décès, la dette faisant l'objet du contrat, sera à supporter exclusivement par tel ou tel héritier ou légataire. Dans ce cas, le créancier ne peut poursuivre, au décès du de cujus, que cet héritier ou légataire, puisqu'il a accepté cette condition par contrat.

Le de cujus peut, par testament, imposer le paiement d'une dette, après son décès, à un héritier ou à un légataire déterminé. Cependant, les créanciers ne sont pas engagés par ces dispositions testamentaires. Ils n'y ont pas été partie. Ils peuvent donc s'en tenir pour le tout à cet héritier ou, au contraire, poursuivre l'ensemble des héritiers pour leur part respective.

2.3. *Une troisième exception tient à la volonté des successeurs*

Ceux-ci peuvent convenir entre eux, lors du partage, par exemple pour équilibrer les parts successorales, que l'un d'eux aura dans son lot l'ensemble des dettes successorales. Évidemment, un tel arrangement n'engage pas les créanciers. Ceux-ci restent libres dans leurs actions, tout comme dans les cas où l'obligation aux dettes est imposée à un seul héritier par le testament du de cujus.

3. L'obligation et la contribution des héritiers aux dettes successorales

On distingue généralement entre l'*obligation* aux dettes successorales et la *contribution* à ces mêmes dettes. 78

L'obligation aux dettes se réfère au droit des créanciers successoraux de demander, suivant le principe de la division des dettes, un paiement partiel aux différents héritiers et, dans les cas exceptionnels visés ci-dessus, le paiement intégral à un seul des héritiers.

La contribution aux dettes successorales représente la part des dettes qu'un héritier doit supporter définitivement.

Normalement, l'obligation et la contribution aux dettes de la succession se couvrent. En effet, les créanciers ne peuvent, en général, demander à un héritier que sa part proportionnelle des dettes laissées par le de cujus ou nées en rapport direct avec son décès.

Cependant, il n'en est pas toujours ainsi. Dans certains cas, le créancier peut réclamer l'ensemble des dettes à un seul des héritiers. Tel est le cas de la dette hypothécaire ou de la dette engageant solidairement tous les héritiers. Un héritier peut aussi payer volontairement toute la dette. L'héritier, qui a complètement désintéressé les créanciers, peut réclamer leur part de dette à ses cohéritiers.

Dans d'autres cas, l'héritier, qui a intégralement payé la dette, ne peut rien réclamer à ses cohéritiers. Cette exception s'applique si cet engagement exclusif se dégage d'une convention passée entre le créancier et le de cujus. Elle peut également résulter du fait que le testateur a imposé par son testament cette dette à un seul successeur et que le créancier s'est tenu à ces dispositions testamentaires.

Une autre hypothèse où il y a différence entre l'obligation à la dette et la contribution à cette même dette, se présente lorsqu'il y a partage de la succession entre nu-propriétaire et usufruitier.

Le seul cas possible d'usufruit dans le domaine des successions ab intestat au Grand-Duché est celui du conjoint survivant, qui a opté pour l'usufruit légal. Les cas d'usufruit sont plus fréquents si le de cujus a laissé un testament.

En vertu des articles 609 et 612, l'usufruitier ne peut être obligé par le créancier à payer la dette héréditaire. Le créancier doit donc s'en tenir au seul nu-propriétaire. L'usufruitier est cependant obligé de contribuer au paiement de la dette. Il doit, en effet, supporter les intérêts de celle-ci. Le paiement du capital revient au nu-propriétaire. Celui-ci peut donc s'adresser à l'usufruitier, afin que celui-ci supporte les intérêts.

Si, dans le cadre de dispositions testamentaires, il y a institution de plusieurs légataires en usufruit, ceux-ci se partagent les intérêts de la dette, en proportion de leur usufruit respectif. Les nus-propriétaires prennent en charge, dans la même proportion, le paiement du capital.

Le testateur peut évidemment fixer une autre répartition de la dette. Il pourrait, par exemple, faire participer l'usufruitier au paiement du capital.

D. – LE RÈGLEMENT DU PASSIF

On a examiné de quelles dettes le passif successoral se compose et quelle part de ces dettes les créanciers peuvent, en règle générale, demander à chaque héritier. 79

Il reste à examiner comment ces créanciers peuvent se faire payer effectivement. Ce paiement ne soulève généralement pas de problème, lorsque la succession présente un résultat positif et que le ou les successeurs sont solvables. Les difficultés naissent, lorsque l'une ou les deux conditions ci-dessus ne sont pas remplies et qu'en conséquence, tous les créanciers ne peuvent pas être intégralement payés.

Il existe parfois, à côté des créanciers de la succession, également des créanciers personnels de l'héritier. Comment se fait le départage et le paiement des dettes successorales et des dettes personnelles d'un héritier entre ces deux catégories de créanciers ? De quelle façon se délimite le gage des créanciers successoraux ? Porte-t-il seulement sur l'actif de la succession ou également sur les biens personnels du débiteur ? Comment se règlent les rapports réciproques entre créanciers successoraux ? Ces différentes questions seront examinées ci-après.

Avant de passer à cet examen, il convient de relever que le système juridique du règlement des dettes successorales est assez compliqué et lacuneux. Étant repris, pour l'essentiel, du Code civil originaire, il ne correspond plus guère à une conception moderne d'un règlement du passif mettant les créanciers sur un pied d'égalité.

Le paiement de ces dettes se fait de façon différente suivant que les héritiers ont accepté la succession de façon pure et simple ou sous bénéfice d'inventaire.

1. Le cas de l'acceptation pure et simple de la succession

Dans cette hypothèse, il y a, dès le décès du de cujus, confusion des biens de la succession avec les biens personnels de l'héritier. Il n'y a donc qu'un patrimoine unique constituant le gage, tant des créanciers successoraux que des créanciers personnels d'un héritier. 80

Cette confusion des patrimoines s'explique par le principe que l'héritier continue la personne du de cujus. Du moment que la personne de ce dernier et celle de son héritier ne font plus qu'une, il semble logique qu'il en soit de même de leur fortune respective.

Cette fusion des deux patrimoines en un seul a pour conséquence que cette masse unique constitue le gage commun des créanciers successoraux et des créanciers personnels de l'héritier. En principe donc, ces deux catégories de créanciers ont les mêmes droits sur ce gage et il n'y a aucun ordre de priorité à respecter dans le paiement.

D'une part, il n'y a pas de cause de préférence des créanciers successoraux sur les biens successoraux, ni des créanciers personnels sur la fortune personnelle du successeur. Ils concourent donc tous sur un pied d'égalité quant à l'actif successoral, qui constitue leur gage commun.

D'autre part, il n'existe aucune procédure collective organisée relative au paiement des créanciers successoraux. Il n'y a donc pas de règles équivalentes à celles de la faillite d'un commerçant, veillant à ce que les créanciers soient traités sur un pied d'égalité, compte tenu des sûretés (privilèges ou hypothèques), dont ils disposent.

Les créanciers successoraux sont payés dans l'ordre qui plaît au successeur ou, en cas de poursuites judiciaires, dans l'ordre de ces poursuites. On dit à cet égard que le paiement est le prix de la course. Les créanciers successoraux, qui ont tardé à engager leur poursuite, risquent même d'être primés par les légataires plus diligents à se faire payer leur legs par les successeurs.

Les créanciers successoraux risquent aussi d'être devancés par les créanciers personnels des héritiers. Par rapport à ces derniers, les premiers créanciers jouissent néanmoins de certains avantages légaux, qu'ils peuvent mettre en œuvre pour se faire payer avant les créanciers personnels.

Ces mesures légales sont au nombre de deux. Il s'agit de la **saisie des biens indivis** de la succession et de la **séparation des patrimoines**.

1.1. *La saisie des biens indivis*

81 Cette mesure était inconnue du Code civil de 1804. Elle vient seulement d'être introduite par la loi du 8 avril 1993 qui a institué un article 815-17. Celui-ci permet aux créanciers successoraux de saisir les biens de la succession, de les faire vendre et de se payer sur ce prix de vente. Ne profitent cependant de cette vente de biens saisis que les créanciers associés à cette poursuite et non tous les créanciers successoraux.

Cette possibilité légale n'existe pas pour les créanciers personnels des héritiers. Ceux-ci ne sont pas autorisés à pratiquer une saisie sur les biens successoraux indivis, ni encore à s'associer à la répartition du prix de vente de ces biens.

Pour les créanciers successoraux, cette mesure prévue par l'article 815-17 susvisé ne constitue pas toujours un secours efficace. La saisie est en effet limitée aux biens successoraux indivis, c'est-à-dire appartenant à tous les héritiers. Elle ne s'applique donc pas s'il n'y a pas indivision des biens successoraux. Tel est le cas, s'il s'agit d'un héritier unique ou même, s'il y a plusieurs héritiers, si ceux-ci ont déjà procédé au partage.

Si la première mesure devient inopérante, il reste aux créanciers successoraux le deuxième moyen que la loi a prévu en leur faveur.

1.2. *La séparation des patrimoines*

Il s'agit d'une mesure réglée par les articles 878 à 881. Elle permet aux **82**
créanciers successoraux d'être préférés aux créanciers personnels par rapport aux biens successoraux, tout en conservant des droits sur les biens personnels du successeur. Les créanciers personnels sont donc écartés des biens successoraux et doivent même tolérer le concours des créanciers successoraux sur les biens de leur débiteur.

Il ne faut pas confondre la séparation des patrimoines, traitée sous le présent numéro, avec celle qui résulte de l'acceptation de la succession sous bénéfice d'inventaire.

Dans ce dernier cas, la séparation des patrimoines est le fait du seul héritier, les créanciers n'y ont pas prise. En second lieu, en cas d'acceptation d'une succession sous bénéfice d'inventaire, il y a une plus stricte séparation entre patrimoine successoral et patrimoine personnel de l'héritier. Les créanciers successoraux n'ont pas le droit de saisir un bien personnel de l'héritier bénéficiaire.

Peuvent demander la séparation des patrimoines, les créanciers successoraux et les légataires de sommes d'argent, qui sont également des créanciers de la succession. Comment s'opère la séparation des patrimoines ?

Il faut une demande des créanciers de la succession. Cette demande peut consister en une action judiciaire. Il suffit cependant que ces créanciers aient exprimé, de façon non équivoque, leur volonté de se prévaloir du privilège de la séparation des patrimoines (par exemple, lors de la vente de biens successoraux, ces créanciers ont manifesté leur intention d'être préférés aux créanciers personnels du successeur).

Il est exigé, en second lieu, que ces créanciers n'aient pas auparavant renoncé à ce privilège, en acceptant l'héritier pour seul et unique débiteur, en renonçant donc à la poursuite contre la succession.

Il est requis, en troisième lieu, qu'il n'y ait pas encore confusion des meubles. Du moment qu'une confusion des meubles successoraux avec des meubles appartenant au successeur s'est faite, une séparation nette des patrimoines n'est plus possible.

Il est donc conseillé aux créanciers successoraux et aux légataires, qui se proposent de demander la séparation des patrimoines, de requérir au plus vite l'apposition des scellés et l'établissement d'un inventaire.

En tout cas, une séparation des patrimoines quant aux meubles n'est plus possible trois ans après l'ouverture de la succession. La loi présume en effet de façon irréfragable (non-admission d'une preuve contraire) qu'après trois ans, il y a confusion des meubles relevant de la succession avec ceux appartenant au successeur.

En ce qui concerne les immeubles, une confusion entre immeubles successoraux et immeubles propres du successeur n'est pas possible.

À l'égard des immeubles, la séparation des patrimoines peut toutefois encore être rendue inopérante. Le danger existe que l'héritier restant propriétaire des immeubles successoraux, les grèves d'une hypothèque. Si les créanciers, à qui l'héritier a consenti cette hypothèque, transcrivent celle-ci au bureau des hypothèques, ils priment normalement les créanciers successoraux ayant demandé la séparation des patrimoines.

Pour éviter cet aléa, la loi du 18 avril 1910 sur le régime hypothécaire fait bénéficier les créanciers successoraux et les légataires ayant demandé la séparation des patrimoines, d'un privilège sur immeubles. Un privilège, aux termes de l'article 2095, est un droit que la qualité de la créance donne à un créancier d'être préféré aux autres créanciers, même hypothécaires. C'est donc en quelque sorte une « super-hypothèque ».

Si les créanciers ou les légataires susvisés ont inscrit leur privilège dans les six mois du décès du de cujus, les effets de ce privilège remontent au jour de ce décès. Ce privilège prime donc toutes les hypothèques inscrites à partir de l'ouverture de la succession, donc également l'hypothèque consentie par l'héritier. Si ce privilège est seulement inscrit après les six mois susvisés, il perd sa qualité de privilège et dégénère en une hypothèque ordinaire, valant seulement à compter de son inscription.

Quels sont les effets de la séparation des patrimoines ?

En ce qui concerne le successeur, la séparation des patrimoines ne modifie pas la situation. Il conserve tous ses pouvoirs sur les biens successoraux et reste tenu des dettes successorales au-delà de l'actif.

En ce qui concerne les créanciers séparatistes, ils acquièrent un droit de préférence sur les biens successoraux. Ce droit est absolu en ce qui concerne les meubles. En ce qui concerne les immeubles, les créanciers de la succession ont la même priorité lorsqu'ils ont fait inscrire leur privilège dans les six mois de l'ouverture de la succession. Dans le cas contraire, ils risquent d'être primés par des créanciers hypothécaires ayant fait inscrire leur hypothèque avant eux.

Le droit de préférence peut être mis en échec si l'héritier, restant propriétaire des biens successoraux, les a aliénés. Cela vaut du moins pour les meubles. Le créancier séparatiste ne saurait les revendiquer auprès d'un tiers, lorsque l'héritier les lui a vendus.

En ce qui concerne les immeubles, leur aliénation ne préjudicie pas aux créanciers ou aux légataires, qui ont inscrit leur privilège visé plus haut dans le délai légal. Ils peuvent, dans ce cas, saisir l'immeuble, sur lequel porte leur privilège, entre les mains du tiers acquéreur. S'ils ont omis de procéder à cette inscription dans le délai de six mois, ils ne peuvent plus l'inscrire en cas d'aliénation de l'immeuble. En effet, une hypothèque ne peut plus être inscrite sur un immeuble qui a cessé d'appartenir au successeur.

2. Le cas de l'acceptation de la succession sous bénéfice d'inventaire

En ce qui concerne les créanciers, l'acceptation sous bénéfice d'inventaire **83**
réserve aux seuls créanciers de la succession les biens successoraux, qui constituent leur gage exclusif. Les créanciers personnels des successeurs n'ont pas de droit sur ces biens.

Les créanciers successoraux partagent donc seul l'actif successoral entre eux. Comment se règle alors le paiement de leurs créances ? Est-ce qu'il existe un ordre de priorité légal entre eux ou est-ce de nouveau le principe que celui qui arrive le premier, se sert le premier ? Le Code civil qui, à cet égard, n'a pas subi de modification depuis son origine, distingue suivant qu'il y a opposition des créanciers successoraux ou qu'il n'y en a pas.

2.1. *L'absence d'opposition des créanciers*

Dans ce cas, il y a une totale inorganisation dans le paiement des créanciers. L'article 808, alinéa 2 dispose en effet que « s'il n'y a pas de créanciers opposants, il (l'héritier ayant accepté sous bénéfice d'inventaire) paie les créanciers et légataires à mesure qu'ils se présentent ».

Seuls les créanciers hypothécaires sont assurés de toucher leur argent. L'article 806 oblige en effet l'héritier, qui a vendu un immeuble, à faire parvenir immédiatement aux créanciers hypothécaires inscrits le prix de vente de cet immeuble.

À part le cas précité, les créanciers restés impayés n'ont pas de recours contre le créancier complètement indemnisé. Les légataires, qui n'ont rien reçu, n'ont pas non plus d'action contre les légataires qui ont reçu leur legs. Le seul recours prévu par l'article 809 concerne celui des créanciers impayés contre les légataires payés. Ce recours se prescrit par trois ans à compter du jour de l'apurement du compte et du paiement du reliquat.

2.2. *L'opposition des créanciers*

Le Code civil n'a pas précisé sous quelle forme l'opposition des créanciers doit se faire. Cette lacune a heureusement permis à la jurisprudence de remédier, dans une certaine mesure, à l'« anarchie » décrite ci-dessus, en interprétant de façon très large la notion d'opposition. Celle-ci existe « dès que le créancier a posé à l'égard de l'héritier un acte quelconque, impliquant sa double intention de recevoir son dû et de ne pas voir payer les autres créanciers à son détriment » (Cour d'appel 25 mars 1904).

Il faut convenir qu'il n'est guère possible de donner une plus large interprétation de l'opposition. Heureusement, la jurisprudence a tenu de redresser la carence du Code civil, en essayant d'organiser, autant que possible, un règlement ordonné du passif successoral.

En cas d'opposition des créanciers, un tel ordre de paiement est prévu par l'article 808, alinéa 1er, qui dispose que : « S'il y a des créanciers opposants, l'héritier bénéficiaire ne peut payer que dans l'ordre et de la manière réglée par la loi ». Donc, en cas d'insuffisance d'actif, le paiement se fait selon le même pourcentage pour tout le monde (répartition au marc le franc).

L'héritier bénéficiaire est donc tenu par la décision du juge. S'il ne la respecte pas, il doit des dommages-intérêts aux héritiers désavantagés. Ces indemnités sont évidemment à charge de la fortune personnelle de cet héritier.

Chapitre 10

L'indivision successorale

A. – L'ÉVOLUTION DU RÉGIME GOUVERNANT L'INDIVISION SUCCESSORALE

84 À la mort du de cujus, ses héritiers sont automatiquement en indivision ; ils sont propriétaires indivis de ses biens. L'indivision naît chaque fois qu'un défunt laisse plus d'un héritier.

L'indivision ne constitue cependant qu'un stade transitoire, devant aboutir finalement au partage des biens successoraux. Le partage fait des héritiers des propriétaires exclusifs des biens tombant dans leur lot.

Une indivision n'existe pas seulement à la suite de l'ouverture d'une succession. Elle s'établit également entre des conjoints divorcés, en ce qui concerne leurs biens communs, lorsque le divorce est devenu définitif. On parle dans ce cas d'indivision post-communautaire. Une indivision de biens entre conjoint peut même exister concomitamment avec un régime matrimonial autre que celui comportant une communauté. On n'a qu'à penser à des conjoints séparés de biens, qui achètent en commun un immeuble. Ils sont indivisaires par rapport audit immeuble.

Finalement, une indivision existe entre des personnes qui deviennent, à la suite d'un contrat à titre onéreux, copropriétaires d'un bien, si celui-ci n'est pas régi par un statut spécial, comme par exemple une société civile ou commerciale. L'exemple classique à cet égard est l'achat en commun d'un appartement par deux concubins.

Le Code civil applique, en principe, aux indivisions susvisées les mêmes règles qu'aux indivisions successorales.

Nous limitons notre examen à la seule indivision successorale. Nous analysons la nature et le caractère de cette indivision, les exceptions au caractère temporaire de celle-ci, ainsi que les droits des héritiers sur les biens indivis entre eux.

1. Nature et caractère de l'indivision successorale

85 L'indivision se caractérise par deux règles essentielles :

1) Aucun héritier n'a de droit privatif sur un bien quelconque de l'indivision.
2) Chaque héritier a un droit privatif sur sa quote-part dans l'indivision.

Nous examinerons en détail chacune de ces règles.

Il y a lieu de rappeler qu'il n'existe pas d'indivision entre nu-propriétaire et usufruitier. Il s'agit, en ce qui concerne ce démembrement de la propriété, de droits de nature différente. Un partage n'est donc pas possible entre nu-propriétaire et usufruitier.

Il peut cependant exister une indivision entre plusieurs usufruitiers ou entre plusieurs nus-propriétaires. Dans ces cas, les règles, qui sont analysées dans la suite, s'appliquent également à ces indivisions.

Signalons, dans ce contexte, que dans le droit successoral luxembourgeois, des indivisions en usufruit ne sont pas possibles dans une succession ab intestat. Si de telles indivisions existent, elles ont été créées par donation ou testament.

2. L'indivision sous le régime du Code civil de 1804

L'indivision est régie par l'article 815. Celui-ci n'a pas prévu de règles sur 86
l'administration des biens indivis. Les auteurs du code n'ont pas estimé nécessaire de prévoir de telles prescriptions, alors que l'indivision ne devait constituer qu'une étape assez brève menant au partage. Il fallait passer au plus vite du stade de la propriété collective à celui faisant des héritiers des propriétaires individuels des biens hérités.

Cette attitude résulte clairement de l'ancien article 815, qui était libellé comme suit : « Nul ne peut être contraint à demeurer dans l'indivision ; et le partage peut toujours être provoqué, nonobstant prohibitions et conventions contraires ». Le même article permettait cependant de suspendre le partage pour un temps limité, ne pouvant pas dépasser cinq ans, mais susceptible d'être renouvelé.

Aucun héritier ne pouvait être forcé par une majorité de cohéritiers à renoncer à un partage immédiat. Donc un seul héritier avait le droit d'obliger les autres à entrer en partage avec lui, même si celui-ci se révélait préjudiciable pour ces héritiers, parce que le moment était mal choisi pour des raisons familiales ou économiques.

Ce qui était cependant permis, c'était que tous les héritiers se mettent d'accord pour rester en indivision pendant une période maximale de cinq ans. Une telle convention pouvait être prorogée par périodes de cinq ans, à condition cependant que tous les héritiers restaient d'accord pour proroger cette indivision.

Cette attitude des auteurs du Code civil a, au cours des temps, donné lieu à critique. En effet, s'il n'est pas recommandable de rester pendant des décennies en indivision, alors que le partage ultérieur n'en sera que plus compliqué, il existe néanmoins des raisons valables de ne pas procéder immédiatement au partage, si une minorité d'héritiers, voire un seul d'entre eux, l'exige. Il se peut que la situation économique ne soit pas favorable à la vente de biens successoraux, qu'il y ait, parmi les héritiers des mineurs, rendant nécessaire un partage judiciaire, ou encore que l'indivision porte sur une exploitation agricole ou une entreprise commerciale ou artisanale, dont l'existence serait menacée en cas de partage immédiat.

Une modification de l'article 815 était donc devenue nécessaire. Des réformes se sont faites par deux lois.

3. Les réformes de l'article 815 traitant de l'indivision successorale

87 La loi du 9 juillet 1969

Elle concerne les exploitations agricoles. En vue d'éviter la dislocation d'une exploitation par suite d'un partage inopportun, cette loi a prévu, sous un certain nombre de conditions tenant à l'exploitation et à la personne des héritiers, le maintien temporaire forcé d'une telle indivision.

Nous étudierons ce maintien de l'indivision dans le cadre du régime successoral agricole (cf. numéros 194 à 201).

La loi du 8 avril 1993

Les dispositions de cette réforme sont largement reprises de la loi française du 31 décembre 1976 relative à l'indivision.

La loi du 8 avril 1993 a retenu deux hypothèses dans lesquelles un maintien limité de l'indivision successorale peut être ordonné par le juge. Elle a d'autre part prévu une mesure originale, permettant de combiner le partage, en faveur d'une minorité d'héritiers, avec le maintien de l'indivision pour les autres. Finalement, elle a autorisé un partage provisionnel (partage quant à la jouissance des biens), tout en maintenant l'indivision pour la propriété de ces biens.

Le changement d'attitude quant au droit des héritiers, résultant de l'ancien article 815, de demander à tout moment le partage, sauf convention unanime de faire durer l'indivision, résulte nettement de la rédaction du nouvel article 815, alinéa 1er, qui a désormais la teneur suivante : « Nul ne peut être contraint à demeurer dans l'indivision et le partage peut toujours être provoqué, à moins qu'il n'y ait été sursis par jugement ou convention » (rappelons que l'ancien texte parlait de nonobstant prohibitions et conventions contraires).

B. – MAINTIEN CONVENTIONNEL OU LÉGAL DE L'INDIVISION

Désormais, il existe deux possibilités de surseoir au partage, soit par un accord entre les héritiers, soit par des contraintes légales. Nous examinerons au n° 88 cette première mesure, alors que les dispositions légales correspondantes sont traitées au n° 89.

1. Les conventions de sursis au partage

En ce qui concerne ces conventions, elles ne sauraient être passées qu'après le décès du de cujus. Celui-ci ne saurait en effet imposer un maintien de l'indivision à ses héritiers ou conclure avec eux une convention de sursis. De telles conventions seraient en effet contraires à la prohibition des pactes sur succession future. **88**

La limitation de ce maintien de l'indivision à cinq ans au maximum ne figure plus dans le nouveau texte. Désormais, ces conventions peuvent dépasser cinq ans. Il semble cependant nécessaire qu'une durée fixe soit indiquée dans cette convention. Le droit de demander le partage est en effet d'ordre public. Les tribunaux l'ont affirmé fermement (Cour, 13 novembre 1931, *Pas.* 12, p. 467).

Toute dérogation à ce droit, si elle est conventionnelle, doit donc être nettement délimitée. La question se pose si une durée excessivement longue, dépassant par exemple dix ans, est compatible avec le droit d'un cohéritier de demander le partage.

Il faut admettre que, si la convention en question est prévue pour une durée indéterminée, chaque héritier peut à un certain moment provoquer le partage dans la mesure du moins où cette demande en partage n'est pas faite de mauvaise foi ou à contretemps.

La réforme de 1993 susvisée, à l'opposé de la loi française de 1976, n'a réglé d'aucune façon le maintien conventionnel de l'indivision. Il appartient donc à la jurisprudence de trancher toutes les questions litigieuses.

Soulignons finalement, qu'il existe une possibilité de maintenir d'une façon indéterminée une indivision successorale. Celle-ci consiste à créer une société civile, ou commerciale, pour une longue durée. Dans ce cas, tant que la société existe, aucun des indivisaires associés ne peut demander le partage des biens successoraux faisant l'objet de cette société. Toutefois, une société, présupposant la réalisation d'un bénéfice, il faut que les biens successoraux se prêtent à une exploitation lucrative. Il faut d'autre part évidemment que tous les héritiers soient d'accord pour créer une telle société.

2. Les dérogations légales au droit de demander le partage

89 Deux cas sont visés par l'article 815, alinéa 2, tel qu'il résulte de la réforme de 1993.

1) La première espèce vise le cas où « la réalisation immédiate (de biens successoraux) risque de porter atteinte à la valeur des biens indivis ». Cette disposition part de l'hypothèse qu'un cohéritier désire vendre les biens indivis à un moment économiquement inapproprié. Le danger d'une dépréciation des biens successoraux ne se pose en effet pas en cas de partage en nature de ceux-ci.

   Ce risque vise des phénomènes économiques qui peuvent influencer la valeur des biens héréditaires. Cet aléa se pose notamment pour les immeubles, si le marché de ces derniers est mauvais, et qu'ils risquent d'être vendus en dessous de leur valeur. Ce danger peut se présenter également pour des titres ou des parts de société.

   Cependant, en ce qui concerne les immeubles, un sursis au partage ne saurait être accordé, si le marché pour la catégorie des immeubles concernés est normal, mais qu'il est susceptible de s'améliorer encore, par exemple à la suite de mesures à prendre par les autorités publiques, comme un reclassement de terrains, sis en zone verte, en des terrains industriels.

2) D'autre part, il résulte de l'article 815, alinéa 2 que le sursis au partage ne doit pas nécessairement concerner tous les biens successoraux, mais uniquement une catégorie de ceux-ci. Le partage est donc possible pour les autres biens.

   Le sursis doit être demandé par un ou plusieurs héritiers au tribunal civil du lieu d'ouverture de la succession. Il peut être accordé pour deux ans au maximum.

   Le sursis au partage peut également être demandé au tribunal pour deux ans au maximum, « si l'un des indivisaires ne peut s'installer sur une exploitation agricole dépendant de la succession qu'à l'expiration de ce délai » (2 ans).

   La mesure a été reprise textuellement de la loi d'orientation agricole française du 4 juillet 1980. Cette disposition a été assez critiquée en France quant à son opportunité. En effet, comme seul exemple de son application possible, le commentaire de cette loi cite l'hypothèse d'un jeune agriculteur, qui n'a pas encore fini ses études agricoles ou son service utilitaire. Au Grand-Duché, seul le premier de ces deux cas cités pourrait donc justifier cette disposition.

   On peut se poser la question si cette possibilité de demander le maintien très limité dans le temps de l'indivision peut favoriser l'installation des agriculteurs ou si elle n'est pas de nature à entrer en conflit avec le régime agricole du maintien de l'indivision, prévu par l'article 815-1, que nous examinerons dans le cadre des numéros 195 à 197.

En effet, ce dernier régime pose des exigences à respecter tant par les agriculteurs demandant cette mesure, que par l'exploitation agricole au profit de laquelle ce maintien est sollicité.

Or, en ce qui concerne le sursis au partage de deux ans, visé au présent numéro, aucune de ces exigences n'est formulée. Pourquoi alors surseoir au partage si, après l'expiration du sursis, ni celui qui en a bénéficié, ni l'exploitation, ne satisfait aux conditions exigées par l'article 815-1 et par l'article 832-2 et 832-3 ? Si, en effet, il est satisfait à ces dernières exigences, on se demande pourquoi l'intéressé ne se décide pas immédiatement, soit pour la mesure prévue par l'article 815-1, soit pour l'une de celles des articles 832-2 et 832-3.

En tout cas, si le sursis au partage d'une exploitation agricole est accordé, tous les biens successoraux, autres que ceux dépendant de cette exploitation, peuvent être partagés à la demande d'un indivisaire.

3. Combinaison du partage avec le maintien de l'indivision

Cette hypothèse concerne une indivision successorale, que deux héritiers au moins veulent maintenir provisoirement en indivision, alors que le troisième demande le partage. 90

Ce cas ne saurait se présenter, s'il y a moins de trois indivisaires, alors que, s'il en existe seulement deux et que l'un a obtenu sa part successorale, l'autre n'est plus en indivision.

L'article 815, alinéa 3 vise à résoudre le conflit entre demande en partage et désir de maintien en indivision, en obligeant ceux qui veulent surseoir au partage, à allouer sa part à celui qui désire sortir de l'indivision. L'article 815, alinéa 3 prévoit deux possibilités :

1) Celui qui veut le partage, a droit à sa part en nature, c'est-à-dire en biens meubles et immeubles de la succession, « si elle (cette part) est aisément détachable du reste des biens indivis », donc, par exemple, s'il y a plusieurs maisons ou terrains. Le tribunal, saisi de cette demande, instituera une expertise pour constater si un partage en nature est possible et, si tel est le cas, pour former au moins deux lots, l'un pour l'héritier qui veut sa part, l'autre pour ceux qui désirent rester dans l'indivision. S'il y a plusieurs héritiers qui demandent leur part, il faut donc former autant de lots pour ceux-ci.

2) S'il n'est pas possible de détacher aisément une part en nature sur les biens indivis, alors les héritiers, demandant leur part, doivent se contenter d'un partage en valeur, c'est-à-dire qu'ils reçoivent, pour

l'essentiel, une somme d'argent. D'ailleurs, même si un partage en nature est possible, l'article 815, alinéa 3 permet à ceux qui veulent sortir de l'indivision, de se contenter du partage en valeur.

L'article 815, alinéa 3 a même prévu l'hypothèse, dans laquelle il n'existe pas, dans la succession, suffisamment d'argent liquide, pour dédommager les héritiers pressés d'obtenir leur part. Dans ce cas, le complément est payé par les héritiers qui veulent rester en indivision, sur leur fortune personnelle. Ces héritiers peuvent alors se tenir indemnes plus tard lors du partage qu'ils opéreront entre eux.

Que l'héritier pressé obtienne sa part successorale en nature ou en valeur, il y a toujours un risque que les cohéritiers essaient de le duper, en lui attribuant une part successorale valant moins que celle à laquelle il a droit. Pour éviter cet aléa, l'article 815, alinéa 3 exige que la part de cet héritier soit établie par une expertise.

D'ailleurs, le tribunal n'est pas obligé de faire droit à la demande en maintien de l'indivision au profit d'une partie des héritiers. Aux termes de l'article précité, le tribunal décide « en fonction des intérêts en présence ».

Donc, il ordonne un partage seulement partiel, si des raisons valables plaident à maintenir cette indivision au profit de quelques-uns seulement des héritiers. À cet égard, il convient aussi de prendre en considération l'intérêt des biens successoraux eux-mêmes et les motifs des héritiers s'opposant au partage.

4. Indivisions forcées et perpétuelles

91 Toutes les indivisions ne mènent pas nécessairement à un partage. Il y en a qui, par leur destination, sont opposées à l'idée de partage, car une fois partagés, les biens indivis en cause deviendraient impropres à l'usage auquel ils sont destinés. Le droit au partage, qui reste une prérogative essentielle de l'indivisaire de droit commun, est contraire à l'idée même d'indivision forcée et perpétuelle. En effet, alors que l'indivision est, en droit commun, considérée comme un état temporaire, l'indivision forcée et perpétuelle devient un état normal et définitif.

Il existe deux catégories d'indivisions forcées et perpétuelles : celles qui sont prévues par la loi et celles qui résultent de la jurisprudence.

4.1. *Indivisions forcées et perpétuelles prévues par une loi*

4.1.1 La copropriété des immeubles bâtis

On sait que chaque appartement faisant partie d'un immeuble en copropriété confère à son propriétaire également des quotes-parts dans les parties communes de l'immeuble en copropriété. Le régime de la copropriété des immeubles bâtis est régi par la loi modifiée du 16 mai 1975 fixant le statut de la copropriété des immeubles bâtis. L'article 5 de cette loi a précisé le statut juridique de cette copropriété. Cet article a le libelle suivant : « Les parties communes et les droits qui leur sont accessoires ne peuvent faire l'objet, séparément des parties privatives, d'une action en partage ni d'une licitation forcée. Ils ne peuvent être aliénés, grevés de droits réels ou saisis qu'avec la partie privative dont ils sont l'accessoire ».

Ledit article est donc très clair et exige qu'un partage ne saurait porter que sur l'ensemble des droits de propriété d'un indivisaire, composés de ses parties privatives et de ses quotes-parts dans les parties communes, et que ces deux éléments ne peuvent jamais être séparés juridiquement.

4.1.2 La mitoyenneté des murs, clôtures, haies, fossés et arbres se trouvant à la limite de deux fonds

Cette mitoyenneté est réglée par les articles 653 à 670. On dit qu'une clôture, comme un mur, est mitoyenne quand elle appartient indivisément aux propriétaires de deux fonds qu'elle sépare. Le lecteur pourra se référer pour de plus amples informations à ce sujet à notre livre « La propriété immobilière » numéros 127 à 142.

4.2. *Indivisions perpétuelles régles par la jurisprudence*

Il s'agit en l'occurrence d'une indivision forcée sur des choses destinées au service commun de plusieurs propriétaires, sans qu'il existe une disposition légale définissant le statut juridique de ces biens et précisant les règles de gestion sur ceux-ci. Il a donc appartenu à la jurisprudence de fixer ces règles.

Est visé tout bien immobilier nécessaire à plusieurs héritages. Les principaux de ces biens sont les allées, chemins, ruelles et autres passages, les cours communes à plusieurs immeubles et la canalisation d'eau. On peut ajouter à cette liste les chemins d'exploitation qui doivent être distingués des chemins ruraux. La liste susvisée n'est pas limitative.

Il s'agit en somme de cas où l'usage ou l'exploitation des immeubles principaux serait impossible, ou notoirement détériorée, si leurs propriétaires respectifs ne bénéficiaient pas de l'usage de la chose commune. Cet usage nécessaire, qui fonde le caractère perpétuel de l'indivision est souverainement constaté par les juges du fond saisis du litige. C'est ce critère de nécessité qui distingue l'indivision forcée et nécessaire de l'indivision ordinaire.

C. – LA COMPOSITION DE L'INDIVISION SUCCESSORALE

92 L'indivision ne comprend pas uniquement les biens laissés par le défunt. À ceux-ci s'ajoutent également les revenus de ces biens, qualifiés de « fruits » par le Code civil.

Aux termes de l'article 1220, les créances et dettes du de cujus ne font pas partie de l'indivision. En principe, elles peuvent être partagées immédiatement entre les cohéritiers. En ce qui concerne les dettes, nous avons vu au chapitre relatif au règlement du passif, que celles-ci sont divisées entre les héritiers et que les créanciers ne peuvent normalement poursuivre chacun des héritiers que pour sa part dans ces dettes. Normalement, les créanciers de la succession ne sont donc pas concernés par l'indivision, pour autant qu'elle a trait aux dettes successorales.

En ce qui concerne les créances du défunt contre un héritier, ou contre un tiers, il en sera question au numéro 169 sous b).

La composition des biens successoraux n'est pas statique, en ce sens que cette masse resterait toujours composée des mêmes éléments. Certains de ceux-ci peuvent être vendus, de l'accord de tous les héritiers, alors que d'autres sont achetés avec l'argent provenant de cette vente.

Sur quelle valeur faut-il tabler lors du partage, sur celle des biens vendus ou sur celle des biens de remplacement ? C'est pour cette deuxième alternative que la jurisprudence s'est prononcée. Donc, même si la valeur des biens acquis en remplacement est inférieure à celle des biens aliénés, c'est néanmoins la valeur de la nouvelle acquisition qui doit être mise en compte.

La position de la jurisprudence se résume comme suit : « Les modifications qui se produisent dans les éléments constitutifs de l'indivision, de l'accord de tous les indivisaires, profitent ou nuisent à l'ensemble des cohéritiers ».

D. – LE PARTAGE DES FRUITS ET BÉNÉFICES

93 Cette matière est réglée par l'article 815-10, qui dispose que « les fruits et revenus des biens indivis accroissent à l'indivision, à défaut de partage provisionnel ou de tout accord établissant la jouissance divise ».

On appelle fruits, les produits périodiques d'une chose, sans altération de celle-ci. Les fruits résultent de l'exploitation d'un bien fructifère. Les revenus par contre proviennent du travail de l'homme, donc en l'occurrence des héritiers en rapport avec les biens de la succession.

L'article 815-10 ne fait pas de différence entre fruits et revenus, en ce qui concerne leur affectation ; tous deux s'ajoutent aux biens indivis pour en augmenter la valeur.

Cela ne vaut pas pour les fruits naturels, comme les récoltes agricoles, viticoles et horticoles. Vu leur caractère périssable, ces fruits sont destinés à être vendus et les sommes réalisées par cette vente constituent des fruits civils qui accroissent à la valeur des biens indivis.

L'accroissement des fruits et revenus aux biens indivis ne signifie pas nécessairement qu'ils devraient être capitalisés. La loi permet leur répartition annuelle et confère à chaque indivisaire le droit d'en réclamer sa part. C'est seulement à défaut d'un partage de ces fruits que leur répartition a lieu lors du partage définitif, compte tenu de la prescription quinquennale de ces fruits.

En effet, le partage de ceux-ci, ensemble avec les biens successoraux, soulève des problèmes quand ce partage tarde à se faire. Si une comptabilité sur le montant de ces fruits n'a pas été tenue, on ne connaît pas leur valeur lors du partage. D'autre part, il est possible qu'un des héritiers ait joui de façon privative des biens indivis, sans payer d'indemnité s'ajoutant à la valeur des biens indivis.

Le partage de ces derniers comporte déjà suffisamment de difficultés, pour ne pas le compliquer encore par des recherches sur l'existence et la valeur des fruits, susceptibles d'être générés par les biens de l'indivision.

Pour éviter de telles complications, l'article 815-10 a institué une courte prescription en ce qui concerne la demande de fruits. Cette prescription est de cinq ans. On ne peut en effet remonter à plus de cinq ans pour demander sa part dans les fruits engendrés par la succession. Ainsi, en 2014, on ne saurait plus réclamer des fruits imputables à l'année 2008. Dans ce cas, il faut se contenter de revendiquer ceux des années 2009 à 2013.

Cette prescription a un double but :

1) inciter les héritiers à demander annuellement leur quote-part dans les revenus des biens indivis.
2) si cet objectif n'est pas atteint, alors que, pour le moins, lors du partage des biens communs, il ne soit plus nécessaire de faire des recherches fastidieuses dans le passé au sujet d'éventuels fruits non encore partagés.

Le même article 815-10 a prévu également le partage des bénéfices résultant de l'exploitation des biens indivis. Cela présuppose qu'une entreprise commerciale, artisanale ou agricole fait l'objet de l'indivision et que cette entreprise est continuée par un ou plusieurs des héritiers au profit de l'indivision.

Évidemment, ce partage ne saurait s'entendre que des bénéfices nets. Pour arriver à ceux-ci, il faut déduire des résultats bruts tous les frais en rapport avec la gestion de cette entreprise, y compris la rémunération de l'indivisaire gérant, indemnité expressément prévue par l'article 815-12.

Si la gestion de l'entreprise dégage une perte, celle-ci est supportée par tous les indivisaires. Cette exigence ne signifie pas que chaque héritier doit payer ce déficit de ses fonds propres. Elle implique que les fruits et les pertes doivent être compensés et que le solde positif, s'il en reste un, doit être partagé. S'il n'y a pas de solde positif à distribuer, le déficit, résultant de la gestion de l'entreprise, diminue la valeur des biens héréditaires et cette moins-value est à charge de chaque indivisaire.

Si l'un des héritiers a joui seul des biens indivis, par exemple, s'il a géré pour son compte une exploitation agricole, il doit à ses cohéritiers une indemnité qui est assimilée et ajoutée aux autres fruits à partager annuellement par les héritiers. Par contre, les récoltes, dans l'hypothèse sus-indiquée, restent à l'héritier ayant exploité à son compte des biens indivis.

Soulignons finalement que la réforme de 1993 au sujet de l'indivision ne permet pas seulement aux héritiers de réclamer, avant le partage, leur part dans les fruits. L'article 815-11 dernier alinéa autorise également un héritier à s'adresser au tribunal pour se faire allouer une avance en capital à valoir sur sa part successorale.

Ce paiement présuppose qu'il y ait de l'argent liquide dans la masse successorale, peu importe que celui-ci ait été laissé par le de cujus ou résulte de la vente de biens de l'héritage. L'héritier, qui demande cette avance en capital, ne saurait pas exiger que des biens indivis soient vendus pour dégager de l'argent liquide. Si l'avance est accordée, elle s'imputera plus tard sur la part successorale de l'héritier qui l'a obtenue. Il serait normal que ce dernier ait à supporter, sur la somme lui allouée, des intérêts, pour maintenir l'égalité entre les héritiers.

D'autre part, l'obtention d'une avance en capital ne constitue pas un droit pour un héritier, même s'il existe des fonds disponibles dans la succession. Le tribunal peut faire droit à cette demande, il n'y est pas obligé. Un tel paiement prématuré rompt en effet l'équilibre entre héritiers. D'autre part, s'il existe des fonds disponibles, ceux-ci doivent, le cas échéant, servir à satisfaire à d'autres fins prioritaires, par exemple, à rembourser une dette successorale ou à faire des réparations nécessaires à un immeuble de la succession.

Le tribunal doit donc prendre en considération, non seulement le désir d'un héritier pressé d'obtenir de l'argent, mais également l'intérêt de la succession en général. Un argument, pouvant plaider pour la mesure prévue à l'article 815-11, consiste dans la considération que l'héritier, bénéficiaire d'une avance, est peut-être moins pressé de demander le partage, au cas où les autres héritiers n'entendent y procéder que plus tard.

E. – LA GESTION DES BIENS INDIVIS

1. Principes généraux

Aucun héritier n'a de droit privatif sur un bien successoral. Les différents héritiers doivent, en général, agir ensemble quant à l'héritage. 94

Cette règle n'est cependant pas absolue et souffre un certain nombre d'exceptions. C'est ainsi que l'article 815-9 prévoit que « chaque indivisaire peut user et jouir des biens indivis, conformément à leur destination, dans la mesure compatible avec le droit des autres indivisaires et avec les effets des actes régulièrement passés au cours de l'indivision ».

Pour illustrer cette règle, admettons que le de cujus ait été propriétaire d'une maison de vacances. Chaque héritier peut y séjourner pendant une partie de l'année, sans payer d'indemnité. Si, par contre, un seul héritier jouit de façon privative de cette maison, il doit une indemnité à ses cohéritiers, sauf convention contraire (article 815-9, alinéa 2).

Si les héritiers n'arrivent pas à s'entendre sur le mode de cette jouissance, l'exercice de ce droit est réglé provisoirement par le président du tribunal civil.

D'autres exceptions au principe que les héritiers doivent agir ensemble quant aux biens de la succession sont prévues par les articles 815-2 à 815-6.

Ces articles distinguent entre les différentes catégories d'actes juridiques à accomplir par les héritiers, à savoir les actes de conservation, les actes d'administration et les actes de disposition.

2. Les actes conservatoires

En ce qui concerne ces actes, l'article 815-2 habilite chaque indivisaire à « prendre les mesures nécessaires pour la conservation des biens indivis ». 95

La jurisprudence a défini les actes conservatoires comme étant des actes matériels ou juridiques, ayant pour objet de soustraire le bien indivis à un péril imminent, sans compromettre sérieusement le droit des indivisaires.

Comme actes juridiques, entrant en ligne de compte, on peut citer la demande en reconnaissance des droits successoraux d'un héritier, l'interruption d'une prescription courant contre les biens indivis ou le renouvellement d'une inscription hypothécaire.

Quant aux actes matériels, le plus courant est la réparation urgente à faire à un bien de l'héritage. Du moment que ces réparations sont assez importantes, elles nécessitent une appréciable somme d'argent pour les exécuter. Comment l'héritier, qui veut faire ces réparations, peut-il mobiliser les fonds nécessaires à cet effet ? Diverses alternatives s'offrent à lui.

Il peut évidemment engager ses propres ressources. Nous verrons plus tard, dans quelle mesure il peut se faire rembourser cet argent par les cohéritiers. L'indivisaire qui veut faire ces réparations, sans y consacrer ses fonds personnels, se voit offrir des possibilités par les articles 815-2 et 815-6.

En premier lieu, si l'héritier en question détient personnellement des sommes d'argent appartenant à l'indivision, il peut les utiliser pour remettre en état les immeubles à réparer. Pour rassurer les entrepreneurs, exécutant ces travaux et étant payés à l'aide de cet argent, l'article 815-2 prévoit que cet héritier est réputé avoir la libre disposition des fonds indivis engagés par lui.

Normalement, un héritier ne dispose pas d'argent appartenant à l'indivision. Comment mobiliser alors le capital requis ? Deux alternatives se présentent :

1) il n'existe pas de fonds disponibles dans la succession ;
2) le de cujus a eu des dépôts auprès d'un institut de crédit ou, du moins, il a laissé des créances contre des tiers débiteurs.

Dans la première hypothèse, l'héritier, qui veut faire des réparations urgentes, peut, en vertu de l'article 815-2 sous 3), « obliger ses coindivisaires à faire avec lui les dépenses nécessaires ». Cela implique que ces derniers doivent prélever sur leur propre fortune une contribution aux dépenses à faire ou contracter un emprunt à cet effet.

Au cas où les héritiers résistent, l'indivisaire, qui a pris l'initiative de réparer les biens nécessitant une réfection, peut les actionner en justice. Il appartient donc au tribunal de décider à la fois sur le caractère urgent des travaux et sur la contribution à faire par les différents héritiers.

S'il existe des dépôts auprès d'une banque au nom de l'indivision successorale, l'héritier, qui veut remettre en état un bien de la succession, ne peut pas, sans l'accord de ses cohéritiers, prélever à cette fin de l'argent de ces comptes en banque. Il est possible que les héritiers ne peuvent pas toucher provisoirement à ces fonds, parce que ceux-ci sont bloqués à la suite du décès du de cujus, par exemple, en attendant le paiement des droits de succession.

Dans cette hypothèse, et pour permettre de réaliser les réparations, qui ne sauraient attendre, le juge peut autoriser un héritier à se faire délivrer par l'institut de crédit une avance de fonds nécessaires à ces travaux. L'héritier peut obtenir l'autorisation de la justice également pour percevoir, auprès d'un débiteur de la succession, une provision pour engager les travaux précités. Dans ces deux hypothèses, le juge prescrit, au besoin, les conditions d'emploi des avances consenties à un héritier.

L'article 815-6 sous 2 dispose *in fine* : « Cette autorisation (du juge) n'entraîne pas prise de qualité pour le conjoint survivant ou pour l'héritier ». Cette phrase est à voir en rapport avec l'acceptation tacite d'une succession. Nous avons vu que l'engagement des biens successoraux peut, dans certaines circonstances, être considéré comme valant acceptation tacite de cette succession. Sans la phrase finale de l'article 815-6, les héritiers consentant à engager des fonds de la succession pour faire des réparations urgentes, pourraient se voir opposer d'avoir, de ce fait, accepté tacitement cette succession.

Il en est de même du conjoint survivant. Si les réparations urgentes concernent la maison, sur laquelle est susceptible de porter l'usufruit de ce conjoint, sa non-opposition à l'utilisation de fonds successoraux pourrait être interprétée comme valant renonciation à demander une part d'enfant légitime, au titre de sa part dans la succession du conjoint prédécédé. Grâce à l'article précité, le conjoint survivant ne court pas ce risque.

3. Les actes d'administration

Les actes d'administration relatifs aux biens successoraux, requièrent le consentement de tous les héritiers (article 815-3). Cette règle est néanmoins tempérée par certaines dérogations prévues par l'article précité. 96

Une première exception concerne *le mandat*. Les héritiers peuvent donner mandat à l'un d'entre eux de les représenter dans l'administration de l'héritage. Ce mandat est ou bien général, c'est-à-dire non limité à des actes d'administration déterminés, ou bien restreint à un acte bien spécifié.

Aux termes de l'article susvisé, un mandat général est seulement possible pour des actes qui ont trait à une exploitation normale des biens successoraux, c'est-à-dire une exploitation personnelle de ces biens par l'un des indivisaires.

Pour les autres actes, dont notamment la conclusion de baux, seul un mandat spécial est possible. Donc, un héritier ne peut pas donner seul en location une maison, une entreprise, une exploitation agricole ou des terrains relevant de la succession. Il n'est autorisé à le faire que s'il est mandaté par tous les cohéritiers et si ce mandat est limité à la location des biens successoraux visés par le contrat de bail.

À côté du mandat exprès, donné par écrit, l'article 815-3 2e alinéa reconnaît également le mandat tacite. Celui-ci est présumé, si un indivisaire prend en main la gestion des biens indivis, au su des autres et, néanmoins, sans opposition de leur part. Un mandat tacite n'est possible que pour les actes normaux d'administration. Il est donc exclu notamment pour la conclusion et le renouvellement d'un bail.

4. Les actes de disposition

97 Ceux-ci, constituant les actes les plus importants pour la succession, requérant a fortiori l'accord unanime des héritiers. Aucun d'eux ne peut donc, seul, vendre, échanger, hypothéquer un bien successoral ou en faire donation. Chacun peut cependant disposer de sa quote-part indivise dans les biens successoraux au profit d'un autre héritier ou d'un tiers.

Pour les actes de disposition, le mandat donné à un héritier est possible. Il faut cependant qu'il s'agisse d'un mandat spécial et non général. D'autre part, ce mandat ne peut pas être tacite.

5. L'habilitation par la justice

98 Le consentement unanime des héritiers, requis pour accomplir certains actes nécessitant cet accord de volonté, ne peut pas se réaliser dans tous les cas et un mandat spécial n'est pas toujours possible non plus.

Deux obstacles sont de nature à paralyser cette décision commune des héritiers.

1) L'un des héritiers peut se trouver hors d'état de manifester sa volonté, par exemple, pour des raisons de santé, notamment d'aliénation mentale.
2) Les héritiers sont bien libres de leur décision, mais l'un ou plusieurs d'entre eux refusent de coopérer, pour accomplir un acte d'administration ou de disposition nécessaire dans l'intérêt des biens communs.

Dans ces deux cas, pour ne pas paralyser toutes les actions et, surtout, pour éviter le dépérissement de la succession, il appartient à la justice de suppléer aux carences susvisées.

Dans le premier cas, l'indivisaire le plus diligent peut se faire habiliter par la justice à représenter l'héritier hors d'état de manifester sa volonté, d'une manière générale ou pour certains actes en particulier. Dans ce cas, le juge fixe les conditions et l'étendue de cette représentation (article 815-4 alinéa 1).

Si un héritier refuse son accord à un acte, un cohéritier peut être autorisé par la justice à passer seul cet acte, à condition que le refus de cet héritier mette en péril l'intérêt commun de l'indivision (article 815-5 alinéa 1er). L'acte passé dans les conditions fixées par l'autorisation du juge, engage l'héritier qui n'a pas donné son consentement. L'article 815-5 spécifié cependant que le juge ne peut, sinon aux fins de partage, autoriser la vente de la pleine propriété d'un bien grevé d'usufruit, contre la volonté de l'usufruitier.

À part ces deux hypothèses, l'article 815-6 permet encore au Tribunal d'arrondissement « de prescrire ou autoriser toutes mesures urgentes que requiert l'intérêt commun ».

Nous avons déjà analysé une mesure prévue par cet article, en rapport avec la provision qu'un héritier peut se faire payer par une banque détenant des fonds de la succession, ou par un tiers débiteur de celle-ci, pour faire des réparations urgentes à un bien de la succession.

Le même article prévoit une autre mesure dans l'intérêt d'une bonne administration des biens indivis. S'il y a mésentente entre les héritiers, qui nuit à l'intérêt des biens indivis, le président du Tribunal d'arrondissement peut, à la demande d'un héritier, désigner celui-ci ou un autre comme administrateur des biens communs ou, si cela n'est pas indiqué, nommer un tiers séquestre pour administrer l'indivision. Les pouvoirs et obligations de cet administrateur sont définis par le juge.

F. – LES AMÉLIORATIONS OU DÉGRADATIONS APPORTÉES PAR UN HÉRITIER AUX BIENS INDIVIS

Il arrive qu'un héritier qui, au vu et au su de ses cohéritiers, a pris en main 99
la gestion des biens indivis, apporte à ceux-ci des améliorations et engage à cet effet ses fonds propres. Dans quelle mesure cet héritier peut-il se faire rembourser les frais exposés ? Cette question est traitée par l'article 815-13. Celui-ci distingue entre les dépenses faites par un indivisaire ayant amélioré la valeur d'un bien indivis, et les dépenses nécessaires pour la conservation de ce bien, sans que ces dépenses aient augmenté la valeur de celui-ci.

Dans le premier cas, l'indivisaire a droit à une indemnité correspondant à la valeur dont ce bien s'est trouvé amélioré au temps du partage ou de son aliénation. Dans le second cas, cet héritier a droit au remboursement de ses dépenses.

Le législateur distingue partant suivant le résultat de la dépense faite par un héritier pour fixer son indemnisation. Il est normal que les frais d'entretien, qui sont nécessaires, n'améliorent pas la valeur d'un bien. L'indivisaire qui a engagé de tels frais, ne se voit rembourser que la somme déboursée, sans aucune réévaluation.

Par contre, l'héritier, qui a amélioré par lui un bien indivis, se voit payer toute la plus-value créée, même si elle dépasse les dépenses effectives. Dans d'autres hypothèses, lorsque le bien transformé n'a pas encore produit de plus-value, cet héritier touche moins que la somme investie.

Ces indemnisations légales, suivant la nature des transformations, ont donné à réfléchir aux tribunaux français, alors qu'elles peuvent conduire à des résultats injustes.

La jurisprudence française s'est inspirée du bout de phrase « il doit lui (l'indivisaire, qui a fait les dépenses) en être tenu compte selon l'équité », pour traiter sur un même pied les dépenses d'amélioration et les dépenses nécessaires, au sens de l'article 815-13.

La Cour de cassation française a décidé que, pour une dépense de conservation, il doit être tenu compte à l'indivisaire « de la plus forte des deux sommes, que représente la dépense, qu'il a faite, et le profit subsistant » (Civ. 1re, 4 mars 1986, *J.C.P* 1986, II, 20701).

De même, pour des dépenses d'amélioration, les tribunaux n'allouent pas toujours une somme représentant toute la plus-value réalisée par un bien indivis, amélioré par un héritier. Tel est notamment le cas, si une dépense relativement faible a généré une plus-value sensible.

Par contre, pour des dépenses assez importantes, la plus-value d'un bien indivis peut se produire seulement après plusieurs années. Dans cette hypothèse, la jurisprudence permet de rembourser à l'héritier, qui a fait la dépense, l'ensemble de la somme qu'il a dépensée.

Les tribunaux français ne collent donc pas au texte de l'article 815-13, en distinguant suivant la nature de la dépense ou la cause de l'amélioration de la valeur d'un bien indivis, qui peut être due également à des facteurs étrangers aux travaux d'amélioration.

Ces tribunaux décident donc en équité, mus par le souci d'encourager un indivisaire à avancer des fonds propres pour faire des travaux sur un bien indivis, même s'il n'est pas sûr que ceux-ci produisent une plus-value. D'un autre côté, la jurisprudence veut éviter une sur indemnisation d'un héritier dont les améliorations apportées à un bien de la succession, ont eu un résultat dépassant largement les dépenses engagées à cette fin.

G. – VENTE PAR UN INDIVISAIRE DE SA PART SUCCESSORALE

100 Un héritier peut disposer de sa part dans la succession. Il lui est partant loisible de céder sa part à tous ses cohéritiers, à l'un ou l'autre de ceux-ci, ou même de la vendre à une personne étrangère à la succession.

En ce qui concerne la cession aux cohéritiers, celle-ci ne pose pas de problème particulier. Une telle vente vaut acceptation pure et simple de la succession par l'héritier cédant. Cette aliénation a pour effet pratique d'augmenter la part successorale du ou des cohéritiers qui acquièrent la part cédée.

Par contre, la vente par un héritier de sa part successorale à un tiers a toujours préoccupé les rédacteurs du Code civil.

Plusieurs raisons les ont motivés. D'un côté, cette vente a pour effet de faire sortir les biens cédés de la famille du de cujus. D'autre part, il est malsain que des étrangers puissent participer au partage. Ils pourraient y apprendre des secrets de famille. Et, surtout, ces étrangers risquent d'apporter au partage un esprit de lucre, qui n'existe pas toujours, et, en tout cas, pas au même degré si les héritiers relèvent d'une même famille.

Pour écarter des non-successeurs du partage, le Code civil de 1804 avait prévu le retrait successoral. Cette procédure permettait aux héritiers de racheter du tiers acquéreur cette part en lui remboursant le prix d'acquisition.

Cette solution n'était pas très satisfaisante. Si ce retrait se pratique longtemps après la cession réalisée, il risque de mettre en cause la sécurité juridique des biens aliénés. D'autre part, ce rachat est toujours source de difficultés et peut donner lieu à un procès.

Il y avait donc lieu de réformer cette procédure, en veillant que des étrangers restent en dehors des successions. L'argument que ceux-ci apportent davantage de troubles dans un partage, joue en effet toujours, même si les deux autres raisons avancées ci-avant ont perdu aujourd'hui une grande partie de leur valeur.

La réforme de l'article 815 est partie de l'idée qu'il faut instituer une mesure préventive consistant à empêcher que des étrangers puissent acheter des parts indivises d'une succession. Ce but a été réalisé par la réforme française de 1976 et reprise par notre loi du 8 avril 1993 qui a réorganisé l'indivision successorale. Ce sont les articles 815-14 à 815-16 qui organisent cette procédure.

Le premier de ces articles traite de la vente à l'amiable de biens indivis, le deuxième de l'adjudication publique portant sur de tels biens, et le troisième règle les sanctions applicables si la procédure des articles 815-14 et 815-15 n'a pas été respectée.

Ces deux premiers articles cités organisent un droit de préemption en faveur des cohéritiers, au cas où un héritier entend vendre sa part indivise à un tiers.

Cette procédure se déroule de la façon suivante.

L'héritier qui veut vendre à une personne étrangère à la succession, tout ou partie de ses droits successoraux, est tenu de notifier, par exploit d'huissier, aux coindivisaires le prix et les conditions de la cession projetée, ainsi que les noms, domicile et profession de la personne qui se propose d'acquérir cette part. Il faut donc pratiquement notifier un projet d'acte de vente aux différents héritiers.

Ceux-ci peuvent alors se porter acquéreurs de cette part successorale aux mêmes conditions que celles visées dans la notification. Il faut à cet effet qu'ils se décident dans le délai d'un mois à partir de cette information. La volonté d'acquérir cette part doit se dénoncer également par exploit d'huissier, adressé au cédant. Si, après l'expiration du délai du mois, aucun héritier ne s'est manifesté, le tiers intéressé à acquérir les droits indivis d'un héritier, en devient définitivement acquéreur.

Dans le cas contraire, les héritiers qui entendent exercer leur droit de préemption et qui en ont effectué la notification, disposent de deux mois pour réaliser l'acte d'achat relatif aux droits indivis à céder. Il reste cependant permis au cédant de renoncer à vendre sa part successorale. Dans ce cas, le droit de préemption des cohéritiers ne peut évidemment pas jouer.

Si le délai précité est passé, le vendeur d'une part successorale doit mettre les héritiers, voulant exercer leur droit de préemption, en demeure de réaliser l'acte d'achat en question. Si ces héritiers n'ont pas réagi dans les quinze jours de la mise en demeure, leur droit de préemption est nul de plein droit. Le vendeur de ses droits indivis peut même leur demander des dommages-intérêts, s'il a éprouvé un préjudice du fait du désistement de ses cohéritiers.

Si, par contre, les cohéritiers réalisent l'acte d'achat de cette part successorale, ils sont censés, à moins qu'ils ne manifestent une volonté contraire dans le contrat d'achat, acquérir ensemble la portion mise en vente, en proportion de leur part respective dans l'indivision.

Une autre procédure s'applique, si la vente des droits indivis se fait par adjudication publique (article 815-15). Dans ce cas, l'officier ministériel chargé de la vente, donc notamment le notaire, doit informer les cohéritiers de cette adjudication par une notification. Ceux-ci ont à leur disposition deux possibilités. Ils peuvent participer à l'adjudication et faire leur mise, comme tout intéressé. Il leur est loisible aussi d'attendre le résultat de cette adjudication et de se prononcer plus tard.

L'article 815-15 dispose en effet que chaque indivisaire peut se substituer à l'acquéreur de la part successorale mise en adjudication, ceci dans un délai d'un mois à compter de l'adjudication. Il doit, à cet effet, faire une notification à l'officier ministériel chargé de la vente.

Passé ce délai sans réaction des héritiers, le tiers acquéreur de ces droits successoraux en est définitivement devenu propriétaire.

L'article 815-16 a prévu une sanction, au cas où la procédure de préemption, prévue par les articles 815-14 et 815-15, n'a pas été respectée. Cette sanction est la nullité de toute vente opérée au mépris des dispositions des articles précités. Cette nullité doit être demandée dans les cinq ans de l'aliénation des droits indivis. Après ce délai, l'action est prescrite. L'acte passé au mépris des dispositions des articles 815-14 et 815-15, est donc devenu valable.

La nullité en question ne peut être invoquée que par les héritiers à qui les notifications visées par les articles 815-14 et 815-15 auraient dû être adressées. Au cas où ceux-ci sont déjà décédés, l'action en nullité peut être intentée par leurs successeurs.

Le droit de préemption, dont question ci-dessus, concerne aussi l'usufruitier. Il doit donc également être saisi des notifications susvisées et peut aussi exercer son droit de préemption. La même situation vaut pour le nu-propriétaire.

L'article 815-18, alinéa 2, spécifié cependant qu'un usufruitier ne peut acquérir une part en nue-propriété que si aucun nu-propriétaire ne s'en porte acquéreur. De même, un nu-propriétaire ne saurait acheter un droit en usufruit que si aucun usufruitier n'y est intéressé.

Chapitre 11

La liquidation de l'actif successoral

A. – LES PROBLÈMES DE CETTE LIQUIDATION

101 Après avoir analysé la liquidation du passif inhérent à une succession, on traite au cours du présent chapitre de la liquidation de l'actif. Celle-ci ne soulève pas de problème particulier, au cas où le de cujus a laissé un seul héritier légal ou un légataire universel, pour l'ensemble de sa succession.

On pourrait être tenté de croire que ce problème ne serait pas beaucoup plus compliqué en cas de pluralité de successeurs. Il y aurait lieu à une liquidation, qui consiste à évaluer les éléments d'actif, pour chiffrer les droits des parties, puis à attribuer sa part à chaque héritier.

En réalité, cette opération est plus complexe, car la masse à partager entre les successeurs ne se réduit pas aux seuls biens que le de cujus a laissés à sa mort et qu'il n'a pas légués à titre particulier.

En effet, il faut tenir compte, dans le calcul de la masse successorale à partager, des donations que le de cujus a faites de son vivant. Celles-ci sont de nature à augmenter cette masse et, en conséquence, la part des héritiers qui n'ont pas bénéficié de pareilles donations.

Deux opérations entrent à cet égard en ligne de compte. Il s'agit du **rapport des donations** et de la réduction **des donations**.

Le rapport s'applique à toutes les donations à l'égard desquelles le donateur n'a pas expressément spécifié qu'elles ne constituent pas seulement une avance sur sa succession, mais des droits définitivement acquis au donataire au-delà de sa part dans sa succession légale. Le rapport peut également s'appliquer aux legs. En général, il a pour objet de rétablir l'égalité entre les différents héritiers.

La réduction concerne toutes les donations et tous les legs, même les libéralités dispensées de rapport, chaque fois que celles-ci ont dépassé la quotité disponible, calculée selon le procédé visé par l'article 922 (cf. numéros 124 à 148).

La réduction des donations et des legs a pour objet d'assurer que les héritiers réservataires ne soient pas privés, en tout ou en partie, de leur réserve. Cette réduction ne joue donc que dans les successions mettant en présence des héritiers réservataires et des donataires ou des légataires.

Nous étudierons successivement les conditions d'application du rapport et de la réduction des donations et des legs.

C'est seulement après que ces deux opérations ont été effectuées, et que la masse successorale a été calculée, qu'on peut procéder au partage, c'est-à-dire allouer à chaque héritier sa part privative dans la succession.

B. – LA DIFFÉRENCE ENTRE RÉUNION FICTIVE ET LE RAPPORT DES DONATIONS

Avant d'entrer en détail quant au mécanisme du rapport des donations et legs, ainsi qu'à son champ d'application, il est important de souligner que le rapport d'une donation ou d'un legs ne correspond pas à la réunion fictive des donations à la masse successorale du défunt, tel que prévu à l'article 922 du Code civil. 102

En effet, l'article 922 précité prévoit qu'« on y réunit fictivement, après en avoir déduit les dettes, ceux dont il (le défunt) a disposé par donation entre vifs d'après leur état à l'époque de la donation et leur valeur à l'ouverture de la succession ».

Cette réunion fictive ne se rapporte pas aux legs, mais uniquement aux donations, sans faire de distinction s'il s'agit de donations rapportables ou de donations par préciput et hors part avec dispense de rapport.

En effet, la dispense de rapport, telle qu'elle est mentionnée dans la majorité des donations « *par préciput et hors part* », qui sont en règle générale également « *avec dispense de rapport* », ne permet pas au donataire de retirer complètement sa donation de la succession du défunt.

La dispense de rapport ne correspond pas à une dispense de la réunion fictive des donations consenties par le défunt pour déterminer la masse successorale de sa succession, mais dispense seulement le donataire de devoir rapporter le bien en nature ou en valeur à la succession du défunt en l'imputant sur la part qui lui revient ab intestat, à condition qu'elle n'empiète pas sur la réserve héréditaire.

Sa valeur au jour du décès est, cependant, toujours prise en considération d'après son état au jour de la donation dans la masse successorale du défunt pour pouvoir déterminer la quotité disponible, la réserve héréditaire et l'éventuel dépassement de la quotité disponible qui empiète sur la réserve héréditaire.

En ce sens, la réunion fictive des donations sera encore approfondie au niveau de la réduction des donations et legs (cf. numéro 127).

C. – LE RAPPORT DES DONATIONS ET LEGS

1. Conditions générales d'application

103 Il y a souvent un hiatus entre l'opinion des profanes sur la nature des donations et la conception du Code civil à cet égard.

Pour ce dernier, une donation ne constitue normalement pas une cession définitive d'un bien à titre gratuit au donataire, mais seulement une avance sur la succession future. C'est la raison pour laquelle le Code civil qualifie ces donations comme faites en « avancement d'hoirie ». En consentant une donation, le donateur n'est pas présumé vouloir privilégier un héritier par rapport à un autre, mais lui faire une avance, à un moment important de sa vie, par exemple, lors de son mariage ou de son établissement professionnel.

Cette attitude ne signifie pas que le donateur ne puisse pas définitivement gratifier une personne d'un don, surtout s'il ne compte pas d'héritiers réservataires. Mais il faut, dans ce cas, qu'il spécifie expressément, dans l'acte de donation ou dans un acte postérieur, qu'il dispense le donataire du rapport. On dit dans ce cas que la donation est faite par « préciput et hors part avec dispense de rapport ».

Au Grand-Duché, les donations sont faites généralement par préciput et hors part avec dispense de rapport. Cela signifie que, dans notre pays, le rapport des donations joue moins souvent. D'autre part, il faut signaler que le rapport ne s'applique pas seulement aux donations directes, c'est-à-dire aux actes faits devant notaire, dans les formes légales prévues par le Code civil.

Il joue également pour les autres espèces de donations, que nous étudierons à la 2e partie de cet ouvrage. Il s'agit des donations déguisées, des donations indirectes et des dons manuels. Suivant la jurisprudence, ces donations ne sont pas censées être faites avec dispense de rapport, bien que le donateur ait choisi une forme différente de la donation normale, pour les cacher à ses héritiers non gratifiés.

En effet, pour qu'une donation soit qualifiée clairement « *par préciput et hors part avec dispense de rapport* », il faut que cette dispense de rapport ait été expressément formulée par écrit.

Pour les donations indirectes ou déguisées ou les dons manuels, le rapport ne saurait jouer que si les héritiers, n'ayant pas bénéficié de largesses du de cujus, réussissent à prouver que les conventions, passées entre ce dernier et le gratifié, constituent réellement, malgré les apparences, des donations. Le don manuel est encore plus difficile à prouver, ne faisant pas l'objet d'une convention et ne laissant généralement guère de trace.

Les héritiers réservataires sont des tiers à l'égard des dons manuels consentis par leur auteur dès lors qu'en vue d'assurer la protection de leur réserve, ils agissent non comme ayants cause du défunt donateur, mais en vertu d'un droit propre qu'ils tiennent de la loi. Ils sont ainsi recevables à faire la preuve des dons manuels par simples présomptions. (Bourges, 30 janvier 1995, *Juris-Data* n° 044088).

Les mêmes règles que pour les donations s'appliquaient, dans le temps, également aux legs, c'est-à-dire que les legs étaient rapportables, à moins que le testateur ne les ait dispensés du rapport.

Cette assimilation constituait une anomalie. En effet, à la différence de la donation, qui profite au donataire déjà du vivant du de cujus, le legs n'est attribué au légataire qu'au décès du testateur. Sur base de quel argument pourrait-on admettre que le testateur n'ait pas voulu gratifier le légataire au-delà de sa part normale dans sa succession ? Quel sens aurait un legs, dont on ne tire pas profit ? Aussi, le régime du rapport des legs a-t-il été modifié par la loi du 12 mars 1982. L'article 843, alinéa 2, dispose désormais : « Les legs, faits à un héritier (les legs faits à des non-héritiers ne sont jamais soumis au rapport) sont réputés faits par préciput et hors part, à moins que le testateur n'ait exprimé la volonté contraire, auquel cas le légataire ne peut réclamer son legs qu'en moins-prenant » (c'est-à-dire en imputant la valeur de ce legs sur sa part successorale).

Quelle raison le testateur pourrait-il avoir de soumettre un legs au rapport ? Cette situation peut se présenter, quand le testateur a entendu gratifier le légataire d'un bien auquel celui-ci tient fort (un fonds de commerce, un tableau, une bibliothèque), sans qu'il ait voulu donner plus à ce légataire qu'à un autre héritier ou légataire.

Si, par contre, le testateur se borne à donner un bien déterminé à un héritier, sans en exiger le rapport, cet héritier peut cumuler ce legs avec sa part successorale, dans la mesure évidemment ou ce legs ne dépasse pas la quotité disponible. Dans ce cas, ce legs serait réduit, ou même annulé, suivant le degré de dépassement de la quotité disponible.

2. Qui doit le rapport ?

Le rapport d'une donation, ou éventuellement d'un legs, n'est dû que **104**
par l'héritier ab intestat, qui a personnellement bénéficié d'une libéralité et qui a accepté la succession du donateur. Peu importe qu'il ait accepté celle-ci de façon pure et simple ou sous bénéfice d'inventaire.

Ne sont pas tenus au rapport :

1) L'héritier gratifié, qui a renoncé à la succession du donateur. Un donataire, qui tient davantage à sa donation qu'a sa part successorale, parce que la première dépasse la seconde, n'a qu'à renoncer à la succession du donateur, pour garder intacte la donation reçue. Cela suppose évidemment que cette dernière ne soit pas réductible pour avoir dépassé la quotité disponible.
2) L'héritier totalement exhérédé par un testament du donateur, mais ayant reçu une donation de celui-ci. Ce donataire est devenu étranger à la succession du de cujus. L'exhérédation totale implique cependant que le donateur n'a pas laissé d'héritiers réservataires.
3) Le successeur testamentaire ne doit pas non plus rapporter la donation qu'il a reçue en plus de son legs. Cela vaut du légataire universel ou à titre universel (pour la définition, il est renvoyé aux numéros 390 et 395). En ce qui concerne le successeur qui a été institué légataire universel, sa vocation testamentaire éclipse sa vocation légale et éteint ainsi son obligation de rapporter une donation.

Il est précisé, cependant, que cette dispense de rapport implicite, ne s'applique que sous réserve du respect de la réserve héréditaire. Ainsi, si le légataire universel ou à titre universel fut le bénéficiaire d'une donation qui excède sa part dans la succession du donataire au détriment d'un héritier réservataire, le rapport et la réduction de la donation concernée restent dus.

Quand le rapport d'une donation ou d'un legs est dû, il concerne tout héritier, peu importe qu'il soit descendant, ascendant, collatéral ou qu'il s'agisse du conjoint survivant.

Il faut cependant que ces héritiers aient été bénéficiaires personnels de la libéralité. Nul n'est obligé de rapporter une donation, faite à son proche parent ou à son conjoint.

Toutefois, si, pour la donation, il y a eu interposition de personnes, et que celle-ci a été prouvée, le rapport est dû par le vrai bénéficiaire de la donation et non par la personne interposée.

Une autre dérogation au caractère personnel du rapport s'applique en cas de représentation. Le représentant doit le rapport des donations dont a été gratifié le représenté. Ainsi, le petit-fils, qui vient à la succession de son grand-père, en représentation de son père, doit rapporter tant la donation qu'avait reçue son père, que celle dont il a été gratifié personnellement.

3. À qui le rapport est-il dû ?

Comme le but du rapport est de rétablir l'égalité entre héritiers, ce rapport ne doit se faire que par un héritier à ses cohéritiers qui acceptent la succession du donateur. Les héritiers renonçants ou indignes n'y ont pas droit. Il est cependant dû à tous les cohéritiers. Il n'y a notamment pas lieu de distinguer entre la ligne du donataire et la ligne à laquelle il n'appartient pas, lorsqu'il s'agit d'une succession entre ascendants ou entre collatéraux. 105

Il s'ensuit que les légataires ne sont pas en droit de réclamer le rapport d'une donation reçue du testateur par un héritier venant à la succession.

Quand le rapport a été effectué, parce qu'il est dû à des cohéritiers ayant accepté la succession du donateur, les légataires ne sauraient pas profiter du rapport, qui a augmenté la masse successorale. Pour les légataires, leur legs se calcule sur le seul actif net laissé par le défunt, non augmenté de la valeur des biens rapportés par un donataire.

Le rapport ne peut pas non plus être exigé par les créanciers de la succession. Pour ceux-ci, les biens donnés sont définitivement sortis du patrimoine du de cujus.

L'observation faite à l'alinéa précédent doit cependant être nuancée. En effet, si les créanciers successoraux ne peuvent pas réclamer personnellement le rapport dû aux autres héritiers, ils sont cependant autorisés à le faire de façon indirecte. Si les héritiers ont accepté la succession du donateur purement et simplement, les créanciers successoraux sont assimilés aux créanciers personnels des héritiers. Si l'un de ces derniers néglige donc, faute d'intérêt financier, de demander le rapport à un cohéritier, les créanciers de l'héritier négligent peuvent exiger, en son nom, ce rapport (action oblique prévue par l'article 1166).

Les créanciers profitent aussi du rapport, si celui-ci a été effectué, puisqu'ils peuvent saisir les biens personnels de l'héritier. Cette constatation ne vaut cependant pas en cas d'acceptation de la succession sous bénéfice d'inventaire. Dans ce cas, les créanciers successoraux ont pour seul gage les biens laissés par le défunt. Ils ne peuvent, dans ce cas, pas demander le rapport d'une donation, n'y en profiter.

4. La qualité particulière du conjoint survivant

Le conjoint survivant a une qualité particulière, alors qu'il peut être qualifié d'héritier, de légataire ou de donataire en fonction des différentes situations juridiques qui peuvent être d'application en matière de partage et liquidation du régime matrimonial et succession. Cependant, le conjoint survivant ne peut pas cumuler ces différentes qualités. 106

En effet, il est de jurisprudence constante que « *le conjoint survivant ayant fait l'objet de libéralités ne peut plus prétendre à sa part héréditaire telle qu'elle lui est reconnue par la loi* », puisqu'« *en gratifiant son conjoint de son vivant, le de cujus a voulu gérer sa succession et fixe les droits de son conjoint à la part qu'il lui attribue* ». « *Ce serait dépasser sa volonté que de reconnaître au conjoint en sus sa part légale dans la succession ab intestat, en dehors d'une manifestation de volonté en ce sens* ». (Cour d'appel, 2 avril 2009, *Pas.* 34, p. 537).

En cas d'adoption d'un régime de communauté universelle par deux conjoints, en présence d'enfants d'un premier lit de l'un ou de l'autre de ces conjoints, seul l'article 1094 du Code civil s'applique, de sorte qu'en tant que conjoint survivant ayant bénéficié de libéralités du vivant ou à cause de mort du conjoint prédécédé, ce conjoint survivant ne peut plus prétendre à sa part héréditaire, telle qu'elle lui serait en principe reconnue par la loi, en ce que l'article 767-1 du Code civil, lequel institue le conjoint survivant héritier légal, ne règle les droits du conjoint survivant qu'*à défaut de dispositions testamentaires et à défaut de libéralités lui consenties*.

L'avantage matrimonial est un bénéfice que se consentent les conjoints dans leur contrat de mariage, à l'occasion d'un changement ou au jour de la liquidation de leur pacte matrimonial. C'est un enrichissement résultant au profit d'un conjoint à l'encontre de l'autre du seul fonctionnement du régime matrimonial. Un tel avantage n'est pas à considérer d'une manière générale comme une libéralité, sauf à deux égards : du point de vue de la protection des enfants d'un premier lit et du point de vue de la révocation en cas de divorce.

Il a donc sa source dans le fonctionnement du régime matrimonial dans lequel il se fond, alors qu'une libéralité réalisée par contrat de mariage n'est qu'une adjonction faite au régime matrimonial.

Il en découle qu'à défaut de revêtir de la qualité d'héritier du conjoint prédécédé, le conjoint survivant n'est ni débiteur, ni créancier, d'un rapport à la masse successorale (C. Cass., 3 décembre 2020, n° 161/20, rôle n° CAS-2019-00141). Il ne peut en outre pas se prévaloir d'une demande tendant à voir imputer aux héritiers les sanctions civiles attachées à un recel successoral.

L'action en retranchement de l'article 1527 du Code civil n'est rien d'autre qu'une forme particulière de l'action en réduction, spécifiquement destinée aux avantages matrimoniaux.

5. Les donations visées par le rapport

107 En principe, toutes les donations sont rapportables à la succession du donateur, peu importe leur forme (donations directes, indirectes, déguisées, dons manuels).

La jurisprudence n'admet pas qu'une présomption de dispense de rapport s'attache au seul fait que le donateur n'a pas respecté la forme légale prévue pour une donation, pour gratifier de façon indirecte, ou cachée, un héritier.

Dans ce cas, il appartient aux héritiers, qui demandent le rapport de la donation, de prouver l'existence de celle-ci. Cette preuve peut être rapportée librement par eux étant donné qu'ils ont été étrangers à la donation, qui n'a pas respecté les exigences légales.

Voilà pour le principe. Il convient cependant de signaler que le Code civil a disposé, dans certains cas, qu'il s'agit en l'occurrence de donations non rapportables, de donations rapportables sous certaines conditions, de donations rapportables par nature, ou de donations présumées dispensées du rapport.

Le Code civil permet finalement au donateur de dispenser le donataire du rapport de la donation. Nous allons examiner ci-après les différentes hypothèses.

5.1. *Les donations rapportables*

L'article 851 prévoit que le rapport est dû « de ce qui a été employé pour l'établissement d'un héritier ou pour le paiement de ses dettes ». **108**

La notion d'« établissement » désigne aussi bien la dot, c'est-à-dire la donation faite par le de cujus en vue du mariage d'un de ses héritiers, que les frais engagés pour réaliser son établissement dans une profession (p. ex. l'achat d'un fonds de commerce).

En ce qui concerne le paiement des dettes d'un héritier, l'article précité vise le cas où le de cujus a payé la dette que l'héritier en question a contractée auprès d'un tiers. En payant cette dette, le de cujus s'est appauvri au profit de l'héritier bénéficiaire. Il est donc normal que celui-ci rapporte à la succession cet avantage financier.

5.2. *Les donations non rapportables*

D'après l'article 852, « les frais de nourriture, d'entretien, d'éducation, d'apprentissage, les frais ordinaires d'équipement, ceux de noces et présents d'usage ne doivent pas être rapportés ». Ces dépenses sont généralement l'expression d'un devoir familial, plus que d'une authentique intention libérale. **109**

Suivant l'article 853, il en est de même « des profits que l'héritier a pu retirer de conventions passées avec le défunt, si ces conventions ne présentaient aucun avantage indirect lorsqu'elles ont été faites ».

Finalement, aux termes de l'article 854, « il n'est pas dû de rapport pour les associations, faites sans fraudes, entre le défunt et l'un de ses héritiers, lorsque les conditions en ont été réglées par un acte authentique ».

Cet article vise les sociétés civiles et commerciales, formées entre le de cujus et l'un de ses héritiers. Les bénéfices, réalisés dans le cadre d'une telle société, ne sont pas rapportables, lorsque les statuts de cette société ont été établis par acte notarié. Le Code civil présume que, dans ce dernier cas, il s'agit d'une société effective, et non d'un moyen détourné pour faire bénéficier un héritier d'avantages financiers devant rester cachés.

Lorsque les statuts de la société ont été établis par acte sous seing privé, les cohéritiers de l'héritier-associé peuvent prouver l'existence d'une donation, au profit de ce dernier, du fait de cette société. Si une telle libéralité était prouvée, elle devrait être rapportée à la succession.

Les biens compris dans une donation-partage ne sont pas rapportables non plus.

Une autre dispense de rapport, bien que non prévue par le Code civil, a trait au capital d'une assurance sur la vie dont un héritier a été le bénéficiaire. La raison de cette dispense est que le capital payé par la compagnie d'assurances, n'a jamais transité par le patrimoine du de cujus, qui ne s'est donc pas appauvri.

Quant aux primes d'assurance, elles ont bien été payées par le défunt. La jurisprudence les exempte néanmoins du rapport, à moins que le donateur ne se soit vraiment appauvri pour les payer, par exemple, par suite d'un montant particulièrement élevé de ces primes. Dans ce cas, celles-ci seraient rapportables.

5.3. *Les donations à rapporter sous certaines conditions*

110 Cette catégorie vise des dépenses, exemptées en principe par l'article 852 cite ci-dessus, mais rapportables si certaines conditions sont remplies.

En effet, l'article 852 alinéa 2, tel qu'il a été introduit par la loi du 17 mai 1967, prévoit le rapport pour les frais d'éducation et d'apprentissage d'un enfant « s'ils créent un déséquilibre appréciable dans les parts successorales ». Cet alinéa rend de même rapportables « les frais exposés pour constituer le trousseau des enfants, lorsque ces frais entraînent le même déséquilibre et ne correspondent plus à un présent d'usage ».

L'alinéa 3 de l'article 852 spécifie cependant « que les sommes dépensées par un père de famille pour les études universitaires de son fils se trouvent comprises dans les frais d'éducation que l'article 852 du Code civil dispense du rapport, cela d'une façon absolue, sans qu'il y ait lieu de rechercher si elles sont excessives ». En présence de cette restriction on peut se poser la question si la modification apportée par la loi du 17 mai 1967 répond à une réelle nécessité.

5.4. *Les donations présumées être faites avec dispense légale de rapport*

Il s'agit en l'occurrence des dispositions prévues par l'article 918, dont nous avons déjà parlé en rapport avec les pactes sur succession future. **111**

Ledit article assimile en effet à une donation, la vente faite par un ascendant à un héritier réservataire, avec réserve à son profit de l'usufruit d'une rente viagère, ou d'une vente à fonds perdu. Les auteurs du Code civil ont présumé que de pareilles ventes ne sont pas sérieuses et ont pour seul but d'avantager l'un des héritiers réservataires par rapport aux autres.

Pour tempérer quelque peu cette sanction, l'article 918 précité dispose que la donation présumée est à considérer comme faite par préciput et hors part, donc avec dispense de rapport.

5.5. *Les donations dispensées de rapport par le donateur*

La présomption légale du Code civil qu'une donation, faite à un héritier du **112**
de cujus, constitue seulement une avance sur la succession de ce dernier, tombe devant la volonté contraire du donateur. Celui-ci peut en effet dispenser le donataire du rapport. Le rapport n'est pas d'ordre public, en ce sens que le donateur ne pourrait pas y déroger.

Si le donateur veut libérer le gratifie du rapport, il doit exprimer son intention de façon claire, soit dans l'acte de donation lui-même, soit dans un acte postérieur. La donation faite avec dispense de rapport est qualifiée de donation par préciput et hors part (par opposition à la donation en avancement d'hoirie, rapportable).

Nous rappelons que, pour les testaments, la présomption inverse est applicable. Ceux-ci sont dispensés du rapport, à moins que le testateur n'ait exprimé sa volonté contraire dans le testament.

6. Comment s'effectue le rapport des donations ?

113 Il existe deux modes d'exécution du rapport : le *rapport en nature* et le *rapport en valeur.*

Lorsque le rapport s'effectue en nature, c'est le bien donné lui-même qui est restitué à la masse successorale pour être partagé par l'ensemble des héritiers. La donation est donc résolue.

Si le rapport s'effectue en valeur, le donataire conserve la propriété du don et doit en payer la valeur à la succession.

Le rapport en nature et le rapport en valeur présentent, chacun, des avantages et des désavantages.

Jusqu'à la réforme de 1982, le rapport en nature a trouvé une assez large application. Depuis cette dernière loi, qui a modifié les articles 843 à 865 et abrogé les articles 866 à 869, c'est le rapport en valeur, qui constitue la règle, et le rapport en nature, l'exception.

6.1. *Détermination du montant du rapport en valeur*

114 La valeur de la donation à rapporter par le donataire se détermine-t-elle à l'époque où la donation a été faite ou à celle du partage de l'actif successoral ?

Ce choix est important, surtout en raison de la dépréciation monétaire, qui est d'autant plus grande que le jour de la donation et celui du partage sont éloignés l'un de l'autre.

Le rapport calculé à l'époque de la donation favorise évidemment le donataire, qui connaît la valeur du bien à rapporter et profite de la dévaluation monétaire de cette valeur. La détermination du rapport à l'époque du partage est dans l'intérêt des cohéritiers, qui tirent profit d'un montant réévalué suite à l'inflation.

C'est pour l'évaluation à l'époque du partage que la réforme du 12 mars 1982 s'est décidée, ainsi que cela résulte du nouvel article 860.

Cette règle d'évaluation a une portée générale et joue, quel qu'ait été l'objet de la donation, meuble ou immeuble, bien corporel ou incorporel. Une exception existe cependant ; la donation d'une somme d'argent reste invariable et n'est pas adaptée à l'inflation monétaire. Cette exception ne vaut plus, si la somme d'argent ayant fait l'objet de la donation, a été employée par le donataire pour acquérir un bien. Dans ce cas, le rapport ne s'applique pas à la somme d'argent donnée, mais à la valeur, au jour du partage, du bien acquis en échange.

6.2. *Prise en considération de l'état du bien donné*

Pour estimer la valeur d'un bien donné, il faut évidemment tenir compte de son état. Cet état doit-il être apprécié au jour de la donation ou plutôt à celui du partage ? La réponse est donnée par l'article 860 qui dispose que « le rapport est dû... d'après son état (du bien) à l'époque de la donation ». 115

Cette règle correspond à une considération de justice élémentaire. Il serait inéquitable que la succession puisse profiter de la plus-value de la chose comprise dans la donation, ou doive souffrir de la moins-value imputable au donataire.

L'appréciation de l'état du bien donné à l'époque de la donation comporte néanmoins certains commentaires.

Il n'y a pas à distinguer entre une modification matérielle du bien donné (vétusté, utilisation culturale des terrains, importance du fonds de commerce) et une modification juridique (constitution d'un usufruit, d'une servitude, d'une hypothèque ou d'un bail).

En revanche, il convient de faire une distinction selon l'origine de la modification de l'état du bien. Ce changement est-il imputable au donataire lui-même ou est-il dû à des circonstances indépendantes de sa volonté, comme, par exemple, à une modification de la réglementation d'urbanisme (une servitude non aedificandi est créée ou levée).

Dans ce dernier cas, la plus-value, ou la moins-value, ne doit pas profiter ou nuire au seul donataire, mais doit revenir à l'ensemble des héritiers auxquels le rapport est dû.

Si, par contre, le donataire a déployé des efforts pour améliorer l'état matériel et juridique du bien, c'est à lui d'en tirer le bénéfice, en gardant pour lui la plus-value réalisée.

À l'inverse, le donataire supporte aussi les conséquences financières d'une dépréciation du bien par suite de sa mauvaise gestion.

La règle d'évaluation de l'état à l'époque de la donation a pour conséquence que :

- les effets de l'érosion monétaire sont neutralisés, le donataire n'en tire pas profit ;
- la succession ne profite et ne souffre pas des plus-values ou des moins-values, dues à l'activité du donataire ;
- la succession profite et souffre, par contre, des plus-values ou des moins-values, non imputables à l'initiative du donataire.

En ce sens, il a été jugé qu'« *en tout état de cause (...) le moment auquel intervient le classement de la parcelle comme terrain constructible n'est pas le critère pertinent pour apprécier la question de savoir si cette caractéristique doit être prise en considération dans l'évaluation du bien réuni fictivement.*

S'agissant en effet d'une plus-value fortuite et indépendante du fait du donataire, le changement d'état du bien opéré par une décision administrative telle que la constructibilité d'un terrain constitue un changement qui n'est pas imputable à l'activité du donateur et doit donc être prise en compte dans l'évaluation des biens réunis fictivement (*Dalloz*, Référence 2016/2017, N. Levillain, M-C. Forgeard et A. Boiché, n° 315.123 et s., p. 176) » (Tribunal d'arrondissement de et à Diekirch, jugement n° 2022TADCH01/00018 du 1er février 2022, n° 18.813 du rôle).

En effet, « *il est juste que le donataire bénéficie seul des plus-values ou souffre seul des moins-values causées par des changements d'état imputables à sa bonne ou mauvaise gestion* ». (Tribunal d'arrondissement de et à Diekirch, jugement n° 75/2018 du 27 mars 2018, n° 18.813 du rôle).

À la suite de ce qui a été exposé au sujet des conséquences de l'état du bien donné, on comprend l'importance que cet état soit documenté au jour de la donation. D'où l'utilité qu'un document descriptif de l'état matériel et juridique du bien donné soit établi et soit aussi complet que possible. Pour un bien meuble un état descriptif de celui-ci doit de toute façon, aux termes de l'article 948, être établi et annexé à la minute de l'acte de donation.

6.3. *Évaluation d'un bien aliéné par le donataire*

116 Si le donataire n'a pas à rapporter en nature un bien, qui lui a été donné par le de cujus, il peut le vendre librement ou en faire donation à son tour. Dans ce cas, le bien donné n'est plus en sa possession au jour du partage. À quelle date le rapport en valeur, à effectuer lors du partage, doit-il être évalué ?

L'article 860 alinéa 2 prévoit dans ce cas l'évaluation à l'époque de l'aliénation. Ce n'est pas nécessairement le prix de vente du bien donné, qui est la base d'évaluation, mais sa valeur. Les cohéritiers pourraient donc réclamer au donataire, à titre de rapport, une somme supérieure à ce prix de vente, lorsqu'ils réussissent à prouver que le gratifié a vendu l'objet de la donation en dessous de sa valeur.

À l'inverse, le donataire peut garder pour lui la différence entre le prix de vente et la valeur effective du bien aliéné, s'il a obtenu un prix de vente avantageux.

Une situation spéciale se présente, si le donataire a utilisé la somme touchée pour la vente du don pour acquérir un nouveau bien. Comment se fait alors le calcul du rapport ? L'article 860 alinéa 2 précité prévoit dans ce cas que le calcul se fait sur la valeur du nouveau bien à l'époque du partage, proportionnellement à la somme investie par le biais de cette vente. Cet état doit être apprécié à l'époque de son acquisition.

6.4. *Les cas particuliers*

a) Si un bien, ayant fait l'objet d'une donation, périt par cas fortuit et sans la faute du donataire, celui-ci est dispensé du rapport (article 855). Le rapport reste cependant dû, si ce dépérissement est imputable au donataire. Il est également à faire si le donataire a touché une indemnité du chef de cette perte (notamment une indemnité d'assurance). Dans ce cas, le rapport doit avoir lieu dans la proportion dans laquelle l'indemnité a servi à la reconstitution du bien. Si cette indemnité n'a pas été utilisée à cette fin, elle est elle-même sujette à rapport. 117

b) En cas de donation avec charges (exemples : obligation d'entretenir le donateur ou de payer certaines dépenses), le rapport ne s'applique qu'à la valeur nette de la donation, donc déduction faite des charges.

c) En cas de donation de la nue-propriété d'une chose, il faut distinguer, si l'usufruit était constitué sur la tête du donateur ou sur celle d'un tiers.

d) Dans le premier cas, le rapport s'applique à la pleine-propriété, puisque le donataire, par suite du décès du donateur-usufruitier, est devenu plein-propriétaire de la chose donnée.

e) Si l'usufruit était constitué sur la tête d'un tiers et si celui-ci est toujours en vie au jour du partage, le rapport ne s'applique qu'à la nue-propriété. Ce tiers, s'il est également héritier du de cujus, doit alors le rapport de l'usufruit. En cas de décès du tiers avant le partage, la situation est la même que celle s'appliquant en cas de décès du donateur-usufruitier.

f) les fruits et intérêts des biens, sujets à rapport, sont dus à compter du jour de l'ouverture de la succession (article 856).

g) Ce texte soulève un problème. En effet, le rapport n'étant à faire qu'à l'époque du partage, son montant n'est généralement pas encore connu au jour de l'ouverture de la succession. Alors comment peut-on calculer, au jour de l'ouverture de la succession, les intérêts d'une dette, dont le montant n'est connu qu'au partage ?

h) Le problème provient du fait que les auteurs français de la réforme des règles sur le rapport, et, à leur suite, le législateur luxembourgeois, ont oublié d'adapter l'article 856 à la nouvelle règle d'évaluation des donations à l'époque du partage.

i) La jurisprudence française a recherché une solution à ce dilemme. Elle a décidé que, malgré les dispositions de l'article 856, les intérêts dus sur la somme représentant le rapport, ne sont à calculer qu'à compter du jour de la liquidation, c'est-à-dire du jour où l'on se place pour fixer le montant du rapport.

6.5. *Clauses dérogatoires au rapport prévues par le contrat de donation*

118 L'on sait que le rapport n'est pas obligatoire. Le donateur a la faculté de dispenser le donataire de l'effectuer. Il peut, a fortiori, tout en maintenant l'obligation au rapport, prévoir d'autres règles d'évaluation que celles qui ont été commentées.

Ainsi, le donateur pourrait fixer le rapport à une somme établie d'avance et, éventuellement, indexer cette somme. Il aurait aussi la possibilité de fixer une autre époque pour évaluer la donation (jour de la donation ou de l'ouverture de la succession) ou pour estimer l'état du bien donné.

Les règles fixées par le donateur pour le calcul du rapport peuvent, selon les circonstances, être plus favorables ou plus défavorables pour le donataire. Si elles lui sont plus défavorables, il doit néanmoins les accepter et s'exécuter ou renoncer à la succession du donateur décédé.

Au cas par contre ou les règles de rapport, stipulées dans l'acte de donation ou dans un acte postérieur, n'imposent au donataire qu'un montant à rapporter inférieur à celui qui serait dû à la suite des règles légales, la donation revêt un caractère mixte. Elle est rapportable jusqu'à concurrence de la hauteur fixée conventionnellement dans le contrat de donation, et préciputaire pour le surplus.

Ce caractère de donation non rapportable peut avoir une conséquence, si le donateur a laissé des héritiers réservataires. En effet, cette partie de la donation est sujette à réduction, dans la mesure où elle dépasserait la quotité disponible. Pour que cette réduction puisse s'appliquer, il faudrait cependant que l'avantage entre l'évaluation légale et l'évaluation conventionnelle, faite dans le contrat de donation, soit appréciable.

7. Le règlement de l'indemnité de rapport

119 L'héritier, tenu au rapport d'une donation qu'il effectue en valeur, devient débiteur envers la succession d'une somme d'argent. Ce règlement, tout comme celui des dettes, dont un héritier est débiteur envers la succession, se fait d'une façon particulière.

L'héritier, tenu au rapport, n'a pas à verser l'indemnité de rapport à la masse partageable. Mais il prend, dans cette masse, moins de biens ou de valeurs que ses cohéritiers. On dit juridiquement que le rapport se fait « en moins prenant ». Les cohéritiers reçoivent donc plus que l'héritier tenu au rapport, sur les biens laissés par le de cujus. Naturellement, si le montant du rapport dépasse la valeur de la part successorale du donataire, celui-ci doit verser la différence dans la masse. Cependant, cette hypothèse est plutôt théorique. En effet, dans le cas considéré, un donataire ne manquerait pas de renoncer à cette succession et ne serait donc pas tenu au rapport.

8. Le rapport en nature

Ce rapport consiste pour l'héritier à remettre le ou les biens, compris dans 120
la donation, dans la masse successorale.

Le rapport en nature ne constitue pas la règle, qui est le rapport en valeur. Il est une exception qui joue dans deux cas. Ces hypothèses sont les suivantes :

1) Le rapport en nature est imposé par le donateur dans le contrat de donation.
2) Il est choisi par le donataire, pour une raison tenant à ses intérêts (exemple : la somme de rapport à verser est trop élevée ou le bien, dont il a été gratifié, ne lui donne plus satisfaction).

Dans le premier cas, le donataire est tenu de respecter l'obligation du rapport en nature, prévue dans la donation ou, dans un acte postérieur. Signalons dans ce contexte qu'un rapport en nature ne se conçoit pas pour un legs. Un tel legs ne correspondrait plus à aucune utilité. En effet, par opposition à la donation, dont le donataire a pu jouir pendant une certaine période, une pareille possibilité n'existe pas pour un legs, dont le légataire n'entre en possession qu'après le décès du testateur.

Si le donataire choisit lui-même de remettre le bien donné dans la masse successorale, ce choix est restreint par un certain nombre de conditions.

Il faut d'abord que le donateur n'ait pas privé le donataire de cette possibilité, en exigeant un rapport en valeur et en en prescrivant les modalités.

Pour permettre le rapport en nature, le bien donné doit être demeuré la propriété du donataire. Le rapport en nature résout en effet les droits que des tiers ont pu acquérir sur ce bien.

D'autre part, ce bien doit être « libre de toute charge ou occupation, dont il n'aurait pas déjà été grevé lors de la donation » (article 859). Donc, le donataire ne doit pas avoir grevé ce bien de nouveaux droits réels (usufruit, servitude, hypothèque) ou l'avoir donné à bail.

9. Les effets du rapport en nature

121 Si le donataire a remis le bien donné dans la masse partageable, il n'a plus de droit privatif sur celui-ci. Il n'en est plus propriétaire exclusif, mais propriétaire indivis, donc il participe de nouveau au partage de ce bien. Il se peut que, lors du partage, le même objet soit remis dans son lot, de sorte qu'il en deviendrait de nouveau propriétaire exclusif.

Dans le cas du rapport en nature, les risques encourus par le bien à rendre à la masse successorale sont pour la succession. Donc, si ce bien a péri sans la faute du donataire, aucun rapport n'est dû, à moins qu'une indemnité ne soit payée au donataire pour le dédommager de cette perte. Dans ce cas, cette indemnité serait rapportable. Si le bien a subi des moins-values fortuites, aucun dédommagement ne peut être réclamé au donataire. De même, en cas de plus-value accidentelle, le donataire n'aurait pas non plus droit à une récompense.

Par contre, si le donataire a amélioré le bien qu'il rend à la masse successorale, il a droit à la plus-value constatée lors du partage. Le donataire est évidemment aussi responsable des dégradations et détériorations causées par lui au bien. Il doit donc payer une moins-value à la succession. Cette indemnité se règle par le donataire, comme en matière de rapport en moins-prenant.

Si, par contre, une indemnité est due au donataire pour améliorations apportées au bien dont il a été gratifié, le donataire a, en application de l'article 862, un droit de rétention sur la donation jusqu'au règlement de l'indemnité d'amélioration à laquelle il a droit.

D. – LA DÉTERMINATION DES LIBÉRALITÉS RÉDUCTIBLES

1. Principes généraux

122 Rapport des libéralités et réduction de ces dernières se distinguent à bien des égards.

Le rapport a pour objet de rétablir l'égalité entre les héritiers, rompue par l'attribution, à l'un d'eux, d'une donation, dont les autres n'ont pas bénéficié. Le rapport ne concerne que les donations en avancement d'hoirie et non celles faites par préciput et hors part. Le rapport n'est pas d'ordre public. Le donateur peut dispenser le donataire du rapport ou, du moins, prévoir des modalités de rapport plus favorables que celles exigées par les prescriptions légales. Le rapport joue dans toutes les successions, également dans celles ne comprenant aucun héritier réservataire.

La réduction des libéralités a, par contre, pour but de protéger les héritiers réservataires contre des donations excessives, dépassant la quotité disponible. La réduction des donations ne joue partant que dans les successions mettant en cause au moins un héritier réservataire.

La réduction s'applique à toutes les donations et pas seulement à celles faites en avancement d'hoirie. Elle est d'ordre public. Le de cujus ne saurait donc déroger aux règles légales prévues à ce sujet. Il ne peut ni dispenser un donataire ou légataire d'une réduction d'une donation excessive, ni modifier les règles légales prévues à ce sujet.

Cependant, la réduction des donations dépassant la quotité disponible ne s'opère pas de plein droit, mais elle doit être demandée par les héritiers réservataires, qui seuls sont habilités à le faire.

2. La détection des libéralités réductibles

Cette recherche est relativement compliquée et se déroule en trois temps. 123

1) Il faut d'abord déterminer le taux de la réserve et de la quotité disponible. Cette opération est simple. C'est ainsi qu'en présence de deux descendants, la réserve est de deux tiers et la quotité disponible d'un tiers de la succession.
2) Il convient ensuite de liquider la réserve et la quotité disponible, c'est-à-dire de les chiffrer, en passant de quotités abstraites à des montants concrets. On détermine « la masse de calcul » de la réserve et de la quotité disponible.
3) On impute ensuite les libéralités sur la quotité disponible, pour déterminer l'excès éventuel, c'est-à-dire on vérifie, pour chaque donation, si elle reste inférieure à la quotité disponible.

Ces deux dernières opérations nécessitent de larges commentaires.

3. La liquidation de la réserve et de la quotité disponible

La réserve et la quotité disponible sont calculées sur une masse dont l'article 922 détermine la composition et l'évaluation.

3.1. *La composition de la masse successorale*

124 D'après l'article 922, cette masse ne se limite pas aux biens laissés par le de cujus, sinon les héritiers seraient protégés seulement contre les legs excessifs du de cujus, mais non contre les donations dépassant la limite permise.

Il faut donc calculer la masse de la réserve et de la quotité disponible sur un patrimoine fictif, à savoir sur celui que le de cujus aurait laissé, s'il n'avait pas fait de donations à des héritiers ou à des tiers.

La masse de calcul, prévue par l'article 922, se détermine en trois phases :

1) le rassemblement des biens existants ;
2) la déduction du passif successoral ;
3) la réunion fictive des biens dont le de cujus a disposé à titre gratuit.

La masse de calcul, ainsi déterminée, est normalement plus large que la masse partageable, sur base de laquelle sont, en général, fixées les parts individuelles de chaque héritier et les legs prélevés.

3.1.1 Le rassemblement des biens existants

125 Il concerne tous les biens, dont le de cujus est resté propriétaire jusqu'à son décès. Y figurent donc également ceux dont il a disposé par testament, puisque ces legs ne sauraient être payés que sur le patrimoine dont le testateur dispose encore à son décès, et non sur les choses qu'il a données à titre gratuit de son vivant.

Ne figurent plus parmi les biens existants les droits, qui se sont éteints par le décès du de cujus, comme un usufruit, un droit d'usage ou d'habitation ou encore une créance de rente viagère.

Ne font pas non plus partie de cette masse des biens, qui n'ont jamais appartenu comme tels au de cujus, le capital d'une assurance-vie sur la tête d'un tiers ou les fruits échus postérieurement au décès du de cujus dans la mesure où ces derniers n'ont pas été partagés ou sont prescrits.

Au cas où le défunt était marié sous un régime de communauté, sa part dans celle-ci (généralement la moitié) fait également partie de la masse des biens existants. Nous avons déjà signalé aux numéros 11 et 24 que la liquidation de cette communauté, légale ou conventionnelle, doit précéder la liquidation de la succession du de cujus.

3.1.2 La déduction des dettes successorales et la soustraction du passif de l'actif

De l'actif successoral, calculé conformément au point 3.1.1, il faut déduire évidemment les dettes dont le de cujus était tenu au jour de son décès, sauf celles qui constituent une obligation alimentaire ou une prime d'assurance-vie. 126

Sont aussi comprises dans le passif, certaines charges de la succession, comme les frais funéraires du de cujus, les frais de liquidation ou de partage. Les droits de succession, à payer par les héritiers, ne font évidemment pas partie de ce passif, tout comme les frais de délivrance des legs.

Du total de l'actif, calculé en application du point 3.1.1, on déduit le total du passif, déterminé conformément au présent point. En cas de solde positif, on obtient l'actif net existant, c'est-à-dire le patrimoine net du de cujus. C'est sur celui-ci que sont payés les legs prévus dans un testament du défunt.

Si le solde entre actif et passif est négatif, le de cujus est mort insolvable. Toutefois, dans ce cas, on ne saurait, pour le calcul de la réserve et de la quotité disponible, imputer le solde négatif sur la valeur des donations, à réunir fictivement à la masse des biens existants. Ce solde doit toujours équivaloir à zéro, de sorte que la masse de calcul de la réserve et de la quotité disponible s'établit au minimum à la valeur des donations, fictivement ajoutées aux biens existants. Cette solution, consacrée par une jurisprudence déjà ancienne, est entérinée par l'article 922, aux termes duquel les dettes sont déduites de la valeur des biens existants. Une solution contraire aurait pour effet de défavoriser les héritiers réservataires par rapport aux donataires.

À titre d'exemple, si une succession laisse un déficit de cinquante mille euros et que la valeur des donations, fictivement ajoutées à celle des biens existants, est de cent mille euros, la masse de calcul de la réserve et de la quotité disponible ne s'établit pas à cinquante mille, mais a cent mille euros.

3.1.3 La réunion fictive des biens donnés

Il s'agit en l'occurrence d'une opération comptable, qui a pour but de vérifier si les donations faites par le de cujus n'ont pas dépassé la quotité disponible de la succession. 127

C'est une mesure de protection de la réserve des héritiers contre les donations excessives.

Quelles donations sont à soumettre à ce contrôle ?

Comme expliqué en début de chapitre, ce contrôle s'applique à toutes les donations, faites à un héritier ou à un tiers. Cette vérification s'adresse tant aux donations en avancement d'hoirie qu'à celles faites par préciput et hors part et dispensé de rapport. La forme de la donation n'est pas relevant non plus, qu'il s'agisse d'une donation normale, d'un don manuel, d'une donation déguisée ou indirecte. Ne sont pas exceptées non plus, la donation-partage sauf si elle répond à certaines conditions légales (cf. numéro 130A) et la donation par contrat de mariage.

Toutefois, il existe quelques exceptions à cette énumération des catégories de donations, à ajouter fictivement à la masse nette des biens présents.

Ainsi ne sont pas à mettre en compte :

- les fruits et revenus, produits par les donations sus-énumérées, échus entre le jour de la donation et le décès du de cujus,
- les primes d'assurance-vie payées par le donateur, sauf si elles ont été excessives,
- les frais d'éducation ou d'entretien visés par l'article 852.

La question se pose s'il en est autrement des frais d'éducation ou de mariage d'un enfant, si ces frais engendrent « un déséquilibre appréciable dans les parts successorales » des enfants.

Ces frais excessifs sont en effet, rappelons-le, rapportables, ils constituent donc une donation. La logique voudrait, dès lors, qu'ils fassent également partie des donations, à réunir fictivement aux biens successoraux existants. On ne connaît pas de jurisprudence à cet égard.

3.1.4 Le cas spécial de réunion fictive visé par l'article 918

128 Nous avons déjà rencontré cet article à deux reprises. Il répute donation, toute vente d'un bien avec réserve d'usufruit de rente viagère, ou de vente à fonds perdu, faite par un ascendant à l'un de ses descendants.

Le Code civil présume en effet qu'une telle vente ne correspond pas à l'intention réelle des parties et cache en fait une donation. L'acheteur n'est pas admis à rapporter la preuve contraire, même en prouvant qu'il a réellement payé le prix de vente, ou la rente viagère stipulée à l'acte. Il n'est pas non plus en droit de réclamer le remboursement du prix de vente, dont il est prouvé qu'il a été payé à l'ascendant-vendeur.

Cette présomption de donation s'applique uniquement aux ventes, faites entre un ascendant et un descendant, mais non entre le de cujus et un collatéral. Il faut, d'autre part, que le descendant-acheteur ait eu la qualité d'héritier présomptif au moment de la vente. L'article 918 ne joue pas, si ce descendant a obtenu cette qualité seulement plus tard. Ainsi, la présomption ne s'applique pas à une vente faite entre grand-père et petit-fils si, au moment de la vente, ce dernier n'était pas encore héritier présomptif du grand-père, dont les enfants sont encore en vie.

L'article 918 répute donc donation, une vente faite aux conditions susvisées. Néanmoins, pour atténuer la sanction qu'il institue, l'article précité déclare cette donation faite par préciput et hors part. Elle n'est donc pas rapportable, mais doit seulement être réunie fictivement à la valeur des biens successoraux existants, pour calculer la réserve héréditaire et la quotité disponible.

Est-ce que l'article 918 implique qu'il n'est pas possible à un ascendant de vendre effectivement un bien à un descendant, en se réservant l'usufruit ou en stipulant le paiement d'une rente viagère, ou en procédant à une vente à fonds perdu, sous peine de voir jouer la présomption de donation ?

En premier lieu, la présomption ne pouvant être invoquée que par un héritier réservataire, une pareille vente ne soulève pas de problème, si l'ascendant-vendeur ne laisse qu'un seul descendant. Dans ce cas, il n'y a pas d'héritier réservataire pouvant invoquer la présomption visée par l'article 918.

Même en cas de pluralité d'héritiers réservataires, une vente aux conditions définies par l'article 918 demeure possible, si tous les héritiers interviennent à l'acte de vente, pour y consentir. Dans ce cas, ces héritiers reconnaissent le caractère sérieux de cette aliénation.

Il faut cependant que tous les descendants consentent à un pareil acte. Ceux, n'y donnant pas leur accord, peuvent, au décès de l'ascendant-vendeur, toujours invoquer la présomption de l'article 918.

Deux difficultés se posent pour cet accord. Il suppose en premier lieu que tous les descendants, dont le consentement est nécessaire, soient majeurs et maîtres de leurs droits. S'il y a donc parmi eux des mineurs ou des majeurs incapables, un pareil consentement pourrait soulever des difficultés au décès du de cujus.

En second lieu, même s'il n'y a pas d'incapables parmi les héritiers réservataires consentants, un problème surgit si, postérieurement à l'acte de vente, auquel tous les descendants ont consenti, il naît un autre enfant au vendeur.

3.1.5 La date d'évaluation de la masse de calcul de la réserve et de la quotité disponible

Nous rencontrons dans ce contexte de nouveau une question qui s'est déjà posée pour le rapport des donations. À quelle date faut-il évaluer les donations qui sont fictivement ajoutées aux biens successoraux existants ? Au jour de la donation, à celui du décès du testateur, ou au jour du partage ? 129

Nous rappelons que, pour le rapport des donations, c'est cette dernière référence qui joue. En est-il de même en ce qui concerne la réunion fictive des donations à la masse nette des biens laissés par le défunt ?

Non. Aux termes de l'article 922, qui détermine le mode de calcul de la réserve et de la quotité disponible, le jour de référence pour l'évaluation des donations est celui du décès du de cujus. Pourquoi cette différence de traitement avec le rapport des donations ?

Dans ce dernier cas, il s'agit d'assurer l'égalité entre les héritiers, égalité qui s'apprécie de façon optimale seulement lors du partage de la succession. Par contre, pour décider si, par suite de donations, certains héritiers sont partiellement privés de leur réserve, il faut se placer au jour du décès du donateur. Les droits des héritiers se déterminent en effet à ce jour.

Toutefois, en fixant cette date, l'article 922 la limite aux biens qui, au jour du décès du de cujus, se trouvent toujours dans le patrimoine du donataire. Quant aux biens donnés par le de cujus, mais aliénés depuis par le donataire, ceux-ci sont à évaluer au jour de leur aliénation.

Tout comme pour le rapport, l'état de la donation doit également entrer en ligne de compte dans le cadre de l'article 922. Cet état s'apprécie aussi au jour de la donation, même pour les biens que le donataire avait aliénés avant le décès du de cujus.

3.2. *Les cas particuliers*

130 a) En ce qui concerne les biens donnés par le de cujus dans le cadre d'une donation-partage (cf. numéros 338 à 349), ceux-ci sont évalués au jour de cette donation, à une condition : il faut que tous les enfants, vivants ou représentés au décès de l'ascendant, aient reçu un lot dans ce partage anticipé et aient expressément accepté ce lot (article 1078). Si cette condition n'est pas respectée, il faut faire une évaluation de ces biens au jour du décès du de cujus.

b) Les donations avec charges, au bénéfice du donateur, doivent être fictivement réunies à la masse des biens successoraux pour leur valeur nette. En effet, par le décès du donateur, cette charge a cessé d'exister.

c) Celle-ci doit donc être évaluée et ajoutée fictivement à la masse susvisée.

d) Cependant, la donation directe et la donation indirecte (charge de la première donation stipulée au profit du tiers) doivent être distinctement mises en compte. Ceci est nécessaire, pour le cas où il y aurait lieu à réduction des donations pour dépassement de la quotité disponible.

e) Les donations en usufruit et en nue-propriété sont toujours mises en compte comme donation en pleine-propriété. Deux cas sont possibles.

   1) Le démembrement de la propriété, que constituent l'usufruit et la nue-propriété, cesse par le décès du de cujus (par exemple, ce dernier s'était réservé l'usufruit ou l'avait concédé à un tiers, mort

avant le de cujus). Dans ce cas, la pleine-propriété est reconstituée au décès de ce tiers au profit du donataire.

2) Le démembrement de propriété continue à la mort du donateur. Dans l'hypothèse où le de cujus avait donné l'usufruit d'un bien à une personne et la nue-propriété à une autre et où ces personnes sont toujours en vie au décès du donateur, tant l'usufruit que la nue-propriété (donc la pleine-propriété) de ce bien sont réunis fictivement aux biens existants.

Naturellement, s'il y a lieu à réduction d'une telle donation, il convient d'estimer séparément l'usufruit et la nue-propriété du bien en question.

E. – LA RÉDUCTION DES LIBÉRALITÉS

1. Principes généraux

Maintenant qu'on connaît la masse de calcul de la succession, il est possible 131
de déterminer la réserve revenant aux héritiers, ainsi que la valeur de la quotité disponible.

Ainsi, si la masse de calcul, établie conformément aux règles fixées au numéro 122, est de 150 000,00 € et si le de cujus a laissé deux héritiers réservataires, la réserve est de deux tiers (2/3) de cette somme, soit de 100 000,00 €, donc de 50 000,00 € pour chaque héritier. La quotité disponible est d'un tiers (1/3) de cette masse de calcul, soit de 50 000,00 €.

Du moment que les donations de toute nature, faites par le de cujus, n'épuisent pas la quotité disponible, en l'occurrence 50 000,00 €, ces donations restent intangibles. Pour constater si tel est le cas, on procède à l'imputation des donations sur la quotité disponible, c'est-à-dire on les prend une à une, suivant un ordre à déterminer, afin de constater si elles sont ou non attentatoires à la réserve. L'imputation des donations ne signifie donc pas nécessairement leur réduction.

Dans ce contexte, nous aurons aussi à parler de la réduction des legs prévus dans le testament du de cujus. À la différence des donations qui, à son décès, n'appartiennent plus à son patrimoine, les legs en font encore partie. Ils ne sauraient être prélevés que sur l'actif successoral net du de cujus et non sur la masse de calcul établie en application de l'article 922.

Quand le de cujus a tant fait des donations qu'institué des légataires et si la réserve de ses descendants n'est plus assurée, il convient de déterminer comment s'opère alors cette réduction ?

Avant d'examiner comment s'effectue concrètement la réduction des donations, il convient de poser les questions de fond suivantes :

1) Quel est l'ordre de réduction des donations ? Est-ce que toutes les donations sont réduites suivant un même pourcentage ou est-ce que certaines d'entre elles sont amputées avant les autres ?
2) Quand le de cujus a non seulement fait des donations, mais a aussi prévu des legs, laquelle de ces deux catégories de libéralités est affectée la première quand, ensemble, elles portent atteinte à la réserve des descendants ?
3) Comment se fait la réduction des legs dépassant la quotité disponible, en l'absence de donations faites par le de cujus ?

2. L'imputation des libéralités

Il est important, à ce niveau de faire la distinction entre l'imputation des libéralités sur la quotité disponible et la réduction subséquente des donations qui dépassent ladite quotité disponible.

En effet, il arrive assez régulièrement que certains confondent allégrement ces deux notions, bien qu'il ne s'agisse pas de synonymes.

Il est évident que l'ordre de réduction des donations, encore qualifié d'ordre d'amputation des donations, ne correspond pas à l'ordre d'imputation des donations.

Si la pratique a plutôt tendance de parler de la réduction des libéralités, puisque le Code civil ne prévoit qu'expressément l'ordre de réduction des libéralités qui dépassent la quotité disponible et empiète sur la réserve héréditaire, le secteur et l'ordre d'imputation des libéralités sont un préliminaire primordiale pour déterminer déjà s'il y a un dépassement de la quotité disponible qui donne lieu à l'éventuelle réduction de libéralités.

2.1. *Le secteur d'imputation des libéralités*

132 Il n'existe à cet égard que deux possibilités, à savoir celle d'imputer les donations sur la réserve héréditaire ou celle de les imputer sur la quotité disponible.

Si les donations s'imputent sur la réserve, la quotité disponible reste intacte et permet, suivant le cas, au disposant de faire d'autres donations ou des legs, dans la limite de cette quotité disponible.

Si, par contre, les donations s'imputent sur la quotité disponible, elles épuisent celle-ci, au fur et à mesure de leur montant ou de leur nombre. Cette façon d'imputation restreint donc le champ d'action du de cujus.

Le Code civil prévoit tant l'imputation sur la réserve que celle sur la quotité disponible. Ces règles sont prévues à l'article 924.

Doivent être imputées sur la réserve, les donations en avancement d'hoirie, adressées à un héritier réservataire, qui accepte la succession du donateur. En effet, une donation en avancement d'hoirie ne constitue qu'une avance sur la succession du donateur et non un avantage définitif. Il est donc logique que cette donation est à mettre en compte sur la part de réserve qui échoit à cet héritier.

L'héritier réservataire, qui a bénéficié d'une donation en avancement d'hoirie et qui a accepté la succession, peut, cependant, imputer accessoirement cette donation sur la quotité disponible (article 924).

Cela est normal, puisqu'en l'absence de donation ou de legs faits par le de cujus, l'héritier précité aurait bénéficié d'une part successorale, composée de sa part dans la réserve et dans la quotité disponible.

Il est logique aussi qu'une donation par préciput et hors part, faite à un héritier réservataire acceptant la succession du donateur, s'impute sur la quotité disponible. En effet, le donateur, en faisant cette donation, a entendu rompre l'égalité héréditaire et favoriser définitivement l'héritier gratifié. Celui-ci peut donc cumuler sa part de réserve et sa donation, dans la mesure où celle-ci n'est pas excessive.

Il reste à examiner deux cas, à savoir celui de la donation faite à un héritier réservataire, qui renonce à la succession du de cujus, et celui de la donation dont a bénéficié un non-héritier. Ces deux catégories de donataires ont en commun de ne pas participer à la succession. Ils n'ont donc pas droit à une réserve. Leur donation ne peut donc, en aucune hypothèse, s'imputer sur la réserve, à laquelle ils n'ont pas droit. Il ne reste donc qu'une seule solution pour les deux catégories de donataires précités, à savoir celle d'imputer leur donation sur la quotité disponible.

À cet égard, il n'y a donc pas à distinguer entre donations faites en avancement d'hoirie et donations faites par préciput et hors part.

Il y a lieu de souligner, pour être complet, que certaines donations ne sont pas seulement réductibles si elles sont excessives, mais encore rapportables. Cela est le cas des donations en avancement d'hoirie faites à un héritier réservataire qui accepte la succession du de cujus. Il faut, dans ce cas, suivre à la fois les règles régissant le rapport et celles présidant à l'imputation et à la réduction éventuelle des donations.

2.2. *L'imputation des legs*

Par opposition aux donations, qui peuvent être faites en avancement d'hoirie ou par préciput et hors part, il n'existe qu'une seule catégorie de legs. Ces derniers ne deviennent effectifs qu'au décès du testateur. 133

Les legs ne peuvent donc s'imputer que sur la quotité disponible, pour autant que celle-ci reste intacte, c'est-à-dire que le de cujus ne l'a pas entamée, ou même épuisée, par des donations.

Nous savons que les donations ont priorité sur les legs et que ceux-ci deviennent caducs si le de cujus a fait des donations qui épuisent sa quotité disponible.

Dans l'hypothèse où le testateur devait préciser que la disposition testamentaire ne doit pas s'imputer sur la quotité disponible, mais sur la réserve héréditaire du bénéficiaire, il ne s'agit pas d'un legs, mais d'un testament-partage qui s'assimile plutôt aux donations qu'aux legs.

2.3. *L'ordre d'imputation des libéralités*

134 Le Code civil ne prévoit pas expressément un ordre d'imputation des libéralités, mais uniquement l'ordre de réduction au niveau de l'article 922 du Code civil.

Or, logiquement, afin de déterminer si les libéralités dépassent la quotité disponible et vue que la réduction des libéralités s'opère de la plus récente à la plus ancienne jusqu'à ce qu'il n'y ait plus d'empiétement sur la réserve héréditaire, les donations maintenues et imputées prioritairement sur la quotité disponible vont de la plus ancienne à la plus récente jusqu'à ce que la quotité disponible soit complètement épuisée.

C'est pourquoi, en pratique, il est question d'un ordre d'imputation des donations préciputaire et des legs de la plus ancienne à la plus récente, toute en précisant que tous les legs sont considérés comme consentis au même moment, soit au jour du décès du testateur.

Dans l'hypothèse où une donation par avancement d'hoirie dépasse la réserve héréditaire du donataire, celle-ci peut être imputée sur la quotité disponible.

L'ordre chronologique de son imputation sur la quotité disponible prend en considération son ancienneté conformément à la date de la donation par avancement d'hoirie et ne prend pas seulement naissance au jour où il est constaté qu'elle dépasse la réserve héréditaire du donataire.

Ainsi, une donation par avancement d'hoirie, consentie avant une donation par préciput et hors part, qui dépasse la réserver héréditaire du donataire, s'impute quant à son excédent sur la quotité disponible avant ladite donation par préciput et hors part.

3. La réduction des libéralités

Le Code civil fait à ce niveau une nette distinction entre la réduction des legs et la réduction des donations.

3.1. *La réduction des legs*

Les legs sont réduits avant les donations, au cas où les descendants sont lésés quant à leur réserve, telle qu'elle se calcule en application de l'article 922. Donc, les donations ne sont amputées qu'après que tous les legs faits par le de cujus sont réduits à néant. 135

Nous expliquerons au numéro 137 ci-après la raison de la réduction prioritaire des legs par rapport aux donations.

Suivant quelle règle se pratique la réduction des legs ?

Lorsque les legs excèdent la quotité disponible, il n'y a pas de hiérarchie établie entre les legs, en ce sens que certains seraient réduits ou annulés avant les autres. Tous les legs sont traités sur un pied d'égalité. Leur réduction se fait « au marc le franc », c'est-à-dire proportionnellement.

Illustrons cette règle par un exemple : Le de cujus a laissé deux enfants. Il n'a pas fait de donations, mais deux legs, l'un à son enfant A, d'un montant de 24 000,00 €, l'autre à son enfant B, d'un montant de 36 000,00 €. La masse de calcul (dans ce cas, l'actif net successoral) est de 120 000,00 €. La réserve s'élève aux deux tiers de cette dernière somme, soit à 80 000,00 €. La quotité disponible (un tiers) est de 40 000,00 €. Les legs s'établissent au total à 60 000,00 €. Ils dépassent donc de (60 000,00 – 40 000,00 =) 20 000,00 € la quotité disponible et doivent en conséquence être amputés de ce montant. Dans notre exemple, ces deux legs doivent être diminués, chacun, d'un tiers. Ils ne peuvent donc subsister qu'à raison de deux tiers de leur montant initial, soit à concurrence de 16 000,00 € pour le legs de A et de 24 000,00 € pour le legs de B.

3.2. *La réduction des donations*

Les donations sont, en ce qui concerne une éventuelle diminution, traitées autrement que les legs. Pour elles, il existe en effet un ordre de priorité de réduction. 136

Nous rappelons qu'on ne commence à réduire les donations qu'après avoir mis à néant tous les legs. La réduction des donations se fait, en application de l'article 923, « en commençant par la dernière donation et ainsi de suite, en remontant des dernières aux plus anciennes ».

La dernière donation est donc amputée en premier lieu et la première donation est réduite seulement après que toutes les autres l'ont été.

Cette procédure de réduction soulève évidemment la question quant à la date, à laquelle chaque donation a été faite.

Cette date ne cause pas de problèmes pour les donations ostentatoires, c'est-à-dire celles documentées par un acte notarié, conformément à l'article 931. Par contre, pour les contrats, rédigés sous la forme prévue pour les actes à titre onéreux, mais dont le caractère de donation a été prouvé, il convient de distinguer. Du moment que ces contrats ont été conçus dans une forme authentique, ils font eux-mêmes preuve de leur date. Il en est autrement, lorsque ces contrats ont la forme d'un acte sous seing privé. Cette date peut toujours être contestée par tout intéressé, à moins qu'elle ne comporte une date certaine par l'effet de l'enregistrement de la convention.

Pour les dons manuels, il n'existe normalement pas d'écrit du tout donc, aucune date certaine n'existe à leur égard.

Toutes les donations sans date certaine doivent être réduites avant toutes autres donations dont la date exacte ne fait pas de doute.

En ce qui concerne les donations, dont la date de constitution n'est pas douteuse, deux questions se posent néanmoins. Qu'arrive-t-il, lorsque deux donations ont été faites le même jour et qu'elles ont donc une même date ? Dans ce cas, ces donations doivent être réduites proportionnellement, suivant le degré du dépassement.

La deuxième question touche la solution à appliquer, lorsque l'un des donataires est insolvable. Qui en supporte les conséquences, les donataires précédents ou les héritiers réservataires ? Ce sont les premiers cités qui doivent prendre à charge ce risque, en voyant réduire leur propre donation qui, normalement, n'aurait pas été amputée si la donation, qui suit immédiatement la leur, n'avait pas eu un titulaire insolvable.

3.3. *Justification des règles de réduction des libéralités*

137 Pourquoi le Code civil applique-t-il des règles de réduction différentes pour les donations et les legs ? Pourquoi ces derniers doivent-ils être mis à néant avant les donations ?

En ce qui concerne le second aspect de la question, l'on peut dire qu'il est normal que les légataires, qui n'ont acquis aucun droit, du vivant du de cujus, soient sacrifiés avant les donataires, qui eux sont titulaires d'un tel droit. La réduction empêche les légataires de recevoir, alors qu'elle oblige les donataires à restituer.

On peut encore invoquer un argument psychologique.

Plus est lointaine la date à laquelle les droits sur un bien ont été transmis à un gratifié, plus douloureux est leur anéantissement. À cet égard, les donataires ont évidemment des droits plus anciens que les légataires.

Néanmoins, l'argument juridique le plus convaincant, justifiant l'ordre légal de réduction, est le principe de l'irrévocabilité des donations. Celui-ci explique tant la réduction des legs avant les donations, que l'amputation de celles-ci par ordre successif, en commençant par la dernière.

La donation constitue un contrat et, à ce titre, elle doit être respectée. Le donateur ne peut pas y revenir. Le caractère irrévocable des donations est stipulé par le Code civil. Celui-ci détermine limitativement les cas dans lesquels le donateur peut revenir sur sa donation et dans lesquels une donation est révocable. Le dépassement de la quotité disponible par la donation n'en fait pas partie.

Un donataire ne saurait subir une réduction de sa donation du fait de donations ultérieures consenties par le donateur. Autrement, il serait loisible à ce dernier de revenir sur une donation antérieure, qu'il regrette peut-être, en concédant de nouvelles donations.

4. Le donateur ou le testateur peut-il modifier l'ordre légal de réduction des libéralités ?

En d'autres termes, les règles que nous venons de commenter, sont-elles d'ordre public ? Dans ce cas, le de cujus ne saurait rien y changer. Ou ne sont-elles, au contraire, pas impératives ? Dans cette hypothèse, un testateur pourrait disposer que tel legs devrait être exécuté en cas d'insuffisance de biens disponibles, avant tel autre. Ou bien un donateur pourrait stipuler qu'une donation antérieure devrait être réduite avant une donation postérieure. 138

Quant aux legs, l'ordre légal de réduction n'est pas impératif et le testateur peut y déroger. En effet, l'article 927 permet au testateur de stipuler, qu'en cas de dépassement de la quotité disponible, tel legs devra être exécuté avant tel autre.

En ce qui concerne la relation legs-donations, il convient de distinguer, suivant que le legs a été constitué avant la donation ou postérieurement.

Dans le premier cas, le testateur pourrait prescrire qu'un legs ne sera réductible qu'après une donation qu'il consentira ultérieurement. Il en est de même d'une donation entre conjoint, qui est toujours révocable. Le disposant d'une telle donation serait donc libre de stipuler que cette donation est réductible avant une donation ultérieure ou avant un legs, quelle que soit la date du testament.

En revanche, quand il s'agit d'une donation pour laquelle le principe d'irrévocabilité est applicable, le donateur ne peut pas modifier l'ordre légal de réduction des donations. Il ne saurait se réserver aucun moyen de reprendre ce qu'il a donné antérieurement.

Il lui est donc interdit de disposer, dans une deuxième donation, que la première donation serait réduite avant la seconde. Il ne peut pas non plus stipuler dans une donation que celle-ci serait réductible avant les donations ou legs, qu'il consentirait ultérieurement. Le donateur se ménagerait ainsi le moyen de reprendre indirectement ce qu'il donne, ce qui est contraire au caractère irrévocable de la donation.

En ce sens, le donateur ne peut pas simplement requalifier une donation en avancement d'hoirie, consentie à un de ses enfants, en donation par préciput et hors part dans l'espoir que la date initiale de la donation en avancement d'hoirie soit retenue.

En effet, la jurisprudence luxembourgeoise (Tribunal d'arrondissement de et à Luxembourg, 10e Chambre, jugement n° 19/2015 du 30 janvier 2015, n° 151.953 du rôle) a retenu à ce niveau que la date à retenir pour la donation en avancement d'hoirie, requalifiée par un second acte notarié, partant d'un commun accord, par le donataire et le donateur en une donation préciputaire, est la date de la requalification.

Ainsi, les donations par préciput et hors part, consenties à un autre enfant entre la date de la donation en avancement d'hoirie et sa requalification, sont considérées comme étant antérieurs à la donation par préciput et hors part requalifiée et s'imputent dès lors avant cette dernière sur la quotité disponible.

En ce sens, il a donc été retenu par le jugement précité que, si « le disposant peut toujours revenir sur ses intentions (...), la modification d'une donation consentie en avancement de part en une donation hors part successorale (Cass. 1re civ., 29 juin 2011, n° 10-17.562 ; JurisData n° 2011-012935) (...) ne peut préjudicier aux droits acquis par les tiers (Cass. Req., 22 février 1897 : DP, 1, 343). Pour l'imputation sur la quotité disponible, elle ne peut nuire aux donations hors part consenties antérieurement à sa date et depuis la donation en cause (Grenier, Des donations, II, n° 494. – G. Demolombe, Cours de Code Napoléon : XVI, n° 228. -C. Aubry et C. Rau, Cours de droit civil français – M. Planiol et G. Ripert, op. cit. n° 11 : t. IV, n° 577) ».

En ce même sens, il paraît évident qu'un donateur ne peut pas ultérieurement faire requalifier une donation consentie par préciput et hors part en une donation en avancement d'hoirie, puisqu'une telle requalification serait contraire à l'irrévocabilité des donations et clairement en défaveur du donataire qui ne reçoit plus un bien en surplus de sa réserve héréditaire, mais uniquement un bien en avance sur sa réserve héréditaire.

Ces principes ne s'appliquent bien évidemment pas face aux donations entre conjoint qui sont révocables.

5. Illustration des règles sur la réduction des donations et legs

Après avoir exposé les règles suivant lesquelles doit se faire l'imputation 139
et, le cas échéant, la réduction des donations et des legs, il peut être utile d'illustrer ces dispositions à l'aide de deux exemples chiffrés.

- **1er exemple :**

Le de cujus A meurt en 2006, en laissant deux enfants, B et C, et un actif successoral net de 180 000,00 €. Par donation par préciput et hors part, il a donné en 1985 à son fils B un terrain, estimé à 20 000,00 €. Lors du décès de A, cet immeuble a une valeur de 60 000,00 €. En 1987, par une donation par préciput et hors part, A a gratifié C d'une somme d'argent de 20 000,00 €, somme dont ce dernier a profité la même année pour acquérir un appartement dont le prix d'achat était de 40 000,00 €. Cet immeuble vaut 120 000,00 € lors du décès de A.

Le de cujus a légué par testament 15 000,00 € à une œuvre caritative. Les deux enfants acceptent la succession de A.

Il convient d'abord d'établir la masse de calcul en application de l'article 922.

Les donations à réunir fictivement aux biens existants sont à évaluer au jour de l'ouverture de la succession, donc à leur valeur en 2006.

La donation à B (20 000,00 €) est imputée pour un montant de 60 000,00 €.

Les 20 000,00 € investis par C dans son appartement, sont remplacés par la quote-part correspondante de cette somme payée pour cette acquisition, soit 50 % de cette valeur. Il faut donc considérer également un taux de 50 % de la valeur de l'immeuble en 2006, soit 50 % x 120 000,00 € = 60 000,00 €, pour imputer cette donation.

Masse de calcul :

180 000,00 € (biens existants) + 60 000,00 € (donation à B) + <u>60 000,00 €</u> (donation à C) = <u>300 000,00 €.</u>

Le legs de 15 000,00 € n'entre pas dans ce calcul, ne pouvant être prélevé que sur la masse des biens existants (180 000,00 €), dans la mesure où la quotité disponible n'est pas déjà épuisée par des donations.

La réserve, en présence de deux héritiers réservataires, est de 2/3 de <u>300 000,00 €</u> = <u>200 000,00 €.</u>

La quotité disponible est de : 1/3 x <u>300 000,00 €</u> = <u>100 000,00 €</u>.

L'imputation des deux donations se fait sur la quotité disponible (article 924-1).

1. imputation de la donation faite à B. de 60 000,00 € (1ère donation) laisse subsister de la quotité disponible une valeur de 100 000,00 € – 60 000,00 € = 40 000,00 €.
2. imputation de la donation faite à C, de 60 000,00 €, (2e donation) doit s'imputer sur la valeur restante de la quotité disponible, soit sur 40 000,00 €.

   Valeur de la donation à C : 60 000,00 €.

   Quotité disponible subsistant : 40 000,00 €.

   La donation à C doit donc être réduite de (60 000,00 € – 40 000,00 € =) 20 000,00 €. Cette réduction se fait en moins-prenant, c'est-à-dire que C se voit retrancher cette somme de sa part successorale.

   La quotité disponible étant épuisée, le legs de 15 000,00 € ne peut plus s'exécuter. La succession de A se partage comme suit :

B :	100 000,00 €
C :	80 000,00 € (100 000,00 € – 20 000,00 €)
TOTAL :	180 000,00 €

- **2e exemple :**

Le de cujus D est décédé en 2005, en laissant deux enfants, E et F, et un actif successoral net de 130 000,00 €. En 1984, il a vendu à F un immeuble pour 40 000,00 €, en se réservant l'usufruit. Au décès de D, l'immeuble en question est évalué à 80 000,00 €. Les deux enfants acceptent la succession de D.

Étant donné qu'il s'agit en l'espèce d'une vente par un ascendant à un descendant avec réserve d'usufruit, l'article 918 s'applique. Cette vente est donc assimilée à une donation par préciput et hors part, s'imputant sur la quotité disponible.

Masse de calcul : 130 000,00 + 80 000,00 = 210 000,00 €

Réserve : 2/3 x 210 000,00 = 140 000,00 €

Quotité disponible : 1/3 x 210 000,00 = 70 000,00 €

La donation faite a F, évaluée en 2005 à 80 000,00 €, s'impute sur cette quotité disponible.

Il y a donc dépassement de celle-ci de : 80 000,00 – 70 000,00 = 10 000,00 €.

Cette donation est donc réductible jusqu'à concurrence de 10 000,00 €. Cette réduction se fait en moins-prenant.

Partage de la succession : E :	70 000,00 €	
F :	60 000,00 €	(70 000,00 € – 10 000,00 €)
TOTAL :	130 000,00 €	

6. Suivant quel procédé se fait la réduction des donations ?

Tout comme pour le rapport des donations, leur réduction peut se faire suivant deux procédés possibles : La réduction en nature ou la réduction en valeur. 140

Les règles relatives à la réduction des donations, ou des legs excessifs, sont prévues par les articles 924 à 924-4.

Ces articles sont inspirés de la loi française L 71-253 du 3 juillet 1971. Comme la loi française du 3 juillet 1971 a entretemps été modifiée par celle du 23 juillet 2006, qui a changé également les articles 924 à 924-4, actuellement une référence au système français des réductions de donations ne peut plus guère se faire.

Il y a lieu de distinguer entre les libéralités excessives, faites aux héritiers (descendants et conjoint survivant) et les libéralités faites à des non-héritiers.

6.1. *Les libéralités faites à des non-héritiers*

Des donations ou legs, faits à des tiers, doivent être réduits en nature (article 924-2). Cela signifie que les héritiers réservataires récupèrent les biens ayant fait l'objet de la donation. Nous verrons ultérieurement les conséquences juridiques de cette réduction en nature. 141

6.2. *Les libéralités faites à des héritiers*

Le siège de la matière est l'article 924-3, qui est libellé comme suit : « Les dons et legs particuliers, faits à un successible, ou à des successibles conjointement, qui excèdent la quotité disponible, peuvent être respectivement retenus ou réclames en totalité par les gratifiés, quel que soit l'excédent, sauf à récompenser les cohéritiers en moins prenant ou en argent ». 142

Les successibles dont parle cet article, visent les descendants, héritiers réservataires, et le conjoint survivant. Ces deux catégories d'héritiers sont traitées sur un pied d'égalité. Pour eux, la réduction des donations et legs, qui dépassent la quotité disponible, quel que soit le taux de ce dépassement, se fait en valeur.

Le texte parle de dons et legs, qui « peuvent être respectivement retenus ou réclamés entre totalité ».

L'expression « retenus » vise les donations qui sont déjà en possession des personnes gratifiées et qui n'ont donc pas à être restituées aux cohéritiers. Le terme « réclamés » concerne les legs qui se trouvent toujours dans la masse successorale à partager.

La récompense des cohéritiers en « moins-prenant » présuppose que le donataire, ou le légataire, a droit à une part successorale correspondant au moins à la valeur de sa donation ou de son legs excédant la quotité disponible. Le moins prenant constitue une technique de partage, s'appliquant à l'héritier, qui est à la fois débiteur de la masse successorale (dette, rapport ou réduction de donation) et créancier de cette masse (part successorale). Il se produit donc une compensation entre sa dette et sa créance successorale.

Quand une compensation positive en faveur de l'héritier bénéficiaire d'une donation ou d'un legs n'est pas possible, parce que la valeur de sa part successorale est inférieure à la valeur de la donation ou du legs, dépassant la quotité disponible, l'héritier gratifié doit indemniser les cohéritiers en argent. Cela signifie qu'il doit payer ses cohéritiers de ses propres fonds. Il faut donc qu'il dispose personnellement de cette somme, ou qu'il puisse ou veuille l'emprunter.

Le procédé, prévu par l'article 924-3, n'est pas obligatoire pour un héritier. Il constitue une faveur pour lui, à laquelle il peut renoncer. Il se peut aussi que cette occasion ne lui soit même pas offerte. Cette situation se présente si le de cujus lui a imposé le rapport en nature ou, du moins, ne lui a permis d'accepter le legs que dans la mesure où il reste dans la limite de la quotité disponible.

6.3. *Base d'évaluation de l'indemnité à payer par le donataire ou le légataire*

143 Sur quelle base se calcule l'indemnité, que le donataire ou le légataire gratifié de façon excessive, doit payer à la masse successorale ? Aux termes de l'article 924-4, « lorsque la réduction n'est pas exigible en nature, le donataire ou légataire est débiteur d'une indemnité équivalente à la portion excessive de la libéralité réductible. Cette indemnité se calcule d'après la valeur des objets donnés ou légués à l'époque du partage et leur état au jour où la libéralité a pris effet ».

C'est donc à l'époque du partage qu'il faut estimer l'indemnité à payer par l'héritier-donataire ou légataire. Nous rappelons que, pour le calcul de la réserve et de la quotité disponible, prévu par l'article 922, c'est le jour de l'ouverture de la succession qui est applicable. Le législateur a donc eu à cœur de ne pas trop favoriser le donateur ou le légataire qui a déjà bénéficié de la faveur analysée plus haut.

Cette indemnité est à payer, d'après l'article 924-4 alinéa 2, au moment du partage, sauf si les cohéritiers ont accordé un délai de paiement au gratifié.

Dans ce cas, à moins que les cohéritiers n'en aient disposé autrement, cette indemnité est affectée d'une triple charge. En premier lieu, elle produit des intérêts au taux légal. Deuxièmement, elle est réévaluée, en application de l'article 833-1, en fonction de l'évolution économique, si celle-ci a dépassé au moins dix pourcents de la valeur de cette indemnité. En troisième lieu, si le donataire ou le légataire vend, avant le paiement de l'indemnité due à ses cohéritiers, l'objet donné ou légué, le produit de cette vente est versé aux cohéritiers, dans la limite de leur créance. Ce versement s'applique également, en cas de vente partielle de biens donnés ou légués.

6.4. *Effets juridiques de la réduction en nature des dons et legs dépassant la quotité disponible*

6.4.1 Quant au gratifié

En ce qui concerne le legs, au cas où le légataire ne peut, ou ne veut pas, 144
profiter de la faveur prévue par l'article 924-4, la réduction en nature permet aux héritiers de conserver le bien légué et interdit au légataire de le réclamer à concurrence de la portion réductible. Dans cette limite, ce legs est donc devenu caduc.

Quant à la donation, sa réduction en nature habilite les héritiers à récupérer la chose donnée et oblige le donataire à la restituer à hauteur de sa portion réductible. Dans cette limite, cette donation est donc résolue.

Si la réduction porte sur la totalité du don, le donataire perd tout droit sur lui à moins, qu'à titre d'héritier réservataire, il puisse toucher sa part dans ce bien.

Si la réduction en nature de la donation est seulement partielle, le donataire conserve encore des droits sur ce bien. Il est en indivision à son égard avec ses cohéritiers. Du moment qu'il s'agit de plusieurs biens et que ceux-ci sont partageables en nature, le donataire peut conserver l'un de ceux-ci. S'il s'agit d'un bien unique, ou de biens impartageables en nature, ceux-ci doivent être vendus et le prix être partagé entre le donataire et les héritiers.

6.4.2 Quant aux tiers acquéreurs

Il est possible que le donataire n'ait pas conservé la chose ayant fait l'objet de la donation et l'ait vendue. Le tiers acquéreur se trouve alors dans la même situation que le donataire, dont la donation a été réduite en nature. Les droits du tiers acquéreur sont atteints dans la même mesure que ceux du donataire.

Néanmoins, il arrive, en pratique, rarement que les droits d'un tiers acquéreur soient mis en cause, lorsqu'une donation est soumise à une réduction en nature.

En premier lieu, les héritiers réservataires, avant d'intenter une action en réduction contre ce tiers, doivent essayer de se faire payer en espèces par le donataire. C'est seulement si celui-ci est insolvable, qu'une action en réduction contre l'acquéreur d'un bien donné peut être intentée.

En second lieu, cet acquéreur, pour éviter la résolution totale ou partielle de son acquisition, peut arrêter la procédure en payant aux héritiers une indemnité de réduction, ce qui revient à remplacer une réduction en nature par une réduction en valeur.

En troisième lieu, si la chose donnée au tiers acquéreur constitue un meuble, cet acquéreur est normalement protégé par la règle de l'article 2279 (présomption de propriété de ce meuble attachée à sa détention matérielle).

En pratique, la meilleure protection pour un tiers de se prémunir contre une résolution partielle de l'acquisition faite d'un bien donné, consiste à prendre une mesure préventive.

Ce tiers sera en effet bien conseillé de refuser d'acquérir un tel bien, du moins si l'acquisition se fait à titre onéreux, si le donataire-vendeur ne lui garantit pas qu'une action en réduction de la donation sera exclue contre lui. À cet égard, l'article 930 alinéa 2, résultant de la loi du 12 mars 1982, permet de donner des garanties à l'acquéreur d'un bien faisant partie d'une donation.

Cet alinéa prévoit, en effet, que l'action en réduction d'une donation contre le tiers acquéreur n'est plus possible « lorsque le donateur aura consenti à l'aliénation avec l'accord de tous les réservataires, nés et vivants au moment de celle-ci ».

Un intéressé, avant de consentir à acheter un bien, que le vendeur tient en vertu d'une donation, n'a qu'à demander la garantie susvisée. Dans ce cas, il ne peut plus être inquiété par les héritiers réservataires.

Comme ce consentement peut être donné dans un acte postérieur à la donation, il n'y a en fait pas de difficultés se posant au donataire-vendeur pour donner cette assurance au tiers acquéreur, dans la mesure évidemment où le donateur, et surtout ses héritiers réservataires, sont disposés à donner un pareil accord.

6.5. *Le rapport des fruits générés par une donation réduite*

Conformément à l'article 928 du Code civil, « *le donataire restituera les fruits de ce qui excédera la portion disponible à compter du jour du décès du donateur, si la demande en réduction a été faite dans l'année ; sinon, du jour de la demande* ». 145

Il s'ensuit que les fruits générés par une donation à réduire doivent en tout état de cause être restitués à l'indivision successorale à partir du jour de la demande, voire rétroactivement à compter du jour du décès du donateur si la demande en réduction a été faite dans l'année.

Si la donation ne subit qu'une réduction partielle, les fruits générés par ladite donation sont à restituer proportionnellement à la réduction opérée sur la donation à l'origine.

En effet, la partie de donation réduite aurait dû entrer dans la masse successorale indivise et ses fruits auraient en ce sens accru à l'indivision conformément à l'article 815-10 du Code civil.

La jurisprudence luxembourgeoise a confirmé dans son jugement n°2022TALCH10/00107 du 20 mai 2022 (n° 151.953 du rôle) le principe de la Cour de cassation française du 30 septembre 2020 que « *l'obligation imposée au donataire par l'article 928 du Code civil, dans sa réaction antérieure à celle issue de la loi du 23 juin 2006 (et qui avait la teneur de l'actuel article 928 du Code civil luxembourgeois), de restituer les fruits de ce qui excède la portion disponible, à compter du jour du décès du donateur, suppose que le bien donné soit, au jour de la donation, dans un état lui permettant de produire un revenu. Il en résulte que la valeur du travail effectué par le donataire, qui a permis leur production, doit être déduite des fruits qu'il doit restituer sur le fondement de ce texte* ».

7. La réduction d'une libéralité est-elle impérative ?

Pour conclure le chapitre sur la réduction des libéralités, en cas de dépassement de la quotité disponible, il reste à examiner si elle s'opère automatiquement ou si elle doit être demandée par des intéressés. Si cette deuxième alternative s'applique, quelles sont les personnes qui sont habilitées à faire la demande en réduction des libéralités ? Celles-ci peuvent-elles y renoncer ?

Nous allons examiner ci-après ces questions.

7.1. *Le caractère obligatoire ou facultatif d'une réduction de libéralités*

146 À la différence du rapport des donations, qui s'opère d'office lorsque les conditions d'application en sont réalisées, il n'en est pas ainsi de la réduction de la libéralité excessive.

Celle-ci doit être demandée par les personnes habilitées à cet effet. Comment s'opère cette demande ?

Il convient de distinguer entre donations et legs.

Pour demander la réduction d'une donation, les héritiers concernés doivent prendre une initiative. En effet, les donations sont sorties du patrimoine du défunt, il faut donc obtenir une restitution en nature ou en valeur de l'excès par rapport à la quotité disponible. Si le gratifié ne veut pas consentir à cette réduction, les personnes autorisées à la demander doivent l'assigner en justice.

En ce qui concerne la réduction des legs excessifs, ceux-ci font toujours partie du patrimoine du de cujus. Les légataires doivent en demander la délivrance aux héritiers qui ont la saisine. Ceux-ci peuvent donc se limiter à refuser la délivrance, dans la mesure où ces legs dépassent la quotité disponible.

7.2. *Les personnes habilitées à demander la réduction des libéralités*

147 Ce droit n'appartient évidemment pas au disposant qui s'aperçoit que, par ses donations ou ses legs excessifs, il a dépassé la quotité disponible de sa succession. D'ailleurs, pour les legs, la question d'une réduction par le de cujus ne se pose pas, alors qu'il peut toujours révoquer ses legs.

En ce qui concerne les donations, le donateur ne peut pas en demander la réduction, parce que celles-ci sont irrévocables pour lui.

Peuvent exiger la réduction des libéralités excessives, les héritiers réservataires dont la réserve a été entamée par celles-ci. Il est donc normal qu'ils puissent agir pour sauvegarder leur réserve. Cette prérogative leur est expressément concédée par l'article 921.

En cas de décès des héritiers réservataires, ou de l'un d'eux, la demande en réduction peut être exercée par leurs propres héritiers.

L'article 921 susvisé précise que ni les donataires, ni les légataires, ni les créanciers du défunt ne peuvent demander cette réduction, n'y en profiter. Cette réduction tend en effet à reconstituer la réserve héréditaire sur laquelle les personnes précitées n'ont aucun droit.

L'exclusion des créanciers successoraux doit cependant être nuancée. En effet, en ce qui concerne les legs, les créanciers successoraux n'ont pas besoin d'une action en réduction. Ces legs, faisant toujours partie du patrimoine du de cujus, peuvent être saisis par les créanciers en application de l'article 815-17.

Quant aux donations, si un héritier réservataire néglige de demander la réduction d'une donation excessive, pour frauder les droits des créanciers, ceux-ci peuvent agir en son lieu et place par voie de l'action oblique.

7.3. *La renonciation des héritiers réservataires à demander la réduction des libéralités excessives*

Étant donné que cette réduction ne s'opère pas automatiquement, mais qu'elle doit être demandée par les héritiers réservataires, ceux-ci peuvent renoncer à cette demande. **148**

Cette renonciation par les héritiers intéressés peut s'opérer de deux façons différentes.

1) En restant passifs durant un temps prolongé. Au cas où cette période de passivité a duré trente ans, leur demande de réduction s'est éteinte par prescription. Ce délai est réduit à cinq ans, en application de l'article 1077-2, pour les demandes en réduction relatives à un partage d'ascendant.
2) L'héritier réservataire peut renoncer à cette réduction. Cette renonciation ne peut cependant intervenir qu'après l'ouverture de la succession.

Si ce désistement intervenait avant celle-ci, il serait nul, comme constituant un pacte sur succession future prohibé.

Quant à la forme, la renonciation peut être expresse ou tacite. Mais, dans ce dernier cas, elle doit être certaine et ne peut pas être ambiguë.

F. – LE TRANSFERT D'UN BIEN PAR LE BIAIS D'UNE ENTITÉ TIERCE

Cette problématique touche de près à la protection de la réserve légale des héritiers réservataires, notamment à celle des enfants et petits-enfants du de cujus. **149**

En particulier, l'ampleur de cette réserve ne serait plus garantie dans l'hypothèse où le défunt avait, de son vivant, transféré tout ou partie de son patrimoine à une entité juridique tierce, voir même étrangère, telle un « *trust* » anglo-saxon, une « *stichting* » néerlandaise, une « *fondation* » suisse ou une « *Anstalt* » du Liechtenstein ou simplement à une société d'acquêts, telle qu'elle existe en droit luxembourgeois et français.

Il est évident que de tels transferts de fonds ou d'immeubles à l'une des entités juridiques précitées réduiraient considérablement la masse de calcul de la réserve héréditaire, ce qui aurait pour effet de ne plus assurer aux réservataires l'attribution de leur réserve légale.

Il est sous ce regard rappelé que la réserve légale luxembourgeoise est d'ordre public et qu'elle mérite de ce fait une protection accrue.

1. L'entité de droit national : La société d'acquêts

150 La problématique nationale à ce niveau a trait à l'institution entre deux conjoints ou entre deux partenaires d'une « société d'acquêts ».

S'il est vrai qu'une telle institution ne présente plus guère d'application pratique de nos jours, il faut toutefois relever que, dans les temps passés, elle était d'une grande application, surtout pour des conjoints qui ont voulu éviter que les enfants nés de leur union ou d'une union précédente, ne forcent le conjoint survivant à partager la succession du défunt dans l'immédiat sans attendre le décès du second parent.

Il était en effet généralement prévu dans les statuts d'une telle société d'acquêts que des biens des associés étaient attribués à la société et qu'au décès du premier associé, le second associé recueillerait tout le capital de la société, y compris les biens attribués à cette dernière.

Cette disposition statutaire risquait de porter atteinte à la réserve des descendants, issus généralement d'une union précédente du défunt.

Les juridictions font intervenir sous ce regard la notion d'« *avantages matrimoniaux* », pour vérifier si les avantages consentis par la clause d'attribution des statuts de la société au profit du conjoint survivant ne dépassent pas la quotité disponible spéciale entre conjoint.

L'on nomme « avantages matrimoniaux », tous les profits que l'un des conjoints peut tirer – en qualité de copartageant –, au détriment de son conjoint, du fonctionnement du régime matrimonial conclu entre parties, notamment des clauses d'une communauté conventionnelle, voire des stipulations accompagnant l'adoption d'un régime matrimonial autre que communautaire, par exemple de la constitution d'une société d'acquêts avec apports inégaux sous le régime de la séparation de biens.

Les avantages matrimoniaux échappent en principe à l'inclusion dans la masse de calcul de la quotité disponible et de la réserve héréditaire.

Techniquement, les avantages matrimoniaux réunissent tous les éléments constitutifs d'une libéralité, en ce qu'ils sont motivés par une intention de faveur envers le conjoint, tout en réalisant un appauvrissement du patrimoine d'un conjoint et d'un enrichissement corrélatif de l'autre conjoint.

Mais, par bienveillance pour le mariage, la loi ne les traite pas ainsi en principe. Elle le considère normalement comme des bénéfices résultant de conventions à titre onéreux entre associés et non comme des donations.

Ce principe résulte clairement des dispositions de l'article 1527 alinéa 1er du Code civil, en vertu desquelles « *les avantages que l'un ou l'autre des conjoints peut retirer d'une communauté conventionnelle, ainsi que ceux qui peuvent résulter de la confusion du mobilier ou des dettes, ne sont point regardés comme des donations...* ».

La loi fait toutefois elle-même exception aux principes précités, lorsque le de cujus laisse des enfants qui ne sont pas communs au conjoint bénéficiaire de l'avantage matrimonial. Afin de garantir ces enfants, qui n'ont aucun droit à attendre dans la succession du conjoint avantagé, contre une privation de tout ou partie de leur réserve par l'effet de l'avantage matrimonial, la loi renverse, en effet, en leur présence, la présomption qu'elle établit à l'ordinaire en leur ouvrant une action en réduction des avantages qui dépassent la quotité disponible spéciale entre conjoint.

Les avantages matrimoniaux sont ainsi traités dans le cadre d'une telle action en réduction comme s'ils procéderaient d'une donation pour les besoins de la réserve héréditaire. Partant ils doivent alors être réunis à la masse servant à son calcul. Cette assimilation de l'avantage matrimonial à une donation soumise à la réunion fictive implique de se conformer à la règle d'évaluation formulée à l'article 922 alinéa 2 du Code civil (*Juris-Classeur Civil Code*, art. 912 à 930-5, fasc. 20 : libéralités – réserve héréditaire, quotité disponible – masse de calcul, nos 34 et 68).

L'article 1094 du Code civil fixe la quotité disponible spéciale entre conjoint comme suit : « *Le conjoint pourra, soit par contrat de mariage, soit pendant le mariage, dans le cas où il laisserait des enfants ou des descendants d'eux, disposer en faveur de son conjoint, soit de la propriété de ce dont il pourrait disposer en faveur d'un étranger et de l'usufruit du surplus, soit de la totalité de ses biens en usufruit* ».

En ce sens, les avantages matrimoniaux conférés au conjoint survivant par le biais de la société d'acquêts ne doivent pas dépasser la quotité disponible spéciale, sous peine d'être soumis à réduction jusqu'à cette quotité disponible.

L'action en réduction peut être exercée, lorsqu'un conjoint tire un avantage de la liquidation du régime matrimonial ou d'une autre convention conclue entre eux, qui dépasse les limites de ce dont le conjoint prédécédé a pu disposer en sa faveur.

L'avantage matrimonial est sujet à réduction, s'il est au-delà de la quotité disponible entre conjoint, soit du disponible ordinaire en pleine propriété, augmenté de l'usufruit du surplus, soit de la totalité en usufruit.

Il s'impose dès lors, dans un premier temps, d'évaluer l'avantage matrimonial, qui est égal à la différence entre les droits que le conjoint survivant tire du contrat de mariage ou de l'autre convention, par opposition à la quotité disponible spéciale.

Les principes qui précèdent ont été arrêtés dans un jugement n° 136/2017, rendu par le Tribunal, 17e Chambre, le 3 mai 2017 (rôle n° 175772).

2. Les entités étrangères

151 Qu'en est-il dès lors si le de cujus avait de son vivant transféré, pour une raison ou pour une autre, une importante partie de son patrimoine mobilier ou immobilier à p. ex. une fondation étrangère, pour en constituer le capital ?

Comme, après ces transferts intervenus, les fonds ou immeubles dont il a disposé de son vivant en faveur d'une fondation étrangère, ne devraient en principe plus relever de sa succession, dans la mesure où ils ne lui appartiennent plus, de telles attributions affectent considérablement la réserve de ses enfants, en la diminuant en ampleur.

S'il est vrai que le Grand-Duché de Luxembourg a ratifié la Convention de La Haye du 1er octobre 1985 par le biais de la loi du 27 juillet 2003, il n'est toujours pas possible de créer un trust d'après le droit luxembourgeois qui ne fait reconnaître cette entité étrangère.

La doctrine et la jurisprudence française ont débattu longtemps de la situation juridique liée à de telles affectations en faveur d'entités étrangères et à leur impact sur la réserve légale de personnes domiciliées en France.

La Cour de cassation française a, dans un arrêt rendu en date du 20 février 1996 (affaire Zieseniss), retenu, pour un trust de droit américain dans le cadre d'une succession régie par la loi française, que « *cette opération dont, comme le relève la Cour d'appel, les parties ne contestaient ni la régularité au regard du droit américain ni qu'elle était dictée par une intention libérale en faveur des bénéficiaires, a réalisé une donation indirecte qui, ayant reçu effet au moment du décès de la donatrice par la réunion de tous ces éléments, a donc pris date à ce jour ; que, dès lors, les dispositions de l'article 926 du Code civil n'étaient pas applicables à la réduction de cette libéralité, de sorte qu'en statuant comme elle a fait, la Cour d'appel a violé les textes susvisés* ».

La Cour de cassation a, tout en renonçant à classer le trust dans la catégorie des donations ou dans celle des legs, forgé pour celui-ci un régime sui generis dont l'imputation devrait s'opérer à un rang propre : après toutes les donations, avant tous legs comme s'il avait pris effet un instant de raison avant ceux-ci (cf. Y. Lequette, « De l'ordre des libéralités réalisées au moyen d'un trust entre vifs », à propos de l'arrêt du 20 février 1996, Recueil Dalloz Sirey 1 9961, chronique, p. 231).

La doctrine française n'est cependant pas unanime en ce qui concerne le raisonnement ainsi retenu par la Cour de cassation, une partie des auteurs estimant que le trust doit être imputé au rang des legs (cf. Yves Lequette dans l'article précité), les autres estimant qu'il y a plutôt lieu de prendre en considération la date à laquelle le constituant s'est dessaisi des biens mis en trust (cf. note de Georges A.L. Droz, *Revue critique de DIP*, 1986, p. 692).

Dans un jugement civil n° 336/2015, rendu le 23 décembre 2015 (rôles n°s 121924 et 130346), le Tribunal d'arrondissement de et à Luxembourg, 17e Chambre, dans une affaire mettant les réservataires en présence d'une fondation du droit du Liechtenstein, s'est rallié aux développements de la Cour de cassation française, qui a clairement retenu que, pour qu'un héritier français puisse se prévaloir du droit de prélèvement pour la protection des droits que la loi française lui reconnaît au titre de la réserve héréditaire, doivent être inclus dans la masse de calcul de la réserve tous les biens du de cujus, y compris ceux qu'il aurait affectés de son vivant à une personne morale distincte pour être remis à son décès à des bénéficiaires qu'il désigne (cf. *Revue critique de DIP*, 1986, p. 685).

Il faut toutefois préciser sous ce regard que, dans l'affaire susvisée, le défunt s'était réservé de son vivant tant la qualité de premier bénéficiaire (« *Erstbegünstigter* ») que le droit de décider seul de l'affectation des avoirs de la fondation.

Au vu de ces considérations, le Tribunal a conclu que, dans le cadre de l'action en retranchement que la loi prévoit au profit des enfants issus d'un premier mariage, *les avoirs de la Fondation doivent être inclus dans la masse successorale du de cujus* afin de pouvoir déterminer l'avantage matrimonial.

Dans ce contexte, la question s'est aussi posée quant à la qualification juridique à donner aux fonds qui ont été affectés par le défunt à la fondation : ces transferts sont-ils à qualifier de donations au profit de la fondation ou, au contraire, de simples dotations ?

Le Tribunal a retenu en réponse à cette question qu'aux termes de l'article 922, alinéa 2 du Code civil, pour obtenir la masse successorale, il ne faut pas seulement déterminer les biens existant au jour du décès et en déduire les dettes, mais il faut également ajouter fictivement les biens donnés par le défunt avant sa mort.

Il s'agit en effet de reconstituer la masse des biens telle qu'elle aurait été lors de l'ouverture de la succession, si les donations n'avaient pas été faites. Le but de cette opération est de pouvoir déterminer la quotité disponible et de faire ensuite la répartition légale entre les différents héritiers réservataires.

Au vu du fait que le constituant de la fondation s'était gardé de son vivant le pouvoir de revenir sur les dispositions réalisées au moyen de la fondation et, plus particulièrement, sur la désignation du bénéficiaire, lequel est de ce fait devenu titulaire d'un droit purement éventuel, d'une simple espérance (tel que décrit par Yves Lequette pour le trust dans l'article précité), il y a lieu de se référer à la date de dessaisissement du fondateur et d'acquisition du bénéficiaire pour déterminer la valeur à prendre en considération (tel que l'a préconisé pour les trusts l'auteur Yves LEQUETTE, *op. cit.*).

En l'espèce, il résulte des pièces versées au dossier qu'en vertu des « *Beistatuten* » de la fondation, tels que modifiés en dernier lieu et applicables au jour du décès du de cujus, l'attributaire, désigné comme « *Zweitbegünstigter* » et en vertu du fait que « *die Begünstigung der Zweitbegünstigten ensteht erst in jenem Zeitpunkt, da der Erstbegünstigte verstorben ist* », le Tribunal a conclu que XY est devenu bénéficiaire au moment du décès du fondateur YZ, ce qui n'était par ailleurs pas contesté.

Le tribunal a ainsi retenu, dans son jugement rendu le 23 décembre 2015, précité, que les avoirs de la fondation doivent s'imputer au jour du décès du fondateur YZ, puisque c'est à cette date que le bénéficiaire XY acquiert effectivement et définitivement les biens qui sont l'objet de la libéralité.

Au vu de toutes ces considérations, il y avait lieu de dire fondée la demande principale des descendants réservataires du fondateur YZ, tendant à voir dire que les avoirs de la fondation sont à inclure dans la masse successorale du fondateur YZ et il y a lieu de prendre en considération la valeur de ces avoirs au jour du décès de ce fondateur.

Il y a lieu de rappeler qu'au stade de la procédure tel qu'il a existé au jour du jugement du 23 décembre 2015, l'action en retranchement exercée par les descendants du fondateur, il y avait lieu, dans un premier temps, de déterminer la valeur des avantages conférés à l'attributaire.

Les demandes des descendants du fondateur tendant à voir condamner tant la fondation que l'attributaire des avoirs de cette dernière à restituer l'ensemble des avoirs détenus, respectivement touchés, sont dès lors prématurées et il y a lieu de les réserver.

G. – LA PRESCRIPTION DE LA RÉSERVE HÉRÉDITAIRE

La réserve héréditaire est-elle imprescriptible, donc peut-elle être évoquée à tout moment un fois que la succession a été ouverte ou est-ce que les actions judiciaires pour protéger la réserve héréditaire sont limitées dans le temps ? 152

Comme déjà mentionné auparavant, le rapport d'une donation n'est pas d'ordre public, étant donné que le donateur peut dispenser le donataire du rapport.

Or, si cette donation devait dépasser la quotité disponible et empiéter sur la réserve héréditaire, est-ce que cette action en réduction devait être imprescriptible pour protéger la réserve héréditaire ?

Vu que la réserve héréditaire est d'ordre public, la tendance pencherait plutôt vers l'imprescriptibilité. Cependant, dans ce cas, l'insécurité juridique qui en découlerait serait immense.

En effet, il serait ainsi possible, après 40 ans, d'exiger la réduction d'une donation remontant à plus de 60 ans. L'indemnité de réduction devrait ainsi déjà prendre en compte une plus-value de 20 ans rien que par une assignation introduite 40 ans plus tard à la place d'être introduite peu de temps après le décès en cause.

Ainsi, pour garantir la sécurité juridique qui est également d'ordre public, les actions protégeant la réserve héréditaire devraient être soumises à un délai de prescription, non ?

Le Code civil n'est pas réellement et complètement clair à ce sujet, vu qu'il ne prévoit qu'un délai de prescription de 5 ans à partir du décès du donateur pour toute action contre les donations-partages (article 1077-2 du Code civil), mais reste muet quant aux autres actions de protection de la réserve héréditaire.

Il est, cependant, de jurisprudence et doctrine constante conformément à l'article 1130 du Code civil, qu'un héritier réservataire ne peut pas renoncer à son droit d'agir en réduction d'une donation avant l'ouverture de la succession concernée au risque d'entrer dans un pacte sur succession future prohibé par la loi nationale.

A contrario, il est donc possible de renoncer à l'action en réduction d'une donation une fois la succession concernée ouverte.

Pour éviter donc toute insécurité juridique à ce niveau, en l'absence d'une renonciation expresse à l'action en réduction, il a été retenu qu'un héritier y renonce implicitement après l'écoulement de trente ans.

Il s'ensuit que le délai de droit commun de trente ans s'applique donc à l'action en réduction, même des donations immobilières, étant donné qu'il s'agit de la prescription d'une action en justice et non pas de l'immeuble en lui-même. L'action en réduction est donc clairement soumise à prescription.

Quant à la demande en rapport, bien qu'elle ne soit pas d'ordre public, il n'est pas clair si elle est soumise réellement à un délai de prescription, puisqu'elle sert surtout à rétablir l'équilibre entre les cohéritiers et déterminer le partage effectif des biens encore présents au jour du décès.

La Cour de cassation française a dans son arrêt du 22 mars 2017 (n° de pourvoi : 16-16.894) clarifié la situation en précisant que « *le rapport prévu à l'article 843 du Code civil tend à assurer l'égalité entre les cohéritiers* » et que « *le rapport de dettes, qui constitue une opération de partage, ne pouvant se prescrire avant la clôture de ces opérations, ces demandes ne sont pas prescrites* ».

Le rapport est donc à ce niveau complètement assimilé à une opération de partage de l'indivision qui ne peut pas s'en dissocier, contrairement à l'action en réduction.

L'imprescriptibilité de l'action en partage de l'indivision est sans aucune ambiguïté, alors que l'article 815 du Code civil prévoit clairement que « *nul ne peut être contraint à demeurer dans l'indivision et le partage peut toujours être provoqué* ».

Il s'ensuit que le partage de toute indivision (successorale, conventionnelle, etc.) peut toujours être demandé, même plus de trente ans après l'ouverture de la succession par exemple, mais que la réserve héréditaire n'est à ce moment plus garantie face aux donations qui dépassent la quotité disponible.

Chapitre 12

Mesures préliminaires au partage : l'apposition des scellés et l'inventaire des biens successoraux

A. - CONSIDÉRATIONS GÉNÉRALES

Le partage d'une succession peut et doit même, dans certains cas, être précédé de mesures conservatoires spécifiques. Il s'agit de l'apposition des scellés et de l'inventaire des meubles successoraux.

La première de ces deux mesures a pour objet d'empêcher le détournement de meubles, titres ou autres valeurs, dépendant de la masse successorale et qui se trouvent, en règle générale, dans les locaux dans lesquels le défunt avait résidé jusqu'à son décès.

L'inventaire des biens successoraux, qui suit l'apposition des scellés, est destiné à établir la consistance de la succession mobilière laissée par le défunt.

Il s'agit en l'occurrence de procédures assez anciennes et, jusqu'à une époque récente, peu en usage. Il convient cependant de constater que ces procédures ont retrouvé depuis peu une nouvelle actualité.

Cette réapparition semble être un signe de méfiance, voire même d'animosité accrue, entre héritiers. Cela est notamment le cas lorsque le de cujus s'était remarié et a laissé des enfants d'un précédent mariage ou a vécu maritalement avec une tierce personne. Ces héritiers craignent en effet souvent que le nouveau conjoint, ou la personne qui a vécu avec le de cujus, puisse profiter de ce décès pour faire disparaître des biens de valeur, assez faciles à enlever.

Pour se protéger d'une telle privation redoutée, les cohéritiers et, avant tout les descendants du défunt, désirent faire apposer des scellés sur les locaux dans lesquels ils présument que le défunt détenait des meubles ou d'autres objets de valeur. Le conjoint survivant, ou la personne qui cohabitait avec le de cujus, est alors privé de la possibilité d'enlever des biens successoraux et de les soustraire aux héritiers légaux, en ce qu'il n'a plus accès aux locaux d'habitation.

Nous exposerons ci-après quelles personnes sont légalement qualifiées pour faire apposer des scellés et faire dresser l'inventaire des biens successoraux. Nous décrivons la procédure légale applicable à ces mesures conservatoires.

L'apposition des scellés, qui se pratique le plus souvent dans le cadre d'une succession, n'est cependant pas limitée à cette seule institution. Elle est également prévue dans d'autres matières civiles, comme le partage et la liquidation d'une communauté de biens entre conjoint en instance de divorce, ou en matière de tutelle d'un mineur ou d'un incapable majeur.

B. – L'APPOSITION DES SCELLÉS

On peut définir les « scellés » comme des bandes de toile, de papier ou de fils, fixés à leur extrémité par des cachets de cire et portant l'empreinte d'un sceau officiel confié à la garde du greffier en chef de la justice de paix. Ces scellés peuvent être apposés par un greffier de cette même justice de paix sur la porte de chambres, sur un meuble, un paquet ou un document, de façon qu'il ne soit pas possible d'ouvrir ces portes ou les effets précités, sans déchirer les bandes ou les fils ou briser les cachets. 153

Ce qui fait la force de ces scellés, c'est la sanction attachée à leur bris. En effet, le bris de scellés constitue une infraction pénale. Cette infraction est un délit sanctionné d'une peine d'emprisonnement et d'amende, prévues par les articles 283 à 288 du Code pénal.

L'apposition des scellés est réglée par les articles 1131 à 1149 du Nouveau Code de Procédure civile (NCPC), tels qu'ils ont été modifiés par la loi du 29 mars 1979.

Cette procédure soulève un certain nombre de questions qui seront examinées ci-après.

Ces questions sont les suivantes :

1) Qui peut faire apposer des scellés ?
2) Cette mesure est-elle obligatoire ou simplement facultative ?
3) Dans quel délai des scellés peuvent-ils être apposés ?
4) Quelle est la procédure à suivre à cet égard ?

1. Les personnes autorisées à faire apposer des scellés

L'apposition des scellés peut être requise, aux termes de l'article 1133 du Nouveau Code de Procédure civile (NCPC) :

a) par tous ceux qui sont héritiers dans une succession. Sont assimilés aux héritiers, les légataires universels, les légataires à titre universel et les donataires,
b) par les créanciers disposant d'un jugement exécutoire ou ceux qui ont été autorisés à cet effet par le juge compétent,
c) en cas d'absence, soit du conjoint, soit des héritiers, ou de l'un d'eux, par les personnes qui demeuraient avec le défunt et par ses serviteurs et domestiques.

Le terme « absence », employé sous ce point, vise les héritiers non présents sur les lieux lors du décès du de cujus.

Signalons également qu'en cas d'absence d'héritiers ou en cas de renonciation de ceux-ci à la succession, celle-ci revient à l'État. L'Administration de l'Enregistrement et des Domaines est, dans cette hypothèse, tenue de faire apposer les scellés et de faire inventaire (article 769 NCPC).

Deux questions se posent dans le contexte du droit des différentes catégories de personnes de faire apposer des scellés.

La première question est celle de savoir si le de cujus pourrait, par son testament, interdire cette mesure conservatoire.

Une telle disposition testamentaire serait dans tous les cas inopposable aux héritiers réservataires, comme portant atteinte aux droits que ces héritiers tiennent de leur réserve. Une telle clause du testament serait, suivant une jurisprudence constante, également inopposable aux créanciers du défunt qui, disposant d'un droit de gage général sur le patrimoine de leur débiteur, ne pourraient pas être contraints de subir le risque de voir disparaître certains éléments de la fortune du défunt, sur laquelle ils ont un gage général.

Même dans les cas non visés à l'alinéa précédent, la jurisprudence dominante n'admet pas la validité d'une clause testamentaire interdisant l'apposition des scellés sur ses biens successoraux.

La deuxième question est celle de savoir si l'énumération des personnes visées par l'article 1133 du NCPC est limitative ou si, au contraire, d'autres intéressés peuvent également être admis à faire apposer des scellés. On songe à cet égard au propriétaire de l'immeuble habité par le de cujus de son vivant comme locataire, ou dans lequel il exerçait une activité professionnelle indépendante.

Ce propriétaire pourrait avoir intérêt à requérir l'apposition des scellés pour éviter le reproche de la part des héritiers d'avoir, du fait de son accès facile aux lieux loués au de cujus, dérobé des effets de sa succession.

Néanmoins, la jurisprudence refuse au propriétaire le bénéfice de cette mesure, à moins qu'il ne soit créancier du défunt du chef d'un arriéré de loyers.

2. L'apposition des scellés est-elle obligatoire ?

Aux termes de l'article 819, alinéa 1er, tel qu'il a été modifié par la loi du 22 juin 1984, « si tous les héritiers sont présents et majeurs capables, l'apposition des scellés sur les effets de la succession n'est pas nécessaire... ».

Dès lors, dans les deux hypothèses visées à l'article 819, cette mesure conservatoire, bien qu'elle soit un droit pour les héritiers, n'est pas obligatoire pour eux.

A contrario, une telle obligation existe, si les exigences légales ne sont pas respectées. Ainsi, l'alinéa 2 de l'article 819 dispose que : « Si tous les héritiers ne sont pas présents, s'il y a parmi eux des mineurs ou des majeurs en tutelle ou en curatelle, le scellé doit être apposé dans le plus bref délai, soit à la requête des héritiers, soit à la diligence du procureur d'État ou du juge de paix dans l'arrondissement duquel la succession est ouverte ».

Cette disposition semble donc claire au sujet des cas requérant l'apposition des scellés. Malheureusement, l'article 819 est, sur certains points, en opposition avec l'article 1135 du NCPC, tel qu'il a été modifié par la loi du 29 mars 1979.

Les différences entre les deux textes sont les suivantes :

a) Alors que, d'après l'article 819, l'apposition des scellés est requise dans tous les cas où il y a des incapables majeurs ou mineurs, l'article 1135 NCPC ne prévoit cette exigence que si un mineur est sans tuteur. Ce texte néglige donc les incapables majeurs.

b) Quant aux autorités habilitées à requérir l'apposition des scellés, l'article 1135 du NCPC vise le Ministère public, le bourgmestre ou des échevins de la commune de résidence du défunt, ou le juge de paix. Par contre, l'article 819 ne parle pas du bourgmestre ou des échevins. Toutefois, il ajoute à la liste précitée les héritiers, de sorte que, si ceux-ci prennent l'initiative, l'intervention du procureur d'État ou du juge de paix n'est plus nécessaire.

Il est évident que les deux textes juridiques ne peuvent pas s'appliquer conjointement, alors qu'ils diffèrent sensiblement. À quel texte donner alors la priorité ?

Suivant les auteurs, il convient de donner la préférence à l'article 819, alors qu'il est postérieur en date à l'article 1135 NCPC. Par ailleurs, l'article 819 protège mieux les intérêts des incapables que ne le fait l'article 1135.

Notons que le défaut par une personne, ou par une autorité chargée de l'apposition des scellés, de remplir cette mission dans les cas légalement requis, n'est pas sanctionné civilement ou administrativement. Tout au plus, le représentant d'une personne incapable pourrait engager sa responsabilité civile, s'il a négligé de requérir cette mesure et s'il est né un préjudice de ce chef à un incapable.

3. Le délai d'apposition des scellés

Les scellés peuvent être apposés dès le décès du de cujus, donc déjà avant son inhumation. L'apposition de scellés, pratiquée de manière aussi prématurée, peut être jugée peu décente par rapport au deuil et au désarroi dans lequel le décès d'un être cher a pu mettre sa famille.

Cette procédure peut cependant se justifier, du point de vue juridique, par la considération qu'une mesure aussi précoce empêche l'enlèvement expéditif d'un bien de la succession par une personne ayant cohabité avec le de cujus.

Il n'y a pas de délai maximum dans lequel les scellés doivent avoir été apposés. Cette procédure peut se faire aussi longtemps qu'un inventaire des biens de la succession n'a pas encore été établi. Si les héritiers ont immédiatement procédé à l'établissement de l'inventaire des biens successoraux, ils sont censés avoir renoncé à faire apposer des scellés.

4. La procédure de l'apposition des scellés

L'apposition des scellés se fait par l'un des greffiers de la justice de paix délégué par le juge de paix-directeur ou par son remplaçant (article 1131 NCPC). Le greffier chargé de cette mission se sert d'un sceau particulier, qui reste confié à la garde du greffier en chef de la justice de paix.

Sauf en cas d'apposition d'office, les héritiers ou les autres personnes autorisées à cet effet adressent une requête au juge de paix dans le ressort duquel le de cujus avait son dernier domicile.

Le juge de paix saisi de cette requête fixe, par ordonnance, le nom du greffier à charger de l'apposition des scellés, la date de cette apposition, ainsi que, le cas échéant, les différents endroits où les scellés seront apposés, pour le cas où le défunt faisait usage, outre de son domicile normal, encore d'autres lieux.

Après avoir apposé les scellés aux différentes portes de chambres du domicile du de cujus, contenant des biens successoraux de quelque importance, aux armoires ou à des objets de valeur, le greffier établit le procès-verbal d'apposition. Le procès-verbal doit contenir les différentes indications visées à l'article 1138 NCPC.

Parmi celles-ci, nous nous limitons à énumérer deux dispositions. Les personnes, demeurant dans les lieux où a habité le défunt, doivent prêter, lors de la clôture du procès-verbal d'apposition, le serment qu'ils n'ont rien détourné, ni vu qu'il ait été détourné un bien, ni directement, ni indirectement.

Il doit être pourvu à la désignation d'un gardien chargé de veiller à la sauvegarde des scellés apposés. Il est cependant généralement admis que la désignation d'un tel gardien n'est requise que si la valeur apparente des biens successoraux le justifie.

Si, par contre, il n'y a pas d'effet mobilier successoral, le greffier dresse un procès-verbal de carence (article 1148 NCPC). S'il y a des effets mobiliers nécessaires à l'usage des personnes qui restent dans la maison du défunt ou sur lesquels les scellés ne peuvent être mis, le greffier établit un procès-verbal contenant description de ces effets.

Les difficultés pouvant se présenter lors de l'apposition des scellés :

Ces difficultés peuvent être de deux espèces :

- des obstacles techniques, p. ex. les portes de l'immeuble, donnant accès aux lieux antérieurement habités par le de cujus, sont fermées à clef,
- une résistance de la part de certains héritiers.

Dans le premier cas, le greffier chargé d'apposer les scellés ne peut évidemment pas user de violence pour forcer cette ou ces porte(s). Il ne peut pas non plus recourir à un serrurier pour ouvrir ces portes. Le greffier doit, devant cet empêchement, s'adresser au juge de paix qui l'a chargé de sa mission. Celui-ci doit, en règle normale, en référer au président du tribunal civil qui statuera en référé sur les mesures à prendre dans le cas susvisé.

Pendant la durée de ces démarches judiciaires, il devra être sursis à l'apposition des scellés et le juge de paix se transportera sur les lieux, établira garnison extérieure et même intérieure (article 1145 NCPC).

L'alinéa 2 de l'article 1145 prévoit cependant une procédure plus expéditive à appliquer en cas d'urgence. Cet alinéa dispose en effet que, s'il y a péril dans le retard, le juge de paix statue par provision (c.-à-d. qu'il décide lui-même des moyens à employer pour venir à bout de l'obstacle s'étant présenté), quitte à référer ensuite au président du tribunal civil pour approbation de son initiative.

Étant donné qu'on peut présumer qu'il y a toujours urgence quand il s'agit d'apposer des scellés, la procédure exposée à l'alinéa précédent semble donc être la règle générale dans le cas de difficultés matérielles à apposer les scellés.

Le deuxième obstacle pouvant s'opposer à la mise des scellés, est d'ordre personnel. Des héritiers ayant demeuré avec le défunt peuvent s'opposer de façon générale à cette apposition de scellés ou à leur apposition sur certaines chambres ou sur certains meubles déterminés. Dans ce cas aussi, la procédure exposée ci-dessus est applicable.

C. – LA LEVÉE DES SCELLÉS

La levée des scellés a pour but de permettre aux héritiers la remise des 154
effets mobiliers de la succession et des locaux dont des scellés apposés leur avaient retiré l'usage. Elle consiste en ce que le greffier commis détruit les scellés apposés et, s'il en a les clefs, ouvre les portes sur lesquelles étaient fixés des scellés.

Dans ce contexte, se posent les questions suivantes :

- Qui peut requérir cette levée ?

- Quand les scellés apposés peuvent-ils être levés ?
- Quelles formalités sont requises à cet effet ?

1. Qui peut requérir la levée des scellés ?

La levée des scellés peut être sollicitée par toutes les personnes qui avaient qualité pour les faire apposer (les héritiers, les créanciers et les personnes ayant habité avec le défunt). Ce sont spécialement ces dernières personnes qui ont le plus grand intérêt à ce que les scellés soient levés le plus rapidement possible, alors que ceux-ci leur rendaient difficile, sinon impossible, l'accès à certaines chambres ou à certains meubles.

2. Le moment de la levée des scellés

Cette matière est traitée par l'article 1142 NCPC. Cet article prévoit un délai minimum avant que les scellés ne puissent être levés. Par contre, cet article ne prévoit pas de délai maximum à cet égard.

Quant au délai minimum, l'article 1142 stipule que « Le scellé ne pourra être levé et l'inventaire fait que trois jours après l'inhumation s'il a été apposé auparavant, et trois jours après l'apposition, si elle a été faite depuis l'inhumation, à peine de nullité des procès-verbaux de levée des scellés et inventaire et des dommages-intérêts contre ceux qui les auront faits et requis ».

L'article 1142 précité prévoit encore qu'en cas d'urgence, le président du tribunal civil peut abréger le délai énoncé au texte précité.

3. Les formalités requises en vue de la levée des scellés

Les formalités requises pour faire procéder à la levée des scellés sont les suivantes : Les personnes intéressées adressent une requête au juge de paix qui prendra une ordonnance fixant le jour, l'heure et l'endroit où il sera procédé à la levée de scellés.

Une sommation à assister à cette levée doit être adressée aux héritiers présomptifs, au conjoint survivant, aux légataires universels et aux légataires à titre universel, dans la mesure où ceux-ci sont connus, et finalement aux personnes qui se sont opposées à l'apposition initiale des scellés.

Finalement, le greffier dressera un procès-verbal de levée qui doit contenir les indications figurant à l'article 1160 du NCPC.

D. – L'INVENTAIRE DES BIENS MEUBLES SUCCESSORAUX

L'inventaire est un acte constatant les éléments actifs et passifs d'un patrimoine. S'agissant d'une succession, l'inventaire a pour objet d'établir le patrimoine du défunt au jour de son décès. L'inventaire est un acte conservatoire qui a pour objet de constater, de façon aussi incontestable que possible, la consistance du patrimoine successoral et de protéger les droits des intéressés, notamment les droits de ceux à qui la loi accorde une protection particulière. **155**

Aucun texte légal ne régit d'une façon globale l'inventaire des meubles successoraux. Seuls les articles 1165 à 1168 du NCPC règlent la procédure à accomplir lors de l'ouverture de la succession. Il faut convenir que ces dispositions qui, à une exception près, à savoir l'article 1166 du NCPC, n'ont pas été modifiées à ce jour, sont assez vétustes et ne donnent plus guère satisfaction.

Notons qu'il est essentiel que l'inventaire soit établi dès que les scellés sont levés, afin d'écarter tout risque qu'un bien successoral ne soit enlevé. Si les scellés ont été apposés à différents lieux, ils ne seront pas levés tous en même temps, mais progressivement.

Ce n'est qu'après que l'inventaire a été fait dans un local, qu'il sera possible de lever les scellés dans un autre local muni de scellés. Cette exigence, qui est logique, résulte des dispositions de l'article 1161 du NCPC. L'inventaire doit toujours être fait par acte notarié.

Est-ce qu'un tel inventaire est obligatoire ou facultatif ?

Il faudrait logiquement admettre que, si des scellés ont été apposés, l'inventaire doit suivre cette levée, qui en est une suite incontournable. Or, pareille disposition ne résulte d'aucune disposition légale, ni même de l'article 819, qui prévoit les cas dans lesquels les scellés doivent être apposés.

Dès lors, même dans les successions auxquelles participent des incapables, l'établissement d'un inventaire n'est pas requis de façon générale par un texte légal. Seulement l'apposition des scellés l'est, ce qui est assez bizarre.

Notons toutefois qu'aux termes de l'article 451, le tuteur doit, dans les dix jours de sa nomination, procéder à l'inventaire des biens meubles du mineur.

1. Cas dans lesquels le Code civil exige en matière successorale l'établissement d'un inventaire

En principe, un inventaire des biens successoraux n'est pas exigé, si les héritiers sont tous majeurs, présents et capables en droit. Il y a quand même certaines hypothèses dans lesquelles le Code civil exige l'accomplissement de cette mesure. Ces cas sont les suivants :

1.1. *Acceptation de la succession sous bénéfice d'inventaire*

L'article 794 dispose que la déclaration au greffe, afin d'obtenir la dérogation au régime normal de l'obligation aux dettes au-delà de l'actif successoral, n'a d'effet qu'autant qu'elle est précédée, ou suivie, d'un inventaire fidèle et exact des biens de la succession.

Le délai dans lequel cet inventaire doit être établi est de trois mois à compter du décès du de cujus.

1.2. *Usufruit légal du conjoint survivant*

Aux termes de l'article 767-4°, « Le conjoint survivant, qui a opté pour l'usufruit, est tenu de faire établir dans les quinze jours de son option un état des meubles, soit par inventaire authentique, soit par acte sous seing privé entre toutes les parties intéressées ou représentées ».

1.3. *L'exécuteur testamentaire*

En application de l'article 1031 alinéa 2, les exécuteurs testamentaires doivent faire établir – en présence de l'héritier présomptif, ou lui dûment appelé – l'inventaire des biens de la succession. Le but de cet inventaire est d'éviter que les héritiers ne dilapident les biens successoraux au préjudice des légataires.

1.4. *Succession en déshérence ou vacante*

La succession en déshérence est acquise à l'État (article 768), à charge pour l'Administration de l'Enregistrement et des Domaines de faire apposer les scellés et de faire inventaire.

En cas de vacance d'une succession, le tribunal civil nomme un curateur à la succession vacante (article 811). Ce curateur est tenu, comme première mesure, de faire constater l'état de cette succession par un inventaire.

2. La procédure de l'inventaire

La procédure d'inventaire soulève un certain nombre de questions, à savoir :

1) Qui peut requérir la confection d'un inventaire ?
2) Qui doit assister à cet inventaire ?
3) Le contenu de l'acte notarié constatant l'inventaire.
4) Les difficultés soulevées en cours d'établissement de l'inventaire.
5) Les frais d'inventaire.

2.1. *Qui peut requérir la confection d'un inventaire ?*

Tous ceux, qui ont le droit de requérir l'apposition de scellés, sont aussi autorisés à demander qu'il soit établi un inventaire des biens successoraux. Dans tous les cas où la loi n'exige pas l'apposition des scellés, un inventaire peut être réclamé par les héritiers et les créanciers successoraux, sans que les scellés aient été apposés.

Dès lors, l'établissement d'un inventaire ne présuppose pas nécessairement l'apposition de scellés ; une apposition de scellés par contre implique la confection d'un inventaire.

2.2. *Qui doit assister à l'inventaire ?*

L'inventaire doit être fait en présence des personnes énumérées ci-après, ou ces personnes dûment appelées, c.-à-d. que ces personnes doivent, pour le moins, avoir été convoquées par les requérants à assister à l'inventaire :

- le conjoint survivant,
- les héritiers présomptifs,
- l'exécuteur testamentaire si le testament est connu,
- les donataires et les légataires universels ou à titre universel.

Notons que les intéressés précités ne doivent pas assister en personne à cet inventaire, mais peuvent s'y faire représenter par un mandataire, tel qu'un avocat.

2.3. *Les énonciations de l'acte d'inventaire*

Les énonciations de l'acte d'inventaire résultent de l'article 1167 du NCPC. Cet article, en précisant que l'acte doit contenir les formalités communes à tous les actes devant notaire, cite différentes autres énonciations devant figurer à l'acte d'inventaire à dresser.

Nous croyons inutile d'énumérer ces énonciations dans le présent exposé, alors que certaines d'entre elles constituent des indications assez archaïques et sans utilité actuelle. Nous nous limitons à relever les indications énumérées sous le point 1 de l'article 1167 NCPC, qui revêt encore une certaine importance, dépassant celle de l'acte d'inventaire proprement dit.

Le point 1 de l'article 1167 NCPC exige que l'acte d'inventaire énonce « les noms, professions et demeures des requérants, des comparants, des absents et des défaillants... ».

Il s'agit pratiquement de l'énumération des héritiers appelés à la succession du de cujus. Cette partie de l'inventaire, qui le commence, est qualifiée « *intitulé d'inventaire* ». Or, ce dernier joue un certain rôle pour justifier la qualité d'héritier et la quote-part de cet héritier dans la succession du de cujus.

En effet, aux termes de l'article 815-11°, 2e alinéa : « À défaut d'autre titre, l'étendue des droits de chacun dans l'indivision résulte de l'acte de notoriété ou de l'*intitulé d'inventaire* établi par le notaire ».

2.4. *Les difficultés pouvant naître au cours de l'établissement de l'inventaire*

Il peut arriver que certaines personnes intéressées contestent l'inventaire dressé par le notaire et, notamment, l'évaluation qui est faite de certains des biens successoraux. Ces parties contestataires peuvent introduire une action en référé devant le président du tribunal civil, qui sera appelé à trancher la difficulté soulevée.

2.5. *Les frais de l'inventaire*

Les frais d'inventaire d'une succession sont à la charge de celle-ci (article 810). Il est indifférent à cet égard que l'inventaire a été requis par tous les intéressés à une succession ou seulement par certains d'entre eux.

Chapitre 13

Le partage successoral

A. – PRINCIPES GÉNÉRAUX

156 Le partage met fin à l'indivision successorale. Il s'applique également à toute autre indivision. Nous nous limitons ici cependant au partage de l'indivision successorale. Celui-ci a pour objet de donner à chaque héritier ou, le cas échéant, à chaque légataire, un droit privatif sur les biens qui constituent sa part.

Il peut exister plusieurs partages pour une même succession. Cela se produit dans les cas suivants :

a) Il existe deux indivisions, l'une en usufruit, l'autre en nue-propriété. Cette situation peut résulter du fait qu'il y a plusieurs successeurs en usufruit et plusieurs successeurs en nue-propriété.

b) Il est procédé à des partages partiels, au lieu d'un partage global. La distribution des biens de la succession se fait alors en plusieurs fois. Les héritiers peuvent convenir de partager d'abord les choses plus faciles à partager comme, par exemple, les meubles, en réservant le partage des immeubles pour plus tard. Un partage partiel suppose l'accord de tous les héritiers.

c) Parfois, un partage partiel est autorisé par la loi contre la volonté de certains indivisaires. Citons le maintien obligatoire temporaire dans l'indivision pour une partie de la succession, le partage partiel en capital ou encore le partage des fruits.

d) Un partage provisionnel est réalisé par les héritiers.

e) Dans ce cas, ceux-ci, au lieu de partager les biens en propriété, en répartissent simplement la jouissance. Ce partage permet à chacun d'eux d'user privativement des biens qui lui sont attribués et d'en acquérir les fruits. Le partage provisionnel ne préjuge pas le partage définitif de la propriété. Si le bien, dont un héritier a joui provisoirement, n'était pas mis dans son lot lors du partage définitif, cet héritier devrait le restituer, ce que l'on tente évidemment d'éviter.

Contrairement aux différents partages pour une même succession visés ci-dessus, il se peut, inversement, que plusieurs successions fassent l'objet d'un partage unique. Cela arrive couramment. Les enfants attendent souvent, au décès du parent prémourant, de partager sa succession jusqu'à la mort du survivant. De même, lorsque le de cujus était marié sous un régime de communauté, les héritiers partagent ensemble sa part de communauté et sa succession.

Un partage unique pour plusieurs successions n'est cependant possible que si celui-ci se fait à l'amiable, ce qui suppose que tous les héritiers soient d'accord.

Si le partage est judiciaire, chaque masse indivise doit être partagée distinctement, pour respecter les règles de fond régissant cette matière.

B. – LES PERSONNES INTÉRESSÉES AU PARTAGE

1. Les successeurs

Deux catégories de personnes ont un intérêt au partage. Ce sont, en premier lieu, les successeurs et, en second lieu, les créanciers. 157

Parmi les successeurs, il faut compter tant les héritiers *ab intestat* que les diverses catégories de légataires, universels, à titre universel et particulier, de même que l'institué contractuel (conjoint ayant bénéficié d'une donation de biens à venir dans un contrat de mariage).

Du moment que ces personnes sont toutes majeures et maîtres de leurs droits, l'article 815 les autorise à demander en principe, à tout moment, le partage. Celui-ci est ajourné si les héritiers ont conclu une convention de maintien temporaire de l'indivision, ou si la loi a prévu, pour des situations spécifiques, un sursis provisoire au partage (cf. numéros 88 et 89).

2. Les incapables

Ce sont les mineurs, les majeurs sous tutelle, ou sous curatelle et, dans certaines limites, les personnes placées sous la sauvegarde de justice.

Pour le mineur et le majeur sous tutelle, le partage doit être demandé par le tuteur. Celui-ci demande une autorisation à cet effet au conseil de famille, à moins que l'incapable ne soit lui-même assigné en partage. Le tuteur peut aussi, sans autorisation, s'adjoindre à la requête collective afin de partage, présentée par tous les cohéritiers (article 465).

Si des mineurs sont placés sous administration légale, le père et/ou la mère doivent solliciter l'autorisation du juge aux affaires familiales pour obtenir le partage au nom de ces mineurs.

Le majeur en curatelle ne peut requérir le partage qu'assisté de son curateur, sauf s'il s'adjoint à la requête des autres héritiers.

Le majeur placé sous la sauvegarde de justice n'a pas besoin d'une assistance ou d'une autorisation pour une action en partage. Il est cependant protégé contre les actes lésionnaires auxquels il a consenti.

3. L'absent

Outre les incapables mineurs et majeurs, l'absent peut poser un problème, quant à sa participation à un partage, ou en ce qui concerne sa propre succession. L'absent est, rappelons-le, la personne qui a disparu de son domicile et dont on ne sait pas si elle vit encore ou si elle est morte.

La situation de l'absent est réglée par les articles 112 à 132, tels que ceux-ci ont été modifiés par la loi du 31 juillet 1987. Quant au statut juridique de l'absent, on distingue deux périodes. Durant une première période, la personne absente est présumée être vivante. Sa succession n'est donc pas encore ouverte. La présomption d'absence est constatée par le tribunal civil, à la demande d'un intéressé, normalement un parent. Si, pendant cette période, une succession s'ouvre dans laquelle l'absent a des droits, il y participe par l'intermédiaire d'un représentant légal.

Le partage de cette succession se fait suivant les règles du partage judiciaire. Toutefois, le juge des tutelles peut autoriser le partage, même partiel, et désigner un notaire pour y procéder, en présence du représentant du présumé absent. L'état liquidatif, établi par le notaire, doit être soumis pour homologation au tribunal (article 116). Si le présumé absent réapparaît, les biens recueillis dans la succession susvisée, lui sont remis.

Si la première période susvisée a duré vingt ans, à compter du dernier signe de vie de l'absent, ou dix ans après la déclaration d'absence par le tribunal, celui-ci, après une enquête approfondie, peut officiellement déclarer l'absence de la personne dont on est sans nouvelles. Celle-ci est alors réputée décédée et sa succession est déclarée ouverte. Ce partage doit se faire en justice.

Si, malgré la présomption de décès, l'absent devait de nouveau donner signe de vie, les effets du partage précité sont annulés et sa part successorale lui est remise. En cas d'aliénation de ces biens, il touche le prix de vente.

C. – LES CRÉANCIERS

158 Il existe deux catégories de créanciers : les créanciers successoraux et les créanciers personnels des héritiers.

Les créanciers successoraux sont ceux qui ont tenu des créances contre le de cujus de son vivant, créances qui, par le décès de celui-ci, sont passées à ses héritiers. Il s'agit aussi des créanciers qui ont fourni des choses ou fait des prestations au profit de l'indivision successorale.

Les créanciers personnels d'un héritier n'ont pas de créances contre l'indivision, mais cet héritier a contracté des dettes personnelles à leur égard. Il a déjà été question, tant des créanciers successoraux, que des créanciers personnels en rapport avec le passif successoral. Les droits des uns et des autres y ont été examinés. Normalement, il existe une confusion entre la fortune personnelle d'un héritier et sa part dans l'indivision successorale. Les créanciers successoraux et les créanciers personnels des héritiers ont pour gage commun ces deux catégories de patrimoines, à moins qu'un héritier n'ait accepté la succession du de cujus sous bénéfice d'inventaire.

D'autre part, les créanciers successoraux jouissent, par rapport aux créanciers personnels des héritiers, d'une situation privilégiée. Ils peuvent demander la séparation des patrimoines et, surtout, ils ont la possibilité de saisir les biens indivis pour les vendre et se faire payer sur le prix.

Il reste maintenant à examiner de quelles mesures de sauvegarde les créanciers personnels des héritiers bénéficient, afin d'éviter que ceux-ci ne tentent de léser leurs droits.

Ces créanciers courent en effet deux risques. 1. Les héritiers maintiennent l'indivision et ne songent pas au partage. Or, les créanciers personnels ne peuvent pas saisir les biens successoraux indivis. 2. Le partage peut être fait en fraude des droits des créanciers, les successeurs attribuant à leur cohéritier endetté des choses faciles à dissimuler, ou bien ils organisent un rapport fictif d'une dette ou d'une donation à charge de leur cohéritier, criblé de dettes.

Pour éviter ces deux risques, la loi met à la disposition des créanciers personnels d'un héritier deux mesures de sauvegarde. 1. La demande en partage par voie oblique, en prévention contre le premier risque signalé. 2. L'intervention des créanciers au partage décidé par les héritiers, en prévention contre le second risque.

1. Le droit des créanciers personnels de demander le partage

Cette mesure est prévue par l'article 815-17 n° 3, mais était déjà contenue à l'ancien article 2205, entretemps abrogé. **159**

L'article précité prévoit que les créanciers personnels d'un héritier peuvent provoquer le partage au nom de leur débiteur. Ils exercent donc ce qu'on est convenu d'appeler « l'action oblique ».

Le partage une fois accompli, les créanciers personnels peuvent saisir le lot de l'héritier débiteur. Mais les créanciers, qui ont provoqué ce partage, n'ont pas sur ces biens de droit exclusif. Les autres créanciers, qui ne se sont pas associés à cette demande en partage, peuvent également saisir les biens de leur débiteur.

Il est gênant pour les héritiers de voir s'associer au partage des biens successoraux les créanciers de leur cohéritier, donc des étrangers. L'article susvisé met à leur disposition un moyen d'éviter cette présence inopportune. Il permet à ces héritiers de dédommager les créanciers de l'un d'eux. Dans ce cas, ces créanciers n'ont alors plus d'intérêt à participer au partage et doivent se désister. Les héritiers, qui ont payé la créance de leur cohéritier, se tiennent indemnes sur la part de ce dernier. D'autre part, ce dédommagement des créanciers permet aux autres héritiers de maintenir l'indivision, s'ils le jugent dans leur intérêt.

Il reste à signaler que les créanciers ne peuvent provoquer le partage que dans la mesure où les héritiers peuvent le faire eux-mêmes. Si donc ces derniers ont conclu un maintien conventionnel de l'indivision, ou s'il existe un maintien judiciaire de celle-ci, les créanciers, n'ayant pas plus de droits que les héritiers eux-mêmes, ne peuvent provoquer le partage qu'après que ce maintien conventionnel ou judiciaire de l'indivision a cessé.

2. L'intervention des créanciers dans le partage décidé par les cohéritiers

160 Pour éviter que les héritiers ne leur jouent un mauvais tour dans le partage, en diminuant frauduleusement la part de leur cohéritier débiteur, les créanciers peuvent assister à ce partage et veiller à ce que les opérations de partage se déroulent d'une façon correcte.

Si les créanciers ont négligé ce moyen que la loi met à leur disposition, ils ne peuvent plus critiquer ce partage, une fois celui-ci consommé.

Mais, si les créanciers ont manifesté leur opposition au partage, celui-ci doit se faire en leur présence. L'opposition des créanciers résulte d'un acte manifestant leur intention d'être représentés dans ce partage. Elle n'est pas soumise à des formes spéciales.

Si les créanciers ont manifesté cette volonté, les héritiers doivent les convoquer au partage et ces créanciers ont le droit de veiller à ce que ce dernier se fasse d'une manière honnête en ce qui concerne la composition et l'attribution des lots.

Mais les créanciers n'ont pas le droit de diriger ce partage et d'exiger notamment que celui-ci se fasse en justice.

S'ils n'ont pas été convoqués au partage, les créanciers peuvent en demander l'annulation en justice.

D'autre part, l'opposition des créanciers au partage frappe d'indisponibilité les droits successifs de l'héritier débiteur. Celui-ci ne peut plus les vendre à un autre héritier ou à un tiers.

Les créanciers, qui n'ont pas fait opposition au partage, ne peuvent plus critiquer le partage accompli, même si celui-ci s'avère frauduleux à leurs droits.

D. – PARTAGE ET DÉMEMBREMENT DE PROPRIÉTÉ

Le partage ne porte pas toujours seulement sur la pleine propriété des biens indivis. Les biens successoraux peuvent être démembrés, en ce sens que certains héritiers recueillent sur ces biens l'usufruit et d'autres la nue-propriété.

Le cas classique est celui du conjoint survivant jouissant de l'usufruit légal visé par l'article 767-1, en présence d'enfants communs, ou de ceux du conjoint prédécédé. On sait que cet usufruit légal porte sur la maison habitée par les conjoints et dont le conjoint prédécédé était propriétaire ou copropriétaire, au cas où cette maison faisait partie de la communauté de biens entre ces conjoints.

Il y a souvent démembrement de propriété entre l'usufruit et la nue-propriété également en matière de donations entre conjoint, visées par l'article 1094 (cf. N° 336 *infra*).

Finalement, abstraction faite des cas précités, l'usufruit peut être conféré également, soit à titre onéreux, soit à titre gratuit (donation ou testament). Ainsi, par exemple, une personne peut léguer par testament l'usufruit d'une maison à son frère, et la nue-propriété à sa nièce.

Il résulte de ce qui précède que les partages dans lesquels interviennent des héritiers jouissant soit de droits en usufruit, soit de droits en nue-propriété, sont fréquents. La question se pose donc dans quelle mesure ces droits peuvent faire l'objet d'un partage.

1. Régime applicable

Le principe régissant la matière est qu'il ne saurait y avoir lieu à partager, **161**
lorsque l'un des héritiers détient l'usufruit et l'autre la nue-propriété d'un bien. Nous avons, en effet, vu au N° 85 qu'il n'y a pas indivision entre l'usufruit et la nue-propriété. Or, là où il n'y a pas indivision, il ne saurait y avoir de partage.

Toutefois, en pratique, la situation ne se présente pas toujours de façon aussi simple. En effet, souvent l'usufruit est limité à une quote-part d'un bien successoral (par exemple, à un tiers) et alors la situation se complique.

Il peut exister alors deux indivisions, l'une en usufruit, la deuxième en nue-propriété, s'il y a également plusieurs nus-propriétaires. Toutefois, il n'y a pas indivision entre usufruitiers, d'un côté, et nus-propriétaires, de l'autre, alors que les droits détenus par chacune de ces deux catégories de bénéficiaires dans le bien ne sont pas de même nature. Chacun ne peut alors demander que le partage de l'indivision à laquelle il participe, soit celle relative à l'usufruit, soit celle concernant la nue-propriété. Il est donc nécessaire de procéder à une licitation séparée de l'usufruit et de la nue-propriété, s'il n'existe pas d'accord entre les cohéritiers.

Si, sur le plan des principes, la règle exposée ci-dessus ne saurait être mise en cause, il n'en reste pas moins, qu'en pratique, et notamment du point de vue économique, cette règle soulève parfois un sérieux problème. Il s'avère en effet que la vente du seul usufruit et, parallèlement, celle de la seule nue-propriété, est généralement une opération financièrement désavantageuse. Il est en effet difficile de trouver un intéressé disposé à acheter, à un prix valable, l'usufruit d'un immeuble dont la valeur est fonction de la durée de vie de l'usufruitier vendeur.

Aussi la jurisprudence a-t-elle apporté des entorses à la règle qu'il n'y a pas indivision entre l'usufruit et la nue-propriété. Ainsi, la Cour de Cassation française a décidé que, dans l'hypothèse précitée, la licitation de la pleine propriété du ou des biens ainsi démembrés peut être ordonnée par le tribunal, dès lors qu'elle apparaît comme « nécessaire à l'assiette de l'usufruit et seule protectrice de l'intérêt des parties ».

Cette jurisprudence a été consacrée par l'article 815-5 alinéa 2, qui a le libellé suivant : « Le juge ne peut toutefois, sinon aux fins de partage, autoriser la vente de la pleine propriété d'un bien grevé d'usufruit contre la volonté de l'usufruitier ». Cette disposition a été reprise textuellement de l'article 815 correspondant français.

Il résulte de ce texte que, s'il y a lieu à partager deux indivisions, respectivement, en usufruit et en nue-propriété, le juge peut ordonner la licitation de la pleine propriété du bien grevé d'usufruit. Ce texte ne résout toutefois pas de façon claire et nette la difficulté qui se présente si, dans une succession, il y a un usufruitier unique opposé à plusieurs nus-propriétaires, dont les droits portent tous sur le ou les mêmes biens.

À première vue, l'article 815-5 alinéa 2 susvisé devrait exclure la licitation de la pleine propriété dans l'hypothèse où il existe une indivision comprenant, d'un côté, un usufruit général et, de l'autre, une pluralité de nus-propriétaires.

Néanmoins, la Cour de cassation française applique la disposition de l'article 815-5 alinéa 2 également dans le cas susvisé. Une jurisprudence luxembourgeoise à ce sujet n'est pas connue. Cette jurisprudence est bien évidemment désavantageuse surtout pour le conjoint survivant qui a bénéficié de son conjoint prédécédé d'une donation, ou d'un legs, en usufruit portant sur la totalité de la succession et comprenant la maison, propriété du conjoint prédécédé, ou copropriété des deux conjoints.

2. Partage au cas où l'usufruitier est en même temps plein propriétaire de biens de la succession

Une telle hypothèse met généralement en présence le conjoint survivant et les descendants communs, ou ceux nés d'un premier mariage du conjoint prédécédé. Ce cas se présente s'il y a donation entre conjoint sur base de l'article 1094, et si cette donation porte, non sur un usufruit universel, mais sur la seconde alternative visée par l'article précité. Celle-ci consiste dans une donation, ou dans un legs s'étendant sur la quotité disponible ordinaire et sur l'usufruit du surplus (= réserve). Ainsi, en cas de deux descendants, le conjoint survivant peut bénéficier d'une donation, ou d'un legs, portant sur 1/3 de la succession en pleine propriété (quotité disponible), et sur 2/3 en usufruit (réserve des descendants). 162

La même situation se présente dans le cas d'un conjoint laissant des descendants d'un premier mariage et qui choisit pour son second mariage le régime de la communauté universelle de biens, avec attribution de toute la communauté au conjoint survivant.

Si le conjoint, laissant des descendants d'un précédent mariage, meurt le premier, ces descendants peuvent, aux termes de l'article 1527 alinéa 2, demander la réduction de cet avantage matrimonial, constitué par la communauté universelle, de façon à ce qu'il corresponde au maximum des dispositions à titre gratuit autorisées par l'article 1094.

Dans une telle hypothèse, le conjoint survivant choisit généralement la solution la plus avantageuse pour lui, à savoir, la donation portant sur la quotité disponible et sur l'usufruit du surplus. Il est donc à la fois plein propriétaire et usufruitier de la succession laissée par son conjoint prédécédé, tandis que les descendants de ce dernier sont exclusivement des nus-propriétaires.

Comme la pleine propriété se compose de la nue-propriété et de l'usufruit, il résulte de la situation susvisée qu'il y a, entre le conjoint survivant et les descendants précités, indivision entre la pleine propriété et la nue-propriété. Cette analyse se dégage de la jurisprudence de nos tribunaux (cf. Cour supérieure de justice, 30 novembre 1987, rôle n° 9748, et Tribunal civil Luxembourg, 29 novembre 2000, rôle n° 65.925).

Là où il y a indivision, il devrait logiquement y avoir lieu a partagé de cette indivision. Or, du moins une partie de nos tribunaux ne suivent pas cette règle. Il en est ainsi notamment pour la décision reprise au jugement rendu par le Tribunal civil de Luxembourg du 29 novembre 2000 précité.

Dans l'affaire mettant en cause des descendants d'un premier mariage d'un conjoint prédécédé et le conjoint survivant du deuxième mariage du de cujus, le tribunal, tout en admettant qu'il y a bien indivision entre les parties du chef des biens successoraux, avait refusé d'ordonner ce partage avec l'argument que la demande en partage aurait pour effet de mettre à néant le droit découlant pour le conjoint survivant de l'article 767-1, qui aurait un effet dérogatoire par rapport à l'article 815.

Appel avait été introduit contre ce jugement. Par arrêt du 20 février 2002 (rôle n° 25.341), la Cour d'appel, 7e Chambre civile, a réformé le jugement de première instance. La Cour a en particulier écarté l'application de l'article 767-1, alors que le conjoint survivant disposait, sur base de son contrat de mariage, d'une donation entre conjoint fondée sur l'article 1094.

Par ailleurs, la Cour Supérieure de Justice a décidé que si l'usufruitier, en l'occurrence le conjoint survivant, d'un immeuble successoral est plein propriétaire d'une autre part de l'immeuble indivis, il n'y a indivision entre cet usufruitier et les nus-propriétaires, en l'occurrence les enfants d'un premier mariage du conjoint prédécédé, que du chef de la nue-propriété de l'immeuble concerné.

La Cour a, en conséquence, ordonné la licitation de l'immeuble indivis en question, mais seulement quant aux droits en nue-propriété, indivis entre les parties au litige.

On peut remarquer que certains de nos tribunaux semblent montrer une préoccupation manifeste pour la situation du conjoint survivant bénéficiaire d'un usufruit.

Si celui-ci mérite incontestablement qu'il ne soit pas, dans tous les cas, privé de son droit d'usufruit, surtout de celui portant sur la maison qu'il a habitée du vivant de son conjoint prédécédé, toujours est-il qu'il convient d'avoir égard également aux intérêts matériels et moraux des descendants du conjoint prémourant, surtout ceux nés d'un précédent mariage.

En effet, dans ce cas, les descendants ne touchent souvent pas, en raison du régime matrimonial adopté par leur parent (communauté universelle) leur héritage laissé par le premier mourant. Lorsque le conjoint survivant s'est remarié, en faisant bénéficier son second conjoint d'un contrat de mariage, ou d'une donation, dans la limite de ce que permet le Code civil, ces descendants se voient généralement réduits à une part de succession en nue-propriété. Ainsi, ils obtiennent leur part héréditaire en pleine propriété seulement au décès du second conjoint de leur père ou mère prédécédé(e).

On peut se demander comment une telle situation peut être compatible avec la règle impérative de l'article 815, sans même invoquer des raisons d'équité, si tout partage, du vivant du second conjoint de leur parent prédécédé, leur reste interdit.

Dans les hypothèses susvisées, le conjoint survivant, titulaire d'un usufruit général, dispose de larges possibilités pour s'arranger avec les descendants, surtout avec ceux laissés d'un précédent mariage de son conjoint prédécédé. Ainsi, il pourrait leur proposer de cantonner son usufruit sur l'immeuble habité antérieurement avec le défunt conjoint et se déclarer d'accord à entrer en partage avec ses beaux-enfants pour les autres biens successoraux. Ainsi, les intérêts des deux parties en cause seraient sauvegardés.

On peut d'autre part se demander quelle protection légale peut équitablement mériter un conjoint, veuf ou veuve, qui refuse de céder aux descendants susvisés la moindre parcelle de l'héritage laissé par leur parent, en argumentant qu'il n'est pas en indivision avec ceux-ci. C'est surtout l'animosité entre parties qui motive une telle attitude. Cet élément constitue une raison de plus pour le tribunal pour ne pas rechercher outre mesure des moyens légaux, parfois discutables, pour maintenir ce conjoint dans tous ses droits et pour laisser sur leur faim les héritiers du conjoint prédécédé.

3. Modalités du partage en présence de biens grevés d'usufruit

Normalement, un partage peut se faire de deux façons : 163

1) les héritiers procèdent à un partage en nature des biens de la succession et chaque héritier se voit attribuer certains biens combinés, le cas échéant, d'une soulte active ou passive ;
2) si les biens héréditaires sont impartageables en nature, ou si les héritiers ne veulent pas de ces biens, ceux-ci sont vendus aux enchères (licitation), et le prix de vente est partagé entre les héritiers au prorata de leurs droits successoraux.

Si un bien est grevé d'un usufruit, un partage en nature n'est guère possible s'il s'agit d'un partage judiciaire. Dans une telle indivision, le tribunal se voit donc réduit à ordonner la vente du ou des biens grevé(s) d'usufruit, et le prix résultant de cette vente est à partager entre l'usufruitier, ou les usufruitiers, et le ou les nus-propriétaires, suivant les parts héréditaires de chaque partie.

À cet égard se pose la question de déterminer la valeur de l'usufruit. Il n'y a en effet pas d'intérêt à reporter l'usufruit de son titulaire sur la somme d'argent résultant de la vente du bien grevé d'usufruit, car on créerait ainsi une nouvelle forme d'indivision, empêchant chaque partie de jouir librement de sa part héréditaire.

En effet, en suivant la procédure pré-indiquée, on aboutirait à ce que l'usufruitier pourrait régulièrement toucher les intérêts produits par le capital disponible, et ce dernier appartiendrait aux nus-propriétaires qui, toutefois, ne pourraient pas en disposer librement, sinon ils empêcheraient l'usufruitier de toucher annuellement les intérêts. Les nus-propriétaires pourraient éventuellement disposer de ce capital, en constituant, de l'accord du tribunal, au profit de l'usufruitier une garantie, telle qu'une hypothèque, sur un de leurs immeubles, assurant ainsi le paiement des intérêts revenant à l'usufruitier.

La solution de transformer l'usufruit du conjoint survivant en une rente viagère n'est possible, en vertu de l'article 1094-1, que dans un seul cas. Cette conversion, sauf accord exprès de l'usufruitier, ne peut se faire qu'en cas de remariage du conjoint survivant. Elle doit être demandée dans les six mois de ce remariage. Finalement, elle n'est obligatoire pour le tribunal que si tous les descendants sont d'accord pour demander cette conversion. Si tel n'est pas le cas, elle reste facultative pour la juridiction saisie de la demande.

La seule solution valable, permettant d'éviter tous les inconvénients susvisés, est de convertir l'usufruit en une part en pleine propriété et d'opérer ainsi le partage du prix de vente en fonction de la valeur de l'usufruit.

Cette valeur peut se déterminer, sur base des tables de mortalité en tenant compte de l'âge de l'usufruitier. En effet, plus l'âge de celui-ci est élevé, moins vaudra son usufruit, exprimé en une part de pleine propriété.

Pour le calcul en pratique de la valeur de l'usufruit, nous nous référons à notre exposé fait sous le numéro 328 ci-après.

E. – PRESCRIPTION DE L'ACTION EN PARTAGE

164 La demande en partage est imprescriptible, peu importe le délai écoulé depuis l'ouverture de la succession. En effet, cette prescription aurait pour effet de créer une indivision forcée.

Toutefois, les biens indivis peuvent faire l'objet d'une prescription acquisitive de la part d'un tiers ou d'un héritier. Du moment qu'une personne, même non héritier, a eu pendant trente ans une possession continue, non interrompue, paisible, publique, non équivoque et à titre de propriétaire (article 2229) sur les biens successoraux, cette personne est devenue propriétaire de ceux-ci par prescription acquisitive.

En ce qui concerne un héritier, la prescription acquisitive est plus difficile à réaliser. Il a plus de problèmes à prouver qu'il a agi comme propriétaire des biens indivis. On peut interpréter son comportement comme celui d'un indivisaire jouissant privativement d'une chose indivise, sans la volonté d'une appropriation exclusive.

F. – LES CONDITIONS DE FORME DU PARTAGE

Il existe deux formes de partage : le partage amiable et le partage judiciaire. Entre ces deux formes, il existe un partage soumis à un formalisme moins strict que le partage judiciaire. Il s'agit du partage intéressant les incapables et les absents. En ce qui concerne les absents, nous avons déjà décrit la procédure, suivant laquelle ce partage à lieu (N° 148-3). 165

Nous allons examiner ci-après les différentes formes du partage.

1. Le partage amiable

Celui-ci n'est possible que si tous les héritiers sont d'accord pour y procéder et que, parmi eux, il n'y a pas d'incapables. Ce partage résulte d'une convention conclue par les indivisaires. Aucune condition de forme n'est exigée pour sa validité. Il peut être constaté par une convention sous seing privé ou même être verbal. 166

Toutefois, si un tel partage comprend des immeubles, il doit être constaté par un acte authentique, en raison des mesures de publicité que requiert le transfert d'immeubles. En effet, celui-ci exige une transcription au bureau des hypothèques. Pour cette transcription, seuls sont admis des actes notariés et des actes administratifs.

La forme écrite se recommande également pour les partages portant uniquement sur des meubles. Cet écrit peut être un acte sous seing privé. Une telle précaution permet à chaque héritier de se constituer une preuve. Celle-ci peut être nécessaire si ce partage devait, dans la suite, donner lieu à des contestations.

2. Le partage judiciaire

Cette forme de partage comporte une procédure assez lourde, prend un temps prolongé et entraîne des frais plus élevés qu'un partage à l'amiable.

Cette procédure comporte quatre phases.

1) L'introduction de la demande. Celle-ci se fait par une assignation en justice, signifiée à la requête de l'un ou de plusieurs héritiers aux autres. L'assignation doit se faire devant le tribunal civil dans le ressort duquel a eu lieu l'ouverture de la succession.
2) Si le tribunal fait droit à la demande en partage, il désigne un juge-commissaire et un notaire-liquidateur. Il appartient au notaire de présider les opérations de liquidation de l'indivision successorale. Les parties

peuvent se mettre d'accord sur le nom du notaire, à charger de cette mission. Ce choix est alors entériné par le tribunal. Si les parties ne sont pas d'accord sur la personne du notaire, le tribunal désigne celui-ci d'office.

3) Les héritiers procèdent, avec le notaire, à la formation de la masse partageable (l'article 828 parle à cet égard de la masse générale).

4) Pour pouvoir former cette masse, les biens qui la composent doivent être estimés. Si les héritiers n'arrivent pas à s'accorder sur leur valeur, cette estimation est faite par expert.

5) La valeur de la masse partageable étant fixée, on procède à la composition des lots (article 828 alinéa 2). Cette composition peut être faite par les héritiers eux-mêmes, s'ils arrivent à se mettre d'accord, sinon elle se fait par un expert. Parfois, préalablement à la formation des lots, il peut devenir nécessaire de vendre certains biens de la succession. Des immeubles ne peuvent cependant être vendus que s'ils sont impartageables en nature, question à apprécier, en cas de contestation des héritiers, par la justice. Les meubles peuvent plus facilement être vendus. Parfois, une telle vente s'impose pour payer des créanciers successoraux.

6) Le nombre des lots à former dépend des droits respectifs des héritiers. Si ceux-ci ont des droits égaux, le nombre des lots correspond au nombre des héritiers. Si ces derniers ont des droits inégaux (par exemple, si le père est en indivision avec deux frères du de cujus – part du père 1/4 de la succession, chacun des frères 3/8), plus de trois lots sont nécessaires.

7) Plus il y a de lots à former, plus grand est le risque de morcellement des biens successoraux afin de donner à chacun sa part en nature dans les différents biens.

8) Pour éviter une multiplication excessive des lots, l'article 831 prévoit qu'en cas de représentation, le nombre des lots est égal au nombre des souches. Chaque souche se partage donc un lot en plusieurs sous-lots, revenant aux divers représentants.

9) Si, au cours des différentes phases, qui se déroulent devant le notaire, il y a des contestations entre les héritiers, le notaire dresse un *procès-verbal des difficultés*. Celui-ci est soumis au juge-commissaire désigné par le tribunal. Ce juge fait un rapport au sujet des contestations divisant les héritiers. Au besoin, le tribunal, saisi de la demande en partage, décide au sujet des contestations sur base du rapport du juge-commissaire.

10) Si les lots ont été formés, le notaire dresse un rapport relatant les opérations auxquelles il a été procédé. Il établit d'autre part un état liquidatif, qui fixe le montant des droits des parties et décrit la composition des lots. Cet état est soumis pour homologation au tribunal. Si tous les héritiers sont d'accord avec cet état, l'homologation

par les juges constitue une pure formalité. Dans le cas contraire, les cohéritiers, en désaccord avec cet état liquidatif, font valoir leurs prétentions et le tribunal décide par jugement contradictoire. Cette homologation de l'état liquidatif a lieu sur le rapport du juge-commissaire.

11) Le tirage au sort : L'égalité des lots ayant été reconnue volontairement par les héritiers, ou sur décision du tribunal, après contestations des parties, il s'agit maintenant de procéder à leur tirage au sort. Sauf s'il y a lieu à attribution préférentielle (cf. numéros 198 et 202), le tirage au sort des lots est obligatoire pour les juges.

12) Ce tirage se fait devant le notaire, commis par le tribunal pour procéder aux opérations de liquidation et de partage. Le tirage au sort présente bien des aléas, alors que les héritiers peuvent être allotis de biens qui ne leur sont pas d'un grand usage.

13) D'ailleurs, eu égard à tous les inconvénients du partage judiciaire, les parties, qui ont entamé cette procédure, peuvent s'aviser et renoncer à poursuivre le partage suivant cette procédure lourde et compliquée. L'article 1207 du Nouveau Code de procédure civile traite de cet abandon de la procédure judiciaire.

14) Les héritiers peuvent, dans ce cas, attribuer notamment les lots formés, en fonction des intérêts économiques de chaque héritier et composer autrement les lots.

Malgré les dispositions légales concernant la formation des lots, il est rarement procédé à une telle mesure. Cela présuppose que la succession comprend plusieurs immeubles bâtis et non bâtis. Or, la plupart des successions comportent un ou deux immeubles quelques meubles et des comptes bancaires. Ces deux dernières catégories sont faciles à partager. Pour les rares immeubles, les héritiers, ou le tribunal décident de les vendre. Dans ce cas, le prix de vente est partagé entre les héritiers. L'expérience prouve que les questions les plus importantes à trancher sont celles relatives au rapport et la réduction des donations faites par le de cujus ainsi que celles touchant la reddition de comptes à faire par un héritier ayant bénéficié d'une procuration du de cujus sur un compte bancaire de ce dernier.

3. Le partage sous contrôle judiciaire

Normalement, les partages dans lesquels figurent des héritiers mineurs ou des majeurs en tutelle ou en curatelle, doivent se dérouler en justice. 167

Cette forme de partage présente de grands inconvénients, ainsi qu'on vient de le voir. Lorsque les personnes incapables, et spécialement leur représentant légal sont d'accord pour procéder à un partage en dehors de la justice, on se demande pourquoi il faudrait leur imposer les frais et pertes de temps inhérents à un partage judiciaire. S'il est nécessaire de veiller à ce que les intérêts des incapables ne soient pas lésés dans ce partage, il suffit d'organiser un partage amiable sous contrôle judiciaire.

C'est à cet objectif qu'a répondu la loi du 22 juin 1984 sur la vente des biens immeubles indivis.

Cette loi règle, outre les conditions requises pour la vente de biens, dans laquelle sont impliqués des incapables, également les formes de partage, mettant en cause des héritiers mineurs et majeurs incapables. Les dispositions correspondantes de la loi précitée ont été incorporées dans les articles 1185 à 1188 du Nouveau Code de procédure civile.

Après avoir posé à l'article 1185 précité le principe qu'un partage mettant en cause des héritiers mineurs ou majeurs incapables, doit se faire en justice, la réforme de 1984 prévoit des exceptions à cette règle. Le même article exige que, si plusieurs mineurs ou majeurs en tutelle ont des intérêts opposés dans le partage, il doit leur être donné, selon le cas, un administrateur ad hoc, un tuteur ou un curateur spécial. Cette obligation existe également s'il est dérogé à l'exigence d'un partage judiciaire.

Un partage à l'amiable, même partiel, est possible lorsqu'il n'existe pas de contestations entre les héritiers incapables et leur représentant légal sur les droits de chaque héritier. Un tel partage doit être autorisé par le conseil de famille, pour le mineur et le majeur en tutelle, et par le juge aux affaires familiales pour le mineur sous administration légale et le majeur en curatelle.

Le juge aux affaires familiales désigne un notaire pour procéder à ce partage, qui doit se faire en présence de ce juge. Au cas où cela s'avère nécessaire, le juge aux affaires familiales peut désigner un ou plusieurs experts chargés de donner leur avis sur la formation des lots. Les lots formés sont alors attribués soit directement aux héritiers incapables soit par tirage au sort. Le juge aux affaires familiales veille aux intérêts des héritiers incapables, ainsi qu'à un placement avantageux des capitaux leur attribués dans ce partage. L'état liquidatif est soumis pour approbation, selon le cas, soit au conseil de famille, soit au juge aux affaires familiales (article 1186 du Nouveau Code de procédure civile).

Lorsque seuls des sommes d'argent ou des meubles meublants sont à partager et s'il n'existe pas de contestations, le conseil de famille, ou le juge aux affaires familiales, peut décider que le partage se fait à l'amiable, sans intervention d'un notaire (article 1187 du Nouveau Code de procédure civile).

Les partages faits dans le respect des règles exposées ci-dessus sont définitifs. Par contre, si les mesures de protection requises n'ont pas été observées, ces partages ne sont que provisionnels, c'est-à-dire qu'ils ne portent que sur la jouissance et non sur la propriété des biens partages.

G. – LES CONDITIONS DE FOND DU PARTAGE

Deux opérations s'imposent pour procéder au partage. Il faut d'abord établir l'actif à partager, c'est la masse de liquidation au sens strict du terme. Il convient ensuite de repartir les biens entre les cohéritiers, c'est le partage au sens restrictif.

Les règles de fond qui régissent les deux opérations susvisées, sont communes au partage judiciaire et au partage à l'amiable, avec toutefois la différence qu'elles sont obligatoires pour le premier partage, alors que les héritiers peuvent y déroger lors d'un partage à l'amiable.

1. Pratiques permettant d'éviter un partage judiciaire

Le partage judiciaire est assez coûteux et il retarde sérieusement l'attribution de leur part aux cohéritiers. Finalement il est souvent encore assez compliqué. Quant à ce dernier aspect, la loi du 22 juin 1984 sur la vente des biens immeubles indivis a allégé les formalités du partage auquel participent des incapables majeurs ou mineurs. On sait que les partages mettant en cause des incapables doivent se faire sous le contrôle de la justice.

En raison des inconvénients visés ci-dessus, les praticiens du droit se sont ingéniés à découvrir des moyens de s'affranchir, dans une mesure plus ou moins large, de l'obligation de recourir aux formes légales du partage.

Malheureusement, les meilleures astuces élaborées pour éviter un partage judiciaire ne servent à rien, lorsque les cohéritiers ont entre eux une totale mésentente et n'arrivent pas à se mettre d'accord sur le moindre aspect du partage. Dans ce cas, il ne reste que l'alternative de faire trancher tous les points litigieux par le tribunal.

Des pratiques permettant d'éviter un partage judiciaire n'ont donc d'effet que si tous les cohéritiers sont d'accord sur les modalités essentielles d'un partage amiable, mais ne peuvent y procéder parce qu'en présence de certains cohéritiers protégés légalement, la loi exige un partage judiciaire. Tel est le cas, des mineurs et des majeurs en tutelle ou en curatelle. Le partage judiciaire est également exigé si l'un des cohéritiers est absent (cf. numéro 157-3. *supra*).

1.1. *Possibilités légales permises à cet effet*

1) En présence de mineurs qui sont assez proches de leur majorité, ou d'un présumé absent dont on peut sérieusement escompter le retour, il existe la possibilité de conclure une convention de maintien **168**

de l'indivision pour la durée restante à accomplir jusqu'à ce que les mineurs atteignent leur majorité, ou la période maximale pendant laquelle il existe une chance sérieuse que le présumé absent reparaîtra. Le représentant légal du mineur, i.e. son père ou sa mère survivant(e), ou son tuteur ont le pouvoir de consentir à ce maintien de l'indivision, ainsi que cela résulte de l'article 815-1 point 3.

2) Une autre formule permettant de réaliser un partage amiable dans les cas où la loi exige un partage judiciaire, est celle de la *clause de porte-fort*. Les divers héritiers capables se portent fort que le mineur, une fois devenu majeur, ou le cohéritier absent s'il devait reparaître, ratifiera le partage amiable conclu par les copartageants capables et présents. Pour faciliter aux héritiers légalement protégés de consentir ex post à ce partage, les cohéritiers capables peuvent se mettre d'accord pour avantager légèrement leur cohéritier mineur ou absent. Ce dernier aura donc moins d'intérêt à refuser la ratification du partage amiable intervenu.

3) Sans doute, les héritiers incapables ou absents peuvent néanmoins opposer leur refus au partage réalisé. Dans ce cas, la clause de porte-fort joue et permet l'indemnisation de ceux à qui la nullité du partage amiable a causé préjudice.

4) En présence de mineurs, la pratique substitue parfois aux formes du partage judiciaire celles de la *transaction*. Néanmoins, le recours à ce mode requiert une certaine prudence, en ce sens que la transaction suppose un litige qu'il s'agit de résoudre, sans recours à la justice. Il est donc requis que le partage amiable, sous forme de transaction, comporte pour le moins un élément de litige, auquel cette transaction est appelée à mettre fin. Dans le cas contraire, elle risque d'être annulée par le tribunal, rendant ainsi nécessaire un partage judiciaire.

5) Pour éviter un partage judiciaire, le de cujus pourrait instituer *un exécuteur testamentaire*. Celui-ci serait investi du pouvoir de vendre librement les meubles héréditaires, ce que permettent les articles 1026 et 1031. Il est néanmoins douteux que cet exécuteur testamentaire puisse vendre des immeubles héréditaires, alors que les articles 1026 et 1031 n'en parlent pas.

1.2. *L'établissement de l'actif à partager*

L'établissement de l'actif successoral comporte deux opérations : 169

- la détermination de sa consistance,
- son évaluation.

L'actif successoral comprend : 1. les biens laissés par le de cujus ; 2. les fruits générés par ces biens ; 3. les créances ; et 4. les biens restitués à titre de rapport et de réduction de donations.

Nous allons examiner successivement ces diverses catégories.

1.2.1 Les biens laissés par le défunt

Tous les biens, que le de cujus laisse à sa mort, ne se retrouvent pas nécessairement dans l'actif à partager entre ses héritiers. Il faut d'abord en soustraire les legs à titre particulier, qui, après l'accomplissement des formalités requises, sont devenus la propriété privative des légataires. D'autres éléments de la succession ont éventuellement disparu depuis l'ouverture de la succession. Ils peuvent avoir péri par un événement de force majeure (incendie) ; ils ont, le cas échéant, été vendus par les héritiers pour payer des dettes successorales ou ils ont même été saisis par des créanciers successoraux.

Certains biens disparus sont remplacés après l'ouverture de la succession. Ainsi, aux objets péris peut s'être substituée une indemnité d'assurance. Si, de l'accord de tous les héritiers, un bien successoral a été vendu, il est remplacé dans l'actif successoral par son prix, dans la mesure où il a déjà été payé, sinon par une créance contre l'acheteur.

1.2.2 Les fruits

Les fruits et revenus accroissent à l'actif successoral. Cette constatation vaut tant pour les fruits de la fortune laissée par le de cujus que des valeurs restituées au titre d'un rapport ou d'une réduction de donations. La notion de fruits couvre tant les fruits naturels (récoltes) que les fruits civils (intérêts ou loyers), ainsi que l'indemnité d'occupation, qu'un héritier doit payer à ses cohéritiers pour avoir joui privativement d'une chose de la succession.

Cependant, la règle que les fruits accroissent à l'actif successoral n'est pas vue d'un bon œil par la réforme de 1993, ainsi que nous l'avons vu au numéro 93.

Il est préférable que les héritiers partagent annuellement les fruits. D'autre part, en cas de partage provisionnel, chaque indivisaire fait siens les fruits des biens dont il a été alloti en jouissance.

1.2.3 Les créances

Il convient de distinguer entre les créances contre les tiers et les créances contre les héritiers.

a) Les créances contre des tiers

Le régime de ces créances, au point de vue successoral, est traité dans deux articles du Code civil, qui ne se concilient guère, à savoir les articles 832 et 1220.

L'article 832 prévoit qu'« il convient de faire entrer dans chaque lot, s'il se peut, la même quantité de meubles, d'immeubles, de droits ou de créances de même nature et valeur ». Cet article implique donc que les créances font partie de l'actif successoral.

L'article 1220, par contre, permet à chaque héritier de demander à un débiteur le paiement de sa part dans la créance. Cet article laisse partant entendre que les créances sur tiers ne font pas partie de l'actif successoral.

La jurisprudence, au vu de cette contrariété de textes, a dû concilier l'application concomitante de ces deux articles. Elle l'a fait, en distinguant suivant les rapports réciproques entre cohéritiers et les relations de ceux-ci avec le tiers débiteur. Dans le premier cas, c'est l'article 832 qui s'applique, dans le second, c'est l'article 1220 qui prévaut.

La conclusion de cette combinaison de textes est la suivante. Chaque héritier peut demander au tiers débiteur sa part dans la créance successorale. Le paiement par le tiers de cette part est libératoire pour lui. Le successeur, qui a touché une quote-part de la créance, devient redevable envers l'indivision de l'argent qu'il a encaissé auprès du débiteur.

Il en résulte que les créances contre des tiers font partie de l'actif successoral, quand elles n'ont pas encore été encaissées par un héritier. Dans le cas contraire, elles sont remplacées dans cet actif par une créance sur le successeur, qui s'est fait payer par le tiers.

b) les créances contre les successeurs

Celles-ci sont fort variables. Il peut s'agir, en premier lieu, d'une créance qu'avait le de cujus contre un héritier et qui ne s'est pas éteinte par le décès du créancier, par exemple un prêt. En second lieu, sont visées les nombreuses créances que l'indivision peut avoir à l'égard d'un héritier, notamment l'indemnité pour occupation privative d'un bien immobilier de la succession ou pour dégradations causées à celui-ci, une avance en capital, un encaissement d'une créance auprès d'un tiers débiteur du de cujus, l'adjudication au profit d'un héritier d'un immeuble, dont le prix n'est pas encore payé, ou finalement l'indemnité de rapport ou de réduction de donations, quand ce rapport ou cette réduction se font en valeur.

À l'inverse, un héritier peut avoir une créance contre la succession, soit que cet héritier était déjà créancier du de cujus du vivant de celui-ci, soit que sa créance est née après l'ouverture de la succession, telle que l'indemnité due pour avoir amélioré un bien successoral indivis ou une indemnité de gestion de l'indivision au profit de la succession.

Quel mode de paiement appliquer, quand un héritier est à la fois créancier et débiteur de l'indivision successorale ?

Aucun texte légal ne prévoit une compensation automatique de ces deux catégories de créances, de façon à ce que seul le solde figure à l'actif successoral, soit comme avoir d'un héritier, soit comme avoir de la succession. Néanmoins, une telle compensation constitue un droit pour un héritier. Comme l'article 815-8 prévoit l'établissement d'un compte d'indivision, il est normal que seul le solde, se dégageant des inscriptions actives et passives à ce compte, soit effectivement à payer, soit à l'indivision successorale, soit par celle-ci.

1.2.4 Les biens restitués au titre de rapport ou de réduction de donations

Nous avons examiné en détail ces problèmes de sorte que nous nous dispensons d'y revenir pour le rapport cf. numéro 103 et suivants et pour la réduction des donations voir numéro 122 et suivants.

2. Problèmes soulevés par le partage des comptes bancaires

Les comptes bancaires font pratiquement partie de tous les partages successoraux. En eux-mêmes, ces partages sont relativement faciles. Des problèmes surgissent seulement lorsque l'un ou l'autre héritier constate que les comptes bancaires du de cujus n'accusent pratiquement plus d'avoir, bien que cet héritier sache que, normalement, le de cujus aurait dû disposer de sommes appréciables sur son ou ses comptes. 170

La diminution de fonds du vivant du titulaire de ce compte soulève deux catégories de problèmes :

- ceux qui doivent être résolus dans les relations des héritiers entre eux, parce que l'un d'eux bénéficiait d'un mandat du titulaire du compte qui lui a donné un pouvoir de disposition sur les fonds déposés à la banque,
- ceux qui nécessitent une collaboration de la banque dépositaire des fonds.

Signalons d'emblée que les questions précitées présentent une particulière actualité lorsque les héritiers, qui se plaignent des sommes volatilisées sur des comptes bancaires en indivision successorale, sont des héritiers réservataires, qui ont donc droit à une part déterminée de la succession de leur ascendant. Quand celui-ci n'a pas laissé d'immeuble, les comptes bancaires, ou les comptes de titres, représentent généralement l'essentiel de sa succession.

Or, ces héritiers risquent d'être privés de leur réserve légale, lorsqu'une personne, de connivence avec le de cujus, ou en raison de la sénilité de celui-ci, a opéré des prélèvements importants sur ses comptes.

Une personne, héritier ou non, a pu disposer d'un mandat écrit du titulaire du compte bancaire, ou a été désignée par le juge des tutelles comme tuteur, curateur ou administrateur sous contrôle judiciaire pour se charger de la gestion de la fortune de ce titulaire.

H. – MANDAT CONVENTIONNEL

171 Il arrive fréquemment que le titulaire d'un compte qui, en raison de son grand âge, ne peut plus assurer lui-même la gestion de son ou de ses comptes bancaires, donne à une personne, une procuration générale pour le représenter dans toutes les opérations concernant ses comptes auprès d'une banque déterminée.

Le mandataire général peut en conséquence opérer des prélèvements sur ce compte, y tirer des chèques, ou faire des virements. Ces opérations n'engagent que le titulaire de ce compte. Le mandat prend normalement fin par le décès du mandant, titulaire du compte.

Ce mandataire doit, en application de l'article 1993, rendre compte à la fin de son mandat au mandant. Cet article exige par ailleurs que le mandataire « doit faire raison au mandant de tout ce qu'il a reçu en vertu de sa procuration ». Ledit article impose donc au mandataire une double obligation :

1) celle de justifier de la manière dont il a rempli son mandat, notamment en prouvant qu'il a agi conformément aux instructions du mandant,
2) celle de restituer au mandant tout ce qu'il a reçu en vertu du mandat, pour autant évidemment que la reddition de compte dégage un excédent en faveur du mandant.

En ce qui concerne la charge de la preuve en matière de mandat, il appartient au mandant d'établir les encaissements faits par le mandataire. Ce dernier doit prouver le paiement fait au mandant ou éventuellement l'extinction de l'obligation à son égard.

En cas de décès du mandant, le mandataire doit respecter les exigences susvisées à l'égard de ses héritiers. Le mandataire doit donc, à la demande des héritiers, justifier de l'emploi qu'il a fait des fonds dont il a eu la gestion et, le cas échéant, mettre dans la masse successorale le reliquat des sommes se dégageant de sa gestion. Les virements ne donnent généralement pas lieu à discussion, surtout lorsqu'ils représentent le paiement de factures adressées au de cujus de son vivant. Il en est toutefois autrement des prélèvements de fonds qui n'ont pas de contrepartie directe.

Souvent le mandataire se sert à son propre profit des fonds prélevés. Il éprouvera en conséquence des difficultés à justifier qu'il a opéré ces prélèvements dans l'intérêt de son mandant.

Il est aussi souvent affirmé par un mandataire, à qui le mandant ou, le plus souvent, ses héritiers ont demandé qu'il justifie d'une bonne gestion des fonds du mandant, qu'il aurait bénéficié d'une dispense implicite du mandant, dispense qui se justifierait par les relations familiales étroites ayant existé entre parties et d'une confiance absolue du mandant à son égard.

Une décision jurisprudentielle isolée avait à cet égard retenu, pour conclure au rejet d'une demande en reddition de compte judiciaire, que « Si, conformément à l'article 1993 du Code civil, le mandataire doit rendre compte au mandant, cette obligation n'est cependant pas absolue, le mandant pouvant dispenser le mandataire de lui rendre compte, la reddition de compte n'étant assujettie à aucune forme et pouvant s'effectuer verbalement, les intentions des parties pouvant être déduites des faits et circonstances de la cause.

En l'espèce, l'on peut déduire une reddition de compte notamment du fait, non contesté, que le mandataire jouissait de l'entière confiance de sa mère laquelle avait été à même de contrôler l'exécution du mandat qu'elle lui avait confié et que cette exécution du mandat était antérieure de presque cinq ans au décès de la mandante, sans qu'aucune difficulté ne se fût élevée entre elle et son fils ». (Tribunal d'arrondissement de et à Luxembourg, 18 février 1998, confirmé par arrêt de la Cour, 9e Chambre, du 5 mai 1999, rôle N° 21.983).

Cette jurisprudence est toutefois restée isolée et les principes s'en dégageant ne sont plus repris par d'autres décisions judiciaires. En particulier, s'il est vrai que les juridictions civiles confirment que l'obligation de rendre compte n'est pas absolue et que le mandant peut dispenser, expressément ou tacitement, le mandataire de faire une reddition de compte, elles ont toutefois plus de mal à déduire une dispense tacite de l'obligation de rendre compte dans le chef du mandant des faits et circonstances de l'espèce, surtout si une telle dispense de rendre compte ne ressort d'aucune pièce du dossier leur soumis.

Les tribunaux ne déduisent en particulier pas une dispense tacite de rendre compte, accordée au mandataire, du fait que le mandant et le mandataire cohabitaient pendant une durée plus ou moins longue et que le mandant avait matériellement la possibilité de prendre inspection de tous les relevés bancaires lui adressés par la banque, ces faits n'étant pas jugés suffisamment concluants pour établir une reddition de compte tacite.

1. Le don manuel au mandataire ou fait par celui-ci

172 Le mandataire, devant la difficulté de justifier complètement de l'emploi des fonds qu'il a gérés, se défend en invoquant que le de cujus lui a fait donation des sommes manquantes.

En général, celui qui a reçu un don manuel d'une personne n'a pas à prouver cette donation. Il appartient à celui qui conteste ce don manuel de prouver que le prétendu donataire n'a qu'une possession précaire de ces fonds et qu'il doit les rendre à son véritable propriétaire.

La charge de la preuve change au cas où celui qui invoque à son profit un don manuel se trouve à l'égard du de cujus dans une situation ambiguë, par exemple, il a été aux services de ce dernier et, à ce titre, a pu avoir accès à des fonds ou à des bijoux ayant appartenu au de cujus.

La même ambiguïté existe pour le mandataire chargé de la gestion des comptes bancaires du mandant. Ce mandataire doit prouver, suivant les règles de preuve de droit commun (preuve écrite au-delà d'une somme de 2 500,00 €), la réalité du don manuel.

Parfois ce mandataire est plus subtil quant à l'invocation d'un don manuel. Il prétendra que ce dernier n'a pas été fait à lui-même, mais que le de cujus l'avait prié de faire ce don manuel à une tierce personne, par exemple, à un enfant du mandataire.

Ainsi il n'aurait été qu'un intermédiaire chargé de la remise de la somme représentant le don manuel à son bénéficiaire, et que la relation contractuelle quant à ce don manuel a eu lieu directement entre le donateur et le bénéficiaire du don manuel.

Pour justifier son pouvoir de faire des dons manuels, le mandataire se prévaut de la procuration générale lui donnée par le mandant. Cette procuration donne généralement au mandataire « le pouvoir d'administration et de disposition tant active que passive sur le compte bancaire du titulaire de ce compte ».

Le mandataire, en se basant sur son pouvoir de disposition, se croit autorisé de faire un don manuel à un tiers.

Un arrêt de notre Cour d'appel rendu en date du 24 février 1995, n° du rôle 15790, a écarté cette argumentation comme non fondée. La Cour d'appel a constaté que le pouvoir de disposition sur les comptes du mandant n'autorise le mandataire qu'à prélever des fonds sur le compte bancaire du mandant, mais non pas à disposer à sa guise des fonds prélevés. Le mandataire, qui a reçu une procuration sur les comptes du mandant, doit justifier de l'emploi, dans l'intérêt de ce dernier, des sommes touchées en vertu de cette procuration. Pour faire un don manuel au profit de tiers, le mandataire doit disposer d'une procuration spéciale et explicite du de cujus.

La Cour d'appel a, dans l'affaire susvisée, également écarté l'argument invoqué par le défendeur que la procuration générale devrait du moins être considérée comme commencement de preuve par écrit, permettant de prouver le don manuel par témoins.

La Cour ne fait même pas bénéficier le mandataire qui a opéré, à l'aide des fonds de son mandant un don manuel, des dispositions de l'article 1348 (impossibilité morale de se procurer une preuve écrite), malgré l'étroite relation de parente existant entre mandant et mandataire.

2. Mandat judiciaire – La reddition de compte

L'obligation de rendre compte de la gestion des comptes bancaires est plus 173
contraignante encore, lorsque l'un des héritiers, ou un tiers, a été désigné comme tuteur du titulaire de ce compte ou, ce qui arrive plus fréquemment, comme administrateur légal sous contrôle judiciaire (article 497). Cet administrateur gère la fortune de la personne placée sous protection judiciaire, donc également ses comptes bancaires, sans contrôle par un subrogé tuteur et par un conseil de famille.

Quelle que soit la forme juridique choisie pour protéger le titulaire de compte ne pouvant plus assurer personnellement la gestion de sa fortune, la personne investie de cette charge doit rendre compte de sa gestion accomplie.

Cette obligation de rendre compte résulte de l'article 469, dont le texte est le suivant : « Tout tuteur est comptable de sa gestion ». Bien que l'article précité prévoie cette obligation seulement à charge du tuteur, elle incombe cependant également au curateur et à l'administrateur légal des biens des majeurs.

L'article 471 prévoit d'autre part que cette reddition de compte doit se faire dans les trois mois suivant la fin de la tutelle. Il est clair que ce texte s'applique également à la fin de toute gestion de fortune instituée par une mesure judiciaire. En cas de décès de la personne protégée, la reddition de compte doit se faire à ses héritiers.

Si elle n'a pas été faite avant que le tribunal ait été saisi du partage des biens de la personne protégée, le tribunal l'ordonnera à la demande des héritiers et condamnera souvent le mandataire judiciaire obligé à cette reddition de compte à une astreinte sensible pour chaque jour de retard à compter de l'expiration du délai accordé par le tribunal.

Juridiquement, l'obligation de rendre compte s'applique tant si le de cujus laisse des héritiers réservataires que s'il n'en laisse pas. En pratique cependant, cette règle devrait jouer essentiellement dans le premier cas. En effet, il arrive parfois qu'un mandataire profite de son mandat pour s'approprier une partie essentielle de la succession. Ainsi, certains héritiers, à la suite de telles manipulations, se voient privés même de leur part de réserve. Il est donc fort compréhensible que ces héritiers insistent pour savoir ce que sont devenus les fonds ou titres introuvables et qu'ils entendent que le mandataire conventionnel ou judiciaire rapporte à la succession les fonds ou les titres qu'il s'est appropriés, afin de remplir les héritiers réservataires de leur réserve.

Dans le cas où aucun héritier réservataire n'est en cause, les héritiers légaux ou les légataires sont moins enclins à agir en reddition de compte contre le mandataire. Souvent, tout en regrettant que le de cujus ait pu faire une telle confiance au mandataire en question, ces héritiers se rendent néanmoins compte que le de cujus a pu faire de sa fortune ce que bon lui semblait. D'autre part, ils sont conscients que le de cujus, au lieu de donner à son mandataire une large liberté dans la gestion des fonds ou des titres déposés à la banque et de lui permettre ainsi de retirer un profit personnel, aurait pu aussi bien lui faire donation de tout ou de partie de ces fonds ou titres.

Il a notamment été jugé à ce sujet que : « *Même si la reddition des comptes n'est soumise à aucune forme, elle ne saurait en principe résulter de la simple remise des extraits de compte au mandant, ces extraits n'étant pas de nature à justifier l'utilisation des fonds, notamment en cas de prélèvements d'espèces sur les comptes sur lesquels les procurations ont été données.*

Le mandataire ne saurait se retirer derrière les liens familiaux étroits ayant existé entre lui et ses parents pour se soustraire à son obligation de rendre compte.

Les liens familiaux et d'affection n'entraînent pas automatiquement une impossibilité morale de se procurer une preuve écrite des opérations effectuées dans le cadre du mandat.

Si une telle impossibilité morale peut éventuellement se concevoir pour des montants modiques destinés à couvrir les dépenses de la vie courante du mandant, il en va autrement pour des montants plus importants ». (C.S.J. 1re Chambre, 27 février 2013, P., pp. 169 et s.)

3. Collaboration de la banque dépositaire des fonds ou des titres du de cujus

Pour reconstituer, après le décès du titulaire d'un compte bancaire, les mouvements effectués de son vivant sur ce compte, la collaboration de la banque dépositaire des fonds ou des titres est souvent nécessaire. 174

Aussi, les héritiers demandent-ils généralement à la banque en question de leur délivrer un historique de ce compte portant sur les dernières années de vie du de cujus, c'est-à-dire un relevé chronologique des différents mouvements (prélèvements, virements), opérés sur ce compte durant la période considérée.

En général, les banques accèdent à ce désir, si la demande leur est présentée par un avocat, muni éventuellement de l'accord écrit de son ou de ses clients, ou par un héritier justifiant de sa qualité.

La réaction de la banque peut changer quand les héritiers ne demandent pas seulement l'historique du compte bancaire du défunt, mais désirent aussi avoir communication de copies des chèques ou des virements documentant ces mouvements de fonds, ou, d'une façon générale, des informations que seule la banque est en mesure de leur fournir (par exemple, qui a opéré à une certaine date un prélèvement déterminé).

Ces demandes sont généralement formulées par des héritiers réservataires qui veulent savoir dans quelle mesure leur ascendant a fait, sur son compte, des mouvements de fonds ou des transferts de titres, constitutifs de dons manuels, donc des donations au profit de descendants, et même de tiers, et susceptibles de mettre en cause leur réserve héréditaire.

On peut illustrer le problème à l'aide d'un exemple, qui n'est pas théorique. Une personne âgée, a réalisé peu de mois avant son décès, un important prélèvement de fonds sur son compte bancaire et a chargé sa banque d'acheter au moyen de ces fonds des bons de trésor au porteur. Au décès du titulaire du compte, l'un des héritiers constate qu'il n'y a plus trace des bons de trésor achetés par son père. Interpellée, la banque déclare avoir remis ces bons à leur client de son vivant et, pour le reste, se retranche derrière le secret bancaire. Cet exemple nous amène à examiner la teneur et les limites de ce secret bancaire.

3.1. *Portée du secret bancaire*

Le secret bancaire a été documenté par la loi modifiée du 5 avril 1993 relative au secteur financier (article 41).

Le banquier, obligé légalement de respecter le secret bancaire, est détenteur d'informations confidentielles sur son client. Il est tenu d'un devoir de discrétion sanctionné non seulement civilement, mais aussi pénalement (article 458 du Code pénal). Sur base du secret bancaire, le banquier est autorisé à s'opposer à toute demande de révélation d'informations confidentielles à des tiers, ou d'investigations par les pouvoirs publics, sauf si ces derniers agissent dans le cadre d'une instruction pénale.

3.2. *Limites du secret bancaire*

Celui-ci n'a pas un caractère absolu. Il n'est en premier lieu pas opposable au client de la banque lui-même. Cette banque n'a pas à l'égard de son client de droit propre. Elle doit suivre les injonctions de celui-ci. Le banquier ne doit pas se faire juge des intérêts de son client.

En second lieu, le secret bancaire n'est pas intégralement opposable aux héritiers du client, bien que ceux-ci continuent la personne du défunt. La portée du secret bancaire à l'égard de ces héritiers a été illustrée de façon explicite par un jugement rendu par le Tribunal civil de et à Luxembourg en date du 24 avril 1991 (P. XXVIII, pp. 173 et s.).

Les développements qui suivent sont basés sur la décision précitée et les motifs retenus par le tribunal. Ce dernier constate, d'une façon générale, que le secret bancaire n'est pas opposable aux héritiers du client d'une banque. À cet égard, le jugement distingue entre les droits des héritiers réservataires et ceux des autres héritiers.

Ces deux catégories d'héritiers ont le droit d'être renseignées par la banque. L'étendue des droits des héritiers non réservataires dépend des intérêts en jeu. Leur accès au secret bancaire est limité aux informations strictement patrimoniales et nécessaires à la sauvegarde des intérêts patrimoniaux.

Tout en maintenant les principes pré-exposés, les juridictions sont actuellement plus nuancées et limitent l'inopposabilité par la banque du secret bancaire exclusivement aux héritiers et légataires universels du *client même* de la banque. Elles se fondent à ce sujet sur la considération que l'article 41 de la loi modifiée du 5 avril 1993 sur le secteur financier, qui consacre le principe du secret professionnel du banquier, est un texte d'ordre public et que le secret bancaire est opposable à toute personne hormis le client lui-même.

En conséquence, les juridictions appliquent le secret bancaire dans toute son ampleur si les héritiers réservataires entendent obtenir des renseignements sur un compte bancaire ayant appartenu à une autre personne que le de cujus lui-même, p. ex. à une société, dont le défunt était le bénéficiaire économique, ou encore à une fondation constituée par le de cujus.

Les tribunaux motivent leur refus par la considération que « la banque est tenue par le secret bancaire à l'égard de son client, donc du bénéficiaire inconnu du transfert litigieux effectué par le défunt et seul ce client peut délier la banque de ce secret. En effet de son vivant le défunt n'aurait eu aucun droit à l'égard de la banque, de sorte que ses héritiers n'en possèdent pas non plus. Admettre le contraire, soit accorder aux héritiers réservataires le droit d'exiger des tiers, y compris le banquier, même s'il est normalement tenu au secret, les renseignements indispensables à sa concrétisation, reviendrait à vider de tout sens le principe même du secret bancaire, à rendre son étendue illimitée par rapport aux héritiers réservataires, en leur accordant plus de droits que n'en avait le de cujus » (jugement du Tribunal d'arrondissement de et à Luxembourg, 6e section commerciale, du 18.5.2000, confirmé en appel par arrêt de la Cour, 4e Chambre, du 13 mars 2002, un pourvoi en cassation ayant été rejeté par arrêt de la Cour de cassation du 22 mai 2003).

Ainsi, pour que les héritiers réservataires puissent se prévaloir à l'égard de la banque de l'inopposabilité du secret bancaire à leur égard, leur demande de renseignements ne peut avoir pour objet que des données portant sur le(s) compte(s), dont leur auteur était lui-même titulaire de son vivant, à l'exclusion de renseignements portant sur un compte appartenant à un autre titulaire, étranger à la personne du de cujus.

Cette règle ne comporte une exception que dans la mesure où les héritiers réservataires d'un de cujus sont à même de prouver que leur auteur était en droit de prétendre lui-même à la communication des renseignements demandés, p. ex. en sa qualité de constituant et/ou bénéficiaire d'une fondation-titulaire du compte bancaire.

3.3. *Le secret bancaire face aux héritiers réservataires*

Le droit des héritiers réservataires d'être informés par la banque va plus loin que celui existant pour les héritiers ordinaires. Les premiers cités ont le droit d'obtenir du banquier « les renseignements indispensables en vue de la concrétisation de leur droit à toucher la réserve et, le cas échéant, d'exercer l'action en réduction des libéralités ».

Dans le cas d'espèce soumis aux juges, le compte du de cujus avait été liquidé quelques mois avant son décès. La banque avait fourni aux héritiers en question, tous réservataires, l'historique des comptes de son client, en se retranchant pour le surplus derrière le secret bancaire.

La banque a invoqué comme moyen que les héritiers ne sauraient avoir plus de droit que n'en avait le titulaire du compte lui-même. Or, celui-ci, dont le compte bancaire avait été liquidé quelques mois avant son décès, n'aurait, aux termes des conditions générales de la banque, pas pu opposer de réclamations relatives aux extraits et arrêtés de compte 30 jours après l'envoi de ces documents au titulaire du compte.

Le tribunal a répondu à l'argumentation précitée que les héritiers ayant introduit l'action n'entendaient pas exercer une réclamation, mais demander la production de pièces comptables, de sorte que les conditions générales invoquées par la banque n'étaient pas applicables en l'occurrence. Le tribunal a décidé de plus que le fait que le compte du de cujus avait été définitivement clos avant le décès de son titulaire ne constitue pas non plus une objection valable aux droits des héritiers.

Le tribunal a rappelé que la banque, comme tout commerçant, est tenue de conserver les documents comptables, en l'occurrence tous les documents en rapport avec la tenue d'un compte bancaire, pendant 10 ans à partir de la clôture de l'exercice auquel ces documents se rapportent.

Au fond, le tribunal a condamné la banque à fournir les renseignements demandés par les héritiers réservataires en question. Le tribunal a également basé sa décision sur l'article 921 du Code civil qui accorde aux héritiers réservataires une action en réduction des libéralités entre vifs excédant la quotité disponible de la succession. Le tribunal en conclut que ces héritiers doivent être mis en mesure de prendre connaissance de toutes les libéralités entrant en ligne de compte. À cet effet, ils ont le droit d'obtenir de la banque toutes les informations indispensables à la concrétisation de leur droit de demander la réduction de libéralités portant atteinte à leur réserve.

La condamnation précitée était assortie d'une astreinte sensible à charge de la banque pour chaque jour de retard imputable à celle-ci dans la production des documents en question.

Le jugement précité illustre de façon exemplaire quel rôle important les banques jouent souvent en matière de partage de fonds et de titres mettant en cause des héritiers réservataires. Il est indispensable qu'elles ne puissent pas se retrancher derrière leur secret bancaire, sous peine de priver du moins en partie ces héritiers de leur réserve héréditaire. Comme il n'existe pratiquement pas de partage qui ne comprenne pas de fonds ou de titres dont une banque est dépositaire, l'importance de la collaboration étroite de la banque ne saurait faire de doute.

I. – L'ÉVALUATION DES ÉLÉMENTS COMPOSANT L'ACTIF SUCCESSORAL

175 La question de l'évaluation se pose tant pour les biens que pour les créances, qui composent l'actif successoral.

1. Les biens

À quelle date faut-il estimer la valeur de ceux-ci, à celle de l'ouverture de la succession ou à celle du jour du partage ? Le Code civil est muet sur cette question. La jurisprudence s'est décidée pour le jour du partage. D'ailleurs, cette dernière référence ne doit pas être prise au pied de la lettre. L'estimation de l'avoir successoral doit nécessairement être faite avant que le partage, compte tenu des diverses formalités à accomplir, soit devenu parfait et que la distribution de leur part puisse se faire aux héritiers.

On dit donc plus exactement que l'évaluation de l'actif successoral se fait à la date de la jouissance divise, donc à une date déterminée d'un commun accord par les héritiers ou par le tribunal chargé du litige. C'est d'ailleurs également à cette date que les fruits cessent d'accroître à l'indivision pour être bonifiés à l'héritier attributaire du bien fructifère.

Quant à l'état des biens successoraux, il est également celui existant au jour du partage. Une plus-value, ou moins-value est donc, selon le cas, au profit ou au désavantage de l'indivision. Si l'état du bien est imputable à un héritier, celui-ci est, en cas d'amélioration du bien, créancier d'une indemnité à charge de l'indivision. Par contre, en cas de détérioration d'un bien par un héritier, celui-ci est débiteur de l'indemnité de moins-value à l'égard de l'indivision.

2. Les créances

Une créance de sommes d'argent est toujours évaluée à sa valeur nominale, à moins qu'elle ne soit indexée. Dans ce cas, on calcule sa nouvelle valeur au jour du partage. Si elle est exprimée en une valeur étrangère, c'est sa valeur en monnaie nationale au jour du partage, qui s'applique. Les créances de valeur, telles que l'indemnité de rapport ou de réduction de donation ou les diverses indemnités prévues par les dispositions complétant l'article 815, sont évaluées à l'époque du partage.

En ce qui concerne les intérêts des créances, il faut distinguer entre les créances contre des tiers et celles contre les héritiers. Pour les premières, il convient de suivre le droit commun. Si la convention, établissant la créance, n'a pas prévu d'intérêts, ceux-ci ne courent que de la mise en demeure du débiteur par l'assignation en justice.

Pour les créances contre les héritiers, celles-ci produisent de plein droit des intérêts à compter de l'ouverture de la succession, si elles sont antérieures au décès du de cujus. Dans le cas contraire, les intérêts courent dès la date où la créance est née. S'il s'agit d'une créance de valeur, dont il a été question au premier alinéa, les intérêts ne courent que du jour de sa liquidation.

J. – ÉGALITÉ EN NATURE OU EN VALEUR DES LOTS

176 Nous avons déjà vu les règles de forme régissant la composition des lots. Il s'agit maintenant d'examiner le contenu de ces lots en biens successoraux.

Il est évident que cette composition doit respecter l'égalité entre les successeurs. Mais de quelle égalité s'agit-il ? Chaque héritier doit recevoir un lot égal à celui des autres, mais un lot égal à ses droits successoraux. D'autre part, cette égalité des lots est susceptible de degrés. Est-ce qu'un héritier doit se contenter d'une égalité en valeur ou peut-il exiger une égalité en nature ?

L'égalité en valeur est réalisée lorsque chaque héritier a reçu un lot, dont la valeur est égale à celles des autres, indépendamment des catégories de biens successoraux qui le composent. L'égalité en valeur laisse donc une grande liberté dans la constitution des lots.

L'égalité en nature est plus stricte. Il n'est pas suffisant qu'un lot équivaut à un autre, quant à la valeur, il faut encore que chaque lot comprenne la même proportion d'immeubles, de meubles et de créances.

L'égalité en nature conduit forcément à un morcellement des biens successoraux. À la limite, s'il y a plusieurs héritiers ayant de surcroît des droits inégaux, l'égalité en nature risque de devenir inapplicable et de conduire ainsi à une vente des biens, surtout des immeubles, si ceux-ci ne peuvent pas être divisés.

Est-ce maintenant l'égalité en valeur ou celle en nature, qui doit s'appliquer dans un partage ? C'est la dernière égalité, qui est exigée par l'article 832, maintenu inchangé jusqu'à nos jours, sauf l'exception concernant les exploitations agricoles et les entreprises commerciales, artisanales et industrielles. Cet article a le libellé suivant : « Dans la formation et la composition des lots, on doit éviter autant que possible de morceler les héritages et de diviser les exploitations ; et il convient de faire entrer dans chaque lot, s'il se peut, la même quantité de meubles, d'immeubles, de droits ou de créances de même nature et valeur ». L'exigence fixée par l'article précité est confirmée par l'article 826 qui prévoit que « chacun des cohéritiers peut demander sa part en nature des meubles et immeubles de la succession ».

Le Code civil concède que l'égalité en nature peut conduire au morcellement des biens et à la division des exploitations. À quel objectif donne-t-il la priorité, au maintien de l'unité des exploitations ou à l'attribution aux héritiers de leur lot en nature ? Ces deux exigences ne peuvent en effet pas être respectées en même temps. L'une va au détriment de l'autre.

Le Code civil donne la préférence au respect de l'égalité en nature. Cela résulte assez clairement de la restriction au principe de ne pas morceler les héritages, que constitue le bout de phrase « autant que possible ».

Si on ne peut pas, dans un partage en nature, éviter ce morcellement, tant pis pour l'intégrité des biens.

Dans quelle mesure l'article 832 est-il impératif ? Il l'est certainement dans le cas d'un partage judiciaire, dans lequel les juges doivent ordonner un partage en nature, du moment que celui-ci paraît possible, notamment s'il comprend plusieurs immeubles. Aussi, l'une des missions des experts, chargés par le tribunal, est-elle de rechercher si les biens indivis sont partageables en nature.

En cas de partage amiable, quand toutes les parties sont maîtres de leurs droits, elles peuvent renoncer à un partage en nature et se contenter d'un partage en valeur.

Le morcellement peut être particulièrement préjudiciable pour une exploitation agricole ou une entreprise commerciale, artisanale ou industrielle, qui constitue la base du revenu professionnel du chef d'entreprise, copropriétaire de cette exploitation ou de cette entreprise.

Aussi deux lois, la première se rapportant aux exploitations agricoles (loi modifiée du 9 juillet 1969), l'autre aux entreprises commerciales, artisanales et industrielles (loi du 8 avril 1993) sont-elles venues déroger au principe de l'égalité en nature, lors du partage de ces exploitations et entreprises.

Nous étudierons les régimes correspondants sous les numéros 194 et suivants.

1. Finalité des soultes

On peut définir la soulte comme étant une compensation en argent qu'un héritier paie à un autre, pour remédier partiellement à une inégalité des lots. Les soultes sont prévues par l'article 833 qui dispose que « l'inégalité des lots en nature se compense par un retour, soit en rente, soit en argent ». 177

Ainsi, la soulte facilite un partage en nature et rend plus aisée la mission des experts judiciaires qui, s'ils devaient constituer des lots égaux, uniquement composés de biens successoraux, se trouveraient souvent devant un problème insoluble. Si la soulte peut être prélevée sur les fonds disponibles de la succession, elle est assez facile à mettre en application. Il en est autrement si cette possibilité n'est pas donnée et que la soulte devrait être payée par un héritier sur ses fonds propres.

Un héritier ne peut évidemment pas être forcé de payer une soulte à charge de sa fortune personnelle. S'il y consent, c'est que son lot comprend un ou des biens auxquels il tient particulièrement.

La soulte soulève certains problèmes, notamment en rapport avec le délai et les conditions de son paiement.

En ce qui concerne le délai, il est normalement imposé par les héritiers, à qui la soulte est due. À défaut d'une pareille stipulation, la soulte est payable au comptant. Cela résulte de façon indirecte de l'article 833-1 qui dispose que : « Lorsque le débiteur d'une soulte a obtenu des délais de paiement... ». Cette conclusion se dégage aussi de l'article 832-1 relatif à l'attribution préférentielle agricole, libellé ainsi : « Sauf accord amiable entre copartageants, la soulte éventuellement due est payable comptant ».

Un délai de paiement, si celui-ci est relativement long, soulève le problème de la constance en valeur de cette soulte. Suite à l'érosion monétaire, la soulte peut perdre en valeur jusqu'à son paiement définitif. Une telle dévaluation met en cause l'égalité entre les héritiers, qui a existé au moment où le partage s'est conclu.

Pour maintenir cette égalité, l'article 833-1, tel qu'il vient d'être ajouté à l'article 833 par la loi du 12 mars 1982, prévoit une clause d'adaptation de la soulte à l'évolution économique.

Cet article dispose en effet que « Lorsque le débiteur d'une soulte a obtenu des délais de paiement et que, par suite de circonstances économiques, la valeur des biens mis dans son lot a augmenté, ou diminué, de plus du dixième depuis le partage, les sommes restant dues augmentent, ou diminuent, dans la même proportion ».

Cette clause d'adaptation n'est pas obligatoire, puisque l'alinéa 2 de l'article 833-1 prévoit que « les parties peuvent toutefois convenir que le montant de la soulte ne variera pas ».

En cas d'application de la clause de revalorisation, la dette nominale se transforme donc en une dette de valeur.

Toutefois, les seules variations de valeur à considérer sont celles dues aux « circonstances économiques ». Il n'y a donc pas adaptation de la soulte, si la variation est imputable à une initiative du débiteur de la soulte sur l'état du bien mis dans son lot. Il en est de même, si ces variations tiennent à une modification fortuite de la valeur du bien, par exemple, à la revalorisation de terrains par suite de modifications d'une loi ou d'une réglementation sur l'aménagement du territoire.

Les règles sur la revalorisation d'une soulte s'appliquent dans tous les cas où une telle soulte a été stipulée, que ce soit à l'occasion d'un partage à l'amiable ou d'un partage judiciaire.

2. Intérêts en cas de paiement d'une soulte

Est-ce que le débiteur d'une soulte doit payer des intérêts à ses cohéritiers-créanciers ? 178

Si le délai de paiement résulte d'un accord amiable entre les héritiers, il appartient évidemment aux parties elles-mêmes de prévoir ou non le paiement d'intérêts et d'en stipuler le taux.

S'il n'existe pas d'arrangement entre les héritiers au sujet du paiement d'intérêts par le débiteur d'une soulte, et à défaut d'un texte légal stipulant le paiement d'office d'intérêts, il faut admettre que le droit commun s'applique. Donc, les intérêts ne courent qu'à partir de la sommation de payer adressée au débiteur de la soulte, en retard de paiement.

K. – LA LICITATION DE BIENS SUCCESSORAUX INDIVIS

Du moment qu'un partage en nature n'est pas possible, par exemple, s'il y 179
a un seul immeuble dans la succession, ou, en cas de partage à l'amiable, les héritiers renoncent à un partage en nature, il y a lieu à licitation, c'est-à-dire à une vente publique de tels biens. Cette licitation se limite normalement aux immeubles.

Dans la mesure où la vente de biens successoraux se fait à l'amiable, que tous les cohéritiers sont majeurs et capables et qu'il n'y a pas d'absent parmi eux, les héritiers sont libres de fixer les conditions de cette vente.

En cas de partage judiciaire, la vente publique se fait sur base d'un cahier des charges, établi par le notaire désigné par le tribunal. Dans le cas d'une vente amiable, les héritiers peuvent convenir que cette vente ne s'effectue qu'entre eux, c'est-à-dire que les tiers n'y sont pas admis. Cette possibilité n'existe pas pour une vente publique ordonnée dans le cadre d'un partage judiciaire ou dans un partage dans lequel sont impliqués des incapables ou un absent.

Dans les deux formes de partage, l'un des héritiers peut devenir adjudicataire d'un immeuble indivis. Dans ce cas, l'adjudication opère comme un partage partiel. Il n'y a donc pas vente. L'héritier adjudicataire se trouve alloti de l'immeuble mis en adjudication. Il devient débiteur à l'égard de la masse d'une somme d'argent, si le prix d'adjudication dépasse le montant de ses droits successoraux. Si tel n'est pas le cas, ce prix s'impute sur sa part successorale.

Si l'acquéreur est un non-héritier, l'adjudication d'un immeuble successoral constitue une vente. L'immeuble adjugé quitte la masse successorale pour être remplacé par une somme d'argent (prix de vente), plus facilement partageable entre les héritiers.

L. – LE RAPPORT DES DETTES

180 Le Code civil ne prévoit pas seulement un rapport des libéralités, à faire par un héritier, mais également un rapport des dettes, dont un héritier est redevable envers la masse successorale. L'article 829 dispose en effet que « chaque cohéritier fait rapport à la masse des dons qui lui ont été faits, et des sommes dont il est débiteur ».

Cet article signifie que l'héritier, débiteur de la succession, est alloti de la créance que la succession a sur lui. Il s'agit d'une règle d'attribution dans le cadre du partage successoral.

Le rapport des dettes présente deux avantages.

1) Il simplifie les opérations de partage. La créance qu'a la succession sur un héritier s'éteint par confusion, de sorte que l'héritier-débiteur n'a pas à payer sa dette.
2) Les cohéritiers sont placés à l'abri du risque d'insolvabilité de l'héritier débiteur. Si celui-ci a d'autres créanciers, ces derniers sont désavantagés à l'égard des héritiers. Ce sont les créanciers qui supportent les risques d'insolvabilité de cet héritier. En effet, par suite de la confusion de la dette de l'héritier avec tout ou partie de sa part successorale, cette dernière diminue. En conséquence, le gage des créanciers personnels de l'héritier-débiteur se rétrécit.

L'exemple ci-après illustre que le rapport des dettes est dans l'avantage des héritiers et qu'il joue contre les créanciers de l'héritier débiteur.

Un héritier est débiteur du de cujus pour un montant de 20 000,00 € et d'un créancier, non héritier, pour une somme de 40 000,00 €. Sa part successorale, déduction non faite de sa dette à l'égard du de cujus, est de 30 000,00 €. Cet héritier est insolvable.

Sa dette à l'égard de la succession se compensant avec sa part successorale, cette dernière se réduit à 10 000,00 € et constitue le seul gage de son créancier personnel. Celui-ci perd donc 30 000,00 €. En l'absence d'un rapport des dettes, les cohéritiers et le créancier personnel de l'héritier auraient été traités sur un pied d'égalité en ce qui concerne leur créance.

Chacun serait payé à concurrence de

$$\frac{30.000,00\ €}{20.000,00\ € + 40.000,00\ €} = 50\ \%$$

Les cohéritiers auraient reçu seulement 50 % de leur créance, soit 10 000,00 €, et le créancier 50 % de la sienne, soit 20 000,00 €, contre 10 000,00 € qu'il reçoit effectivement à la suite du rapport de dettes jouant à l'avantage des cohéritiers.

À quelles créances s'applique le rapport des dettes ?

Il concerne toutes les créances à charge d'un successeur comprises dans la masse partageable, donc notamment :

- les dettes envers le de cujus,
- les dettes à l'égard de l'indivision,
- les dettes consécutives au rapport et à la réduction des libéralités, pour autant que celles-ci se font en valeur.

Le rapport concerne même les dettes qui ne sont pas immédiatement exigibles. Le débiteur en est néanmoins alloti, alors que la dette s'éteint par confusion.

Le rapport des dettes s'applique tant aux héritiers qu'aux légataires. Il suffit qu'une personne vienne au partage pour que le rapport des dettes joue. Ce rapport ne présente cependant pas un caractère obligatoire pour les héritiers. Il constitue un droit pour l'héritier débiteur, en ce sens que les cohéritiers ne peuvent pas lui demander le paiement lors de l'échéance de la dette. L'exigibilité de cette dette est suspendue jusqu'au partage.

En revanche, le rapport des dettes ne peut pas être imposé à l'héritier débiteur contre sa volonté. Le rapport n'est pas une obligation pour ce dernier. Il lui est donc loisible de payer sa dette avant le partage, s'il y a intérêt, par exemple, pour arrêter le cours des intérêts.

M. – LES EFFETS DU PARTAGE

Le partage a pour conséquence que chaque héritier cesse d'avoir un droit 181
indivis sur l'ensemble des biens de l'actif successoral et qu'il obtient un droit privatif sur les biens que le partage met dans son lot.

La question se pose cependant de qui un héritier acquiert ses droits successoraux ? Les tient-il du de cujus ou de ses copartageants ?

Un exemple illustre ce problème. Un partage porte sur deux maisons 1 et 2 et concerne deux descendants A et B. Le descendant A se voit attribuer la maison 1 et le descendant B la maison 2.

En bonne logique, l'on pourrait raisonner que A acquiert la moitié indivise de sa maison du de cujus et l'autre moitié indivise de son frère B. Le même raisonnement pourrait se faire pour la maison attribuée à B.

Ce n'est cependant pas ainsi que raisonne le Code civil. Pour lui, tant A que B tiennent leur maison directement du de cujus. Cette position résulte de l'article 883 alinéa 1er, dont la teneur est la suivante : « Chaque cohéritier est censé avoir succédé seul et immédiatement à tous les effets compris dans son lot, ou à lui échus sur licitation, et n'avoir jamais eu la propriété des autres effets de la succession ».

Loin de réaliser des échanges de quotes-parts indivises, le partage se borne à fixer les assiettes des droits préexistants. Donc, c'est le même droit qu'un héritier détient avant et après le partage. Son droit privatif existe dès le décès du de cujus, mais se « déclare » par le partage qui lui attribue, à titre privatif, un bien de la succession. Voilà pourquoi on dit que le partage a un effet déclaratif.

Pourquoi est-il important de savoir de qui un héritier tient juridiquement le bien mis dans son lot, ou, pour employer un langage plus juridique, de décider si le partage a un effet translatif ou déclaratif ? Un acte est translatif, s'il crée des droits nouveaux entre les parties, comme par exemple la vente. Il est déclaratif, s'il se borne à confirmer officiellement un acte ayant existé déjà antérieurement comme, par exemple, la reconnaissance de paternité légitime ou naturelle d'un enfant.

La nature du partage entraîne des conséquences juridiques pour les héritiers, tant au plan civil qu'au plan fiscal. Ces conséquences se manifestent notamment dans le domaine civil. Si le partage est translatif, chaque héritier peut se voir opposer les droits que ses copartageants ont consentis, au cours de l'indivision, sur les biens mis dans son lot, comme une hypothèque ou un bail. Le caractère translatif du partage serait donc dans l'intérêt des tiers ayant acquis, au cours de l'indivision, un droit de certains héritiers.

Si par contre, le partage est déclaratif, chaque héritier est protégé contre les conséquences des droits accordés à des tiers par ses cohéritiers sur un bien, qui lui est attribué dans le partage. Le caractère déclaratif du partage assure donc l'égalité des héritiers. Par contre, il menace la sécurité des tiers qui ont fait, au cours de l'indivision, un contrat avec l'un des indivisaires. Si, par le partage, le bien, objet du contrat, n'est pas attribué à l'héritier contractant, ce tiers est privé de son droit. Le sort de ce contrat est donc soumis aux aléas du partage.

Au point de vue des droits d'enregistrement, il existe également une différence, en ce qui concerne les droits fiscaux à payer, suivant qu'un contrat à enregistrer est déclaratif ou translatif. Dans le premier cas, il est enregistré au droit fixe (12,00 €). Dans le second cas, un droit proportionnel est dû, qui est de 6 % du prix payé pour une vente.

Par suite du caractère déclaratif du partage et en vertu de la fiction que l'héritier tient ses droits successoraux directement du de cujus, le partage peut avoir un effet rétroactif. Cette rétroactivité n'est cependant pas liée indissolublement à l'effet déclaratif.

D'autre part, malgré son caractère déclaratif, le partage n'a pas toujours pour effet que tous les actes, passés durant l'indivision avec un tiers, sont rétroactivement annulés, si le bien, objet du contrat, n'est pas mis dans le lot de l'héritier contractant. Nous examinerons ci-après les domaines dans lesquels l'effet déclaratif du partage joue et les conséquences de celui-ci.

1. Domaine de l'effet déclaratif

Tout partage produit un effet déclaratif, à l'exception du partage provisionnel. Cet effet déclaratif est inhérent à un partage total, partiel, amiable ou judiciaire, même s'il a donné lieu à une attribution préférentielle (cf. numéros 198 et suivant.). 182

Cet effet s'applique ensuite aux actes qu'on qualifie « d'équipollents au partage ». Il s'agit d'actes, qui opèrent comme un partage, tout en se présentant sous une autre forme. Quels sont ces actes ?

C'est le cas de la licitation d'un immeuble successoral au profit d'un héritier. Si celle-ci se fait au bénéfice d'un tiers, il s'agit d'une vente. Par contre, si l'adjudicataire est un héritier, l'acte en question est un partage. Le caractère de partage s'applique également à la vente amiable d'un bien indivis par les héritiers à un héritier. Il en est de même de la cession de droits successifs faite par un héritier à un autre.

Quant aux personnes concernées par l'effet déclaratif du partage, celui-ci s'applique dans les rapports des héritiers entre eux ou avec les ayants-cause de l'un d'entre eux. Chaque héritier est ainsi protégé contre les actes passés par un cohéritier sur les biens qui lui sont attribués dans le partage. Si une hypothèque a été consentie par un héritier sur un immeuble, mis dans le lot d'un héritier, n'ayant pas concédé cette hypothèque, celle-ci ne produit pas d'effet à l'égard de l'héritier alloti de cet immeuble.

2. Les conséquences de l'effet déclaratif du partage

On peut voir ces conséquences de façon négative et positive. Négativement, le partage n'a pas d'effet translatif, positivement, il présente, du moins en partie, un caractère rétroactif.

2.1. *L'absence d'effet translatif*

183 Les règles régissant les contrats translatifs de propriété, ne s'appliquent pas au partage. En premier lieu, les sanctions des obligations nées du partage sont différentes de celles encourues par les parties dans une vente, acte translatif par essence.

Si, dans un partage, une soulte est stipulée, l'héritier, qui en est le bénéficiaire, ne dispose, en cas de non-paiement de celle-ci, ni de l'action résolutoire, ni du privilège du vendeur, mais il bénéficie du privilège du copartageant. Si cet héritier est évincé d'un bien dont il a été alloti, il jouit de la garantie des lots et non de la garantie d'éviction due par le vendeur en matière de vente d'immeubles.

D'autre part, le juste titre, qui permet à l'acquéreur d'un immeuble de se prévaloir de la prescription acquisitive abrégée (selon le cas, dix ou vingt ans), lorsqu'il est un acte translatif, ne peut pas être constitué par le partage qui n'a pas cette nature.

2.2. *La rétroactivité partielle du partage*

184 Étant donné que chaque héritier est censé tenir son lot directement du de cujus et que l'indivision est ainsi censée n'avoir jamais existé, l'effet déclaratif du partage se double d'un effet rétroactif. Toutefois, la rétroactivité n'est pas de l'essence de la déclarativité. En effet, le Code civil apporte un certain nombre de dérogations à cette rétroactivité. Celle-ci ne joue pleinement, ni dans les rapports des copartageants entre eux, ni dans leurs relations avec les tiers.

2.2.1 Les relations entre les cohéritiers

Si la rétroactivité y jouait pleinement, il faudrait évaluer les biens successoraux au jour du décès du de cujus et non au jour du partage. De même, les fruits échus sur un bien durant l'indivision reviendraient à l'attributaire de ce bien, alors qu'effectivement, ils accroissent à la masse successorale, sauf en cas de partage provisionnel ou de partage des fruits.

2.2.2 Les rapports des copartageants avec les tiers

Nous avons vu aux numéros 94 à 98 concernant les droits de gestion des héritiers sur les biens successoraux, quels droits chaque héritier peut accomplir seul et quels actes nécessitent l'unanimité des héritiers, ou, au cas où celle-ci ne peut pas être obtenue, l'autorisation de la justice.

L'effet déclaratif du partage ne peut anéantir « les actes, valablement accomplis, soit en vertu d'un mandat des coindivisaires, soit en vertu d'une autorisation judiciaire » (article 883 alinéa 3, tel qu'il a été ajouté par la loi du 8 avril 1993). Ces actes conservent leurs effets, quelle que soit, lors du partage, l'attribution des biens qui en font l'objet.

3. Les actes exposés à un anéantissement rétroactif

Il s'agit de tous les actes, dont la validité n'est pas garantie par les règles régissant la gestion des biens indivis, à savoir les actes d'administration et de disposition, accomplis sur les biens successoraux indivis, sans le consentement de tous les indivisaires ou sans l'autorisation de la justice. Cet anéantissement peut concerner notamment une hypothèque, une vente ou un bail. 185

Les actes de gestion irréguliers ne sont cependant pas voués à une nullité inévitable. Leur sort dépend des résultats du partage. L'acte est consolidé, si le bien, auquel l'irrégularité se rapporte, est mis dans le lot de l'héritier qui l'a accompli. Dans le cas contraire, il est inefficace, parce qu'il n'est pas opposable à l'héritier attributaire du bien concerné.

Partant, tant que dure l'indivision, l'efficacité de l'acte est incertaine. Pour éviter que le partage ne soit fait en fraude de leurs droits, les tiers, intéressés à la validité d'un contrat, peuvent intervenir au partage, moyennant opposition. Ils veillent alors à ce que le bien, sur lequel ils détiennent des droits, ne soit pas mis, à dessein, dans le lot d'un héritier, avec lequel ils n'ont pas conclu l'acte menacé dans son existence.

4. La preuve du partage amiable et du partage judiciaire

La preuve du partage judiciaire ne comporte pas de difficulté, puisqu'un tel partage suppose un jugement qui sera opposable aux copartageants et, dans des conditions normales, également aux créanciers successoraux. 186

Le partage amiable peut toujours se prouver, et se prouve le plus souvent, par un acte écrit. Cet acte peut revêtir une forme quelconque et parfois il résulte de la réunion et de la combinaison de plusieurs actes écrits. Il est constitué parfois par un acte notarié, non valable en tant que tel, mais valant comme acte sous seing privé. Il peut résulter finalement d'un rapport d'expertise constatant l'acceptation par les parties des propositions des experts.

Toutefois, un acte de partage sous seing privé, ne comportant pas la signature de tous les cohéritiers, ne saurait prouver un partage.

L'existence d'un partage ne saurait pas être prouvée par témoins ou par présomptions, si la valeur des biens partagés dépasse la somme de 2 500,00 €. La preuve d'un partage peut également être rapportée par l'aveu des parties intéressées.

N. – LA GARANTIE DES LOTS

L'article 884 dispose que « les cohéritiers demeurent respectivement garants, les uns envers les autres, des troubles et évictions seulement qui procèdent d'une cause antérieure au partage ».

La garantie des lots, assurée par l'article précité, a pour but de maintenir l'égalité des héritiers. Cette garantie protège l'héritier contre l'éviction d'un bien lui attribué au partage, ou contre les troubles auxquels il se voit confronté en ce qui concerne la jouissance d'un tel bien.

1. Les conditions de la garantie

187 L'éviction concerne la reprise par un tiers d'un bien, qu'on a cru à tort dépendre de la succession. Le trouble vise une simple menace d'éviction, notamment celle qui résulte de l'exercice d'une action en revendication. La garantie est due, même en cas d'éviction partielle. Appliquée à une créance, la garantie, instituée par l'article 884 précité, concerne non seulement l'existence effective de celle-ci, mais encore la solvabilité du débiteur.

L'article 884 n'a trait qu'à un trouble de droit, c'est-à-dire à une revendication exercée par un tiers contre un bien que l'héritier a reçu au partage. Il ne vise pas les troubles de fait exercés par les tiers. Il appartient en effet à l'héritier de se défendre personnellement contre ceux-ci.

D'autre part, pour que la garantie soit due, il faut que l'éviction, ou le trouble, ait une cause antérieure au partage, bien qu'il se soit manifesté seulement après celui-ci. Pour une éviction ou un trouble, prenant sa source seulement après le partage, l'héritier, comme tout possesseur, doit assurer sa propre défense. Ce trouble, ou cette éviction, n'a plus de rapport avec le partage. Il ne concerne donc pas les cohéritiers.

Dans le même ordre d'idées, il n'est pas dû de garantie par les autres héritiers, si l'éviction est imputable à une faute de l'héritier évincé, même si celle-ci a une source antérieure au partage. Si l'héritier n'a pas défendu ses droits devant la menace de l'éviction, tant pis pour lui. Tel est le cas, s'il a négligé d'interrompre à temps une prescription courant contre son bien.

La garantie des lots n'est, d'autre part, pas d'ordre public. Cela résulte clairement des dispositions de l'article 884 alinéa 2. Il est donc possible aux héritiers d'insérer une clause de non-garantie dans l'acte de partage. Cette clause doit cependant être expresse et spécifier l'espèce d'éviction à exclure de la garantie.

2. Les effets de la garantie des lots

La garantie en question ne permet pas au copartageant, évincé de son lot, de demander la résolution du partage. Il a seulement droit à une indemnité, dont le montant est à fixer de façon à rétablir l'égalité des lots entre les cohéritiers. 188

Il faut donc évaluer la perte que l'héritier évincé a subie. Cette évaluation se fait au jour de l'éviction et non à celui du partage. Le montant, résultant de cette estimation, doit être réparti entre tous les héritiers, y compris l'héritier évincé. L'insolvabilité d'un héritier est supportée par tous les autres.

L'indemnité, due à l'héritier évincé, est garantie par le privilège du copartageant, institué par l'article 4 de la loi du 18 avril 1910 sur le régime hypothécaire. Pour être efficace, ce privilège doit cependant être inscrit dans les soixante jours du partage. Le recours en garantie se prescrit par trente ans à compter du trouble. Ce délai est ramené à cinq ans, si la garantie réclamée concerne la solvabilité du débiteur d'une rente (article 886).

O. – LES CAUSES D'INEFFICACITÉ DU PARTAGE

Un partage peut devenir invalide pour deux raisons. Il est susceptible d'être annulé pour des raisons relevant, pour l'essentiel, du droit commun. D'autre part, le partage peut être attaqué par un héritier, parce qu'il est lésé quant à l'égalité de son lot. Nous examinerons ci-après les deux actions susceptibles de mettre à néant un partage.

1. La nullité du partage

Le partage peut être annulé pour des vices du consentement, qui sont la violence et le dol (article 887). 189

Ces vices s'apprécient et sont sanctionnés d'après le droit commun. Toutefois, l'article 892 déclare l'héritier qui a souffert d'une violence ou d'un dol, non fondé à réclamer contre ce vice si, celui-ci une fois disparu, il a aliéné tout ou partie de son lot. L'article en question tire de cette aliénation une présomption de confirmation de la nullité, qui n'est pas susceptible de preuve contraire (présomption irréfragable).

L'article 887 susvisé n'énumère pas l'erreur parmi les causes d'annulation d'un partage. La raison en est qu'il faut conférer une certaine stabilité au partage. En second lieu, l'erreur peut être couverte par d'autres actions prévues en matière de partage.

Ainsi, lorsque l'erreur porte sur la valeur des biens, elle relève de la rescision pour lésion (cf. numéros 190 à 192). Lorsque l'erreur concerne la consistance de la masse partageable, une solution à ce défaut peut être recherchée, soit dans un partage complémentaire des biens omis, soit dans la garantie d'éviction due à l'héritier qui, après avoir été alloti d'un lot, en est privé par un tiers.

Quand il s'agit d'une erreur portant sur la personne d'un copartageant, admis à tort au partage, une pétition d'hérédité permet à l'héritier omis de récupérer son lot qu'un imposteur a accaparé.

Dans des cas très exceptionnels, la jurisprudence admet néanmoins un héritier, victime d'une erreur dans un partage, à faire valoir ce vice du consentement, lorsqu'aucune autre action ne lui est donnée pour faire valoir son droit. Il en est ainsi notamment dans le cas où une fausse appréciation des droits des indivisaires dans la masse successorale a été faite, en raison de l'ignorance d'un testament instituant l'un des héritiers légataire universel.

À part les vices du consentement précités, une autre cause d'annulation d'un partage existe lorsque celui-ci met en cause un incapable ou un absent et qu'il a été fait, sans que les règles protectrices des incapables aient été observées.

Il s'agit dans ce cas d'une nullité relative, pouvant être soulevée uniquement par la personne protégée ou par son représentant légal. La confirmation du partage demeure possible, soit par le mineur devenu majeur, soit par le respect ultérieur des règles de protection prescrites.

Lorsqu'un partage a été annulé pour non observation des règles de protection d'un incapable, le partage conserve la valeur d'un partage provisionnel (article 840).

Quant aux effets d'un partage annulé pour des raisons de vices du consentement, ce partage est censé n'avoir pas été effectué et les copartageants sont censés n'être jamais sortis de l'indivision. Il faudra donc procéder à un nouveau partage. Un tiers, ayant conclu un contrat avec un copartageant sur une chose mise dans le lot de ce dernier, voit ses droits abandonnés aux aléas du nouveau partage.

2. La rescision du partage pour cause de lésion

2.1. *Appréciation de la lésion*

Normalement, entre des personnes majeures et capables de leurs droits, la lésion ne vicie pas un contrat. La loi fait exception pour la vente (lésion du vendeur de plus de sept douzièmes) et pour le partage. 190

Quant à ce dernier, la lésion est admise pour une raison déjà rencontrée plusieurs fois, à savoir le principe de l'égalité des copartageants.

Cependant, des motifs de stabilité du partage ont admis les auteurs du Code civil à n'admettre la lésion que si elle présente un certain pourcentage de la valeur du lot attribué à un copartageant. Ce taux doit être supérieur au quart de la valeur du lot. C'est la perte subie par le copartageant lésé et non le gain réalisé par un autre héritier, qui doit dépasser les 25 %. Illustrons cette règle par un exemple.

Admettons une masse successorale de 90 000,00 €, à partager par trois héritiers, A, B et C. La part due à chacun d'eux est donc de 30 000,00 €. Un héritier est lésé s'il reçoit moins de 75 % de ce montant, soit moins de 22 500,00 €.

Il n'y a par contre pas lésion si l'actif susvisé se partageait comme suit : 35 000,00 € pour l'héritier A, 32 500,00 € pour l'héritier B et 22 500,00 € pour l'héritier C. Ce dernier n'est pas lésé, alors qu'il a obtenu 75 % de sa part successorale, bien que A ait obtenu une part largement supérieure à la sienne.

Pour évaluer la lésion subie par un héritier, il faut comparer la valeur du lot lui attribué à la valeur de la part qui aurait dû lui revenir. Il convient de considérer tous les biens mis dans son lot. Il se peut, en effet, que la sous-estimation présumée d'un bien soit compensée par la surestimation d'un autre.

Lorsque le partage n'a été que partiel et qu'un héritier invoque une lésion, il y a lieu de procéder comme suit. Il n'y a pas à tenir compte des biens qui n'ont pas encore été partagés. L'on ne saurait argumenter que le copartageant désavantagé pourrait se rattraper sur les biens encore à partager. Il faut, par contre, tenir compte des autres partages partiels, faits antérieurement ou même postérieurement au partage attaqué. Il est en effet possible que l'inégalité invoquée pour ce dernier partage soit neutralisée par la valeur donnée aux divers biens dans les autres partages partiels. Les biens à considérer doivent être estimés à leur valeur à la date du partage (article 890) ; c'est en effet à cette époque que l'égalité des droits des copartageants doit être appréciée.

2.2. *Partages donnant lieu à lésion*

191 Suivant l'article 888, « l'action en rescision est admise contre tout acte qui a pour objet de faire cesser l'indivision entre cohéritiers, encore qu'il fût qualifié de vente, d'échange et de transaction ou de toute autre manière ».

Cette formule vise tout acte qui constitue un véritable partage. Peu importe qu'il s'agisse d'un partage total ou partiel, amiable ou judiciaire.

Si le partage est amiable, il est indifférent suivant quelle espèce de contrat les parties ont réalisé la distribution des biens successoraux entre eux, telle que par vente au profit d'un héritier, par cession de droits successifs entre cohéritiers ou par une transaction sur la composition ou l'attribution des lots.

Il existe cependant une exception à cette règle reprise par l'article 889. Les partages à caractère aléatoire ne donnent pas lieu à une action en rescision pour lésion. L'article précité vise l'aléa existant en rapport avec la vente de droits successifs, faite sans fraude à l'un des héritiers qui, en connaissance de cause, accepte un lot dont la consistance est incertaine (créances douteuses, œuvre d'art d'une authenticité non garantie, terrains dont la constructibilité est encore incertaine).

On peut parler dans ce cas d'une acceptation des risques par l'héritier en question. Cet achat peut être pour lui une source de gains, imputables à des facteurs indépendants de sa volonté, ou, au contraire, se révéler une mauvaise affaire.

2.3. *Comment rétablir les droits de l'héritier lésé ?*

192 Il existe à cet égard deux possibilités : faire un nouveau partage ou indemniser le copartageant désavantagé par une allocation supplémentaire, soit en nature, soit en valeur.

La première solution présente de grands inconvénients. Il faudrait procéder à une nouvelle évaluation des biens héréditaires. Par ailleurs, les droits consentis par un copartageant sur les biens, dont il s'estimait propriétaire, dépendraient des aléas du nouveau partage.

Pour éviter ces inconvénients, l'article 891 permet au défendeur à une action en rescision du partage pour lésion d'arrêter la procédure judiciaire engagée, en offrant au demandeur de fournir le supplément de sa portion héréditaire, soit en nature, soit en valeur.

L'alternative entre un nouveau partage et le paiement du supplément est uniquement offerte aux héritiers contre qui la demande en lésion est portée. Elle ne constitue pas une faculté pour le demandeur. Si l'indemnité est fournie en valeur, elle doit être calculée au jour de son paiement et non au jour du partage. Le partage lésionnaire peut également être confirmé par l'héritier désavantagé, mais la confirmation doit être faite en connaissance de cause. Elle serait nulle, si elle était réalisée, avant que cet héritier n'ait connaissance de la lésion.

P. – LE RÉGIME SUCCESSORAL APPLICABLE AUX EXPLOITATIONS AGRICOLES ET AUX ENTREPRISES COMMERCIALES, INDUSTRIELLES ET ARTISANALES

1. Principes généraux

Nous avons examiné les inconvénients que présentent certains articles du Code civil sur le régime successoral, alors qu'ils peuvent être l'occasion de partages inopportuns et, surtout, d'un morcellement préjudiciable des immeubles. **193**

À cet égard, ce sont surtout les articles 815 et 832 qui sont en cause. Leur portée est surtout préjudiciable si les biens, devant être partagés, font partie d'une exploitation agricole, ou d'une entreprise commerciale, artisanale ou industrielle. Celles-ci constituant la base du revenu du chef d'exploitation et de sa famille, leur morcellement peut signifier la fin de l'activité professionnelle exercée par cette personne. D'où l'idée du législateur de mettre, partiellement, hors application les deux articles précités, chaque fois que le sort d'une exploitation ou d'une entreprise est en cause.

Le droit successoral, qui s'applique à ces entités, diffère du régime successoral normal uniquement en ce sens que les règles sur le partage sont modifiées. Il n'est pas dérogé aux dispositions sur les droits successoraux des héritiers, notamment sur la dévolution des successions.

On doit cependant concéder que le droit de succession, tel qu'il s'applique aux exploitations agricoles et aux entreprises commerciales, artisanales et industrielles, fait dévier partiellement ce droit de sa finalité familiale, vers une finalité économique. D'autre part, ce droit successoral spécifique comporte, dans une certaine mesure, une dissociation entre propriété et exploitation, l'accent étant mis davantage sur cette dernière notion. Celle-ci était inconnue du Code civil, avant la réforme des articles 815 et 832.

Dans les cas où une indivision comprend une telle exploitation ou entreprise, il y a lieu à deux partages différents. Le premier porte sur l'exploitation ou l'entreprise, suivant leur régime propre, et le second sur les autres biens laissés par le de cujus et se fait suivant le droit commun.

Nous allons examiner, dans les chapitres suivants, ces différents régimes dérogatoires au droit commun en matière de partage.

2. Les exploitations agricoles

194 La réforme en cette matière a été réalisée par la loi du 9 juillet 1969 et, accessoirement, par celle du 8 avril 1993. Ces modifications ont porté sur les articles 815 et 832. Le premier de ces articles a été complété en ce sens que, lorsqu'une exploitation agricole est comprise dans une indivision successorale, le maintien temporaire de l'indivision, ayant trait à cette exploitation, peut être prononcé par le tribunal civil.

Quant à l'article 832, il est modifié de sorte que le partage en nature est écarté, si une exploitation agricole est en cause. Ce partage se fait en valeur pour les héritiers non associés à la gestion de cette exploitation. Celle-ci est attribuée à l'héritier, ou aux héritiers, appelé(s) à assurer la continuation de celle-ci. On parle dans ce cas d'attribution préférentielle de l'exploitation. Le régime successoral, qui est analysé à la présente section, a été inspiré par une réforme qui s'est effectuée en France par le décret-loi du 17 juin 1938 et la loi du 19 décembre 1961.

Il convient cependant de remarquer qu'il existe de sensibles différences entre le régime français et le régime luxembourgeois. Notre pays s'est, en grande partie, limité à reprendre de la France la technique juridique plutôt que les modalités d'application. Par ailleurs, le régime français, qui a inspiré notre loi du 9 juillet 1969, a entretemps été complété et perfectionné, ce qui n'a pas été le cas au Grand-Duché.

Nous étudierons successivement le maintien temporaire de l'indivision (article 815-1) et l'attribution préférentielle (article 832-1 à 832-3, à l'exception de l'article 832-1-1).

2.1. *Le maintien temporaire de l'indivision*

195 Depuis l'entrée en vigueur de la loi du 8 avril 1993 relative à l'organisation de l'indivision et étendant l'attribution préférentielle en cas de succession aux entreprises commerciales, industrielles et artisanales, l'article 815 nouveau prévoit plusieurs cas de maintien légal temporaire de l'indivision. Ils ont été examinés au numéro 89. Avant loi de 1993, une telle possibilité légale existait uniquement pour les exploitations agricoles.

Rappelons que la loi du 8 avril 1993 précitée, a prévu, en ce qui concerne les exploitations agricoles, la possibilité de maintenir, pendant deux ans, l'indivision « si un des indivisaires ne peut s'installer sur une exploitation agricole dépendant de la succession ».

Nous avons exprimé certains doutes au sujet de l'opportunité de cette mesure, notamment en rapport avec la concordance de celle-ci avec le régime institué par la loi du 9 juillet 1969.

Cette dernière exige en effet le respect de critères précis, avant que le tribunal puisse faire droit à cette faveur dérogatoire au régime général de l'article 815. Ces exigences légales à respecter concernent tant l'exploitation agricole que les personnes qui sollicitent le maintien de l'indivision. Nous allons analyser ci-après ces différentes conditions à remplir.

2.2. *Exigences à respecter par l'exploitation agricole indivise*

Le maintien de l'indivision ne s'applique, aux termes de l'article 815-1, qu'à une « exploitation agricole constituant une unité économique viable et dont la mise en valeur était assurée par le défunt ou par son conjoint ». **196**

Il existe donc deux conditions légales qui doivent être respectées, à savoir l'unité économique viable et la gestion durable de cette unité. L'exploitation agricole constitue une unité économique, quand elle dispose de tous les facteurs d'exploitation qui sont : les bâtiments d'exploitation, les terrains agricoles, les machines et, suivant l'orientation économique de l'exploitation, le bétail. Souvent ces facteurs ne se trouvent pas tous réunis dans l'indivision, parce qu'ils appartiennent, en partie déjà, à l'un ou à plusieurs des indivisaires. Dans ces cas, le maintien de l'indivision de l'exploitation peut néanmoins être demandé à la justice.

L'unité économique doit être viable. Cela implique que le chef d'exploitation et les membres de sa famille, travaillant ou ayant travaillé sur elle, ont pu assurer leur vie à l'aide des seuls revenus produits par cette exploitation. L'article 815-1 alinéa 1 prévoit expressément que le tribunal doit statuer en fonction « des possibilités d'existence que la famille peut tirer des biens indivis ». Il s'agit d'une question de fait sur laquelle le tribunal statue souverainement, généralement sur base d'une expertise.

Une controverse juridique était née sur la question de savoir si, pour apprécier la viabilité d'une exploitation agricole, il faut tabler seulement sur les terrains agricoles dont l'exploitant agricole était propriétaire ou également sur les terres faisant l'objet d'un bail à ferme.

Les tribunaux s'étaient prononcés pour la première alternative. Ces décisions étaient critiquées par le monde agricole. La controverse a été levée par voie légale. En effet, la loi du 5 avril 1989 a prévu que l'unité économique viable « est fondée, pour partie, sur le bénéfice d'un ou de plusieurs baux de terre, répondant aux conditions qui seront fixées par un règlement grand-ducal... ». Cette nouvelle disposition a été par après incorporée à l'article 815-1 alinéa 1.

Ces conditions sont déterminées par le règlement grand-ducal du 3 août 1989 fixant les conditions auxquelles doivent répondre les baux de terre à prendre en considération pour déterminer l'unité économique viable visée par les articles 815 et 832-1 du Code civil.

Une autre condition légale, touchant l'exploitation à maintenir en indivision, exige que la mise en valeur de celle-ci soit effective et qu'elle doive avoir été assurée par le défunt ou par son conjoint.

La mise en valeur effective implique que l'exploitation, au moment de l'ouverture de la succession, n'avait pas encore cessé de fonctionner. Par ailleurs, cette mise en valeur doit avoir été assurée par le défunt lui-même ou, du moins, par son conjoint, si le conjoint prédécédé a eu une autre activité professionnelle.

Il n'est pas requis que d'autres héritiers, habilités à demander le maintien de l'indivision, aient collaboré à la gestion de l'exploitation, dont le sursis au partage est demandé.

2.3. *Les bénéficiaires du maintien de l'indivision*

197 L'une des premières personnes, à être intéressée au maintien de l'indivision est évidemment le conjoint survivant. Cet intérêt peut être personnel ou viser ses enfants mineurs. Suivant l'âge du conjoint survivant, ses aptitudes professionnelles ou ses besoins financiers, celui-ci peut avoir intérêt à continuer personnellement la gestion de l'exploitation agricole.

Ce conjoint peut également être mû par le souci de l'avenir professionnel de l'un de ses enfants mineurs qui, une fois devenu majeur, peut reprendre cette exploitation à son compte.

En attendant que ce mineur ait atteint sa majorité, il est donc indiqué de surseoir au partage. Des enfants majeurs, en l'absence de frères ou sœurs mineurs, ne sont pas habilités à demander le sursis au partage de l'exploitation en indivision. Ces derniers ont d'autres moyens à leur disposition, s'ils entendent continuer l'entreprise familiale.

Toutefois, si les enfants majeurs ont encore des frères ou sœurs mineurs, l'article 815-1 alinéa 3 les autorise à demander le maintien de l'indivision. En effet, dans ces conditions, celle-ci présente un avantage, étant donné que la reprise de l'exploitation à leur compte, rendant nécessaire son partage, présente des difficultés juridiques, lorsque des mineurs y participent. Il est donc recommandé d'ajourner ce partage jusqu'à ce que tous les enfants aient atteint la majorité.

Les enfants, soit mineurs, soit majeurs, n'ont pas à satisfaire à la condition d'être copropriétaires des biens composant l'exploitation. Pour les enfants mineurs, le sursis au partage peut être demandé, en leur nom, par leur père ou mère survivant ou, à leur défaut, par leur représentant légal.

Lorsque le maintien de l'indivision de l'exploitation est prononcé par le tribunal, il porte également sur les bâtiments d'exploitation et le local d'habitation. Il faut cependant que, du vivant du de cujus, ces bâtiments fussent effectivement utilisés pour l'exploitation. Il s'ensuit que, si l'exploitation comporte plus d'un bâtiment d'exploitation, ou plus d'une maison d'habitation, utilisés successivement, seuls les bâtiments servant l'exploitation lors du décès du chef d'exploitation, font partie du maintien dans l'indivision. Les autres bâtiments tombent alors sous le régime successoral normal et peuvent être partagés.

En ce qui concerne plus particulièrement le conjoint survivant, il ne peut demander le sursis au partage pour la maison d'habitation, que s'il l'a habitée au moment du prédécès de son conjoint.

Le maintien de l'indivision n'est accordé que pour un délai de cinq ans. La demande peut être renouvelée à l'expiration de cette période par les enfants, s'ils sont toujours mineurs. La prorogation est possible jusqu'à ce que le plus jeune ait atteint la majorité. Pour le conjoint survivant, la prorogation de l'indivision est possible jusqu'à son décès.

2.4. *L'attribution préférentielle de l'exploitation agricole (article 832-1)*

Le maintien dans l'indivision d'une exploitation agricole ne constitue pas une fin en soi, mais un stade transitoire permettant d'attendre que le successeur, qui désire continuer cette exploitation, soit juridiquement et économiquement en mesure de reprendre celle-ci à son compte. 198

La reprise se fait sous la forme de l'attribution préférentielle. Cette notion signifie que l'héritier, qui réunit les conditions juridiques et les capacités professionnelles requises, a droit à ce que les biens, composant l'exploitation familiale, lui soient attribués dans leur intégralité, à valoir sur sa part successorale, et ne soient pas partagés. Les autres héritiers sont allotis, de préférence, des autres biens laissés par le de cujus et/ou d'une soulte à charge de leur frère ou sœur, qui continue l'exploitation familiale.

L'attribution préférentielle d'une entreprise agricole déroge donc au principe du partage en nature, tel qu'il est inscrit à l'article 832. Aussi l'article 832-1 renverse-t-il les priorités établies par l'article 832, consistant dans la primauté du partage en nature sur le morcellement des exploitations. L'article 832-1 par contre impose la priorité du maintien de l'unité de l'exploitation sur son partage en nature.

Sous quelles conditions l'attribution préférentielle est-elle possible ?

Tout comme pour le maintien de l'indivision, les conditions s'appliquent tant à l'exploitation qu'à la personne de l'héritier qui demande cette attribution préférentielle.

En ce qui concerne l'exploitation, ces conditions se couvrent, en partie, avec celles valables pour le maintien de l'indivision. Il faut donc que l'exploitation constitue une unité économique viable. Celle-ci peut être composée, pour une part, des biens dont l'héritier, qui demande l'attribution préférentielle, était déjà propriétaire ou copropriétaire avant le décès du de cujus.

Il est exigé de plus que le demandeur de l'attribution préférentielle participe, ou ait participé, effectivement à la mise en valeur de cette exploitation. Cette participation peut également être remplie dans le chef du conjoint du demandeur, quand ce dernier exerce, au moment de la demande, une autre activité professionnelle.

Qui peut demander l'attribution préférentielle ? Ce sont le conjoint survivant et les descendants du de cujus, qui sont copropriétaires des biens composant l'exploitation et qui ont travaillé sur celle-ci.

Toutefois, l'attribution préférentielle n'est, en ce qui concerne le conjoint, pas seulement possible en cas de décès de son conjoint, mais également en cas de divorce ou de séparation de corps. Suite au divorce ou à la séparation de corps, celui des conjoints, qui satisfait aux conditions visées ci-dessus, peut demander que l'exploitation lui soit attribuée. L'autre conjoint est alors alloti en valeur, à moins qu'il n'existe d'autres biens dont le ménage agricole était propriétaire.

L'attribution préférentielle ne joue pas seulement si l'exploitation agricole est la propriété ou la copropriété du de cujus. Elle peut également être demandée, si le défunt était seulement fermier de celle-ci (article 832-1 alinéa 5).

Le fermier est propriétaire du train agricole et du bétail se trouvant sur l'exploitation. Par contre, il a pris en location les bâtiments d'exploitation et les terrains agricoles. Quand l'héritier, qui veut continuer l'exploitation gérée par le de cujus, peut justifier qu'il a repris à son nom le bail à ferme, ayant existé au profit de son père ou de sa mère prédécédé(e), il est en droit de demander que lui soient attribués, à valoir sur sa part successorale, le train agricole et le bétail élevé sur la ferme au moment du décès de l'ancien chef d'exploitation. Ce droit existe également en faveur du conjoint survivant.

L'une des spécificités du régime luxembourgeois de l'attribution préférentielle, consiste dans l'estimation de la valeur des biens composant cette exploitation.

Cette évaluation ne se fait pas suivant le droit commun, donc d'après la valeur vénale de ces biens au jour du partage. Elle a lieu suivant un système propre à l'agriculture, se déterminant en fonction de la productivité de l'exploitation considérée, à savoir *la valeur de rendement agricole.*

L'alinéa 8 de l'article 832-1, qui prévoit cette notion, précise que « la valeur de rendement agricole correspond à la rente capitalisée de l'exploitation agricole gérée dans des conditions rationnelles de production, compte tenu de sa destination économique normale ».

L'alinéa 9 de l'article 832-1 précise que « les principes et modalités à appliquer pour la détermination de la valeur de rendement agricole sont fixes par règlement grand-ducal ».

Il existe deux règlements grand-ducaux. Le premier pour les exploitations agricoles et le second pour les exploitations viticoles. Ces deux règlements sont périodiquement modifiés pour adapter leurs paramètres.

Il n'existe pas de réglementation propre pour les autres productions, relevant du secteur agricole, notamment pour l'horticulture.

2.5. *La procédure judiciaire de l'attribution préférentielle*

L'attribution préférentielle, visée par l'article 832-1, n'est pas d'ordre public, en ce sens que les indivisaires d'une exploitation agricole devraient en appliquer d'office les règles. Les héritiers peuvent y renoncer. Cette renonciation est d'office donnée, si aucun héritier n'entend continuer l'exploitation familiale. Dans ce cas, rien ne s'oppose à un partage en nature de celle-ci. **199**

Au cas où un héritier désire prendre à son compte l'exploitation et que ses cohéritiers sont d'accord pour la lui céder, les indivisaires peuvent convenir que cette attribution se fait sur un prix supérieur, ou même inférieur, à la valeur de rendement agricole.

Si les cohéritiers ne sont d'accord, ni avec l'attribution préférentielle ni surtout avec le prix offert par le demandeur en attribution préférentielle, ce dernier doit s'adresser à la justice.

La procédure judiciaire déroge, en grande partie, à la procédure normalement applicable devant le tribunal civil pour un litige portant sur l'application du droit successoral. Une première dérogation concerne la demande d'attribution elle-même. Celle-ci peut être faite de deux manières différentes. Le descendant, qui veut continuer l'exploitation de ses parents, s'adresse lui-même au tribunal pour demander, dans le cadre d'une action en partage, l'attribution de cette exploitation à son profit.

Il peut aussi attendre jusqu'à ce que ses cohéritiers intentent une action en partage de droit commun. Dans ce cas, le successeur présumé de l'exploitation agricole n'est pas tenu de formuler immédiatement sa demande en attribution préférentielle. L'article 832-1 alinéa 3 lui accorde en effet un délai de réflexion d'un an, à compter de l'introduction de la demande en partage de ses cohéritiers.

Après l'expiration de ce délai, l'intéressé doit solliciter l'attribution préférentielle, sinon le partage de l'exploitation se fait d'après le droit commun.

Si le tribunal constate que l'exploitation répond à l'ensemble des conditions visées à l'article 832-1 alinéa 3 (unité économique viable, copropriété et participation effective du demandeur en attribution préférentielle), cette attribution est de droit. Le tribunal n'a donc plus de pouvoir d'appréciation à cet égard, en argumentant, par exemple, que les perspectives d'avenir de cette exploitation ne seraient pas bonnes, même si elle satisfait actuellement aux conditions légales.

Le tribunal garde néanmoins, dans une certaine mesure, un pouvoir d'appréciation sur les qualités professionnelles du demandeur. Il peut en effet lui refuser l'attribution préférentielle, s'il constate « l'inaptitude manifeste du ou des demandeurs à gérer l'exploitation ».

Il est aussi possible que plusieurs descendants sollicitent l'attribution préférentielle. Deux possibilités se présentent alors. Soit, ils demandent celle-ci conjointement. Dans ce cas, le tribunal doit entériner cette demande, si tous les demandeurs satisfont aux conditions légales. Soit, chacun demande cette attribution pour son compte. Dans cette hypothèse, le tribunal doit désigner le plus qualifié d'entre eux.

L'exploitation agricole étant attribuée au(x) postulant(s), il s'agit d'en fixer la valeur et de déterminer éventuellement les soultes à payer aux cohéritiers par l'attributaire préférentiel.

Cette estimation se fait sur base de la valeur de rendement de cette exploitation. Le tribunal ne dispose pas de données suffisantes pour fixer lui-même cette valeur. Il se voit en conséquence obligé d'instituer une expertise. D'ailleurs, celle-ci est obligatoire, ainsi que nous allons le voir.

Dans ce contexte, il y a lieu de mentionner une autre règle dérogatoire à la procédure de droit commun à appliquer par les juges. Cette dérogation est précisée par l'article 8 de la loi modifiée du 9 juillet 1969, ayant pour objet de modifier et de compléter les articles 815, 832, 866, 2103(3) et 2109 du Code civil. Cet article 8 n'a pas été intégré à l'article 832-1.

L'article 8 précité prévoit que le tribunal ne peut, à l'occasion de l'examen d'un litige, ayant pour objet la loi susvisée, statuer qu'après avoir entendu les parties dans une comparution des parties et, à la suite d'un rapport d'expertise à établir par trois experts, dont l'un au moins doit être choisi sur une liste établie par le Ministre de l'agriculture. Toutefois, les parties peuvent se contenter d'un seul expert ou dispenser le tribunal de l'institution de l'expertise ou de la comparution des parties.

À moins d'une dispense expresse de toutes les parties, le tribunal, à l'occasion d'un procès ayant son origine dans la loi du 9 juillet 1969, n'est donc pas libre dans l'institution de ses mesures d'instruction. Il doit ordonner une comparution personnelle des parties et instituer une expertise. La composition du collège des experts est, du moins en partie, prédéterminée par la loi.

La soulte due à ses cohéritiers par l'attributaire préférentiel, telle que fixée par le tribunal sur base du rapport d'expertise, est payable comptant, sauf si les cohéritiers lui ont accordé un délai de paiement. Dans ce dernier cas, cette soulte est à réévaluer en fonction de l'évolution économique (article 833-1).

2.6. *L'attribution préférentielle réduite*

L'article 832-2 prévoit une alternative pour le descendant, qui est décidé **200**
à continuer l'exploitation familiale, mais qui, pour une raison personnelle (peut-être un manque de moyens financiers), ne peut, ou ne veut, pas demander l'attribution préférentielle de l'ensemble de l'exploitation.

L'article 832-2 lui permet de solliciter du tribunal l'attribution des bâtiments d'exploitation agricoles, y compris le bétail et le train agricole.

Pour qu'il y ait lieu à cette attribution réduite, tant l'exploitation concernée que le demandeur doivent satisfaire aux conditions légales requises pour l'attribution préférentielle de l'article 832-1. Au cas où le tribunal fait droit à la demande, les terrains agricoles de l'exploitation sont partagés en nature entre tous les héritiers.

Quant à l'évaluation des éléments de l'exploitation attribuée préférentiellement, celle-ci répond encore à une règle spéciale. Ce n'est en effet pas la valeur de rendement qui est à prendre en considération, ni tout à fait la valeur vénale. En effet, l'article 832-2 prévoit que les bâtiments d'exploitation sont estimés aux deux tiers de leur valeur vénale et le matériel agricole et le bétail à leur valeur vénale.

À quel but répond l'article 832-2 ?

Il permet à un jeune agriculteur de reprendre, par étapes, l'exploitation parentale. Pour ne pas se surcharger financièrement, celui-ci peut se limiter à demander, dans un premier temps, le noyau de l'exploitation. Quant aux terrains agricoles, dont il a hérité une quote-part, et dont le reste est attribué à ses frères et sœurs, il cherche à les leur racheter, au fur et à mesure que l'occasion se présente.

À cet égard, l'article 832-3 lui vient en aide. Il accorde en effet à l'attributaire des bâtiments agricoles un droit de préemption et de pré-fermage sur ces terrains. Si un cohéritier entend vendre un terrain provenant de l'exploitation familiale il doit l'offrir en vente par adjudication publique, sous peine de nullité de cette vente. Cette obligation existe pour une période de dix ans, à compter de l'attribution préférentielle réduite. L'attributaire préférentiel des bâtiments d'exploitation doit être convoqué à l'adjudication publique. Il peut, soit se rendre acquéreur lors de cette adjudication même, soit attendre le résultat de celle-ci et décider après, s'il entend payer le même prix qu'a offert l'adjudicataire, qui a fait l'offre la plus élevée. Il faut cependant qu'il se décide endéans les cinq jours de l'adjudication, sinon le résultat de celle-ci est définitif.

L'obligation d'informer l'attributaire des bâtiments d'exploitation existe aussi, pendant dix ans, à charge d'un cohéritier des terrains agricoles en provenance de l'exploitation familiale, qui veut les donner en location. Dans ce cas, l'attributaire précité a un droit de préférence sur le tiers locataire, s'il est d'accord à payer le prix de fermage offert par ce dernier.

2.7. *Le partage des plus-values réalisées par le transfert d'immeubles agricoles attribués préférentiellement*

201 Le texte initial de l'article 832-4 du Code civil a régi la vente d'immeubles attribués préférentiellement au continuateur de l'exploitation agricole familiale. Cet article disposait que le bénéfice réalisé par cette vente devrait faire l'objet d'un partage supplémentaire. La condition de celui-ci a été que cette vente se fasse dans un délai de 10 ans suivant cette attribution. Ce délai a été porté à 20 ans lorsqu'au moment de cette attribution, les immeubles étaient situés dans le périmètre de construction.

Or, l'article 832-4, dans son libellé initial, a été déclaré anticonstitutionnel par un arrêt du 25 mai 2007 rendu par la Cour constitutionnelle, qui a décidé que « *L'estimation des biens alloués à leur valeur de rendement agricole au jour du partage, ensemble la limitation de la faculté de procéder à un partage supplémentaire dans les délais déterminés par la loi au seul cas de vente des immeubles, sans prendre en considération toute autre hypothèse d'aliénation ou de désaffectation, crée une disproportion entre les bénéficiaires de l'attribution agricole et leurs copartageants* ».

En raison de cette décision de la Cour constitutionnelle, le législateur s'est donc vu obligé de modifier l'article 832-4 initial et d'élargir le champ d'application des cas d'aliénation des immeubles attribués préférentiellement.

Cette réforme a eu lieu par la loi du 26 mai 2009, qui a modifié l'article 832-4 alinéa 1er du Code civil comme suit : **Art. 1er**. L'article 832-4, alinéa 1° du Code civil est remplacé par les dispositions suivantes : « *1° Si, dans les 25 ans suivant l'attribution, l'attributaire vend ou cède autrement entre vifs à titre onéreux ou gratuit tout ou partie des immeubles qui lui ont été attribués conformément aux articles 832-1 ou 832-2, ou les exploite ou les fait exploiter à des fins non agricoles, ou les donne à bail,* *la différence entre la valeur réelle de ces immeubles et celle qui aura été prise en considération à l'occasion de l'attribution fera l'objet d'un partage supplémentaire.*

Les dispositions de l'alinéa qui précède ne sont pas applicables en cas de partage d'ascendants, de donation en ligne directe, de remembrement ou d'échange contre un autre immeuble à usage agricole, sauf si les immeubles compris dans le partage d'ascendants ou la donation en ligne directe ne sont plus exploités à des fins agricoles par le nouveau propriétaire ou si les immeubles reçus en échange ou par la voie d'un remembrement ne sont plus exploités à des fins agricoles par l'attributaire.

En cas d'échange d'immeubles avec soulte au profit de l'attributaire continuant à exploiter les immeubles à des fins agricoles, cette soulte fera l'objet d'un partage supplémentaire.

La valeur réelle est fixée, en cas de désaccord, par le tribunal sur rapport d'expertise établi conformément à l'article 8 de la loi du 9 juillet 1969 ».

3. L'attribution préférentielle des entreprises commerciales, industrielles et artisanales

La loi du 9 juillet 1969, qui a introduit l'attribution préférentielle des exploitations agricoles, avait laissé hors de son champ d'application les entreprises commerciales, industrielles et artisanales. Il n'y avait à cette exclusion aucune raison de principe, de sorte que rien ne se serait opposé à faire bénéficier ces entreprises de la même faveur légale. En effet, les inconvénients d'un partage en nature se posent avec la même acuité pour ces entreprises. **202**

La lacune a été comblée par la loi du 8 avril 1993, qui a pour objectif essentiel de régler les droits et obligations des indivisaires. Cette loi a ajouté à l'article 832-1 un alinéa 832-1-1, libellé comme suit : « L'article 832-1, à l'exception des dispositions prévues sous 8 à 10 (valeur de rendement agricole) est applicable, en ce qui concerne toute entreprise commerciale, industrielle ou artisanale, non exploitée sous une forme sociale, dont l'importance n'exclut pas un caractère familial.

Les biens faisant l'objet de l'attribution sont estimés à leur valeur au jour du partage ».

Ce texte s'inspire de l'article 832-4 du Code civil français. À noter, toutefois, que cette dernière disposition n'exclut pas de son champ d'application les entreprises exploitées sous une forme sociale.

Il convient d'abord de relever que la loi du 8 avril 1993 n'a pas introduit, pour les entreprises susvisées, le maintien légal de l'indivision, tel qu'il a été créé pour les exploitations agricoles par la loi du 9 juillet 1969. Dans la mesure où un tel sursis légal au partage présente un intérêt pour les entreprises susvisées, celles-ci n'ont à leur disposition que les nouvelles mesures prévues à l'article 815 alinéas 2 et 3.

Ces entrepreneurs peuvent, tout comme les exploitants agricoles, solliciter l'attribution préférentielle de l'entreprise familiale. Les règles définies à l'article 832-1 relatives aux exploitations agricoles (unité économique viable, copropriété de l'entreprise, participation à la gestion de celle-ci), sont donc également à respecter par les entrepreneurs commerciaux, industriels ou artisanaux.

Quels éléments de l'entreprise en indivision peuvent faire l'objet d'une attribution préférentielle ? C'est l'immeuble, dans lequel cette entreprise est exploitée, s'il a été la propriété du de cujus, sinon le droit au bail existant, ainsi que le fonds de commerce. Le texte se limitant aux entreprises commerciales, industrielles ou artisanales, les bureaux ou études de professions libérales (architectes, experts-comptables) n'en relèvent donc pas.

Deux autres restrictions s'appliquent dans le cadre de l'article 832-1-1. Ne sont d'abord pas visées, les entreprises exploitées sous une forme sociale, ce qui exclut les sociétés de capitaux et les sociétés de personnes, y compris, semble-t-il, les sociétés unipersonnelles.

D'autre part, même si l'entreprise en question n'est pas exploitée sous forme d'une société, est exclue de l'attribution préférentielle l'entreprise, dont l'importance exclut un caractère familial. Le texte s'applique donc seulement aux petites et moyennes entreprises. Ce critère constitue une question de fait que le tribunal peut apprécier souverainement.

En présence de cette dernière limitation, on peut se poser la question, s'il a été indispensable d'exclure également les sociétés de personnes, qui sont parfaitement conciliables avec un caractère familial et sont souvent conclues entre membres d'une même famille. Cette exclusion rétrécit le champ d'application de cette disposition. Rappelons qu'en France, les sociétés ne sont pas exclues, pour autant qu'elles aient un caractère familial.

L'estimation des entreprises, susceptibles de faire l'objet d'une attribution préférentielle, se fait suivant leur valeur vénale au jour du partage. À l'opposé de la détermination de la valeur de rendement agricole, qui s'effectue suivant une procédure légalement définie, aucune procédure spéciale ne s'applique pour le calcul de la valeur des entreprises commerciales, artisanales ou industrielles.

Chapitre 14

Le règlement succession (UE) n° 650/2012 du 4 juillet 2012

A. - INTRODUCTION

203 La mobilité accrue des personnes qui se déplacent à l'intérieur de l'Union européenne pour établir une nouvelle résidence, très souvent pour des raisons professionnelles, soulève de plus en plus de problèmes juridiques dans le domaine successoral international.

La législation successorale est réputée complexe. Elle concerne un grand nombre de professionnels, notamment les notaires, les avocats et les banquiers. D'autre part, le nombre des successions transfrontalières au sein de l'Union européenne augmentera encore avec le développement des mariages internationaux, la mobilité professionnelle et la possession de biens immobiliers dans divers pays européens.

Les successions internationales soulèvent des règles de conflits de lois et des conflits de juridictions. La complexité y relative est due avant tout à la grande variété, entre les divers pays de l'Union européenne, de la législation applicable en matière de succession. Ces législations connaissent, pour l'essentiel, la distinction entre l'unité successorale et celle de sa scission.

- Dans le *système unitaire*, l'ensemble des biens de la succession, meubles et immeubles, quel que soit le lieu de leur situation, est soumis à une loi unique. Ce système est appliqué notamment par l'Allemagne, l'Autriche, les Pays-Bas, l'Espagne et un certain nombre d'autres pays européens.
- Dans le *système de la scission*, il est distingué entre la succession mobilière et la succession immobilière. Cette dernière est généralement soumise à la loi de la situation géographique du ou des immeubles successoraux. Ainsi, dans l'hypothèse où les immeubles laissés par un défunt sont situés dans plusieurs pays, il y a ouverture d'une succession immobilière séparée dans chacun des pays où sont situés ces immeubles. Par contre, pour les biens mobiliers, il y a normalement ouverture d'une seule succession, quel que soit le pays où se trouvent ces biens mobiliers.

La loi nationale s'appliquant à une succession mobilière est généralement déterminée par celle du pays où le de cujus a eu son dernier domicile. Ce système de la scission est appliqué notamment par le Grand-Duché de Luxembourg, la France, la Belgique et par un certain nombre d'autres pays européens.

Cette complexité et cette diversité des législations successorales ont pour inconvénient d'empêcher un de cujus de planifier à l'avance un partage équitable de sa succession entre ses enfants, en présence de plusieurs masses successorales différentes les unes des autres à partager. Une autre différence existe entre les systèmes nationaux qui autorisent un futur de cujus à choisir la loi applicable à sa succession (notamment la Finlande, les Pays-Bas et, dans une moindre mesure, l'Allemagne, la Belgique et l'Italie).

On voit donc les difficultés auxquelles sont exposés les notaires chargés de la liquidation d'une succession internationale. Les tribunaux n'ont pas moins de problèmes, étant donné qu'ils doivent d'abord examiner leur compétence, ensuite décider de la loi s'appliquant à la succession concernée.

Il était donc essentiel de trouver la loi successorale internationale la mieux adaptée pour résoudre les problèmes juridiques soulevés ci-dessus. Des tentatives internationales pour harmoniser ces règles ont eu lieu, avant l'entrée en vigueur du règlement (UE) n° 650/2014.

Il s'agit notamment de la Convention de La Haye du 1er août 1989 sur la loi applicable aux successions à cause de mort. Celle-ci a été signée par un certain nombre de pays européens, dont le Grand-Duché de Luxembourg en date du 23 janvier 1995, mais n'est jamais entrée en vigueur, n'ayant pas été ratifiée par ces pays, à l'exception des Pays-Bas qui l'ont intégrée dans leur législation interne. Malgré le non-succès de la Convention de La Haye précitée, celle-ci a néanmoins servi de modèle à l'élaboration du règlement (UE) n° 650/2012.

Les successions internationales soulèvent tant des problèmes de compétence judiciaire que de tels relatifs à la loi applicable à une succession. Les règles de compétence actuellement en vigueur en matière successorale dans les États membres de l'Union européenne varient sensiblement.

Prenons l'exemple d'un ressortissant allemand, qui a émigré en France et y est décédé, en laissant des biens meubles et immeubles dans les deux pays. En France, pour les biens meubles, le dernier domicile du défunt détermine le tribunal compétent, alors que pour les immeubles, c'est le tribunal du lieu de situation de ceux-ci qui est déterminant. Pour la loi successorale allemande, c'est la loi nationale du défunt, donc la loi allemande, qui décide du tribunal compétent, en tant que loi s'appliquant à toute la succession.

La loi successorale française implique la scission de la prédite succession en une succession mobilière et une succession immobilière. En admettant que le de cujus allemand ait eu son dernier domicile en France, la loi successorale française concernerait les biens meubles dans leur ensemble, ainsi que les immeubles situés en France. En seraient exclus, les immeubles situés hors de la France. Dans notre exemple, la législation allemande s'appliquerait donc aux immeubles situés en Allemagne. Par contre, pour l'Allemagne le de cujus ayant eu la nationalité de ce pays, la loi successorale allemande s'appliquerait à l'ensemble de la succession.

Pour résoudre ces conflits de lois, le Parlement européen et le Conseil de l'Union européenne ont élaboré le règlement 650/2012, relatif à la compétence, la loi applicable, la reconnaissance et l'exécution des décisions, et l'acceptation des actes authentiques en matière de successions et à la création d'un certificat successoral européen, qui a été signé le 4 juillet 2012. Il sera fait référence ci-après à ce règlement à la désignation « règlement 650/2012 ».

Ce « *Règlement (UE) n° 650/2012 relatif à la compétence, la loi applicable, la reconnaissance et l'exécution des décisions, l'acceptation et l'exécution des actes authentiques en matière de successions et à la création d'un certificat successoral européen* » a été signé en date du 4 juillet 2012 par les 25 États membres, dont le Grand-Duché de Luxembourg, qui ont collaboré à son élaboration.

Il est entré en vigueur à la date du 17 août 2015. Ce Règlement met en avant des règles uniformes de droit international privé.

Ce Règlement gouvernera les successions de personnes décédées à compter du 17 août 2015 et qui comportent des éléments internationaux, en ce sens p. ex. qu'une même succession comporte des immeubles situés dans deux ou plusieurs États européens.

Quelle que soit l'approche adoptée, souvent la liquidation et le partage d'une succession à caractère international mettaient en œuvre l'applicabilité simultanée de plusieurs législations nationales différentes, ce qui n'a guère facilité la tâche.

Le Règlement (UE) n° 650/2012 du 4 juillet 2012 a mis un terme à ces difficultés en mettant en œuvre des règles de droit international privé uniformes qui lient les vingt-quatre membres de l'Union européenne qui ont collaboré à son adoption.

Ont signé ce Règlement l'Allemagne, l'Autriche, la Belgique, la Bulgarie, Chypre, l'Espagne, l'Estonie, la Finlande, la France, la Grèce, l'Italie, la Hongrie, la Lituanie, la Lettonie, le Luxembourg, Malte, les Pays-Bas, la Pologne, le Portugal, la République tchèque, la Roumanie, la Slovaquie, la Slovénie, la Suède.

Du fait de l'élargissement de l'Union européenne, ce Règlement s'est aussi appliqué à la Croatie.

Par contre, le Danemark et l'Irlande, n'ayant pas adopté le Règlement, sont considérés comme des États tiers et conservent dès lors, en matière successorale, leurs propres règles de droit international privé.

Il faut encore préciser sous ce regard que le Règlement du 4 juillet 2012 n'est pas limité au règlement des seules successions intra-communautaires, mais qu'il offre des solutions à toutes les successions internationales.

Sont considérées comme des successions internationales, celles des personnes qui décèdent :

- dans un pays autre que celui de leur nationalité ou de leur résidence,
- ou en laissant des biens, mobiliers et/ou immobiliers, dans un pays autre que celui de leur nationalité ou de leur résidence.

1. Caractéristiques générales du règlement (UE) n° 650/2012

Le règlement 650/2012 remédie à cette diversité de compétences judiciaires et de lois applicables. Il centralise l'ensemble de la succession en un lieu unique et ne retient, en principe, qu'un seul chef de compétence judiciaire. 204

Il faut d'abord préciser que, comme il s'agit d'un règlement européen et non d'une directive, il s'applique directement et immédiatement dans les vingt-sept (27) États de l'Union européenne, à l'exception du Danemark et de l'Irlande.

En tant que Règlement européen, il est superposé aux sources législatives internes, même à celles qui sont antérieures à l'entrée en vigueur dudit Règlement.

En vertu de l'article 1er du Règlement, le Règlement s'applique à tous les aspects de droit civil d'une succession internationale, dans le sens qu'il a pour objectif de « *faciliter le bon fonctionnement du marché intérieur en supprimant les entraves à la libre circulation de personnes confrontées aujourd'hui à des difficultés pour faire valoir leurs droits dans le contexte d'une succession ayant des incidences transfrontières* » (cf. le considérant n° 7 du Règlement).

Les juridictions compétentes sont celles de l'État membre sur le territoire duquel le défunt avait sa *résidence habituelle* au moment de son décès. Nous reviendrons dans le cadre du chapitre consacré à la loi applicable à une succession transfrontalière, à la signification précise de la notion de « résidence » et des exceptions qu'elle comporte.

Bornons-nous à signaler à ce stade que le principal avantage du règlement 650/2012 est de faire coïncider très souvent la compétence judiciaire et la loi applicable. Le règlement retient le principe de l'unicité de la loi applicable à une succession. Donc, l'ensemble de la succession, meubles et immeubles, sera réglé par la même loi et toutes les questions successorales en rapport avec la dévolution de la succession jusqu'au partage des biens successoraux, tant des meubles que des immeubles, seront de la compétence d'un tribunal unique.

D'autre part, le règlement 650/2012 introduit une nouveauté, en ce qu'il permet au de cujus de planifier à l'avance sa succession, en choisissant non seulement ses héritiers et leur quote-part à recueillir dans sa succession, mais également la loi successorale applicable à cette succession (« *professio juris* »).

Cette faculté est refusée par divers États membres de l'Union européenne. Ceux-ci craignent en effet que ce pouvoir d'accorder au testateur le choix de la loi applicable à sa succession, ne soit utilisé pour éluder les règles qui protègent les héritiers réservataires, en leur accordant une part déterminée de la succession.

L'important avantage de la « *professio juris* » est la sécurité juridique qu'elle assure. Elle permet au testateur d'organiser à l'avance sa succession comme une unité et d'éviter les difficultés résultant de l'application non coordonnée de lois d'États, dans lesquels le testateur a possédé des biens, notamment immobiliers.

Signalons, par ailleurs, que le règlement UE précité prévoit la reconnaissance mutuelle des décisions rendues en matière successorale dans divers États membres. Il en est de même des actes authentiques établis dans un État membre relatifs à une succession.

Finalement, ce règlement a introduit sur une base facultative un « *certificat successoral européen* », destiné à permettre à des personnes impliquées dans une succession internationale de prouver leur qualité d'héritier.

Le règlement 1650/2012 entre en application à la même date dans les États de l'Union européenne, sans que ceux-ci soient obligés de le transposer dans leur législation interne, alors que telle est l'essence d'un règlement UE.

Toutefois, le Royaume Uni, le Danemark et l'Irlande ont décidé de ne pas appliquer le régime de ce règlement (« *opting out* »). Ces trois États sont donc à considérer comme pays-tiers par rapport à ce règlement.

2. Entrée en vigueur et entrée en application du règlement 650/2012

205 Normalement, pour les actes communautaires, comme pour les dispositions légales nationales, l'entrée en vigueur et l'entrée en application d'un acte légal ou réglementaire se font à une même date. Généralement, suivant le droit communautaire, cette entrée en vigueur a lieu le vingtième jour suivant celui de sa publication au Journal officiel de l'Union européenne. Cela est également le cas pour le règlement 650/2012 (cf. article 84, paragraphe 1er, de ce règlement).

Sa publication a eu lieu dans le Journal officiel du 27 juillet 2012. L'entrée en vigueur dans les États membres de l'Union européenne ayant contracté a donc eu lieu le 16 août 2012.

Suivant le paragraphe 2 de l'article 84 de ce règlement : « *Il est applicable à partir du 17 août 2015, à l'exception...* ». Pourquoi ces deux dates différentes ? Les raisons en sont multiples.

En premier lieu, il faut donner aux États membres de l'Union européenne et notamment aux autorités judiciaires et aux notaires, le temps de se familiariser avec les dispositions de ce règlement. Ils disposent à cet effet d'un délai de trois ans.

En second lieu, tant les États membres que la Commission de l'Union européenne ont encore à prendre des mesures d'exécution complémentaires, afin que ce règlement devienne complètement opérationnel. C'est ainsi que l'article 78 prévoit qu'au plus tard le 16 janvier 2014, les États membres communiquent à la Commission Européenne certaines informations concernant l'organisation et la procédure judiciaire en rapport avec l'exécution de ce règlement. La date précitée a été reportée au 16 novembre 2014.

La Commission publiera au Journal officiel de l'Union européenne les informations correspondantes lui communiquées par les États. Il faut donc que le règlement en question soit en vigueur pour constituer la base légale de cette obligation faite aux États engagés par ce règlement.

Par ailleurs, en vertu des articles 79 et 80, la Commission européenne est encore chargée de certains actes d'exécution de ce règlement, ce qui présuppose que celui-ci soit en vigueur avant le 17 août 2015. La même exigence est requise quant aux dispositions transitoires reprises à l'article 83. Celui-ci prévoit qu'il s'applique aux successions de personnes décédant le 17 août 2015, ou après cette date.

Cet article 83 déroge cependant à cette règle en son paragraphe 2, en prévoyant que, lorsque le défunt avait, avant le 17 août 2015, choisi la loi applicable à sa succession, ce choix est juridiquement valable s'il remplit les conditions visées au chapitre III, articles 20 à 22, du règlement, après son entrée en application.

De même, une disposition à cause de mort prise avant le 17 août 2015 est recevable et valable quant au fond et quant à la forme, si elle remplit les conditions énumérées au paragraphe 3 de l'article 83.

3. Champ d'application du règlement 650/2012

206 Matières régies par ce règlement :

En vertu de son article 3, le règlement concerne l'ensemble des questions de droit international privé en matière successorale. Y sont donc visées toutes les questions en rapport avec un conflit de lois et/ou de juridictions.

Il n'entend cependant pas régler le droit successoral matériel national des États membres. Ceux-ci restent donc compétents pour régler souverainement cette matière. Le règlement ne trouve donc application qu'en cas d'une succession qui comporte un élément d'extranéité, en ce sens que les biens relevant de cette succession se situent dans plusieurs pays ou que la nationalité et la résidence du défunt aient été distinctes l'une de l'autre. Dès lors si les biens successoraux sont tous situés sur le territoire d'un seul et même État dont le défunt disposait de la nationalité et y résidait, le Règlement ne trouve pas à s'appliquer et la succession purement nationale sera soumise en entier à la législation interne de ce pays de situation.

En ce qui concerne le champ d'application personnel de ce règlement, il serait trop restrictif de penser que ce dernier ne concerne que les ressortissants des États membres de l'Union européenne. Le fait qu'une personne a sa dernière résidence habituelle sur le territoire d'un État membre, quelle que soit sa nationalité, fût-ce même celle d'un État-tiers, suffit pour que le règlement s'applique à la détermination de la loi successorale s'appliquant en vertu de ce règlement.

Quant au champ d'application matériel du règlement 650/2012, il convient d'opérer une *délimitation positive*, c'est-à-dire qu'il y a lieu de définir concrètement à quels aspects juridiques d'une succession celui-ci s'applique, et une *délimitation négative*, qui consiste, dans de nombreux cas, dans l'exclusion d'éléments d'une succession.

1. Délimitation positive :

Aux termes de l'article 1er du règlement, celui-ci s'applique aux successions « *à cause de mort* ». Suivant l'article 3 a) du même règlement, cette notion recouvre toute forme de transfert de biens, de droits et d'obligations à cause de mort, qu'il s'agisse d'un acte volontaire de transfert, en vertu d'une disposition à cause de mort, tel qu'un testament ou une donation à cause de mort, ou d'un transfert dans le cadre d'une succession « *ab intestat* ».

Signalons encore qu'en vertu de l'article 2 de ce règlement, celui-ci « *ne porte pas atteinte aux compétences des autorités des États membres en matière de règlement des successions* ». Cela signifie qu'il doit respecter les différentes législations successorales nationales applicables dans les États membres.

Suivant le considérant 81, accompagnant le règlement, celui-ci « respecte les droits fondamentaux et observe les principes consacrés par la Charte des droits fondamentaux de l'Union européenne. Ce règlement doit être appliqué par les juridictions et autres autorités compétentes des États membres dans le respect de ces droits et principes ».

2. Délimitation négative :

En vertu de son article 1er, certains aspects juridiques d'une succession ne sont pas visés par ce règlement. En vertu d'une formule consacrée déjà dans le cadre d'autres règlements communautaires, le règlement 650/2012 ne s'applique pas aux « *matières fiscales, douanières et administratives* ». Le paragraphe 2 énumère par ailleurs douze (12) cas de non-applicabilité de ce règlement. Signalons les plus essentiels :

- l'état et la capacité des personnes physiques,
- les régimes matrimoniaux,
- les obligations alimentaires autres que celles résultant du décès,
- les transferts de biens au moyen de libéralités, donc essentiellement les donations, exception faite du rapport et de la réduction des libéralités lors du calcul des parts successorales revenant aux différents héritiers,
- la nature des droits réels,
- les questions régies par le droit des sociétés et des associations de personnes morales.

4. Compétence

Il y a lieu de distinguer à cet égard entre : 207

- la compétence générale,
- la compétence en cas de choix de la loi, et
- les compétences subsidiaires.

• La compétence générale (article 4 du règlement) :

Sont compétentes pour statuer sur l'ensemble d'une succession, les juridictions de l'État membre, dans lequel le défunt avait sa résidence habituelle au moment de son décès.

• La compétence en cas de choix de la loi (article 7 du règlement) :

Les juridictions d'un État membre, dont la loi avait été choisie par le de cujus en vertu de l'article 22 du règlement, sont compétentes pour statuer sur sa succession, à condition que :

a) une juridiction préalablement saisie ait décliné sa compétence dans la même affaire en vertu de l'article 6,

b) les parties à la procédure soient convenues de conférer la compétence à la juridiction de cet État membre,

c) les parties à la procédure aient expressément accepté la compétence de la juridiction saisie.

- Les compétences subsidiaires (article 10 du règlement) :

Lorsque la résidence habituelle du défunt au moment de son décès n'est pas située dans un État membre, les juridictions de l'État membre, dans lequel sont situés des biens successoraux, sont néanmoins compétentes pour statuer sur l'ensemble de la succession, à condition que :

a) le défunt possédait la nationalité de cet État au moment de son décès,

ou, à défaut,

b) le défunt avait sa résidence habituelle antérieure dans cet État membre, pour autant qu'au moment de la saisie de la juridiction, il ne se soit pas écoulé plus de cinq ans depuis le changement de cette résidence habituelle.

Nous limitons notre analyse aux compétences pré-exposées, tout en signalant que les articles 8 à 11 du règlement prévoient encore d'autres compétences fondées sur la comparution (article 9) et le forum *necessitatis* (article 11).

5. Notion de la « résidence habituelle »

208 La notion de « *résidence habituelle* » désigne le lieu où une personne entretient son principal établissement et où se déploient ses principales activités.

Cette notion se distingue toutefois de celle du « domicile », connue dans les législations luxembourgeoise et française. Domicile et résidence habituelle peuvent coïncider pour une personne. Tel ne doit toutefois pas nécessairement être le cas.

Il importe peu à ce sujet si la loi de la résidence habituelle du défunt est celle d'un État membre ou celle d'un État tiers. Ce point est spécifié expressément par les dispositions inscrites à l'article 20 du Règlement, intitulé « Application universelle ».

Le Règlement du 4 juillet 2012 dispose, en son article 4-2°, que :

« *Lorsque, à titre exceptionnel, il résulte de l'ensemble des circonstances de la cause que, au moment de son décès, le défunt présentait des liens manifestement plus étroits avec un État autre que celui dont la loi serait applicable en vertu du paragraphe 1, la loi applicable à la succession est celle de cet autre État* ».

La Cour de justice de l'Union européenne a retenu qu'en ce sens, la résidence habituelle d'une personne ne se situe pas là où elle n'avait entretenu qu'une présence temporaire ou occasionnelle (cf. CJCE 2 avril 2009, C-523/07, A, Rec. 2009, p. I-2805, point 38), mais, au contraire, là où se situe « *le lieu où l'intéressé a fixé, avec la volonté de lui conférer un caractère stable, le centre permanent de ses intérêts* ».

Ainsi que la Cour de justice l'a souligné dans sa décision précitée, ce lieu doit être établi sur la base d'un ensemble de circonstances de fait particulières à chaque cas d'espèce.

Le considérant 23 du Règlement requiert « *une évaluation d'ensemble des circonstances de la vie du défunt au cours des années précédant son décès et au moment du décès* ».

Ce considérant ne fixe pas une durée de séjour minimale dans un État déterminé, se bornant à se référer à « *la durée et la régularité de la présence du défunt dans l'État concerné ainsi que les conditions et les raisons de cette présence* ».

L'alinéa 2 de l'article 21 prévoit toutefois aussi une exception au principe précité en ce sens que : « *Lorsque, à titre exceptionnel, il résulte de l'ensemble des circonstances de la cause que, au moment de son décès, le défunt présentait des liens manifestement plus étroits avec un État autre que celui dont la loi serait applicable en vertu du paragraphe 1, la loi applicable à la succession est celle de cet autre État* ».

Cette disposition met en évidence la notion de « *liens manifestement plus étroits avec un État autre que celui...* » dans lequel le défunt entretenait sa résidence habituelle.

Quelles peuvent être ces circonstances ?

Admettons à titre d'exemple que le défunt entretenait deux résidences habituelles situées dans deux États différents, dans lesquels il a séjourné alternativement sur des périodes de temps semblables.

Si à cette circonstance s'ajoute le fait que le défunt disposait, de son vivant, de la nationalité d'un premier État, nationalité à laquelle il n'a jamais renoncé même après son établissement dans un second État, ou s'il dispose de plus de biens dans le premier État, ce sera probablement la loi du premier État qui va être désignée comme loi successorale par le Tribunal compétent.

Tout dépend bien évidemment des circonstances de fait exactes de chaque cas d'espèce.

Il appartiendra dès lors au Tribunal compétent, saisi d'un problème en rapport avec une succession internationale, de décider, lorsque la détermination de la loi successorale applicable à cette succession devait faire l'objet de contestations, de trancher d'abord la question de la loi successorale applicable.

Le Règlement a aussi pour objectif de limiter les renvois à d'autres législations, dans le but de simplifier les règles qui s'appliquent au règlement de la succession.

Sous ce regard, il est crucial de faire la distinction entre les États membres au Règlement, auxquels s'imposent les règles en découlant, et les États tiers à ce Règlement dont la législation interne applique d'autres règles.

6. Choix de la loi applicable à sa succession fait par le de cujus (« professio juris ») (article 22)

209 Une personne qui craint que ses héritiers n'éprouvent des difficultés avec le règlement de sa succession en application de la loi de la dernière résidence habituelle, a – en vertu de l'article 22 du règlement – la possibilité de disposer que sa future succession sera régie suivant la loi successorale du pays dont il possède la nationalité au moment où il fait ce choix, ou au moment de son décès. La loi désignée par le de cujus est alors applicable à l'ensemble de sa succession.

La loi désignée ne doit pas nécessairement être celle d'un État membre au Règlement, mais peut aussi être celle d'un État tiers.

La restriction dont question ci-avant s'inscrit dans le souci d'éviter le « *forum shopping* », c.-à-d. la recherche délibérée d'une loi qui satisfait au mieux les intérêts du titulaire du choix.

Une personne, qui dispose de plusieurs nationalités, peut choisir l'une quelconque de ces nationalités pour déterminer la loi applicable à sa succession.

Le choix de la loi applicable doit toujours être précisé par écrit, le cas échéant, dans un testament ou dans un acte passé devant un notaire.

Il est toutefois évident que cette personne ne peut pas désigner n'importe quelle loi, p. ex. dans le but de tenter d'éviter à ses héritiers ou à ses légataires le paiement de droits successoraux.

Il a déjà été précisé ci-dessus que le Règlement du 4 juillet 2012 ne s'applique pas en matière fiscale et que, dès lors, il ne peut trouver application dans le cadre de la redevance des impôts successoraux redus sur les parts successorales recueillies.

L'élection de la loi pour régler la succession de la personne, qui a fait ce choix, n'est pas soumise à une restriction visant la protection des héritiers réservataires. L'existence du consentement et la validité au fond de cette désignation sont réglées par la loi choisie (article 22, paragraphe 3, du règlement).

La désignation de la loi applicable à sa succession, faite par le de cujus selon la règle de sa nationalité, doit être faite de façon expresse par un testament dressé et signé par lui. En choisissant, pour régler sa succession, la loi d'un État dont le de cujus a la nationalité, tout autre choix d'une loi applicable est écarté, notamment l'option de choisir la loi de sa dernière résidence habituelle.

La détermination de la nationalité, qui était celle du de cujus, se fait en vertu de la législation régissant cette matière, notamment par sa loi nationale, dans le respect des conventions internationales et des principes généraux de l'Union européenne.

Le changement ultérieur par le de cujus de sa nationalité n'affecte en rien le choix fait antérieurement de la loi s'appliquant à sa succession. Il en est de même *a priori* pour le changement de la résidence habituelle de cette personne. Elle peut modifier ou révoquer le choix exprimé antérieurement quant à la désignation de la loi successorale, à condition de satisfaire aux exigences de forme applicables à cette modification ou à la révocation d'une disposition (article 22 § 4 du règlement).

Le choix fait par le de cujus de sa loi nationale comme loi successorale n'est pas exclu, même si ses liens de rattachement avec cette nation ne sont pas très développés. Si le de cujus possède plusieurs nationalités, il peut, dans sa disposition à cause de mort, choisir la loi de l'un ou de l'autre de ses États nationaux. Il n'est donc pas nécessaire que le de cujus détermine au préalable avec lequel de ces États il entretient les liens les plus étroits.

Même s'il est ressortissant d'un État membre de l'Union européenne, une personne peut opter pour la loi successorale d'un État non membre de cette Union. Sa disposition reste par ailleurs valable, même si, après avoir opéré son choix, il change ultérieurement de nationalité. Le choix de la loi visée par l'article 22 du règlement n'est soumis à aucune restriction quant à ses effets. L'option pour une loi qui ne protège pas les héritiers réservataires est donc en principe valable sous réserve de l'ordre public et de la fraude à la loi.

7. Reconnaissance et exécution des décisions judiciaires en la matière

7.1. *Reconnaissance des décisions judiciaires rendues dans un autre État membre*

L'article 3 g du Règlement définit la notion de « *décision* » comme se réfé- 210
rant à toute décision rendue en matière de succession par une juridiction d'un État membre, quelle que soit la dénomination qui lui a été donnée.

Il est rappelé que sont considérés comme des « États membres », tous les pays de l'Union européenne, à l'exclusion du Danemark et de l'Irlande.

Il faut toutefois aussi préciser sous cet égard qu'il est requis que l'objet de la décision rendue rentre dans le champ d'application du Règlement.

Sont ainsi visées toutes les conventions conclues au regard d'une succession comportant un élément d'extranéité, y compris les partages d'ascendants et les pactes successoraux.

Quant aux pactes successoraux, il faut spécifier que les lois luxembourgeoise et française prohibent les pactes sur succession future, qu'elles considèrent comme nuls.

Sont également reconnus sans autre formalité dans les États membres, les actes authentiques et les transactions judiciaires pour autant qu'ils aient pour objet une succession.

La reconnaissance mutuelle des décisions et actes dans les États membres implique également que ces décisions et actes sont revêtus de la force exécutoire.

Cette reconnaissance se fait de plein droit et la décision est déclarée exécutoire dès l'achèvement des formalités visées à l'article 48 du Règlement.

7.2. *Force exécutoire des décisions judiciaires rendues dans un autre État membre (article 43 du règlement)*

211 Les décisions judiciaires étrangères sont exécutoires dans un État membre, lorsqu'à la demande de toute partie intéressée, elles ont été déclarées exécutoires, conformément à la compétence territoriale et à la procédure visées aux articles 46 à 58 du règlement.

Compétence territoriale (article 45 du règlement) :

La demande en déclaration de force exécutoire d'une décision judiciaire étrangère est portée devant la juridiction d'un État, qui a été communiquée par cet État à la Commission en vertu de l'article 78 du règlement. La compétence territoriale est déterminée par le domicile de la partie contre laquelle l'exécution est demandée ou par le lieu de l'exécution de la décision rendue.

Procédure de la demande :

Celle-ci est exposée aux articles 46 à 58 du règlement. Vu que ces règles procédurales présentent moins d'importance que les dispositions de fond de ce règlement et qu'elles sont assez compliquées, nous nous dispensons de les commenter.

Renvoi à une loi successorale d'un État-tiers :

Nous avons déjà exposé que les dispositions du règlement 650/2012 s'appliquent non seulement aux États membres de l'Union européenne, mais que les juridictions d'un tel État peuvent se voir amenées à appliquer la législation successorale d'un pays-tiers, non membre de l'Union européenne (cf. chapitre « Choix de la loi applicable à sa succession faite par le de cujus (article 22).

L'article 34 du règlement prévoit que « Lorsque le présent règlement prescrit l'application de la loi d'un pays tiers, il vise l'application des règles de droit en vigueur dans cet État, y compris ses règles de droit international privé, pour autant que ces règles renvoient :

a) *à la loi d'un État membre de l'Union européenne,*

b) *à la loi d'un autre État-tiers, qui appliquerait sa propre loi* ».

Toutefois, aucun renvoi n'est possible aux lois visées aux articles 21, paragraphe 2 (disposition accordant compétence à la loi successorale du lieu de la résidence habituelle du de cujus), 22 (choix de la loi applicable à sa succession par le de cujus) et articles 27, 28, paragraphe 2, et 30 (validité des dispositions à cause de mort quant au fond ou à la forme).

B. – LE RESPECT DE L'ORDRE PUBLIC (ARTICLE 35)

1. Principes

L'article 35 du règlement dispose que « L'application d'une disposition de la loi d'un État désigné par le présent règlement ne peut être écartée que si cette application est manifestement incompatible avec l'ordre public du for (i.e. le tribunal saisi du litige) d'une succession transfrontalière ». 212

L'exception tirée de l'incompatibilité avec l'ordre public suppose que la loi étrangère applicable aboutisse à un résultat inacceptable et choquant au regard des principes et valeurs fondamentaux de l'ordre juridique de l'État, dont une juridiction est saisie. Cette clause ne saurait être invoquée que dans des circonstances exceptionnelles. L'appréciation de celles-ci ne se fait pas seulement sur base des principes de l'ordre juridique de l'État du for, mais également des principes fondamentaux du droit européen, notamment de la Charte européenne des droits fondamentaux de l'Union européenne.

Par ailleurs, il est traditionnellement admis dans la plupart des systèmes nationaux que l'incompatibilité d'une disposition légale avec l'ordre public doit être analysée dans une situation concrète et non dans l'abstrait. La loi successorale étrangère ne peut être écartée que si, dans un litige concret, son application conduirait à un résultat choquant. Cela ne veut pas nécessairement dire qu'une décision étrangère doive être écartée dans son entièreté. Souvent, il suffit de refuser d'appliquer une clause déterminée de la décision étrangère, qui se révèle être incompatible avec la conception juridique de l'État, dont la juridiction est saisie du litige (p. ex. discrimination d'un héritier du sexe féminin par rapport à un héritier mâle).

La réserve de l'ordre public joue un rôle plus important lors du choix de la loi applicable par le de cujus, en particulier lorsque la loi choisie est celle d'un État tiers (notamment un pays de droit musulman).

c) L'ordre public est le plus souvent invoqué lorsqu'une décision étrangère contient des discriminations entre les successibles, notamment en raison de leur religion, de leur sexe ou de leur naissance. En ce qui concerne la discrimination sur base de la religion, plusieurs législations inspirées du droit musulman excluent un non-musulman de la succession d'un musulman. Ces législations mettent en cause non seulement le principe d'égalité, mais également celui de la liberté religieuse.

Les discriminations peuvent également exister sur base du sexe des successibles. Celles-ci relèvent généralement aussi du droit musulman. Des différences de traitement existent souvent suivant les règles du coran, en ce que les parts successorales attribuées à certains proches du de cujus varient en rapport avec le sexe du successible (préférence du conjoint par rapport à la conjointe ou du fils par rapport à la fille). Certains descendants du défunt sont discriminés en raison de la situation matrimoniale de leurs parents ou d'autres circonstances liées à leur naissance. Ainsi, un traitement successoral moins favorable peut exister pour les enfants nés hors mariage ou pour les enfants adultérins.

D'autres discriminations peuvent exister à l'égard d'un mariage de même sexe ou à l'égard de couples formant un partenariat. Si la loi successorale étrangère applicable ne reconnaît pas de telles formes de mariage, ou de partenariat, en déniant l'équivalence de personnes de sexes différents et de personnes du même sexe par rapport à des conjoints mariés, une telle loi étrangère serait probablement écartée comme discriminatoire et donc comme contraire à l'ordre public.

2. La protection des héritiers proches du de cujus dans le cadre des dispositions sur l'ordre public

Le règlement 1650/2012 a un caractère assez libéral. Les solutions retenues dans celui-ci sont largement favorables à la liberté testimoniale et à l'autonomie des parties. L'analyse des dispositions critiquées de contraires à l'ordre public doit avoir lieu dans un sens restrictif, afin de donner la plus large application possible au règlement 1650/2012.

2.1. *La réserve héréditaire*

Il peut parfois s'avérer que la loi s'appliquant à la succession contienne des dispositions qui sont incompatibles avec l'ordre public du pays dont les juridictions sont saisies. C'est surtout la question du respect de la réserve héréditaire qui est concernée sous ce regard. 213

La question de savoir si l'ordre public peut être invoqué contre l'application d'une loi étrangère qui ne respecte pas la protection légale des héritiers réservataires, plus généralement celle des descendants du de cujus, est controversée. On sait que notamment la législation des pays anglo-saxons ne connaît pas la réserve héréditaire à titre obligatoire. Dans certains États européens, les juridictions suprêmes ont jugé que l'absence d'une réserve héréditaire dans une loi successorale étrangère n'est pas contraire à l'ordre public.

Bien qu'après l'entrée en vigueur du Règlement du 4 juillet 2012, ces cas devraient être assez rares, alors que le choix laissé au de cujus de choisir de son vivant la loi applicable à sa succession future, la « *professio juris* », permettra de calmer l'esprit de ceux qui craignent un détournement des dispositions de la loi nationale qui gouvernent la réserve légale des descendants.

Il est vrai que le respect de la réserve héréditaire n'est visé au Règlement qu'à son article 27, qui concerne le conflit de lois. Le projet dudit Règlement avait d'ailleurs prévu dans l'article 27 §2 ce qui suit : « *Une disposition de la loi désignée par le présent règlement ne peut être considérée comme contraire à l'ordre public du for au seul motif que ses modalités concernant la réserve héréditaire sont différentes de celles en vigueur dans le for* ».

Ce paragraphe n'a toutefois en fin de compte pas été intégré dans le texte final du Règlement du 4 juillet 2012.

Par contre, l'article 35 du Règlement dispose que : « *l'application d'une disposition désignée par le présent règlement ne peut être écartée que si cette application est manifestement incompatible avec l'ordre public du for* ».

Il se dégage également du considérant n° 57 que : « *l'ordre public ne doit pas permettre de mettre en échec un droit conforme à la Charte des droits fondamentaux de l'Union européenne, en particulier à ses dispositions qui interdisent toute forme de discrimination* ».

Cette Charte se fonde sur le principe de la proximité, en ce sens que les critères peuvent varier suivant les liens que la situation à analyser entretient avec la sphère juridique du pays du for.

Cette disposition vise notamment une loi successorale étrangère, qui préconise une discrimination fondée sur le sexe ou la religion. Une telle loi ne serait pas écartée si tous les héritiers sont de la nationalité étrangère concernée et résident à l'étranger.

En France, tout comme au Grand-Duché de Luxembourg, il semble que la jurisprudence n'ait jamais considéré comme contraire à l'ordre public une loi étrangère qui ignore la réserve héréditaire, y compris à l'encontre d'un héritier français ou luxembourgeois.

Ainsi qu'il a déjà été exposé ci-dessus, les juridictions du Grand-Duché de Luxembourg ont toujours prôné le respect de la réserve héréditaire des descendants du de cujus, si ce dernier avait de son vivant eu recours à des procédés pour la contourner en vue de favoriser un autre héritier.

Dans tous les cas, l'ordre public international ne s'opposerait pas à une loi successorale étrangère qui fixerait autrement les droits successoraux, sans pour autant heurter les principes fondamentaux de la loi du for, ou qui préconiserait une réserve et une quotité disponible selon des modalités différentes.

Le considérant n° 58 dispose de son côté que : « *L'exception d'ordre public ne doit pas être opposée en vue d'écarter la loi d'un autre État membre* ».

À titre d'exemple, l'on peut citer la loi italienne qui accorde une réserve au conjoint survivant, même en cas de présence d'enfants laissés par le défunt.

L'exception d'ordre public revêt dès lors un caractère exceptionnel dans le cadre de l'application du Règlement du 4 juillet 2012.

Ce principe a justement été appliqué dans le cadre de la succession de feu Maurice JARRE, compositeur de nationalité française, qui était domicilié et est décédé en Californie (États-Unis d'Amérique), le 29 mars 2009.

Il est rappelé sous ce regard que le de cujus Maurice JARRE avait de son vivant institué un « family trust » et, à son décès, il a laissé un testament rédigé dans l'État de Californie (États-Unis), testament par lequel il avait légué tous ses biens meubles à son conjoint et le reliquat de sa succession au fiduciaire trust, déshéritant par là même ses trois enfants.

Les enfants exclus de l'héritage avaient saisi un tribunal civil en France pour poursuivre la nullité du testament pour contrariété à leur réserve légale, partant à une institution d'ordre public.

En dernière instance, la Cour de cassation de la République française leur a donné tort.

La Cour de cassation française a en effet retenu dans deux arrêts rendus le 27 septembre 2017 (pourvois n° 16-17198 et n° 16-13151), qu'« *une loi étrangère désignée par la règle de conflit qui ignore la réserve héréditaire n'est pas en soi contraire à l'ordre public international français et ne peut être écartée que si son application concrète, au cas d'espèce, conduit à une situation incompatible avec les principes du droit français considérés comme essentiels* ».

2.2. *Les testaments conjonctifs et les pactes successoraux*

Dans ce contexte, nous avons soulevé la question de savoir si, dans un pays qui interdit les testaments conjonctifs et les pactes successoraux, les juges pourraient écarter l'application de ces actes successoraux, en se basant sur l'ordre public. En ce qui concerne les testaments conjonctifs, nous avons déjà signalé plus haut que la jurisprudence luxembourgeoise admet la validité des testaments conjonctifs établis à étranger, dans la mesure où ceux-ci ont été établis conformément aux conditions de forme de la loi de l'État où ils ont été dressés. 214

La prohibition des pactes successoraux ne peut pas être considérée comme un principe fondamental des États membres. Déjà, la jurisprudence actuelle de certains pays, dont notamment la France, connaît un assouplissement de la prohibition des pactes successoraux. Sous l'empire du règlement 650/2012, cette opposition à l'interdiction doit être plus nette encore. Si le texte de l'article 25 du règlement relatif au pacte successoral ne se prononce pas sur cette question, le considérant de cet article visant le pacte successoral doit être interprété comme favorable à la reconnaissance du pacte successoral dans les différents États membres de l'Union européenne.

L'argument, qui a été invoqué ci-dessus concernant le pacte successoral, doit être considéré comme valable également pour la substitution fidéicommissaire (cf. « Successions et donations », points N° 258 à 261), qui, sauf sous des conditions nettement limitées, est également interdite dans notre pays.

2.2.1 Actes authentiques (articles 59 et 60 du règlement)

L'article 3 j) du règlement 650/2012 définit l'acte authentique comme un acte en matière de succession dressé et enregistré formellement en tant qu'acte authentique dans un État membre et dont l'authenticité : 215

a) porte sur la signature et le contenu de l'acte authentique,

et

b) a été établi par une autorité publique habilitée à le faire par l'État membre d'origine.

L'acte authentique possède une force probante particulière. Il permet à cet acte de s'insérer dans le régime des preuves selon des modalités particulières. La force probante de l'acte authentique est en général supérieure à celle d'un acte sous seing privé. C'est cette force probante qui est amenée à circuler parmi les États membres. Dès lors que, selon le droit de l'État membre d'origine, l'acte authentique est destiné à constituer la preuve privilégiée d'un fait, l'État requis doit s'incliner devant cette caractéristique de l'acte authentique provenant de l'État d'origine.

Cette force probante particulière ne saurait être mise en cause que si l'acte authentique est manifestement contraire à l'ordre public. Cette contestation devrait cependant être rare en pratique. Si l'acte authentique en question donne lieu à contestation portant sur son authenticité, les juridictions de l'État, dans lequel l'acte authentique a été établi, sont compétentes pour trancher les questions litigieuses. En attendant cette décision, l'acte authentique ne produit aucune force probante, tant que le recours est pendant devant la juridiction de l'État d'origine.

Les actes authentiques établis dans l'État membre d'origine ont la même force probante dans un autre État membre ou produisent des effets comparables. Une personne souhaitant utiliser un acte authentique dans un autre État membre, doit remplir un document spécial qui décrit la force probante de cet acte dans l'État membre d'origine.

Les juridictions de ce dernier État sont saisies de toute contestation portant sur un acte authentique. Un tel acte, qui est exécutoire dans l'État membre d'origine est déclaré exécutoire également dans un autre État membre, à la demande de toute partie intéressée, conformément à la procédure prévue aux articles 45 à 58 du règlement. La décision rendue par le juge de l'État au sujet de la validité de l'acte authentique peut faire l'objet d'un recours judiciaire. Pour permettre un tel recours, cette décision judiciaire doit d'abord être communiquée pour information à toutes les parties en cause.

2.2.2 Les transactions judiciaires (article 61 du règlement)

216 Aux termes de l'article 3 h) du règlement, une transaction judiciaire est une transaction en matière successorale approuvée par une juridiction, ou conclue devant une juridiction au cours d'une procédure. On sait qu'une transaction est un contrat par lequel les parties terminent une contestation née ou préviennent une contestation à naître entre elles. Un tel contrat doit être consigné par écrit.

Le régime prévu par le règlement 650/2012 pour les transactions judiciaires est pratiquement le même que celui applicable aux actes authentiques. Cependant, contrairement à ce qui est prévu pour ces derniers, la force probante des transactions n'est pas prise en considération par le règlement. Ce dernier vise uniquement la force exécutoire de la transaction.

La procédure suivant laquelle la force exécutoire pour une transaction peut être demandée par une personne intéressée, s'identifie largement à celle s'appliquant à l'acte authentique.

C. – LES RÈGLES DE COMPÉTENCE JURIDICTIONNELLE

217 En vertu de l'article 4 du Règlement du 4 juillet 2012, « *Sont compétentes pour statuer sur l'ensemble d'une succession les juridictions de l'État membre dans lequel le défunt avait sa résidence habituelle au moment de son décès* ».

Il se posera à cet égard la question de la détermination du lieu où le défunt avait de son vivant sa résidence habituelle.

La doctrine définit généralement la résidence habituelle comme se situant là où le défunt avait fixé le « *centre permanent de ses intérêts* », en d'autres mots son centre de vie. « *Lorsque, à titre exceptionnel, il résulte de l'ensemble des circonstances de la cause que, au moment de son décès, le défunt présentait des liens manifestement plus étroits avec un État autre que celui dont la loi serait applicable en vertu du paragraphe 1, la loi applicable à la succession est celle de cet autre État* ».

En particulier, en vertu de l'article 10 du Règlement, si des biens successoraux sont tous situés dans un État membre, les juridictions de cet État sont compétentes pour toute la succession, à la condition que le défunt ait eu la nationalité de cet État ou, à défaut, qu'il y ait eu sa résidence habituelle antérieure dans un délai inférieur à cinq ans.

Selon l'article 10 paragraphe 1er, si aucune de ces conditions n'est remplie, les juridictions de l'État membre sur le territoire duquel se trouvent les biens successoraux sont compétentes, mais uniquement en ce qui concerne ces biens.

Selon le paragraphe 2 de la même disposition, le texte précité s'applique tant aux immeubles qu'aux meubles dépendant de la succession concernée.

La Cour de justice de l'Union européenne a retenu qu'en ce sens, la résidence habituelle d'une personne ne se situe pas là où elle n'avait entretenu qu'une présence temporaire ou occasionnelle (cf. CJCE, 2 avril 2009, C-523/07, A, Rec. 2009, p. I-2805, point 38).

Ainsi que la Cour de justice l'a souligné dans sa décision précitée, ce lieu doit être établi sur la base d'un ensemble de circonstances de fait particulières à chaque cas d'espèce.

Le considérant 23 du Règlement requiert « *une évaluation d'ensemble des circonstances de la vie du défunt au cours des années précédant son décès et au moment du décès* ».

Ce considérant ne fixe pas une durée de séjour minimale dans un État déterminé, se bornant à se référer à « *la durée et la régularité de la présence du défunt dans l'État concerné ainsi que les conditions et les raisons de cette présence* ».

Un autre critère est déduit de la présence de la famille du défunt dans ce même État, ainsi qu'à ses intérêts personnels et patrimoniaux.

L'article 10.2 du Règlement dispose que, si le défunt avait sa résidence habituelle dans un État membre et qu'il y disposait de biens, mais qu'il avait quitté cet État moins de 5 ans avant que le tribunal ne soit saisi du litige, les juridictions de cet État membre sont compétentes pour trancher tout litige en rapport avec la succession.

En vertu de la même disposition, les juridictions de cet État membre seraient toujours compétentes pour statuer sur les litiges se rapportant à un bien situé sur le territoire de cet État.

Aux termes du considérant 24 du Règlement, la nationalité du défunt peut également être prise en compte pour déterminer la résidence habituelle du défunt.

Selon l'article 5 du Règlement, lorsque les parties à un litige en rapport avec une succession internationale sont d'accord entre elles, elles peuvent convenir, à la condition que la loi choisie par le défunt pour régir sa succession en vertu de l'article 22, soit la loi d'un État membre, que la ou les juridictions de cet État membre ont compétence exclusive pour statuer sur toute succession.

Cet accord d'élection de for doit être conclu par écrit, être daté et signé par toutes les parties en cause.

Le Règlement du 4 juillet 2012 fixe toutefois aussi, en son article 4-2°, des règles de compétence subsidiaires spécifiques.

Ainsi, l'article 10 dispose en son premier point que : « *Lorsque la résidence habituelle du défunt au moment du décès n'est pas située dans un État membre, les juridictions de l'État membre dans lequel sont situés des biens successoraux sont néanmoins compétentes pour statuer sur l'ensemble de la succession dans la mesure où :*

a) *le défunt possédait la nationalité de cet État membre au moment du décès ; ou, à défaut,*

b) *le défunt avait sa résidence habituelle antérieure dans cet État membre, pour autant que, au moment de la saisine de la juridiction, il ne se soit pas écoulé plus de cinq ans depuis le changement de cette résidence habituelle* ».

Si aucune de ces conditions n'est remplie, les juridictions de l'État membre sur le territoire duquel se trouvent des biens successoraux sont compétentes, mais uniquement en ce qui concerne ces biens spécifiques.

Selon le § 2 de l'article 10, cette disposition concerne tant les biens meubles que les biens immeubles.

<u>Quelle est la sphère de compétence des juridictions définies par le Règlement ? –</u>

En termes généraux, le Règlement dispose que le Tribunal est compétent pour « *l'ensemble des questions successorales, qu'elles portent sur des meubles ou sur des immeubles* ».

Ainsi, le Tribunal de la dernière résidence habituelle du défunt ou celui de sa nationalité, s'il a choisi de soumettre sa succession à sa loi nationale, est compétent pour statuer sur toutes les matières incluses dans le Règlement, p. ex. pour statuer sur le sort des biens, même s'ils sont situés à l'étranger.

Cette désignation de l'« étranger » se réfère à :

- soit un autre État membre,
- soit un État tiers.

D. – LE CERTIFICAT SUCCESSORAL EUROPÉEN (ARTICLES 62 A 73 DU RÈGLEMENT)

1. Généralités

La preuve de la qualification d'héritier, ou de légataire, d'une personne par rapport à une succession déterminée, soulève souvent des problèmes en matière de successions. Cette question, qui peut se poser également pour la liquidation et le partage des successions purement nationales, est encore plus complexe pour les successions internationales. **218**

L'identification des héritiers et des légataires, ainsi que l'ampleur de leurs droits successoraux, s'avèrent compliquées en cas d'éparpillement des masses successorales sur plusieurs pays, dans les cas où le de cujus possédait des biens, meubles ou immeubles autres que ceux dont il était propriétaire dans le pays où il avait sa résidence habituelle.

Avant la mise en application du règlement 650/2012, la situation juridique existant dans les différents États membres quant à la preuve de la qualité d'héritier ou de légataire est régie de façon différente. Ainsi, dans certains pays, la législation applicable confère aux juridictions le droit de délivrer aux personnes intéressées un « certificat d'héritier ». Tel est notamment le cas en Allemagne où le tribunal compétent (celui du lieu de l'ouverture de la succession) peut délivrer un « *Erbschein* », selon le § 2353 du BGB). Ce certificat fait naître une présomption réfragable, c.-à-d. qui peut être combattue par la preuve contraire, que le titulaire possède une vocation successorale. Toutefois, ce certificat d'héritier ne jouit pas de l'autorité de la chose jugée.

D'autres pays basent les droits successoraux des héritiers sur un acte de notoriété. Tel est le cas notamment pour la France et la Belgique. L'utilisation de cet acte est fort pratique pour faciliter les relations entre les héritiers et des tiers, notamment avec les établissements bancaires.

Même après la mise en application du certificat successoral européen, les dispositions existant dans ce domaine continuent à rester applicables. En effet, l'emploi du certificat successoral européen est seulement facultatif.

Au Grand-Duché de Luxembourg, l'article 815-11, 2e alinéa, du Code civil dispose que « À défaut d'autre titre, l'étendue des droits de chacun dans l'indivision résulte de l'acte de notoriété ou de l'intitulé d'inventaire établi par le notaire ». Malheureusement ledit article ne précise pas quel doit être le contenu d'un tel acte de notoriété ce qui peut créer des problèmes dans les litiges successoraux.

Concurrence entre le certificat successoral européen et un certificat national

La question s'est posée si le certificat successoral européen peut être délivré à des fins purement internes, donc pour des successions ne présentant pas de percussion internationale. Tel ne semble cependant pas être le cas. En effet, selon l'article 63, paragraphe 1er du règlement 650/2012, le certificat est délivré « *en vue d'être utilisé dans un autre État membre* ».

Ceci n'empêche cependant pas le certificat de produire des effets dans l'État membre qui l'a délivré. Cette possibilité résulte de l'article 62, paragraphe 3 du règlement, qui prévoit que le certificat produit également ses effets dans les États membres, dont les autorités l'ont délivré. Partant, la question de la concurrence éventuelle du certificat successoral européen avec un document produit sur base du droit national se pose.

Cette alternative entre certificat successoral national ou certificat communautaire soulèverait notamment des problèmes si, dans une même succession, un certificat européen était présenté en même temps qu'un certificat ayant sa base dans la législation de l'État membre dans lequel une succession fait l'objet d'un litige. Le règlement ne prévoit pas de dispositions particulières pour organiser cette concurrence et notamment pour déterminer une priorité du certificat européen par rapport à un certificat national.

Le litige successoral peut aussi se dérouler dans plusieurs États membres et il est possible que des certificats successoraux contradictoires soient présentés. Dans la mesure où l'un des certificats a été délivré sur base du règlement 650/2012, on peut considérer qu'il mérite une priorité par rapport à un certificat national, car il a été établi après un examen minutieux comportant d'importantes vérifications.

2. Utilisation du certificat successoral européen

219 Aux termes de l'article 63, paragraphe 1er du règlement, le certificat successoral européen est destiné à être utilisé par les héritiers, par les légataires et par les exécuteurs testamentaires ou les administrateurs (dans le régime successoral anglo-saxon). Le certificat européen peut être utilisé pour prouver en particulier :

- la qualité et/ou les droits successoraux de chaque héritier ou légataire,
- l'attribution d'un bien déterminé ou de plusieurs biens relevant d'une succession,
- les pouvoirs de l'exécuteur testamentaire ou de l'administrateur de la succession, mentionnés dans le certificat.

Par ailleurs, les dires et allégations du demandeur devront porter sur l'utilisation qu'il envisage de faire du certificat non pas dans l'État membre où il sollicite un tel certificat, mais bien dans un autre État membre, dans lequel une succession fait l'objet d'un litige.

3. L'autorité compétente pour délivrer le certificat

L'article 64 du règlement donne compétence à l'effet de délivrer un certificat d'héritier européen à deux catégories d'autorités, à savoir. **220**

a) La première catégorie concerne les juridictions définies à l'article 3 du règlement, dont l es États membres sont tenus de communiquer à la Commission le nom et les coordonnées, ainsi que d'autres indications visées à l'article 79, paragraphe 1er du règlement.

b) La deuxième catégorie vise toute autorité qui, en vertu du droit national, est compétente pour régler des successions. Cette catégorie vise spécialement les notaires, pour autant que la législation des États membres leur attribue compétence à cet égard.

c) Tel n'est pas le cas au Grand-Duché de Luxembourg. Les notaires y ont en effet un rôle essentiellement passif en ce qui concerne la liquidation et le partage d'une succession. Du moment que les héritiers ne sont pas d'accord sur un problème successoral, le notaire doit se limiter à dresser un procès-verbal des difficultés du partage et le tribunal saisi de ce litige successoral doit trancher cette ou ces questions.

4. Compétence pour délivrer le certificat

Suivant l'article 64 du règlement, la compétence pour délivrer un certificat successoral européen est attribuée aux juridictions de l'État membre qui sont compétentes pour statuer sur une succession internationale. Il s'agit donc en règle générale d'une juridiction de l'État membre dans lequel le de cujus avait sa résidence habituelle au moment de son décès (article 4 du règlement). Au cas où le de cujus a choisi lui-même sa loi successorale, la compétence revient à l'État membre dont le défunt a choisi la loi pour s'appliquer au règlement de sa succession. Le système retenu par le règle- **221** ment greffe donc, pour la compétence à délivrer le certificat, sur les règles de compétence prévues de manière générale par le règlement. Cette façon de procéder est préférable à celle consistant à organiser une compétence spécifique pour la seule délivrance d'un certificat successoral.

5. Les modalités de la demande du certificat

222 Cette demande peut être présentée par un héritier, un légataire ou l'exécuteur testamentaire ou par plusieurs successibles agissant de concert. Cette dernière alternative peut présenter un gain de temps pour l'autorité émettrice. Les demandeurs peuvent même mandater l'une d'entre elles, ou même un tiers (avocat ou notaire) pour déposer la demande.

L'article 65, paragraphe 2 du règlement recommande, mais n'exige pas, que la demande soit présentée sous forme d'un formulaire-modèle. Cette méthode de présentation permet à l'autorité émettrice du certificat de disposer d'un document plus complet, dont certaines mentions pourraient même être reprises sans difficultés dans le certificat.

La demande en délivrance d'un certificat successoral européen doit être accompagnée des documents qui sont énumérés à l'article 65 du règlement. Ces renseignements concernent notamment les qualités du défunt, celles du demandeur et de son conjoint, la finalité à laquelle est destiné le certificat, ainsi qu'une dizaine de renseignements touchant divers aspects de la succession concernée, qui sont énumérés audit article 65.

Chaque personne, appelée à une succession transfrontalière d'une personne décédée après le 17 août 2015, peut demander la délivrance d'un certificat successoral européen pour la succession concernée.

Le Règlement fournit une liste des informations qui devront être communiquées pour dresser un tel certificat successoral européen.

Il s'agit surtout des informations suivantes :

a) les renseignements sur la personne défunte, à savoir son nom, prénom, sexe, date et lieu de naissance, état civil, nationalité, n° d'identification national, adresse au moment du décès, date et lieu du décès,

b) les renseignements quant à la personne du demandeur d'un certificat successoral européen (mêmes informations que sous le point a) ci-dessus),

c) les renseignements quant au représentant éventuel du demandeur (ex. : avocat, notaire, etc.),

d) les renseignements quant au conjoint ou partenaire du de cujus, à ses ex-conjoints (mêmes informations que sous le point a) ci-dessus),

e) les renseignements quant aux autres bénéficiaires successoraux, désignés soit par la loi, soit par un testament (mêmes informations que sub a) ci-dessus),

f) la finalité et l'objectif poursuivi par la demande en établissement d'un certificat successoral européen,
g) les coordonnées de la juridiction ou de l'autorité compétente qui est saisie pour régler ou qui a réglé la succession,
h) les éléments sur lesquels le demandeur se base pour faire valoir ses droits sur les biens successoraux ou ses pouvoirs pour administrer la succession,
i) les informations quant à l'établissement par le défunt d'une disposition à cause de mort ou son défaut,
j) les informations quant au régime matrimonial du défunt (présence ou absence d'un contrat de mariage,
k) les informations quant à l'acceptation ou à la renonciation à la part successorale dévolue au demandeur,
l) la déclaration que le demandeur n'a pas connaissance de l'existence d'un litige pendant sur les éléments à certifier,
m) toute autre information utile.

Il y a lieu de joindre à la demande en vue de l'établissement du prédit certificat successoral européen, tout document en original ou en copie répondant aux conditions requises pour en établir l'authenticité.

D'ordinaire, ce sont les notaires saisis du règlement d'une succession internationale qui se chargent de préparer la demande.

Ce certificat a pour essence de rendre plus faciles des transactions portant sur un bien recueilli dans une succession internationale.

En effet, les personnes en possession d'un tel certificat successorale européen et qui cèdent la propriété ou qui exécutent des transactions portant sur un bien recueilli dans une succession transfrontalière, seront protégées, alors que les énonciations du prédit certificat font foi.

Ce certificat successoral est, en vertu de l'article 64 du Règlement, délivré dans l'État membre dont les juridictions sont compétentes.

Selon l'article 69 du Règlement, ce certificat produit ses effets dans tous les États membres de l'Union européenne, sans qu'il ne soit besoin de recourir à d'autres formalités.

L'original dudit certificat successoral européen est conservé par l'autorité émettrice. Des copies certifiées conformes sont délivrées au demandeur et à toute personne qui justifie d'un intérêt légitime.

Aux termes de l'article 70-3 du Règlement, ce certificat a une durée de validité de 6 mois. À l'expiration de ce délai, un nouveau certificat peut, le cas échéant, être sollicité par tout intéressé.

La délivrance ou le refus de délivrance d'un certificat successoral européen, tout comme son contenu, peuvent faire l'objet d'un recours devant l'autorité judiciaire de l'État membre dont relève l'autorité qui a émis ledit certificat. Cette juridiction pourra retirer ou modifier le contenu du certificat, si elle reconnaît que les données y portées ne sont pas véridiques.

6. L'examen de la demande

223 L'examen de la demande est organisé par l'autorité chargée de la délivrance du certificat. Cette autorité a un rôle actif à jouer. Elle doit vérifier les informations et déclarations du demandeur et examiner les documents et autres moyens de preuve accompagnant la demande.

Ainsi, le certificat successoral à délivrer ne base pas exclusivement sur les indications fournies par le demandeur, mais l'autorité chargée de la délivrance peut faire des investigations pour vérifier les indications fournies par ce demandeur. Sa fonction se rapproche dès lors de celle d'une juridiction, dont on pourrait dire qu'elle agit à titre gracieux.

L'autorité émettrice prend toutes les mesures nécessaires pour informer les bénéficiaires de l'introduction d'une demande en délivrance d'un tel certificat. Elle peut, en cas de nécessité, entendre toute personne intéressée, ainsi que tout exécuteur testamentaire ou administrateur de succession institué. Elle peut, sur demande, fournir à l'autorité-émettrice d'un autre État membre les informations détenues et notamment les indications figurant dans des registres fonciers et dans les registres de l'état civil.

7. Conditions de la délivrance du certificat

224 L'autorité émettrice délivre le certificat lorsque les éléments à certifier ont été vérifiés et établis, soit sur base des indications du demandeur, soit à la suite des investigations conduites par l'autorité elle-même.

Nous avons déjà souligné que l'usage d'un formulaire n'est pas obligatoire pour le demandeur en délivrance d'un tel certificat. Par contre, l'autorité émettrice doit, pour délivrer le certificat, faire usage du formulaire prévu à l'article 81 du règlement. Ce formulaire reste encore à être établi par les autorités communautaires.

L'article 67 du règlement impose à l'autorité émettrice de délivrer le certificat sans délai, sans cependant lui fixer un terme maximum. Cela aurait été difficile, compte tenu des investigations à faire par cette autorité, qui peuvent prendre un temps variable suivant la complexité de ces contrôles.

L'autorité-émettrice peut refuser de délivrer le certificat dans deux hypothèses :

1) lorsqu'il y a des contestations sur certains éléments à certifier (par exemple : une procédure judiciaire a déjà été engagée par des parties intéressées),
2) si une partie, sans avoir engagé une procédure judiciaire, a indiqué à l'autorité émettrice qu'elle conteste certains des éléments avancés par le demandeur.

8. Contenu du certificat

L'article 68 du règlement énumère quinze indications, qui doivent figurer au certificat successoral européen. Les principales en sont les informations relatives au demandeur, au défunt et aux bénéficiaires du certificat. Sont par ailleurs requis les renseignements concernant un éventuel contrat de mariage conclu par le défunt avec son conjoint, la loi applicable à la succession, les quotes-parts de la succession revenant à chaque héritier et, éventuellement, aux légataires. **225**

Si l'autorité émettrice n'est pas en mesure de fournir toutes les indications devant figurer au certificat, elle a les alternatives suivantes :

- soit refuser de délivrer le certificat,
- soit fournir un certificat partiel qui se limite aux éléments qui ont été établis et vérifiés à suffisance,
- soit finalement inviter le demandeur à fournir des éléments de preuve supplémentaires.

9. Les effets du certificat

226 Les effets du certificat successoral européen sont énumérés à l'article 69 du règlement. Ce dernier dispose que le certificat produit ses effets dans tous les États membres, sans qu'il soit nécessaire de recourir à aucune procédure.

Il n'est donc requis dans l'État membre, dans lequel le certificat doit produire ses effets, ni de procéder à une reconnaissance, ni à son exécution, comme c'est le cas pour les décisions judiciaires.

En raison des effets directs dudit certificat, le règlement n'organise pas de contrôle par les autorités de l'État membre où il est utilisé. Ainsi, ce certificat ne peut pas être contesté comme étant contraire à l'ordre public de l'État membre concerné. Il est présumé attester fidèlement l'existence des éléments indiqués conformément à la loi applicable à la succession concernée. Ainsi, la personne désignée dans le certificat comme étant l'héritier, le légataire, l'exécuteur testamentaire ou l'administrateur de la succession est réputée bénéficier effectivement de la qualité mentionnée dans ce certificat.

L'article 69, paragraphe 3 du règlement organise également la sécurité juridique des tiers ayant agi sur base des indications du certificat. Cette protection vaut pour une personne qui transfère un bien provenant de la succession concernée à un héritier ou à un légataire.

Cette garantie joue aussi pour un établissement bancaire, qui remet à un héritier, ou à un légataire, des fonds ayant appartenu au défunt. La mesure visée à l'article 69, paragraphe 3 du règlement vaut aussi pour le tiers qui a effectué des paiements à une personne désignée dans le certificat, comme étant habilitée à accepter ces paiements.

La sécurité légale conférée par les deux hypothèses précitées ne joue cependant pas si son bénéficiaire sait que le contenu du certificat ne correspond pas à la réalité ou s'il l'ignore en raison d'une négligence grave de sa part. La garantie pour le tiers ne vaut pas non plus, si celui-ci a été de mauvaise foi.

10. Voies de recours en rapport avec le certificat

227 Les voies de recours ouvertes contre un certificat sont précisées à l'article 72 du règlement. Cet article ne définit pas la procédure suivant laquelle doivent s'exercer ces recours. Celle-ci appartient aux États membres.

Les recours entrant en ligue de compte sont les suivants :

1) le recours du demandeur contre la décision de refus du certificat lui opposée par l'autorité émettrice,

2) le recours formé par une personne qui s'oppose à la délivrance du certificat, étant précisé que seules les personnes habilitées à demander la délivrance d'un tel certificat ont qualité pour exercer ce recours,
3) le recours contre une décision relative au retrait, à la modification ou à la rectification d'un certificat. Ce recours peut être exercé par toute personne justifiant d'un intérêt légitime,
4) le recours contre la décision de l'autorité émettrice prononçant la suspension des effets d'un certificat (article 73 du règlement). Ce recours peut être exercé par toute personne justifiant d'un intérêt légitime à le former.

Quant aux exigences formelles d'un tel recours, celui-ci est formé conformément au droit de l'État dont relève l'autorité émettrice du certificat concerné. Cet État doit en conséquence préciser le régime de la voie de recours et déterminer tant le délai dans lequel celui-ci doit être exercé que les modalités d'examen du recours.

11. La suspension des effets du certificat

La suspension du certificat est organisée par l'article 73 du règlement, qui 228
prévoit un régime temporaire relatif au sort du certificat durant la période pendant laquelle il peut faire l'objet d'une contestation. L'article 73 vise deux cas dans lesquels les effets du certificat peuvent être suspendus et précise les autorités qui peuvent procéder à une telle suspension. Ces cas sont les suivants :

a) Les effets du certificat peuvent être suspendus par l'autorité émettrice à la demande d'une personne justifiant d'un intérêt légitime dans l'attente d'une modification ou d'un retrait du certificat. La suspension des effets du certificat sera souvent demandée parallèlement à une demande en modification ou en retrait d'un certificat préalable.
b) Les effets du certificat peuvent aussi être suspendus lorsqu'un recours est formé contre une décision relative à un certificat en vertu de l'article 72 du règlement. Dans ce cas, il appartient à l'autorité de l'État membre saisi du recours d'apprécier s'il convient de donner suite à la demande en suspension dudit certificat. Cette demande peut être formulée par toute personne habilitée à introduire un recours à l'encontre d'un certificat émis. Il se peut que, dans ce cas, la demande en suspension émane d'une personne autre celle ayant formé le recours.

12. Les conséquences de la suspension du certificat

229 La suspension touche seulement aux effets du certificat et non pas l'existence de ce dernier en lui-même. Il s'agit d'une mesure temporaire, qui viendra à terme lorsqu'une décision de l'autorité compétente est intervenue.

13. Copies certifiées conformes du certificat

230 D'après l'article 70 du règlement, l'autorité émettrice conserve l'original du certificat et délivre une ou plusieurs copies certifiées conformes au demandeur et à toute personne justifiant d'un intérêt légitime.

Lesdites copies ont une durée de validité de six mois. L'autorité émettrice doit préciser cette durée en indiquant sur le certificat délivré sa date d'expiration. Dans des cas exceptionnels, cette durée de validité peut être prolongée par l'autorité compétente. L'article 70 ne précise pas le régime de conservation de l'original. Il faut donc se soumettre, quant à cette question, aux règles qui gouvernent l'activité de l'autorité habilitée à délivrer le certificat.

Celle-ci ne peut émettre que des copies certifiées conformes de l'original du certificat. Il n'est dès lors pas possible de délivrer au demandeur de simples copies. Il n'est toutefois pas nécessaire non plus d'apposer la formule exécutoire sur la copie émise du certificat.

Une telle copie certifiée conforme peut être délivrée au demandeur du certificat, ainsi qu'à toute personne justifiant d'un intérêt légitime. La question se pose si une telle copie peut être délivrée à des tiers, comme p. ex. à un établissement bancaire ou une administration fiscale (en vue du calcul des droits successoraux, par exemple).

Le règlement est muet sur cette question. Le considérant 72 indique cependant qu'un État membre peut, en vertu de sa réglementation nationale en matière d'accès du public aux documents, autoriser la délivrance au public de copies du certificat.

Nous avons vu que les copies certifiées conformes du certificat délivré par l'autorité émettrice ont une durée de validité de six mois. La question se pose si, en cas de suspension judiciaire du certificat, sa durée de validité est prolongée. Compte tenu de l'importance qu'accorde le règlement à la véracité des informations contenues dans le certificat, il faut admettre que le délai de validité de six mois du certificat n'est pas prolongé, lorsqu'une autorité a décidé de suspendre les effets d'un certificat.

Au cas où une autorité judiciaire a procédé à une suspension d'un certificat, l'autorité ayant décidé cette suspension doit informer de l'existence de celle-ci tous les détenteurs de copies certifiées conformes du certificat concerné.

L'autorité qui délivre des copies certifiées conformes d'un certificat doit conserver une liste des personnes à qui une telle copie a été délivrée. Cette liste est notamment utile, lorsqu'une autorité ordonne la suspension des effets d'un certificat, ce qui oblige cette autorité émettrice d'en informer toutes les personnes à qui elle a délivré une copie certifiée conforme dudit certificat.

E. – RELATION DU RÈGLEMENT AVEC LES CONVENTIONS INTERNATIONALES DANS LE DOMAINE SUCCESSORAL

Ces relations sont déterminées par l'article 75 du règlement. 231

Le principe de compatibilité retenu se fonde sur la considération que ce règlement n'affecte pas les conventions internationales, auxquelles un ou plusieurs États membres sont parties lors de l'adoption du règlement 1650/2012 et qui portent sur des matières régies par ce dernier.

Il existe même une convention à laquelle le règlement cède la priorité. Il s'agit de la Convention de La Haye du 5 octobre 1961 sur les conflits de lois en matière de forme des dispositions testamentaires. Cette Convention continue à s'appliquer dans les États membres qui l'ont ratifiée, au lieu de l'article 27 du règlement, concernant la validité quant à la forme des dispositions à cause de mort établies par écrit.

En vertu de la Convention précitée, un testament est valable quant à la forme lorsqu'il respecte :

1) la loi du lieu où le testateur a rédigé son testament,
2) la loi nationale du testateur, correspondant à sa nationalité possédée, soit au moment où il a rédigé son testament, soit au moment de son décès,
3) la loi applicable du lieu où le testateur avait son domicile, soit au moment où il a rédigé son testament, soit au moment de son décès,
4) la loi applicable du lieu où le testateur avait sa résidence habituelle, soit au moment où il a rédigé son testament, soit au moment de son décès,
5) la loi de la situation de l'immeuble dont le testateur a disposé par son testament.

D'autre part, le règlement 650/2012 prévoit des dispositions, en cas de conventions conclues exclusivement entre deux ou plusieurs États, dans la mesure où ces conventions concernent des matières régies par le règlement.

Le paragraphe 3 de l'article 75 contient une disposition spéciale quant à la convention du 19 novembre 1934, conclue entre le Danemark, la Finlande, la Norvège et la Suède, qualifiée de « Convention nordique ». L'article 75 du règlement dispose que celui-ci ne fait pas obstacle à l'application de cette convention, à condition que certaines exigences énumérées au paragraphe 3 soient remplies.

L'article 75 du règlement se réfère uniquement aux conventions internationales existantes au moment de l'entrée en application du règlement 1650/2012. Il ne parle pas des conventions à conclure éventuellement entre les États membres postérieurement à l'entrée en vigueur du règlement.

Néanmoins, en vertu de la jurisprudence de la Cour de justice Européenne, l'adoption d'un règlement de l'Union européenne comporte un transfert de compétences des États membres à l'Union européenne pour la conclusion de conventions internationales dans les matières régies par ce règlement. L'Union jouit donc d'une compétence exclusive pour conclure de nouvelles conventions dans le domaine couvert par le règlement 1650/2012.

Cette règle empêche donc les États membres de conclure de nouvelles conventions internationales sans autorisation de l'Union européenne dans le domaine couvert par le règlement 1650/2012. Toutefois, des États membres pourraient conclure une convention internationale avec des États-tiers, à condition qu'ils soient expressivement autorisés à ce faire par la Commission européenne.

Chapitre 15

Les droits de succession et de mutation par décès

Ce chapitre n'a pas pour objet d'analyser, en détail, le régime des droits de succession, mais seulement de fournir quelques indications très générales sur ce régime et surtout de donner une idée sur les taux appliqués en matière de droits de succession.

Ces droits fiscaux sont de deux sortes : *les droits de succession*, de loin les plus importants, et *les droits de mutation par décès.*

A. - LA DIFFÉRENCE ENTRE LES DROITS DE SUCCESSION ET LES DROITS DE MUTATION PAR DÉCÈS

232 Les droits de succession s'appliquent, aux termes de l'article 1er de la loi de base du 27 décembre 1817, sur la valeur de tout ce qui est acquis ou recueilli dans une succession d'un habitant du Grand-Duché. Est réputé tel celui qui y a établi son domicile, ou le siège de sa fortune.

Les droits de mutation par décès sont à payer sur la valeur des immeubles, situés au Grand-Duché recueillis ou acquis en propriété, ou en usufruit, par le décès de quelqu'un qui n'est pas réputé habitant du Grand-Duché.

Les droits de succession concernent toute la fortune mobilière et immobilière située au Grand-Duché, et la fortune mobilière située à l'étranger, pour autant que cette fortune a été héritée par une personne, ayant son domicile au Grand-Duché, qu'elle soit luxembourgeoise ou étrangère.

Ces deux catégories de droits fiscaux se distinguent à bien des égards, notamment par la matière imposable et les taux. L'assiette des droits de succession est la valeur d'un héritage, fait par une personne auprès d'un de cujus, qui a son domicile ou le siège de sa fortune au Grand-Duché. L'assiette des droits de mutation par décès est la valeur des seuls immeubles laissés au Grand-Duché par une personne, qui n'y avait pas son domicile ou le siège de sa fortune.

Nous examinons plus en détail les droits de mutations par décès sous le numéro 207.

B. – COMMENT S'ÉTABLIT LA VALEUR DE LA FORTUNE SUR LAQUELLE SONT CALCULÉS LES DROITS DE SUCCESSION ?

La base de ce calcul est la déclaration de succession, que chaque héritier ou légataire doit déposer dans un délai fixé légalement, généralement six mois après le décès du de cujus, auprès de l'Administration de l'Enregistrement et des Domaines. 233

Dans ce document, le déclarant, sauf s'il s'agit d'une déclaration négative, c'est-à-dire sans actif, doit spécifier les biens faisant l'objet de sa succession ou de son legs, et en faire une estimation. Pour les successions en ligne directe, il suffit d'énumérer les immeubles, sans en faire une estimation. La fortune mobilière n'est pas à déclarer. Pour la plupart des biens hérités, la base d'estimation est leur valeur vénale au jour du décès du de cujus.

Si le préposé de l'Administration susvisée, compétent pour la perception des droits de succession, accepte l'estimation des biens faite dans la déclaration de succession, cette estimation sert de base au calcul des droits de succession dus.

Dans le cas contraire, ce fonctionnaire est autorisé à constater, par tous les moyens établis par le droit commun, l'omission ou la fausse estimation des biens de la succession, l'exagération ou la simulation des dettes en rapport avec l'héritage.

Si le préposé a des doutes sur la correcte estimation faite par un déclarant au sujet des immeubles hérités au Grand-Duché, et si l'insuffisance de la déclaration ne peut pas être autrement constatée, il peut requérir une expertise. Celle-ci est alors déterminante pour l'établissement de la valeur des immeubles faisant l'objet de la déclaration de succession.

Un problème spécial d'évaluation de l'héritage se pose en cas de **démembrement de la propriété**, une personne ayant hérité d'un immeuble, non en pleine-propriété, mais en usufruit ou en nue-propriété.

Dans cette hypothèse, la loi régissant les droits de succession, a établi un système forfaitaire d'établissement de ces valeurs. L'usufruit et la nue-propriété sont censés représenter une quote-part de la pleine-propriété, variable suivant l'âge de l'usufruitier ou du nu-propriétaire.

Nous reviendrons sur ce problème sous le numéro 328 ci-après.

C. - LES SUCCESSIONS EXONÉRÉES DE DROITS FISCAUX

234 Est exempt du droit de succession :

1) Tout ce qui est recueilli en ligne directe, donc entre ascendants et descendants et vice-versa. À cet égard, les enfants naturels reconnus et les enfants ayant fait l'objet d'une adoption plénière, sont assimilés aux enfants légitimes. La même exonération s'applique à certaines catégories d'adoptés, visées au chapitre IV article 3 de la loi du 13 juillet 1959 sur l'adoption. Il en est de même des petits-enfants ou autres descendants lorsque, du vivant de leur père et mère, ils sont appelés à la succession de leurs aïeuls.

2) Toutefois, l'exonération des droits de succession en ligne directe ne s'applique qu'à la part que le descendant aurait recueillie dans une succession ab intestat (part virile), donc, par exemple, un tiers en présence de trois enfants. Tout ce qui est recueilli au-delà de cette part, notamment par testament, est soumis à un droit variant entre 2,5 % et 5 %, suivant la disposition de faveur dont un descendant a bénéficié, appliqué sur la valeur qu'il recueille au-delà de sa part virile.

3)Tout ce qui est recueilli entre conjoint, sans distinction qu'il y ait encore ou non un ou des enfants de leur mariage ou des descendants de ceux-ci, la distinction ayant été supprimée par la loi du 15 décembre 2017 modifiant entre autres la loi du 27 décembre 1817 sur le droit de succession.

4) Toute succession dont la valeur nette est inférieure à 1 250,00 €.

5) Les immeubles hérités qui sont situés à l'étranger.

D. - TAUX DES DROITS DE SUCCESSION

1. Le taux de base

235 Les taux sont de :

- 6 % entre frères et sœurs ;
- 9 % entre oncles ou tantes et neveux ou nièces, entre l'adoptant et l'adopté, sauf s'il s'agit d'une adoption exonérée de droits de succession (cf. numéro 234 sous 1.) ;
- 10 % entre grands oncles ou grandes tantes et petits-neveux ou petites-nièces, entre l'adoptant et les descendants de l'adopté ;
- 15 % entre tous autres parents ou personnes non parentes.

Il convient cependant de remarquer que les taux susvisés s'appliquent à la part que ces collatéraux ont, ou auraient, recueillie ab intestat.

Si, à la suite d'un testament, ils héritent au-delà de leur part successorale ab intestat, ils paient 15 % sur cet excédent.

Si, suite à la renonciation par un héritier à sa part successorale, cette part accroît à un autre héritier, celui-ci doit payer sur cette part, outre le taux applicable en fonction de sa parenté avec le de cujus, également le droit proportionnel applicable à la vente, soit 6 %.

2. Majoration des droits successoraux

Les taux cités au numéro 235 constituent des taux de base et ne s'appliquent que si la valeur de la part successorale ne dépasse pas un certain seuil. Au-delà de celui-ci, les taux sont majorés d'un pourcentage par palier de valeur successorale. 236

La loi du 1er août 2001 relative au basculement en euro le 1er janvier 2002 et modifiant certaines dispositions législatives (Mémorial A 2001, pages 2440 et suivants) fixe, en son article 25 (1), les barèmes à partir du 1er janvier 2002 comme suit :

10 000 €	sans dépasser	20 000 €	1/10
20 000 €	sans dépasser	30 000 €	2/10
30 000 €	sans dépasser	40 000 €	3/10
40 000 €	sans dépasser	50 000 €	4/10
50 000 €	sans dépasser	75 000 €	5/10
75 000 €	sans dépasser	100 000 €	6/10
100 000 €	sans dépasser	150 000 €	7/10
150 000 €	sans dépasser	200 000 €	8/10
200 000 €	sans dépasser	250 000 €	9/10
250 000 €	sans dépasser	380 000 €	12/10
380 000 €	sans dépasser	500 000 €	13/10
500 000 €	sans dépasser	620 000 €	14/10
620 000 €	sans dépasser	750 000 €	15/10
750 000 €	sans dépasser	870 000 €	16/10
870 000 €	sans dépasser	1 000 000 €	17/10
1 000 000 €	sans dépasser	1 250 000 €	18/10
1 250 000 €	sans dépasser	1 500 000 €	19/10
1 500 000 €	sans dépasser	1 750 000 €	20/10
1 750 000 €	et au-delà		22/10

E. – LES DROITS DUS SUR LES DONATIONS OU LEGS FAITS À CERTAINES PERSONNES MORALES

237 Ces taux sont les suivants :

- 4 % pour les libéralités faites en faveur des communes, des établissements publics, des hospices et bureaux de bienfaisance ;
- 6 % pour les libéralités faites aux associations sans but lucratif, aux fondations, à l'évêché, aux consistoires, à la synagogue et aux fabriques d'église.

Il y a exemption pour les libéralités ayant pour objet les fondations de bourses d'études aux universités et aux établissements publics d'enseignement.

F. – LES DROITS DE MUTATION PAR DÉCÈS

238 Les droits de mutation par décès constituent une variété des droits de succession. Ils sont dus sur la succession d'une personne ayant lors de son décès, son domicile légal à l'étranger et ayant possédé des immeubles au Grand-Duché de Luxembourg. Les droits successoraux à payer par les héritiers d'un tel défunt étaient moins favorables que ceux à acquitter par les héritiers indigènes quand le défunt a eu son domicile légal au Grand-Duché.

Ainsi les successions en ligne directes, donc recueillies par les descendants sont normalement exemptées des droits de succession, alors qu'au cas où des droits de mutation sont dus, le taux à percevoir était de 2 % sans compter les majorations.

Par ailleurs, les droits de mutations par décès étaient dus sur la valeur brute de la succession, c'est-à-dire sans déduction des dettes existant à charge des héritiers. Finalement, les droits de mutations par décès étaient perçus même si la part successorale d'un héritier domicilié au Grand-Duché était inférieure à 1 250. – €, cas auquel aucun droit de succession n'est dû.

Les dispositions fiscales susvisées en cas d'application du régime des droits de mutation par décès ont donné lieu à critique de la part de la Commission UE qui a été d'avis que les différences de traitement entre droits de successions et de droits de mutations étaient contraires à la liberté de déplacement des personnes et des capitaux.

Les autorités politiques luxembourgeoises n'ont pas éprouvé de difficultés pour suivre les injonctions de la Commission Européenne. En effet, alors que, dans le temps il n'était pas tellement courant qu'un de cujus habitant à l'étranger a été propriétaire d'un immeuble au Grand-Duché de Luxembourg, cette situation a fondamentalement changé depuis quelques années.

En effet, depuis un certain temps, de plus en plus de citoyens luxembourgeois ont transféré leur domicile légal à l'étranger, tout en continuant à être propriétaire d'un ou de plusieurs immeubles au Grand-Duché. En appliquant l'ancien régime légal en matière de droits de mutation par décès, les personnes en question seraient redevables des droits de mutation par décès.

Depuis l'entrée en application de la loi du 18 décembre 2009, le système spécifique, ayant existé en matière de droits de mutation par décès, a été modifié en ce sens qu'il y a un traitement égal entre droits de succession et droits de mutation par décès. Cela a entraîné les conséquences suivantes :

1) Dans la mesure où il existe une exonération fiscale en matière de droits de succession (descendants) ou d'un conjoint, les mêmes dispositions fiscales s'appliquent au paiement de droits de mutation par décès.
2) Dans le cas de paiement de droits de mutation par décès, la perception se fait sur la valeur *nette* de la succession. Cela implique donc que les dettes en rapport avec les immeubles hérités peuvent être déduites si elles sont en rapport avec les immeubles hérités. Cela n'était pas le cas dans le cadre de la loi de 1817.
3) Comme pour les droits de succession, les droits de mutation par décès sont seulement dus si la valeur nette de la succession dépasse 1 250 €.

Signalons finalement que le régime applicable aux conjoints en matière de droits de succession est valable également quant aux droits de mutation par décès redus par les partenaires au sens de la loi modifiée du 9 juillet 2004 relative aux effets légaux de certains partenariats sous les conditions visées à cette loi (cf. N° 433 ci-après).

PARTIE 2

LES DONATIONS

Chapitre 1

Remarques générales

239 La donation rentre dans la catégorie des libéralités. Celles-ci désignent tout acte juridique par lequel une personne dispose à titre gratuit, c'est-à-dire sans prétendre à une contrepartie, au profit d'une autre, d'un ou de plusieurs de ses biens, dans le but de lui en transférer la propriété.

Cette définition générale de la libéralité vise en fait deux actes nettement distincts :

- les donations entre vifs ;
- les libéralités à cause de mort ou les testaments, par lesquels une personne, appelée le testateur, dispose pour le temps après sa mort, en faveur de ses légataires, de la propriété de tout ou de partie de ses biens.

La présente partie ne traite que des seules donations entre vifs. Pour les actes de disposition à cause de mort (testaments), il est renvoyé à la troisième partie de cet ouvrage.

Contrairement au régime successoral ab intestat, qui a été réformé assez sensiblement, le régime des donations, exception faite de certains aspects, n'a guère subi de modifications depuis 1804.

L'évolution intervenue dans ce domaine est l'œuvre de la jurisprudence. Aussi, à certains égards, les articles du Code civil régissant les donations, paraissent assez démodés et ne tiennent pas compte des réformes intervenues dans d'autres domaines. Il en est ainsi notamment des réformes opérées en matière de filiation. L'article 963, par exemple, parle encore de la restitution de la dot de la femme mariée, bien que la réglementation sur le régime matrimonial ait été modifiée sensiblement en 1974.

D'autre part, une modification légale intervenue en 1905, quant à l'article 960, n'a toujours pas été incorporée audit article. Nous aurons l'occasion de revenir sur cette question en examinant cette disposition.

Il conviendrait dès lors de dépoussiérer quelque peu un certain nombre d'articles du régime des donations et, du moins, de reprendre différentes modifications opérées par la France.

Chapitre 2

Définition et caractéristiques de la donation

240 En vertu de l'article 894, la donation entre vifs est un acte par lequel une personne, appelée le donateur, se dépouille actuellement et irrévocablement de la chose donnée en faveur d'une autre, appelée le donataire, qui l'accepte.

Aux termes de cette définition, la donation présente les caractères suivants :

a) elle constitue tout d'abord un contrat, alors qu'elle repose sur deux volontés concordantes, qui doivent être nettement caractérisées et exprimées, à savoir :
   - d'un côté, celle du donateur de disposer au profit du donataire de tout ou de partie de sa propriété ;
   - de l'autre côté, celle du donataire d'accepter la donation lui faite. Cet accord du bénéficiaire de la donation de l'accepter est primordial. À défaut d'acceptation par le donataire, la donation est considérée comme non avenue.

b) La donation est ensuite un acte à titre gratuit, dès lors qu'elle est inspirée par une intention libérale du donateur. Ce dernier ne s'attend en effet pas à une contrepartie identique, ou du moins équivalente, à fournir par le donataire. En ce sens, la donation constitue une faveur à sens unilatéral. Cette nature n'est en rien changée, même si la donation est faite sous certaines charges qui incombent au gratifié.

c) La donation est finalement un acte qui opère un transfert de propriété d'un bien du patrimoine du disposant à celui du gratifié. Ainsi, elle doit porter nécessairement sur un bien, ou sur un droit, de nature patrimoniale ou, du moins, susceptible d'être évalué en argent.

Pour qu'il y ait donation, un transfert de propriété d'un ou de plusieurs biens du donateur au gratifié est requis. Ainsi, il est exigé que le donateur ait entendu appauvrir son patrimoine pour enrichir celui du bénéficiaire de la donation.

Il importe d'ailleurs peu comment l'enrichissement du donataire et l'appauvrissement corrélatif du donateur se réalisent.

La donation peut aussi avoir lieu par un procédé indirect. Dans pareille hypothèse, la donation s'opère par le fait que le donateur se dépouille d'un de ses droits, sans pour autant en opérer le transfert de propriété au gratifié. Tel peut être le cas, lorsque le donateur accorde à son débiteur la remise de sa dette ou lorsqu'il paie de ses deniers propres la dette du donataire ou encore lorsque le donateur institue le donataire bénéficiaire de l'indemnité d'assurance sur sa vie.

Ces dernières catégories de dispositions sont qualifiées de « donations indirectes ».

d) La donation est un contrat solennel qui doit, à peine de nullité, être passé devant notaire. Toutefois, et nous le verrons plus loin, certaines donations échappent à cette règle, comme le don manuel, les donations déguisées et les donations indirectes.
e) La donation est finalement un acte par lequel le donateur se dépouille actuellement et irrévocablement du ou des biens transféré(s) au donataire. Ce principe est connu sous la règle dite de « *l'irrévocabilité des donations* » (article 894).

Nous verrons toutefois plus loin que cette règle ne s'applique pas à toutes les donations. Ainsi, y échappent les donations entre conjoints.

Chapitre 3

Les conditions de validité des donations

241 Le Code civil a consacré aux donations entre vifs une réglementation exhaustive, qui est contenue notamment dans les articles 893 à 966, 1075 à 1078 et 1081 à 1100. L'étendue de cette réglementation se justifie, en partie, par les considérations suivantes :

- il s'agit d'abord de protéger la volonté du donateur. Ce dernier se dépouille en effet déjà de son vivant d'une partie de son patrimoine au profit d'autrui et cela sans contrepartie. Il faut partant que sa volonté soit mûrement réfléchie. Ceci explique pourquoi le Code civil a édicté des règles strictes concernant la capacité de disposer du donateur et même concernant la capacité de recevoir du donataire. D'autres dispositions réglementent de façon impérative les formes, dans lesquelles la donation doit être faite pour être valable ;
- ensuite, le Code civil entend protéger les intérêts des membres de la famille du donateur, appelés à recueillir sa succession à son décès. Pour assurer cette protection, le Code civil a institué la réserve au profit des descendants, institution qui a été traitée à la première partie du présent ouvrage ;
- finalement, des règles touchant à l'ordre public, interdisent certaines libéralités, telles que les substitutions, ou certaines clauses insérées dans des donations. Il sera question de ces clauses prohibées dans le chapitre relatif aux conditions sous lesquelles la donation peut être consentie.

Les conditions de validité des donations tiennent, d'un côté, à la *forme* et, de l'autre, au *fond* de la donation.

A. – LES CONDITIONS DE FORME DES DONATIONS

242 Les conditions de forme, au respect desquelles reste soumise la donation, sont peu nombreuses. Elles se limitent à trois :

1) le recours à l'acte notarié,
2) l'acceptation expresse du donataire,
3) l'état estimatif des meubles.

1. La forme authentique de l'acte de donation

L'article 931 subordonne la validité de la donation à la rédaction d'un acte authentique, qui est soumis aux règles de forme des contrats à documenter par un acte notarié. L'article précité soumet la donation, qui n'a pas été reçue par un acte authentique, à la sanction de la nullité. La donation frappée de nullité est censée n'être jamais venue à existence.

2. L'acceptation de la donation par le donataire

L'article 932 exige que l'acceptation, par le bénéficiaire de la donation, revête à son tour la forme authentique. C'est l'application de l'exigence du parallélisme des formes.

L'acceptation de la donation par le donataire peut aussi résulter d'un acte ultérieur à l'acte de donation, à condition qu'il soit passé par-devant notaire et que le donateur soit toujours en vie au moment où cet acte postérieur est reçu. Le Code civil dispose toutefois que, dans pareille hypothèse, la donation ne produira ses effets et n'engagera le donateur que du moment où elle aura été acceptée par le donataire.

Deux conclusions résultent de cette disposition légale :

- d'une part, tant que la donation n'a pas été acceptée par le donataire dans les formes requises par le Code civil, elle ne forme pas un contrat définitif, mais reste au stade de projet. En ce sens, tant que cette formalité n'a pas été accomplie, il est toujours loisible au donateur de retirer son offre de gratifier le bénéficiaire. Cette faculté lui est toutefois refusée, dès que la donation a été acceptée par le donataire. En effet, dans ce cas, le projet de donation a été muté en une donation parfaite, qui est soumise à la règle de l'irrévocabilité. En pratique l'acceptation de la donation par le donataire intervient presque toujours dans l'acte de donation ;
- d'autre part, l'acceptation de la donation par le donataire doit être expresse et ne peut pas se dégager implicitement d'une certaine attitude adoptée par lui, comme le consentement donné par le donataire à la vente du bien lui donné.

Il se dégage encore des dispositions du Code civil que l'acceptation de la donation doit être faite par le donataire lui-même, ou par un mandataire de celui-ci, c'est-à-dire par une personne habilitée par le donataire à accepter la donation en son nom et pour son compte, en vertu d'une procuration signée devant notaire, dont une expédition reste annexée à la minute de l'acte de donation ou de l'acte d'acceptation ultérieur. Le pouvoir accordé par le donataire au mandataire peut être, soit spécial, soit général.

L'acceptation d'une donation consentie à un enfant mineur ou à un majeur incapable se trouvant sous un régime de tutelle ou de curatelle, doit être faite :

- pour le mineur, par ses père et mère, ou par celui de ses parents investi de l'autorité parentale, sinon par ses autres ascendants, tels ses grands-parents, si la donation n'est pas grevée de charges,
- pour le majeur incapable, par le tuteur institué par le jugement portant ouverture de la tutelle, ou par le curateur, institué par la décision judiciaire portant ouverture d'un régime de curatelle, si la donation ne se trouve pas grevée de charges.

Au cas où la donation est accompagnée de charges, comme l'obligation pour le donataire de loger, de nourrir, de soigner et de vêtir le donateur durant le restant de sa vie ou d'acquitter ses dettes, l'acceptation par le donataire, mineur ou majeur en tutelle, ne peut résulter que d'une décision du juge aux affaires familiales, respectivement du juge des tutelles, qui a pour mission de vérifier si la donation présente des avantages pour le gratifié.

La donation de biens de la communauté, consentie par deux parents à leur enfant mineur, doit être acceptée, à défaut d'ascendants, au nom et pour compte de ce mineur, par un administrateur ad hoc, mandataire spécial nommé par le juge aux affaires familiales et investi de la mission de veiller à la défense des intérêts du mineur. Un tel administrateur est également appelé à accepter la donation faite à un enfant mineur par l'un de ses parents, dont le conjoint est prédécédé ou se trouve hors d'état de manifester sa volonté.

Il échet encore de relever que la donation est parfaite par le consentement des parties contractantes, si elle a été dûment acceptée par le donataire (article 938). La propriété des choses, qui font l'objet de la donation, est acquise au donataire dès l'échange des consentements des parties et l'acceptation du donataire, alors même que les choses données n'auraient pas encore été remises matériellement au bénéficiaire de la donation.

3. L'établissement d'un état estimatif

L'article 948 soumet encore la validité d'une donation, portant sur des effets mobiliers, à l'établissement, pour chaque bien donné, d'un état estimatif dûment signé tant par le donateur que par le donataire. Ce document reste annexé à la minute de l'acte de donation notarié.

Dans l'hypothèse où un tel état estimatif n'est établi que pour certains des biens de la donation, cette dernière est valide seulement pour ces biens.

4. La sanction du non-respect des conditions de forme

L'article 931 dispose que la rédaction d'un acte notarié pour la donation est prescrite à peine de nullité. Les règles de forme édictées sont donc impératives et leur non-respect est sanctionné par une absence d'effets de la donation consentie. 243

La jurisprudence décide que les formes exigées pour la validité des donations revêtent un caractère d'ordre public (C. Cass. française, 1re Ch. civile, 12 juin 1967). Il n'est donc pas loisible aux parties à la donation d'y déroger, même d'un commun accord.

1) Ainsi, le non-respect de l'une des conditions de forme prescrites ouvre à tout intéressé, et non seulement aux parties, l'action en nullité contre la donation viciée. La seule condition imposée au demandeur à l'action est qu'il doit avoir un intérêt manifeste à voir la donation privée d'effets.
2) D'autre part, cette action en nullité se prescrit par 30 ans, commençant à courir le jour ou la donation a été passée (C. Cass. française, 1re Ch. civ., 26 janvier 1983, *D.* 1983.317).
3) Finalement, la nullité n'est pas susceptible d'être couverte par la régularisation de la formalité omise.

Reste à préciser que, si une donation est déclarée nulle, par la faute du seul notaire-rédacteur de l'acte de la donation, la responsabilité civile de ce dernier peut être engagée par les parties. Il en est ainsi si le notaire s'est contenté de dresser l'acte de donation sous la forme d'un acte sous seing privé ou d'un acte notarié rédigé en brevet.

À titre d'exemple de donations frappées de nullité pour vice de forme, l'on peut citer :

- la donation constatée par un acte sous seing privé,
- l'absence de signature de l'une des parties à l'acte de donation,
- l'apposition d'un simple paraphe au lieu d'une signature complète,
- le pouvoir non valable d'un mandataire,
- l'absence de la procuration en annexe de la minute de l'acte de donation,
- la procuration non revêtue de la forme authentique,
- la non-présence à l'acte de la personne ayant qualité pour assister le donateur, ou pour lui donner une autorisation à cet effet,
- l'acceptation de la donation par le donataire dans un acte authentique ultérieur, non notifié au donateur,

- l'acceptation d'une donation non exprimée de manière expresse ou ne revêtant pas la forme authentique.

La jurisprudence admet toutefois que la nullité d'une donation ne demeure absolue que du vivant du donateur et deviendra relative à son décès. À ce moment, l'action en nullité ne peut plus être intentée que par les seuls héritiers du donateur ; elle doit d'autre part l'être dans un délai de 5 ans, à peine de prescription. Finalement la donation viciée devient susceptible de confirmation et de transaction de la part des héritiers du donateur.

Ces derniers principes sont en effet consacrés par les dispositions de l'article 1340, qui concède aux héritiers du donateur la faculté de confirmer, de ratifier ou d'exécuter volontairement, après le décès du donateur, une donation nulle pour non-respect des conditions de forme. Le texte précise qu'une telle confirmation ou exécution volontaire de la donation nulle emporte de la part de ces héritiers renonciation à critiquer la donation de nullité.

Le défaut de transcription de l'acte de donation au bureau des hypothèques est-il sanctionné par la nullité de la donation ?

La Cour de cassation française a décidé que la donation d'un immeuble même non transcrite est valable et peut produire des effets. La seule sanction attachée par la jurisprudence au défaut de publicité de l'acte de donation, est l'inopposabilité de la donation aux tiers.

Le défaut de publication de l'acte de donation et l'inopposabilité à l'égard des tiers en résultant, peuvent être invoqués par toute personne qui y a un intérêt, comme les créanciers du donateur, qui entendent empêcher qu'un bien, susceptible d'être saisi par eux, sorte du patrimoine de leur débiteur, ou encore ceux qui ont inscrit une hypothèque sur l'immeuble donné postérieurement en date à la donation.

Ne peuvent pas se prévaloir du défaut de publication de l'acte de donation, les personnes chargées de faire la publication et leurs ayants-cause, de même que le donateur lui-même. Cette exclusion permet d'empêcher le donateur de révoquer la donation en ne procédant pas à sa publication. Elle constitue partant une application de la règle « donnée et retenir ne vaut ».

La jurisprudence exclut également le donataire du bénéfice de se prévaloir du défaut de publication de la donation, encore que les hypothèses, dans lesquelles il a un intérêt à l'opposer, devraient être peu nombreuses.

5. Les exceptions apportées par la jurisprudence aux conditions de forme de la donation

Nous venons de voir que le défaut d'observation de l'une des formalités précitées emporte la nullité absolue de la donation. Une telle sanction est en effet édictée par l'article 931, pour la forme de l'acte notarié, par l'article 932, pour l'acceptation expresse de la donation par le donataire, et enfin par l'article 948, pour l'état estimatif.

Le principe posé par l'article 931, suivant lequel tous actes portant donation entre vifs sont passés devant notaire, connaît quelques allégements apportés par la jurisprudence. En effet, dans un nombre de cas, il est fait abstraction de ce rigorisme par le fait que certaines catégories de donations sont dispensées de la forme notariée.

Il s'agit particulièrement :

- du don manuel ;
- de la donation déguisée ;
- de la donation indirecte.

5.1. *Les dons manuels*

Définition – Le don manuel se définit comme étant la donation d'un 244
meuble corporel, qui se réalise par la tradition, c'est-à-dire par la remise de la main à la main, de la chose donnée.

Ce don manuel se réalise, par exemple, lorsque le donateur remet au donataire un chèque portant sur une somme d'argent ou un tableau, dans le but de lui en transférer la propriété à titre gratuit.

Validité – La jurisprudence a toujours reconnu la validité des dons manuels, alors même qu'ils ne sont pas conçus dans la forme notariée et que, le plus souvent, aucun écrit ne constate d'ailleurs leur réalisation.

Cela peut paraître étonnant, surtout en considération du fait que le Code civil ne contient aucun texte, qui reconnaisse expressément la validité de ce genre de donation.

L'article 2279, qui est souvent invoqué dans les instances judiciaires en rapport avec un don manuel, ne sert qu'à titre de preuve du don intervenu. La disposition légale précitée prévoit qu'en fait de meubles, la possession vaut titre, c'est-à-dire que celui qui se trouve être en possession d'un effet mobilier est réputé en être le propriétaire. Ce principe édicte une présomption de propriété d'une chose mobilière dans le chef de son détenteur, présomption qui est toutefois simple et donc susceptible d'être combattue. En ce sens, l'article 2279 facilite la preuve à rapporter par le possesseur d'une chose mobilière de son titre de propriété.

Les dons manuels sont toutefois soumis à un régime particulier, entièrement mis au point par la jurisprudence, en l'absence de dispositions légales. Nous allons analyser ce régime particulier aux numéros 292 et suivants.

5.2. *Les donations déguisées*

245 **Définition** – La donation déguisée désigne une donation qui se cache sous le couvert d'un acte à titre onéreux, par exemple, un acte de vente. Les parties à l'acte ont voulu créer une situation simulée, ce qui arrive assez fréquemment dans la pratique.

Quel est le but poursuivi par les parties à l'acte simulé ? La simulation peut viser à cacher la libéralité aux yeux des héritiers présomptifs du donateur, afin de les empêcher d'attaquer, après son décès, la donation pour cause d'atteinte portée à leur réserve, ou d'empêcher leur demande en rapport de la donation. Une autre raison de la simulation peut être pour les parties d'éviter le paiement de droits d'enregistrement, parfois plus élevés en cas de donation qu'en cas de vente, par exemple, lorsque la donation est faite au profit de membres plus éloignés de la famille du donateur ou au profit d'un étranger à la famille.

Ainsi, il arrive souvent que le donateur fasse semblant de vendre un bien au donataire pour un prix déterminé, qui en réalité n'est que fictif et pour lequel il donne d'ailleurs déjà quittance à l'acte, alors même qu'il n'a jamais touché ce prix.

Validité des donations déguisées – La jurisprudence n'a jamais mis en doute la validité des donations déguisées. Elle tire le principal argument pour cette thèse des dispositions de l'article 911, aux termes duquel « toute disposition au profit d'un incapable sera nulle, soit qu'on la déguise sous la forme d'un contrat onéreux, soit qu'on la fasse sous le nom de personnes interposées ».

Les juridictions en déduisent que le Code civil avait pour intention de ne considérer comme nulles que les donations déguisées qui avaient été faites pour frauder la loi, comme par exemple en vue de gratifier une personne incapable de recevoir à titre gratuit. Les donations déguisées, faites au profit d'une personne capable de recevoir, sont au contraire parfaitement valables.

En second lieu, la jurisprudence se réfère encore à l'article 918 déjà traité dans la 1re partie de cet ouvrage. Dans l'optique de la jurisprudence, cet article reconnaît lui-même la validité des donations simulées, tout en prévoyant la réduction de la donation pour dépassement de la quotité disponible.

La jurisprudence soumet toutefois les donations déguisées à des conditions assez strictes pour leur validité. Ce régime sera étudié aux numéros 306 et suivants.

5.3. *Les donations indirectes*

Définition – Les donations indirectes peuvent se présenter sous plusieurs espèces et formes, qui se caractérisent toutes par le fait que, sans présenter une simulation (et ici, les donations indirectes se distinguent des donations déguisées), elles se réalisent par un acte juridique autre qu'un acte de donation proprement dit. 246

À titre d'exemple d'une donation indirecte, on peut citer :

1) *la renonciation in favorem*, c'est-à-dire la renonciation à un droit, que le donateur avait à l'égard du donataire. Une telle renonciation constitue une donation indirecte, lorsqu'elle intervient avec l'intention de gratifier celui en faveur de qui la renonciation intervient. Par exemple, un héritier renonce, après le décès du de cujus, à une succession à laquelle il est appelé, afin d'augmenter la part successorale d'un cohéritier ; un usufruitier renonce à son droit d'usufruit dans l'intérêt du nu-propriétaire ;
2) *la remise de dette*, c'est-à-dire l'abandon gratuit que le créancier fait de ses droits de créance à l'égard de son débiteur ;
3) *la stipulation pour autrui*, qui est destinée le plus souvent à gratifier un tiers bénéficiaire. Elle est susceptible de se rencontrer dans toute espèce de contrat, par exemple dans le contrat de vente, lorsque le vendeur stipule que le prix de vente est payable à un tiers. Elle se rencontre encore dans le contrat d'assurance sur la vie, dans lequel le preneur d'assurance dispose que le capital d'assurance payable à son décès sera versé à un tiers bénéficiaire.

Validité – Il est évident que la donation indirecte échappe au formalisme rigoureux imposé par l'article 931. Si cette donation est conforme à des conditions de forme et de fond spécifiques, elle est valable, même en l'absence de l'intervention d'un notaire, de l'acceptation expresse du donataire et d'un état estimatif pour des donations mobilières. En effet, du moment que l'acte ne constitue pas exclusivement une donation, mais que cette dernière se greffe sur une opération juridique d'une autre nature, il échappe aux règles de forme strictes imposées par la loi pour les donations (articles 931 et suivants).

La donation déguisée, la donation indirecte ou le don manuel, même s'ils constituent des donations, ne forment pas des actes de donation véritables. Une telle donation peut ainsi se réaliser par un acte sous seing privé, sans acceptation expresse du donataire et sans établissement d'un état estimatif pour les meubles. La rédaction d'un acte écrit n'est même pas nécessaire pour les dons manuels.

B. – LES CONDITIONS DE FOND DES DONATIONS

Les donations, formant un contrat entre les parties qui y concourent, sont évidemment soumises aux conditions de validité générales requises pour les contrats (article 1108). Parmi ces conditions de fond, nous étudierons ci-après surtout celles qui ont trait :

1) au consentement du donateur,
2) à la cause de la donation,
3) à la capacité requise dans le chef du donateur de disposer à titre gratuit,
4) à la capacité requise dans le chef du donataire de recevoir à titre gratuit.

Comme nous l'avons déjà signalé, ces règles particulières poursuivent l'objectif de protéger tant des intérêts du disposant, qui entend s'appauvrir au profit d'un tiers, que de ceux de sa famille et de ses héritiers présumés.

1. Le consentement du donateur

247 La donation n'est valablement consentie qu'à la condition que le donateur ait manifesté sa volonté expresse d'appauvrir son patrimoine, sans contrepartie, en faveur du bénéficiaire. Le but de la donation est en effet de transférer la propriété d'un ou de plusieurs de ses biens au donataire.

Il faut donc garantir que ce consentement soit exprès, sans équivoque et librement donné.

Pour être valable, le consentement du donateur doit présenter les caractères suivants :

1.1. *Être exprès*

La validité de la donation requiert que le donateur ait expressément manifesté sa volonté de consentir au transfert à titre gratuit du ou des biens donnés au donataire. Ce consentement exprès du donateur doit résulter des termes mêmes de l'acte de donation. Cette manifestation de volonté du donateur ne saurait partant être déduite implicitement de l'acte de donation, à peine de nullité de celle-ci. Voilà pourquoi les notaires prennent toujours grand soin de s'enquérir de son intention réelle auprès de la personne qui entend disposer à titre gratuit, et de formuler expressément le consentement de celle-ci dans le texte de l'acte.

1.2. *Être libre*

Deux conditions sont visées :

1) le donateur ne peut exprimer un consentement valable qu'à la condition qu'il soit sain d'esprit,
2) le consentement du donateur n'est pas libre, s'il a été surpris à la suite d'une erreur ou s'il agit sous l'emprise d'un dol ou d'une violence que le donataire exerce sur lui ou fait exercer sur lui par une tierce personne.

2. Le donateur doit être sain d'esprit

L'article 901 dispose que, pour faire une donation entre vifs ou un testament, il faut être sain d'esprit. 248

Il est de principe que le consentement d'une partie à un acte fait défaut, lorsque, au moment de la signature de l'acte, elle se trouvait dans un état d'aliénation mentale. La maladie mentale n'est une cause de nullité que si elle présente un degré assez prononcé. Ainsi, une simple faiblesse d'esprit, n'ayant pas engendré l'ouverture d'une tutelle ou d'une curatelle, n'est pas à elle seule suffisante pour faire annuler la donation consentie.

Cependant, la démence, médicalement constatée dans le chef du donateur, entraîne la nullité de la donation pour absence de consentement valable.

La disposition légale précitée comporte la conséquence que la donation consentie par une personne peut être attaquée en nullité par ses héritiers après sa mort pour cause de démence. Ces héritiers y ont tout intérêt, dès lors qu'à supposer que sa démence au moment de la passation de l'acte de donation ait été établie, la donation encourt la nullité. Les biens, ayant fait l'objet de la donation annulée, sont alors retransférés au patrimoine du défunt et accroissent de ce fait à la masse successorale dévolue à ses héritiers.

Reste à préciser que la preuve de l'existence de la maladie mentale au moment de la signature de l'acte de donation n'est pas facile à rapporter, surtout eu égard au fait que le donateur, dont il s'agit d'apprécier l'état mental à un moment donné, est décédé.

La preuve de l'insanité d'esprit – qui constitue un fait juridique – peut être rapportée par tous les moyens, soit par des certificats médicaux établis par un médecin-spécialiste en neurologie, soit par des présomptions résultant des termes de l'acte même, qui sont susceptibles de dénoter une démence dans le chef du donateur, soit par des témoignages, soit encore par un jugement qui a prononcé la mise en tutelle du donateur.

La jurisprudence a, à cet égard, apporté des allégements notables à la charge de la preuve à rapporter par les demandeurs à l'action en nullité de la donation.

S'il est de principe que les héritiers du donateur doivent prouver qu'au moment où l'acte de donation a été signé, le donateur a été sous l'emprise d'une insanité d'esprit, de sorte que son consentement n'a pas pu être donné librement, ce principe connaît toutefois une exception, lorsqu'il est établi que le donateur s'était trouvé dans un état habituel de démence au cours de la période qui a directement précédé ou suivi l'acte de donation. Dans ces conditions, la jurisprudence décide qu'il incombe au bénéficiaire de la donation de prouver que le donateur a consenti à la donation à un moment où il se trouvait dans un intervalle de lucidité.

Si le notaire, rédacteur de l'acte de donation, y a mentionné, comme cela se passe fréquemment en pratique, que le donateur était sain d'esprit, les demandeurs à l'action sont-ils obligés de recourir à la procédure de l'inscription en faux, comme cela est exigé pour les contestations d'une clause inscrite dans un acte notarié ? La jurisprudence a décidé que les intéressés sont recevables à rapporter la preuve de l'état de démence du donateur sans devoir recourir à cette procédure. Il se dégage en effet de la motivation des décisions judiciaires que l'énonciation dans l'acte relatif à l'état mental du disposant, ne fait que traduire l'opinion du notaire sur un fait que la loi ne l'a pas chargé de constater.

3. Les vices du consentement

249 Le donateur n'a pas pu exprimer un consentement libre et partant valable, lorsqu'il a agi sous l'emprise d'une erreur, d'une violence ou d'un dol qui l'ont déterminé à disposer à titre gratuit.

3.1. *Quant à l'erreur*

Il se peut que le disposant ait été victime d'une erreur qui a entraîné son consentement à la donation. Cette erreur ne saurait toutefois porter à conséquence que s'il est établi que le donateur n'aurait pas consenti la donation s'il n'avait pas été victime de l'erreur.

Celle-ci peut porter, soit sur la personne du donataire, plus particulièrement sur une qualité substantielle de ce bénéficiaire, ou bien sur une circonstance ou un événement, qui a pu déterminer le consentement du donateur à la donation.

À titre d'exemple, l'on peut citer le cas du donateur qui consent à une donation en faveur d'une personne qu'il croit être son fils, mais dont il s'avérera plus tard qu'il n'en est pas l'auteur, ou au profit d'un membre plus éloigné de sa famille, croyant indûment au décès des membres plus proches de sa famille.

Dans pareille hypothèse, c'est l'erreur qui a déterminé le consentement du donateur, de sorte que sa volonté de consentir à la donation n'a pas été donnée librement. L'une des conditions de validité de la donation ne se trouve donc pas remplie et l'acte de donation est attaquable par l'action en nullité, cela tant par le donateur de son vivant, que par ses héritiers après son décès.

Cette nullité est relative. Elle doit par conséquent être introduite dans un délai de 5 ans à compter de l'acte qu'il s'agit de faire annuler ; elle ne peut être engagée que par la victime de l'erreur, ou, après son décès, par ses héritiers. Finalement, l'acte vicié est susceptible d'être confirmé par le donateur ou par ses ayants-droit. Cette confirmation couvrira la cause de la nullité de l'acte.

Ajoutons en fin de compte que l'erreur est peu fréquente en pratique en matière de donations.

3.2. *Quant au dol*

Plus fréquents sont par contre les cas où le consentement du donateur a été extorqué par le dol, c'est-à-dire par l'usage de manœuvres frauduleuses, comme les mensonges, les réticences dolosives de faits importants, les abus d'autorité qui, si le donateur les avait connus, l'auraient empêché de consentir à la donation projetée. Il est évident que ce sont de préférence les personnes âgées, les faibles d'esprit ou les moribonds, contre qui de tels moyens dolosifs et frauduleux sont employés pour les déterminer à faire une donation. La jurisprudence décide qu'il n'est pas nécessaire, pour que l'acte de donation encoure la nullité, que les manœuvres frauduleuses aient émané du donataire lui-même. Cette même sanction s'applique, si le donateur a été victime de manœuvres frauduleuses employées par un tiers, qui a agi sur instruction du gratifié.

Précisons toutefois que tous les moyens utilisés par le donataire, ou par un tiers, pour emporter le consentement du donateur, ne sont pas susceptibles d'entraîner la nullité de la donation, quelque blâmables qu'ils soient. Citons à titre d'exemple le fait pour le donataire de simuler une affection particulière pour le disposant de le faire bénéficier de soins extraordinaires ou de s'apitoyer sur sa prétendue misère.

Le succès de l'action en nullité reste subordonné à la preuve à rapporter par le demandeur à l'action, tant de la réalité des manœuvres frauduleuses employées que de leur caractère déterminant sur son consentement à la donation.

3.3. *Quant à la violence*

Le consentement du donateur peut également être extorqué par une violence exercée sur le donateur, soit par le donataire lui-même, soit par un tiers, à condition que celui-ci ait agi sur instruction du donataire.

La violence exercée sur le donateur n'emporte toutefois la nullité de la donation qu'à la condition que ce soit cette violence seule qui a amené le donateur à consentir à la donation.

4. La cause de la donation

250 La cause de la donation désigne non seulement l'intention libérale (animus donandi) dans le chef du donateur, c'est-à-dire la volonté de donner à titre gratuit, mais encore la raison déterminante ayant engendré cette intention libérale.

Ce motif déterminant peut être l'affection que le donateur éprouve pour le gratifié, son souci d'assurer son établissement dans la vie, un sentiment de gratitude qu'il peut éprouver pour le donataire du chef des services que ce dernier lui a rendus, ou encore, en ce qui concerne les donations faites à des œuvres de bienfaisance, l'obligation morale qu'éprouve le donateur de faire du bien aux plus nécessiteux.

Si les tribunaux ne se sont pas beaucoup intéressés au motif, qui a pu déterminer les parties à conclure un contrat à titre onéreux, il n'en a pas été de même pour les libéralités, qu'il s'agisse de donations ou de testaments.

Ainsi, la jurisprudence n'a reconnu la validité d'une donation qu'à la condition essentielle qu'elle ne contienne rien d'illicite, ni d'immoral. Par là même, nos tribunaux ont pris grand soin d'apprécier si le motif, qui a déterminé le donateur à gratifier le bénéficiaire, n'était pas inspiré par une cause immorale ou illicite.

4.1. *La cause immorale*

La jurisprudence ancienne frappait d'incapacité de disposer et de recevoir à titre gratuit les concubins. En effet, jusqu'à une époque encore relativement récente, les donations conclues entre concubins étaient considérées comme nulles pour cause immorale, dès lors que les relations entretenues en dehors du mariage étaient elles-mêmes jugées immorales.

Actuellement les mœurs ont fondamentalement changé et les causes immorales applicables antérieurement n'existent juridiquement plus. Cela est d'autant plus le cas que depuis 2004 le partenariat tant de couples de sexes différents que les couples de même sexe est légalement permis.

Par ailleurs, la loi de 2014 permet le mariage des couples de même sexe. Les donations susceptibles d'être annulées pour cause immorale devraient donc être rares.

4.2. *La cause illicite*

Était considérée à l'époque comme inspirée d'une cause illicite et donc nulle, la donation consentie par le donateur à un enfant adultérin, à condition que la preuve que le disposant se croyait être l'auteur du gratifié résultait de l'acte de donation lui-même. Par contre, si la donation avait un caractère essentiellement alimentaire et que le donateur ne tentait que de s'acquitter de son obligation de nourrir son enfant, la donation était reconnue comme licite et valable.

La jurisprudence a abandonné le point de vue précité. D'ailleurs, la réforme du droit de la filiation ne connaît plus la notion d'enfant adultérin et, en conséquence, plus de restrictions légales à cet égard.

La jurisprudence ne considère actuellement plus comme inspirées par une cause illicite que les donations qui poursuivent l'objectif de soustraire le bien donné aux créanciers du donateur en le faisant sortir de son patrimoine. Les tribunaux sanctionnent en effet la manœuvre d'un débiteur d'organiser frauduleusement son insolvabilité. En ce sens, la donation, qui s'inspire de la cause illicite précitée, est à annuler.

Les créanciers du donateur peuvent donc agir, dans la dernière hypothèse, en nullité où l'inopposabilité à leur égard de la donation pour cause illicite, sinon faire constater la nullité de la donation par voie de l'action paulienne, dès lors que cet acte a été conclu au détriment de leurs intérêts.

Comment la preuve de la cause illicite est-elle administrée par le demandeur à l'action en nullité ? Les juridictions admettent que le caractère illicite de la donation peut être prouvé par tous les modes de preuve admis par la loi. Ainsi, il n'est pas nécessaire que cette preuve soit intrinsèque à l'acte, c'est-à-dire qu'elle résulte des termes mêmes de l'acte de donation. Des documents étrangers à l'acte de donation ou des faits extérieurs à celui-ci sont donc admis par les tribunaux.

5. La capacité de disposer à titre gratuit

Toute personne n'est pas capable de disposer à titre gratuit au profit d'une autre. Le Code civil a institué en effet différentes incapacités de donner à titre gratuit.

Ces incapacités sont de deux sortes :

- les incapacités de jouissance,
- les incapacités d'exercice.

5.1. *Les incapacités de jouissance*

251 Ce sont celles qui touchent les personnes auxquelles le Code civil refuse le droit de disposer par donation ou testament.

Tombent dans cette catégorie :

- les mineurs non émancipés (A),
- les majeurs incapables, tels que les majeurs en tutelle ou les majeurs en curatelle (B).

5.1.1 Les mineurs non émancipés

Un mineur, qui est émancipé, est « capable, comme un majeur, de tous les actes de la vie civile » (article 481, alinéa 1er). Ainsi, un mineur émancipé peut disposer, tout comme un majeur, de ses biens à titre gratuit, sans restrictions, et recevoir des libéralités.

Cette règle ne vaut pas pour le mineur non-émancipé. La loi apporte en effet d'importantes restrictions à son droit et à sa capacité de disposer à titre gratuit, c'est-à-dire par voie d'une libéralité.

La loi distingue cependant à cet égard :

1. Si le mineur non émancipé est âgé de moins de 16 ans, il est frappé d'une incapacité de jouissance générale, en ce qu'en vertu de l'article 903, il ne pourra aucunement disposer, sauf les exceptions prévues par la loi.

Ces exceptions se dégagent de l'article 1095, qui disposent que : « le mineur ne pourra, par contrat de mariage, donner à son conjoint, soit par donation simple, soit par donation réciproque, qu'avec le consentement et l'assistance de ceux dont le consentement est requis pour la validité de son mariage ; et, avec ce consentement, il pourra donner tout ce que la loi permet au conjoint majeur de donner à l'autre conjoint ». Cette exception reste soumise à la double condition que la donation soit consentie par le contrat de mariage et que l'accord et l'assistance des personnes, dont le consentement est nécessaire pour la validité de son mariage, soient réalisés.

5.1.2 Les majeurs incapables

a) Les majeurs en tutelle

Le majeur en tutelle est frappé d'une incapacité absolue de disposer à titre gratuit. Toute donation ou tout testament, fait par le majeur après la date du jugement portant ouverture de la tutelle, sera nul de plein droit.

L'article 505 apporte toutefois une exception à cette règle, en disposant, qu'avec l'autorisation du conseil de famille, des donations peuvent être faites au nom du majeur en tutelle, mais seulement au profit de ses descendants et en avancement d'hoirie ou en faveur de son conjoint.

b) Les majeurs en curatelle

La capacité du majeur en curatelle est plus large.

Ainsi, le majeur en curatelle peut librement disposer par voie de testament ; il n'est ainsi frappé d'aucune incapacité de disposer par testament (article 513, alinéa 1er). Cette capacité reste toutefois soumise à la condition qu'il ne soit pas prouvé ultérieurement que le testateur n'a pas bénéficié d'une santé mentale normale au moment de la rédaction du testament.

Pour ce qui est des donations, la loi dispose que le majeur en curatelle ne peut consentir des donations qu'avec l'assistance de son curateur (article 513, alinéa 2). Par contre, avec cette assistance, l'incapable en curatelle peut consentir des donations, comme s'il était pleinement capable, en faveur de quiconque, et non pas seulement en faveur de ses descendants ou de son conjoint.

5.2. *Les incapacités d'exercice*

Ce sont celles qui concernent essentiellement les mineurs non émancipés **252**
et les majeurs incapables, qui ont besoin d'être assistés pour faire une disposition à titre gratuit (donation ou testament).

Les restrictions apportées par la loi à la capacité de ces personnes poursuivent l'objectif de protéger l'incapable contre sa propre faiblesse, comme par exemple contre des abus d'autorité exercés contre sa personne, contre son inexpérience ou contre sa prodigalité.

Les incapacités d'exercice du droit de disposer à titre gratuit sont, soit générales, soit spéciales.

- L'incapacité est générale, si elle prive l'incapable du droit de disposer à titre gratuit à l'égard de toute personne. C'est celle qui frappe le mineur non émancipé et les majeurs en tutelle ou en curatelle.
- Par contre, l'incapacité est spéciale, lorsqu'elle interdit à une personne de disposer à titre gratuit à l'égard de certaines personnes seulement. Ainsi notamment le mineur ne peut gratifier son tuteur (article 907).

6. La capacité de recevoir à titre gratuit

Tout comme le Code civil frappe certaines personnes d'une incapacité de disposer à titre gratuit, il affecte également quelques personnes d'une incapacité de recevoir à titre gratuit.

Ces incapacités se divisent encore en incapacités de jouissance et en incapacités d'exercice.

6.1. *Les incapacités de jouissance*

253 Ces incapacités sont celles qui atteignent les personnes que la loi prive du droit de recevoir à titre gratuit. Ces incapacités sont, soit spéciales, soit générales.

a) *Les incapacités spéciales* de recevoir à titre gratuit sont, en partie, le corollaire des incapacités de disposer spéciales. Elles frappent le tuteur de recevoir par donation du mineur. D'autre part, le Code civil a institué certaines incapacités spécifiques qui touchent le médecin, le chirurgien et le pharmacien, qui ont donné des soins du malade dans sa dernière maladie, ou le ministre du culte qui l'a assisté au courant de sa dernière maladie, de recevoir par donation de ce malade.

L'article 909 prévoit toutefois certaines exceptions pour les docteurs en médecine ou en chirurgie, les officiers de santé, les pharmaciens et les ministres du culte, qui ont traité ou assisté le malade dans sa dernière maladie.

Ainsi, l'alinéa 2 de ce texte permet à ces personnes, frappées, en principe, d'une incapacité de recevoir une donation entre vifs de la part du malade au cours de sa maladie, de recevoir de sa part :

- de petits cadeaux destinés à les rémunérer des prestations servies, étant entendu que l'ampleur de ces cadeaux doit s'apprécier tant en fonction de la fortune du donateur qu'en fonction de l'importance des soins et services lui fournis,
- le don de tout ou de partie de son patrimoine, à condition que le donateur ne laisse pas d'héritiers en ligne directe et que le donataire se trouve avec lui dans un lien de parenté jusqu'au 4e degré inclusivement.

Le texte prévoit toutefois que la condition d'absence d'héritiers en ligne directe tombe, si le donataire fait lui-même partie de cette catégorie d'héritiers.

b) *Les incapacités générales* se limitent à une seule. Elles concernent, à l'heure actuelle, exclusivement les personnes futures, c'est-à-dire celles non encore conçues. Ces personnes futures ne peuvent, en aucun cas, recevoir à titre gratuit. En effet, la loi exige que le donataire soit conçu au moment de la donation. L'article 906, alinéa 1er dispose en effet que « Pour être capable de recevoir entre vifs, il suffit d'être conçu au moment de la donation ». Cette exigence semble d'ailleurs s'imposer, étant donné qu'une condition de validité essentielle des donations requiert l'acceptation expresse du donataire. Or, un enfant non encore conçu n'a pas encore de représentant légal, qui pourrait exprimer cette volonté pour son compte.

Deux exceptions sont toutefois prévues quant aux personnes non encore conçues, qui concernent l'institution contractuelle et les substitutions fidéicommissaires.

En effet, l'institution contractuelle, c'est-à-dire la libéralité portant sur des biens à venir, qui doit toujours être contenue dans un contrat de mariage, peut être stipulée en faveur des enfants à naître du mariage.

D'autre part, il est possible de stipuler une donation avec substitution. Par cette libéralité, le donateur peut imposer au gratifié l'obligation de conserver les biens lui donnés pour les transmettre, à son décès, à des personnes limitativement énumérées et notamment à ses enfants nés ou à naître.

Notre droit admet la validité d'une institution contractuelle ou d'une substitution, à condition qu'elle soit faite en faveur de l'une des personnes énumérées par la loi.

Reste à ajouter que certaines décisions judiciaires ont même élargi les restrictions apportées par l'article 906 à la liberté de disposer à titre gratuit en faveur des personnes non encore conçues. Elles les ont étendues aux œuvres de charité et à d'autres associations, qui ne jouissent pas de la personnalité juridique. Ces jugements et arrêts ont retenu que ces catégories d'organisations se trouvent dans la même situation que l'enfant non encore conçu et sont dès lors frappées d'une incapacité de recevoir à titre gratuit. Nous allons revenir sur ce problème, lorsque nous étudierons les fondations.

6.2. *Les incapacités d'exercice*

Font partie de ce groupe d'incapables, les mineurs, les incapables majeurs, 254
l'État, les établissements publics et les établissements d'utilité publique.

Les personnes ou les entités atteintes d'une telle incapacité peuvent bien recevoir à titre gratuit, mais ont besoin, pour accepter la donation, d'y être autorisées.

- En vertu de l'article 910, tel qu'il a été modifié par la loi du 22 février 1984, les donations faites au profit de l'État et des autres personnes morales de droit public, à l'exception des communes, des syndicats de communes et des établissements publics ou d'utilité publique placés sous la surveillance des communes, ne produisent leurs effets qu'à partir du moment où l'État ou la personne morale de droit public a été autorisé par un arrêté grand-ducal à les accepter. Une telle autorisation n'est toutefois requise que pour l'acceptation des donations mobilières dont la valeur excède 12 394,68 €. L'acceptation d'une donation, dont la valeur est inférieure à la somme précitée, peut par contre intervenir sans autorisation.
- Les représentants de l'État et des autres personnes morales de droit public peuvent toutefois accepter, à titre provisoire ou conservatoire, les libéralités leur faites et soumises à autorisation. L'autorisation définitive, qui interviendra dans la suite, prendra,

dans cette hypothèse, effet déjà au jour de l'acceptation provisoire.

- Les libéralités faites au profit d'un mineur non émancipé sont acceptées suivant les modalités ci-après :
- Pour le mineur non émancipé, ses père et mère, ou ses autres ascendants, même du vivant des père et mère et quoiqu'ils n'aient pas été nommés tuteur du mineur, peuvent accepter la donation pour lui (article 935, alinéa 2), à condition que celle-ci ne soit pas grevée de charges.
- À défaut de parents ou d'ascendants, la donation faite à un mineur d'âge est acceptée par le tuteur, sous le contrôle et sous l'assistance du juge aux affaires familiales.
- Reste à préciser qu'en cas de désaccord entre les parents sur le fait s'il faut accepter ou refuser une donation faite à leur enfant mineur, celui des parents qui consent à la donation peut l'accepter pour compte du mineur et passer outre au refus y opposé par l'autre parent.
- Si le mineur est émancipé par mariage, il peut accepter lui-même la donation lui faite (article 481).
- Les libéralités faites à un majeur sous tutelle sont acceptées, conformément à l'article 463, par le tuteur. Celui-ci nécessite l'autorisation du conseil de famille si la libéralité est grevée de charges.

Le majeur en curatelle peut accepter seul une donation non grevée de charges. L'acceptation d'une donation avec charges requiert l'autorisation du curateur.

Les personnes placées sous sauvegarde de justice ont le droit d'accepter seules une donation. Elles peuvent toutefois faire rescinder cette acceptation, si la donation nuit à leurs intérêts, ce qui semble toutefois peu probable.

7. Moment d'appréciation de la capacité

255 À quel moment doit s'apprécier la capacité des parties de disposer et de recevoir à titre gratuit ?

La donation étant un contrat, il est évident que la capacité des parties doit exister au moment où le contrat se forme, c'est-à-dire lorsque l'offre exprimée par le donateur rencontre l'acceptation du donataire. Ceci suppose évidemment que l'offre et l'acceptation soient concomitantes.

Par contre, si l'offre et l'acceptation n'interviennent pas au même moment, le contrat de donation ne se forme que lorsque l'acceptation de la donation par le donataire est notifiée au donateur (article 932). Dans cette hypothèse, il faut donc que les parties jouissent de leur pleine capacité au moment de cette notification. Certaines décisions judiciaires ont toutefois exigé que la capacité du donataire existe non seulement au moment où il exprime son acceptation, mais déjà au moment où le donateur a fait son offre.

Cette question peut présenter un intérêt important, surtout pour les donataires qui n'ont pas encore d'existence juridique au moment où l'offre de donation est faite, mais qui l'ont acquise au moment où l'acceptation de la donation intervient. Tel est le cas des associations en voie de formation ou des communautés religieuses non encore légalement reconnues comme personnes civiles au moment de l'offre de donation.

Une partie importante de la doctrine soutient que, dans cette hypothèse, la donation est nulle, dès lors que l'offre a été adressée à une personne future et partant, incapable de recevoir à titre gratuit. L'on peut objecter à ce courant qu'il méconnaît une réalité juridique, à savoir que le contrat de donation ne se forme que lorsque l'offre et l'acceptation se rencontrent. Donc, tant que l'acceptation de l'offre n'a pas été faite, il n'y a pas de donation et l'offre peut encore être retirée par le donateur.

Il serait souhaitable que les dispositions légales soient complétées par des dispositions qui tranchent la question litigieuse. Le texte pourrait ainsi disposer que la capacité de disposer doit exister, dans le chef du donateur, au moment où l'offre est faite et encore au moment où cette offre est acceptée ; la capacité de recevoir devrait être exigée, dans le chef du donataire, au seul moment où ce dernier exprime l'acceptation.

8. La présomption légale d'interposition de personnes

Le Code civil a institué diverses incapacités de disposer ou de recevoir à titre **256**
gratuit. Dans la pratique cependant, différents procédés ont été imaginés pour échapper aux prohibitions légales.

Ainsi, si un donateur projette de faire une donation à une personne frappée d'une incapacité de recevoir à titre gratuit, il peut dissimuler la donation sous le cachet d'un acte de vente, dans lequel il déclare – faussement – avoir touché le prix de vente convenu. Dans pareille hypothèse, la prohibition légale est mise en échec et il appartient alors aux personnes intéressées d'attaquer en nullité l'acte passé et de prouver la simulation.

D'un autre côté, le donateur ou le donataire, suivant les besoins, peuvent aussi procéder par voie d'interposition de personnes pour réaliser la donation projetée. Le plus souvent, le donateur désigne comme personne à gratifier non pas celle à laquelle il destine la donation, mais une tierce personne, qui n'encourt aucune incapacité et à laquelle il demande de remettre le bien donné à l'incapable, véritable bénéficiaire de la donation. Cet accord trouvé entre le donateur et le tiers, qui joue le rôle de donataire, reste évidemment secret.

Le Code civil (article 911) traite les donations faites à des personnes interposées comme des donations nulles, au même titre que si la donation avait été faite directement à la personne incapable de recevoir.

Pour que la donation faite à personne interposée encoure la nullité, il n'est point nécessaire qu'il y ait eu un accord entre le donateur et la personne interposée relativement à la remise de l'objet donné au véritable donataire, mais il suffit pour le demandeur à l'action en nullité de prouver que le disposant a eu la conviction intime que la personne désignée par lui remettrait le don au véritable gratifié.

En effet, la jurisprudence retient que ce qui compte réellement dans cette matière, c'est la véritable intention du donateur. Aussi décide-t-elle que la bonne foi du tiers interposé est insuffisante pour empêcher la donation d'encourir la nullité.

La preuve de l'interposition de personnes peut se faire par tous les moyens, puisqu'il s'agit justement de prouver une fraude à la loi. Ainsi, le demandeur à l'action en nullité peut se prévaloir du fait que le donataire apparent s'est défait du don au profit de l'incapable. Dans ce cas, l'interposition se trouve prouvée par son exécution même.

Cette preuve de l'interposition de personnes n'est pas toujours facile à rapporter. Voilà pourquoi le Code civil a institué certaines présomptions d'interposition de personnes, pour faciliter l'administration de la preuve.

Ainsi, l'article 911 alinéa 2 répute personnes interposées, les père et mère, les enfants et autres descendants, ainsi que le conjoint de la personne incapable de recevoir.

La loi ne distingue à ce sujet pas entre les père et mère naturels et les père et mère légitimes de l'incapable (Civ., 22 janvier 1884 D.P 84.1.117, Trib. civ. Lyon, 4 octobre 1936, D.H. 1936.550), mais exclut toutefois ses autres ascendants, dont le caractère de personnes interposées doit partant être prouvé par le demandeur à l'action en nullité.

Pour les enfants, la présomption de l'article 911, alinéa 2 s'applique tant aux enfants qu'aux autres descendants naturels de l'incapable, tels que les petits-enfants et autres descendants.

La disposition de l'article 911, alinéa 2 n'est toutefois pas limitative ; elle n'empêche pas « la nullité de toute donation, ou de tout legs, qui aurait pour effet d'éluder la loi par l'interposition d'autres personnes que celles y dénommées. L'interposition de personnes peut être établie par tout mode de preuve et partant par simples présomptions, dont l'admission et l'appréciation sont confiées à la prudence du juge » (Cour, 8 janvier 1885, *Pasicrisie* 2, page 323).

Ou encore : « L'énumération faite par l'article 911, alinéa 2 ne prohibe pas la preuve d'interposition relativement à d'autres personnes, même entièrement étrangères à l'incapable » (Cour, 2 février 1906, *Pasicrisie* 7, page 350).

La jurisprudence précise toutefois encore qu'il s'agit de distinguer entre une donation faite à une personne interposée – nulle de nullité absolue – et une donation stipulée avec la charge licite d'affecter le bien donné à une fin déterminée, clairement indiquée par le donateur.

Ainsi, le fait que le donateur impose la charge au donataire d'affecter les biens donnés à la continuation d'une œuvre artistique ou scientifique n'entraîne pas la nullité de la donation, comme ayant lieu au profit d'une personne incapable de recevoir ; il s'agit en effet d'une donation conclue sous une charge licite.

Ajoutons encore que les présomptions d'interposition de personnes, édictées par l'article 911, alinéa 2, sont irréfragables, en ce que la preuve contraire n'est pas admise (article 1352 *in fine*).

Les présomptions susvisées cessent de produire leurs effets, lorsque la personne incapable de recevoir à titre gratuit est déjà morte au moment où la libéralité est faite à l'une des personnes que la loi répute personne interposée. Ainsi la donation au profit de la veuve du tuteur nommé à un donataire est parfaitement valable.

Cette conclusion se dégage de la circonstance que les bénéficiaires qualifiés d'interposés par l'article 911, alinéa 2 ne sont investis de cette qualification que par le biais de la personne que la loi érige en véritable incapable de recevoir à titre gratuit.

Quel est le sort de la libéralité faite, soit sous la forme d'un contrat à titre onéreux, soit sous le nom d'une personne interposée au profit d'un incapable de recevoir à titre gratuit ?

L'article 911, alinéa 1er dispose que « toute disposition au profit d'un incapable sera nulle, soit qu'on la déguise sous la forme d'un contrat onéreux, soit qu'on la fasse sous le nom de personnes interposées ».

La loi sanctionne ainsi les donations prohibées de la manière la plus efficace qui puisse protéger tant le donateur que sa famille contre des abus d'autorité ou d'influence exercés par l'incapable sur la personne du donateur, à savoir la nullité de la donation.

Il est évident que la loi frappe la donation prohibée d'une nullité absolue, destinée à sanctionner la fraude à la loi. L'action en nullité s'ouvre ainsi à toute personne qui y trouve un intérêt. Cette action peut être exercée pendant un délai de 30 ans à compter de la donation, et la nullité n'est pas susceptible d'être couverte par la confirmation du donateur.

Chapitre 4

Conditions sous lesquelles une donation peut être conclue

A. – RÈGLES GÉNÉRALES

257 La loi admet qu'une donation soit faite au profit d'un bénéficiaire, non pas simplement, mais sous certaines conditions. Ainsi, le donateur peut imposer au donataire toutes sortes d'obligations, comme par exemple celle de le soigner pour le restant de sa vie et de veiller à ce qu'à son décès, il bénéficie d'un enterrement honorable, dont le donataire aura à régler les frais.

La notion de « condition » ne se limite pas à son premier sens, à savoir un événement futur et incertain dont dépend, soit la formation (condition suspensive), soit la résolution d'un acte juridique (condition résolutoire). Mais, en matière de libéralités, le mot « condition » désigne également la charge imposée au gratifié. Cette dernière notion se définit comme étant toute obligation imposée par le disposant au gratifié et ayant pour objet, soit une prestation à fournir par le donataire en faveur du disposant lui-même, ou en faveur d'un tiers, soit l'affectation des biens donnés à une œuvre déterminée.

Il faut à cet égard préciser que l'existence de telles charges n'empêche pas l'acte de conserver son caractère de libéralité, à condition toutefois que, d'une part, l'intention libérale (animus donandi) dans le chef du disposant reste la cause déterminante de l'acte et que, d'autre part, les charges imposées au bénéficiaire n'absorbent pas tout l'émolument du gratifié (C. Cass. française, Ch. civ., 28 novembre 1938, D.H. 1939.17) ou, au moins, lui laissent un avantage moral.

La charge dans la donation se rapproche de la condition résolutoire. Comme celle-ci, elle n'empêche pas la formation de la donation, mais elle peut en entraîner la résolution. Mais il existe quand même des différences considérables entre ces deux notions.

En effet, la condition résolutoire, lorsqu'elle se réalise, opère de plein droit et rétroactivement, c'est-à-dire avec effet au jour de la formation de l'acte, la résolution de la donation, c'est-à-dire sa privation d'effets (article 1183). Cela a pour conséquence que le donateur, ou ses héritiers, n'ont pas à s'adresser à la justice pour voir constater la résolution de la donation. Un litige peut tout au plus s'élever entre les parties contractantes sur la question de savoir si la condition s'est effectivement réalisée ou non. Mais une fois la preuve de la réalisation de la condition résolutoire rapportée, le tribunal ne peut que constater la résolution de la donation.

Par contre, si le donataire refuse d'exécuter les charges que le donateur lui a imposées, cette circonstance n'entraîne pas à elle seule et de plein droit la révocation de la donation. En effet, si le donateur, ou ses héritiers, entendent obtenir la révocation de la libéralité pour cause d'inexécution des charges, ils doivent saisir le tribunal civil.

Si, au contraire, le donateur n'entend pas demander la révocation de la libéralité, mais plutôt contraindre judiciairement le donataire à exécuter les charges de la donation, il est libre de le faire.

Il est évident qu'une donation ne peut être conclue que sous des charges conformes à la loi. Si, par contre, la charge que le donateur a imposée au bénéficiaire de la donation est, soit impossible, soit contraire aux lois ou aux bonnes mœurs, elle est réputée non écrite aux termes de l'article 900. Dans toute disposition entre vifs ou testamentaire, les conditions impossibles, celles qui seront contraires aux lois ou aux mœurs, seront réputées non écrites.

La jurisprudence répute certaines conditions comme étant des conditions illicites. Il s'agit principalement de celles qui tendent à créer une situation de droit prohibée par la loi.

Ainsi, elle considère comme condition illicite, contraire à la loi, et plus particulièrement à la libre circulation des biens, la clause contenue dans un acte de donation, qui prohiberait de façon absolue la vente ou la constitution d'une hypothèque sur le bien donné (T.A. Lux., 3 janvier 1956, *P.* 16, p. 457). Cette condition est par conséquent réputée non écrite.

Les tribunaux ne s'éloignent de ce point de vue que dans certaines circonstances exceptionnelles, où l'intérêt, soit du donateur, soit d'un tiers, paraît être directement engagé.

Ceci exclut de toute évidence l'interdiction générale, faite par le donateur au donataire, de disposer librement du bien donné jusqu'à la fin de sa vie.

La jurisprudence a encore décidé à cet égard que la condition illicite, insérée dans une donation, doit être réputée non écrite, même dans l'hypothèse où le donateur a déclaré dans l'acte vouloir subordonner l'effet de la donation à l'accomplissement de cette condition ; il n'en serait autrement qu'au cas où la condition illicite était reconnue en fait avoir été la cause déterminante et le but de la donation, alors que l'absence d'une cause licite a alors ôté tout effet à l'obligation, conformément à l'article 1133 du Code civil (T.A. Lux., 3 janvier 1956 précité).

La question de l'application des dispositions de l'article 900 s'est surtout posée à propos des conditions suivantes :

- la condition de viduité, c'est-à-dire la condition imposée au donataire de ne pas contracter un nouveau mariage ;
- la condition d'inaliénabilité des biens donnés ;
- la condition imposée au donataire de ne pas se marier.

1. La condition de viduité

La jurisprudence admet que la condition, imposée par un donateur à son conjoint-donataire, de ne pas se remarier après son décès, est licite, quand elle est justifiée par des motifs naturels et respectables, comme la préoccupation du disposant pour l'avenir des enfants communs, ou le désir de protéger la veuve ou le veuf, contre un mariage malheureux, auquel elle ou il n'aurait donné son consentement que par pure faiblesse, ou encore le désir d'empêcher que son commerce ou son industrie établi durant sa vie ne passe en des mains étrangères par une nouvelle union contractée par la veuve ou le veuf.

La condition de viduité devient cependant une condition illicite et donc réputée non écrite, conformément à l'article 900, lorsqu'elle s'inspire de sentiments répréhensibles, comme une jalousie posthume. L'on trouve en fait peu de décisions judiciaires, qui ont effectivement reconnu un tel caractère à la condition de viduité, alors qu'il ne faut pas oublier qu'il appartient au demandeur à l'action en nullité de la donation de rapporter la preuve du motif illicite qui a inspiré le disposant.

2. La condition d'inaliénabilité des biens donnés

La jurisprudence a toujours décidé que la clause d'inaliénabilité de l'objet donné est illicite en elle-même, car elle est contraire au principe de la libre circulation des biens. En conséquence, lorsque la prohibition de l'aliénation revêt un caractère général et absolu, elle est censée non écrite.

A contrario, la prohibition d'aliéner devient licite lorsqu'elle est relative, c'est-à-dire lorsque l'inaliénabilité est restreinte au transfert de la propriété du don à des personnes déterminées et lorsqu'elle est limitée dans le temps. La jurisprudence ajoute à ces conditions encore que la condition d'inaliénabilité se justifie par l'intérêt sérieux et légitime du disposant lui-même, du donataire ou d'un tiers.

Ainsi, les tribunaux ont retenu la licéité et partant la validité de la clause d'inaliénabilité, lorsque celle-ci est relative et temporaire et lorsqu'elle est justifiée par l'intérêt du donateur de s'assurer le paiement par le donataire d'une rente en sa faveur ou de protéger le donataire contre sa légèreté à raison de son jeune âge, de son inexpérience ou de sa prodigalité.

3. La condition de ne pas se marier

La jurisprudence admet aujourd'hui qu'une telle condition ne saurait d'emblée être déclarée illicite, alors même qu'elle porte atteinte au principe intangible de la liberté personnelle du donataire de contracter mariage ou non. Elle apprécie donc la licéité de cette condition en fonction des données et circonstances particulières de l'espèce et des sentiments et raisons qui ont inspiré le donateur à insérer une telle condition dans l'acte de donation.

4. Conséquences du caractère illicite d'une condition de la donation

Dans l'hypothèse où le tribunal déclare illicite et non écrite la condition, sous laquelle la donation a été conclue, cette sanction affecte-t-elle également la validité de la donation tout entière ?

La jurisprudence décide que seule la condition reconnue illicite doit encourir une sanction. Tout se passe partant comme si la condition ne figure pas dans l'acte de donation. La suppression de cette clause n'affecte en rien la donation dans son intégralité.

Il en serait autrement seulement dans l'hypothèse où il se dégagerait des faits de la cause que le donateur a entendu subordonner l'existence de son intention libérale à l'exécution par le donataire de la condition illicite. Alors, cette condition est jugée avoir, en fait, été la cause déterminante et le but de la donation. Or, comme il a déjà été exposé plus haut, l'absence d'une cause licite enlève toute validité à la donation tout entière.

B. – PROHIBITION DES SUBSTITUTIONS FIDÉICOMMISSAIRES

Par substitution fidéicommissaire, on entend l'opération par laquelle le disposant charge le bénéficiaire de conserver les biens donnés et de les remettre, à son décès, à un tiers désigné par le disposant. La substitution fidéicommissaire s'analyse donc comme une charge à laquelle est soumise la donation. 258

1. Historique

Dans les temps anciens, il a très souvent été fait appel à cette institution, qui a été très utilisée, surtout dans les familles nobles. C'étaient avant tout ces familles, qui poursuivaient l'objectif primordial de maintenir le patrimoine familial entre les mains de l'aîné de la famille, afin de sauvegarder la puissance foncière, financière et politique de la famille.

Par ce biais, le disposant réglait ainsi le sort de sa fortune sur plusieurs générations, en arrêtant d'avance sa dévolution successive. Pareille substitution pouvait être graduelle, c'est-à-dire s'imposer à plusieurs générations, ou même perpétuelle, dans la mesure où la charge de restitution des biens s'imposait à tous les donataires successifs.

Il est évident qu'une telle institution ne présente pas seulement des avantages, mais également de graves dangers, dans la mesure où les enfants aînés des familles concentraient les richesses familiales en leurs mains, contraignant les cadets à se soumettre à leur autorité.

La Révolution française a mis fin à la licéité de cette institution, en mettant l'accent sur le principe de la libre circulation des biens et l'égalité des descendants du défunt quant à la succession.

Le Code civil pourtant a tenté de prévoir des concessions. En effet, après avoir arrêté en son article 896 le principe de la prohibition de la substitution fidéicommissaire, il admit toutefois comme licites et valables les substitutions à un seul degré et dans un cadre familial très restreint (article 1048 et suiv.).

Nous étudierons tout d'abord les substitutions prohibées (numéro 227), ensuite les substitutions permises par la loi (numéro 228).

2. Les substitutions prohibées

259 La disposition, par laquelle le donateur impose au gratifié (appelé aussi le « grevé de substitution ») de conserver les biens donnés et de les restituer, à son décès, à un tiers désigné par le donateur (appelé aussi « l'appelé à la substitution ») s'analyse en une substitution prohibée par les dispositions de l'article 896.

La sanction attachée à une telle substitution prohibée est la nullité de la donation tout entière. Ainsi, la loi ne se limite pas seulement à taxer de nullité la clause de substitution non licite, faite en faveur du tiers (« appelé à la substitution »), mais la libéralité tout entière faite au profit du donataire (« grevé de substitution »).

La nullité visée par la loi est une nullité absolue. Elle peut donc être demandée par tout intéressé et n'est pas susceptible de confirmation ; elle se prescrit seulement par trente ans.

Cette sanction attachée aux substitutions, constitue partant une dérogation à la règle édictée par l'article 900, selon laquelle la charge, ou la condition illicite, est seulement réputée non écrite et n'affecte pas la donation dans son intégralité.

Les tribunaux ont toutefois tenté de limiter les cas de nullité de donations qualifiées, à tort ou à raison, de substitutions prohibées, tombant sous le coup de l'application de l'article 896. Ainsi, la jurisprudence s'est efforcée de préciser les caractères que doit réunir une libéralité, pour être frappée de nullité absolue au titre d'une substitution fidéicommissaire.

Pour être qualifiée de substitution fidéicommissaire, une libéralité doit notamment réunir les conditions énumérées ci-après :

1) elle doit créer une obligation pour le grevé de substitution (A),
2) cette obligation doit consister pour le grevé en une double charge : d'un côté, conserver les biens donnés, et de l'autre, de les restituer, à son décès, à une personne désignée préalablement par le donateur (B),
3) la restitution doit se faire au décès du grevé dans le cadre de sa dévolution successorale (C),
4) la libéralité doit comporter un transfert de propriété successif de la donation par le disposant au grevé et à l'appelé à la substitution (D).

2.1. *La libéralité doit créer une obligation à charge du bénéficiaire*

La jurisprudence refuse de reconnaître l'existence d'une substitution fidéicommissaire prohibée dans le chef d'une libéralité qui, loin d'imposer une obligation (charge) au gratifié de conserver les objets de la donation et de les transmettre, à son décès, ne fait qu'exprimer un simple souhait du donateur.

Les tribunaux interprètent, en cas de doute, une telle libéralité comme une donation contenant un simple vœu du disposant, et refusent de la déclarer nulle.

2.2. *L'obligation doit consister pour le grevé en une double charge*

La substitution fidéicommissaire doit comporter pour le bénéficiaire la double obligation de conserver les biens donnés et de les transmettre, à son décès, à une personne pré-désignée par le donateur.

Si, au contraire, le donateur n'a imposé au donataire qu'une seule de ces deux obligations, la donation ne s'analyse plus en une substitution fidéicommissaire prohibée et échappe en conséquence à la nullité.

Ainsi, si le donateur n'a imposé au gratifié que la charge de conserver les biens entre ses mains, c'est-à-dire qu'il a affecté ces biens d'une clause d'inaliénabilité, la jurisprudence reconnaît la validité de ces libéralités, à condition que cette inaliénabilité soit limitée dans le temps et justifiée par un intérêt sérieux et légitime poursuivi par le donateur.

Il se peut aussi que le donateur impose au gratifié seulement l'obligation de ne restituer, à son décès, que les biens qu'il n'a pas aliénés de son vivant. La jurisprudence ne considère cette libéralité pas comme substitution fidéicommissaire, dès lors que son bénéficiaire demeure libre de céder les biens, de son vivant, comme bon lui semble. Il peut ainsi décider de ne rien laisser à son décès, de sorte qu'une remise des choses données à une tierce personne n'est plus possible.

La validité de la libéralité précitée ne se trouverait même pas compromise dans l'hypothèse où le donateur aurait soumis la libéralité à la charge pour le gratifié de ne pas disposer des biens à titre gratuit, de son vivant. En effet, dans pareille hypothèse, le donataire reste toujours libre d'aliéner les biens donnés à titre onéreux, c'est-à-dire par vente. La jurisprudence estime que cette liberté laissée au donataire est suffisante pour que la libéralité ne puisse pas être considérée comme substitution prohibée.

Mais les décisions judiciaires vont encore plus loin. Si, en principe, une libéralité adressée à une personne future, comme un enfant non encore conçu au moment de la donation, est nulle, il en est autrement, quand une telle donation se réalise par la voie indirecte sous forme de charge. Ainsi, la donation peut être stipulée entre un donateur et un gratifié, à charge pour ce dernier de remettre les choses données, à son décès, aux enfants à naître du donataire. Pareille libéralité ne s'analyse pas en une substitution et est partant valable.

2.3. *L'obligation doit consister pour le grevé à restituer les biens de la donation à un tiers à son décès*

La jurisprudence souligne que la restitution par le donataire des choses données doit être prévue pour le moment de son décès. Ainsi, il importe, pour que la libéralité soit qualifiée de substitution fidéicommissaire prohibée par l'article 896, que le donateur règle l'affectation des biens faisant l'objet de la donation dans le cadre de la succession du bénéficiaire de la donation.

Ainsi, il n'y a pas substitution fidéicommissaire prohibée, lorsque le donataire remet le don de son vivant, partant indépendamment et en dehors de toute dévolution successorale. La donation imposant au donataire la charge de transférer la propriété des biens prévus dans la donation à un tiers pré-désigné par le donateur, soit dans l'immédiat, soit après un certain intervalle, est reconnue parfaitement valable par les juridictions, comme n'étant pas assimilable à une substitution fidéicommissaire.

2.4. *Le double transfert de propriété*

Pour que la donation s'analyse en une substitution fidéicommissaire interdite, il faut que le donateur ait par cette voie organisé deux libéralités et un double transfert de propriété des biens. Ainsi, il faut notamment que le disposant ait d'abord transféré la propriété des biens au donataire, grevé de la substitution, ensuite à l'appelé à la substitution. Du point de vue juridique, le tiers reçoit les biens non pas du grevé, mais du donateur lui-même, cela alors même qu'il ne les recueille que dans la succession du donataire. C'est donc un double transfert de propriété des mêmes biens que la substitution organise. Il résulte des développements qui précèdent que la jurisprudence a largement atténué les prohibitions de l'article 896, en imposant aux libéralités des caractères et conditions strictes pour pouvoir être assimilées à des substitutions fidéicommissaires déclarées nulles par la loi.

3. Les substitutions permises

Comme il vient d'être relevé, le Code civil a exceptionnellement admis la **260**
validité de certaines substitutions dans la très proche famille du donateur.

1) Ainsi, l'article 897 excepte de la nullité les libéralités faites par un donateur au profit de ses enfants ou, en leur absence, au profit de ses frères et sœurs, à charge pour eux de les rendre à leurs propres descendants, nés ou à naître (article 1048).
2) Par contre, en vertu de l'article 898, la disposition par laquelle un tiers serait appelé à recueillir le don, l'hérédité ou le legs, pour le cas où le donataire, l'héritier institué ou le légataire ne le recueillerait pas, n'est pas considérée comme une substitution et est valable.

Ces exceptions légales visent deux hypothèses distinctes :

- d'un côté, l'article 897 permet expressément des donations au profit d'une catégorie de personnes, à savoir les descendants et les frères et sœurs du donateur, avec charge pour ces donataires de rendre les biens donnés, à leur décès, à leurs enfants, nés ou à naître ;
- d'autre part, la loi admet la validité de la libéralité procédant par substitution, à la condition expresse du prédécès du donataire, appelé en premier lieu à recueillir les biens formant l'objet de la donation.

C. – LES CONDITIONS DE VALIDITÉ DES SUBSTITUTIONS PERMISES

261 Les substitutions permises sont d'abord sujettes aux conditions de forme et de fond régissant les libéralités en général. Ainsi, ni le donateur, ni le gratifié, ni encore le tiers appelé à la substitution, ne doivent être sous le coup d'une incapacité de donner ou de recevoir à titre gratuit. Cette condition affecte tant la relation entre le donateur et le donataire que celle existant entre le donateur et l'appelé à la substitution, dès lors que cet appelé reçoit les biens directement du disposant, alors même que leur transmission se réalise par l'intermédiaire du grevé de substitution.

Le Code civil a encore ajouté des conditions particulières à la validité des substitutions permises.

1) Tout d'abord, la substitution doit être limitée à un degré de parenté rapproché. En d'autres termes, elle n'est permise que si le donateur a limité l'obligation imposée au donataire (grevé) de rendre, à son décès, les biens donnés à ses descendants directs au premier degré, c'est-à-dire à ses propres enfants.

2) Partant, si l'obligation mise à charge du grevé s'étend sur plusieurs générations (petits-enfants, arrière-petits-enfants), la substitution ne répond plus aux conditions des articles 897 et 1048 et est frappée de nullité comme substitution prohibée.

3) Ensuite, dans l'hypothèse où la substitution est faite au profit des descendants directs des frères et sœurs, soit des neveux et nièces du donateur, la substitution ne produit ses effets qu'à la condition que ce donateur ne laisse lui-même pas d'enfant ou de descendant légitime en vie au moment de son décès.

4) L'article 1048 limite la substitution permise à la seule quotité disponible de la fortune du donateur, en stipulant que « les biens, dont les pères et mères ont la faculté de disposer, pourront être par eux donnés, en tout ou en partie, à un ou plusieurs de leurs enfants, par actes entre vifs ou testamentaires, avec la charge de rendre ces biens aux enfants nés et à naître, au premier degré seulement, desdits donataires ».

   Cette disposition légale est destinée à protéger le grevé, dans la mesure où il doit recevoir, libres de toutes charges et obligations, les droits qui lui reviennent en tant qu'héritier réservataire du donateur. En ce sens, la substitution, qui excéderait la quotité disponible, est réductible.

5) Le Code civil a tenté de protéger l'égalité de tous les enfants, nés ou à naître, du donateur et à écarter des substitutions qui tendraient à rompre cette égalité. Ainsi, l'article 1050 dispose que les substitutions fidéicommissaires permises ne sont valables « qu'autant que la charge de restitution sera au profit de tous les enfants nés et à naître du

grevé, sans exception, ni préférence d'âge ou de sexe ». En d'autres termes, tous les enfants du grevé, déjà nés ou devant naître ultérieurement, seront, à égalité, appelés à la substitution.

6) Cette disposition ne constitue toutefois pas une exception à l'interdiction des libéralités au profit de personnes futures. En effet, le principe de l'interdiction des donations au profit de personnes non encore nées reste valable ; cette interdiction ne concerne toutefois que les seules libéralités faites directement à une personne non encore née. Par contre, si une telle libéralité s'opère indirectement par la charge de remettre les biens lui donnés, imposée au donataire, elle n'est pas à assimiler à une donation faite directement au profit d'une personne future et ne saurait partant tomber sous le coup de l'interdiction précitée.

Tout ce qui vient d'être exposé dans ce chapitre relativement aux substitutions fidéicommissaires en matière de donations s'applique également avec la même rigueur aux libéralités faites par testament. Les substitutions permises par testament correspondent à celles permises par donation.

Chapitre 5

Les effets de la donation

Le contrat de donation produit un double effet : d'un côté, il opère un transfert de droit et, d'un autre côté, il crée des obligations.

A. – LE TRANSFERT DE DROITS

262 La donation réalise un transfert de droits entre le patrimoine du donateur et celui du donataire. Ce droit peut être un droit réel – ce qui se passe d'ailleurs le plus souvent en pratique – ou un droit de créance.

- Généralement, la donation opère le transfert d'un droit réel, c'est-à-dire d'un droit de propriété sur une chose. Le donataire devient, soit plein-propriétaire, soit nu-propriétaire, soit usufruitier, de la chose qui fait l'objet de la donation.

  Il échet de relever encore que ce transfert de propriété se réalise par le seul effet de l'échange des consentements des parties et de l'acceptation par le donataire, sans qu'une tradition, c'est-à-dire une remise matérielle de la chose donnée au donataire, soit nécessaire. L'article 938 affirme ce principe en disposant que « la donation dûment acceptée sera parfaite par le seul consentement des parties et la propriété des objets donnés sera transférée au donataire, sans qu'il ne soit besoin d'autre tradition ».

  Il n'y a qu'une seule espèce de donation qui requiert la remise matérielle de la chose donnée par le donateur au donataire comme condition de validité : c'est le don manuel. Ce dernier contrat ne se réalise valablement que si la tradition de l'objet de la donation au profit du donataire a été effectuée.

  Lorsque la donation opère le transfert de la propriété d'un immeuble, le seul échange des consentements des parties ne rend toutefois pas ce transfert de propriété opposable aux tiers. À cet effet, il est requis que l'acte de donation fasse l'objet d'une mesure de publicité. En effet, la loi modifiée du 25 septembre 1905 sur la transcription des droits réels immobiliers, dispose que l'acte de donation doit être transcrit, à l'initiative du notaire qui a reçu cet acte, au bureau des hypothèques, organisé auprès de l'Administration de l'Enregistrement et des Domaines.

- Lorsque la donation a opéré le transfert d'un droit de créance du donateur au donataire, cet acte doit s'analyser en une cession de créance, qui reste soumise aux formalités de l'article 1690, relative à la notification de la cession intervenue au débiteur du droit cédé.

B. – LA CRÉATION D'OBLIGATIONS

Un contrat à titre onéreux fait naître des obligations à charge des deux parties contractantes. Or, la donation n'engendre d'obligations qu'à charge d'une seule des parties, à savoir au donateur. Par exception, dans l'hypothèse où la donation est assortie de charges, elle comporte également des obligations pour le donataire.

1. Les obligations à charge du donateur

Le donateur est tenu par le contrat de donation à délivrer la chose au donataire, dès lors que, par l'effet de la donation, il lui en a transféré la propriété. 263

Le donateur ne doit toutefois assumer aucune garantie légale ni contre les vices cachés de la chose donnée, ni contre l'éviction du donataire. En effet, il transfère au donataire la propriété de l'objet donné dans l'état dans lequel celui-ci se trouve au moment de la donation.

Les parties sont toutefois autorisées à déroger à ce principe. Ainsi, il est loisible au donateur de contracter l'obligation de garantir le donataire contre les dépréciations du don, causées par un défaut caché de celui-ci. Il lui est encore possible de le dédommager si, par une prétention légitime d'un tiers, le donataire se voit évincé de l'immeuble qui a fait l'objet de la donation.

Le donateur engage toutefois, dans tous les cas, sa responsabilité du chef d'un préjudice causé au donataire par son fait personnel, à condition que celui-ci soit constitutif d'un dol ou d'une faute lourde. Ainsi, s'il a consenti une donation portant sur le bien d'autrui, il doit garantie au donataire, si ce dernier se fait évincer de l'immeuble donné et que le donateur avait connaissance des droits du tiers au moment de la conclusion du contrat de donation.

Il lui doit encore garantie dans la mesure où il refuse de délivrer la chose donnée au donataire, qu'il tenterait de la reprendre ou qu'il l'aliénerait, avant que l'acte de donation n'ait été transcrit au bureau des hypothèques.

2. Les obligations à charge du donataire

En principe, le contrat de donation n'impose aucune obligation contractuelle au donataire, à moins que le contrat ne lui ait fait assumer des charges nettement définies. 264

Le donataire est tenu tout au plus d'un devoir moral de reconnaissance à l'égard du donateur et de sentiments de gratitude. Toutefois, il faut reconnaître que le Code civil n'attache aucune sanction à un défaut de gratitude du donataire, à moins que l'une des trois hypothèses suivantes ne soit donnée :

- le donataire s'est rendu coupable d'un attentat à la vie du donateur,
- le donataire est coupable à l'égard du donateur de sévices, délits ou injures graves,
- le donataire refuse de verser des aliments au donateur.

En dehors des trois hypothèses susvisées, l'ingratitude du donataire est dépourvue de sanction et ne comporte pas de conséquence.

Le donataire n'assume par l'effet du contrat de donation aucune autre obligation légale. Notamment, il n'est pas tenu au règlement des dettes du donateur, à moins que la donation ne lui ait imposé ce règlement à titre de charge. Cette obligation ne saurait toutefois s'étendre aux dettes futures du donateur.

Chapitre 6

L'irrévocabilité des donations – Application de la règle « donner et retenir ne vaut »

Le principe de l'irrévocabilité des donations se dégage du texte même de l'article 894 : « La donation entre vifs est un acte par lequel le donateur se dépouille actuellement et irrévocablement de la chose donnée, en faveur du donataire qui l'accepte ». Le principe de l'irrévocabilité s'énonce aussi par la règle « donner et retenir ne vaut ».

A. – LA PORTÉE DE LA RÈGLE

La règle « donner et retenir ne vaut » signifie qu'il n'est pas permis au donateur de faire insérer dans l'acte de donation des clauses contractuelles lui permettant de se réserver la faculté de révoquer la donation et de reprendre la chose qu'il a cédée au gratifié. La règle précitée interdit encore au donateur de se réserver, dans l'acte de donation, la faculté de disposer librement de la chose donnée ou d'en demeurer en possession jusqu'à son décès.

B. – LES CONVENTIONS PROHIBÉES (ARTICLES 943 A 946)

265 La règle « donner et retenir ne vaut » trouve sa base dans les articles 943 et 946 qui organisent sa mise en application. Ces articles interdisent en effet quatre sortes de conventions :

1) la donation de biens à venir,
2) la donation faite sous une condition, dont l'exécution dépend de la seule volonté du donateur,
3) la donation avec la charge de payer les dettes futures du donateur,
4) la donation dans laquelle le donateur se réserve le droit de disposer des choses données.

Nous allons étudier ci-après ces quatre sortes de conventions prohibées.

1. La donation de biens à venir

266 L'article 943 dispose que « la donation entre vifs ne pourra comprendre que les biens présents du donateur ; si elle comprend des biens à venir, elle sera nulle à cet égard ».

La notion de « biens à venir » vise particulièrement les biens que le donateur doit acquérir seulement et dont il n'a partant pas encore la propriété au moment de la donation. La règle de l'article 943 doit s'entendre qu'il n'est pas permis au donateur de faire donation de biens dont il n'est pas encore propriétaire, parce qu'il dépendrait de lui de ne pas les acquérir et donc de priver la donation de tout effet. Ainsi, si la donation porte sur des biens que le donateur escompte recueillir dans la succession d'une personne dont il s'estime héritier, il pourrait renoncer à cette succession et anéantir ainsi la donation faite.

La sanction prévue par la loi est la nullité de la donation, pour autant qu'elle concerne les biens futurs. Il s'ensuit donc que, si une donation a porté tant sur des biens présents que futurs, elle n'est nulle que pour cette dernière catégorie de biens, mais reste valide pour les biens présents.

2. La donation faite sous une condition potestative

Par condition potestative, il faut entendre toute condition, dont la réalisation ne dépend que du seul vouloir de la personne qui s'engage sous cette condition. 267

À titre d'exemple, l'on peut citer l'hypothèse de la donation, dans laquelle le donateur se réserve le droit de la révoquer, s'il se marie. Une telle donation est frappée de nullité par application de l'article 944, dans la mesure où la réalisation de la condition résolutoire, sous laquelle la donation a été consentie, ne dépend que de la seule volonté du donateur, qui peut choisir librement de se marier ou non.

En ce qui concerne la matière des donations, l'article 944 prévoit que « toute donation entre vifs faite sous des conditions dont l'exécution dépend de la seule volonté du donateur, sera nulle ».

L'article 944 fait une application aux donations des dispositions de l'article 1174, qui rend nulle toute obligation contractée sous une condition purement potestative de la part de celui qui s'oblige. La règle de l'article 1174 s'applique à tous les contrats, qu'il s'agisse de contrats à titre onéreux ou gratuit, comme les donations. Il est évident qu'une personne, qui s'engage à l'égard d'une autre à exécuter une obligation, lorsqu'elle le voudra, ne serait pas obligée.

L'article 944 s'applique tant aux conditions suspensives qu'aux conditions résolutoires, dont la réalisation ne dépendrait que du seul bon vouloir de celui qui s'est engagé.

L'obligation contractée sous une condition suspensive, ne prend naissance que lorsque la condition se réalise. Au contraire, l'obligation contractée sous une condition résolutoire prend valablement naissance dès la formation du contrat, mais se résout, lorsque la condition, sous laquelle elle a été contractée, se réalise.

Par contre, l'article 944 ne vise pas les conditions mixtes, c'est-à-dire les conditions, dont la réalisation ne dépend pas de la seule volonté du donateur, mais à la fois de sa volonté et de celle d'une tierce personne. Ainsi, la donation consentie sous la condition résolutoire que le donateur se marie avec une personne déterminée, est parfaitement valable, dès lors que l'union par mariage projetée dépend non seulement de la volonté du donateur, mais encore de celle de la personne avec laquelle le mariage est envisagé.

3. La donation avec charge pour le donataire de payer les dettes futures du donateur

268 Aucune disposition légale n'interdit au donateur d'imposer au donataire la charge de payer ses dettes actuelles. Il est en effet facile pour le donataire de déterminer au préalable le montant de ces dettes, de façon qu'il connaît, au moment de l'acceptation de la donation, l'envergure exacte de l'obligation qu'il va contracter.

Par contre, l'article 945 interdit au donateur d'imposer au gratifié la charge de régler ses dettes futures. Cette disposition est conçue comme suit : « Elle (la donation) sera pareillement nulle si elle a été faite sous la condition d'acquitter d'autres dettes ou charges que celles qui existaient à l'époque de la donation ou qui seraient exprimées, soit dans l'acte de donation, soit dans l'état qui devrait y être annexé ».

L'objectif poursuivi par cette disposition légale est d'empêcher le donateur de se réserver la faculté d'anéantir après coup la donation. En effet, il lui suffirait de contracter des dettes, dont le montant dépasserait la valeur des biens donnés, pour qu'après le règlement de ces dettes, il ne reste plus rien de la donation.

Voilà pourquoi l'article 945 oblige les parties à énumérer les dettes à régler par le donataire, soit dans l'acte de donation lui-même, soit dans un état annexé à cet acte. Ainsi, la clause imposant au donataire de régler les dettes futures du donateur, n'est valable que pour autant que ces dettes ont été énumérées limitativement.

La sanction édictée par l'article 945, s'appliquant au règlement des dettes futures du donateur, est la nullité de la donation.

4. La donation dans laquelle le donateur se réserve le droit de disposer de la chose donnée

L'article 946 stipule qu'« En cas que le donateur se soit réservé la liberté de disposer d'un effet compris dans la donation ou d'une somme fixe sur les biens donnés, s'il meurt sans en avoir disposé, ledit effet ou ladite somme appartiendra aux héritiers du donateur, nonobstant toutes clauses et stipulations à ce contraires ». 269

Ainsi, la clause susvisée rend caduque la donation pour autant qu'elle porte sur la chose dont le donateur s'était réservé la faculté de disposer au profit d'un tiers, même s'il n'a pas usé de cette faculté. Les biens en question sont donc recueillis par les héritiers du donateur.

C. – LES CONVENTIONS PERMISES

Les articles 949 à 952 énumèrent trois sortes de clauses qui, au prime abord, peuvent paraître contraires à la règle « donner et retenir ne vaut », mais qui ont cependant toujours été jugées comme compatibles avec cette règle. Il s'agit des clauses suivantes :

1) la clause par laquelle le donateur s'est réservé la jouissance ou l'usufruit des biens donnés (articles 949 et 950),
2) la clause par laquelle le donateur stipule que les effets donnés lui seront restitués, si le donataire meurt avant lui (articles 951 et 952) (clause de retour conventionnel),
3) la stipulation de la condition suspensive que le donataire survivra au donateur.

1. La réserve du droit d'usufruit

Une clause contenue dans un acte de donation, par laquelle le donateur se réserve l'usufruit des effets donnés, a toujours été jugée compatible avec la règle « donner et retenir ne vaut » et ne contrevient partant pas au principe de l'irrévocabilité des donations. En effet, la donation avec réserve d'usufruit n'est rien d'autre que la donation de la simple nue-propriété de ce bien. 270

L'article 949 a d'ailleurs énoncé expressément la validité de la donation avec réserve d'usufruit : « Il est permis au donateur de faire la réserve à son profit, ou de disposer au profit d'un autre, de la jouissance ou de l'usufruit des biens meubles ou immeubles donnés ».

En pratique, la réserve d'usufruit, courante dans les donations, ne porte pas atteinte au droit de propriété concédé au donataire ; elle se limite à restreindre ce droit de propriété, mais ne permet en aucune façon au donateur de retenir les biens donnés et d'en disposer au profit d'autrui.

L'article 601 dispense à son tour le donateur, qui s'est réservé dans l'acte de donation l'usufruit des biens donnés, de fournir caution pour garantir son obligation légale de jouir des biens en bon père de famille.

Cette même dispense ne vaut pas pour le tiers, au profit duquel le donateur a stipulé le droit d'usufruit des biens faisant l'objet de la donation. Ce tiers doit partant fournir caution, à moins que le donateur ne l'en ait expressément dispensé.

Au décès de l'usufruitier, qu'il s'agisse du donateur lui-même ou d'un tiers, les choses données sont restituées dans leur intégralité au donataire, qui se retrouve automatiquement plein propriétaire de ces biens. L'usufruitier est toutefois responsable des détériorations qu'il a pu causer aux biens avant leur restitution.

Lorsque des effets mobiliers font l'objet de la donation, l'article 948 prescrit l'établissement d'un état estimatif, qui est à annexer à l'acte de donation. Cet état permet de déterminer les objets à restituer par l'usufruitier. Pour les choses que l'usufruitier ne peut pas rendre en nature à son décès, il doit en payer la valeur au donateur d'après l'état estimatif des biens (article 950).

2. Le retour conventionnel

271 La clause de retour conventionnel ou de réversion est celle qui a pour effet de résoudre la donation et de faire revenir les biens donnés au donateur, dans l'hypothèse où le donataire meurt avant lui.

Cette clause est inspirée de l'idée que le donateur n'aimerait pas voir, au décès du donataire, les biens donnés passer aux héritiers de ce dernier, alors que lui-même serait toujours en vie.

L'article 951 retient à cet égard ce qui suit : « Le donateur pourra stipuler le droit de retour des objets donnés, soit pour le cas du prédécès du donataire seul, soit pour le cas du prédécès du donataire et de ses descendants.

Ce droit ne pourra être stipulé qu'au profit du donateur seul ».

La clause de retour conventionnel peut viser plusieurs hypothèses distinctes. Ainsi, le donateur peut stipuler dans l'acte de donation que cette dernière sera résolue et que les effets donnés lui feront retour, dans l'un des cas suivants :

- lorsque le donataire meurt avant lui, même s'il laisse des enfants. En pareil cas, le donateur a clairement exprimé par la clause de retour qu'il se préfère aux descendants du donataire ;

- lorsque le donataire décède avant lui sans laisser d'enfants ;
- lorsque tant le donataire que les enfants de ce dernier meurent avant lui.

Dans chacune des hypothèses susvisées, les biens transférés au donataire font retour au donateur, sans que ce dernier ne doive payer aucune indemnité aux héritiers du donataire.

La clause de retour conventionnel s'analyse donc comme condition résolutoire, dès lors qu'elle opère, par la réalisation de la condition stipulée, à savoir le prédécès du donataire, la résolution de la donation.

Il a toujours été jugé que la clause de retour ne porte pas atteinte au principe de l'irrévocabilité des donations. En effet, le donataire reçoit définitivement un droit susceptible seulement de résolution en cas de réalisation de la condition. D'autre part, la condition résolutoire n'est pas potestative, alors qu'elle ne dépend certainement pas de la volonté du donateur.

L'article 951, alinéa 2 dispose expressément que la clause de retour conventionnel ne peut être stipulée qu'au profit du donateur seul, à l'exclusion de toute autre personne.

Cette disposition légale s'inspire de toute évidence de la règle de la prohibition des substitutions, inscrite à l'article 896. Cette dernière règle interdit au donateur d'imposer au donataire l'obligation de rendre, à son décès, les biens donnés à une autre personne qui en deviendrait donataire à son tour.

Une donation, dans laquelle le donateur s'est réservé le droit de retour des choses données, en cas de prédécès du donataire, à son propre profit et au profit d'une tierce personne, serait-elle sanctionnée de nullité pour le tout ?

La jurisprudence décide que, dans pareille hypothèse, la donation reste valable et que, par application de l'article 900, la clause de retour est annulée pour autant qu'elle a été stipulée au profit du tiers, mais garde sa validité, si elle vise le donateur lui-même.

Quels sont les effets de la clause de retour ?

Quand la condition résolutoire, c'est-à-dire le prédécès du donataire et, le cas échéant, de ses enfants, se réalise, la donation, stipulée avec une clause de retour conventionnel, est résolue de plein droit et le donateur redevient propriétaire des objets visés par la donation.

Le retour des biens donnés au donateur s'opère toutefois avec la particularité qu'il a lieu avec effet rétroactif au jour de la donation. Tout se passera donc, comme si le donateur n'avait jamais cessé d'être propriétaire de ce bien.

Les droits que le donataire a pu constituer sur les biens donnés sont donc effacés et ce avec effet rétroactif au jour de la donation. Les parties à l'acte de donation se retrouveront donc dans la même situation que celle ayant existé avant la donation.

Il s'ensuit encore que tous les droits réels que le donataire a pu consentir sur les choses données après la signature de l'acte de donation et avant la réalisation de la condition résolutoire, se trouvent à leur tour anéantis. Toutefois, les actes administratifs posés sur ces biens par le donataire, tels les contrats de bail, restent valables et opposables au donateur. De même, le donataire ne peut pas se voir obliger par le donateur à lui restituer les fruits et les intérêts produits par les biens de la donation avant la résolution de la donation.

3. La donation conclue sous la condition suspensive que le donataire survivra au donateur

272 La clause, suivant laquelle la formation du contrat de donation est suspendue jusqu'à la réalisation de la condition suspensive de la survie du donataire au donateur, est également compatible avec la règle « donner et retenir ne vaut », dès lors que la condition de survie dépend du pur hasard et ne saurait être qualifiée de potestative.

La donation, conclue sous la condition suspensive que le donataire survivra au donateur, ne se formera valablement que dans l'hypothèse où le donateur décède avant le donataire. La propriété des objets donnés ne sera partant transférée au donataire qu'à la condition que le donataire survive au donateur.

D. – LES EXCEPTIONS À LA RÈGLE DE L'IRRÉVOCABILITÉ DES DONATIONS

Il y a certaines donations auxquelles la règle de l'irrévocabilité ne s'applique pas.

L'article 947 prévoit que les articles 943 à 946, qui édictent des prohibitions destinées à faire respecter le principe de l'irrévocabilité des donations, ne s'appliquent ni aux donations faites par contrat de mariage aux conjoints et aux enfants à naître du mariage, ni aux donations entre conjoint, soit par contrat de mariage, soit pendant le mariage.

D'autre part, le Code civil fait encore expressément exception au principe de l'irrévocabilité, en retenant trois causes particulières de révocation des donations, à savoir :

1) le non-respect des charges imposées au donataire par le donateur,

2) l'ingratitude manifeste du donataire à l'égard du donateur,
3) la survenance d'enfant au donateur, alors qu'au moment de la donation, il n'en avait pas.

Nous allons étudier ci-après ces deux catégories d'exceptions à la règle, ainsi que les clauses particulières de révocation des donations.

1. Les donations auxquelles la règle de l'irrévocabilité ne s'applique pas

Comme il a déjà été relevé plus haut, l'article 947 excepte de la règle « donner et retenir ne vaut » certaines donations. Il s'agit des donations entre conjoint et, dans une mesure plus limitée, des donations faites aux conjoints dans leur contrat de mariage. 273

2. Les donations entre conjoints

Le Code civil a établi un régime spécial pour les donations entre conjoints, c'est-à-dire celles faites par ceux-ci durant leur mariage. En effet, ces donations sont toujours révocables. L'article 1096, alinéa 1er dispose en effet que : « Toutes donations faites entre conjoint pendant le mariage, quoique qualifiées entre vifs, seront toujours révocables ». 274

Ce droit de révocation appartenant aux conjoints est un droit absolu, auquel aucun d'eux ne peut valablement renoncer. Ce droit existe même, si le donateur ne s'est pas expressément réservé cette faculté dans l'acte de donation. Cette règle s'inspire des anciennes prohibitions des donations entre conjoint. Le droit romain, en effet, prohibait les libéralités entre conjoint, ceci pour protéger la famille du donateur.

3. Les donations faites par contrat de mariage

Les donations faites dans le contrat de mariage par un tiers à l'un des futurs conjoint et aux enfants à naître du mariage, et les donations que les conjoints se font dans le même contrat, échappent, au régime spécial qui régit les donations entre conjoints, tel que ce régime est défini ci-dessus. 275

Les donations précitées sont en principe, comme toutes les autres donations, soumises à la règle de l'irrévocabilité, à moins que le donateur ne se trouve dans une des hypothèses prévues par les articles 953 à 966, stipulant des causes légales de révocation.

Le Code civil permet toutefois au donateur d'insérer, dans le contrat de mariage des futurs conjoint, une clause spéciale, grâce à laquelle il peut se réserver un moyen de révocation de sa donation. Le Code vise notamment les clauses prohibées par les articles 943 à 946, en ce qu'elles constituent des voies indirectes et détournées pour faire priver la donation d'effet juridique et pour faire échec à la règle de l'irrévocabilité des donations. Il est renvoyé à ce sujet aux développements contenus dans l'introduction du présent chapitre.

Ces clauses permettant une révocation indirecte par le donateur des donations consenties dans le contrat de mariage, ne trouvent toutefois pas application à toutes les donations y contenues. Elles ne peuvent ainsi être insérées qu'en relation avec les donations faites entre les futurs conjoints ou à l'un d'eux.

Les autres donations contenues dans un contrat de mariage, comme celle faite par l'un des futurs conjoint aux enfants de son conjoint, restent soumises à la règle de l'irrévocabilité.

4. Les causes particulières de révocation des donations

276 Le Code civil prévoit trois causes de révocation des donations entre vifs, à savoir :

1) le donateur peut demander la révocation de la donation, au cas où le donataire n'exécute pas les charges que l'acte de donation lui a imposées,
2) il peut également exiger la révocation, lorsque le donataire s'est rendu coupable à son égard de faits graves d'ingratitude,
3) enfin, le donateur peut révoquer une donation, en cas de survenance d'un enfant, alors qu'au moment de la donation, il n'en avait pas.

Le Code civil expose ces trois causes de révocation dans les articles 953 à 966. En fait, ces articles présentent ces causes comme constituant des exceptions à la règle de l'irrévocabilité des donations, ce qui n'est pas correct en droit, dès lors que les hypothèses, qui justifient la révocation de la libéralité, ne dépendent en aucune façon de la volonté du donateur.

D'autre part, l'article 299 fait perdre à au conjoint, contre lequel le divorce a été prononcé à ses torts exclusifs, le bénéfice de toutes les donations lui consenties par son conjoint.

Parmi les causes de révocation, il y en a qui autorisent le donateur à demander la révocation judiciaire de la libéralité et d'autres qui opèrent de plein droit la révocation de la donation.

5. La révocation judiciaire des donations

Comme il a déjà été exposé ci-dessus, le donateur peut poursuivre la révocation de la donation en justice pour l'une des trois causes suivantes :

- inexécution des charges imposées au donataire,
- ingratitude du donataire,
- survenance d'enfant au donateur.

Nous analyserons ci-après ces différentes causes de révocation des donations.

5.1. *La révocation pour inexécution des charges*

Une donation peut imposer au donataire des obligations particulières que ce dernier doit exécuter, soit au profit du donateur, soit d'une autre personne, nommément désignée par le donateur. Ces obligations particulières imposées au donataire sont qualifiées de « charges ». 277

Le texte des articles 953 à 966 parle toutefois exclusivement de « conditions ». Ce terme ne désigne cependant rien d'autre que les charges ou obligations précitées.

Il se peut que le donataire refuse de s'acquitter des charges que le donateur lui a imposées par la libéralité. Quelle position le donateur peut-il alors adopter ?

Dans pareille hypothèse, le donateur a la faculté d'opter pour l'une des deux alternatives suivantes :

Il saisit le tribunal civil pour faire condamner le donataire à exécuter les obligations lui incombant, le cas échéant, sous peine d'une astreinte, c'est-à-dire du paiement d'une indemnité fixée forfaitairement pour chaque jour où le donataire ne s'est pas exécuté.

Mais le donateur peut aussi renoncer à demander l'exécution forcée des charges imposées au donataire et faire usage de la sanction inscrite à l'article 955, consistant à demander la révocation de la libéralité concédée.

Une telle révocation ne s'opère toutefois pas de plein droit. Il faut que le donateur formule une demande en révocation devant le tribunal civil. L'article 956 dispose en effet expressément : « La révocation pour cause d'inexécution des conditions ou pour cause d'ingratitude n'aura jamais lieu de plein droit ». Il appartient dès lors au donateur de demander en justice cette révocation. Il est laissé libre appréciation au tribunal de faire droit à cette demande ou non.

D'après nos juridictions, l'action en révocation de la donation pour cause d'inexécution des charges n'est en fait qu'une application, à la matière des libéralités, de la règle énoncée à l'article 1184, en vertu de laquelle, dans un contrat imposant des obligations contractuelles à charge des deux parties, si l'une d'elles n'exécute pas son obligation, l'autre peut, soit la forcer à l'exécuter, soit demander la résolution du contrat avec dommages-intérêts.

En ce sens, l'action en révocation de la donation pour inexécution des charges ne constitue rien d'autre que l'exercice de l'action en résolution pour inexécution, par l'une des parties, de ses obligations contractuelles.

5.1.1 L'exercice de l'action en révocation

a) Qui peut demander la révocation ?

278 1) Le droit de poursuivre la révocation de la libéralité appartient tout d'abord au donateur personnellement, même lorsque la donation a imposé l'obligation au donataire de s'exécuter d'une charge stipulée au profit d'une tierce personne. C'est en effet envers le donateur lui-même que le gratifié s'est engagé, de sorte que c'est le donateur qui a toujours intérêt à exiger l'exécution de la charge.

2) Le donateur ne peut évidemment demander la révocation de la donation que de son vivant. Mais ce droit passe à ses héritiers s'il vient à décéder. Les héritiers ont par conséquent également le droit de poursuivre, après le décès de leur auteur, la révocation, pour cause d'inexécution des charges, de la libéralité concédée par lui.

3) Les héritiers ne peuvent être privés de ce droit que dans l'hypothèse où le donateur a de son vivant renoncé expressément à agir en révocation de la donation.

4) Lorsque le donateur laisse à son décès plusieurs héritiers et que ceux-ci n'arrivent pas à se mettre d'accord sur l'attitude à adopter, l'action en révocation engagée par quelques-uns des héritiers seulement peut-elle être déclarée recevable par le tribunal ?

5) Nos juridictions tranchent cette question, en analysant de prime abord si la charge imposée au donataire est une charge susceptible de division entre les héritiers. Dans l'affirmative, elles admettent que chaque héritier peut demander la révocation pour la part de la donation le concernant. À titre d'exemple, l'on peut citer la donation imposant au donataire la charge de payer une dette déterminée du donateur. Si le donataire ne s'exécute pas, chaque héritier du donateur peut demander la révocation de la donation pour inexécution des charges par le donataire, mais seulement jusqu'à concurrence de sa part virile dans la donation (ex. un quart en présence de quatre héritiers).

6) Par contre, lorsque la charge est jugée indivisible, par exemple, si elle consiste à créer une œuvre de bienfaisance, chaque héritier a qualité pour demander seul la révocation de la donation dans sa totalité. Les juridictions s'appuient à cet effet sur les dispositions de l'article 1224, alinéa 1er, en vertu duquel chaque héritier du créancier peut exiger l'exécution de l'obligation indivisible pour la totalité.

7) Enfin, les créanciers du donateur peuvent eux aussi demander, par voie de l'action paulienne, la révocation de la donation, dont les charges demeurent inexécutées. Les créanciers poursuivent, en intentant une telle action judiciaire, principalement l'objectif de voir retourner dans le patrimoine de leur débiteur un bien, qui est susceptible d'être saisi par eux.

8) Par contre, l'action en révocation de la donation n'appartient jamais au tiers, au profit duquel les charges ont été stipulées. Ce tiers, n'ayant pas été partie au contrat de donation, doit se contenter de réclamer au donataire l'exécution de la charge, le cas échéant, par le biais d'une action en justice, dès lors q ue, par l'effet de la stipulation pour autrui opérée par la donation à son profit, il est devenu personnellement créancier de l'obligation promise par le donataire.

b) Dans quels cas le donateur peut-il demander la révocation pour cause d'inexécution des charges ?

Une telle action est ouverte au donateur, dès lors que le donataire omet de s'acquitter de son obligation d'exécuter les charges lui imposées par l'acte de donation. Il importe peu à cet égard que l'inexécution soit due à un refus manifeste ou à une mauvaise volonté du donataire, à une simple négligence de sa part ou, au contraire, à des circonstances indépendantes de sa volonté. En effet, les articles 953 à 966 ne font pas de distinction à cet égard. 279

Par contre, il faut que l'obligation non exécutée par le donataire constitue une véritable charge, sous laquelle la donation lui a été consentie, et non une simple faculté laissée à son bon vouloir.

Les articles 954 et 956 n'exigeant pas du donateur de faire signifier, préalablement à l'action judiciaire en révocation, une mise en demeure au donataire de s'exécuter des charges lui incombant, une telle formalité ne semble pas nécessaire pour la recevabilité de la demande judiciaire.

Le tribunal, saisi d'une demande en révocation de la donation, doit tout d'abord constater à l'abri de tout doute, que le donataire est resté en défaut de s'acquitter de ses charges, avant de prononcer la révocation de la libéralité. Le tribunal peut cependant, suivant les circonstances particulières de l'espèce, accorder au donataire un délai lui permettant d'exécuter les obligations restées en souffrance, s'il est établi par ce dernier que la non-exécution des charges est due à un simple retard de sa part et que celui-ci n'est pas imputable à sa faute.

En tout état de cause, le tribunal bénéficie d'un large pouvoir d'appréciation. Ainsi, il ne prononce la révocation de la donation que s'il estime l'inexécution des charges par le donataire assez importante. Toutefois, le tribunal est obligé d'admettre la révocation de la libéralité, si le donateur a expressément stipulé celle-ci dans l'acte de donation en cas d'inexécution des charges.

À défaut d'un délai de prescription plus court stipulé par le Code civil, il faut déduire du silence de la loi que l'action en révocation de la donation ne se prescrit qu'après 30 ans.

5.1.2 Les effets de la révocation

280 La révocation anéantit la donation et fait rentrer le don dans le patrimoine du donateur, le tout avec effet rétroactif au jour de la donation. Tout se passe donc comme si la donation n'avait jamais été conclue.

Les droits acquis par des tiers sur les biens de la donation se trouvent partant annulés par le même effet. L'article 954 prévoit en effet que « Dans le cas de la révocation pour cause d'inexécution des conditions, les biens rentreront dans les mains du donateur, libres de toutes charges et hypothèques du chef du donataire ; et le donateur aura, contre les tiers détenteurs des immeubles donnés, tous les droits qu'il aurait contre le donataire lui-même ».

Ceci veut dire que le donateur reprend les biens donnés dans l'état dans lequel ils se trouvaient au moment de la donation, libres de tous droits réels que le donataire a pu créer sur eux depuis la donation.

Par voie de conséquence, tous les droits réels que le donataire a créés sur les biens, ayant formé l'objet de la donation, sont effacés avec effet rétroactif (p. ex. : constitution d'hypothèques, vente de l'immeuble donné à un tiers) et les tiers acquéreurs de ces biens, même de bonne foi, sont obligés de les restituer au donateur.

Il est évident que cette conséquence peut être extrêmement dangereuse pour les tiers.

Voilà pourquoi le Code civil a prévu des mesures de protection spécifiques pour les tiers qui ont traité avec le donataire. Ainsi, la révocation de la donation n'a à l'égard de ces tiers, acquéreurs de droits sur les biens donnés, un effet rétroactif que dans l'hypothèse où ils auraient dû prévoir la possibilité d'une telle révocation. Tel est le cas, si le donateur a expressément stipulé dans l'acte de donation que celle-ci est susceptible de révocation, en cas d'inexécution des charges par le donataire ou lorsque le droit de résolution, que le donateur s'est réservé sur les choses données, a été publié par la transcription de l'acte de donation au bureau des hypothèques près de l'Administration de l'Enregistrement et des Domaines.

Par contre, s'il a été impossible pour les tiers de prévoir la révocation de la libéralité, seuls les droits acquis par eux sur la donation, après la publication de la demande judiciaire en révocation en marge de l'acte de donation, transcrit au bureau des hypothèques, sont mis à néant.

L'article 13 de la loi modifiée du 25 septembre 1905 sur la transcription des droits réels immobiliers, arrête à ce sujet ce qui suit : « L'action résolutoire pour l'exécution des conditions d'une vente ou d'une donation immobilière ne peut être exercée au préjudice ni des créanciers inscrits sur l'acheteur ou le donataire, ni des tiers auxquels des droits réels auraient été concédés, à moins que le droit de résolution n'ait été formellement stipulé dans l'acte de vente ou de donation et qu'il soit rendu public par la transcription sur les registres du conservateur ».

L'article 14 de la même loi y ajoute que : « Tout notaire, qui recevra un acte de vente ou de donation devra, sous peine de responsabilité, interpeller les parties si elles entendent se réserver le droit de résolution ; il en sera fait mention expresse dans le contrat ».

Pour intenter valablement l'action en révocation de la donation, le demandeur à l'action est tenu de notifier une copie de l'exploit contenant la demande aux créanciers hypothécaires et aux tiers qui ont des droits réels sur l'immeuble.

Cette dernière disposition permet aux tiers visés d'intervenir, pour la défense de leurs intérêts, dans l'instance engagée par le donateur afin de poursuivre la révocation de la donation. La loi prévoit en outre que le jugement, prononçant la résolution, n'a pas d'effet à l'égard de ceux auxquels la notification ci-avant n'a pas été faite. Les créanciers peuvent ainsi offrir de prendre sur eux l'exécution des charges de la donation au lieu et à la place du donataire, le tout pour éviter la révocation de la libéralité.

Il y a lieu de souligner encore que la prescription acquisitive (usucapion) est susceptible de protéger les tiers de bonne foi contre la demande en restitution des biens donnés, formulée par le donateur, qui a obtenu gain de cause dans son action judiciaire en révocation de la donation. Les tiers, en effet, qui justifient d'une possession du bien immobilier, en qualité de propriétaire et en vertu d'un titre de propriété légitime pendant 30 ans, ont acquis la propriété du bien à titre définitif et ne peuvent partant plus se voir contraindre par le donateur à la restitution des biens faisant l'objet de la donation.

Finalement, il échet de souligner qu'en vertu de l'article 17 de la loi du 25 septembre 1905 précitée, l'action en révocation de la donation n'est déclarée recevable par le tribunal que pour autant que l'avocat du donateur a fait inscrire l'exploit d'assignation en marge de l'acte de donation transcrit au bureau des hypothèques.

5.2. *La révocation pour cause d'ingratitude du donataire*

L'article 953 permet aussi la révocation de la donation pour cause d'ingra- **281**
titude du donataire.

5.2.1 La notion d'ingratitude

282 Le terme « ingratitude », dans le sens où l'entend le Code civil, ne signifie pas que le donataire soit tenu de témoigner sa gratitude envers le donateur. Le gratifié est seulement obligé de ne pas commettre l'un des actes énoncés à l'article 955, libellé comme suit : « La donation entre vifs ne pourra être révoquée pour cause d'ingratitude que dans les cas suivants :

1) si le donataire a attenté à la vie du donateur,
2) s'il s'est rendu coupable envers lui de sévices, délits ou injures graves,
3) s'il lui refuse des aliments ».

Cette énumération des cas d'ingratitude est limitative. Ainsi, il n'est pas possible d'obtenir la révocation d'une donation pour d'autres causes que celles qui sont énumérées par l'article 955, même si l'ajoute dans le texte de la loi de la notion des « injures graves », qui est, par son essence, une notion à interprétation large, a permis aux juridictions d'élargir substantiellement cette cause de révocation.

5.2.2 L'action en révocation

283 La révocation de la donation pour ingratitude ne s'opère pas de plein droit, mais elle doit être demandée au tribunal.

a) A qui appartient cette action ?

- L'action en révocation n'appartient qu'au donateur, qui est seul victime de l'acte d'ingratitude commis par le donataire et, exceptionnellement, après son décès, à ses héritiers.

  Le donateur peut cependant renoncer à l'exercice de cette action, en accordant pardon au donataire. Il faut toutefois que la renonciation à l'action par le donateur intervienne postérieurement à l'acte d'ingratitude du donataire ; le donateur ne saurait en effet y renoncer au préalable.
- L'action en révocation étant strictement personnelle au donateur, elle ne saurait être exercée par ses créanciers.
- Les héritiers du donateur ne peuvent agir en révocation de la donation consentie par leur auteur que dans deux hypothèses :
  - lorsque l'instance a été engagée par le donateur encore de son vivant, mais que celui-ci est décédé en cours d'instance, celle-ci peut être continuée par ses héritiers,
  - lorsque le donateur est décédé pendant le délai utile pour agir en révocation de la donation (1 an).

Ladite action ne peut être introduite que contre le seul donataire. Elle n'est pas possible contre les héritiers du donataire, mais se trouve éteinte par la mort du donataire (article 957, alinéa 2).

b) Le délai d'exercice de l'action

L'action doit être engagée, à peine de forclusion, dans le délai d'un an à compter du jour de la commission de l'acte d'ingratitude. L'article 957 prévoit en effet que : « La demande en révocation pour cause d'ingratitude devra être formée dans l'année, à compter du jour du délit imputé par le donateur au donataire, ou du jour que le délit aura pu être connu par le donateur ».

Si le donataire s'est rendu coupable de plusieurs actes d'ingratitude envers le donateur, le délai ne court qu'à partir du dernier de ces actes.

La jurisprudence admet toutefois que, lorsque les faits d'ingratitude reprochés par le donateur au donataire constituent en même temps des infractions pénales, le délai d'exercice de l'action en révocation ne part que le jour où une condamnation pénale coulée en force de chose jugée est intervenue contre le donataire pour établir la réalité des faits lui imputés.

Le délai pour agir est un délai préfixe qui n'est susceptible ni d'interruption, ni de suspension.

c) Les donations susceptibles de révocation

L'action en révocation pour cause d'ingratitude peut être intentée contre toutes les donations, à une exception. L'article 959 dispose en effet que « les donations en faveur de mariage ne seront pas révocables pour cause d'ingratitude ». Cette disposition se justifie par le fait que les libéralités en faveur du mariage sont destinées à la famille tout entière et non pas seulement au donataire.

5.2.3 Les causes d'ouverture de l'action en révocation pour cause d'ingratitude

Comme il a déjà été relevé plus haut, les actes du donataire, justifiant la **284**
révocation, sont énumérés limitativement par l'article 955, à savoir :

a) Le donataire a attenté à la vie du donateur

L'article 955 n'exige pas, pour que la révocation de la donation puisse être prononcée, que le donataire ait d'ores et déjà été condamné pénalement pour ce fait. En cela, la révocation d'une libéralité pour cause d'ingratitude diffère de l'indignité successorale, qui frappe l'héritier qui a attenté à la vie du de cujus, pour pouvoir bénéficier plus tôt de sa succession. Tandis que l'héritier encourt cette indignité pour avoir donné, ou tenté de donner, la mort au de cujus, seulement s'il a été condamné, il suffit que la culpabilité du donataire soit simplement établie, pour que le tribunal révoque la donation pour cause d'ingratitude.

D'après la jurisprudence, il ne faut même pas que la tentative d'homicide soit constitutive d'une infraction pénale : l'article 955 punit même l'intention criminelle qui a inspiré le donataire. La simple tentative de meurtre est traitée comme le meurtre réalisé. Il faut toutefois que le donataire se soit rendu coupable d'homicide volontaire ou de tentative d'homicide volontaire ; l'homicide involontaire, c'est-à-dire celui commis sans intention de causer la mort du donateur, ne permet pas d'intenter l'action en révocation de la donation.

b) Le donataire a refusé des aliments au donateur

Il se peut que le donateur tombe dans le besoin après avoir consenti la donation. Dans cette hypothèse, il est en droit de demander un secours alimentaire au donataire. Si celui-ci refuse de lui verser une contribution à son entretien, la loi permet au donateur d'engager une action judiciaire en révocation de la donation pour cause d'ingratitude.

Il y a lieu de signaler à cet égard que l'article 955 ne crée pas une obligation alimentaire à charge du donataire. Ainsi, le donateur ne peut pas demander la condamnation du donataire à lui payer un secours alimentaire ; il n'a que la possibilité d'agir en révocation de la donation faite au donataire pour cause d'ingratitude (Cour Supérieure de Justice, 16 février 23, *P.* 11, page 524).

c) Le donataire s'est rendu coupable envers le donateur de sévices, délits ou injures graves

Cette terminologie englobe en fait plusieurs catégories d'actes du donataire, que nous définirons ci-après :

- par sévices, on entend les mauvais traitements physiques que le donataire a infligés au donateur ; tels des coups et blessures volontaires ;
- les injures graves visent les outrages et autres actes ayant le caractère d'une offense outrageante et particulièrement grave pour le donateur ;
- enfin, les délits sont tous les actes prohibés par la loi pénale, dont le donataire a pu se rendre coupable à l'égard du donateur et qui ne sont pas compris sous les deux catégories qui précèdent. Ces délits doivent avoir un caractère injurieux pour le donateur, en ce qu'ils le blessent dans sa personne ou dans ses biens (vol, escroquerie, abus de confiance).

5.2.4 Les effets de la révocation pour cause d'ingratitude

285 Lorsque le tribunal a prononcé la révocation de la donation, le donataire doit restituer les biens au donateur, dans l'état où il les a reçus. La révocation, constituant une peine civile, a un effet rétroactif au jour de la donation, mais à l'égard du seul donataire.

Toutefois, lorsque le donataire a entretemps aliéné les biens donnés, il ne peut plus les rendre en nature au donateur. Dans ce cas, il est tenu de lui en régler la valeur, tout en lui restituant les fruits perçus depuis le jour de la demande en révocation de la donation, tels des loyers ou des intérêts. L'article 958, alinéa 2 stipule à cet égard que « Dans le cas de révocation, le donataire sera condamné à restituer la valeur des objets aliénés, eu égard au temps de la demande, et les fruits, à compter du jour de cette demande ».

La valeur des choses données et qui ont fait l'objet d'une aliénation par le donataire, est appréciée au jour où la demande judiciaire en révocation a été formulée. Il est partant tenu compte de la plus-value des objets donnés, acquise entre le jour de la donation et celui de la demande en justice.

La loi entend protéger les tiers, qui ont traité de bonne foi avec le donataire, en instituant deux régimes quant aux effets de la révocation : l'un à l'égard du donataire, l'autre à l'égard des tiers.

a) Les effets de la révocation à l'égard du donataire

La révocation produit, comme il a déjà été relevé ci-dessus, un effet rétroactif au jour de la donation à l'égard du donataire. Tout se passe donc comme si la donation n'avait jamais été consentie.

Le donataire est en conséquence contraint de restituer les biens en nature au donateur, avec tous les accroissements naturels survenus. Il doit, en outre, indemniser le donateur de toutes les détériorations causées aux biens donnés durant sa possession et des charges qu'il a créées sur eux (p. ex. conclusion d'un bail).

S'il a vendu les biens, la loi n'exige plus de restitution en nature. Dans pareille hypothèse, le donataire doit payer au donateur la valeur de la donation, estimée au jour de la demande en révocation.

Le donataire est cependant autorisé à conserver les fruits touchés du chef de la donation à partir du jour de la donation jusqu'au jour de la demande en révocation (p. ex. : loyers touchés en cas de mise à bail d'un immeuble donné, intérêts produits par les fonds donnés). Il doit toutefois continuer au donateur les fruits qu'il a perçus depuis le jour de la demande en révocation jusqu'au jour où un jugement définitif a prononcé la révocation de la donation.

Si, durant la possession de la donation, le gratifié a créé sur les objets donnés une plus-value par des améliorations ou agrandissements, il a le droit de toucher une indemnité du donateur.

b) Les effets des révocation à l'égard des tiers

La loi a institué un régime de faveur pour les tiers de bonne foi, en ce sens que la révocation d'une donation pour cause d'ingratitude, étant une peine civile, qui ne peut frapper que le seul donataire ingrat, ne saurait préjudicier aux tiers, qui ont acquis du donataire des droits réels sur la chose donnée avant que l'action en révocation ne soit engagée.

L'article 958 dispose en effet que : « La révocation pour cause d'ingratitude ne préjudiciera ni aux aliénations faites par le donataire, ni aux hypothèques et autres charges réelles qu'il aura pu imposer sur l'objet de la donation, pourvu que le tout soit antérieur à l'inscription, qui aurait été faite de l'extrait de la demande en révocation, en marge de la transcription prescrite par l'article 939 ».

En vertu de la disposition légale précitée, les droits créés par le donataire au profit de tiers sur les objets donnés, comme par des ventes, des donations, des hypothèques ou des baux, ne sont point affectés par le jugement prononçant la révocation de la donation. Ces droits ne sont donc pas anéantis, mais maintenus intégralement, à condition toutefois qu'ils aient été créés sur les immeubles donnés avant la mention de la demande en révocation en marge de l'acte de donation, transcrit au bureau des hypothèques auprès de l'Administration de l'Enregistrement et des Domaines.

La révocation de la donation ne produit partant à l'égard des tiers aucun effet rétroactif ; elle ne joue que pour l'avenir, à compter du jour où la demande en révocation a fait l'objet d'une inscription en marge de la transcription de l'acte de donation au bureau des hypothèques.

La loi organise ainsi une certaine publicité des demandes en révocation pour les immeubles, publication à laquelle les tiers, qui entendent traiter avec le donataire, ont à tout moment accès.

Il importe dès lors, pour que leurs droits soient sauvegardés, que les tiers, acquéreurs de droits réels sur les biens immobiliers, aient procédé eux-mêmes à la transcription de leur titre de propriété au bureau des hypothèques, avant que le donateur ne fasse publier auprès de l'Administration susvisée sa demande en révocation de la donation.

Pour les donations portant sur des meubles, la loi n'organise aucune publicité. La révocation d'une donation mobilière ne prend donc effet, quant aux tiers, que du jour où la demande en révocation a été engagée par le donateur.

5.3. *La révocation d'une donation pour cause de survenance d'un enfant au donateur*

L'article 960 énonce que « Toutes donations entre vifs faites par personnes qui n'avaient point d'enfants ou de descendants actuellement vivants dans le temps de la donation, de quelque valeur que ces donations puissent être, et à quelque titre qu'elles aient été faites, et encore qu'elles fussent mutuelles ou rémunératoires, même celles qui auraient été faites en faveur de mariage par autres que par les ascendants aux conjoints, ou par les conjoints l'un à l'autre, demeureront révoquées de plein droit par la survenance d'un enfant légitime du donateur, même d'un posthume, ou par la légitimation d'un enfant naturel par mariage subséquent, s'il est né depuis la donation ». **286**

Ce texte doit être considéré comme remplacé partiellement par l'article 16 de la loi modifiée du 25 septembre 1905 sur la transcription des droits réels immobiliers, qui dispose ce qui suit : « La révocation d'une donation, dans les cas réglés par les articles 960 et suivants du Code civil, n'aura pas lieu de plein droit ; elle devra être demandée en justice ». Il suit de cette modification qu'en cas de survenance d'un enfant au donateur, la révocation de la donation n'intervient pas automatiquement, mais qu'elle doit être demandée en justice, tout comme pour les autres cas de révocation.

La doctrine a tenté de justifier la possibilité de révocation des libéralités pour cause de survenance d'enfant au donateur par l'idée de protection due aux enfants du donateur.

5.3.1 Les donations visées par l'article 960

Il se dégage du texte même de l'article 960 que toutes les donations sont révocables pour cause de survenance d'enfant. Le texte dispose en particulier qu'il importe peu « de quelque valeur que ces donations puissent être ». Il s'ensuit que mêmes les donations modiques n'échappent point à la révocation pour cause de survenance d'enfant au donateur. **287**

De même, d'après l'article précité, les donations faites à titre rémunératoire, les donations mutuelles et même les donations onéreuses, c'est-à-dire celles affectées de charges, sont soumises à la révocation pour cause de survenance d'enfant au donateur.

N'y échappent pas non plus ni les constitutions de dot faites par un tiers aux futurs conjoint, ni les donations déguisées, ni les donations indirectes, ni les dons manuels.

5.3.2 Les conditions requises pour la révocation

288 Les conditions requises pour que la donation consentie soit révocable, sont au nombre de deux :

a) Il faut d'abord que le donateur n'ait pas d'enfant ou de descendant vivant au moment de la donation.

b) Si le donateur a déjà des enfants au moment de la donation, le fait que d'autres enfants lui surviennent dans la suite n'est pas de nature à opérer la révocation des donations par lui consenties, dès lors que l'une des conditions d'application de l'article 960 ne se trouve pas remplie.

c) Encore faut-il que le premier enfant du donateur soit né au moment de la donation, pour empêcher la révocation pour cause de survenance d'un enfant ultérieur.

d) Un enfant simplement conçu, mais non encore né au moment de la donation, permet toujours la révocation de la donation pour cause de naissance d'un enfant ultérieur.

e) L'article 961 ajoute en effet que « cette révocation aura lieu encore que l'enfant du donateur ou de la donatrice fut conçu au temps de la donation ».

f) Cette mesure se justifie par le fait que l'enfant simplement conçu n'acquiert la personnalité juridique qu'à condition que cela serve ses intérêts. Or, dans cette matière, l'intérêt de l'enfant est justement de ne pas acquérir la personnalité juridique avant sa naissance.

g) Il faut, en second lieu, qu'un enfant du donateur naisse postérieurement à la donation, même après le décès du donateur, ou que celui-ci ait légitimé par mariage subséquent un enfant naturel né depuis la donation.

h) Il faut cependant que l'enfant naisse vivant et viable. Mais il suffit que l'enfant naisse après la donation, même s'il a été conçu avant celle-ci. L'article 960 précise finalement que même la naissance d'un enfant posthume entraîne la révocation de la donation.

i) Le texte de l'article 960 ne parle expressément que de la naissance d'un enfant légitime ou légitimé au donateur après la donation. La question se pose donc si les enfants naturels reconnus sont assimilés aux enfants légitimes, donc si la naissance d'un enfant naturel au donateur postérieurement à la donation entraîne également la révocation de la libéralité. Étant donné la réforme intervenue en matière de filiation, donnant aux enfants naturels les mêmes droits qu'aux enfants légitimes, on peut plaider pour l'application de l'article 960 aux enfants naturels. Néanmoins, une modification correspondante de cet article lèverait tout doute quant à cette question.

j) Par contre, il a été jugé que l'adoption par le donateur d'un enfant, postérieurement à la donation, n'entraîne pas la révocation de celle-ci. En effet, l'adoption d'un enfant ne dépend que de la seule volonté du donateur qui pourrait alors, par un tel acte, faire échec à la règle de l'irrévocabilité des donations.

k) L'article 964 dispose finalement que la mort de l'enfant du donateur, dont la naissance a justifié la révocation de la donation, ne fera pas revivre celle-ci. Si, toutefois, après la révocation judiciaire de la donation, le donateur veut, au décès de son enfant, faire donation des mêmes biens au même donataire, il ne peut le faire qu'en passant par la conclusion d'un nouvel acte de donation.

5.3.3 L'action en révocation

Comme il a déjà été relevé ci-avant, la révocation de la donation ne s'opère pas de plein droit. 289

L'article 16 de la loi modifiée du 25 septembre 1905 sur la transcription des droits réels immobiliers dispose en effet que la révocation doit être demandée judiciairement. Il appartient en effet au tribunal, saisi d'une demande en révocation d'une donation sur cette base, de vérifier si les conditions d'application de l'article 960 se trouvent remplies et s'il y a lieu de faire droit à la demande.

Il a encore été décidé que le droit de se prévaloir de la révocation d'une donation pour cause de survenance d'enfant n'appartient qu'au seul donateur et que les enfants de ce dernier n'ont pas ce droit de son vivant (Cour Supérieure de Justice, 6 février 1914, *P.* 9, page 256). Ce droit ne passera aux héritiers du donateur qu'à son décès.

L'article 965 prévoit en outre que « toute clause ou convention, par laquelle le donateur aurait renoncé à la révocation de la donation pour survenance d'enfant sera regardée comme nulle et ne pourra produire aucun effet ».

5.3.4 Les effets de la révocation

La révocation de la donation pour cause de survenance d'enfant s'opère avec effet rétroactif au jour de la donation. L'article 963 dispose en effet que « les biens compris dans la donation révoquée de plein droit rentreront dans le patrimoine du donateur, libres de toutes charges et hypothèques du chef du donataire... ». 290

Ainsi, les droits de propriété constitués par la donation au profit du donataire sont rétroactivement effacés. Tout se passe comme si la donation n'avait jamais été conclue et les parties se retrouvent placées dans la situation ayant existé avant la donation.

Lorsque la révocation de la donation est prononcée, l'hypothèque constituée par le donataire sur l'immeuble donné est dépourvue d'effet dès sa constitution.

Le donataire peut toutefois conserver les fruits produits par les objets donnés jusqu'au jour où la naissance de l'enfant du donateur, ou sa légitimation, lui a été notifiée par exploit d'huissier ou par un autre acte en bonne forme (article 962). Cette règle demeure valable, alors même que la demande judiciaire en révocation de la donation et en restitution des biens donnés n'a été formulée par le donateur que postérieurement à cet exploit ou acte. Le donataire doit restituer les fruits à partir du jour où cette notification lui parvient.

Par contre, les actes d'administration passés par le donataire sur les biens donnés avant que la révocation n'intervienne, tels les baux constitués sur des immeubles, demeurent valables. Cette règle constitue une mesure de protection des tiers de bonne foi.

Enfin, l'article 962 prévoit que la donation demeure révoquée, alors même que le donataire serait resté en possession des biens lui donnés et qu'il y aurait été laissé par le donateur depuis la survenance de l'enfant. Toutefois, le donataire qui, après la révocation judiciaire, n'est plus que possesseur sans titre des objets donnés, ne peut en prescrire la propriété par usucapion (prescription acquisitive) que par une possession trentenaire.

L'article 966 stipule toutefois que le délai de la possession trentenaire des biens dont il a bénéficié ne commence à courir qu'à partir du jour de la naissance du dernier enfant du donateur, même né après son décès. Ainsi, chaque nouvelle naissance d'un enfant au donateur interrompt à nouveau le délai de prescription.

Les acquéreurs de bonne foi des biens de la donation, qui en ont acquis la propriété du donataire, ne peuvent pas se prévaloir de leur juste titre et de leur bonne foi, pour acquérir la prescription acquisitive des biens en question après le délai de 10 ou de 20 ans, tel que ce délai a été institué par l'article 2265. Ces acquéreurs ne peuvent accomplir la prescription des biens visés qu'après une possession ayant duré 30 ans, délai commençant à courir à partir de la naissance du dernier enfant du donateur.

Lorsque le donataire se sera trouvé en possession des biens donnés pendant 30 ans à compter de la naissance du dernier enfant du donateur, il en est réputé propriétaire légitime, non pas en vertu de la prescription acquisitive intervenue entretemps à son profit, mais en vertu de l'acte de donation, dont la révocation n'a pas été demandée durant ce même délai par le donateur. Tel est du moins l'opinion de la doctrine dominante.

6. La révocation de plein droit des donations visées par l'article 299

À l'opposé des causes ci-avant exposées, exigeant la révocation d'une donation par la justice, il existe une cause particulière de révocation des donations, qui s'opère de plein droit. Celle-ci est visée par l'article 299. 291

Ledit article, qui traite du divorce pour cause déterminée, est libellé comme suit : « En cas de divorce prononcé sur base de l'article 229, le conjoint contre lequel le divorce a été prononcé perdra tous les avantages que l'autre conjoint lui avait faits, soit par leur contrat de mariage, soit depuis le mariage contracté. Le conjoint qui a obtenu le divorce conservera les avantages à lui faits par l'autre conjoint, encore qu'ils aient été stipulés réciproques, et que la réciprocité n'ait pas lieu ».

Cette disposition vise, sous la qualification d'« avantages matrimoniaux », toutes les donations que les conjoints se sont consenties, soit par acte de donation ordinaire, soit dans leur contrat de mariage, de même que celles qu'un conjoint a consenties à l'autre.

La perte des avantages matrimoniaux ou, en d'autres termes, la révocation des donations consenties au conjoint contre lequel le conjoint a obtenu le divorce, s'opère de plein droit.

Il est évident qu'une telle révocation ne peut être obtenue par un conjoint qu'après avoir engagé une procédure de divorce pour faute, basée sur l'article 229, et qu'après que le divorce a été prononcé aux torts exclusifs du conjoint. Cette règle ne saurait trouver application ni pour un divorce par consentement mutuel, ni quant à un divorce pour cause de séparation de 3 ans. Elle ne joue pas non plus lorsque le divorce a été prononcé aux torts partagés des conjoints.

Il est évidemment loisible à un conjoint de révoquer, au moyen d'un acte notarié ou par testament, la ou les donations consenties à son conjoint, alors que les donations entre conjoints sont toujours librement révocables. Toutefois, si un conjoint a omis de le faire, la révocation, intervenant en cas de divorce pour faute, a lieu de plein droit. La loi opère cette révocation à titre de sanction. Cette révocation a même lieu pour les donations consenties par contrat de mariage, bien que celles-ci soient en principe irrévocables.

L'article 299 ne vise pas seulement les donations entre conjoints, mais en général tous les avantages qui ont été consentis par un conjoint à son conjoint fautif, donc également les legs testamentaires. La jurisprudence a étendu à la séparation de corps la sanction édictée par l'article 299 relativement au divorce.

Ajoutons finalement que la Cour de cassation a décidé que l'article 299 s'applique, en outre, à tous les avantages que le conjoint, contre lequel le divorce a été prononcé à ses torts exclusifs, peut tirer des clauses d'une communauté conventionnelle et notamment de l'adoption par les conjoints, tant au moment du mariage que postérieurement, du régime de la communauté universelle (Cour de cassation, Cassation civile, 13 juillet 1995, *P.* 26, pages 382 et suiv.).

Chapitre 7

Des régimes particuliers régissant certaines donations

Dans les chapitres précédents, nous avons étudié le régime général auquel sont soumises les donations, tant en ce qui concerne leurs conditions de forme que leurs conditions de fond. Nous avons également eu l'occasion de signaler que certaines catégories de donations, bien que ne répondant pas aux conditions de validité strictes pour les donations, sont néanmoins reconnues comme valables par la jurisprudence et produisent leurs effets juridiques normaux.

I. Nous avons déjà relevé que certaines donations font exception aux conditions de forme requises par la loi pour assurer la validité de la donation, en particulier à la condition de l'établissement d'un acte notarié. Sous cette rubrique, nous avons relevé que quelques donations, bien que n'étant pas constatées par un acte notarié, ne perdent pas pour autant leur validité. Cette constatation s'applique aux donations suivantes :

- les dons manuels,
- les donations déguisées,
- les donations indirectes.

Ces donations sont soumises à un régime particulier, en ce que la jurisprudence, pour en reconnaître la validité, leur a imposé certaines conditions obligatoires.

Ce régime particulier sera étudié aux numéros 292 et suivants ci-après.

II. Nous avons d'autre part mentionné que certaines donations, bien que ne correspondant pas aux conditions de fond imposées aux donations, sont cependant valables.

Sous ce titre, on peut citer les catégories de donations suivantes :

a) *les fondations*

Alors même que la loi impose comme condition que la donation soit faite au profit d'une ou de plusieurs personne(s) déterminée(s), que l'on appelle le ou les donataire(s), elle reconnaît également la validité de la disposition par laquelle une personne affecte tout ou partie de ses biens à l'établissement d'une œuvre présentant un caractère d'utilité générale.

b) *l'institution contractuelle*

L'institution contractuelle est une convention par laquelle une personne (l'instituant) promet à une autre (l'institué) de lui laisser à sa mort toute sa succession ou une quote-part de celle-ci ou encore un objet déterminé.

Une telle disposition à titre gratuit est reconnue comme valable, bien qu'elle contrevienne à trois conditions de fond requises pour les donations :

- elle enfreint tout d'abord la règle « donner et retenir ne vaut », dès lors que le disposant ne transfert la propriété de ses biens au bénéficiaire qu'à sa mort. Il les retient en effet durant le restant de sa vie ce qui est, en principe, incompatible avec les règles légales gouvernant les donations ;

- elle contrevient ensuite à la règle de l'interdiction des pactes sur succession future ;
- elle est finalement contraire à la règle suivant laquelle, pour être capable de recevoir à titre gratuit, il faut être conçu au moment de la donation (article 906). L'institution contractuelle fait exception à cette règle, alors que, du moment où elle est contenue dans un contrat de mariage, le disposant est autorisé à gratifier non seulement les futurs conjoints, mais encore les enfants à naître du mariage.

Nous analyserons le régime particulier, auquel sont soumises les deux catégories de donations précitées, aux numéros 314 et suivants.

III. D'autres sortes de donations sont également soumises à un régime particulier. Il s'agit des donations entre conjoints, qu'elles soient faites par contrat de mariage ou pendant le mariage. Comme nous allons le voir aux numéros 337 et suivants, certaines de ces donations échappent à la règle de l'irrévocabilité.

Nous étudierons le régime particulier, auquel sont soumises les donations entre conjoints, aux numéros 328 et suivants.

A. – LES EXCEPTIONS AUX CONDITIONS DE FORME DES DONATIONS

Les donations, dont il va être parlé ci-après, font exception aux conditions de forme des donations, en ce qu'elles n'ont pas besoin d'être documentées par un acte notarié, pour être reconnues comme valables.

Il s'agit plus particulièrement des donations suivantes :

- les dons manuels,
- les donations indirectes,
- les donations déguisées.

Les régimes particuliers, auxquels sont soumises ces catégories de donations, sont analysés ci-après.

1. Les dons manuels

1.1. *La définition et les conditions de validité*

292 Par don manuel, on entend une donation qui porte exclusivement sur des effets mobiliers, tels que des meubles corporels ou des titres au porteur, et qui se réalise par une tradition, c'est-à-dire par une remise matérielle de la chose donnée faite de la main à la main.

Ainsi, les immeubles et tous les effets mobiliers, dont la propriété ne peut pas se transmettre par la simple tradition de la main à la main, ne sont pas susceptibles de faire l'objet d'un don manuel.

Tombent dans cette dernière catégorie et ne peuvent de ce fait pas faire l'objet d'un don manuel, les biens dont la propriété est divisée entre plusieurs propriétaires. Un copropriétaire ne saurait faire donation de ses droits indivis sur un de ces biens, dès lors que la tradition ne peut porter sur ce bien que pris dans sa totalité.

D'autre part, certains meubles corporels ne peuvent pas faire l'objet d'une tradition et en conséquence pas non plus d'un don manuel, alors que la loi exige que le transfert de leur propriété doive se faire dans le respect de certaines formalités. Tel est le cas des navires, bateaux et avions, qui requièrent l'établissement d'un acte notarié.

Par ailleurs, le don manuel ne concerne pas les créances, dès lors que le transfert de leur propriété doit s'accompagner des formalités inscrites à l'article 1690, à savoir de la notification au débiteur de la cession de créance intervenue.

Il en est de même du livret d'épargne, qui ne peut pas non plus faire l'objet d'un don manuel, parce que sa tradition ne suffit pas pour en transférer la propriété.

Cette conclusion s'applique aussi aux effets de commerce, dont la formalité de l'endossement doit accompagner la cession et s'oppose donc à ce que la donation s'opère par une simple tradition.

De même, une propriété intellectuelle, comme un droit d'auteur ou un brevet d'invention, n'est pas susceptible d'un don manuel. En effet, la simple tradition d'un manuscrit de livre ou d'une œuvre d'art ne suffit pas à opérer la donation de la propriété intellectuelle qui s'y rattache.

1.2. *La tradition*

293 Le don manuel ne se réalise que par la tradition, c'est-à-dire par la remise matérielle de main en main de la chose donnée par le donateur au donataire. La jurisprudence a d'ailleurs affirmé à plusieurs reprises que le don

manuel n'a d'existence que par la tradition réelle que fait le donateur de la chose donnée. Ceci implique que la remise matérielle constitue la condition de validité essentielle de cette forme de donation.

En ce sens, la tradition de la chose donnée constitue non seulement un mode d'exécution du contrat, mais bien une condition de sa validité. Le seul consentement des parties et l'acceptation du donataire ne suffisent partant pas, comme pour les autres sortes de donations.

Il s'ensuit que, tant que cette tradition de la chose au donataire ne s'est pas réalisée, la donation n'est pas consommée et n'a pas pu engendrer des obligations contractuelles à charge des parties.

Par contre, lorsque la tradition d'un bien corporel a été effectuée, le contrat de donation s'est formé et le donateur se trouve à ce moment également déchargé de son obligation de délivrance de la chose, dont il vient déjà de s'acquitter.

1.3. *L'exercice de la tradition*

La jurisprudence a eu à plusieurs reprises l'occasion de trancher des litiges 294
relatifs à la tradition en matière de dons manuels. Ces litiges concernent principalement le moment de la tradition (a) et la validité des dons manuels réalisés par l'intermédiaire de tierces personnes (b).

1.3.1 Le moment de la tradition

La jurisprudence a décidé que la tradition, pour être constitutive d'un don manuel, doit avoir lieu du vivant du donateur. Elle a affirmé notamment que la remise matérielle ne peut réaliser une donation que si le donateur a la volonté de donner à titre gratuit et si le donataire est d'accord pour accepter la donation. D'autre part, ces deux volontés doivent exister concomitamment pour se rencontrer, ce qui est impossible si le donateur est décédé.

En conséquence, les juridictions sanctionnent de nullité le don manuel, pour absence de consentement exprimé par le donateur, lorsqu'il n'a été réalisé qu'après le décès de ce dernier par ses héritiers, qui exécutent une promesse du de cujus de remettre, après son décès, une chose à une personne par lui désignée.

1.3.2 Le don manuel réalisé par l'intermédiaire d'un tiers

Les juridictions ont décidé qu'en principe, le don manuel n'est pas valable, s'il a été réalisé par l'intermédiaire d'une tierce personne, chargée par le donateur de remettre, après son décès, un effet au donataire.

Toutefois, pour la jurisprudence, cette règle n'est pas absolue, mais connaît des exceptions, à condition qu'il soit établi que le tiers a réalisé la tradition de la chose donnée au donataire en vertu d'un mandat, dont il a été investi par le donateur de son vivant.

Ainsi, les juridictions ont en particulier reconnu la validité du don manuel, réalisé par un virement bancaire, la banque ayant alors joué le rôle du tiers mandaté par le donateur de remettre les fonds au donataire. Néanmoins, il est nécessaire que le bénéficiaire de ce compte puisse en jouir privativement. Cela exclut l'existence d'un don manuel si ce compte est un compte-joint entre le donneur d'ordre et l'autre titulaire du compte. D'autre part, le virement à un compte-prêt d'un intéressé ne saurait pas non plus constituer un don manuel des sommes virées, dans la mesure où le bénéficiaire ne saurait en jouir librement. Tout au plus, un tel transfert de fonds pourrait constituer une donation indirecte, à condition que le donataire, qui revendique ce titre, établisse l'intention libérale dans le chef de celui qui a opéré le transfert de fonds.

Le mandat donné au tiers peut n'être que verbal. Toutefois, au cas où le mandat n'a pas été constaté par écrit, il se pose, le cas échéant, un problème de preuve de son existence.

Reste encore à préciser que le don manuel, réalisé par l'intermédiaire d'un tiers, n'est valable qu'à la condition que la chose à remettre par ce tiers au donataire lui ait été transmise dans ce but du vivant du donateur. En effet, le décès du donateur entraîne la caducité immédiate du mandat donné au tiers (article 2003). Si, donc, ce dernier remet la chose au donataire après le décès du donateur, il n'a plus pu agir en vertu d'un mandat. Le don manuel est en conséquence nul et le prétendu donataire est obligé de restituer les effets reçus du tiers aux héritiers du donateur.

1.4. *La validité des dons manuels*

295 Nos tribunaux n'ont jamais sérieusement contesté la validité des dons manuels, cela d'autant plus que, dans la pratique, c'est cette forme de donation qui est couramment pratiquée. Évidemment, la validité du don manuel peut être contestée et le don encourt la nullité, si les conditions de fond des donations en général n'ont pas été respectées. Ainsi, le don manuel est nul, si le donateur ne bénéficie pas de facultés mentales normales pour exprimer un consentement valable ou si son consentement a été extorqué par la violence exercée contre lui par le donataire ou par un tiers agissant sur les instructions du donataire.

Il faut à cet égard rappeler que le Code civil n'a pas réglementé les dons manuels. C'est par les décisions rendues par les juridictions que s'est formée, au cours du temps, une réglementation pratique. Ainsi, les tribunaux ont eu l'occasion de fixer, lors des innombrables procès, intentés par les héritiers du donateur contre le gratifié, les conditions particulières auxquelles sont soumis les dons manuels pour être valables.

Ces procès ont souvent soulevé la question de la preuve de l'existence du don manuel invoqué. Il faut en effet relever à cet égard que, comme cette donation se réalise par la simple tradition de la chose donnée par le donateur au donataire, les parties au contrat font, en règle générale, abstraction d'un contrat écrit, susceptible de constituer la preuve de la donation intervenue.

Nous analyserons ci-après par quels moyens le don manuel peut être prouvé.

Le régime de la preuve est fondamentalement différent, suivant que le donateur, ou ses héritiers après son décès, ont à rapporter cette preuve ou que celle-ci doit émaner du donataire.

Tout dépend de la question de savoir qui se prévaut du don manuel, alors que la preuve de l'existence de ce dernier incombe à cette partie.

1.5. *Preuve à rapporter*

1.5.1 La preuve à rapporter par le donateur ou par ses héritiers

Comme tout contrat, le don manuel reste soumis aux règles de preuve ordinaires. Donc, si la valeur des objets donnés dépasse la somme de 2 500,00 €, la preuve du don manuel doit être rapportée par un écrit ou, du moins, par un commencement de preuve par écrit, émanant de la partie contre qui la preuve sera à administrer, complété par des témoignages ou des présomptions. **296**

Il ne suffit cependant pas au demandeur à l'action de prouver seulement la remise matérielle de la chose au donataire. La jurisprudence exige, en effet, que c'est le contrat de donation qui doit être démontré et que cette preuve est à faire suivant les modalités édictées par l'article 1341.

Les parties à un don manuel seraient donc bien avisées de rédiger un écrit, leur permettant de rapporter la preuve de la donation intervenue. Mais les intéressés ont rarement recours à une telle précaution, surtout si l'on considère qu'ils choisissent justement cette forme de donation dans l'intention de la tenir secrète. Un contrat écrit dévoilerait certainement ce secret.

1.5.2 Exceptions aux principes énoncés ci-avant

Dans le cas où l'action est déclenchée par les héritiers du donateur, après la mort de ce dernier, les principes suivants trouvent application.

La jurisprudence distingue en effet en quelle qualité les héritiers agissent. Cette distinction influence le régime de la preuve à rapporter par ces demandeurs.

Si des héritiers réservataires du donateur décédé intentent une *action en réduction* du don manuel pour atteinte à leur réserve, la jurisprudence les considère comme agissant en vertu d'un droit propre (la protection de la réserve). En conséquence, ils peuvent établir l'existence du don manuel litigieux par tous moyens, puisqu'il s'agit alors de la preuve d'un fait juridique.

Par contre, si d'autres héritiers intentent une *action en rapport* de la libéralité consentie par don manuel, la doctrine et la jurisprudence ne concordent pas sur la question de savoir s'ils agissent en vertu d'un droit propre ou sur le fondement d'un droit qu'ils tiennent du de cujus.

Le régime de la preuve à rapporter diverge alors suivant la solution qui sera retenue par la juridiction saisie quant à la qualité en laquelle les demandeurs agissent.

Finalement, si l'action a pour objet une demande en révocation ou en annulation du don manuel consenti par le de cujus, l'héritier qui agit est censé agir comme ayant-cause du donateur décédé. Il est partant soumis aux mêmes conditions de preuve de droit commun que le donateur lui-même, s'il avait agi judiciairement de son vivant.

1.5.3 La preuve à rapporter par le donataire

Un donataire peut être amené à prouver qu'il tient un objet déterminé à la suite d'un don manuel, si ce bien est revendiqué contre lui par un tiers, qui prétend en être le propriétaire.

Comment ce donataire administre-t-il cette preuve ?

La jurisprudence admet que le donataire est protégé par la présomption de propriété édictée par l'article 2279, conçu comme suit : « En fait de meubles, la possession vaut titre ». En d'autres termes, celui qui tient l'objet mobilier litigieux en sa possession, en est présumé être le propriétaire légitime. Il appartient alors au demandeur à l'action en revendication de renverser cette présomption, en établissant que la possession du donataire manque de l'un des éléments requis par la loi. Il doit prouver, soit que sa possession est non publique ou équivoque, soit que le donataire est de mauvaise foi.

Par conséquent, le donataire, en possession des objets revendiqués, n'a en fait pas à rapporter la preuve directe du don manuel, dont il se prévaut, mais il peut invoquer à son profit la présomption de l'article 2279. La charge de la preuve de leur titre de propriété incombe donc aux parties qui revendiquent les objets mobiliers.

Il appartient en conséquence à ces parties de renverser la présomption précitée, en faisant usage de l'une des facultés ci-après :

1) en démontrant que le prétendu possesseur n'est en fait qu'un détenteur précaire, c'est-à-dire qu'il détient l'objet revendiqué non pas comme propriétaire, mais seulement sur base d'un contrat à titre onéreux conclu avec le prétendu donateur, tel qu'un contrat de dépôt ou de prêt à usage. Il appartient aux demandeurs à l'action d'établir l'existence de ce contrat, conformément aux règles de l'article 1341, c'est-à-dire au moyen d'un écrit, si la valeur du meuble dépasse 2 500,00 €,

2) en démontrant que la possession du détenteur est postérieure au décès du donateur présumé, de sorte qu'il n'y a pas pu avoir remise matérielle de l'effet par ce dernier. En ce sens, l'élément essentiel du don manuel – la tradition – fait défaut, de sorte qu'un tel contrat n'a pas pu être valablement conclu,

3) en prouvant que la possession du prétendu donataire est entachée d'un vice. Les vices de la possession, susceptibles d'être invoqués par les parties qui revendiquent l'effet mobilier détenu par le tiers, sont les suivants :
   - la clandestinité de la possession : l'article 2279 exige en effet, pour que la présomption de propriété dans le chef du possesseur puisse produire ses effets, que cette possession soit publique. Celle-ci est affectée du vice de clandestinité, si le possesseur a cherché à cacher les biens litigieux à son entourage et à les dissimuler aux yeux du public ;
   - l'équivoque de la possession : l'article 2279 exige en effet que la possession soit libre de toute équivoque. Elle peut être affectée du vice d'équivoque, si le possesseur a cohabité avec le prétendu donateur ou qu'il s'est occupé de ses affaires.

Dans ces deux hypothèses, il y a une équivoque manifeste quant à la question de savoir si le possesseur détient l'effet mobilier en tant que véritable propriétaire ou seulement sur une base précaire (en vertu d'un contrat ou à titre de simple détenteur).

La preuve du vice de la possession du donataire peut être rapportée par tous les moyens, y compris par des témoignages ou même par de simples présomptions déduites des circonstances de la cause, dont la portée et la qualité probante sont laissées à la libre appréciation de la juridiction saisie du litige.

Lorsque les demandeurs à l'action en revendication ont réussi à établir le vice de la possession du détenteur, la situation se trouve par là-même renversée. Le possesseur des effets ne peut plus se prévaloir de la présomption de propriété de ces biens, mais doit rapporter à son tour la preuve du don manuel pour pouvoir conserver la chose.

S'il ne réussit pas à établir l'existence de ce don manuel, il se voit condamner à restituer les effets à leur véritable propriétaire ou aux héritiers de celui-ci.

2. Les donations indirectes

2.1. *La définition et les conditions de validité*

Les donations indirectes sont des donations qui se réalisent par un acte juridique autre qu'un contrat de donation proprement dit. 297

En ce sens, les donations indirectes se distinguent nettement des donations déguisées, que nous allons étudier dans la suite, en ce que les premières n'ont pas recours à une simulation.

Les donations indirectes sont des donations véritables, en ce qu'elles tendent à gratifier un bénéficiaire à titre gratuit. Elles se caractérisent pourtant par le fait qu'elles ne se constatent pas dans un acte de donation notarié. Elles constituent donc des exceptions à la rigueur des formes des donations.

Les donations indirectes peuvent prendre diverses formes, qui sont examinées sous les numéros 301 à 305 ci-après.

Toutes ces opérations juridiques ont pour essence qu'elles constituent de véritables donations, tout en n'empruntant pas la forme d'un acte de donation, mais celle d'un acte juridique différent. Ainsi, le créancier qui renonce à une dette qu'il a contre son débiteur, lui consent une donation. De même, le preneur d'assurance, qui conclut un contrat d'assurance sur la vie, stipulant que le capital d'assurance sera, en cas de son décès, à verser à un tiers bénéficiaire, fait à ce tiers une donation. Pour réaliser une donation, il n'est donc pas nécessaire d'avoir recours à un contrat de donation proprement dit.

2.2. *La validité des donations indirectes*

298 La donation indirecte se réalise, nous l'avons vu, au moyen d'un acte juridique autre qu'une donation, dont elle emprunte la forme. Ainsi, la donation indirecte ne respecte pas les conditions de forme rigoureuses imposées par l'article 931 aux donations. Les donations indirectes seraient-elles de ce fait contestables ?

La jurisprudence répond à cette question par la négative. Elle a toujours affirmé la validité des donations indirectes. Les juridictions motivent leurs décisions, en faisant valoir que l'article 931 ne prescrit le recours à l'acte notarié que pour les « actes portant donation », c'est-à-dire pour les seuls actes de donation proprement dits. Or, les juridictions ont toujours estimé qu'un acte, qui « porte » remise de dette, ne « porte » pas donation ; de même, un contrat d'assurance-vie « porte » assurance sur la vie, mais ne « porte » pas donation.

2.3. *Les conditions de forme*

299 Il résulte de ce qui précède que les donations indirectes sont dispensées des conditions de forme des donations, à savoir de l'établissement d'un acte notarié. Comme toutefois, les donations indirectes se réalisent au moyen d'une autre opération juridique, il faut que les conditions de forme qui régissent ce dernier acte soient respectées, par exemple en ce qui concerne la vente.

Comme la plupart de ces opérations juridiques constituent de simples actes consensuels, qui se réalisent valablement par un acte sous seing privé, sans qu'il soit besoin de recourir à un acte notarié, la donation indirecte est valablement consentie, dès que les conditions de forme, régissant ce contrat, sont respectées. Si, par contre, l'opération juridique, qui sert de support à la donation indirecte, requiert pour sa validité des formalités particulières, comme par exemple l'établissement d'un acte notarié, la donation indirecte n'est valable que si ces conditions de forme ont été accomplies.

2.4. *Les conditions de fond*

Il est évident que la donation indirecte reste soumise, comme toutes les donations ordinaires, aux conditions de fond requises pour la validité des donations en général. Ainsi, les incapacités de recevoir ou de disposer à titre gratuit trouvent également application quant aux donations indirectes. **300**

La validité de la donation indirecte est également subordonnée au respect des conditions de fond requises pour la validité de l'opération juridique qui sert de support à la donation indirecte.

2.5. *Les différentes formes que peuvent revêtir les donations indirectes*

Les donations indirectes peuvent emprunter plusieurs formes, dont les principales sont les suivantes :

- la renonciation « *in favorem* »,
- la remise de dette,
- la stipulation pour autrui,
- le transfert de titres nominatifs au profit d'autrui,
- la vente à vil prix ou la vente constatant le paiement à l'acte du prix de vente non payé effectivement.

Ajoutons toutefois que cette liste n'est pas limitative et que des donations indirectes peuvent aussi se réaliser par d'autres actes juridiques.

Nous allons analyser ci-après les principales catégories de donations indirectes.

2.5.1 La renonciation « *in favorem* »

301 La renonciation à un droit par son titulaire constitue une donation indirecte, si elle s'accompagne de l'intention, dans le chef de la personne qui renonce, de procurer un avantage à celui en faveur de qui elle intervient.

Ainsi, un usufruitier peut se désister de son droit d'usufruit au profit du nu-propriétaire, qui devient de ce fait plein-propriétaire de l'objet dont la propriété s'était trouvée démembrée. Un héritier peut renoncer à une succession, qui lui est échue, pour augmenter la part héréditaire de son cohéritier.

Tous ces actes juridiques créent un avantage gratuit pour le gratifié. Les renonciations au profit d'autrui constituent partant des donations indirectes. Elles ne reposent toutefois que sur une seule volonté, à savoir sur celle de la personne qui renonce. En effet, l'acceptation de la renonciation par celui, qui en tire avantage, n'est pas requise. En cela, la donation indirecte se distingue des donations ordinaires qui, étant des contrats, requièrent l'acceptation par le donataire de la donation qui lui est faite.

La jurisprudence a toujours admis la validité des donations indirectes, consenties au moyen de la renonciation à un droit, alors même que les conditions de forme requises par l'article 931 pour les donations ordinaires, à savoir le recours à l'acte notarié, n'ont pas été respectées.

La renonciation peut en effet être valablement faite par un acte sous seing privé, sans qu'une acceptation expresse par le donataire ne soit exigée.

Lorsque la renonciation a pour objet des meubles, elle peut valablement intervenir, sans qu'il ne soit nécessaire de procéder à la rédaction d'un état estimatif de ces effets, tel que requis par l'article 948 pour les donations de meubles.

Un écrit n'est même pas nécessaire pour constater la renonciation intervenue. Souvent cependant, l'établissement d'un tel écrit peut éviter des problèmes de preuve, dès lors qu'en cas de contestation, il incombe au bénéficiaire de prouver la renonciation. Il est évident que la meilleure preuve est un document écrit signé par le donateur.

La loi exige toutefois certaines formalités à accomplir, lorsqu'il s'agit de la renonciation d'un héritier à une succession. En effet, celle-ci ne peut valablement intervenir que par une déclaration au greffe du Tribunal d'arrondissement du lieu de l'ouverture de la succession.

2.5.2 La remise de dette

302 Par la remise de la dette, le créancier abandonne ses droits de créance au profit du débiteur ; il renonce à ses revendications financières ou autres qu'il détient contre le débiteur.

La remise de dette est une donation indirecte, si elle intervient à titre gratuit, c'est-à-dire sans que le créancier ne prétende à une contrepartie.

Cette donation indirecte est dispensée des conditions de forme requises pour les actes de donation proprement dits. Ainsi, il n'est point besoin de faire documenter la remise de dette par un acte notarié, ni même de la faire accompagner d'un état estimatif.

Souvent, en effet, la remise de dette se constate par un simple acte sous seing privé, qui sert en même temps également de preuve pour le débiteur déchargé.

En pratique, même la simple remise matérielle par le créancier au débiteur du titre de créance, telle qu'une reconnaissance de dette signée par le créancier suffit pour constituer la remise de la dette constatée par ce titre. Les articles 1282 et 1283 ont expressément consacré cette règle.

La remise de dette s'analyse toutefois, à la différence de la renonciation in favorem, en un contrat, reposant sur deux expressions de volontés, celle du créancier, et celle du débiteur. Ainsi, l'acceptation expresse par le débiteur de la remise de dette intervenant à son profit est nécessaire.

En ce sens, tant que le débiteur n'a pas expressément accepté la remise de dette à son profit, le créancier n'est pas lié par l'offre faite au débiteur et il peut encore la retirer.

2.5.3 La stipulation pour autrui

La stipulation pour autrui est l'opération juridique par laquelle une partie, **303**
appelée le stipulant, obtient de l'autre partie, appelée le promettant, un engagement en faveur d'une tierce personne, non contractante, appelée le tiers-bénéficiaire.

Cette opération trouve sa base légale dans l'article 1121, libellé comme suit : « On peut stipuler au profit d'un tiers, lorsque telle est la condition d'une stipulation que l'on fait pour soi-même ou d'une donation que l'on fait à un autre ».

La stipulation pour autrui constitue une donation indirecte, dans la mesure où elle a pour objet de gratifier le tiers-bénéficiaire, en lui procurant un avantage. Ce tiers se trouve en effet investi, par l'effet de la stipulation à son profit, d'un droit de créance contre le promettant.

La stipulation pour autrui se retrouve dans plusieurs espèces de contrats. Mais le plus souvent elle intervient dans les contrats d'assurance sur la vie, où le preneur d'assurance stipule qu'à son décès, le capital assuré sera versé à un bénéficiaire par lui désigné dans le contrat d'assurance.

Elle intervient encore dans les contrats de vente, où le vendeur oblige l'acquéreur à payer le prix de vente, non pas à lui-même, mais à un tiers-bénéficiaire qu'il désigne. Ainsi, dans les deux hypothèses, le tiers-bénéficiaire dispose d'une créance personnelle et directe contre l'assureur ou contre l'acquéreur.

La stipulation pour autrui, même si elle constitue une donation, n'est toutefois pas soumise aux conditions de forme de celle-ci. Ainsi, il n'est point besoin de faire constater cette opération au moyen d'un acte notarié, ni de procéder à l'établissement d'un état estimatif pour les meubles. La stipulation pour autrui peut valablement être constatée par un simple acte sous seing privé. La validité de cette stipulation est toutefois subordonnée à la validité du contrat dans lequel elle est insérée, tant en ce qui concerne la forme que le fond.

La stipulation pour autrui ne constitue cependant une donation véritable entre le stipulant et le tiers-bénéficiaire que lorsque ce tiers a déclaré vouloir en bénéficier. Cette déclaration d'acceptation n'a pas besoin d'intervenir encore du vivant du donateur. Ainsi, elle peut se faire seulement après le décès du stipulant, comme par exemple pour le cas de l'assurance sur la vie.

L'acceptation du tiers-bénéficiaire, intervenant après le décès du stipulant, ne prive pas pour autant de tout effet juridique l'offre du stipulant de gratifier le tiers-bénéficiaire, dès lors que le contrat contenant cette stipulation a, dès sa formation, créé un droit de créance personnel au profit du gratifié, dont il peut réclamer l'exécution, même après le décès du stipulant.

Toutefois, tant que la stipulation faite à son profit n'a pas été acceptée par le gratifie, le stipulant est en droit de retirer son offre et de révoquer le bénéfice de la stipulation.

2.5.4 Le transfert d'un titre nominatif

304 Dans la pratique, les parties ont souvent recours à un procédé particulier pour consentir des donations de valeurs mobilières, constatées par des titres nominatifs. Ce procédé consiste à faire inscrire ces titres directement au nom du donataire, par exemple dans le livre des actions détenu au siège de la société émettrice de ces titres.

Une telle opération s'analyse en une donation indirecte sans que, pour sa validité, celle-ci ne soit soumise aux conditions de forme requises pour les donations.

L'acceptation par le donataire de cette libéralité peut être expresse ou tacite. Il faut seulement qu'elle intervienne avant le décès du donateur, pour qu'un véritable contrat de donation se forme entre les parties.

2.5.5 La vente à vil prix ou la vente constatant un paiement non effectif du prix

Souvent un contrat de vente – acte à titre onéreux – cache en réalité une donation indirecte faite par le vendeur à l'acquéreur en raison de la disproportion entre les prestations fournies par chacune des parties au contrat. 305

Une telle hypothèse peut se présenter lorsque le vendeur déclare vendre à l'acquéreur un bien d'une certaine valeur pour un prix dérisoire.

Il est évident que cette disproportion des prestations à fournir, respectivement, par les parties au contrat est de nature à favoriser l'une d'elles, en lui procurant un avantage.

La jurisprudence a souvent qualifié de telles ventes, intervenues à vil prix, de donations indirectes et a admis leur validité, dans la mesure où l'acte à titre onéreux a été dressé dans le respect des conditions de forme qui le gouvernent, en l'occurrence celles requises pour la validité d'un acte de vente.

Il en est de même, lorsque le vendeur dispense l'acquéreur du paiement du prix, en constatant dans l'acte avoir d'ores et déjà touché ce prix avant la conclusion de l'acte.

3. Les donations déguisées

3.1. *Définition*

Les donations déguisées se distinguent des donations indirectes, en ce qu'elles se forment par le biais d'une simulation. 306

Il arrive en effet souvent que le donateur veuille dissimuler la donation sous la forme d'un acte à titre onéreux. Par cette dissimulation, il peut, soit vouloir réduire le montant des droits d'enregistrement à payer, dans les cas où ils sont plus élevés pour les donations que pour les ventes, soit, le plus souvent, tenter de cacher la libéralité comme telle aux yeux de ses héritiers.

Dans cette dernière hypothèse, le donateur entend mettre le donataire à l'abri de demandes en rapport ou en réduction des donations, pouvant être présentées par ses héritiers après son décès.

Mais le déguisement de donations ne se limite pas aux seules hypothèses précitées. Les techniques juridiques, auxquelles les parties peuvent avoir recours pour dissimuler des donations sous la forme d'un acte à titre onéreux, sont nombreuses.

Les donations déguisées ont toujours le caractère commun qu'elles se cachent dans un contrat onéreux simulé. La simulation suppose toujours deux éléments : un acte ostensible, apparent, et une contre-lettre, divulguant la vraie volonté des parties. Ces deux actes sont dressés et signés en même temps.

La simulation peut être totale ou partielle. Elle est totale lorsque l'acte apparent est entièrement contraire à l'intention réelle des parties. Tel est le cas lorsque celles-ci ont tenté de déguiser une donation sous la forme d'une vente.

La simulation n'est que partielle lorsque l'un ou l'autre point de l'acte ne correspond pas à la réalité. À titre d'exemple, l'on peut citer l'acte de vente qui stipule que le vendeur a effectivement touché le prix de vente, alors qu'en fait, tel n'a pas été le cas.

3.2. *La validité des donations déguisées*

307 Bien que les donations déguisées ne respectent pas les exigences de forme que l'article 931 prescrit à peine de nullité, la jurisprudence n'en a pas moins admis la validité de cette catégorie de donations.

Les tribunaux motivent leurs décisions, en faisant référence aux dispositions de l'article 911 suivant lequel : « Toute disposition au profit d'un incapable sera nulle, soit qu'on la déguise sous la forme d'un contrat onéreux, soit qu'on la fasse sous le nom de personnes interposées ».

La jurisprudence déduit de la disposition légale précitée que la donation déguisée n'est nulle que dans l'hypothèse où elle serait faite en fraude à la loi, c'est-à-dire en vue de contourner les prohibitions légales de gratifier une personne incapable de recevoir à titre gratuit.

Au contraire, la donation déguisée est valable, en dépit de la simulation à laquelle les parties ont recours, si la libéralité est faite à une personne parfaitement capable de recevoir à titre gratuit. Les tribunaux ajoutent dans les motifs de leurs décisions que l'article 931 qui dispose que « tous actes portant donation entre vifs seront passés devant notaire dans la forme ordinaire des contrats et il en restera minute, sous peine de nullité », ne vise pas toutes les donations, mais seulement les « actes portant donation ». Partant, cette disposition légale ne s'applique qu'aux actes dressés pour constater une donation et non aux contrats empruntant la forme d'une opération à titre onéreux, qui déguise en fait une disposition à titre gratuit.

3.3. *Les conditions requises pour la validité des donations déguisées*

Les juridictions, saisies de litiges qui ont pour objet des donations déguisées, ont toujours été conscientes que ces donations revêtent une double qualité. En effet, dans la forme, l'acte est à titre onéreux, alors qu'au fond, il s'analyse comme une libéralité. 308

C'est pourquoi la jurisprudence requiert, pour que la validité de la donation déguisée puisse être reconnue, que trois conditions soient respectées, à savoir :

1) que l'acte respecte l'apparence d'une opération à titre onéreux,
2) que les conditions de forme requises pour la validité de cet acte à titre onéreux soient remplies,
3) que les conditions de fond des donations soient également observées.

Reprenons ces trois conditions.

3.3.1 Première condition : L'apparence d'un acte à titre onéreux

La jurisprudence exige par cette condition que la libéralité emprunte effectivement la forme d'un acte à titre onéreux, comme un acte de vente ou une reconnaissance de dette. 309

Si cette condition n'est pas respectée et que l'acte établi par les parties ne se présente pas sous la forme et sous l'apparence d'un acte à titre onéreux véritable, mais énonce ouvertement l'intention du donateur de consentir une libéralité à l'autre partie, l'acte est nul par application de l'article 931, du moment qu'il n'a pas été dressé sous la forme d'un acte notarié, alors qu'il constitue une donation ordinaire.

Ainsi, si la donation déguisée s'est réalisée au moyen d'une reconnaissance de dette, signée pour une dette imaginaire par le donateur au profit du donataire, la jurisprudence n'exige pas que le document écrit fasse mention de la cause réelle de la dette. Il faut, et il suffit, que l'écrit revête la forme d'un acte à titre onéreux véritable et qu'il constate l'existence d'une dette exigible.

3.3.2 Deuxième condition : Le respect des formes requises pour la validité de l'acte à titre onéreux apparent

Il est évident que l'acte onéreux, déguisant la donation qu'elle contient, ne peut être reconnu comme valable que s'il a été dressé dans les conditions de forme qui le gouvernent. 310

Ainsi, si la donation se dissimule sous le couvert d'un contrat de vente, il faut, en vertu des dispositions de l'article 1341, que l'acte soit dressé sous la forme écrite, si la valeur de l'objet prétendument vendu dépasse 2 500,00 €, et même qu'il revête la forme d'un acte notarié, si la vente porte sur un immeuble, afin que cet acte puisse être transcrit.

Si la donation se cache sous une reconnaissance de dette, il faut, en vertu des dispositions de l'article 1326, que l'écrit soit rédigé à la main par la partie qui s'oblige, sinon qu'il soit revêtu de la mention manuscrite par celui qui s'engage du « Bon pour », suivie de la somme écrite en toutes lettres.

3.3.3 Troisième condition : L'observation des règles de fond des donations

311 La condition de fond essentielle visée par cette troisième exigence pour la validité des donations déguisées, est que la libéralité ne soit pas adressée à une personne frappée d'une incapacité de recevoir à titre gratuit.

L'article 911 sanctionne en effet de nullité la donation faite au profit d'un incapable, soit qu'elle soit déguisée sous la forme d'un contrat à titre onéreux, soit qu'elle soit faite à une personne interposée.

La jurisprudence exige en effet que l'acte à titre onéreux, cachant une donation, ne soit pas destiné à contourner la prohibition des libéralités faites au profit d'un incapable. Il ne faut donc pas que la donation déguisée constitue une fraude à la loi. La jurisprudence ne saurait admettre que les parties à un acte de donation déguisée fassent usage de la simulation pour réaliser une donation interdite expressément. Ce que le Code civil n'autorise pas de faire ostensiblement, ne saurait pas non plus s'opérer par une voie détournée.

Mais le respect par la donation déguisée des conditions de fond des donations ne se limite pas à cette première exigence.

Il est en effet requis, en plus, que la donation déguisée soit également conforme aux autres règles de fond des donations. Ainsi, il ne faut pas que cette donation contienne une clause destinée à faire échec à la règle de l'irrévocabilité des donations.

La jurisprudence a finalement décidé que le recours à la simulation ne saurait, dans la mesure où le déguisement est établi, faire échapper la libéralité aux règles régissant le rapport des donations et la quotité disponible.

Lorsque les trois conditions susvisées se trouvent remplies, la donation déguisée est valable. Une telle donation est dispensée de toutes les conditions de forme des donations.

3.4. *La preuve du déguisement*

Le donateur a parfois intérêt à faire la preuve de la simulation, afin d'obtenir la nullité de la donation ou sa révocation, dans l'hypothèse où la loi l'admet. 312

Si la simulation est établie, l'acte à titre onéreux est considéré comme donation et suit en conséquence le régime de celle-ci.

D'autres personnes peuvent aussi avoir ce même intérêt, comme par exemple les héritiers du donateur, qui exercent l'action en rapport ou en réduction de la donation, les créanciers du donateur, qui entendent poursuivre l'action en nullité de la donation faite au préjudice de leurs droits.

3.4.1 Preuve à rapporter par le donateur

Le mode suivant lequel la preuve de la simulation est à rapporter par le donateur, est soumis au droit commun des preuves. Il lui faut donc, si la valeur de l'objet de la simulation dépasse 2 500,00 €, produire un écrit, qui constate cette simulation. Dans cette hypothèse, il n'est en effet pas admis de rapporter la preuve de la simulation par des témoins ou même par de simples présomptions, à moins qu'il n'y ait un commencement de preuve par écrit.

Un écrit n'est pas nécessaire, si le donateur entend prouver que la simulation a en fait eu pour but de réaliser une fraude à la loi. Dans cette dernière hypothèse, la preuve est en effet libre et la simulation peut être prouvée par tous les moyens, y compris par de simples présomptions.

3.4.2 Preuve à rapporter par les héritiers du donateur

Il est renvoyé sous ce point aux développements faits sous le point N° 264 ci-dessus.

3.4.3 Preuve à rapporter par les tiers intéressés

Les tiers à l'acte, tels que les créanciers du donateur, qui ont intérêt à établir la simulation pour obtenir la nullité de la donation, sont par contre autorisés à prouver le déguisement par tous les moyens, y compris par témoins ou même par présomptions, quelle que soit la valeur de la donation, dès lors que ces tiers n'ont pas eu la possibilité de se procurer une preuve écrite de la simulation dont ils se prévalent.

3.5. *La sanction du non-respect des conditions de fond*

Au cas où les conditions de fond des donations n'ont pas été respectées par la donation déguisée, cette dernière est nulle. La loi ne prévoit pas une sanction spécifique, différente de celle s'appliquant aux autres donations. 313

Si la donation déguisée a été faite entre conjoint, la nullité de cette donation ou du moins sa réduction, est encourue par application de l'article 1099, qui dispose que : « Les conjoints ne pourront se donner indirectement au-delà de ce qui leur est permis par les dispositions ci-dessus. Toute donation, ou déguisée, ou faite à personnes interposées, sera nulle ».

Les auteurs se permettent de soulever les critiques suivantes face à la disposition légale précitée. En effet, après l'évolution intervenue dans les droits successoraux du conjoint survivant, cette nullité cadre mal avec l'accroissement des droits de ce conjoint. La nullité prévue par le texte s'inspire en effet de l'ancienne mentalité de l'influence dominante d'un conjoint sur l'autre, pouvant avoir pour effet de faire sortir les biens de la famille. Cette mentalité avait engendré une méfiance contre toutes les donations entre conjoints. Nous avons déjà rencontré à plusieurs reprises cette attitude, qui a disparu des mentalités actuelles.

Dans le régime conventionnel de la communauté universelle, un conjoint peut transmettre toute sa fortune à son conjoint. Par contre, s'il veut réaliser cette opération par une donation déguisée, il se voit opposer la nullité de l'acte, cela alors même si la donation ou déguisée ou faite à une personne interposée, porte seulement sur un élément particulier de cette fortune.

Sur base de ces considérations, les auteurs estiment que les dispositions de l'article 1099, alinéa 2, contenant la prohibition précitée, devraient être abrogées.

D'ailleurs, les seules personnes susceptibles d'être lésées par une donation déguisée entre conjoint, ou faite à personne interposée, sont les descendants des conjoints. Or, ceux-ci sont suffisamment protégés par les dispositions de l'article 1094, qui fixe une limite aux libéralités entre conjoint. Du moment qu'une donation entre conjoint, déguisée ou non, dépasse ce plafond, elle est réductible à ce seuil.

Toute autre donation déguisée, qui n'est pas faite entre des conjoints, respectant rigoureusement les conditions de fond requises pour les donations, n'est pas nulle par le seul fait du déguisement. Cette nullité n'est même pas encourue, si la donation entame la quotité disponible de la succession du donateur. Dans pareille hypothèse, la donation est seulement réductible dans la mesure du dépassement.

B. – LES EXCEPTIONS AUX CONDITIONS DE FOND DES DONATIONS

Nous avons vu que les donations sont soumises, pour leur validité, à des conditions de fond très strictes. Notre droit connaît cependant certaines catégories de libéralités qui, dérogeant à un certain nombre de ces conditions, sont soumises à un régime particulier. Il s'agit :

- de l'institution contractuelle,
- de la fondation.

1. L'institution contractuelle

1.1. *Définition*

L'institution contractuelle est une convention par laquelle une personne, appelée l'instituant, promet à une autre, appelée l'institué, de lui laisser, à sa mort, toute sa succession ou une quote-part de celle-ci ou encore un objet déterminé. 314

L'institution contractuelle est plutôt rare de nos jours. D'un côté, elle se pratique normalement par les parents de futurs conjoints. D'un autre côté, les parents ne dotent généralement plus leurs enfants au moment de leur mariage, sauf éventuellement dans les milieux aisés.

L'institué acquiert, par l'effet de la convention conclue entre lui et l'instituant, la qualité d'héritier de ce dernier. La propriété des biens promis ne lui est pas transmise dans l'immédiat, mais seulement au décès de l'instituant. D'autre part, ce transfert de propriété ne s'opère à son profit non pas en vertu de la convention, mais seulement par le décès de l'instituant lors de l'ouverture de sa succession.

L'institution contractuelle porte, comme il a été relevé ci-dessus, soit sur toute la succession de l'instituant, soit sur une quote-part de cette succession, soit encore sur un bien déterminé de ce patrimoine. Il est cependant possible que la succession future de l'instituant comporte des biens, qui n'ont pas encore fait partie de son patrimoine au moment où l'institution contractuelle a été conclue. En d'autres termes, l'institution contractuelle peut porter sur des biens futurs. Voilà pourquoi elle est aussi dénommée « donation de biens à venir ».

En ce sens, l'institution contractuelle déroge à l'une des conditions de fond essentielles requises par la loi pour les donations, à savoir que la donation ne peut porter que sur des biens présents du donateur.

D'autre part, si l'institution contractuelle est en fait une convention par laquelle un intéressé institue, pour sa succession à venir, son ou ses héritiers, cette opération constitue en même temps un pacte sur succession future.

Or, nous venons de voir dans la première partie de ce livre que notre droit prohibe, sauf exception expresse, toutes conventions sur une succession future, c'est-à-dire des contrats par lesquels une personne dispose déjà, de son vivant, de sa succession à venir.

L'institution contractuelle constitue l'une des exceptions permises à la prohibition des pactes sur succession future. La validité de l'institution contractuelle reste cependant soumise à certaines conditions.

Il échet de relever encore que l'institution contractuelle n'est permise qu'exceptionnellement et dans certains cas seulement. La raison en est qu'elle déroge à deux autres principes fondamentaux de notre droit. En effet :

- elle contrevient d'abord à la règle de l'irrévocabilité des donations parce que le disposant conserve jusqu'à sa mort les biens qui forment l'objet de l'institution. Il peut de son vivant revenir sur l'institution faite, aliéner ces biens à titre onéreux et anéantir par là même la libéralité concédée,
- elle enfreint encore le principe édicté par l'article 906, en vertu duquel une donation ne peut être faite qu'à une personne capable de recevoir à titre gratuit. Cette règle prohibe donc les donations faites au profit d'un enfant non encore conçu. Par exception, l'institution contractuelle peut être faite au profit d'enfants à naître du futur mariage. Dans quels cas le Code civil permet-il l'institution contractuelle ?

Elle peut être faite :

- soit dans le contrat de mariage, par un tiers au profit de l'un des futurs conjoint et des enfants à naître du mariage,
- soit par l'un des futurs conjoint au profit de l'autre,
- soit pendant le mariage, par acte notarié entre conjoint.

Lorsque l'institution contractuelle fait l'objet du contrat de mariage, elle échappe à la faculté de révocation concédée à l'instituant. Lorsqu'elle est faite entre conjoint pendant le mariage, elle demeure révocable.

L'institution contractuelle peut prendre diverses formes :

- lorsqu'elle porte sur l'intégralité de la future succession de l'instituant, elle prend la dénomination d'« institution universelle »,
- lorsqu'elle se limite à une quote-part de cette succession, elle est qualifiée d'« institution à titre universel »,
- lorsqu'elle ne concerne que certains biens de cette succession, elle s'intitule « institution à titre particulier ».

L'institution contractuelle peut être utile pour le disposant, dans la mesure où elle lui permet de gratifier l'un des futurs conjoint au moment du mariage de celui-ci, sans toutefois devoir se dépouiller immédiatement de ses biens.

Cette institution comporte néanmoins également des dangers, dans la mesure où l'instituant dispose de sa succession au profit d'un gratifié au moyen d'un acte, qui n'est plus révocable, indépendamment des changements pouvant intervenir dans sa situation personnelle.

1.2. *Nature juridique de l'institution contractuelle*

L'institution contractuelle est un contrat reposant sur une double expression de volontés, celle de l'instituant et celle de l'institué. Sous cet aspect, elle est proche des donations. À la différence de celles-ci, elle ne transfère toutefois pas immédiatement au gratifié la propriété des biens qui en forment l'objet. L'institution contractuelle est cependant traitée comme donation entre vifs ordinaire, lorsqu'elle a porté atteinte à la réserve héréditaire. **315**

L'institution contractuelle ne se rapproche pas non plus du legs. Tout d'abord, elle est, à la différence de celui-ci, un contrat, alors que le legs est l'expression d'une volonté unilatérale.

En second lieu, elle en diffère encore, dans la mesure où elle est irrévocable, si elle est faite dans un contrat de mariage, alors que la révocabilité du legs ne peut jamais être restreinte.

En dernier lieu, l'institution contractuelle se distingue encore du legs, parce que ce dernier devient automatiquement caduc dans l'hypothèse où le légataire vient à décéder avant le testateur. Par contre, l'institution contractuelle, faite dans un contrat de mariage au profit de l'un des futurs conjoint, garde toute sa validité, même si l'institué devait mourir avant l'instituant. Dans cette dernière hypothèse, l'institution est censée avoir été stipulée au profit des enfants à naître du mariage.

1.3. *Le régime de l'institution contractuelle*

1.3.1 Les conditions de forme du contrat

L'institution contractuelle est d'abord soumise aux conditions de forme des donations. Intervenant par contrat de mariage, elle est soumise aux formalités requises pour la validité du contrat de mariage lui-même, qui doit être rédigé sous la forme d'un acte notarié. **316**

L'institution contractuelle, stipulée entre conjoint, doit aussi revêtir la forme d'un acte notarié, tout comme les donations entre vifs (article 931).

Toutefois, dans les cas précités, l'établissement d'un état estimatif pour les biens mobiliers compris dans l'institution contractuelle n'est pas nécessaire.

Enfin, lorsque l'institution contractuelle porte sur des immeubles, l'acte la contenant n'est pas tout de suite soumis aux formalités de la transcription, telles que prescrites par l'article 939, parce que, du vivant du disposant, elle n'opère pas le transfert de propriété des biens.

L'article 947 prévoit que les conditions potestatives, c'est-à-dire celles dont la réalisation dépend de la seule volonté du disposant, sont licites dans une institution contractuelle.

Ainsi, en particulier, le disposant peut se réserver la faculté de révoquer l'institution contractuelle, lorsque la condition, sous laquelle elle a été conclue, vient à se réaliser. Tel est le cas, lorsque l'instituant a prévu que l'institution sera révoquée, si le gratifié devait se séparer de son conjoint.

1.3.2 Les conditions de fond du contrat

317 L'institution contractuelle reste soumise à toutes les conditions de fond des donations. À propos de la capacité des parties de disposer ou de recevoir par voie d'institution contractuelle, on peut faire les constatations suivantes :

a) La capacité de contracter requise dans le chef de l'instituant

Lorsque l'institution contractuelle se fait en dehors d'un contrat de mariage, seul un conjoint peut disposer de ses biens à venir au profit de l'autre conjoint.

Si, par contre, elle se réalise par contrat de mariage, elle peut être faite tant par les conjoints, l'un au profit de l'autre, que par tout tiers, comme les parents des futurs conjoint, ou même par des non-membres de la famille (article 1082).

La capacité requise dans le chef de l'instituant est pratiquement identique à celle exigée pour disposer à titre gratuit par donation (voir numéros 251 et suivants).

Les majeurs en tutelle ou en curatelle, qui ne jouissent pas de la capacité précitée, sont donc également incapables de réaliser une institution contractuelle.

Par contre, le mineur, qui entend contracter mariage, peut faire une institution contractuelle au moyen d'un contrat de mariage au profit de son futur conjoint, s'il a obtenu l'autorisation des personnes qui doivent donner leur consentement au mariage projeté (article 1398).

b) La capacité requise dans le chef de l'institué

Une institution contractuelle ne peut être réalisée par un tiers dans un contrat de mariage qu'en faveur, soit de l'un des futurs conjoint, soit des futurs conjoints et des enfants à naître de leur mariage (article 1082).

Par contre, si l'institution contractuelle se fait en dehors d'un contrat de mariage, seul un conjoint peut être institué par son conjoint.

Pour qu'un futur conjoint puisse toutefois bénéficier d'une institution contractuelle, il faut qu'il soit investi de la capacité de recevoir à titre gratuit (voir numéros 253 et suivants).

À la différence de l'institution contractuelle faite en dehors du contrat de mariage, celle qui se réalise par le contrat de mariage est présumée viser non seulement l'un des conjoints, ou les deux, mais encore les enfants à naître du mariage, dans l'hypothèse où l'institué venait à décéder avant l'instituant. C'est l'article 1082, alinéa 2 qui établit cette règle.

Cette présomption légale déroge au principe que les donations ne peuvent bénéficier qu'aux personnes existantes, c'est-à-dire nées ou déjà conçues. Les enfants à naître du mariage n'étant pas encore conçus au moment où l'institution est contractée, ils seraient en principe incapables de recevoir à titre gratuit. Or, l'article 1082 les relève expressément de cette incapacité.

La présomption de l'article 1082, alinéa 2 n'est cependant pas d'ordre public. Il est donc loisible au disposant de l'écarter par une déclaration expresse dans l'acte, qui peut disposer que l'institution contractuelle sera caduque si l'institué devait décéder avant lui.

La question s'est posée s'il est loisible au disposant de n'instituer que les seuls enfants du mariage à naître, à l'exclusion du conjoint ou des conjoints ? La réponse est positive, dans la mesure où aucune disposition légale n'interdit une telle stipulation.

Par contre, lorsque l'institution contractuelle est faite par un conjoint au profit de l'autre, soit dans le contrat de mariage, soit par donation faite pendant le mariage, la présomption de l'article 1082, alinéa 2 ne s'applique plus. C'est l'article 1093, qui en dispose ainsi. Par conséquent, si le conjoint gratifié vient à mourir avant le conjoint disposant, l'institution contractuelle est caduque et ne peut pas profiter aux enfants nés du mariage. De toute façon, elle n'a plus de raison d'être, dès lors que les enfants recueillent les biens – objet de l'institution – dans la succession de leur parent prédécédé.

Les institutions contractuelles prohibées sont celles qui sont faites en faveur de personnes que le Code civil n'a pas expressément considérées comme institués.

Ainsi, les parents d'un enfant à marier ne peuvent pas stipuler une institution contractuelle tant au profit de cet enfant qu'à celui de leurs autres enfants. Par ailleurs, l'institution ne peut pas être faite en faveur de tous les enfants à naître de l'institué, y compris ceux qui naîtraient de ses mariages subséquents. Finalement, l'instituant ne peut pas stipuler que le bénéfice de l'institution reste limité à un seul des enfants à naître du mariage de leur descendant.

1.4. *Les effets de l'institution contractuelle*

318 Il y a lieu, pour l'analyse des effets de l'institution contractuelle, de distinguer deux périodes :

- celle durant la vie de l'instituant,
- celle après son décès.

1.4.1 Les effets durant la vie de l'instituant

319 L'instituant demeure, jusqu'à son décès, propriétaire des biens qui forment l'objet de l'institution.

L'institué n'acquiert, par l'effet de l'institution contractuelle, qu'un droit irrévocable à la succession de l'instituant, mais il ne dispose, pendant cette première période, d'aucun droit de propriété actuel sur ces mêmes biens.

L'on pourrait donc tirer des principes qui précédent la conclusion que l'institué n'est rien d'autre qu'un simple héritier de l'instituant, dès lors qu'il n'acquiert ses droits de propriété qu'au décès de l'instituant. Toutefois, les droits de l'institué diffèrent de ceux de l'héritier, en ce qu'ils trouvent leur source non pas dans la loi ou dans un testament, mais au contraire dans un contrat conclu entre l'instituant, comme disposant, et l'institué, comme gratifié.

Plusieurs conséquences découlent, d'après la jurisprudence, de cette constatation, à savoir :

1) contrairement à l'héritier ou au légataire de l'instituant, l'institué est autorisé à passer, même avant le décès de l'instituant, des actes purement conservatoires sur les biens formant l'objet de l'institution. Ces actes ne sont par contre pas traités comme pactes sur succession future prohibés par la loi,
2) l'institué a acquis, par l'effet de l'institution, un droit futur sur les biens lui promis. Cela lui permet d'attaquer, par la voie de l'action paulienne, les actes que le disposant a accomplis sur les biens promis, postérieurement à l'institution concédée et en fraude à ses droits.

Toujours est-il que l'institué n'acquiert pas de droit de propriété actuel sur les biens lui promis par le contrat. L'instituant en demeure propriétaire pendant le restant de sa vie. Il peut en conséquence décider de son vivant d'aliéner, mais seulement à titre onéreux, notamment par vente ou échange, les biens promis à l'institué.

La prohibition faite à l'instituant d'aliéner à titre gratuit les biens promis se dégage des dispositions de l'article 1083, suivant lequel : « La donation... sera irrévocable, en ce sens seulement que le donateur ne pourra plus disposer à titre gratuit des objets compris dans la donation, si ce n'est pour des sommes modiques à titre de récompense ou autrement ».

Bien sûr, l'institué s le droit d'attaquer en nullité les actes de disposition à titre onéreux, passés par le disposant, en fraude à ses droits.

Par contre, l'institué n'est pas autorisé à céder, du vivant de l'instituant, ses droits acquis sur les biens lui promis. Il n'est pas en droit de renoncer aux droits éventuels lui concédés sur ces biens, sous peine de contrevenir à la prohibition des pactes sur succession future.

Finalement, le droit futur sur les biens promis, concédé à l'institué, s'éteint, lorsque celui-ci décède avant l'instituant, si l'institution a été faite au seul profit de l'institué. Celui-ci peut donc ne pas venir à la succession de l'instituant. Les héritiers de l'institué, qui recueillent la succession de celui-ci, ne trouvent pas ce droit – éteint par le décès de son titulaire – dans le patrimoine successoral.

1.4.2 Les effets après le décès de l'instituant

L'institution contractuelle confère à l'institué le droit de venir, au décès de 320
l'instituant, à sa succession, pour y recueillir ceux des biens compris dans l'institution, que le disposant n'a pas aliénés à titre onéreux de son vivant. De ce principe résultent les conséquences suivantes :

1) Au décès de l'instituant, l'institué est investi des mêmes droits qu'un successible ordinaire, appelé à la succession de l'instituant : il peut accepter l'institution qui lui est faite, soit purement et simplement, soit sous bénéfice d'inventaire. Il lui est aussi permis d'y renoncer.
2) Cette dernière option laissée à l'institué peut étonner : l'institution contractuelle, formant un contrat, n'a-t-elle pas déjà été acceptée d'avance par l'institué au moment où, lors de la formation du contrat, il y a donné son consentement ?
3) En fait, l'institué n'a pas accepté d'avance la libéralité, mais seulement la qualité de successible, appelé à la succession de l'instituant, qualité qui lui a été concédée par le contrat. Il n'a cependant pas pour autant renoncé d'avance à jouir du droit d'option laissé à chaque successible de renoncer à la succession.
4) L'institué contractuel est investi de la saisine, dans la mesure où l'institution est universelle, c'est-à-dire où elle porte sur l'intégralité de la fortune de l'instituant.
5) Par contre, lorsque l'institution se limite à une partie de ce patrimoine (institution à titre universel) ou encore seulement à un ou plusieurs biens de cette fortune (institution à titre particulier), l'institué n'est pas investi de cette saisine, mais doit demander la délivrance aux héritiers

de l'instituant. Tout comme le légataire universel ou à titre universel, l'institué est tenu de payer les dettes du défunt, dans la mesure où l'institution qui lui est faite est universelle ou à titre universel. Cette obligation ne lui incombe pas, lorsque l'institution contractuelle n'est qu'à titre particulier.

6) Lorsque l'institué a accepté la succession de l'instituant, il peut réclamer les biens compris dans l'institution contractuelle même contre des tiers, auxquels l'instituant a donné ces biens.

7) L'institué est également en droit de réclamer les fruits des biens compris dans l'institution.

8) Il échet finalement de rappeler que l'institution contractuelle est toujours traitée comme donation quant au rapport à la masse successorale ou à la réduction, en cas de dépassement de la réserve successorale.

1.5. *Caducité et révocation de l'institution contractuelle*

1.5.1 Les causes entraînant la caducité de l'institution

321 L'institution contractuelle est *caduque* dans les hypothèses suivantes :

1) lorsque le mariage, en vue duquel elle a été consentie, n'a pas lieu (article 1088),
2) lorsque l'institué et, le cas échéant, les enfants à naître du mariage, décèdent avant l'instituant,
3) lorsque l'institué et ses descendants renoncent à la succession de l'instituant.

1.5.2 Les causes entraînant la révocation de l'institution

322 Il est rappelé que l'institution contractuelle constitue une donation. En ce sens, trois causes sont susceptibles de provoquer sa révocation :

1) tout comme pour les donations, la survenance d'un enfant à l'instituant, après la conclusion de l'institution contractuelle, peut justifier la révocation de ce contrat, dès lors que, du temps où il a contracté cette institution, il n'avait pas d'enfant.
2) En application de la loi modifiée du 25 septembre 1905, cette révocation n'intervient pas de plein droit, mais elle doit être demandée judiciairement ;
3) l'institution contractuelle peut encourir la révocation pour cause d'inexécution des charges, si l'institué n'a pas exécuté celles-ci (article 953) ;
4) Les donations sont sujettes à révocation pour cause d'ingratitude du donataire. Cette cause de révocation devrait s'appliquer également aux institutions contractuelles. Cependant, le Code civil prévoit une exception en ce qui concerne les dernières.

En effet, l'article 959 dispose que la révocation pour cause d'ingratitude ne s'applique pas aux donations faites en faveur du mariage. En conséquence, les institutions contractuelles faites, soit par un tiers au profit de l'un ou des deux futurs conjoint, soit par un conjoint au profit de l'autre, dans le contrat de mariage, échappent à la révocation pour cause d'ingratitude.

2. Les fondations

2.1. *Définition et avantages fiscaux*

La fondation est l'opération juridique par laquelle une personne affecte tout ou partie de ses biens à l'établissement d'une œuvre, présentant un caractère d'utilité générale, telle que la création d'écoles, d'hospices, d'orphelinats, etc. 323

L'article 27 de la loi du 21 avril 1928 sur les associations et les fondations sans but lucratif, telle que cette loi a été modifiée en dernier lieu par la loi du 4 mars 1994, dispose que « toute personne peut, moyennant l'approbation par arrêté grand-ducal, affecter par acte authentique ou par testament tout ou partie de ses biens à la création d'une fondation qui jouit de la personnalité civile ».

L'alinéa 2 de ce même article caractérise comme suit les fondations : « Sont seules considérées comme des fondations, les établissements qui, essentiellement à l'aide des revenus des capitaux affectés à leur création ou recueillis depuis et à l'exclusion de la poursuite d'un gain matériel, tendent à la réalisation d'une œuvre d'un caractère philanthropique, social, religieux, scientifique, artistique, pédagogique, sportif ou touristique ».

La fondation constitue de toute évidence une donation, en ce qu'elle est inspirée d'une intention libérale, désintéressée, du disposant. Toutefois, elle présente encore un caractère particulièrement original.

En effet, les biens, qui font l'objet de cette donation, ne sont pas destinés à bénéficier à un donataire – personne physique déterminée –, mais, au contraire, ils sont affectés pour une durée perpétuelle à une œuvre dont ils constituent, dans l'intention du donateur, le patrimoine destiné à en assurer le fonctionnement pour une durée non limitée dans le temps.

Mais les fondations présentent encore un avantage d'ordre fiscal. La loi fiscale prévoit en effet au profit des fondations reconnues d'utilité publique que ses revenus sont exempts de l'impôt sur le revenu.

Un autre avantage particulier, d'ordre fiscal, doit être relevé à ce titre. La loi du 4 mars 1994, qui a modifié la loi du 21 avril 1928 sur les associations et fondations sans but lucratif, est venue modifier en outre les dispositions de l'article 112 de la loi du 4 décembre 1967 sur l'impôt sur le revenu, concernant les dépenses spéciales susceptibles d'être portées en déduction de l'impôt sur le revenu redû à l'État luxembourgeois.

La nouvelle disposition énonce en effet ce qui suit : « Sont à considérer comme dépenses spéciales au sens de l'alinéa 1er N° 3 de l'article 109 :... les dons en espèces à des organismes, reconnus d'utilité publique par une loi spéciale ou en vertu des articles 26-2, 27 et suivants de la loi du 21 avril 1928 sur les associations et les fondations sans but lucratif, aux Offices Sociaux des communes et aux Hospices civils, au Centre Hospitalier de Luxembourg, au Fonds d'Aide au Développement, aux centres de recherche publics, au Centre thermal et de santé de Mondorf-les-Bains, au Parc Hosingen, au Centre d'études de population, de pauvreté et de politiques socio-économiques ».

Ces dispositions de la loi de l'impôt sur le revenu (L.I.R.) permettent dès lors de déduire les dons faits à des associations ou fondations sans but lucratif, au titre de dépenses spéciales, de l'impôt sur le revenu à payer par un contribuable.

2.2. *Les possibilités légales de créer une fondation*

324 Pour arriver à la création d'une fondation, le disposant a le choix entre deux alternatives :

- soit il crée une œuvre nouvelle pour la doter d'un patrimoine propre. Il charge cette œuvre d'affecter ce patrimoine et ses revenus à la réalisation et au développement du but qu'il recherche,
- soit il donne ou lègue son patrimoine à une œuvre préexistante lui paraissant appropriée ou à une personne privée, en lui imposant la charge d'affecter la donation ou le legs reçu au but par lui souhaité.

Si le disposant opte pour la première alternative, il doit d'abord créer le nouvel être moral, détenteur de son patrimoine et chargé de l'affecter à l'œuvre à instituer. Il faut d'autre part obtenir au préalable les autorisations administratives requises.

Analysons les deux options qui s'offrent au disposant.

2.3. *La création d'un établissement nouveau*

Le fondateur, qui désire créer une œuvre nouvelle de son vivant, doit se dépouiller, avant sa mort, de la fortune qu'il se propose d'affecter à cette création. Ceci explique que, dans la pratique, de telles fondations, qualifiées de fondations par voie directe, se rencontrent rarement. 325

D'autre part, la procédure à suivre, tant en ce qui concerne la constitution de la nouvelle personne morale que les autorisations administratives à obtenir, est assez laborieuse.

La constitution de l'être moral :

Un patrimoine ne saurait bénéficier d'une personnalité juridique que si une personne – physique ou morale – lui sert de support.

Les personnes physiques sont dès leur naissance dotées de la personnalité juridique, même si, généralement, l'exercice pratique de celle-ci est suspendu par l'effet de la loi jusqu'à la majorité. Par contre, les personnes morales ne sont dotées d'une personnalité juridique, distincte de celle de leurs associés, que si la loi les en investit expressément.

Pour ce qui concerne les fondations, l'article 30 de la loi modifiée du 21 avril 1928 sur les associations et les fondations sans but lucratif dispose que l'institution jouit de la personnalité civile, à condition que ses statuts soient approuvés par arrêté grand-ducal.

La procédure à suivre par le fondateur, en vue de la création d'une fondation dotée de la personnalité juridique, est la suivante :

a) La fondation est constituée par acte notarié. Ses statuts, qui font l'objet de cet acte authentique, doivent mentionner les points suivants (article 30, alinéa 2 de la loi modifiée du 21 avril 1928) :
   - l'objet ou les objets en vue desquels l'institution est créée,
   - la dénomination et le siège de l'institution, qui doit se situer au Grand-Duché,
   - les noms, professions, domiciles et nationalités des administrateurs, ainsi que le mode selon lequel les nouveaux administrateurs seront désignés ultérieurement,
   - la destination des biens, au cas où l'institution viendrait à disparaître.

b) Cet acte authentique ou le testament par lequel le fondateur a prévu la création d'une fondation, est aussitôt communiqué aux fins d'approbation au Ministre de la Justice. Au cas où ce Ministre approuve l'acte constitutif et les statuts, il les soumet au Grand-Duc en vue d'une approbation par arrêté grand-ducal.

c) À partir de cette date, le nouvel établissement jouira de la personnalité civile. À la suite de cet arrêté d'approbation, l'acte constitutif, englobant les statuts du nouvel être moral, est publié au Mémorial C, Recueil

Spécial des Sociétés et Associations, ainsi qu'au Registre de Commerce et des Sociétés. En vertu de l'article 32, alinéa 2 de la loi modifiée du 21 avril 1928, il est fait mention au Mémorial de la date de l'arrêté grand-ducal d'approbation à la suite de l'acte à publier.

d) Tant que l'arrêté d'approbation n'a pas été rendu, le fondateur peut rétracter sa déclaration faite devant notaire de vouloir créer une fondation. Ce droit n'appartient toutefois pas à l'exécuteur testamentaire, ni aux héritiers et ayants-cause du fondateur. Si le fondateur venait à décéder avant la communication de cette déclaration et des statuts au Ministre de la Justice, la déclaration afférente peut être faite par ses héritiers (article 28 L. 1928). Les créanciers du fondateur ou ses héritiers réservataires peuvent poursuivre devant la justice l'annulation des libéralités faites dans le cadre d'une fondation et même la dissolution de la fondation et la liquidation de ses biens (article 37 L. 1928).

e) L'arrêté d'approbation prescrit les mesures d'application qui s'imposent au fondateur ou à la fondation.

f) Sauf volonté contraire exprimée par le fondateur dans l'acte de fondation ou dans son testament, les droits de la nouvelle fondation remontent, respectivement, au jour où l'acte de fondation a été communiqué au Ministre de la Justice et au jour du décès du fondateur, si la fondation a été créée en vertu d'un testament.

g) Les fondations, dûment approuvées par arrêté grand-ducal, restent, durant toute leur existence, soumises à la surveillance du Ministre de la Justice, tant en ce qui concerne l'application des exigences fixées par l'arrêté d'approbation qu'à l'affectation des biens de la fondation à l'objet pour lequel cette institution a été créée.

h) En vertu de l'article 36 de la loi modifiée du 21 avril 1928 précitée, les libéralités entre vifs ou par voie de testament faites au profit d'une fondation, doivent au préalable recueillir l'autorisation du Ministre de la Justice et ces donations ou legs n'ont point d'effet jusqu'à l'obtention de cette autorisation.

2.4. *Les modes de création d'une nouvelle fondation*

326 La loi permet au fondateur de créer une nouvelle fondation de deux façons différentes :

- par voie de donation (a),
- par voie de legs (b).

2.4.1 La création d'une fondation par voie d'une donation

Comme nous l'avons déjà relevé, la création de la fondation par voie de donation implique que le fondateur doit se dépouiller, de son vivant, des biens qu'il entend affecter au fonctionnement de la fondation. Il doit d'autre part entamer la procédure administrative que nous avons étudiée au point 293 relatif à la constitution de l'être moral, servant de support à la fondation à constituer.

La constitution d'une fondation par donation exige que le fondateur transmette par acte de donation sa fortune à l'établissement qu'il vient de créer. Les biens qu'il transfère de cette façon à l'être moral constituent ce qu'on appelle sa « dotation ». La conséquence en est que le patrimoine, affecté par le disposant au but de l'œuvre, devient le patrimoine de celle-ci et est dorénavant affecté à la réalisation et au développement de son objectif.

2.4.2 La création d'une fondation par legs testamentaire

Le testateur peut désirer léguer sa fortune directement à un être moral à créer et affecter ses biens à l'objectif déterminé fixé dans son testament.

Néanmoins, les tribunaux refusent de reconnaître toute valeur à un tel legs, dès lors qu'il est fait en faveur d'une personne future qui reste à être créée et qui n'a partant pas encore d'existence juridique au moment où la libéralité doit être exécutée, c'est-à-dire au jour de l'ouverture de la succession du testateur. Les juridictions se réfèrent à ce sujet aux dispositions de l'article 906, alinéa 2, en vertu desquelles : « Pour être capable de recevoir par testament, il suffit d'être conçu à l'époque du décès du testateur ». Or, une œuvre à créer seulement n'a pas encore d'existence juridique et n'est donc pas capable d'être sujet de droit. Elle n'est pas à assimiler à l'enfant déjà conçu.

Le fondateur ne peut donc arriver aux fins précitées qu'en utilisant une voie indirecte pour obtenir le même résultat. Ce procédé consiste à instituer un legs en faveur d'un particulier, en lui imposant la charge d'affecter les biens lui légués à la création de l'œuvre. Les juridictions ont toujours reconnu la validité d'une création indirecte d'une fondation par un legs avec charges adressé à un légataire.

Ce procédé implique donc un double transfert de propriété des biens affectés au fonctionnement de la fondation ; d'abord, un transfert de ces biens dans le patrimoine du légataire, ensuite une mutation de ces mêmes biens du légataire à la personne morale.

Un tel legs s'analyse comme un legs avec charges. D'autre part, comme ce legs est destiné à un légataire, qui a une existence au moment de l'ouverture de la succession, il ne saurait être critiqué comme avoir été destiné finalement à une personne future, au motif que l'être moral, qui devra être créé par le légataire pour recueillir les biens affectés par le testateur, n'a pas encore d'existence lors du décès de ce dernier. En fait, le transfert de propriété des biens concernés ne s'opérera au profit de l'être moral qu'une fois ce dernier constitué et investi de toutes les autorisations administratives requises.

Ce procédé n'est toutefois pas à l'abri de tous dangers, justement en raison de son caractère indirect. Tout d'abord, les biens destinés à assurer le fonctionnement de la fondation tombent temporairement dans le patrimoine du légataire avant d'être finalement retransmis à la fondation.

En ce sens, ces biens constituent le gage des créanciers du légataire et risquent d'être saisis par eux, avant que le légataire n'ait eu le temps de les continuer à la fondation à créer.

D'autre part, il peut arriver aussi que le légataire décède avant d'avoir pu créer la fondation et qu'à défaut d'un testament imposant à ses propres successeurs la charge de poursuivre la création de la fondation entamée par le défunt, ces derniers ne veulent pas renoncer aux biens entrés dans le patrimoine de leur auteur.

2.5. *La libéralité consentie à un établissement préexistant*

327 Le disposant, qui n'a pas la volonté ou qui ne dispose pas de moyens pour créer une nouvelle œuvre, peut consentir une libéralité à une fondation préexistante qui poursuit un but désintéressé correspondant à ses vœux.

Il peut réaliser son but, soit au moyen d'une donation au profit de cette œuvre, soit par une disposition testamentaire, en spécifiant, le cas échéant, si cette œuvre poursuit plusieurs objectifs, celui que la donation ou le testament est censé(e) promouvoir.

Ces donations ou ces legs sont évidemment soumis pour leur validité au respect des conditions de forme et de fond imposées aux donations et aux testaments.

La possibilité pour les associations et les fondations sans but lucratif de se faire consentir des libéralités par voie d'une donation ou d'un testament est restreinte à un double égard :

- d'abord, les personnes morales précitées, même si elles bénéficient d'une capacité de jouissance, sont frappées d'une incapacité d'exercice : en effet, elles ne sauraient accepter des libéralités qu'après avoir obtenu au préalable l'autorisation du Ministre de la Justice (article 36 de la loi modifiée du 21 avril 1928) ;
- ensuite, ces fondations sont limitées par le principe de la spécialité qui leur interdit de poser tout acte juridique étranger au but qu'elles se sont assigné. Ainsi, un établissement reconnu d'utilité publique ne peut accepter une donation ou un legs, lui imposant la charge d'affecter les biens reçus à un autre objectif que celui qui est le sien.

C. – LES DONATIONS ENTRE CONJOINTS ET LES DONATIONS FAITES AUX CONJOINTS

Les donations entre conjoint, ainsi que les donations faites aux conjoints, méritent une attention particulière, étant soumises à un régime spécial et échappant ainsi, sur des points importants, aux conditions imposées aux donations. Nous allons donc analyser ces deux catégories particulières de donations, en mettant l'accent sur les divergences avec le régime général des donations.

Il échet encore de relever que ces deux catégories de donations ne sont pas soumises à un régime uniforme. Ceci rend nécessaire d'étudier séparément ces régimes particuliers.

1. Les donations faites aux futurs conjoints par contrat de mariage

Les donations faites aux futurs conjoints en faveur de leur mariage dans le cadre du contrat de mariage, restent soumises au régime général des donations, tel qu'il vient d'être exposé. 328

La présente étude ne porte dès lors que sur les seules donations faites par des tiers aux futurs conjoint par contrat de mariage, le régime particulier établi par le Code civil restant limité à ces seules donations.

Deux particularités doivent toutefois être relevées, qui s'appliquent à toutes les donations faites en vue d'un mariage, qu'elles soient documentées par le contrat de mariage ou par un acte de donation séparé :

1) ces donations ne sont pas révocables pour cause d'ingratitude. C'est l'article 959 qui en dispose ainsi : « Les donations en faveur du mariage ne seront pas révocables pour cause d'ingratitude » ;
2) elles sont d'autre part subordonnées à la condition expresse que le mariage projeté soit effectivement célébré. Elles deviennent en effet caduques, si le mariage n'a pas lieu. L'article 1088 prévoit en effet que : « Toute donation faite en faveur du mariage sera caduque, si le mariage ne s'ensuit pas ».

Si les particularités relevées ci-dessus sont valables pour toutes les donations faites en faveur du mariage, les donations faites aux futurs conjoint en dehors du contrat de mariage, risquent de se heurter à un problème de preuve. Il est en effet difficile pour une partie à l'acte de donation de rapporter la preuve que sa donation a été déterminée par un projet de mariage et consentie en vue de ce mariage.

Les règles spéciales, s'appliquant aux donations faites par des tiers aux futurs conjoints dans le contrat de mariage, ont trait à quatre points :

1) la forme,
2) la non-application de la règle de l'irrévocabilité des donations,
3) la non-révocabilité de la donation pour cause d'ingratitude,
4) les effets spéciaux produits par la donation.

Reprenons ci-après ces différentes règles spéciales.

1.1. *La forme*

329 La donation faite par des tiers aux futurs conjoint par contrat de mariage, n'est pas soumise à d'autres règles de forme que celles qui sont requises pour la validité du contrat de mariage lui-même.

Ainsi, l'acceptation expresse de la donation par le ou les donataires n'est pas requise. L'article 1087 arrête expressément que : « Les donations faites par contrat de mariage ne pourront être attaquées, ni déclarées nulles, sous prétexte de défaut d'acceptation ».

1.2. *La non-application de la règle de l'irrévocabilité des donations*

330 En examinant la règle de l'irrévocabilité des donations, nous avons vu que les articles 943 à 946 prohibent un certain nombre de clauses et de conditions qui, lorsqu'elles étaient contenues dans un acte de donation, auraient pour conséquence d'anéantir les effets de cette donation et de porter atteinte à la règle « donner et retenir ne vaut ».

L'article 947 prévoit cependant que les articles 943 à 946 précités ne trouvent pas application aux donations faites dans un contrat de mariage aux futurs conjoint et aux enfants à naître du mariage, ni aux donations entre conjoint faites soit par contrat de mariage, soit pendant le mariage. Il s'ensuit que les conditions et clauses, prohibées pour les autres donations, sont valables si elles sont contenues dans un contrat de mariage portant donation aux futurs conjoints.

Quatre conséquences se dégagent de ce principe :

1) La donation, consentie par le tiers aux futurs conjoint, peut avoir pour objet des biens que le donateur laissera à son décès. En d'autres termes, la donation peut être faite sous la forme d'une institution contractuelle. Ainsi, la prohibition édictée par l'article 943, suivant lequel « la donation entre vifs ne pourra comprendre que les biens présents du donateur ; si elle comprend des biens à venir, elle sera nulle à cet égard », ne trouve pas application aux donations faites par contrat de mariage.

2) Contrairement à la prohibition prononcée par l'article 945, le donateur peut imposer au donataire la charge de payer toutes ses dettes, même celles qu'il contractera seulement dans l'avenir. C'est l'article 1086 qui lui confère cette faculté.

3) Par opposition à l'article 946, le donateur peut se réserver la liberté de disposer d'un effet compris dans la donation ou d'une somme fixe à prendre sur les biens donnés. Si le donateur meurt sans en avoir disposé, ce bien ou cette somme est censé avoir été compris dans la donation et revient donc au donataire. Cette faculté est prévue par l'article 1086.

4) Enfin, la donation peut, par opposition à la prohibition de l'article 944, être faite sous une condition dont l'exécution dépend de la seule volonté du donateur. L'article 1086 lui permet une telle faculté. Ainsi, celui-ci peut se réserver le droit de révoquer la donation, en cas de réalisation d'une circonstance qui ne dépend que de sa seule volonté, par exemple, lorsqu'il veut se marier.

1.3. *La non-révocabilité de la donation pour cause d'ingratitude*

L'article 959 dispose expressément que les donations, faites en faveur du mariage, ne sont pas révocables pour cause d'ingratitude. Ces donations restent toutefois révocables pour cause d'inexécution des charges ou pour survenance d'enfant au donateur. **331**

1.4. *Les effets spéciaux produits par la donation*

La donation faite par contrat de mariage diffère des donations ordinaires sur les trois points suivants : **332**

1) le donateur se trouve tenu d'une obligation de garantie à l'égard du donataire du chef des objets compris dans la donation. Ainsi, il doit garantir le donataire des défauts cachés du bien donné ou d'une action en revendication reconnue légitime, exercée par le véritable propriétaire du don. Une telle réparation du dommage subi par le donataire doit se faire par le paiement de dommages-intérêts par le donateur,

2) les intérêts de retard sur les sommes, formant l'objet de la donation, courent à compter du jour du mariage, encore que le donateur s'est réservé un délai de paiement dans le contrat de mariage,

3) les créanciers du donateur ne peuvent, contrairement aux règles régissant l'action paulienne, c'est-à-dire l'action en nullité ouverte à ces créanciers contre les actes accomplis par leur débiteur au détriment de leurs droits, faire révoquer la donation que dans l'hypothèse où le ou les donataires ont connu l'insolvabilité du donateur.

2. Les donations entre conjoints

Il y a lieu de distinguer deux catégories de donations entre conjoint :

- les donations entre futurs conjoints dans le contrat de mariage,
- les donations entre conjoint pendant le mariage.

2.1. *Les donations entre futurs conjoints dans le contrat de mariage*

333 Il arrive que les futurs conjoints se fassent des donations réciproques dans leur contrat de mariage. Ces donations sont toutefois soumises à un régime particulier, qui diffère tant du régime général des donations que le régime spécial auquel sont soumises les donations faites par des tiers aux futurs conjoints dans le contrat de mariage ou entre les conjoints pendant le mariage.

Ce régime particulier se présente comme suit :

2.1.1 Quant à la forme

Il suffit que la donation soit rédigée dans les formes requises pour la validité du contrat de mariage lui-même. D'autre part, l'acceptation expresse de la donation par le donataire n'est pas requise. En vertu de l'article 1087, ces donations, consenties par les futurs conjoints dans leur contrat de mariage, ne peuvent pas être attaquées, ni être déclarées nulles, au motif que les donataires ne les auraient pas expressément acceptées.

2.1.2 Quant au fond

a) Quant au principe de la révocabilité des donations entre époux, vu que l'article 1096 du Code civil ne prévoit ce principe que pour les donations faites pendant le mariage, il est questionnable si ledit principe s'applique également aux donations faites entre futurs époux avant la célébration du mariage. La jurisprudence ne s'est malheureusement pas encore prononcée à ce sujet.

b) Il se dégage de ce qui précède que :

- chaque futur conjoint peut consentir à l'autre, soit une donation de biens présents, soit une institution contractuelle. Dans la pratique, c'est surtout cette dernière forme de libéralité qui se rencontre le plus souvent dans les contrats de mariage et, généralement, elle est faite réciproquement. Chacun des futurs conjoints institue l'autre, dans la mesure où ce dernier lui survivra, héritier de tout ou partie de ses biens, dans les proportions de la quotité disponible spéciale instituée entre conjoint par l'article 1094,

- en second lieu, les donations faites par un futur conjoint à l'autre peuvent être soumises à une condition suspensive ou résolutoire, dont la réalisation ne dépend que de la seule volonté du donateur. Celui-ci peut ainsi, par exemple, se réserver la faculté de révoquer sa donation, en cas de divorce ou de séparation de corps prononcé entre les futurs conjoint, ou encore au cas où il devrait tomber dans le besoin,
- enfin, les donations entre futurs conjoints comportent, tout comme les donations leur consenties par des tiers dans le contrat de mariage, l'obligation de garantie. Elles produisent d'autre part des intérêts à compter du jour du mariage. Finalement, elles ne sont attaquables par les créanciers du conjoint-donateur qu'à la condition que la preuve de la connaissance par le conjoint-donataire de l'état d'insolvabilité du conjoint soit rapportée.

c) Par opposition aux donations faites par les tiers aux futurs conjoints, les donations consenties entre les futurs conjoints sont toujours révocables pour cause d'ingratitude.

d) Par contre, ces dernières donations ne sont pas révocables pour cause de survenance d'enfant au donateur. Les dispositions de l'article 960 y relatives s'expliquent justement par le fait qu'en règle générale, les futurs conjoints, donc également le conjoint-donateur, s'attendent à la naissance d'un ou de plusieurs enfants au cours de leur mariage.

e) Les donations entre futurs conjoints ne sont pas caduques, au cas où le donateur survit au conjoint-donataire et à sa postérité, c'est-à-dire aux enfants à naître du mariage.

f) Cette disposition résulte expressément de l'article 1092 : « Toute donation entre vifs de biens présents, faite entre conjoint par contrat de mariage, ne sera point censée faite sous la condition de survie du donataire, si cette condition n'est formellement exprimée ».

g) La donation encourt toutefois la caducité, si le contrat de mariage le prévoit expressément, pour le cas où le donateur survit au donataire et aux enfants à naître du mariage à contracter.

2.2. *Les donations entre conjoints pendant le mariage*

Si, avant la promulgation du Code civil, les donations entre conjoints étaient généralement prohibées, pour les raisons sus-indiquées, ces prohibitions n'ont pas été maintenues par le Code civil. Au contraire, le Code permet aux conjoints de se faire librement des donations pendant le mariage. **334**

Toutefois, le Code civil a restreint la liberté des conjoints de se faire des donations, en instituant une protection spéciale qui consiste dans le fait que la donation entre conjoint est révocable par le conjoint-donateur (article 1096). Il est donc fait exception à la règle de l'irrévocabilité des donations.

2.2.1 Forme des donations entre conjoints

335 Les donations entre conjoint restent soumises aux conditions de forme des donations ordinaires. Elles doivent donc, conformément à l'article 931, être reçues par acte notarié.

La validité de la donation entre conjoint est d'autre part soumise à l'acceptation expresse par le donataire de la libéralité. Aux termes de l'article 932, cette acceptation du donataire peut intervenir, soit dans l'acte de donation lui-même, soit dans un acte séparé.

Finalement, lorsque la donation porte sur des effets mobiliers, l'état estimatif, exigé par l'article 948, est à dresser et à annexer à l'acte. Si la donation a pour objet un immeuble, sa prise d'effets à l'égard des tiers est soumise à la transcription de l'acte au bureau des hypothèques auprès de l'Administration de l'Enregistrement et des Domaines.

Au cas où les conjoints entendent se consentir mutuellement une telle libéralité, ils peuvent réaliser ces donations réciproques par un seul et même acte. L'ancien article 1097, conçu dans les termes suivants : « Les conjoints ne pourront pendant le mariage se faire, ni par acte entre vifs, ni par testament, aucune donation mutuelle et réciproque par un seul et même acte », a en effet été abrogé par la loi du 9 juillet 1969.

2.2.2 L'étendue des libéralités que les conjoints peuvent se faire pendant le mariage

336 La liberté des conjoints de se consentir pendant le mariage des donations s'étend de toute évidence tant aux donations portant sur des biens présents qu'à celles de biens à venir.

Cette liberté se trouve toutefois restreinte, quant au niveau de la libéralité, par les dispositions de l'article 1094. Celui-ci institue en effet une quotité disponible spéciale, s'appliquant aux seuls conjoints, qui ont des enfants et partant des héritiers réservataires. La donation projetée ne peut en aucun cas dépasser le quantum de cette quotité disponible et porter atteinte à la réserve des héritiers réservataires, sous peine d'être réduite.

Alors que les conjoints, qui ne laissent pas d'enfants, sont libres de se gratifier mutuellement de la totalité de leur fortune respective, une telle liberté n'appartient pas aux conjoints qui ont des héritiers réservataires.

En effet, nous avons déjà eu l'occasion de le relever dans la 1re partie du présent ouvrage, lorsque nous avons traité les successions et la réserve, toute personne qui laisse des enfants ne peut pas disposer de son vivant de la totalité de son patrimoine par voie de donations ou de legs testamentaires, sous peine d'entamer la réserve légale revenant à sa descendance.

Cette personne ne peut ainsi disposer, par donation, que de la quotité disponible de sa fortune. Ce même principe s'applique également aux conjoints qui, tout en laissant des héritiers réservataires, entendent se faire mutuellement une donation.

Il faut toutefois rappeler que la quotité disponible, s'appliquant aux donations entre conjoint, est plus étendue que celle qui vaut pour les donations ordinaires. L'article 1094 institue en effet une quotité disponible spéciale pour les libéralités entre conjoint. Cet article, dans sa teneur introduite par la loi du 26 avril 1979 réglant les droits successoraux du conjoint survivant, est libellé ainsi : « Le conjoint pourra, soit par contrat de mariage, soit pendant le mariage, dans le cas où il laisserait des enfants ou des descendants d'eux, disposer en faveur de son conjoint, soit de la propriété de ce dont il pourrait disposer en faveur d'un étranger et de l'usufruit du surplus, soit de la totalité de ses biens en usufruit ».

Cette disposition trouve application tant aux donations entre conjoint faites en présence d'enfants communs qu'à celles faites en présence d'enfants issus d'un précédent mariage du conjoint-donateur.

Comme il a été dit ci-avant, l'article 1094 laisse l'alternative au conjoint-donateur de disposer au profit de son conjoint :

- soit de la totalité de la quotité disponible et de l'usufruit du surplus,
- soit de la totalité de ses biens en usufruit.

La première alternative de la quotité disponible spéciale entre conjoint se trouve fixée quant à son étendue, en exécution de l'article 1094 précité, comme suit :

- en présence d'un enfant du conjoint-donateur, la quotité disponible spéciale est de la moitié du patrimoine du donateur en pleine-propriété et de l'usufruit de l'autre moitié de ce patrimoine,
- en présence de deux enfants, cette quotité disponible spéciale est d'un tiers du patrimoine du donateur en pleine-propriété et de l'usufruit des autres deux tiers de cette fortune,
- en présence de trois enfants et au-delà, cette même quotité disponible spéciale est d'un quart de la fortune du donateur en pleine-propriété et de l'usufruit des autres trois-quarts de cette même fortune.

La deuxième alternative de la quotité disponible spéciale entre conjoint, concédée par l'article 1094, permet au conjoint-donateur de disposer en faveur de son conjoint de la totalité de son patrimoine, mais alors seulement en usufruit.

Lorsque le conjoint-donateur vient de décéder et que le conjoint survivant se remarie, les enfants du conjoint-donateur ou les descendants de ceux-ci, en cas de leur prédécès, peuvent, conformément à l'article 1094-1, exiger la conversion en un capital de l'usufruit des biens qui ont été donnés au conjoint survivant.

2.2.3 La révocabilité des donations entre conjoints

337 L'article 1096, alinéa 1er prévoit expressément cette révocation : « Toutes donations faites entre conjoint, pendant le mariage, quoique qualifiées entre vifs, seront toujours révocables ».

Cette libre révocabilité est l'une des caractéristiques essentielles de ce genre de donations. Le Code va même jusqu'à priver de tout effet une renonciation du conjoint-donateur au droit de révoquer la donation consentie, que cette renonciation intervienne dans l'acte de donation lui-même ou dans un acte postérieur.

Dans quelle forme la révocation de la donation doit-elle intervenir ? La jurisprudence admet que cette révocation peut être expresse ou tacite.

a) La révocation expresse est celle qui résulte d'une manifestation claire de volonté du donateur. Une telle révocation n'est pas soumise à une forme particulière. Toutefois, par analogie avec les règles régissant la révocation des testaments, la jurisprudence décide qu'une révocation d'une donation entre conjoint n'intervient valablement que si elle est faite dans l'une des formes suivantes :

   1) par testament, même olographe, à condition que ce dernier réponde aux conditions de validité requises,

   2) par un acte notarié postérieur. Toute révocation, opérée par acte sous seing privé, est donc nulle.

L'énumération précitée est limitative. Toute révocation d'une donation entre conjoint, intervenant par d'autres modes que ceux reconnus par la jurisprudence, est dénuée d'effet et n'opère pas le résultat souhaité.

b) La révocation tacite est celle qui résulte de tout acte émanant du donateur et manifestant sa volonté non équivoque de revenir sur la donation consentie à son conjoint. Une révocation tacite peut ainsi se dégager de la circonstance que le donateur a, postérieurement à la donation consentie à son conjoint, vendu le bien promis ou qu'il l'a donné ou légué à un tiers.

Cette révocation ne peut être exercée que par le seul conjoint-donateur. Ce droit s'éteint au décès de celui-ci. Il ne passe donc pas à ses héritiers. D'autre part, cette prérogative, étant strictement personnelle, n'appartient pas aux créanciers du donateur.

La révocation a pour effet de mettre à néant la donation faite au conjoint. Cet anéantissement a lieu avec effet rétroactif au jour de la donation. Le conjoint-donataire est donc réputé n'avoir jamais acquis la propriété de la donation.

Par conséquent, tous les actes qu'il a pu passer sur les biens visés par la donation, telles qu'une vente ou la constitution d'une hypothèque, se trouvent dénués d'effet.

Par contre, les actes de pure administration, comme un contrat de bail, restent valables. De même, le conjoint-donataire a le droit de conserver les fruits produits par la donation jusqu'au jour où la révocation lui est notifiée.

Il se peut que les parties à l'acte de donation entre conjoint procèdent par voie de donation déguisée ou par personne interposée, dans le but d'empêcher le donateur de révoquer la donation. Or, l'article 1099, alinéa 2 dispose à ce sujet que « Toute donation, ou déguisée, ou faite à personnes interposées, sera nulle ».

La jurisprudence décide même que cette nullité est encourue, sans qu'il ne soit nécessaire de prouver que la donation a dépassé la quotité disponible. La disposition de l'article 1099 doit donc s'interpréter en ce sens qu'elle est destinée à sanctionner, non pas une atteinte à la réserve, mais à la faculté de révocation de la donation. Nous rappelons à cet endroit la critique que nous avons formulée contre cette prohibition.

Les donations entre conjoint ne sont toutefois pas révocables pour cause de survenance d'enfant au donateur, alors même que ce dernier a contracté un second mariage et qu'un enfant est né. Cette disposition présente toutefois peu d'intérêt en pratique, dès lors que la donation consentie au conjoint est toujours révocable.

Chapitre 8

Le partage d'ascendant

A. - L'OBJECTIF DE CETTE INSTITUTION

338 Le partage d'ascendant est le partage anticipé que peuvent faire les père et/ou mère, voire les grands-parents, de tout ou partie de leurs biens présents, entre leurs descendants.

Son objectif est d'éviter les inconvénients du partage normal, surtout s'il est judiciaire, difficultés signalées au cours de la 1re partie du présent ouvrage sur les successions ab intestat, et qui sont notamment la composition des lots, la perte de temps et les frais élevés qu'entraîne un tel partage.

Ces désavantages sont, en grande partie, éliminés lorsque les ascendants procèdent, de leur propre initiative, au partage de leurs biens entre leurs enfants. Le partage d'ascendant présente donc une grande utilité pour la protection de la famille et du patrimoine familial.

Néanmoins, comme toute institution, le partage d'ascendant comporte aussi des dangers. Le risque existe en effet que l'ascendant abuse de son influence sur ses descendants, qu'il marque une trop grande préférence pour l'un de ses enfants et, en conséquence, désavantage les autres.

Le législateur a donc dû fixer certaines limites au pouvoir des père et mère dans la répartition de leur fortune, ou d'une partie de celle-ci, entre leurs descendants.

Le partage d'ascendant n'est, d'autre part, pas non plus sans risque pour l'ascendant. S'il s'est dessaisi de son vivant d'une partie importante de ses biens au profit de ses enfants, il se retrouve dans une situation inférieure par rapport à ceux-ci. N'ayant souvent plus de biens importants à leur transmettre à son décès, il risque de se voir placé devant des enfants ingrats, voire de dépendre socialement ou même financièrement d'eux.

Le partage d'ascendant rencontre donc une certaine réticence dans l'opinion publique, ce que dénote de façon éloquente le proverbe luxembourgeois « On ne doit pas se déshabiller avant d'aller se coucher », signifiant qu'on ne doit pas se dépouiller de ses biens avant de mourir.

Ceci explique que, sauf dans les milieux agricoles, le partage d'ascendant n'est pas d'une application très courante dans notre pays. Il en est fait par contre un large usage dans le secteur agricole. Les exploitations agricoles, ou du moins la partie essentielle de celles-ci, telle que la maison d'habitation, les bâtiments d'exploitation avec l'enclos, sont souvent transmis de cette façon à la génération suivante. Ce procédé est d'ailleurs facilité par des aides publiques.

La transmission de l'exploitation, sous forme d'un partage d'ascendant, donne à la vieille génération agricole l'apaisement de savoir la survie assurée de leur exploitation après leur mort.

Le partage d'ascendant, tel que l'avaient conçu les auteurs du Code civil, était cependant trop compliqué et présentait trop d'embûches.

Cette institution a partant subi une profonde modification par la loi du 12 mars 1982. Cette dernière, à une exception près, sur laquelle nous reviendrons, constitue la reproduction textuelle des dispositions correspondantes de la loi française du 3 juillet 1971.

Le partage d'ascendant est réglé au Code civil par les articles 1075 à 1080. Il se présente sous deux formes :

1) la donation-partage (articles 1076 à 1078-3),

2) le testament-partage (articles 1079 et 1080).

Cette dernière forme est d'application plus rare.

B. – LA NATURE JURIDIQUE DU PARTAGE D'ASCENDANT

Le but du partage d'ascendant n'est pas pour l'ascendant de gratifier **339**
ses enfants, mais de réaliser de son vivant le partage de ses biens entre eux. L'acte est donc essentiellement un partage. Même s'il a été fait sous forme d'un testament, les descendants, qui en bénéficient, ne sont pas des légataires, mais des copartageants dans une succession ab intestat. Si l'opération se réalise par donation-partage, il s'agit d'un partage des biens compris dans l'acte de donation. Ce partage deviendra automatiquement, au décès de l'ascendant, le partage d'une succession ab intestat.

Il convient cependant de nuancer quelque peu la règle que la donation-partage constitue exclusivement un partage. En effet, cette institution prend, dans une certaine mesure, la nature juridique de l'acte qui lui sert de support, donc celle d'une donation.

La donation-partage a donc une nature mixte. Elle est essentiellement un partage, mais, sous certains aspects, elle apparaît comme une donation.

Le partage d'ascendant, qu'il soit fait sous forme d'une donation-partage ou d'un testament-partage, déroge, d'autre part, au droit commun des successions.

Le testament-partage réalise un partage que l'ascendant impose à ses descendants, sans leur accord et sans décision judiciaire.

La donation-partage, bien qu'elle se fasse nécessairement avec la collaboration et de l'accord des descendants, déroge au droit commun en matière de successions, alors qu'elle constitue un pacte sur succession future, mais que le Code civil a excepté expressément de la prohibition connue.

C. - LES CONDITIONS DU PARTAGE D'ASCENDANT

En ce qui concerne ces conditions, il convient de tenir compte du caractère mixte de l'opération. Certaines conditions sont déterminées par le but poursuivi par l'ascendant, qui est de procéder au partage de ses biens entre ses descendants. D'autres exigences ont trait à la libéralité, donation ou testament, qui sert de support à l'opération.

Nous allons examiner ci-après les conditions, tenant à chacune de ces deux composantes.

1. Les conditions tenant au partage

340 La condition essentielle du partage d'ascendant est la volonté de l'ascendant de procéder de son vivant ou à son décès au partage de son exploitation ou de sa fortune. L'ascendant garde toute sa liberté de réaliser le partage de ses biens entre ses descendants, ces derniers ne peuvent pas le revendiquer.

L'ascendant peut limiter ce partage à une partie de sa fortune seulement. À son décès, les biens, qui n'ont pas été compris dans la donation-partage, sont transmis à ses héritiers, suivant le régime des successions ab intestat.

Quant aux personnes, entre lesquelles un partage d'ascendant peut être réalisé, il y a lieu de spécifier que celui-ci est une institution strictement familiale. Il n'est donc possible qu'entre ascendants et descendants.

Tous les enfants ou descendants peuvent participer à un partage d'ascendant, peu importe la qualité de la filiation – légitime, naturelle ou adoptive – qui les lie à l'auteur du partage. Il suffit qu'il s'agisse d'enfants ou de descendants de ces derniers, ayant directement vocation à la succession de l'ascendant.

Par son essence, ce partage doit être fait entre tous les enfants de l'ascendant. Nous examinerons plus tard la sanction qui s'applique à la donation-partage, dans laquelle certains enfants ont été exclus ou refusent de s'y associer.

Les deux parents, père et mère, peuvent procéder ensemble pour faire un partage d'ascendant. Souvent une telle action conjointe est nécessaire quand le ou les biens que les conjoints entendent transmettre à leurs enfants appartiennent à leur communauté légale ou conventionnelle.

Ce partage commun peut se faire par un seul acte de donation. Cependant, au cas où les conjoints veulent faire ce partage par un testament, il faut qu'ils procèdent par deux testaments séparés. En effet, la loi interdit le testament conjonctif, c'est-à-dire celui par lequel deux personnes entendent disposer ensemble et conjointement de leur fortune respective.

Il arrive que le survivant des parents, indivisaire avec ses enfants d'un patrimoine déterminé, par exemple d'une maison d'habitation, veuille faire un partage d'ascendant ayant pour but que cet immeuble indivis soit transmis à un seul enfant.

Dans ce cas, le père ou la mère survivant ne peut évidemment procéder seul, n'étant pas propriétaire exclusif de l'immeuble à transmettre. L'opération n'est donc possible qu'avec l'accord des autres enfants indivisaires.

L'opération se fait alors de la façon suivante. Le parent survivant donne au descendant choisi sa quote-part indivise dans la maison, moyennant soulte à payer aux autres enfants. Ceux-ci vendent ensuite leur quote-part indivise à leur frère ou sœur, appelé(e) à devenir propriétaire exclusif de cet immeuble.

Une telle opération est possible, parce que le partage d'ascendant n'est pas soumis à la règle du partage en nature, tel que prévu par les articles 826 et 832.

Ceci résulte clairement de l'article 1075, alinéa 3, qui prévoit que l'ascendant peut imposer des charges à un ou à plusieurs de ses descendants en faveur de ses ou de leurs frères et/ou sœurs, soit pour constituer leur lot, soit pour le compléter.

D'ailleurs, beaucoup de partages d'ascendant se pratiquent de façon que l'un des enfants se voit attribuer, dans la donation-partage, un ou plusieurs immeubles, alors que les autres sont allotis, en partie, d'autres biens et de soultes pour le reste, soit même exclusivement sous forme de soultes à charge du donataire des immeubles.

Une question importante est évidemment l'évaluation des biens, faisant l'objet d'une donation-partage. À quelle époque faut-il estimer ces biens ? À celle de la donation-partage ou à celle du décès de l'ascendant, qui a été à l'initiative de cet acte ? Ce problème ne se pose évidemment pas pour le testament-partage.

La réponse à la question précitée dépend d'un certain nombre de facteurs. Le législateur de 1982 a entendu faire du partage d'ascendant une institution stable, qui ne devrait plus être remise en cause après le décès du donateur.

Pour arriver à ce but, la réforme de 1982 a prévu l'estimation des biens en cause d'après leur valeur à l'époque de la donation-partage, si un certain nombre de conditions sont remplies. Si tel n'est pas le cas, les biens doivent être évalués lors de l'ouverture de la succession du donateur. Cette dernière évaluation implique évidemment une certaine remise en cause de la donation-partage, si la valeur des biens à la nouvelle date diffère sensiblement de celle qu'avaient les biens au moment de la donation-partage.

L'article 1075, alinéa 3 dispense le donateur de respecter dans la donation-partage l'égalité en nature des biens à partager et se contente d'une égalité en valeur. La réforme de 1982 a néanmoins tenu à faire respecter, dans une certaine mesure, l'égalité entre les différents descendants.

Ainsi, si la donation-partage prévoit le paiement d'une ou de plusieurs soultes et qu'un délai est accordé pour le paiement de celles-ci, l'article 833-1 est applicable. Cette application est expressément exigée par l'article 1075-2. On sait que l'article 833-1 a pour objet d'adapter les soultes à l'inflation monétaire si celle-ci dépasse 10 %. Normalement, cette adaptation des soultes prévues à plusieurs occasions par le Code civil, n'est pas obligatoire et les parties peuvent stipuler que le montant de la soulte ne variera pas.

Un tel arrangement est exclu en cas de partage d'ascendant, ainsi que cela résulte expressément de l'article 1075-2 (« ... nonobstant toute convention contraire... »).

Si le législateur se contente d'une égalité en valeur des lots pour une donation-partage et permet de constituer les parts de certains donataires, en tout ou en partie, par des soultes, il faut que celles-ci gardent leur valeur et ne diminuent pas par suite de l'inflation monétaire.

2. Les conditions tenant à la forme adoptée pour réaliser le partage d'ascendant

341 Étant donné que le partage d'ascendant peut emprunter soit la forme d'une donation, soit celle d'un testament, les conditions de forme à respecter sont celles de la donation ou du testament.

Comme nous l'avons déjà vu, la donation ne peut être réalisée que par un acte authentique. Pour le testament, la forme authentique ou olographe, voire la forme mystique, est possible.

Il est d'autre part entendu que le partage d'ascendant doit se faire par l'intermédiaire d'un acte à titre gratuit. Cette exigence n'exclut pas que l'ascendant puisse imposer des charges aux descendants, parties à la donation. Ces charges peuvent être stipulées au profit de l'ascendant lui-même (obligation de nourriture et d'entretien) ou en faveur de tiers. Toutefois, le niveau de ces charges ne doit pas être tel que le caractère gratuit de la donation-partage disparaît et qu'en fait, l'acte est devenu une convention à titre onéreux.

Quant aux biens à comprendre dans une donation-partage, il ne peut s'agir que de ceux qui appartiennent à l'ascendant au moment où se réalise cette donation. Doivent en être exclus des éléments de fortune dont l'ascendant ne deviendra propriétaire qu'après la donation-partage.

Toutefois, celle-ci présente une particularité, en ce sens qu'elle peut comprendre également des biens ayant déjà fait l'objet d'une donation antérieure concédée par l'ascendant au profit de l'un ou de l'autre de ses enfants. Peu importe à cet égard que ces donations aient été faites à titre d'avancement d'hoirie ou par préciput et hors part.

Cette singulière faculté laissée au donateur, qui est contraire au principe de l'irrévocabilité des donations, est expressément prévue par l'article 1078-1. Cet article dispose que : « Le lot de certains enfants pourra être formé, en totalité ou en partie, des donations, soit rapportables, soit préciputaires, déjà reçues par eux de l'ascendant, eu égard éventuellement aux emplois ou remplois qu'ils auront pu faire dans l'intervalle ». Ce dernier bout de phrase vise l'hypothèse où des biens, ayant figuré dans une donation antérieure, et destinés à être englobés dans une donation-partage ont, avant la conclusion de celle-ci, été vendus et qu'un nouveau bien a été acquis en lieu et place, ou encore que le bien alloué a fait l'objet d'un échange. Dans cette hypothèse, l'article 1078-1 s'applique également à ce nouveau bien.

Comment se justifie un procédé aussi anormal et dérogatoire au droit commun que celui visé par l'article 1078-1 ?

Cet article part de l'hypothèse qu'avant la donation-partage, l'ascendant a fait, d'une façon un peu désordonnée, des donations de toutes sortes et portant sur des objets divers. Réflexion faite, il veut apporter un peu plus d'ordre dans ses donations et souhaite procéder à un règlement d'ensemble entre ses héritiers présomptifs.

Cette faculté est cependant subordonnée, cela est évident, à l'accord des enfants ayant bénéficié auparavant d'une donation de leur père ou de leur mère. Quel intérêt ces derniers auraient-ils à faire incorporer ces donations dans un partage d'ascendant ?

Leur intérêt est que le régime de ces diverses donations soit unifié et que celles-ci soient stabilisées. En effet, si certaines conditions, dont nous allons encore parler, sont remplies, toutes les donations, faites à des périodes différentes, peuvent être évaluées à une même époque, celle de la donation-partage. L'inclusion des donations antérieures dans la donation-partage donne aux descendants l'apaisement qu'il ne sera pas fait de nouvelle évaluation à l'ouverture de la succession de l'ascendant. Si des donations restaient en dehors de la donation-partage, elles seraient, au décès de l'ascendant, évaluées, conformément à l'article 922, au jour du décès de l'ascendant et pourraient être réduites pour dépassement de la quotité disponible.

L'article 1078-3 prévoit que l'inclusion de donations antérieures dans une donation-partage demeure même possible en l'absence de nouvelles donations faites par l'ascendant. Les conventions que fait l'ascendant au sujet des anciennes donations, ne sont, aux termes du même article, pas regardées comme des libéralités en faveur des descendants, mais comme un partage fait par l'ascendant.

Dans le cadre de la donation-partage, l'enfant, qui a déjà reçu des donations antérieurement à celle-ci, peut se voir attribuer ces donations, alors qu'un autre enfant, qui n'a encore rien reçu de l'ascendant, bénéficie d'une nouvelle donation.

Par contre, si tous les enfants ont déjà profité de donations antérieures, l'ascendant, dans une donation-partage, peut ne pas faire de nouvelles donations, mais se limiter à rééquilibrer entre ses enfants les anciennes donations.

Si l'ascendant peut, avec l'accord de ses descendants, revenir sur des donations antérieures, il ne saurait cependant pas s'arroger la faculté de révoquer les donations faites par la donation-partage. Une telle disposition rendrait celle-ci nulle, comme étant contraire à la règle de l'irrévocabilité des donations.

3. Les effets du partage d'ascendant

342 Il convient de distinguer entre les effets de la donation-partage et ceux du testament-partage. Nous nous limitons dans ce chapitre aux effets de la donation-partage.

Les effets divergent, suivant que l'on analyse le but du partage poursuivi par l'ascendant, à savoir celui de procéder à un partage anticipé de sa succession, ou qu'on les examine sous l'optique du procédé de réalisation de la donation-partage, à savoir de l'acte de donation.

3.1. *Les effets découlant du procédé de réalisation de la donation-partage*

343 Dans les rapports de l'ascendant et des descendants, la donation-partage produit les effets d'une donation et est donc irrévocable. Elle demeure un acte entre vifs et n'entraîne pas l'ouverture de la succession de l'ascendant.

Les descendants ne peuvent donc pas réclamer la réduction de la donation-partage du vivant de l'ascendant, mais seulement après le décès de celui-ci. Il s'en dégage que le donateur reste personnellement tenu de ses dettes, tant présentes que futures.

L'ascendant peut cependant imposer dans la donation-partage à ses descendants la charge de payer ses dettes actuelles, dans la mesure où elles ne dépassent pas certaines limites et ne font pas muter l'acte de donation, qui est par essence à titre gratuit, en un acte à titre onéreux.

Le fait que les descendants sont des donataires à l'égard de l'ascendant, entraîne la conséquence qu'ils sont tenus des obligations du donataire à l'égard du donateur, notamment d'exécuter les charges leur imposées dans l'acte de donation. La donation-partage peut donc être révoquée par l'ascendant, dans les conditions fixées pour la révocation des donations ordinaires (inexécution des charges, ingratitude). Elle n'est cependant pas révocable pour survenance d'un enfant.

Un descendant, ayant bénéficié d'une donation-partage, peut renoncer à la succession de l'ascendant, lorsque celle-ci est ouverte. Dans ce cas, il devient étranger à cette succession. Il ne peut donc garder les biens, dont il a été alloti, qu'en qualité de donataire. La valeur de ces biens s'impute donc sur la quotité disponible et l'excédent, s'il en existe, est sujet à réduction.

3.2. *Les effets découlant du but poursuivi par l'ascendant : la réalisation du partage anticipé de sa succession*

Les rapports entre les descendants sont différents, suivant qu'on les analyse du vivant de l'ascendant ou après son décès. **344**

Du vivant de l'ascendant, la donation-partage est un partage et non une donation. Les enfants ayant participé à cet acte ne sont donc pas des donataires, mais des copartageants d'un ensemble de biens composant la donation-partage. Ces descendants se doivent dès lors les garanties du partage, si l'un d'entre eux est évincé de son lot. Le privilège du copartageant joue pour le paiement des soultes.

Après le décès de l'ascendant, la donation-partage devient un partage successoral avec toutes ses conséquences. Si, dans cette succession, il n'y a plus de nouveaux biens à partager, chaque héritier, qui a reçu dans la donation-partage tout ce à quoi il a légalement droit, ne peut plus rien réclamer.

Une autre conséquence de ce que la donation-partage est à assimiler à un partage, est que les héritiers, qui acceptent la succession du de cujus, ne sont pas tenus au rapport de la donation leur faite dans la donation-partage, même si les biens leur attribués l'ont été seulement à titre d'avancement d'hoirie. Un rapport de donation ne se conçoit en effet que si le partage successoral n'a pas encore été réalisé. Or, par la donation-partage, l'ascendant a opéré un partage anticipé. Un rapport de donation remettrait en cause ce partage.

La donation-partage s'impute, non pas comme les donations préciputaires, sur la quotité disponible, mais, comme les donations rapportables, sur la réserve et accessoirement, sur la quotité disponible. La quotité disponible reste donc libre pour des donations ou legs ultérieurs, dans la mesure où la donation-partage n'a pas entamé celle-ci.

D. – LA RÉDUCTION DES DONATIONS CONTENUES DANS UNE DONATION-PARTAGE

345 Sous le régime de l'ancien Code civil, la donation-partage courait le risque d'être remise en cause par un certain nombre d'actions à intenter par l'un ou l'autre des descendants, mécontent de l'attribution lui faite ou de son exclusion de la donation-partage. Ces actions étaient :

1) la demande en nullité pour omission d'un enfant,
2) l'action en lésion de plus du quart,
3) l'action en réduction pour un avantage plus grand que la loi le permet au profit d'un descendant.

Dans le but de stabiliser le partage d'ascendant, la loi du 12 mars 1982 a réduit le nombre des actions pouvant le remettre en cause. Il ne subsiste désormais, après le décès de l'ascendant, qu'une action spécifique contre la donation-partage. C'est celle pour atteinte à la réserve.

Si un enfant a été omis dans un partage d'ascendant, il existe deux possibilités. Ou bien, il y a encore dans la masse successorale des biens à partager, alors l'enfant omis peut se rattraper sur ceux-ci. Ou bien, il n'existe plus de tels biens ou seulement des biens en valeur insuffisante, alors l'enfant omis peut intenter contre les descendants allotis dans le cadre de la donation-partage une action pour atteinte à la réserve. Cette action a pour objectif de réduire les donations, afin de permettre à l'enfant omis de constituer sa réserve.

L'action en nullité contre une donation-partage ne subsiste plus que pour cause d'inobservation des conditions de forme des donations ou des conditions de fond prévues à peine de nullité.

L'action en nullité, applicable dans ce cas, obéit aux règles de droit commun en matière d'actions en nullité à intenter contre les donations.

L'action en rescision du partage d'ascendant pour lésion de plus du quart n'existe plus depuis la réforme de 1982. L'ascendant peut donc favoriser l'un de ses enfants. Les descendants désavantagés ne sont pas admis à réclamer, tant qu'ils ont obtenu des biens équivalents à leur réserve. Seul l'enfant, qui n'était pas encore conçu au moment de la réalisation de la donation-partage, peut non seulement réclamer sa réserve, mais sa part successorale. Nous y reviendrons.

L'on pourrait critiquer que la réforme de 1982, dans l'intérêt de la stabilité du partage d'ascendant, a sacrifié l'égalité des héritiers, pourtant l'un des principes essentiels en matière de succession.

On peut répliquer à cette critique que la loi successorale a institué la quotité disponible. Si l'ascendant, dans le cadre de la donation-partage, en use au profit de l'un de ses enfants, il fait usage d'un droit légitime.

S'il a fait bénéficier les autres enfants de la réserve à laquelle ceux-ci ont légalement droit, il a satisfait aux exigences légales et ne peut pas se voir critiquer, du moins du point de vue juridique.

Il ne faudrait d'autre part pas donner trop de poids à cette prérogative de l'ascendant. En effet, celui-ci, en faisant un partage d'ascendant, a en vue essentiellement la stabilité de celui-ci. Il ne voudrait à aucun prix qu'après sa mort, ce partage anticipé de ses biens puisse être remis en cause et que, notamment, l'exploitation ou l'entreprise, qu'il a mise dans la main de l'un d'eux, puisse redevenir source de discussions entre ses enfants.

L'ascendant a donc tout intérêt à ce que chacun de ses enfants soit content du lot lui attribué et qu'il n'ait pas la conviction qu'un frère ou une sœur est anormalement favorisé(e). Si tel ne devait pas être le cas, le descendant défavorisé s'abstiendrait en effet de prendre part au partage d'ascendant, mettant en cause de cette façon la stabilité de celui-ci après le décès de l'ascendant.

L'ascendant, s'il dispose d'un peu de clairvoyance, sait qu'il a uniquement l'alternative d'associer tous ses enfants au partage d'ascendant et de les satisfaire tous ou de renoncer à un tel partage anticipé.

Il est certain qu'il existe toujours une minorité de pères et mères, qui font fi de cette règle de bon sens et tentent d'imposer à leurs enfants un partage d'ascendant, qui favorise outre mesure l'un d'eux. Cet ascendant, n'ayant devant les yeux qu'un but à court terme, se désintéresse généralement de ce qui pourra se produire après sa mort. Cette exception n'est pas de nature à mettre en cause l'opportunité de la réforme de 1982, dans la mesure où elle a simplifié le contentieux du partage d'ascendant.

E. – LES CONDITIONS D'EXERCICE DE L'ACTION EN RÉDUCTION CONTRE UN PARTAGE D'ASCENDANT

1. Les règles générales

L'action en réduction ne peut être intentée qu'après le décès de l'ascendant. Jusqu'à cette date, le partage d'ascendant ne court qu'un seul risque de la part des donataires ou même d'un tiers intéressé. Ce risque consiste en ce qu'une action en nullité peut être engagée, si les conditions de validité essentielles de la donation-partage n'ont pas été respectées, telles que l'exigence d'un acte notarié ou l'acceptation expresse de la donation par les descendants. Suivant la gravité de l'infraction, il peut s'agir d'une nullité absolue, se prescrivant par trente ans, ou d'une nullité relative, soumise à la prescription de cinq ans. 346

Le donateur lui-même peut attaquer le partage d'ascendant dans les mêmes conditions et pour les mêmes causes qu'une donation ordinaire.

Il dispose en effet de l'action en révocation de la donation. Celle-ci est donnée en cas d'inexécution des charges imposées aux donataires ou pour cause d'ingratitude de ceux-ci. Toutefois, l'action en révocation de la donation pour survenance d'un enfant postérieurement à la donation ne s'applique pas à la donation-partage.

2. Le champ d'application de l'action en réduction

347 La réduction d'une donation-partage n'a lieu que pour déterminer s'il y a eu atteinte à la réserve des descendants laissés par l'ascendant.

La question de savoir s'il doit y avoir réduction d'une donation dépend d'un certain nombre de facteurs, dont l'un est celui de la date d'évaluation des biens compris dans une donation-partage.

Le droit commun de la réduction des donations susceptibles d'avoir dépassé la quotité disponible, est défini à l'article 922 et nous l'avons examiné sous les numéros 136 et s. Ledit article prévoit la réévaluation des donations à l'époque de l'ouverture de la succession du donateur.

Le système d'évaluation des biens alloués à l'époque de l'ouverture de la succession s'applique à la donation-partage, à moins que celle-ci ne satisfasse à certaines conditions particulières, définies par l'article 1078, que nous avons examiné ci-dessous.

L'évaluation des mêmes biens à des dates différentes peut évidemment conduire à des valeurs fort divergentes, surtout au cas où le délai séparant la donation-partage du décès de l'ascendant est long. Pour illustrer cette situation, prenons un exemple.

Dans le cadre d'une donation-partage, faite en 1993, mettant en cause deux enfants, A et B, les immeubles, compris dans cet acte, sont évalués à 90 000,00 €. Ces biens sont attribués à A, tandis que B se voit allouer 45 000,00 €. B a accepté son lot dans la donation-partage, tout en contestant après le décès de son père qu'il a été lésé alors que les immeubles attribués à son frère ont fortement augmenté en valeur.

Nous supposons qu'il n'y ait pas d'autres biens dans la succession de l'ascendant. Dans le présent cas, la réserve, étant globalement de deux tiers, est donc d'un tiers pour chaque enfant, ou, exprimée en chiffres, d'un tiers de 90 000,00 = 30 000,00 €. B, ayant reçu 45 000,00 €, n'est partant pas lésé quant à sa réserve. Par ailleurs, sauf convention contraire, une somme d'argent n'est pas réévaluée.

Supposons que l'ascendant-donateur meure en 2006. Toutes les conditions fixées par l'article 1078 n'ayant pas été respectées, il y a lieu à estimation des biens d'après leur valeur en 2006. Celle-ci donne 210 000,00 €. La réserve de B est dans ce cas de 1/3 de 210 000,00 = 70 000,00 €. Les 45 000,00 €, qui lui ont été attribués dans la donation-partage, ne sont évidemment pas réévalués, s'agissant d'une somme d'argent. Ce n'est donc pas à 45 000,00 € que B a droit, mais à 70 000,00 €.

Il doit dès lors recevoir encore (70 000,00 – 45 000,00 =) 25 000,00 € de A.

Étant supposé qu'il n'y ait pas d'actif dans la succession de l'ascendant-donateur, A doit donc payer de ses propres fonds cette somme à son frère B. La réduction des donations excessives se faisant en valeur et non en nature, A est donc assuré de pouvoir garder les immeubles lui attribués dans la donation-partage.

Nous avons supposé dans notre exemple que l'ascendant-donateur n'ait pas laissé d'autres biens dans sa succession. Normalement, telle n'est pas la situation en pratique.

Dans ce cas, le descendant qui, à la suite de la donation-partage, a été privé de sa réserve, n'est pas autorisé à se retourner contre son frère et/ou contre sa sœur avantagé(e), pour lui réclamer sa réserve ou son supplément. Mais il prélèvera son dû, avant le partage, sur les biens successoraux.

C'est donc seulement si ces biens sont insuffisants pour parfaire sa réserve, qu'il pourra demander une réduction en valeur de la donation-partage. L'action en réduction des libéralités contenues dans un partage d'ascendant se prescrit par cinq ans à compter du décès de l'ascendant. En cas de partage fait par les deux parents ensemble, le délai court à partir de la mort du parent survivant.

3. Les conditions sous lesquelles il n'y a pas lieu à nouvelle évaluation de la donation-partage

Comme nous venons déjà de le relever, le législateur de 1982, qui a réformé **348**
les règles sur le partage d'ascendant, a voulu éviter, dans la mesure du possible, qu'une donation-partage puisse être remise en cause après le décès de l'ascendant-donateur.

La réforme de 1982 a cependant lié cette évaluation favorable pour le descendant, qui s'est vu attribuer des corps certains, notamment des immeubles, par rapport aux descendants ayant reçu, en tout ou pour l'essentiel, des sommes d'argent, à certaines conditions. Celles-ci sont fixées à l'article 1078.

Elles sont au nombre de deux :

1) il faut que tous les enfants, vivants ou représentés au décès de l'ascendant, aient reçu un lot dans le partage anticipé,
2) il est requis que ces descendants aient expressément accepté leur lot.

En ce qui concerne la première exigence, elle implique que tous les descendants qui, au décès de l'ascendant, ont des droits sur sa succession, prennent part au partage d'ascendant. En cas de prédécès d'un enfant, il faut que chacun de ses propres enfants participe à l'acte en question.

La première exigence n'est donc plus respectée, si l'ascendant omet de comprendre un descendant dans le partage anticipé. Il en est de même si l'un ou l'autre de ces enfants refuse de prendre part à cet acte.

Il arrive dans cette dernière hypothèse qu'un ascendant, décidé à réaliser à tout prix son partage anticipé, veut respecter, dans la mesure du possible, les exigences légales. Il peut alors avoir l'idée d'octroyer d'office un lot à l'enfant, qui refuse de signer la donation-partage.

Dans ce cas, l'ascendant a satisfait à la première exigence fixée par l'article 1078. Cependant, la seconde condition prévue par cet article, qui exige que tous les descendants aient expressément accepté leur lot, joue alors. Cette condition n'est certainement pas remplie par des enfants qui refusent cette attribution. Ils documentent une telle attitude, en refusant de signer l'acte de donation, qui doit contenir la clause que chaque enfant a expressément accepté son lot.

Une telle acceptation expresse ne doit pas nécessairement avoir lieu dans l'acte de donation-partage lui-même. Elle peut se faire également dans un acte notarié postérieur. Cela peut se produire, quand l'enfant, ayant d'abord refusé son lot, se ravise dans la suite et revient sur son refus pour une raison ou une autre, peut-être qu'après la donation-partage, il a bénéficié d'autres compensations. Celles-ci peuvent venir de ses parents ou de la part du frère ou de la sœur présumé(e) avantagé(e), qui a tout intérêt à ce que la donation-partage ne puisse plus être attaquée après le décès du donateur.

Si les deux conditions que nous venons d'examiner sont respectées, les descendants ne peuvent plus, après le décès de leur père et/ou mère, invoquer qu'ils ont été lésés quant à leur réserve légale. Ils ne sauraient plus demander de constater cette situation par une nouvelle évaluation des biens successoraux, faite au jour du décès de l'ascendant. Ils ne peuvent pas non plus invoquer qu'un frère ou une sœur a été avantagé(e) dans cette donation-partage.

Le régime français sur le partage d'ascendant prévoit une troisième hypothèse qui exclut l'évaluation des biens d'une donation-partage au jour de son établissement. Celle-ci ne doit pas prévoir de réserve d'usufruit portant sur une somme d'argent.

Le législateur français estime qu'une telle donation pourrait comporter une source de déséquilibre dans un partage d'ascendant. En effet, en raison de la dévalorisation progressive de la monnaie, l'attributaire d'une somme d'argent en nue-propriété serait désavantagé. Il ne peut, en raison de l'usufruit qui grève cet argent, en faire un placement productif. Ce donataire se voit donc, au décès du donateur, devant une somme d'argent de valeur inférieure à celle qu'avait cet argent au moment de la donation-partage.

La loi du 12 mars 1982 n'a pas repris la disposition française susvisée, sans doute parce que des donations portant sur la nue-propriété de sommes d'argent ne devraient guère se trouver en pratique.

C'est précisément sur cette question, d'aspect plutôt mineur, que le régime luxembourgeois et le régime français sur le partage d'ascendant divergent.

L'évaluation des biens, faisant partie d'une donation-partage, soit au jour de la passation de l'acte, si les conditions de l'article 1078 sont respectées, soit au jour de l'ouverture de la succession du donateur, s'il n'est pas satisfait à ces conditions, n'est pas d'ordre public. Cela résulte clairement de l'article 1078 précité, qui permet « une convention contraire ».

Les parties pourraient donc se mettre d'accord sur une date autre que celle qui se dégage de l'application des dispositions légales. Il semble cependant que la date d'estimation retenue doive être la même pour tous les biens compris dans la donation-partage.

4. Le cas de l'enfant non encore conçu lors de la donation-partage

Un cas spécial en matière d'action en réduction de donations se présente 349
en ce qui concerne l'enfant non encore conçu au moment de la donation-partage. Cet enfant ne peut pas être assimilé au « descendant omis », puisque son existence était encore inconnue lors de la donation-partage.

Cette non-existence ne permet donc pas l'admission de la présomption que l'ascendant ait voulu le réduire à la réserve légale.

Aussi l'article 1077, alinéa 3 accorde-t-il expressément à cet enfant une action en réduction pour composer ou compléter sa part héréditaire. Cet enfant peut donc réclamer la part successorale qui lui serait revenue en cas de succession ab intestat, donc également sa part dans la quotité disponible. Cette possibilité n'existe évidemment que dans la mesure où l'ascendant n'a pas encore entamé ou épuisé cette quotité disponible par une donation préciputaire, soit au profit de l'un de ses enfants, soit au profit d'un tiers. Si tel est le cas, l'enfant non encore conçu au moment de la donation-partage se voit réduit à sa réserve successorale ou, du moins, à une part successorale réduite.

Pour composer sa part héréditaire, le descendant précité a la possibilité de prélever cette part sur les biens existant à l'ouverture de la succession de l'ascendant. Au cas où ces biens sont insuffisants pour composer sa part successorale, il se voit contraint, tout comme ses frères ou sœurs lésés quant à leur réserve, d'intenter une action en réduction contre ceux de ses frères et/ou sœurs qui ont bénéficié de la donation-partage.

Chapitre 9

Les donations en droit international privé

Dans la 4e édition du présent ouvrage, datant de 2009, nous avons déjà abordé la matière des donations en droit international privé, c.-à-d. celles qui revêtent un caractère d'extranéité, en mettant en cause, dans une situation juridique déterminée, un élément qui dépend de deux ou de plusieurs systèmes juridiques nationaux différents et qui exige dès lors le règlement d'un conflit de lois ou de juridictions.

Notons dès à présent que les donations n'entrent pas dans le champ d'application du règlement UE 650/2012 du 4 juillet 2012, sauf en ce qui concerne les rapports et les réductions des donations dans le cadre d'un partage successoral.

Un conflit de lois peut se présenter dans le cas où les parties au contrat de donation ont choisi l'application d'une loi étrangère pour gouverner leur donation ou qu'elles disposent de domiciles situés dans deux ou plusieurs pays différents ou, encore, lorsque l'objet de la donation est situé dans un pays autre que celui où le contrat de donation a été rédigé et signé.

Nous analyserons ci-après les règles trouvant à s'appliquer à cet égard.

A. – CONDITIONS DE FORME DES DONATIONS INTERNATIONALES

350 Nous avions exposé dans la 4e édition que les formes du contrat de donation sont, en principe, régies par le principe « *locus regit actum* », signifiant que la donation devra revêtir la forme requise dans le pays où elle a été contractée ou qu'elle devra produire ses effets, abstraction faite des dons manuels qui, par définition, ne revêtent aucune autre forme extérieure, sauf la remise de la main à la main de l'objet donné.

Si, pour une donation portant sur un bien immobilier, un acte authentique, tel qu'un acte notarié, est requis, la donation ne sera valide, du point de vue formel, que si elle revêt cette forme prescrite.

Toutefois, une donation constituant aussi un contrat conclu entre deux ou plusieurs personnes, la forme de ce contrat peut aussi être gouvernée par la loi qui est appelée par les parties à régir cette donation au fond.

En effet, les parties au contrat de donation peuvent décider, en vertu du principe de l'autonomie de la volonté, de soumettre la donation au fond à une autre loi que celle qui serait normalement applicable. Dans pareille hypothèse, la forme de la donation sera régie par la loi choisie par les parties.

Relèvent ainsi de la loi choisie par les parties à la donation, toutes les règles relatives à la formation du contrat, c.-à-d. les conditions de validité et la sanction de celles-ci (ex. : nullité ou invalidité de la donation).

Les deux principes précités sont en effet préconisés par l'article 11.1. du Règlement (CE) N° 593/2008 du Parlement européen et du Conseil du 17 juin 2008 sur la loi applicable aux obligations contractuelles, appelé aussi « Règlement Rome I », qui permet aux parties d'appliquer à la donation à conclure entre elles, à leur choix :

- soit les règles de l'État où elles ont contracté,
- soit celles de l'État qu'elles ont choisi au fond pour régler leur donation.

Ce Règlement est entré en vigueur le 17 septembre 2009 et s'applique dès lors aux contrats conclus après cette date. Ces principes ne souffrent exception qu'en deux hypothèses :

1) En matière de donations portant sur un immeuble, pour lesquelles il est requis que la donation satisfasse aux dispositions de forme impératives de la loi de l'État où l'immeuble est situé, tel que l'exigence du recours à un acte notarié, afin d'assurer la publicité de la donation conclue.
2) L'article 11.5. du Règlement Rome I précité soumet en effet expressément la forme du contrat, qui a pour objet le transfert d'un droit réel immobilier, aux règles impératives et non contournables du lieu de situation de l'immeuble.

   Le choix à opérer par les parties de la loi gouvernant leur donation peut encore être crucial, alors que la donation pourrait, le cas échéant, être dépourvue de tout effet après le décès du donateur, si la loi successorale, s'appliquant au partage de la succession du donateur, ne les considérait pas comme valides.

Ainsi que nous l'avons déjà relevé ci-avant, il est donc essentiel pour les parties d'opter pour la meilleure loi devant s'appliquer au contrat et de choisir celle qui est le plus favorable à leur objectif poursuivi.

En effet, la loi du contrat choisie par les parties dispose d'une compétence de principe pour régir les conditions de validité et les effets de la donation conclue.

Il est dès lors recommandé aux personnes, souhaitant conclure une donation à caractère international, de se faire conseiller au préalable quant aux conditions de forme à respecter, afin d'assurer une pleine validité et efficacité à leur donation, selon la loi appelée à régir le fond de celle-ci.

B. – CONDITIONS DE FOND

Au fond, la validité de la donation entre vifs obéit au Règlement de Rome I, dont question ci-avant.

1. Loi applicable en cas d'un choix exprimé par les parties au contrat

351 D'après les dispositions de l'article 3.2. du Règlement de Rome I, les parties peuvent déterminer elles-mêmes la loi s'appliquant à leur donation, sous la réserve que cette loi choisie ne leur permet pas d'échapper totalement, en cas de décès du donateur, à l'application de la loi successorale gouvernant le partage de la masse successorale, qui doit régir l'efficacité et, le cas échéant, la validité de la donation conclue par le donateur de son vivant.

Le principe de l'autonomie de la volonté des parties quant au choix de la loi applicable à leur donation peut toutefois connaître des limites. Celles-ci se présentent dans les hypothèses suivantes :

1) la loi choisie contient des dispositions qui ne sont pas compatibles avec l'ordre public ou avec les lois de police de l'État où la donation doit être exécutée,
2) la donation présente un rattachement exclusif avec un seul et même État.

Tel peut être le cas si la donation ne comporte aucun élément étranger, p. ex. si toutes les parties ont leur domicile dans le même État et que le bien à donner y est également situé.

L'article 3.3. du Règlement Rome I exclut en effet l'application du principe de l'autonomie de la volonté des parties dans des hypothèses où des dispositions impératives de la loi de l'État, dans lequel la donation devra recevoir exécution, ne permettent pas d'y déroger par voie du contrat.

L'hypothèse classique est celle où les parties choisiraient une loi particulière, afin d'échapper au paiement des frais d'enregistrement et de transcription de leur acte de donation, parce que la loi choisie ne connaît pas de telles taxes.

2. Loi applicable au contrat à défaut d'un choix exprimé par les parties

En vertu des articles 4.2. et 19.3. du Règlement Rome I précité, la donation sera, à défaut d'un choix exprès opéré par les parties de la loi appelée à régir leur contrat, soumis à la loi du pays, dans lequel la partie qui doit fournir la prestation caractéristique a son domicile ou sa résidence habituelle au moment de la conclusion du contrat. Cette partie est par essence le donateur, qui a pour obligation essentielle de délivrer le bien donné au donataire. 352

Le principe énoncé ci-avant connaît toutefois des exceptions, qui s'appliquent dans les hypothèses suivantes :

a) en matière de donation portant sur un bien immobilier. À défaut d'un choix exprès fait par les parties au contrat d'une autre loi, la donation sera régie par la loi du pays de la situation de l'immeuble (article 4.1. C du Règlement Rome I).

b) il résulte des circonstances de la cause que le contrat présente des liens manifestement plus étroits avec une loi déterminée, p. ex. les deux parties au contrat ont leur domicile dans un seul et même pays et le bien, sur lequel porte la donation, est situé dans ce même pays. Dans pareille hypothèse, cette donation sera régie par la loi de ce pays (article 4.3. du Règlement Rome I).

3. Application de la loi successorale à la donation

Il est évident qu'après le décès du donateur, la donation entre vifs consentie de son vivant n'échappera pas à une éventuelle censure par la loi successorale, en ce que celle-ci est appelée à régir la validité et les effets de cette donation. 353

La loi successorale régit en effet le rapport et la réduction des libéralités, ainsi que leur prise en compte dans le calcul des parts héréditaires, tout comme elle règle aussi la manière de calcul de la quotité disponible et de la réserve, de même que les autres restrictions à la liberté de disposer à cause de mort.

Il s'en dégage partant que, même si une donation satisfait à toutes les règles de forme et de fond de la loi qui la gouverne, il se peut toujours que la loi successorale n'en reconnaisse pas la validité et ses effets ou ne lui reconnaît qu'une validité soumise à certaines conditions et/ou des effets restreints.

C. – CONDITIONS DE VALIDITÉ DES DISPOSITIONS À TITRE GRATUIT

1. Consentement et capacité

354 Quant au consentement des parties à une donation, il obéit, quant à sa forme, à la règle générale de la loi applicable à l'acte juridique en cause. Pour les donations, ce sera la loi d'autonomie régissant ce contrat, car la matière n'est pas de nature successorale.

La capacité exigée des parties est déterminée par leur loi personnelle respective. Ceci vaut notamment pour le régime des incapables, majeurs et mineurs.

Toutefois, ce principe ne concerne que les incapacités générales. Or il existe, en matière de dispositions à titre gratuit, des incapacités spéciales. Celles-ci sont notamment prévues par les articles 907 et suivants, par exemple celles relatives aux dispositions à titre gratuit en faveur du médecin traitant du défunt et du ministre du culte. Ces règles tiennent à l'organisation des successions. Elles établissent en effet des incapacités de jouissance et non d'exercice. Il semble donc logique d'appliquer la loi successorale à ces incapacités spéciales. La capacité de recevoir à titre gratuit répond au même principe.

Pour les personnes physiques, l'incapacité de recevoir à titre gratuit relève de la loi successorale, dès lors que, n'affectant pas la personne dans l'ensemble de ses actes, mais seulement dans ses relations avec une personne déterminée, cette capacité ressortit à l'organisation de la succession. Tel est aussi le cas des présomptions d'interposition de personnes (article 911).

Pour les personnes morales, la capacité de recevoir à titre gratuit est un élément de leur capacité générale régie, à ce titre, par la loi sous l'empire de laquelle ces personnes sont constituées.

2. Objet et cause des donations

L'objet des donations concerne essentiellement la quotité disponible et la réserve héréditaire. La jurisprudence soumet partant cette matière à la loi successorale.

Cette loi conduit à calculer la réserve pour chaque masse de biens, mobiliers ou immobiliers, suivant une loi différente. La quotité disponible établie par chaque loi s'appliquera à la masse qu'elle régit.

La cause des donations est régie par la même loi que celle gouvernant leur objet. Toutefois, la règle de l'article 900 (« Les conditions impossibles ou contraires aux lois ou aux bonnes mœurs sont réputées non écrites ») a été considérée comme étant d'ordre public, du moins pour ce qui concerne des conditions impossibles ou immorales, sinon illicites.

3. Exécutions des donations – Réduction

Les formes de l'exécution des libéralités, parmi lesquelles figurent les donations, sont déterminées par la loi du lieu où cette exécution prend place, dans la mesure où la règle « *locus régit actum* » est en cause.

Le problème principal sous ce regard est celui de la réduction des donations dépassant la quotité disponible. À ce sujet, la qualité pour agir en réduction relève de la loi successorale.

L'ordre de réduction est avantageusement aussi soumis à cette loi pour obtenir, du moins quant aux meubles, un ordre unique, indépendant de la situation effective des différents meubles.

Le mode de réduction (en nature ou en valeur) soulève une question de propriété, qui implique la compétence de la *lex rei sitae*. S'il s'agit d'immeubles, cette loi se confond d'ailleurs avec celle de la succession, du moins jusqu'au 17 août 2015 où le règlement UE 650/2012 entrera en application. Il existe un avantage manifeste à assurer, dans la mesure du possible, un régime unique à l'action en réduction des donations.

Chapitre 10

Le régime fiscal des donations

355 Nous nous proposons de donner dans le présent chapitre un aperçu sommaire des droits fiscaux à payer en cas de donation. Il s'agit en l'occurrence des *droits d'enregistrement*. Quant à la notion de « donation imposable », notons immédiatement que le droit d'enregistrement ne frappe pas seulement les donations proprement dites, c'est-à-dire celles reçues devant notaire. Ces droits visent également les donations déguisées (cf. N° 306), les donations indirectes (cf. N° 246) et même les dons manuels (donations faites sans écrit et comportant un transfert à titre gratuit d'un bien ou de fonds), du moment que, dans un acte enregistré, il est fait état de telles donations.

Les auteurs se limitent à une analyse générale de cette matière, permettant au lecteur de se faire une idée au sujet des droits d'enregistrement à payer en cas de conclusion d'un contrat de donation.

Cette réglementation est complexe, avant tout en raison de l'absence quasi générale de dispositions légales précises et actuelles, définissant suffisamment le siège de cette taxation fiscale. La loi de base est celle du 22 frimaire an VII, c'est donc dire qu'il s'agit d'une législation assez désuète, ne tenant pas suffisamment compte des réalités économiques actuelles. Il n'existe d'autre part pas de jurisprudence claire et suffisante dans ce domaine.

Devant cet état de choses, les décisions de l'Administration de l'Enregistrement et des Domaines se basent largement sur la doctrine française ou, encore, sur la doctrine belge.

Il existe bien quelques lois de date plus récente, qui ont complété la loi du 22 frimaire an VII. Il s'agit avant tout de la loi du 23 décembre 1913 concernant la révision de la législation régissant les impôts dont le recouvrement est attribué à l'Administration de l'Enregistrement et des Domaines, de la loi du 7 août 1920 portant majoration des droits d'enregistrement et de succession, et de celle du 28 janvier 1948 tendant à assurer la juste et exacte perception des droits d'enregistrement et de succession.

Pour l'essentiel, ces lois se sont limitées à adapter les tarifs applicables en matière de droits d'enregistrement et de renforcer les droits d'investigation de l'Administration. Les lois ont en vue essentiellement des préoccupations d'ordre financier et budgétaire, plutôt qu'un but de modernisation et de simplification de la loi surannée de l'an VII. Une réforme en profondeur serait donc souhaitable, afin que les intéressés puissent consulter une législation cohérente, au lieu d'être réduits à chercher les informations nécessaires dans une législation rare et éparse, et même à consulter des auteurs spécialisés belges ou français.

Nous allons examiner sous les numéros suivants les questions suivantes : les caractéristiques essentielles des droits d'enregistrement, la base d'évaluation des donations, les tarifs applicables en fonction du lien de parenté entre le donateur et le donataire et le régime fiscal des donations avec charges.

A. – CARACTÉRISTIQUES ESSENTIELLES DES DROITS D'ENREGISTREMENT

Les droits d'enregistrement régissent la circulation juridique des biens, 356
notamment par voie de la vente ou de la donation. Ne sont soumis à ces droits que les actes juridiques expressément mentionnés par la loi sur cette matière ; *a contrario*, ceux qui n'y figurent pas échappent à cette imposition fiscale. Néanmoins, le contribuable n'a généralement pas souvent l'occasion de se réjouir d'avoir échappé au paiement des droits d'enregistrement, parce qu'il risque de tomber pour cet acte sous le régime de la taxe sur la valeur ajoutée.

Il existe un rapport étroit entre la législation sur les droits d'enregistrement et le droit civil. Cela est naturel, puisque les droits perçus par l'Administration de l'Enregistrement se greffent sur des opérations juridiques réglées par le droit civil. Cet état des choses explique en partie également la compétence du tribunal civil pour statuer sur les contestations nées en matière de droits d'enregistrement.

D'une façon globale, on peut dire que la loi fiscale fixe le tarif et la règle de base de la perception des droits d'enregistrement, alors que l'exigibilité de cet impôt est déterminée par le droit civil.

Toutefois, cette règle subit des exceptions. Ainsi le législateur a parfois dérogé à ce raccrochage du droit fiscal au droit civil. Tel est le cas dans deux hypothèses :

1) pour lutter contre la fraude fiscale. Si un intéressé a choisi abusivement une construction du droit civil dans le seul but d'échapper au paiement des droits d'enregistrement ou d'en réduire le montant, le législateur doit avoir souci de ne pas tolérer cet abus ;
2) pour éviter d'appliquer une règle de droit civil qui, en l'occurrence, serait contraire à son essence. Tel est le cas de la règle de droit civil concernant le caractère déclaratif du partage. Si une soulte est stipulée dans un partage, le droit fiscal ne considère celle-ci pas comme un élément du partage, exempt de droits d'enregistrement (droits proportionnels), mais comme représentant le prix de l'acquisition que fait le copartageant de tout ce qui excède sa part virile. Cette soulte est

en conséquence soumise aux droits d'enregistrement applicables à la vente.

On peut dire que le droit fiscal se range délibérément sous le régime du droit civil aussi longtemps que le législateur n'y a pas dérogé expressément. Ainsi en est-il, par exemple, des avantages matrimoniaux prévus par les articles 1515 et 1520 à 1525. Ces articles déclarent expressément que ces stipulations matrimoniales ne constituent pas des donations. La loi fiscale suit cette règle de droit civil et ne soumet de tels avantages matrimoniaux ni à un droit d'enregistrement, ni à un droit de succession.

De même, la prescription extinctive en droit civil joue chaque fois que la loi fiscale ne prévoit pas un délai plus court que celui du droit commun. Finalement, la qualification d'un acte juridique est régie par les règles de droit civil.

B. – DIFFÉRENCES FISCALES ENTRE LES DIFFÉRENTS ACTES DE CESSION

Il est connu que les droits d'enregistrement frappent tant les donations, c'est-à-dire des dispositions à titre gratuit, devant produire effet du vivant du donateur, que les actes de vente à titre donc onéreux. Au contraire, les droits de succession frappent la succession laissée par le défunt, y compris les legs testamentaires (pour les droits de succession, cf. numéros 233 et suiv.).

Or, tous ces actes connaissent fiscalement des avantages et des inconvénients qui seront présentement étudiés.

1. Différence des conséquences fiscales entre une donation et une vente

357 Habituellement, la donation est un mécanisme fortement favorisé en matière d'organisation du patrimoine d'une personne de son vivant, notamment pour permettre de garder certains biens dans le patrimoine familial ou simplement aider les enfants à consolider leur situation et stabilité financière future.

En effet, surtout en considération de l'augmentation des prix d'acquisitions immobilières que nous avons connue ces dernières décennies, certains parents ont acquis des biens immobiliers qu'ils ont mis en location afin d'en faire donation à leurs enfants à leur majorité ou quand ils décident de déménager de la maison parentale.

S'il est vrai que la donation est avantageuse contrairement à une vente puisqu'elle est à titre gratuit, elle connait, cependant, un inconvénient majeur qui ne s'applique qu'*a posteriori*, soit en cas de revente du bien immobilier donné.

Effectivement, la date de cession d'un bien immobilier à titre gratuit n'est pas fiscalement prise en considération pour déterminer la date à laquelle doit remonter le calcul de la plus-value imposable en cas de revente générant une telle plus-value.

Ainsi, la plus-value et l'impôt dû sur cette plus-value sont calculés par rapport à la dernière cession à titre onéreux qui peut remonter à plusieurs générations si le bien immobilier en question avait déjà fait l'objet d'un certain nombre de cessions à titre gratuit au fil des générations.

2. Différence entre les droits d'enregistrement et les droits de succession en cas de dispositions à titre gratuit

Ces deux catégories de droits fiscaux ont des points communs, mais pré- 358
sentent également des différences sensibles.

3. Points communs

Sous réserve de deux exceptions, que nous examinerons en analysant les différences entre droits d'enregistrement et droits de succession, on peut dire que la valeur imposable est la même pour l'un et l'autre impôt. C'est le principe de la valeur vénale des biens donnés ou hérités qui s'applique.

À l'opposé des actes à titre onéreux, dans lesquels cette valeur résulte de la convention des parties, cela n'est pas le cas des dispositions à titre gratuit, ceci pour la raison évidente que le donataire n'a pas à fournir de prestations en faveur du donateur. Dans les libéralités, cette valeur est déterminée, pour la liquidation et le paiement des droits dus, par la déclaration estimative des parties.

Un autre point commun entre ces deux catégories de droits fiscaux est celui que les tarifs d'imposition varient suivant la relation de parenté entre le disposant, ou le de cujus, et le bénéficiaire de la libéralité. Ces tarifs sont d'autant moins élevés que cette relation de parenté est étroite.

4. Différences

Celles-ci sont plus prononcées que les points communs. Ainsi, il existe entre ces deux catégories d'assez nombreuses différences. Relevons les plus essentielles :

1) Les droits d'enregistrement sont des droits proportionnels, c'est-à-dire que le pourcentage des droits perçus reste le même, quelle que soit la valeur de la donation. Par contre, les droits de succession sont progressifs, c'est-à-dire qu'ils augmentent plus que proportionnellement si la valeur de l'héritage augmente.

2) En matière de droits de succession, il y a exonération de ces impôts en ligne directe, dans la mesure où la part héritée reste dans la limite de la part virile (par exemple, 1/3 en présence de trois héritiers légaux). Rien de tel en matière de donations. Des droits d'enregistrement sont également dus en cas de donations faites aux descendants du donateur.

3) À l'exception des donations faites aux descendants, le tarif des droits d'enregistrement est inférieur à celui applicable en matière de droits de succession.

4) En matière de droits de succession, il existe une exonération si la valeur nette de la succession est inférieure à 1 250,00 €. Cela n'est pas le cas en matière de droits d'enregistrement perçus sur les donations. Il existe cependant une réduction des droits pour les donations contenues dans un contrat de mariage.

5) Les droits de succession sont perçus sur la valeur nette d'un héritage, c'est-à-dire déduction faite des dettes grevant cette succession.

Souvent une donation impose au donataire certaines charges, qui en réduisent la valeur nette. Nous verrons cependant que les droits d'enregistrement frappent la valeur brute de la donation, sans qu'il ne soit permis au donataire d'en déduire la contre-valeur de ces charges. (cf. N° 361).

C. – ÉVALUATION DES DONATIONS PORTANT SUR UN DÉMEMBREMENT DE PROPRIÉTÉ

359 Une donation ne porte pas nécessairement sur la pleine propriété d'un bien, notamment d'un immeuble. Très souvent, le donateur fait seulement donation de la nue-propriété, en se réservant l'usufruit ou, du moins, un droit d'habitation.

Dans un partage volontaire d'une succession, tant mobilière qu'immobilière, les parties sont en principe libres de fixer la valeur de l'usufruit de leurs biens successoraux. Le seul problème existe si la part héréditaire d'un copartageant est soumise à des droits de succession. Il faut dans ce cas se poser la question si l'Administration de l'Enregistrement et des Domaines accepte cette fixation de la valeur de l'usufruit faite par les parties.

La même question se pose en ce qui concerne les droits d'enregistrement à payer en cas de donation d'un bien, notamment immobilier. L'Administration précitée a en effet sa propre législation suivant laquelle il faut fixer la valeur respective de l'usufruit et de la nue-propriété.

Il convient cependant de signaleur dès à présent que la législation initiale, à savoir la loi du 23 décembre 1913, a été modifiée par celle du 26 mars 2014 (Mémorial A, N° 45 du 31 mars 2014, page 180).

Les deux législations fiscales partent du raisonnement que la valeur de l'usufruit est établie en fonction de l'espérance de vie qu'a encore devant lui l'usufruitier. Plus il est âgé, moins vaut son usufruit. Pour le nu-propriétaire, c'est le contraire qui se produit.

Ce principe étant acquis, il s'agit de trouver une base commune pour le calcul de la valeur respective de l'usufruit et de la nue-propriété. Tant la loi fiscale de 1913 que celle de 2014 ont admis forfaitairement que la valeur de la pleine propriété correspond à 10/10. La valeur de l'usufruit équivaut à un certain pourcentage de cette dernière valeur, en fonction de l'âge de l'usufruitier. Ainsi, pour donner un exemple, si la valeur de l'usufruit vaut 3/10, celle du nu-propriétaire vaut 7/10. À noter que, pour fixer ces valeurs, seul compte l'âge de l'usufruitier, celui du nu-propriétaire est indifférent.

Nous reproduisons ci-après les deux tableaux relatifs de la valeur de l'usufruit et de la nue-propriété, tels qu'ils se dégagent de la loi du 23 décembre 1913 et de celle de la loi du 26 mars 2014, entrée en application le 1er avril 2014.

1. Loi du 23 décembre 1913

1.1. *La valeur de l'usufruit*

Âge de l'usufruitier	Valeur de l'usufruit	Valeur de la nue-propriété
Moins de 20 ans (révolus)	7/10	3/10
20-30 ans "	6/10	4/10
30-40 ans "	5/10	5/10
40-50 ans "	4/10	6/10
50-60 ans "	3/10	7/10
60-70 ans "	2/10	8/10
70 ans et au-delà "	1/10	9/10

Exemple de calcul des droits d'enregistrement dus en application du tableau ci-dessus.

Une personne, âgée de 66 ans, donne à son neveu, âgé de 30 ans, sa maison d'une valeur de 600 000,00 €, en se réservant l'usufruit. Cette dernière valeur, en fonction de l'âge du titulaire, vaut 2/10 et celle du nu-propriétaire vaut donc 8/10.

Valeur de l'usufruit : 2/10 de 600 000,00 € = 120 000,00 €,

Valeur de la nue-propriété : 600 000,00 € – 120 000,00 € = 480 000,00 €,

Droits d'enregistrement à payer : 480 000,00 € ? 8,4 % = 40 320,00 €.

La valeur de l'usufruit retenu par le donateur n'est pas soumise à des droits fiscaux. Cela est évident alors que l'usufruit n'est pas aliéné. Toutefois, si le donataire n'est pas imposé lors de la donation, il le sera dans la succession du donateur, alors que la cessation d'un usufruit est soumise aux droits de succession. Dans la mesure où l'usufruitier n'a pas aliéné son usufruit ou n'y a pas renoncé (dans ce cas l'opération serait considérée comme vente), l'usufruit vient se confondre, au décès de l'usufruitier, avec la nue-propriété, et le nu-propriétaire deviendra plein propriétaire de la maison donnée.

Il est toutefois possible également que, dans l'acte de donation, l'usufruit ait été déclaré réversible sur la tête d'un tiers (par exemple, le donateur, étant marié, déclare que l'usufruit reviendra après son décès à son conjoint). Dans ce cas, les droits de succession, au lieu d'être payés par le nu-propriétaire au décès du donateur pour la cessation de l'usufruit, le seront seulement au décès de ce tiers-titulaire de l'usufruit.

Nous examinerons ultérieurement quelle est la situation fiscale en cas de réversion d'usufruit (N° 333).

1.2. *L'usufruit à temps, calculé dans le cadre de la loi du 23 décembre 1913*

Il s'agit de l'usufruit stipulé pour une période fixe, par exemple pour 10 ans. Un tel usufruit devrait être rare en matière de dispositions à titre gratuit.

Suivant l'article 30 de la loi du 23 décembre 1913, la valeur de l'usufruit à temps est de 2/10 pour chaque période de 10 ans, sans fraction.

La valeur d'un usufruit conféré pour 20 ans est donc de 4/10 de la pleine propriété, avec toutefois une limite car, calculé de la façon exposée ci-dessus, un usufruit à temps pourrait avoir une plus grande valeur qu'un usufruit viager. On n'a qu'à envisager l'hypothèse que l'usufruitier est âgé de plus de 70 ans. Dans ce cas, son usufruit vaut seulement 1/10.

Pour corriger cette anomalie, l'article 30 précité dispose qu'en aucun cas, la valeur de l'usufruit à temps ne peut dépasser celle d'un usufruit viager.

La méthode de calcul retenue en 1913 par le législateur pour procéder à l'évaluation de l'usufruit, en vue de la perception des droits fiscaux, ne constitue pas, à l'heure actuelle, une méthode adéquate pour déterminer les droits respectifs de l'usufruitier et du nu-propriétaire qui procèdent au partage d'un bien successoral. En effet, cette méthode a été fixée compte tenu notamment des attentes de survie de l'usufruitier à l'époque, et, près de cent ans plus tard, la durée de vie est plus longue, de sorte que l'attente de survie de l'usufruitier est actuellement plus élevée qu'en 1913.

Le législateur a donc décidé de modifier les paramètres fixés dans la loi du 23 décembre 1913. Les nouvelles valeurs de l'usufruit et de la nue-propriété ont été établies par la loi du 26 mars 2014. Le tableau des valeurs de la nue-propriété et de l'usufruit, qui se dégagent de la nouvelle loi, est le suivant :

2. Loi du 26 mars 2014 (valable à compter du 1er avril 2014)

Âge de l'usufruitier		Valeur de l'usufruit	Valeur de la nue-propriété
Moins de 20 ans (révolus)		9/10	1/10
20-30 ans	"	8/10	2/10
30-40 ans	"	7/10	3/10
40-50 ans	"	6/10	4/10
50-60 ans	"	5/10	5/10
60-70 ans	"	4/10	6/10
70-80 ans	"	3/10	7/10
80-90 ans	"	2/10	8/10
90 ans accomplis et au-delà		1/10	9/10

En comparant les deux tableaux, nous constatons que la valeur de l'usufruit a fortement augmenté et est au maximum de 9/10 contre 7/10 dans le tableau ayant figuré dans la loi de 1913. D'autre part, la valeur n'est plus plafonnée à 1/10 lorsque l'usufruitier est âgé de 70 ans et au-delà. À cet âge, l'usufruit s'établira à 3/10 et sera encore de 1/10 lorsque l'usufruitier a dépassé les 90 ans.

2.1. *L'usufruit à temps (loi du 26 mars 2014)*

La valeur de l'usufruit constitué pour une durée fixe est estimée aux 2/10 de la valeur de la propriété entière pour chaque période de 10 ans de la durée de l'usufruit, sans fraction et sans que cependant, dans aucun cas, la valeur de l'usufruit ne puisse dépasser celle d'un usufruit viager, telle qu'elle a été fixée en application du tableau ci-dessus.

2.2. *Le droit d'habitation et le droit d'usage*

Jusqu'à l'entrée en application de la loi du 26 mars 2014, notre législation fiscale ne prévoyait pas de taux fiscal légal en cas de transfert d'un droit d'habitation à titre onéreux ou à titre gratuit.

Cette lacune a été comblée par la loi du 26 mars 2014. Celle-ci prévoit que « la valeur du droit d'habitation viager ou à durée fixe ou celle du droit d'usage viager ou à durée fixe, est évaluée à 60 % de la valeur de l'usufruit pour les échanges et pour les transmissions entre vifs à titre gratuit de biens, ainsi que pour les transmissions à titre onéreux ».

Pour la définition des notions de « droit d'habitation » et de « droit d'usage », il est renvoyé à notre livre « La propriété immobilière », pages 399 à 403.

2.3. *La fixation de la valeur de l'usufruit dans le cadre d'un partage judiciaire*

La valeur de l'usufruit ne sert pas seulement au calcul des droits fiscaux (droits d'enregistrement et de succession à percevoir sur un droit en usufruit). Ce dernier joue également un assez grand rôle dans un partage judiciaire, mettant en cause des héritiers et, généralement, un conjoint survivant.

Il s'agit souvent du conjoint que le conjoint décédé avait épousé en secondes noces, tout en laissant des enfants d'un premier mariage. Généralement, le conjoint survivant bénéficie, dans le cadre des articles 761-1 ou 1094, de droits successoraux en usufruit (cf. numéro 42). Souvent les enfants d'un premier mariage du de cujus se voient réduits à des droits en nue-propriété. Il convient alors de fixer en valeur monétaire les parts respectives du conjoint survivant et des enfants d'un premier lit, abstraction faite des droits fiscaux dus dans ces cas.

Souvent cette fixation doit être faite par le tribunal saisi du partage, alors que les copartageants de la succession du défunt ne s'entendent pas à ce sujet. Sur quelles normes le tribunal doit-il baser le calcul de la valeur de l'usufruit revenant au conjoint survivant, en présence du fait que ni le Code civil, ni une loi postérieure, n'a prévu de règles à ce sujet ?

Longtemps les tribunaux ont appliqué le tableau repris à la page 446 ci-dessus. Cette méthode de calcul a cependant été critiquée par les intéressés, notamment par les avocats défendant les causes d'un conjoint survivant. Ils ont raisonné que la méthode fixée en 1913 par le tableau ci-dessus l'a été en tenant compte des attentes de survie de l'usufruitier à l'époque (1913 et années suivantes). Cent ans plus tard, la durée de survie de personnes âgées est beaucoup plus longue. Il est d'autre part injuste de limiter l'âge maximal du conjoint survivant à 70 ans pour le calcul de son usufruit, en ne faisant pas de différence quant à la valeur de l'usufruit entre une personne âgée de 70 ans et celle âgée de 90 ans.

Le tribunal civil de Luxembourg, saisi de cette question, a reconnu la validité des arguments visés à l'alinéa précédent. Il a décidé que les valeurs de l'usufruit fixées en 1913 pour des raisons fiscales, n'étaient pas applicables en ce qui concerne les usufruits déterminés en dehors du contexte fiscal susvisé. Le jugement rendu par le tribunal civil a été confirmé en appel par la Cour Supérieure de Justice.

Abandonnant la méthode de calcul d'ordre fiscal susvisée, les tribunaux sont référés, soit à l'article 669 du Code général des impôts français, soit aux tables publiées par le notaire belge, Me Jean-Luc LEDOUX, dénommées « tables LEDOUX » et publiées à la Revue du notariat belge 1995, pages 235 et suivantes. Les valeurs d'usufruit retenues par Me LEDOUX se fondent sur des tables de survie médiane, basées sur des calculs actuariels.

Ces tables se basent sur des formules mathématiques complexes. Il est donc difficile pour les auteurs, non versés dans les sciences mathématiques, de les commenter.

Par contre, les données figurant à l'article 669 du Code général des impôts français (Journal Officiel français du 18 septembre 1981) sont faciles à comprendre. Ainsi, cet article fixe la valeur de l'usufruit à :

- 90 %, si l'usufruitier a moins de 21 ans ;
- 40 %, si l'usufruitier a moins de 71 ans ;
- 30 %, si l'usufruitier a moins de 81 ans ;
- 20 %, si l'usufruitier a moins de 91 ans.

Pour donner cependant une idée générale au sujet des méthodes de calcul de l'usufruit valables, soit sur base de l'article 669 du Code général des impôts français, soit par référence aux tables LEDOUX, signalons que le système français donne, pour un usufruitier âgé entre 71 et 80 ans, une valeur de son usufruit de 30 % de la pleine propriété, tandis que les tables LEDOUX donnent, pour la même catégorie d'âge, une valeur de 28,28 %.

Les nouvelles dispositions fiscales sur la méthode de calcul de l'usufruit, adoptée par la loi du 26 mars 2014, pourraient être appliquées par les tribunaux. Étant donné que ces modifications remontent à moins d'un an, on ne connaît pas encore la position des tribunaux quant à cette question.

À noter finalement que la durée de survie de l'usufruitier se calcule, non pas en se plaçant à la naissance de celui-ci, mais à la date de la conversion de son usufruit, de sorte que, plus cette conversion tarde à se faire après le décès du de cujus, moins élevé sera, le cas échéant, le taux de conversion de cet usufruit.

D. – TARIFS DES DROITS D'ENREGISTREMENT EN MATIÈRE DE DONATIONS

360 Ces tarifs ont été fixés par la loi du 7 août 1920 portant majoration des droits d'enregistrement, de timbre et de succession.

Les tarifs y prévus ont été augmentés de 2/10 par la loi du 13 mai 1964 ayant pour objet l'amélioration et l'harmonisation des régimes de pension contributifs. Cette majoration était destinée au financement partiel de la revalorisation des pensions réalisée par cette loi.

Nous reproduisons ci-après les tarifs tels qu'ils résultent de l'adaptation opérée par la loi du 13 mai 1964 susvisée.

1. Donations en ligne directe

Les donations faites en ligne directe (entre descendants et ascendants), sans dispense de rapport, sont soumises au taux de 1,80 %. Il en est de même des attributions faites dans les partages d'ascendant, prévus par les articles 1075 et 1076. Ces donations et partages de biens immeubles sont affranchis de tout droit de transcription.

Ce taux est de 2 % pour les donations par préciput et hors part ou avec dispense de rapporter en nature l'objet de la donation, de même que pour les excédents des parts viriles des attributaires dans les partages d'ascendant jusqu'à concurrence de la quotité disponible, dont il serait expressément disposé par préciput et hors part.

Le taux est de 3 % pour les attributions faites dans les partages d'ascendant, soit au-delà du préciput expressément stipulé et de la part filiale calculée sur le restant, soit au-delà de la part virile, s'il n'y a pas de stipulation de préciput.

2. Donations entre conjoint

Le taux est fixé à 4,8 % de la valeur de la donation mobilière ou immobilière.

Ce taux est seulement de 2,4 % pour les donations faites aux conjoints dans un contrat de mariage ou en vue du mariage.

3. Donations entre frères et sœurs

Ce taux est de 6 % de la valeur de la donation. Il est réduit à 3 % pour les donations par contrat de mariage ou en vue du mariage d'un frère ou d'une sœur.

4. Donations entre oncles ou tantes et neveux ou nièces ou entre beau-père ou belle-mère et gendre ou bru

Elles sont imposées à un taux est de 8,4 %. Ce taux est réduit à 4,2 % pour les donations par contrat de mariage ou en vue du mariage des neveux ou nièces.

5. Donations entre grands oncles ou grandes tantes et petits-neveux ou petites-nièces

Le taux applicable est de 9,6 %. Il est seulement de 4,8 % pour les donations faites par contrat de mariage ou en vue du mariage des petits-neveux ou petites-nièces.

6. Donations entre parents d'un degré inférieur à ceux susvisés, entre personnes non parentes, ainsi qu'entre beau-père ou belle-mère et gendre ou bru

Le taux est de 14,4 %. C'est le taux le plus élevé perçu à titre de droits d'enregistrement pour une donation, quelle qu'en soit la valeur.

7. Donations mettant en cause un adoptant et un adopté et ses descendants

On sait qu'en matière d'adoption, il est fait une distinction entre adoption plénière et adoption simple.

L'adoption plénière est celle visée par les articles 367 à 369. Elle fait entrer l'enfant adopté dans la famille de l'adoptant et rompt les relations légales de l'adopté avec sa famille d'origine.

En cas d'adoption plénière, les donations entre l'adoptant et l'adopté sont assimilées à celles faites en ligne directe (cf. position 1. ci-dessus).

L'adoption simple a un caractère spécial en ce sens qu'elle maintient les relations légales de l'adopté avec sa famille d'origine, tout en créant des liens particuliers entre l'adoptant et l'adopté, ainsi que les descendants de ce dernier.

Du point de vue des droits d'enregistrement, il existe, quant à l'adoption simple, un régime fiscal de droit commun et un régime favorisant fiscalement cette adoption.

En régime de droit commun, le taux des droits d'enregistrement est de 7 % pour les donations entre l'adoptant et l'adopté et de 8 % pour les donations faites entre l'adoptant et les descendants de l'adopté.

L'effet du régime favorisant fiscalement l'adoption est d'assimiler les adoptés, remplissant les conditions énumérées ci-après, aux enfants bénéficiant de l'adoption plénière, donc aux descendants légitimes ou naturels reconnus (cf. ci-dessus pour l'adoption plénière). Le titre III de la loi modifiée du 13 juillet 1959 sur l'adoption énumère quatre cas dans lesquels il y a assimilation entre l'adoption simple et l'adoption plénière.

Ces quatre cas concernent des adoptions faites :

1) des adoptés issus du premier mariage du conjoint de l'adoptant et de leurs descendants, ainsi que des enfants naturels adoptés par leur auteur et de leurs descendants,
2) des adoptés, pupilles de la nation, et des orphelins de guerre, pour autant que cette qualité leur a été reconnue par l'Œuvre des pupilles de la nation (ces cas devraient être inexistants de nos jours),
3) des adoptés qui, dans leur minorité et pendant 6 ans au moins, ont reçu de l'adoptant des secours et soins non interrompus, et de leurs descendants,
4) des adoptés dont l'adoption (simple) a été demandée avant qu'ils n'aient atteint l'âge de 16 ans et de leurs descendants.

Signalons en marge que le traitement fiscal des adoptés, suivant la distinction faite ci-dessus, existe également en matière de droits de succession.

Quant à ces derniers droits, les adoptés ayant bénéficié d'une adoption plénière ou ceux rentrant dans le champ d'application d'un des quatre cas susvisés, sont assimilés aux descendants et sont exemptés des droits de succession.

Les autres catégories d'adoptés sont, du point de vue de la soumission aux droits de succession, assimilées aux neveux (taux de base : 9 %). Les descendants de ces adoptés sont assimilés aux petits-neveux (taux de base : 10 %).

8. Donations à des personnes morales

Rentrent dans cette rubrique, les personnes morales de droit public et celles de droit privé, poursuivant un but désintéressé.

1) En ce qui concerne la première catégorie, sont visés les communes, les établissements publics, les hospices et les bureaux de bienfaisance (loi du 29 décembre 1971, article 25).
2) Les donations faites à ces personnes morales sont soumises à un droit d'enregistrement de 4,8 %.
3) Les donations faites à des associations sans but lucratif, à des établissements d'utilité publique, à l'évêché, aux consistoires, aux synagogues et aux fabriques d'église sont soumises à un taux de 7,2 %.
4) Les donations ayant pour objet des fondations, des bourses d'études aux universités et aux enseignements publics, sont exemptés des droits d'enregistrement.

La loi du 29 décembre 1971 spécifie que les taux précités et les exonérations visées sous le point 3) sont applicables exclusivement aux administrations, établissements et associations luxembourgeois.

Chapitre 11

Les donations avec charges

Pour clore ce chapitre relatif aux droits d'enregistrement perçus à l'occasion d'une donation, nous allons examiner le régime des donations avec charges, fréquentes en pratique. On peut les définir comme des donations dans lesquelles le donateur impose au donataire l'obligation d'accomplir une prestation au profit du donateur lui-même ou au profit d'un tiers. Dans ce dernier cas, on qualifie ces donations de donations secondaires.

Ces dernières donations peuvent être analysées sous deux aspects :

1) les donations secondaires payables *avant le décès* du donateur,

2) les donations secondaires payables *au décès* du donateur.

Nous examinerons finalement une disposition s'apparentant aux donations secondaires. Il s'agit de la réversion d'usufruit, c'est-à-dire de la clause d'une donation stipulant qu'au décès de l'usufruitier, son usufruit ne reviendra pas immédiatement au nu-propriétaire, mais passera auparavant à un deuxième usufruitier.

A. – CHARGES STIPULÉES AU PROFIT DU DONATEUR

361 Il arrive fréquemment qu'un donateur, tout en gratifiant le donataire d'un bien, lui impose une obligation à exécuter à son profit. Les charges les plus fréquentes imposées à cet égard sont celles :

- de loger et de nourrir le donateur au domicile du donataire,
- de payer des impositions fiscales du donateur existant au jour de la passation de la donation,
- de rembourser une dette du donateur existant au moment de la donation,
- d'assumer les frais funéraires du donateur, d'aménager une pierre tombale et de s'occuper de l'entretien de la tombe du donateur,
- de faire des réparations urgentes à l'immeuble ayant fait l'objet de la donation.

Nous avons exposé, en rapport avec les droits de succession, que l'héritier n'a à payer ces droits que sur base de la valeur nette de l'héritage lui échu, c'est-à-dire qu'il lui est permis de déduire de sa part héréditaire, les dettes et frais en rapport direct avec cette succession. En est-il de même en matière de charges grevant une donation, celles-ci ayant également pour effet d'en diminuer la valeur ?

Tel n'est pas le cas dans notre droit fiscal, tout comme en droit fiscal français et belge.

Ces charges sont tout simplement négligées en vertu du principe de l'indivisibilité de la donation. Il ne faut pas confondre avec une charge de la donation, la réserve faite par le donateur d'une partie du bien donné, notamment la réserve d'usufruit. Dans ce cas, les droits d'enregistrement sont perçus uniquement sur la nue-propriété (cf. numéro 359).

Toutefois, suivant une pratique suivie par l'Administration de l'Enregistrement et des Domaines, ne basant sur aucune disposition légale particulière, le droit d'habitation que le donateur s'est réservé sur l'immeuble donné est considéré comme une charge non déductible et non comme une réserve d'une partie du bien donné.

Charge au profit des héritiers du donateur

Une telle charge s'identifie à celle pouvant être stipulée au profit du donateur lui-même. Elle n'a pas d'influence sur la perception des droits d'enregistrement.

Cette stipulation est assimilée à une charge, dont le bénéficiaire serait le donateur lui-même et les héritiers en retrouvent la contre-valeur dans sa succession. Ces héritiers doivent donc payer des droits de succession sur l'avantage en question.

B. – CHARGES STIPULÉES AU PROFIT D'UN TIERS (DONATION SECONDAIRE)

Le donateur peut imposer au donataire l'obligation de donner un bien 362
mobilier ou, généralement, une somme d'argent ou une rente, à un tiers.

Dans ce cas, la charge imposée au profit du tiers constitue une libéralité indirecte. En effet, le tiers bénéficiaire recueille à titre gratuit le bien en question par l'intermédiaire du donataire.

L'opération représente juridiquement une stipulation pour autrui, au sens de l'article 1121. La charge imposée au profit d'un tiers constitue une donation secondaire par rapport à la donation principale.

Exemple d'une donation secondaire :

A donne à B, son frère, un appartement d'une valeur de 150 000,00 €, à charge de payer à C, neveu du donateur, une somme de 25 000,00 €.

La charge imposée au donataire peut revêtir deux formes :

1) la somme donnée est payable avant le décès du donateur, ce qui est généralement le cas,
2) la somme donnée est payable seulement après le décès du donateur.

Nous allons examiner ci-après les répercussions fiscales de chacun des deux modes de paiement de la donation secondaire.

1. Donation secondaire payable avant le décès du donateur

363 Dans ce cas, l'assujettissement des deux donations aux droits d'enregistrement se fait comme si le donateur avait fait lui-même la répartition des biens ou des valeurs donnés et chaque donataire est imposé jusqu'à concurrence de ce qu'il reçoit effectivement.

1) Ainsi, dans l'exemple ci-dessus, la valeur de la donation principale est de (150 000,00 – 25 000,00 =) 125 000,00 € et B (frère) paie sur cette valeur : 125 000,00 × 6 % = 7 500,00 € à titre des droits d'enregistrement, C (neveu) paie : 25 000,00 × 8,4 % = 2 100,00 €.
2) Nous savons qu'une des exigences légales en matière de donations est celle que la donation soit acceptée par le donataire (article 932). Cette acceptation peut être faite dans l'acte de donation lui-même ou dans un acte postérieur.
3) Dans l'exemple ci-dessus, l'acceptation du donataire secondaire est censée être faite dans l'acte de donation lui-même.
4) Acceptation ultérieure de la donation

   Nous supposons que le neveu C n'a pas accepté sa donation de 25 000,00 € dans l'acte de donation. Dans ce cas, pour la perception des droits d'enregistrement, la donation secondaire est à négliger et la donation principale est imposée pour l'intégralité de la valeur de l'appartement ayant fait l'objet de la donation (150 000,00 €).
5) droits perçus : 150 000,00 × 6 % = 9 000,00 €.
6) Si C accepte dans un acte postérieur sa donation d'une valeur de 25 000,00 €, il y a lieu de procéder comme dans l'exemple sub 1) ci-dessus, et les droits dus sont de : 7 500,00 + 2 100,00 = 9 600,00 €.
7) Comme B n'a payé que 9 000,00 €, un supplément de (9 600,00 – 9 000,00 =) 600,00 € est dû par C.

2. Donation secondaire payable au décès du donateur

Une première constatation doit être faite. Si le paiement de la donation secondaire est reporté au décès du donateur, ce fait n'enlève pas à cette disposition le caractère de donation et ne la transforme pas en legs. En l'occurrence, le décès du donateur constitue un simple terme du paiement et non une condition suspensive de la donation secondaire. 364

2.1. *L'acceptation de la donation secondaire a été faite dans l'acte de donation*

L'imposition se fera comme il est indiqué dans l'exemple sub 1-1) ci-dessus (paiement de 7 500,00 € à charge de B et de 2 100,00 € à charge de C).

2.2. *Acceptation dans un acte ultérieur*

cf. l'exemple sub 1-2) ci-dessus.

2.3. *Non-acceptation de la donation par le donataire secondaire avant le décès du donateur*

Cette absence d'acceptation fait perdre à la donation secondaire son caractère de libéralité entre vifs. Elle sera à considérer comme legs, ceci sur base de l'article 26 de la loi du 7 août 1920 susvisée, prévoyant ce qui suit : « Dans le cas d'un contrat renfermant une stipulation au profit d'un tiers nommément désigné, les sommes ou valeurs que le tiers est appelé à recevoir à titre gratuit au décès du stipulant sont considérées comme recueillies à titre de legs par le bénéficiaire dans la succession du stipulant, si la stipulation n'a pas été assujettie au droit d'enregistrement établi pour les donations ».

Or, nous avons vu ci-dessus que, si le bénéficiaire de la donation secondaire ne l'a pas acceptée dans l'acte de donation, cette donation secondaire est négligée pour la perception des droits d'enregistrement. Les conditions visées par l'article 26 susvisé sont donc remplies. La donation secondaire de 25 000,00 €, non acceptée du vivant du donateur, se transforme en conséquence en legs et des droits de succession sont dus dans le chef de C.

En admettant que C (neveu du donateur) ne recueille pas d'autre part dans la succession du donateur que les 25 000,00 € en question, il paie les droits de succession suivants :

25.000,00 à 9 % =	2.250,00 €
+ majoration de 1/10	+ 225,00 €
	2.475,00 €

Toutefois, l'Administration de l'Enregistrement et des Domaines, sur base d'une pratique administrative, est d'accord à défalquer sur les droits de successions dus, la somme que le donataire principal a payée, à titre de droits d'enregistrement, sur la valeur de la donation secondaire, soit dans l'exemple visé ci-dessus : 25 000,00 à 6 % = 1 500,00 €. Le neveu C devra donc payer, à titre de droits de succession (2 475,00 – 1 500,00 =) 975,00 €.

Nous rappelons que, si le neveu C avait accepté sa donation au montant de 25 000,00 € du vivant du donateur, il aurait payé 2 100,00 € à titre de droits d'enregistrement. Si, dans l'exemple choisi, le neveu C est avantagé, n'ayant à payer dans la présente hypothèse que 975,00 €, la différence des droits perçus en faveur du fisc est néanmoins de (2 475,00 – 2 100,00 =) 375,00 €.

C. – RÉVERSION D'USUFRUIT

365 La clause de réversion d'usufruit, stipulée comme condition accessoire d'une donation, s'apparente étroitement à la donation secondaire, tout en suivant un régime fiscal qui s'en différencie.

Illustrons cette règle à l'aide d'un exemple.

Le donateur A, âgé de 72 ans, fait donation le 1er juillet 1996 à son neveu B d'une maison valant 150 000,00 €, tout en se réservant l'usufruit de cette maison. Le donateur déclare cet usufruit réversible, à son décès, au profit de son frère, âgé de 69 ans.

Au moment de l'enregistrement de cet acte de donation, les droits sont perçus comme suit :

Dans la relation entre A et B, la donation se limite à l'aliénation à titre gratuit de la nue-propriété de la maison (le donateur étant âgé de 72 ans, la valeur de son usufruit est de 1/10 de 150 000,00 €, soit 15 000,00 €).

Valeur de la nue-propriété : (150 000,00 – 15 000,00 =) 135 000,00 €,

Droits d'enregistrement à percevoir : 135 000,00 à 8,4 % = 11 340,00 €.

Le donateur A est décédé le 2 avril 2001. Dans la déclaration de succession, C, frère du donateur, accepte la réversion de l'usufruit. Contrairement à ce qu'on pourrait penser, il n'est pas perçu sur cette réversion d'usufruit un droit de succession, mais un droit d'enregistrement.

C étant âgé de 69 ans, la valeur de son usufruit est de 2/10 de 15 000,00 € = 3 000,00 €. Les droits d'enregistrement à payer sont dès lors de 3 000,00 € à 6 % (frère) = 180,00 €.

Il n'est pas bonifié à C le droit d'enregistrement payé par B (neveu du donateur), parce que l'usufruit réservé par A n'a pas subi le droit de donation. À cet égard, il y a en conséquence une différence avec le régime des donations secondaires, qui permet une telle bonification des droits fiscaux.

Réversion de l'usufruit en faveur d'un conjoint

Le système exposé ci-dessus s'applique, en règle générale, également à la réversion de l'usufruit stipulée par un conjoint au profit du conjoint survivant. Il s'agit en l'occurrence d'une donation et non d'une disposition de dernière volonté.

Dans ce cas, le régime fiscal de cette réversion d'usufruit dépend du régime matrimonial des conjoints, qui détermine si l'immeuble sur lequel porte la réversion d'usufruit, est un bien de la communauté ou un propre du conjoint-donateur.

PARTIE 3

LES TESTAMENTS

Introduction

Nous avons déjà relevé, dans l'introduction à la 2e partie, portant sur les donations, qu'il existe deux catégories de libéralités, celles faites entre vifs et celles stipulées à cause de mort.

Les testaments constituent des libéralités à cause de mort. Nous étudierons dans la présente partie les conditions de validité des testaments, tenant tant à la forme qu'au fond des différentes sortes de testaments, les causes de caducité et de nullité des testaments, ainsi que la révocation des dispositions testamentaires.

Nous analyserons, d'autre part, les différentes catégories de legs susceptibles de figurer dans un testament, de même que les droits et obligations découlant pour un légataire d'un legs testamentaire.

Les règles exposées concernant les testaments ne s'appliquent intégralement que lorsqu'elles concernent une succession nationale, c'est-à-dire mettant en cause des héritiers habitant notre pays ou concernant des immeubles situés au Grand-Duché. Au cas où le règlement 1650/2012 s'appliquerait à une succession internationale, il se pourrait que les dispositions luxembourgeoises doivent céder le pas devant les dispositions prévues par ce règlement UE.

Chapitre 1

Définition et caractéristiques du testament

366 Le testament, nous dit l'article 895, est l'acte par lequel le testateur dispose pour le temps où il n'existera plus, de tout ou partie de ses biens, et qu'il peut révoquer.

Suivant cette définition, un testament présente plusieurs caractéristiques :

a) Il est un acte unilatéral, dès lors qu'il ne contient que l'expression de la seule volonté du testateur. Il ne comporte donc pas l'acceptation par le légataire de son legs. Une telle acceptation ne saurait résulter du testament lui-même, mais se dégage d'un acte ultérieur à poser par le légataire.

b) Le Code civil prévoyant des conditions de validité assez strictes, le testament n'est valable que s'il a été dressé dans l'une des formes établies par le Code. En fait, le testament se présente comme un acte solennel. Cette solennité se justifie parce que la loi voudrait assurer l'indépendance du testateur, afin de lui permettre d'exprimer une volonté libre et afin d'éviter que cette volonté puisse prêter à confusion ou à équivoque.

c) Le testament peut porter, soit sur l'intégralité du patrimoine du testateur, soit sur une partie seulement de sa fortune ou même sur un seul bien. Les legs qui sont prévus au testament, sont qualifiés en fonction de leur envergure.

d) Ainsi, le legs qui porte sur l'ensemble du patrimoine du testateur, est appelé « legs universel ». Celui qui concerne l'ensemble d'une partie déterminée de sa fortune, comme, par exemple, l'ensemble de ses biens immobiliers, est qualifié de « legs à titre universel ». Le legs qui ne vise qu'un ou plusieurs biens isolés du testateur est appelé « legs à titre particulier ».

e) Il n'est toutefois pas requis que le testateur dispose, par voie de testament, de tous ses biens. Il peut aussi se contenter de léguer seulement quelques biens à ses légataires et laisser à la loi la dévolution de sa succession restante. Dans pareille hypothèse, l'universalité de sa fortune, déduction faite des legs particuliers, est dévolue aux héritiers légaux, à chacun suivant la quote-part que la loi lui attribue dans le cadre d'une succession ab intestat.

f) Le testament ne produit ses effets qu'au jour du décès du testateur. Il en résulte que celui qui dispose de sa fortune par testament, ne se dépouille pas de ses biens de son vivant, contrairement à celui qui consent une donation. C'est par cette caractéristique essentielle que le legs se distingue de la donation entre vifs.

g) Le testament n'opère donc un transfert de la propriété du patrimoine légué qu'à la mort du disposant. Du vivant du testateur, le légataire ne dispose d'aucun droit de propriété sur son futur legs. Par contre, le donataire acquiert tout de suite, c'est-à-dire au moment de la donation, un droit de propriété sur les biens donnes.

h) Enfin, le testament est un acte qui reste toujours librement révocable par le testateur jusqu'au jour de son décès. Le testateur peut toujours modifier les dispositions testamentaires qu'il a prises, les remplacer par d'autres ou les révoquer carrément, pour assurer une dévolution ab intestat de sa succession.

Nous trouvons dans cette caractéristique des testaments un second point essentiel sur lequel le testament diffère de la donation entre vifs. Nous avons en effet vu dans la 2e partie de cet ouvrage traitant des donations, que celles-ci ne sont pas révocables, sauf dans les cas et pour les causes expressément et limitativement prévues par le Code civil, comme l'ingratitude du donataire, l'inexécution des charges lui imposées, ou la survenance d'un enfant au donateur après la donation.

Chapitre 2

Les conditions de validité des testaments

Il y a lieu de distinguer entre deux catégories de conditions :

a) les conditions touchant au fond des testaments,

b) les conditions de forme des testaments.

A. – LES CONDITIONS DE FOND

367 Nous avons déjà étudié les conditions de fond requises pour la validité des donations. Ces mêmes règles sont, sauf quelques exceptions, également valables pour les testaments. Nous nous permettons dès lors d'y renvoyer pour le détail (cf. numéros 247 et s.) et nous mentionnons à cet endroit seulement les règles spécifiques régissant les conditions de fond d'un testament.

Ainsi, la validité d'un testament quant au fond requiert :

a) un consentement libre, exprimé par un testateur sain d'esprit ; ce consentement ne doit pas être entaché d'un vice, c'est-à-dire être surpris par erreur ou par dol et/ou extorqué par violence,

b) la capacité du testateur de disposer à titre gratuit. Celle-ci doit exister au moment de la rédaction du testament,

c) un objet licite déterminé, ou du moins déterminable sur lequel porte le testament,

d) l'existence d'une cause licite et morale de l'engagement contracté par le testateur, qui se confond avec son intention de gratifier le bénéficiaire.

Au-delà des conditions de fond précitées, une capacité particulière est requise dans le chef du testateur. Le Code civil pose en effet deux exigences. Ainsi le testateur doit, pour établir un testament valable, avoir :

a) un âge minimum,

b) la santé mentale.

1. L'âge minimum requis

368 Le Code civil exige que le testateur soit âgé de 16 ans au moins pour faire un testament valable. Cette condition doit être remplie au jour de la rédaction du testament.

Un mineur, âgé de moins de 16 ans, n'est donc pas investi de la capacité de rédiger un testament valable. Le testament laissé par un tel mineur serait nul. Il restera nul même si le mineur a entre-temps atteint l'âge de la majorité. Il faut en effet apprécier sa capacité au moment de la confection du testament.

Une personne, âgée de plus de 16 ans, jouit de la capacité d'établir des dispositions de dernière volonté valables. Cependant, si le testateur est âgé de 16 ans seulement, mais n'a pas encore atteint l'âge de la majorité, il ne saurait valablement léguer par testament que la moitié des biens dont un majeur pourrait disposer. Par exception, le mineur peut stipuler des dispositions extrapatrimoniales dans son testament, à condition que ce dernier soit un testament authentique. Ainsi, il peut reconnaître un enfant naturel.

Si un mineur, âgé de plus de 16, mais de moins de 18 ans, a disposé par testament d'une plus grande partie de sa fortune que la loi le lui permet, son testament est-il nul ?

Tel n'est pas le cas. Il appartiendrait seulement dans cette hypothèse aux héritiers du testateur de demander en justice la réduction des legs testamentaires au maximum légal autorisé.

2. La santé mentale du testateur

Le testament est un acte par lequel le testateur exprime sa libre volonté 369
de disposer de sa fortune après sa mort. Pour que le consentement du testateur soit exprimé en pleine liberté, il faut qu'il ait joui de saines facultés mentales au moment de l'établissement de son testament.

Ainsi, serait nul le testament laissé par une personne qui de son vivant a été placée sous tutelle par le tribunal.

Est de même incapable de faire un testament valable la personne qui, sans avoir été placée sous tutelle, a souffert d'une aliénation mentale ou d'une faiblesse d'esprit au moment où elle a rédigé son testament. Il est évident qu'une telle personne n'a pas pu exprimer un consentement libre et avoir conscience de la portée juridique de son acte.

Il n'est à cet égard pas relevant de savoir si cette faiblesse d'esprit a été permanente ou seulement temporaire. Il importe seulement d'apprécier si cette absence des facultés mentales a existé dans le chef du testateur au moment de la rédaction du testament.

Un testament dressé par une personne qui de son vivant n'a pas joui de saines facultés mentales, peut être attaqué en nullité après son décès par toute personne qui y a un intérêt légitime. Le demandeur à l'action doit, pour réussir dans sa démarche, prouver que le testateur ne jouissait pas, au moment où il a établi son testament, de sa pleine capacité mentale.

Une telle preuve est susceptible d'être rapportée par tous les moyens, comme par un certificat médical, des témoignages ou même des présomptions. Il est toutefois requis que l'incapacité mentale du testateur soit établie à l'abri de tout doute. Une préférence est donc accordée à la preuve rapportée par constat médical.

Cette preuve est également requise dans le cas d'une action en nullité intentée contre un testament authentique. Reste à signaler que la déclaration du notaire que le testateur a agi en pleine possession de ses facultés mentales, est susceptible d'être combattue par tous moyens et n'a pas besoin de faire l'objet d'une procédure spéciale en inscription de faux.

B. - LES CONDITIONS DE FORME

1. Les règles essentielles

370 Comme nous venons de le relever, le testament est un acte solennel. Ceci implique que la loi ne reconnaisse la validité d'une manifestation de volonté du testateur qu'à la condition que cette volonté soit exprimée dans l'une des formes prescrites par la loi.

Les conditions de forme, dont le respect est exigé, poursuivent l'objectif d'assurer que la volonté du testateur soit exprimée avec le plus de certitude possible. Le respect des conditions de forme n'est pas seulement requis *ad probationem*, c'est-à-dire pour assurer sa preuve, mais bien *ad validitatem*, c'est-à-dire pour la validité du testament.

Donc, un testament, qui serait rédigé, sans que les conditions de forme aient été observées, serait nul, d'une nullité absolue. Le testateur qui aurait laissé, à son décès, un testament nul pour inobservation des formes légales, sans avoir dans la suite établi un second testament valable, serait considéré comme étant décédé ab intestat et sa succession serait donc dévolue à ses héritiers légaux.

Qu'en est-il de la validité d'un testament verbal ? – Une personne qui se prévaudrait d'une manifestation de volonté simplement orale exprimée par le de cujus, de l'instituer comme son légataire, ne serait pas admise à établir une telle intention du défunt par des témoins, alors même que cette personne pourrait produire un commencement de preuve par écrit. Une manifestation de volonté orale du défunt – à la supposer établie – ne saurait en effet être assimilée à une disposition testamentaire et ne peut donc produire d'effet juridique.

Signalons toutefois que cette exclusion ne s'applique que pour une succession nationale. Pour autant que le règlement 1650/2012 soit applicable, il est possible qu'un testament verbal soit reconnu. La même observation s'applique à un testament conjonctif établi à l'étranger.

La même conclusion s'impose, lorsqu'un prétendu légataire, se prévalant d'un legs oral à son profit, entend établir par témoins que le défunt aurait été empêché par une circonstance indépendante de sa volonté, d'exprimer sa volonté par écrit.

Quelle serait la situation si un prétendu légataire invoquait un testament rédigé par le de cujus dans les formes légales, mais qui a été détruit ou dissimulé depuis, de sorte que le légataire se trouve dans l'impossibilité de le produire comme moyen de preuve ?

La jurisprudence adopte ici deux positions bien distinctes, suivant que le testament a été détruit par le testateur, ou qu'il est venu à disparaître après le décès de ce dernier.

a) Si le testament a été détruit par le testateur, cette destruction équivaut à une révocation implicite ou tacite de ce testament. La même conclusion s'impose, lorsque le testament a été détruit du vivant du testateur par un cas de force majeure ou par un tiers, et que cette destruction a été connue du testateur. Rien n'aurait en effet empêché celui-ci de refaire son testament s'il avait maintenu ses intentions initiales.

b) Si, par contre, la destruction du testament a eu lieu par une force majeure, ou par une tierce personne, après le décès du testateur, la jurisprudence admet le légataire présumé à prouver l'existence et le contenu du testament allégué par tous moyens, telles des dépositions testimoniales et même de simples présomptions, pourvu qu'elles soient suffisamment précises, concordantes et concluantes.

Il a d'autre part déjà été relevé que le testament est un acte unilatéral, c'est-à-dire un acte reposant sur la seule volonté du testateur. Ceci implique nécessairement, et le Code civil ne manque pas de le signaler expressément, que le testament conjonctif, c'est-à-dire celui rédigé par deux testateurs dans un seul et même écrit, est prohibé. L'article 968 le précise dans les termes suivants : « Un testament ne pourra être fait dans le même acte par deux ou plusieurs personnes, soit au profit d'un tiers, soit à titre de disposition réciproque et mutuelle ».

Cette disposition s'applique à toutes les sortes de testaments. Elle signifie qu'un testament ne saurait contenir que l'expression de la volonté d'une seule personne. Admettre en effet un testament conjonctif, contenant les dernières volontés de deux ou même de plusieurs testateurs, reviendrait à priver chacun de ceux-ci de la faculté de révoquer son testament, du moment que celui-ci ne pourrait être révoqué que de l'accord de tous les testateurs.

2. Les différentes formes du testament

Les conditions de forme, tenant à la façon dont le testament doit être **371**
rédigé pour être valable, diffèrent en fonction de la nature du testament. L'article 969 distingue en effet trois sortes de testaments :

1) les testaments olographes,
2) les testaments publics ou authentiques,
3) les testaments mystiques.

Nous analyserons ci-après ces trois sortes de testaments, en étudiant à la même occasion les formes dans lesquelles chaque sorte de testament est à rédiger.

2.1. *Le testament olographe*

2.1.1 Définition

372 L'article 970 définit le testament olographe comme étant un testament « écrit en entier, daté et signé de la main du testateur ; il n'est assujetti à aucune autre forme ». Ce texte soumet donc la validité de ce testament au respect des conditions émargées ci-avant.

Il se dégage de cette définition que le testament olographe est un testament qui offre des avantages certains en raison de sa simplicité. C'est en effet la forme de testament qui présente les plus grandes facilités, tant en ce qui concerne sa rédaction que sa révocation. C'est aussi un testament qui n'occasionne pas de frais. D'autre part, le testament olographe est aussi celui qui offre à son auteur le plus de garanties quant à la tenue au secret de ses dernières volontés.

Le testament olographe présente toutefois aussi certains inconvénients incontestables que le testateur ne doit en aucun cas sous-estimer. Comme il rédige en effet, dans certains cas, son testament olographe à son domicile, sans informer ses proches quant à l'existence ou quant au lieu de conservation de son testament, il court des risques non négligeables.

Il risque d'abord, qu'à son décès, ses légataires présumés, laissés dans l'ignorance de l'existence d'un testament, ne se doutent pas de l'existence d'un tel testament. Il existe donc un danger que sa succession sera liquidée « *ab intestat* » entre ses héritiers légaux, ce qui ne correspondrait certainement pas aux souhaits du défunt.

Un second risque peut se présenter, même dans l'hypothèse où les proches du de cujus ont été informés de l'existence d'un testament. Il est en effet possible que les légataires ne trouvent pas ce testament. Ces légataires sont alors privés de leur legs s'ils ne peuvent pas produire un testament écrit. La succession serait dans ce cas également dévolue aux héritiers légaux du défunt.

Un troisième danger existe si un héritier légal du de cujus, écarté de sa succession par un testament olographe, trouve ce testament. Cet héritier peut être amené à détruire le testament trouvé afin de rentrer dans ses droits successoraux.

Le testateur a donc tout intérêt à rendre public tant l'existence d'un testament olographe que le lieu de sa conservation. Il peut assurer cette publicité tout simplement, en informant une personne de confiance de son testament. Cette personne peut être, soit un membre de sa famille, soit un homme de loi, tel un notaire ou un avocat. Le testateur peut même confier son testament olographe en dépôt à une telle personne de confiance.

D'autre part, la loi du 9 août 1980 a assuré une certaine publicité des dispositions de dernière volonté. En vertu de cette loi, tout notaire qui est chargé de la rédaction d'un testament public ou qui reçoit un testament mystique ou olographe en dépôt, est tenu de faire une déclaration y afférente auprès de l'Administration de l'Enregistrement et des Domaines. Cette Administration tient un registre dans lequel tout testament, qui lui est signalé, est inscrit. De même, chaque particulier qui a rédigé un testament olographe, a la faculté, sans y être légalement obligé, de faire inscrire son testament à ce registre.

Tant que le testateur est en vie, les mentions portées sur le registre susvisé ne sont pas publiques et personne ne peut en avoir communication. Ces renseignements peuvent être obtenus après le décès du de cujus et toute personne, justifiant d'un intérêt légitime, peut obtenir communication des renseignements inscrits sur le registre quant à l'existence d'un éventuel testament laissé par le défunt, contre paiement d'une taxe administrative.

Ces mesures de publicité limitent, dans une certaine mesure, les risques quant à la non-découverte ou quant à une destruction volontaire d'un testament olographe.

En pratique, le testament olographe constitue la forme de testament la plus employée, compte tenu de la facilité qu'il offre.

2.1.2 Forme du testament olographe

Il se dégage de la définition du testament olographe, telle qu'elle est 373
donnée par les dispositions de l'article 970, que trois conditions de forme sont requises pour la validité de ce testament. Il doit en effet :

1) être écrit en entier de la main du testateur,
2) être daté par le testateur,
3) être signé de la main du testateur.

a) Le testament doit être écrit en entier de la main du testateur

L'article 970 exige expressément cette formalité. D'ailleurs, le qualificatif donné par la loi à cette variété de testament – testament « olographe », c'est-à-dire rédigé par son auteur lui-même, – laisse déjà sous-entendre une telle nécessité.

Le fait que la loi exige que le testament soit écrit en entier par le testateur est d'ailleurs absolument nécessaire et se justifie par la circonstance que la loi accorde de pleins effets juridiques à un simple acte sous seing privé. Il faut donc s'assurer que le testateur a pu librement exprimer sa volonté, sans subir l'influence d'une tierce personne.

En ce sens, un testament olographe qui contiendrait des termes écrits par une autre personne que le testateur, serait nul et de nul effet. Il en est de même du testament olographe, rédigé de la main du testateur, mais contenant des ajoutes y apportées par un tiers.

Un tel testament serait encore nul s'il était établi que, pendant la rédaction par le testateur, sa main a été guidée par un tiers. Le testament demeure cependant valable si ce tiers n'a fait qu'assister le testateur lors de la rédaction de son testament, par exemple, en l'aidant, à raison de sa mauvaise vue, à placer sa main sur le papier et à signer au bon endroit.

Par contre, la loi ne reconnaît pas la validité d'un testament dactylographié, alors qu'un tel testament ne remplit pas les conditions de forme imposées. Il ne suffit même pas, pour assurer à un tel document dactylographié, les effets d'un testament olographe valable, que le testateur ait ajouté une mention manuscrite, datée et signée par lui, énonçant que l'acte dactylographié correspond entièrement à sa volonté.

À condition que le testament ait été rédigé en entier par le testateur, il importe peu qu'il ait été écrit à l'aide d'une plume, d'un crayon ou d'un stylo à bille, qu'il ait été rédigé sur du papier, sur du carton ou sur un autre matériel. Le testament est reconnu comme valable, dès lors qu'il donne l'impression d'être sérieux et qu'il révèle dans le chef du testateur une volonté certaine et non équivoque de rédiger des dispositions testamentaires.

Un testament olographe peut même être contenu dans une lettre missive, pourvu que celle-ci soit rédigée en entier de la main du testateur, qu'elle soit datée et signée par ce dernier.

Le testament olographe peut finalement être rédigé sur papier libre et n'a pas besoin d'être couché sur du papier timbré.

b) Le testament doit être daté

La loi exige que le testament olographe soit daté de la main du testateur. La nécessité d'une date portée sur l'acte contenant les dispositions testamentaires, s'explique pour trois raisons.

- D'abord, la capacité du testateur de disposer à titre gratuit s'apprécie au moment de la rédaction du testament. Il importe donc de connaître le jour exact auquel le testateur a rédigé son testament.
- Ensuite, si le testateur a laissé plusieurs testaments, il est capital de savoir lequel de ces actes constitue le dernier en date, étant entendu

que le plus récent testament a généralement révoqué les testaments antérieurs.

- Enfin, l'apposition d'une date précise sur son testament par le testateur transforme le simple projet de testament en un testament véritable.

L'article 970 ne précise pas ce qu'il faut entendre par la notion de « date ». Or, il ne saurait faire de doute qu'il est exigé que le testament indique le jour, le mois et l'an, auquel il a été dressé par le testateur. La jurisprudence admet toutefois que la date peut aussi être indiquée autrement, par exemple par l'indication du « jour de Noël 2012 ».

Par contre, si le testateur indique sciemment une fausse date, c'est-à-dire une date ne correspondant pas au jour, au mois et à l'année de sa rédaction, cette fausse indication doit entraîner la nullité du testament, même si elle n'est pas destinée à frauder la loi ou à cacher une incapacité du testateur.

La jurisprudence décide toutefois que la preuve de la fausseté de la date ne saurait être rapportée que par des éléments intrinsèques au testament, donc se retrouvant dans le texte même du testament ou dans l'acte qui lui sert de support. Elle refuse par contre les moyens de preuve extrinsèques et étrangers au texte du testament.

c) Le testament doit être signé par le testateur

L'article 970 exige que le testateur signe lui-même ses dispositions testamentaires. Elle est destinée à attester que le testament est bien l'œuvre du testateur.

La signature n'a pas besoin d'être lisible, mais il faut et il suffit que ce soit la signature habituelle du testateur et qu'on puisse l'identifier.

2.1.3 Formalités subséquentes à la rédaction du testament

Même si l'article 970 dispose que le testament olographe, à côté de 374
l'écriture de la main du testateur, de la date et de la signature du testament, n'est soumis à aucune autre formalité, il n'en reste pas moins vrai que d'autres formalités postérieures deviennent nécessaires, pour que le testament puisse produire ses effets juridiques. Parmi ces formalités, il y en a une qui est purement facultative, les autres par contre sont obligatoires.

a) Formalité facultative : le dépôt du testament auprès d'un notaire

Comme il a été relevé ci-avant, l'auteur d'un testament olographe court le risque que son testament ne sera pas trouvé après son décès ou que, tombé en de mauvaises mains, il ne fasse l'objet d'une destruction volontaire.

Pour éviter ces risques, le testateur peut assurer la conservation de son testament, en le déposant, avant son décès, auprès d'un notaire. Ce dépôt se fait sans aucune forme et le notaire n'est même pas tenu de dresser un procès-verbal de ce dépôt.

b) Ire formalité obligatoire : la présentation du testament au président du Tribunal d'arrondissement

Après le décès du testateur, une formalité s'impose en vue d'assurer la conservation du testament et sa protection contre toute tentative de destruction ou contre tout risque de perte.

Cette formalité consiste dans la présentation du testament olographe au président du Tribunal d'arrondissement du lieu de l'ouverture de la succession, c'est-à-dire de l'arrondissement dans le ressort duquel le défunt avait son dernier domicile. Cette présentation doit être faite par toute personne qui trouve un testament. Souvent, cette formalité est assurée par le notaire, qui a reçu le testament en dépôt du testateur, sinon par le notaire qui est chargé par les héritiers du de cujus de la liquidation de la succession.

Cette formalité s'impose, d'après les dispositions de l'article 1007, alinéa 1er, à tous les testaments olographes, sans exceptions.

L'article 1007, alinéa 1er précité dispose en outre que le testament « sera ouvert (par le président), s'il est cacheté. Le président dressera procès-verbal de la présentation, de l'ouverture et de l'état du testament ».

La question se pose si la loi attache une sanction particulière au défaut de présentation du testament au président du Tribunal d'arrondissement. L'article 1007, alinéa 1er reste muet à cet égard, en ce qu'il n'édicte aucune sanction contre le non-respect de cette formalité. Il en résulte que le testament, qui serait produit tardivement, sans avoir été présenté au président du tribunal, et même après avoir été décacheté, n'est pas nul pour autant et conserve sa validité.

c) 2e formalité obligatoire : Dépôt du testament auprès d'un notaire désigné par le président du tribunal

L'article 1007, alinéa 1er *in fine* dispose que le président du tribunal, après avoir ouvert le testament qui lui a été présenté, en ordonne le dépôt entre les mains d'un notaire qu'il désigne.

Normalement, le président désigne le notaire, par le biais duquel le testament lui a été présenté. Le président remet ensuite le testament entre les mains de ce notaire pour le garder en dépôt.

Ce dépôt n'est point constaté par un procès-verbal dressé par le notaire en question. En effet, la remise du testament entre ses mains, effectuée en vertu de l'ordonnance du président du tribunal, fait l'objet d'un procès-verbal spécial, lequel contient la déclaration signée du notaire, qu'il a reçu le testament.

2.2. *Le testament par acte public ou testament authentique*

2.2.1 Définition

Le testament par acte public, ou testament authentique, est celui qui est dicté par le testateur au notaire qui l'écrit. Cette définition résulte des dispositions de l'article 972. 375

Le testament par acte public présente des avantages par rapport au testament olographe. Ces avantages tiennent, d'un côté, aux conseils juridiques que peut donner au testateur le notaire, chargé de la réception du testament public, pour ce qui est des legs à faire.

D'un autre côté, l'intervention du notaire dans la rédaction du testament assure au testateur que ses dernières volontés ne sont pas affectées d'un vice de forme ou de fond, rendant le testament invalide.

Finalement, le testament par acte public fait pleine foi de sa véracité quant à son contenu et quant à sa date, jusqu'à inscription en faux. En dernier lieu, c'est le seul testament, auquel peuvent recourir les personnes, qui ne savent pas écrire ou qui ne le peuvent pas, en raison d'un handicap physique ou d'une maladie.

Il faut cependant relever que cette forme de testament comporte des frais, ce qui n'est pas le cas du testament olographe.

2.2.2 Forme du testament par acte public

a) Nombre des notaires et des témoins

L'article 971 dispose que le testament par acte public doit être « reçu par un notaire, en présence de deux témoins, ou par deux notaires ».

Ces dispositions ont été introduites dans le Code civil par la loi modifiée du 31 décembre 1927. Celle-ci exige, pour la validité de cette sorte de testament, que le second notaire, ou les deux témoins, si le testament est reçu par un seul notaire, soient effectivement et continuellement présents lors de la réception du testament.

b) Capacité des témoins

Il faut distinguer deux sortes de conditions de capacité, requises dans le chef des témoins chargés d'assister le notaire lors de la réception d'un testament public, à savoir :

- les conditions de capacité générales,
- les conditions de capacité spéciales.

i) Les conditions de capacité générales

Ces conditions se dégagent des dispositions de l'article 980, tel qu'il a été réformé par une loi du 8 novembre 1984. D'après ce texte, les témoins, qui assistent le notaire lors de la réception d'un testament public, doivent :

- être majeurs,
- savoir signer,
- résider au Grand-Duché,
- connaître la langue dans laquelle l'acte est rédigé,
- connaître la langue dans laquelle le testament est dicté au notaire ou traduit par un traducteur assermenté,
- avoir la jouissance des droits civils,
- ne pas être sous tutelle ou sous curatelle.

Le texte légal précise expressément que la sanction de l'inobservation de ces conditions de capacité générale est la nullité du testament.

ii) Les conditions de capacité spéciales

Ces conditions se présentent sous une forme négative, à savoir sous forme d'exclusions. Des exclusions spéciales empêchent en effet certaines personnes d'être témoins à un testament public.

Une telle incapacité de remplir les fonctions de témoin pour un testament public concerne en particulier les personnes aveugles ou sourdes. Le rôle des témoins à un testament public est en effet d'assurer, par leur présence, l'indépendance du testateur, en empêchant qu'une pression ne soit exercée sur lui.

D'autres exclusions résultent des articles 975 et 980.

L'article 975 frappe d'une exclusion spéciale d'assister comme témoin à la réception d'un testament public, les personnes suivantes :

- les légataires institués dans le testament, à quelque titre qu'ils soient, c'est-à-dire tant les légataires universels à titre universel et les légataires à titre particulier,
- le conjoint de ces légataires,
- les parents ou alliés de ceux-ci jusqu'au 4e degré inclusivement,
- les parents ou alliés jusqu'au 3e degré inclusivement du notaire chargé de recevoir le testament,
- les parents ou alliés jusqu'au 3e degré inclusivement du testateur,
- le conjoint du notaire,
- le conjoint du testateur,
- les employés et gens de maison du notaire,
- les employés et gens de maison du testateur.

L'article 980 ajoute que deux parents ou alliés jusqu'au 2e degré inclusivement, ainsi que le mari et la femme, ne peuvent pas être témoins dans le même acte.

La sanction de l'inobservation de ces exclusions est la nullité du testament.

2.2.3 La dictée du testament

L'article 972 dispose que le testament doit être dicté par le testateur aux deux notaires ou au notaire unique en présence de deux témoins, chargé(s) de le recevoir. Le testament est alors rédigé par le notaire ou par l'un des deux notaires. Le ou les notaires peuvent aussi faire rédiger le testament par un tiers, tel le clerc de notaire, soit à la main, ou à l'ordinateur, et le faire reproduire au moyen d'un procédé agrée par le Ministre de la Justice.

Comme le testament doit être dicté par le testateur au ou au(x) notaire(s), il en résulte qu'un muet ne peut pas tester dans la forme authentique. Toutefois les sourds ou muets peuvent faire un testament olographe.

Le notaire est obligé d'écrire textuellement ce qui lui est dicté par le testateur, sauf qu'il peut interpeller le testateur au sujet des dispositions contraires à la loi, contradictoires ou imprécises.

Une fois la dictée du testament par le testateur achevée, le notaire est tenu de lui en donner lecture, en la présence continuelle des témoins, pour assurer la conformité du texte dicté au texte écrit. Comme cette lecture est à assurer à haute voix par le notaire, cette condition implique l'impossibilité pour des sourds de tester en la forme authentique, alors que ces personnes ne comprendraient pas la lecture qui leur est donnée.

Après que le notaire a donné lecture au testateur du contenu de ses dispositions testamentaires, le testateur doit les signer tout de suite.

Si le testateur déclare qu'il ne sait ou ne peut pas signer, il est fait dans l'acte mention expresse de sa déclaration, ainsi que de la cause qui l'empêche de signer.

En vertu des dispositions de l'article 973, la dictée, l'écriture, la lecture, ainsi que la signature du testament par le testateur, se font en présence du second notaire ou des témoins. Le testament doit, en outre, être signé par les deux notaires, ou par le notaire et les témoins.

L'article 974 dispose qu'il est fait mention expresse de l'observation des formalités prévues aux articles 972 et 973. Cette mention assure l'exécution des formalités prescrites par la loi, car le notaire qui affirmerait faussement sous sa signature avoir accompli les formalités légales, s'exposerait aux peines de l'infraction pénale du faux en écriture publique.

D'autres formalités, prescrites pour les actes notariés en général, doivent également être observées. Il s'agit en particulier des suivantes :

- le testament doit être signé par le notaire qui l'a reçu,

- il doit être daté et contenir la mention du lieu de sa passation,
- le testament est à écrire en un seul tenant. Les surcharges, interlignes, radiations et additions sont à signer spécialement par les personnes appelées à signer le testament,
- le notaire doit s'abstenir de rédiger un testament, dans lequel il est lui-même partie, c'est-à-dire testateur ou légataire. Toutefois le notaire peut valablement être institué comme exécuteur testamentaire par le testament qu'il reçoit, à condition cependant que le testament ne fixe aucune rémunération à son profit.

2.3. *Le testament mystique*

2.3.1 Définition

376 Le testament mystique, ou testament secret, est un acte écrit par le testateur ou par une autre personne et présenté, clos et scellé, devant témoins, à un notaire qui en dresse, en minute ou en brevet, un acte de suscription authentique.

Le testament mystique assure de cette façon sa conservation et écarte par là même tout risque de substitution. Il permet d'autre part de tenir secrètes les dispositions prises par le testateur. Il ne diffère pas beaucoup du testament olographe, déposé après sa rédaction par le testateur chez un notaire.

Ainsi, pour les testaments olographes confiés en dépôt chez un notaire, et pour les testaments mystiques, la conservation est la même et les garanties que cette conservation assure au testateur sont identiques.

Le testament mystique diffère du testament olographe par le fait que c'est une variété de testament qui est à la portée des personnes qui ne savent pas écrire ou ne le peuvent plus.

Le testament mystique est une forme de testament peu en usage, en raison de ses formes assez compliquées et archaïques.

2.3.2 Forme du testament mystique

Cette forme se dégage des dispositions des articles 976 et 977. Les formalités y prévues sont les suivantes :

a) La rédaction et la signature du testament mystique

Le testament mystique peut être écrit, soit par le testateur lui-même, soit par une autre personne, ceci sans la présence d'un témoin.

L'article 976 dispose en outre que le testateur doit signer le testament qu'il vient de rédiger ou de faire rédiger par une tierce personne.

Il s'ensuit qu'une personne qui ne sait pas écrire, mais qui est à même de signer, peut recourir à cette forme de testament.

Si le testateur est muet, mais s'il est à même d'écrire, il peut faire un testament mystique, à condition que celui-ci soit signé par lui, écrit par lui, ou par un autre, à la main ou mécaniquement, qu'il le présente aux deux notaires ou au notaire et aux témoins, et qu'en haut de l'acte de suscription, il écrive, en leur présence, que le papier qu'il présente, est son testament et qu'il signe.

L'article 978 précise que ceux qui ne savent ou ne peuvent lire sont incapables de faire un testament sous la forme mystique.

L'article 976 *in fine* dispose par ailleurs que, pour le cas où le testateur, par un empêchement survenu depuis la signature du testament, ne peut signer l'acte de suscription à dresser par le notaire, il est fait mention, dans ce dernier acte, de la déclaration y relative faite par le testateur, et du motif qu'il donne de son incapacité de signer.

L'article 977 y ajoute que, si le testateur ne sait pas signer, ou s'il n'a pas pu le faire, lorsqu'il a fait écrire ses dispositions, il est procédé de la façon visée par l'article 976, sauf qu'il est fait en outre mention à l'acte de suscription que le testateur a déclaré ne pas savoir signer ou n'avoir pu le faire, lorsqu'il a fait écrire ses dispositions.

Par opposition aux autres formes de testaments, le testament mystique n'a pas besoin d'être daté. La loi présume, en effet, qu'il reste un simple projet, jusqu'à ce qu'il soit présenté au notaire. C'est la date de l'acte de suscription qui constitue celle du testament.

Lors de la présentation de son testament au notaire, le testateur lui déclare que le contenu du papier qu'il présente est son testament, signé de lui et écrit par lui ou par un autre, à la main ou mécaniquement, en affirmant, dans ce dernier cas, qu'il en a personnellement vérifié le libellé ; il indique, dans tous les cas, le mode d'écriture employé.

b) Clôture et scel du testament

L'article 976 stipule que le papier, qui contient les dispositions de dernière volonté ou le papier qui sert d'enveloppe, s'il y en a une, est clos, cacheté et scellé. En ce qui concerne la clôture du testament, celle-ci se réalise le plus souvent par la mise du testament dans une enveloppe fermée.

c) Présentation du testament au notaire et rédaction de l'acte de suscription

Le testament, une fois clos, cacheté et scellé, doit être présenté à deux notaires ou à un notaire et à deux témoins. Le testateur a toutefois également la possibilité de faire clore, cacheter et sceller son testament en présence des personnes ci-avant spécifiées.

Comme il a été relevé plus haut, le testateur déclare, lors de la présentation de son testament au notaire, que l'acte qu'il présente est son testament, signé par lui et écrit, soit par lui-même, soit par un autre, à la main ou mécaniquement, en affirmant, dans ce dernier cas, qu'il en a personnellement vérifié le contenu. Le testateur doit, en outre, indiquer dans tous les cas le mode d'écriture employé pour la rédaction du testament.

Le notaire dresse immédiatement l'acte de suscription, c'est-à-dire le procès-verbal relatant la présentation du testament par le testateur, l'état du papier et les déclarations précitées du testateur. Cet acte est dressé en minute ou en brevet. Le notaire écrit cet acte de suscription ou le fait écrire à la main, mécaniquement, imprimer ou reproduire au moyen d'un procédé agréé par le Ministre de la Justice, sur le papier contenant les dispositions de dernière volonté ou sur la feuille qui lui sert d'enveloppe, tout en y portant la date et l'indication du lieu où il a été passé, la description du pli et de l'empreinte du sceau, ainsi que mention de toutes les formalités ci-dessus.

Ledit acte de suscription est signé tant par le testateur que par les notaires ou le notaire et les témoins.

L'article 979, alinéa 2 prévoit que le testament mystique, dans lequel les formalités légales susvisées n'auraient pas été observées, est nul comme testament mystique, mais vaut cependant comme testament olographe, si toutes les conditions, requises pour la validité de cette forme de testament, sont remplies. Cette règle joue même, si le testament a été expressément qualifié de testament mystique.

d) Ouverture du testament

Le testament mystique, tout comme le testament olographe, doit être présenté au président du Tribunal d'arrondissement après le décès du testateur. C'est l'article 1007, alinéa 2 qui en dispose ainsi.

Toutefois, pour cette forme de testament, sa présentation, son ouverture, sa description et son dépôt sont faits dans la même forme que pour le testament olographe, mais son ouverture ne peut avoir lieu qu'en présence de ceux des notaires et des témoins, signataires de l'acte de suscription, qui se trouvent sur les lieux, ou de ceux appelés à l'ouverture du testament. Après celle-ci, le président commet un notaire, entre les mains duquel il prescrit le dépôt de ce testament.

2.3.3 Les capacités requises

a) La capacité requise dans le chef du testateur

377 À côté des conditions de capacité générales requises pour tout testateur, la personne qui fait un testament mystique, doit savoir et pouvoir lire (article 978). La loi veut assurer par cette disposition que le testateur,

lorsqu'il présente son testament au notaire, soit capable de vérifier si l'écrit qu'il présente, est bien celui qui contient ses dispositions de dernière volonté.

Un aveugle ne peut en conséquence pas recourir à la forme du testament mystique, dès lors qu'il ne peut pas procéder aux vérifications précitées.

Pour un testateur muet qui ne peut pas faire les déclarations susvisées au notaire, la loi organise des formes spéciales. Ainsi, ces déclarations orales sont remplacées par des déclarations écrites que le testateur porte sur le haut de l'acte de suscription (article 979 susvisé). Un muet peut donc tester dans la forme mystique, pourvu qu'il sache écrire.

b) La capacité requise dans le chef des témoins

Les témoins au testament mystique sont soumis aux mêmes conditions de capacité que celles requises dans le chef des témoins au testament public, telles que ces conditions se dégagent de l'article 980. Il est renvoyé à cet égard aux numéros 367 et suivants qui traitent de ces conditions de capacité.

Par contre, les témoins au testament mystique ne sont pas soumis aux conditions de capacité requises par l'article 975, conditions qui ne s'appliquent qu'aux seuls témoins à un testament authentique. Sont donc capables de remplir la fonction de témoins à un testament mystique, les légataires institués par ce testament et leurs parents, ou alliés. Cette règle se justifie par le fait que le contenu du testament est gardé secret, de sorte que l'on ne saurait dire qui est légataire. De même, les conjoints, parents ou alliés jusqu'au 3e degré inclusivement du notaire ou du testateur, de même que les employés et gens de maison du notaire, comme son clerc, ou du testateur, peuvent être témoins.

c) La capacité du notaire

Le notaire, dressant l'acte de suscription, ne peut pas être parent ou allié du testateur, testant dans la forme mystique. Par contre, le notaire ne perd pas sa capacité de dresser un acte de suscription valable d'un testament mystique, par lequel ses parents ou alliés ou même lui-même se trouvent gratifiés.

2.3.4 La force probante du testament mystique

Le testament mystique contient en fait deux actes distincts : **378**

- le testament lui-même,
- l'acte de suscription.

De ces deux actes, seul l'acte de suscription revêt la forme authentique, tandis que le testament reste, quant à lui, un écrit sous seing privé.

Il en résulte que l'acte de suscription – acte notarié – fait foi de son contenu jusqu'à inscription en faux. Au contraire, le testament, étant un acte privé, ne possède pas une même force probante. Ainsi, la signature du testateur peut être contestée par les héritiers du testateur.

C. – LE TESTAMENT-PARTAGE

379 Le partage d'ascendant peut se réaliser également, ainsi que nous l'avons déjà mentionné, par testament. Cette forme est néanmoins assez rare en pratique. Nous pouvons donc nous limiter à analyser plus sommairement le testament-partage.

On peut définir celui-ci comme étant un acte unilatéral à cause de mort, unilatéralement révocable, par lequel un ascendant opère entre tous ses héritiers présomptifs la distribution et le partage des biens qu'il laissera à son décès.

À l'opposé de la donation-partage qui, bien qu'étant à l'initiative de l'ascendant, est néanmoins l'œuvre commune de celui-ci et de ses enfants, le testament-partage présente un caractère autoritaire plus accentué. Il s'impose en effet aux enfants, dès lors qu'ils acceptent la succession légale de l'ascendant, sans qu'ils aient eu à consentir à son élaboration.

Contrairement encore à la donation-partage, qui produit un effet immédiat et qui est irrévocable, le testament-partage n'a d'effet qu'au jour du décès de l'ascendant. D'autre part, tandis que le testament-partage comprend normalement tous les biens que l'ascendant laisse à son décès, la donation-partage ne saurait porter que sur les biens que l'ascendant possède au jour de la donation.

Il est, cependant, important de préciser que tout comme une donation-partage, le testament-partage ne doit pas nécessairement porter sur tous les biens laissés par le testateur à son décès. Le testament-partage peut donc également être partiel et ne porter que sur une partie des biens du testateur, le restant de sa succession étant partagée comme une succession ab intestat en respectant dans l'ensemble l'éventuelle réserve héréditaire.

1. La qualité des bénéficiaires d'un testament-partage

380 Les enfants compris dans le testament-partage recueillent leur lot en qualité d'héritiers, tout comme s'il y avait eu succession ab intestat, et non comme légataires. En effet, le testament-partage ne réalise pas de legs. Ce caractère d'héritier se dégage clairement de l'article 1079.

Conformément à l'article 1079 du Code civil, « *Le testament-partage ne produit que les effets d'un partage. Ses bénéficiaires ont qualité d'héritiers et ne peuvent renoncer à se prévaloir du testament pour réclamer un nouveau partage de la succession* » (T. Arr., 8e Chambre, jugement civil du 9 février 2016, rôle n° 169.430).

En pratique, tout se passe donc comme si une succession déjà ouverte et partagée leur était transmise : les biens héréditaires sont recueillis privativement et non indivisément (*Encyclopédie Dalloz, Répertoire de droit civil*, v° Libéralités – partage, mise à jour 06/2015, nos 167 et 168 et références y citées).

Il découle de ce qui précède que le Tribunal, saisi d'une demande en partage d'une succession en présence d'un testament-partage, qu'avant de pouvoir ordonner le partage d'une indivision successorale, de se prononcer sur la validité du testament-partage du défunt, alors que celui-ci a déjà opéré le partage des biens y visés.

2. Les effets du testament-partage

Nous avons déjà mentionné que le testament-partage fait des descendants des héritiers et non des légataires. Il s'ensuit que ces descendants sont assimilés à des successeurs ab intestat. Ils conservent donc l'option successorale et peuvent accepter leur lot purement et simplement, l'accepter sous bénéfice d'inventaire ou y renoncer. S'ils renoncent à la succession de l'ascendant, ils ne sauraient conserver leur lot prévu dans le testament-partage. 381

Le testament-partage produit d'autre part les effets d'un partage. Les héritiers copartageants sont tenus de l'obligation de garantie entre copartageants, en cas d'éviction de l'un d'eux pour une cause antérieure à l'ouverture de la succession.

La soulte, qui peut être stipulée dans un testament-partage, est réévaluée en conformité de l'article 833-1, donc en fonction de la dépréciation monétaire, du moment que celle-ci atteint dix pour cent.

3. Les sanctions pouvant être invoquées contre un testament-partage

Il est sous ce regard rappelé que la validité du testament-partage est soumise en vertu des dispositions de l'article 1075 du Code civil et sous réserve de dispositions spéciales, aux formalités, conditions et règles de droit commun des testaments. 382

Pour être valable, le testament-partage doit donc répondre aux conditions de forme et de fond exigées pour la validité d'un testament. Il est donc nul, si ces conditions ne se trouvent pas respectées.

En ce qui concerne la sanction spécifique pouvant frapper un testament-partage, elle est, avec des nuances, la même que celle prévue pour la donation-partage, c'est-à-dire l'action pour atteinte à la réserve. En effet, aux termes de l'article 1080, l'enfant ou le descendant, qui n'a pas reçu un lot égal à sa part de réserve, peut exercer l'action en réduction. Il est évident que le problème spécial de l'enfant non encore conçu ne se pose pas en l'occurrence.

D'autre part, les biens compris dans le testament-partage, composant le lot de chaque enfant, doivent, par la nature des choses, être évalués au jour de l'ouverture de la succession de l'ascendant, pour pouvoir constater s'il y a atteinte à la réserve des descendants.

D. – LES TESTAMENTS PRIVILÉGIÉS

383 Il est ici fait une courte référence à une variété de testaments, qui se caractérisent par le fait qu'ils sont dispensés de l'observation des formes légales précitées, en raison des circonstances exceptionnelles dans lesquelles ils sont dressés.

Ces testaments sont des variétés du testament public, dans la mesure où ils doivent être reçus par un officier public.

Les testaments privilégiés sont au nombre de trois :

a) les testaments des militaires visés par les articles 981 à 98 4,

b) les testaments, faits dans un lieu affecté de la peste ou d'une autre maladie contagieuse (articles 985 à 987),

c) les testaments faits sur mer (article 988 a 988).

Cependant ces diverses formes du testament n'ont plus guère d'application pratique. Pour cette raison, nous nous dispensons de les analyser en détail.

Chapitre 3

Les institutions d'héritiers et des legs en général

Ce chapitre traite des règles générales régissant la dévolution des biens par testament. Nous étudions également les différentes sortes de legs testamentaires, de même que les modes selon lesquels le testament est mis à exécution.

A. – LES RÈGLES GÉNÉRALES RÉGISSANT LES LEGS TESTAMENTAIRES

384 Le testament contient des legs par lesquels se règle la dévolution des biens du de cujus. Le legs se définit comme étant une libéralité, faite par testament, par le testateur, au profit d'un gratifié, appelé « le légataire », que le testateur a lui-même désigné dans cet acte.

Par exception à ce principe, le testament peut contenir certaines dispositions qui n'ont pas pour objectif d'effectuer une dévolution des biens du défunt. À titre d'exemple, nous relevons à cet égard les dispositions suivantes :

- reconnaissance d'un enfant naturel dans un testament authentique,
- désignation d'un tuteur aux enfants mineurs par le dernier mourant des parents,
- désignation d'un exécuteur testamentaire,
- révocation d'un testament antérieur,
- dispositions relatives aux funérailles du testateur.

Il faut relever que, si un acte rédigé sous la forme de testament et qualifié comme tel, ne contient que des dispositions du genre précité, sans contenir de legs, il n'en constitue pas moins un testament valable.

La validité d'un legs reste soumise aux conditions qui sont énoncées ci-après.

B. – LES QUALITÉS REQUISES DANS LE CHEF DU LÉGATAIRE

385 La volonté du testateur de disposer à titre gratuit s'exprime par un legs testamentaire. Pour que le legs puisse être qualifié comme tel, il faut que la volonté du testateur ait été exprimée de façon claire et certaine.

Il appartient en cas de contestations quant à l'interprétation à donner à un legs, aux juridictions de déterminer souverainement le sens véritable des intentions du testateur, sans être liées par les termes employés par ce dernier. Toutefois, dans la recherche des intentions du testateur, les juges doivent s'inspirer avant tout des termes mêmes du testament. Cependant, si son contenu n'est pas suffisamment clair, ils peuvent s'appuyer sur des éléments extrinsèques, à savoir tant sur d'autres documents écrits émanant du testateur, que sur les circonstances de la cause.

Le legs opère la dévolution des biens du défunt au profit du gratifié, dénommé le légataire. Pour que le legs soit valable, il faut que le bénéficiaire soit qualifié de façon précise par le testament et qu'il ait été désigné par le testateur lui-même.

C. – MODALITÉS DES LEGS

Les legs sont susceptibles de diverses modalités : ils peuvent être purs et 386
simples, ce qui est le cas normal ; ils peuvent également être à terme ou conditionnels.

1. Legs à terme

Le legs à terme diffère du legs pur et simple sur un seul point, à savoir que la délivrance du legs ne peut être demandée qu'à l'époque fixée par le testateur. Jusqu'à cette date, le légataire est privé de la jouissance de la chose léguée.

Toutefois, le terme imposé au légataire n'empêche pas que celui-ci ait, dès le décès du testateur, un droit acquis et transmissible à ses propres héritiers. Généralement, le terme est imposé dans l'intérêt de l'héritier, mais il peut l'être également dans celui du légataire. Dans ce dernier cas, le légataire peut renoncer au terme et demander l'exécution immédiate du legs. Il convient d'apprécier, suivant les circonstances, quelle a été la volonté du testateur imposant le terme au paiement du legs au légataire.

2. Legs conditionnel

Un legs est conditionnel lorsque son effet est subordonné à un événement futur et incertain. Par exemple, le legs est soumis à la condition que le légataire se marie dans un délai déterminé. L'événement conditionnel doit, comme le testament lui-même, être apprécié par rapport à l'époque de la confection du testament et non pas par rapport à la mort du testateur. Dès lors il faut, ou il suffit, pour qu'il y ait legs conditionnel valable, que l'événement auquel le legs est subordonné soit futur par rapport au moment où le testament est fait. Un legs conditionnel est donc valable alors même que la condition serait de nature à être réalisée du vivant du testateur (par exemple, la clause d'entretien du testateur jusqu'à son décès).

Dans le cas du legs conditionnel, la question se pose si la capacité du légataire conditionnel est requise au jour du décès du testateur ou seulement à celui où la condition se réalise. La jurisprudence semble s'orienter dans le sens que cette capacité doit exister aux deux dates susvisées.

La condition peut être suspensive ou résolutoire.

Dans le premier cas, le droit du légataire n'existe qu'à partir du jour où l'événement s'est réalisé (par exemple, mariage du légataire).

Ce droit conditionnel n'est, en cas de décès du légataire avant la réalisation de la condition, pas transmissible à ses héritiers, à moins que ceux-ci aient été institués par le testateur pour le cas du prédécès du légataire.

Les legs sous condition résolutoire sont plus fréquents que les legs sous condition suspensive (par exemple, le legs est résolu si le légataire ne venait pas s'établir, dans un délai fixé, à tel ou tel lieu). Lorsqu'il y a une condition résolutoire, le légataire acquiert, dès le décès du testateur, un droit sur la chose léguée, mais un droit résoluble si l'évènement prévu se réalise ou, dans le cas où la condition est négative, s'il devient certain que l'évènement envisagé ne se réalisera pas. Dans ces cas, le droit du légataire est anéanti pour le passé comme pour l'avenir et est censé n'avoir jamais existé.

Il faut distinguer de la condition la clause modale, par laquelle le testateur indique la destination ou le mode d'emploi de la chose (par exemple, le légataire doit exploiter lui-même le commerce faisant l'objet du legs (cf. aussi la clause d'inaliénabilité, N° 401 *infra*).

La clause modale restreint seulement l'utilisation du bien légué. Elle est donc seulement restrictive quant à l'usage du bien légué et non pas suspensive. L'inverse joue pour la clause suspensive. En cas de réalisation ou de non-réalisation de la condition, le légataire jouira du bien légué, sans aucune restriction quant à son usage ou à sa disposition.

3. La désignation du légataire

387 La désignation du légataire doit intervenir dans le testament lui-même. Cette règle se justifie par la circonstance que la manifestation de la volonté du testateur s'exprime dans cet acte. Certaines conséquences se dégagent de cette règle.

3.1. *Nullité du legs secret*

Le legs ne produit aucun effet juridique lorsqu'il est secret, c'est-à-dire lorsqu'il ne contient aucune désignation du légataire, mais se contente de relever par exemple que le bénéficiaire du legs est connu par les héritiers légaux en vertu d'une déclaration orale faite par le testateur.

Si les legs secrets sont nuls, les legs constitués avec des charges secrétés sont en revanche valables. Il se peut en effet que le testateur ait de son vivant fait part au légataire des charges qu'il entendait lui imposer, sans les reprendre de façon expresse dans son testament. De telles charges secrètes étant parfaitement valables, il ne se posera, en pratique, qu'un problème de preuve de l'existence de ces charges imposées au légataire.

3.2. *Prohibition des legs destinés à une personne incertaine*

Le testateur doit désigner de façon précise dans son testament la personne à laquelle il entend laisser sa fortune, ou une partie de sa fortune.

La jurisprudence n'a jamais hésité à annuler des legs faits au profit d'une personne incertaine ou indéterminée. À titre d'exemple, l'on peut citer le legs d'une somme d'argent aux pauvres de la commune ou à une bonne œuvre. Ces légataires ne sont pas susceptibles d'être déterminés avec précision, alors qu'ils sont trop nombreux à remplir cette qualité ou à correspondre aux critères fixés par le testateur.

Les juridictions analysent toutefois la possibilité de déterminer le légataire, non pas au moment de la rédaction du testament, mais seulement au moment de la délivrance du legs. En d'autres termes, il suffit que « le légataire soit déterminable, grâce aux indications du testament et par l'effet d'événements indépendants de la volonté de l'héritier, pour que la disposition soit valable ».

La Cour de cassation française a décidé, à plusieurs reprises, que, comme la loi ne proclame pas la nullité du legs fait au profit d'une personne non dénommée avec précision, il appartient aux juges de chercher à lui donner effet, en discernant, d'après les énonciations du testament, ensemble avec les circonstances de la cause, quelle est la personne que le testateur a voulu gratifier.

Il n'est donc pas requis que le testateur individualise le légataire par son nom, prénom et son adresse, mais il faut et il suffit qu'il soit facilement identifiable.

Ceci n'est pas le cas, si le légataire doit être désigné par une tierce personne que le testateur a expressément nommée dans son testament. Un tel legs serait nul. La jurisprudence exige, en effet, non seulement que le légataire soit désigné dans le testament, mais encore qu'il le soit par le testateur lui-même.

Il est loisible au testateur de stipuler un legs au profit de catégories de personnes, comme des pauvres, des handicapés ou des orphelins, à condition que le legs soit destiné à une personne investie de la personnalité juridique, comme des œuvres, des fondations, qui sont appelées à représenter les intérêts de la catégorie de personnes visées. Ainsi, si le testateur veut gratifier les pauvres, il lui est loisible de stipuler son legs au profit de la Caritas ou de la Croix Rouge ; s'il veut gratifier les handicapés, il libelle son legs au profit du Foyer de la Solidarité Nossbierg ou du Centre de Réadaptation professionnelle pour Handicapes physiques Kraizbierg.

Ces Organisations sont des personnes morales, dès lors qu'elles ont adopté l'une des formes, susceptibles de leur conférer la personnalité juridique, comme celle d'une association sans but lucratif (a.s.b.l.).

D. – DÉSIGNATION INCOMPLÈTE OU INSUFFISANTE DES LÉGATAIRES

388 Le de cujus n'est souvent pas assez explicite dans la désignation des légataires qu'il entend instituer et ne respecte pas toujours les exigences visées au numéro 352 ci-avant.

Parfois il commet aussi une erreur sur la personne du légataire qu'il entend instituer. La jurisprudence en cette matière est assez libérale et permet de rectifier une désignation incomplète ou erronée du légataire, lorsque cela peut se faire à l'aide de circonstances extrinsèques au testament litigieux, pourvu que le testament contienne au moins un indice qui puisse servir de point de départ à l'interprétation sollicitée.

1. Désignation insuffisante

Une désignation insuffisante des légataires par le testateur résulte souvent du fait que ce dernier, au lieu de désigner nommément les légataires, les désigne seulement par leur qualité ou leur degré de parenté avec lui. Il institue par exemple « ses enfants », « ses neveux » ou « ses cousins ».

Dans ces cas, les juges sont souvent appelés à interpréter la volonté du testateur. Ils doivent avant tout tenir compte des circonstances qui sont susceptibles de révéler la volonté du défunt.

Pour interpréter les notions d'enfants, de neveux ou de cousins, en l'absence d'indices particuliers, il convient de tenir compte de l'interprétation que la loi et l'usage ont consacrée.

Ainsi le terme « enfants » doit être pris dans l'acceptation la plus générale, celle qui comprend tous les descendants, à quelque degré que ce soit. Cela implique qu'après le décès des descendants du premier degré, ceux du deuxième degré sont à considérer également comme légataires, ce qui introduit la représentation dans les successions testamentaires à l'instar des successions ab intestat. Cette interprétation doit prévaloir lorsqu'il n'est pas démontré clairement que le testateur a entendu limiter sa libéralité aux enfants proprement dits. L'expression « enfants », employée sans aucune restriction, vise également les enfants adoptifs et les enfants naturels reconnus.

L'expression « cousins germains » désigne d'une manière générale les cousins du degré le plus rapproché, c'est-à-dire ceux qui sont entre eux, parents du quatrième degré, sans qu'il y ait à distinguer s'ils sont ou non cousins germains au sens de l'article 733, c'est-à-dire qu'il n'y a pas de distinction à faire entre cousins germains, consanguins ou utérins.

Par ailleurs, il a été décidé que, dans la désignation des personnes qui est faite en termes du genre masculin, sont visés de même les parents du même degré du sexe féminin, donc les cousines. La réciproque n'est cependant pas vraie et l'expression « filles, nièces, cousines » ne s'étend pas aux parents du même degré du sexe masculin, sauf évidemment une manifestation contraire de la volonté du testateur.

C'est également en fonction de l'interprétation de la volonté du testateur que l'on peut décider s'il a entendu instituer ses petits-enfants ou ses neveux par tête ou par souche (pour ces notions, cf. numéro 28 concernant la représentation).

2. Désignation inexacte du légataire

Parfois le testateur désigne comme légataire une personne qu'il n'a pas entendu gratifier, et qu'au contraire, il a omis de désigner celle qu'il voulait faire bénéficier d'un legs. Dans ce cas, cette erreur peut être prouvée par des moyens purement extrinsèques au testament. Ainsi si le testateur désigne comme légataire son neveu Jean, demeurant à Z., alors qu'en réalité, il voulait instituer son neveu Pierre, demeurant à Z., les juges peuvent redresser l'erreur commise s'ils peuvent se baser sur des considérations extrinsèques au testament, par exemple au fait que le testateur a toujours manifesté plus d'affection au neveu Pierre qu'au neveu Jean.

3. La capacité requise dans le chef du légataire

Le Code civil exige que le légataire remplisse certaines conditions, pour 389
pouvoir être valablement institué comme légataire. Ces conditions de capacité sont les suivantes :

1) le légataire doit au moins être conçu et naître vivant et viable,
2) le légataire doit être, soit une personne physique, soit une personne juridique investie d'une personnalité propre.

3.1. *Le légataire doit être conçu et naître vivant et viable*

Pour pouvoir recueillir un legs, il est exigé que le légataire soit conçu au jour du décès du testateur et qu'il naisse vivant et viable. Ne peuvent donc pas être institués par un testament, les enfants non encore conçus au jour du décès du testateur ou les enfants qui, bien que conçus à ce jour, ne naissent pas vivants.

Si le testateur a, par exemple, prévu dans son testament de léguer une partie de sa fortune aux enfants à naître de sa sœur, cette disposition testamentaire est nulle, si au jour de son décès, sa sœur n'attend pas d'enfant. Ce legs serait encore nul, si la sœur du testateur devait donner naissance à un enfant à une date ultérieure. Par contre, il suffit, pour que le legs soit valable, que la sœur soit enceinte au jour du décès du testateur et qu'elle donne naissance à un enfant vivant et viable. Il n'est donc pas exigé pour la validité du legs que le légataire soit déjà né au décès du testateur.

3.2. *Le légataire doit être une personne physique, ou une personne juridique investie d'une personnalité propre*

Des associations reconnues par la loi et investies par elle d'une personnalité juridique distincte de celle de leurs membres, telles les associations sans but lucratif ou les fondations, peuvent être instituées comme légataires.

A contrario, ne peuvent pas bénéficier d'un legs, les associations non reconnues par la loi, comme étant dépourvues de la personnalité juridique. Tombent dans cette dernière catégorie, les partis politiques, les syndicats, de même que les associations qui poursuivent un intérêt culturel, sportif ou caritatif, mais qui n'ont pas été constituées sous la forme d'une association sans but lucratif ou qui, bien que constituées comme a.s.b.l., n'ont pas fait publier leurs statuts au Mémorial. De telles associations ne peuvent partant pas recueillir un legs.

4. Les différentes espèces de legs

La loi distingue trois espèces de legs :
1) les legs universels,
2) les legs à titre universel,
3) les legs particuliers.

4.1. *Les legs universels*

4.1.1 Définition et caractéristiques

D'après l'article 1003, le legs universel est la disposition testamentaire par laquelle le testateur donne à une ou plusieurs personnes l'universalité des biens qu'il laissera à son décès. 390

Cette définition légale du legs universel pourrait faire supposer que le légataire universel est seulement la personne qui recueille, au décès du testateur, l'ensemble de sa fortune. Ceci peut être le cas, si le testateur ne laisse pas d'héritiers réservataires.

Nous avons vu, dans la première partie, que les héritiers réservataires ne sauraient être exclus de la succession de leur auteur par l'effet d'une donation ou d'une disposition testamentaire. En ce sens, une personne peut être instituée comme légataire universel, même si le testateur ne lui lègue que la seule quotité disponible de sa succession, parce qu'il laisse des héritiers réservataires. Il en est de même si le testament a encore stipulé des legs particuliers à côté du legs universel.

Le testateur peut aussi instituer plusieurs légataires universels, sans que cette circonstance soit de nature à enlever le caractère d'universalité à chacun de ces legs. Ainsi, il importe peu que le legs, destiné au légataire universel, soit en fait restreint à une portion, même minime, de l'universalité de la succession.

En effet, ce qui caractérise le légataire universel, c'est sa vocation, le cas échéant seulement éventuelle, à recueillir la totalité de la succession. Chacun des légataires universels peut en effet, en vertu de cette qualité, recueillir la totalité de l'héritage, si les autres légataires répudient leur legs, ou que ces autres legs sont révoqués ou deviennent caducs.

Quel intérêt le testateur peut-il poursuivre à instituer un légataire universel ?

Cet intérêt est donné, si le testateur entend exclure ses héritiers légaux de sa succession, à l'exception de ses héritiers réservataires.

En effet, lorsque le testateur a seulement prévu des legs particuliers, sans instituer un légataire universel, et que ces legs seraient répudiés par les légataires particuliers ou deviendraient caducs, la partie de la succession, sur laquelle portent les legs particuliers, reviendrait aux héritiers légaux. Dans l'hypothèse où le testateur a institué un légataire universel à côté des légataires particuliers, les legs non acceptés par les légataires particuliers, ou privés d'effets juridiques, reviennent au légataire universel, et non aux héritiers légaux.

Le legs ne cesse pas non plus d'être universel, si le testament impose au légataire la charge d'exécuter plusieurs legs particuliers ou d'autres obligations et charges, même si celles-ci devaient absorber la majeure partie du legs universel. En effet, si les bénéficiaires des legs particuliers et des charges renoncent à les accepter ou à les revendiquer, le légataire universel est appelé à recueillir la totalité de la succession. Ainsi, par exemple, le legs d'une quote-part de la succession, telle la moitié ou un tiers, constitue un legs universel.

D'après les principes énoncés ci-avant, il est possible de conférer la qualité de legs universel aux variétés de legs suivantes :

1) *le legs de la quotité disponible :* En effet, le légataire universel a une vocation éventuelle à la totalité de la succession, pour le cas où le de cujus ne laisse aucun héritier réservataire, ou si ces héritiers réservataires renoncent à la succession.
2) Le legs perd toutefois son caractère universel, si le testateur a entendu restreindre, dès le début, les droits du légataire institué à la quotité disponible de sa succession. Dans ce dernier cas, le legs serait seulement à titre universel.
3) *le legs de tous les meubles et immeubles :* Tous les biens étant nécessairement meubles ou immeubles, un tel legs porte sur la totalité de la succession.
4) *le legs de la nue-propriété de tous les biens :* Ce legs constitue un legs universel, dès lors que le légataire est appelé à recueillir la totalité de la succession, le jour où, par l'extinction de l'usufruit, la pleine-propriété des biens de la succession est reconstituée.
5) *le legs portant sur les biens qui subsistent, après que les autres institués ont recueilli leur part,* à condition que le légataire universel soit appelé en concours avec des légataires particuliers.
6) *l'institution de plusieurs légataires universels :* Comme il a été relevé ci-avant, le fait que le testateur a institué plusieurs légataires universels, n'est pas de nature à enlever le caractère universel à ces legs, dans la mesure où chacun de ces légataires conserve sa vocation éventuelle à l'universalité de la succession, si le colégataire devait renoncer à son legs.

4.1.2 Le legs universel sans émolument

391 Le legs universel est parfois assorti de charges ou de legs particuliers, de sorte qu'il peut arriver que le légataire universel ne recueille en fait aucun bien. On parle dans ce cas de legs sans émolument.

Dans cette hypothèse, le légataire peut être assimilé à un exécuteur testamentaire chargé d'exécuter des legs particuliers. La question se pose donc si, en l'occurrence, il s'agit d'un legs universel valable. La conséquence de la validité, ou de la non-validité, d'un tel legs est que, s'il s'agit d'un legs valable, le légataire universel est tenu des dettes de la succession même au-delà de l'émolument recueilli. Il doit de même acquitter, sans limites, tous les legs particuliers prévus au testament, sauf les cas de réduction de ceux-ci, suivant les dispositions des articles 926 et 927 (notamment réduction proportionnelle en cas de dépassement de la quotité disponible).

Quant à la validité du legs universel sans émolument, il existe des divergences de vues dans la jurisprudence. Certaines juridictions se prononcent pour la théorie qu'il n'y a de legs universel que si le légataire recueille du testament, qui l'a institué, un avantage sérieux. D'autres juridictions ont retenu une thèse contraire et ont décidé que le légataire universel peut être soumis à des charges et recevoir un mandat dont l'exécution absorbera en totalité l'émolument de la disposition faite à son profit.

Une jurisprudence plus récente a distingué, quant à cette question, suivant l'intention exprimée par le testateur. Si celui-ci a voulu réellement faire un legs universel, il y a nullité. S'il a au contraire entendu créer dans la personne du légataire universel un instrument d'exécution de ses volontés particulières, la désignation est valable.

Dans ce dernier cas, on voit dans le prétendu légataire soit un exécuteur testamentaire incorrectement qualifié, soit un mandataire non soumis aux règles assez strictes de l'exécuteur testamentaire.

L'exécuteur testamentaire, ou le mandataire, n'est tenu de payer les legs que dans la limite où les biens de l'héritage sont suffisants à cet égard, et dans la mesure évidemment où les dettes de cette succession n'épuisent pas entièrement l'actif de celle-ci.

Au cas où le testament ayant institué un légataire universel avec les charges susvisées est nul, les legs particuliers le sont également, et on aura à faire dans ce cas à une succession ab intestat.

4.1.3 Les droits et obligations du légataire universel

Le légataire universel est investi, en vertu de son titre, des droits et charges 392
suivants :

1) Il a la saisine de la succession, lorsque le défunt ne laisse, au jour de son décès, aucun héritier réservataire. L'article 1006 stipule en effet ce qui suit : « Lorsqu'au décès du testateur, il n'y aura pas d'héritiers, auxquels une quotité de ses biens soit réservée par la loi, le légataire universel sera saisi de plein droit par la mort du testateur, sans être tenu de demander la délivrance ».

   Si, au contraire, le testateur laisse des héritiers réservataires, ces derniers sont saisis de plein droit par sa mort de tous les biens de la succession et le légataire universel est tenu de leur demander la délivrance des biens compris dans son legs.

Pour la définition et la procédure de la demande en délivrance du legs à faire par le légataire universel en présence d'héritiers réservataires, il est renvoyé au N° 358 point a).

2) Le légataire universel a droit aux fruits des biens faisant l'objet de son legs, à partir du jour du décès du testateur, à condition qu'il ait formé sa demande en délivrance aux héritiers, investis de la saisine, si une telle demande est nécessaire, dans l'année du décès (article 1005).

3) Le légataire universel est tenu des dettes et charges de la succession.

Le légataire universel reste soumis aux dispositions de l'article 792 qui punit l'héritier, coupable de recel de biens successoraux, de la privation de sa part dans les effets détournés.

Nous analyserons ci-après ces différents droits et ces différentes charges.

4.1.4 Les prérogatives du légataire universel

a) Le légataire universel est, sous certaines conditions, investi de la saisine

393 La notion de saisine a trait à la question de savoir comment le légataire universel entre en possession de son legs. Il est rappelé qu'en principe, seuls les héritiers légaux ont, de plein droit, la saisine, c'est-à-dire qu'ils peuvent se mettre eux-mêmes, en vertu de leur seule qualité d'héritier, en possession de leur part de l'héritage, tandis que les personnes, qui, tout en étant appelées à la succession du défunt, par exemple par l'effet d'une disposition testamentaire, n'ont pas cette saisine, sont tenues de demander la délivrance de leur legs aux héritiers.

Comment le légataire universel est-il traité par le Code civil ? Est-il investi de plein droit de la saisine, ou est-il tenu de demander la délivrance de son legs aux héritiers légaux ?

La loi distingue suivant que le défunt a laissé des héritiers réservataires ou non.

- **1re hypothèse** : *le défunt laisse des héritiers réservataires :*

  Dans ce cas, le légataire universel n'a pas la saisine qui n'appartient qu'aux seuls héritiers réservataires. En conséquence, le légataire universel doit, pour entrer en possession de son legs, demander sa délivrance à ces derniers (article 1004). Cette délivrance peut être obtenue, soit à l'amiable, soit par la voie judiciaire.

  Cette règle s'explique par le souci de protéger la réserve revenant aux descendants du défunt, dans la mesure où la loi tend à éviter que le légataire universel ne puisse soustraire certains biens de la succession, s'il pouvait se mettre lui-même en possession de son legs et porter ainsi atteinte à la réserve.

La règle énoncée à l'article 1004 est d'ordre public. Le testateur n'est en conséquence pas autorisé à dispenser le légataire universel de former la demande en délivrance de son legs.

Le légataire universel, qui se trouve d'ores et déjà en possession des biens, composant son legs, est néanmoins tenu d'en demander la délivrance aux héritiers légaux, dès lors que la loi considère sa possession comme irrégulière.

- **2e hypothèse** : le *défunt ne laisse pas d'héritiers réservataires :*

  Dans ce cas, l'article 1006 dispose que « le légataire universel sera saisi de plein droit par la mort du testateur, sans être tenu de demander la délivrance ». Dans pareille hypothèse, le Code civil assimile partant le légataire universel à l'héritier légal. Par conséquent, le légataire universel peut se mettre en possession de son legs, sans avoir à accomplir d'autres formalités que celles qui sont de rigueur au cas où il a été institué par un testament olographe ou mystique, ainsi qu'il va être exposé ci-après.

  En effet, au cas où le testament est olographe ou mystique, le légataire universel, bien qu'investi de plein droit de la saisine, doit encore demander *l'envoi en possession*. Celui-ci lui est accordé, sur requête à présenter par un avocat, par ordonnance du président du Tribunal d'arrondissement du ressort dans lequel la succession s'est ouverte (article 1008).

  Cette obligation légale s'explique par la considération que, contrairement aux testaments authentiques, qui offrent suffisamment de garanties pour constituer un titre régulier, les testaments olographes ou mystiques présentent parfois des irrégularités formelles, susceptibles d'entraîner la nullité du testament. La loi a donc institué un contrôle préalable de la régularité formelle du testament – olographe ou mystique – avant la mise en possession du légataire, ceci afin d'empêcher une éventuelle restitution des biens successoraux par ce dernier.

  Il est toutefois évident que le contrôle du testament par le président du tribunal ne peut porter que sur sa régularité formelle, à l'exception de la régularité de fond. Le président ne saurait donc pas refuser l'envoi en possession du légataire, si une contestation s'élève quant au fond du testament, sauf s'il existe une suspicion légitime et grave contre le prétendu légataire universel.

b) Le légataire universel a droit aux fruits de la chose léguée

Le légataire universel a droit aux fruits de son legs à compter du jour du décès du testateur. Ce droit se trouve cependant soumis à une condition, au cas où le légataire universel n'est pas investi de la saisine. Dans cette dernière hypothèse, ces fruits ne lui sont acquis que pour autant qu'il a formé sa demande en délivrance dans l'année (article 1005). Si cette demande n'est formée qu'à l'expiration du délai annuel, il n'a droit aux fruits qu'à compter du jour de cette demande.

4.1.5 L'obligation incombant au légataire universel de payer les dettes

394 Le légataire universel est tenu, au même titre que les héritiers du défunt, d'acquitter les dettes de la succession. L'article 1009 dispose en effet que « le légataire universel sera tenu des dettes et charges de la succession du testateur, personnellement pour sa part et portion et hypothécairement pour le tout ; et il sera tenu d'acquitter tous les legs, sauf en cas de réductions ».

La règle susvisée impose partant au légataire universel deux sortes d'obligations :

- celle de payer les dettes laissées par le testateur,
- celle d'acquitter les legs particuliers.

Nous analyserons ci-après l'étendue des obligations incombant au légataire universel à ce sujet.

a) Les dettes et charges de la succession

L'obligation imposée par l'article 1009 au légataire universel d'assumer les dettes et charges de la succession, vise non seulement les dettes du défunt proprement dites, mais, sous le couvert de charges, également les frais funéraires du défunt, les frais d'inventaire, de liquidation et de partage de la succession, c'est-à-dire l'ensemble des dettes qui sont nées après le décès du testateur et en relation avec ce décès et la liquidation de sa succession.

Le légataire universel est tenu personnellement de ces dettes et charges, jusqu'à concurrence de la part et portion de la succession lui allouée. Ainsi, ce légataire universel, qui vient à la succession avec un héritier réservataire et recueillant de ce fait la moitié de la succession, est tenu du paiement de la moitié de chaque dette ou charge héréditaire. Si son lot contient un immeuble hypothéqué, il peut être poursuivi pour le tout par le créancier hypothécaire, sauf qu'il est habilité à exercer un recours contre les héritiers réservataires, ou les autres légataires universels, pour la part leur incombant dans ces dettes et charges.

Quant à l'étendue de l'obligation du légataire universel dans l'acquittement des dettes et charges de la succession, la jurisprudence a opéré les distinctions suivantes :

- le légataire universel, investi de la saisine, lorsqu'il ne vient pas en concours avec des héritiers réservataires, est tenu personnellement et indéfiniment envers les créanciers, à moins qu'il n'ait accepté le legs que sous bénéfice d'inventaire ;

- le légataire universel, non investi de la saisine, alors que venant en concours avec des héritiers réservataires, ne doit payer les dettes et charges que jusqu'à concurrence de la part successorale recueillie.

b) Les legs particuliers

L'obligation, incombant au légataire universel, d'assumer les charges de la succession, comprend également le devoir d'acquitter les legs particuliers. La jurisprudence a à cet égard décidé que cette obligation du légataire universel est indéfinie, c'est-à-dire non limitée par la portion qu'il recueille dans la succession, lorsqu'il est investi de la saisine, sauf s'il a accepté le legs sous bénéfice d'inventaire. Par contre, le légataire universel, non investi de la saisine, n'est tenu d'acquitter les legs particuliers que jusqu'à hauteur de la quotité successorale qu'il recueille.

Lorsque le légataire universel vient à la succession en concours avec un héritier réservataire, l'article 1009 lui impose l'obligation d'acquitter tous les legs. En effet, ceux-ci sont seulement à charge de la quotité disponible et ne sauraient être supportés par la réserve.

Ce principe ne connaît d'exception que dans le cas où le legs revenant au légataire universel a dû subir une réduction à la suite du dépassement de la quotité disponible. Dans pareille hypothèse, le légataire universel est autorisé à répercuter cette réduction sur les légataires à titre universel et les légataires particuliers, alors que la réduction doit affecter tous les legs, qu'ils soient universels, à titre universel ou particuliers. Ainsi, le légataire universel ne paie les legs qu'après avoir appliqué à ceux-ci la réduction qu'il a lui-même subie.

4.2. *Les legs à titre universel*

4.2.1 Définition

Le legs à titre universel est celui qui porte, non sur la totalité, mais sur une quote-part de l'universalité du patrimoine du testateur. L'article 1010 énumère les hypothèses dans lesquelles il y a legs à titre universel : **395**

- le legs d'une quote-part, telle la moitié ou un tiers de la quotité disponible,
- le legs de tous les immeubles,
- le legs de tous les meubles,
- le legs d'une quote-part de tous les immeubles,
- le legs d'une quote-part de tous les meubles.

L'article 1010 ajoute que « tout autre legs ne forme qu'une disposition à titre particulier ». Il se dégage de cette disposition que l'énumération donnée par l'article 1010, alinéa 1er est limitative et qu'elle ne saurait être élargie par analogie.

Les différences entre les legs universels et les legs à titre universel, sont les suivantes :

- le légataire universel possède une vocation éventuelle à l'universalité de la succession. Le légataire à titre universel n'en bénéficie pas. Il s'ensuit qu'en cas de pluralité de légataires, la caducité ou la nullité d'un legs à titre universel ne profite pas aux autres légataires à titre universel, en ce sens que leur legs ne se trouve pas augmenté pour autant.
- le légataire universel est, dans certaines hypothèses, investi de plein droit de la saisine des biens composant la succession. Le légataire à titre universel n'a jamais la saisine : il doit en tout cas demander la délivrance de son legs, soit au légataire universel, soit aux héritiers légaux du défunt.

4.2.2 Les droits et obligations du légataire à titre universel

a) Les droits du légataire à titre universel

i) L'ENTRÉE EN POSSESSION DES BIENS COMPOSANT LE LEGS

396 Nous avons relevé ci-dessus que le légataire à titre universel n'a jamais la saisine. Il faut donc qu'il forme toujours une demande en délivrance pour entrer en possession de son legs. L'article 1011 précise à qui le légataire à titre universel doit faire sa demande en délivrance :

- s'il y a un héritier réservataire, sa demande est à adresser à celui-ci,
- s'il y a un légataire universel investi de la saisine (c'est-à-dire s'il n'y a pas d'héritier réservataire), c'est à ce dernier que le légataire à titre universel doit réclamer son legs.
- s'il y a des héritiers légaux, à défaut d'héritiers réservataires et de légataires universels, c'est à ces héritiers qu'il doit faire sa demande,
- si un héritier réservataire est appelé à la succession, en concours avec un légataire universel, la distinction suivante s'impose :

- tant que le légataire universel n'a pas obtenu la délivrance de son legs, le légataire à titre universel doit demander la délivrance à l'héritier réservataire, seul investi à ce moment de la saisine,
- si, au contraire, le légataire universel a obtenu la délivrance de son legs, le légataire à titre universel doit demander la délivrance à ce dernier.

ii) LE DROIT AUX FRUITS PRODUITS PAR LES BIENS LÉGUÉS

Le Code civil ne traite pas ce problème. La jurisprudence s'est dès lors penchée sur la question s'il y a lieu d'assimiler le légataire à titre universel au légataire universel qui, d'après l'article 1005, a droit aux fruits de la chose léguée à compter du jour du décès du testateur, ou plutôt le comparer au légataire à titre particulier, qui n'a droit, en vertu de l'article 1014, alinéa 2, à percevoir les fruits de la chose léguée qu'à compter du jour de sa demande en délivrance de son legs.

La jurisprudence a tranché cette question, en appliquant au légataire à titre universel les dispositions de l'article 1005 : le légataire à titre universel a droit aux fruits à compter du jour du décès du de cujus, sous la condition toutefois qu'il forme sa demande en délivrance dans l'année.

b) La procédure de la demande en délivrance des legs

Les légataires à titre universel sont tenus de demander, selon le cas, soit aux héritiers, soit aux légataires universels, la délivrance de leur legs (cf. articles 1011 et 1014). Les légataires universels n'ont à formuler une telle demande que si le testateur a laissé des héritiers réservataires (article 1004). Cette demande est dans ce cas à adresser à ces derniers. Comment s'effectue cette délivrance ? 397

Celle-ci n'est soumise à aucune forme particulière. Elle peut être volontaire ou forcée.

i) La délivrance volontaire

Elle peut être constatée par un acte exprès et se fait notamment par une lettre missive. Elle peut aussi résulter d'un consentement tacite, résultant d'une exécution volontaire du legs par l'héritier ou le légataire universel. Ainsi, il suffirait, par exemple, que le légataire qui s'est déjà trouvé, avant le décès du testateur, en possession du bien légué, ait été laissé en paisible possession de cette chose après le décès du testateur.

ii) La délivrance forcée

Si l'héritier, ou le légataire universel, lui refuse la délivrance amiable du legs, le légataire à titre universel, ou le légataire particulier, doivent agir en délivrance devant le tribunal civil du lieu de l'ouverture de la succession. Les frais de cette délivrance forcée sont à charge de la succession, sans qu'il puisse en résulter une réduction de la réserve légale (article 1016).

En principe, la demande en délivrance est à introduire suivant les règles de droit commun en matière de procédure. Il n'est cependant pas indispensable qu'elle soit contenue dans un exploit d'assignation introduisant une instance judiciaire. La demande en délivrance ne saurait cependant pas résulter d'une sommation extrajudiciaire.

Le bénéficiaire d'un legs sous condition suspensive ne peut demander la délivrance de son legs que lorsque son droit est né, c'est-à-dire au jour où la condition s'est accomplie.

L'action en délivrance se prescrit par trente ans à partir du décès du testateur.

c) Effets de la délivrance du legs

Le tribunal doit accorder la délivrance du legs du moment que celui-ci est reconnu valable et sans que le tribunal ait à s'occuper des circonstances extérieures.

De même, un héritier ne peut pas exiger qu'il soit sursis à la délivrance d'un legs au profit d'un légataire particulier, jusqu'à ce que la quotité disponible de la succession ait été déterminée. L'exception tirée de l'insuffisance probable de la quotité disponible ne saurait être opposée par l'héritier que lors de la demande en paiement du legs.

La demande en délivrance du legs est ainsi seulement une formalité légale à accomplir par le légataire à titre universel ou par le légataire particulier. Elle ne constitue pas une garantie pour ceux-ci que le bien légué leur sera effectivement délivré, quelle que soit la consistance de la succession.

Cette délivrance n'a donc qu'un caractère provisoire et n'enlève pas aux héritiers les moyens qu'ils peuvent avoir pour faire établir leurs droits dans la succession.

La demande en délivrance du legs n'a pas pour effet de transmettre au légataire la propriété du bien faisant l'objet de son legs. Ce transfert de propriété se fait de plein droit par le décès du testateur (article 1014).

Toutefois, la délivrance du legs conditionne la mise en possession du bien légué. Le légataire à titre universel, ou le légataire particulier, ne peut donc se mettre en possession du bien qu'après avoir obtenu la délivrance volontaire ou forcée de son legs.

4.2.3 Les obligations incombant au légataire à titre universel

398 Le légataire à titre universel est tenu, tout comme le légataire universel, des dettes et charges de la succession, de même que de l'exécution des legs.

a) L'obligation aux dettes et charges de la succession

Le légataire à titre universel est, au même titre que le légataire universel, tenu « des dettes et charges de la succession du testateur, personnellement pour sa part et portion, et hypothécairement pour le tout ». L'article 1012, qui vise cette obligation à charge du légataire à titre universel, emploie donc la même formule que l'article 1009 pour le légataire universel.

Il est seulement rappelé que le légataire à titre universel est tenu, dans la limite de sa part héréditaire, des dettes de la succession, seulement jusqu'à concurrence de sa part successorale. Par contre, s'il recueille dans son legs un immeuble hypothéqué, cet immeuble constitue le gage du créancier pour le tout. Celui-ci peut donc se faire payer sur l'objet de son gage pour la totalité de la dette. Le légataire, qui a acquitté cette dette au-delà de sa part virile, peut exercer un recours contre les héritiers et les légataires universels pour la part qu'il a payée au-delà de sa contribution légale.

b) L'obligation d'acquitter les legs particuliers

Le légataire à titre universel est obligé d'acquitter les legs particuliers, dans la même proportion que le légataire universel, à savoir :

- jusqu'à concurrence de sa part successorale, s'il n'y a pas d'héritiers réservataires,
- en présence d'héritiers réservataires, qui ne recueillent que leur réserve, le légataire à titre universel doit acquitter tous les legs particuliers, dès lors que ces derniers ne sauraient entamer la réserve,
- en présence d'un héritier réservataire qui hérite, outre sa réserve, une part de la quotité disponible, le légataire à titre universel est obligé, en vertu de l'article 1013, de contribuer, avec les héritiers légaux, à acquitter les legs particuliers, étant entendu que les héritiers légaux ne sont pas tenus d'acquitter ces legs sur leur réserve.

4.3. *Les legs à titre particulier*

4.3.1 Définition et droits du légataire à titre particulier

Le Code civil ne donne pas une définition précise de cette catégorie de 399
legs. Il se contente d'indiquer dans l'article 1010 que toute disposition, qui ne rentre pas dans l'une des deux catégories de legs précitées, forme une disposition à titre particulier. Ainsi, il y a legs particulier, non seulement si le testateur dispose d'un objet déterminé de sa succession (par exemple, d'une maison, d'un effet mobilier, d'une somme d'argent), mais encore quand il lègue tous ses meubles meublants ou tous ses immeubles sis dans un lieu déterminé.

L'article 1021 précise que « lorsque le testateur aura légué la chose d'autrui, le legs sera nul, soit que le testateur ait connu ou non qu'elle ne lui appartenait pas ».

4.3.2 Les droits du légataire à titre particulier

a) L'entrée en possession du legs à titre particulier

i) Le legs porte sur un bien déterminé

L'article 1014, alinéa 1er dispose que le légataire particulier devient propriétaire du legs, s'il est pur et simple et s'il porte sur une chose déterminée, par seul l'effet du décès du testateur et à compter du jour de ce décès.

Toutefois, le légataire n'entre en possession de son legs qu'après avoir formé sa demande en délivrance auprès des héritiers ou des légataires investis de la saisine.

L'héritier investi de la saisine, ne peut légitimement refuser la délivrance du legs, du moment que le légataire a rapporté la preuve de son titre de légataire par la production d'un testament en bonne et due forme et donc de son droit de propriété sur la chose léguée. La délivrance ne peut pas lui être refusée, sous prétexte que le partage successoral n'a pas encore été opéré ou que le legs en question dépasse la quotité disponible de la succession. La délivrance du legs au légataire particulier ne fait toutefois pas échec à l'exercice ultérieur d'une action en réduction de ce même legs par les héritiers réservataires, lorsque la réserve se trouve entamée par l'acquittement dudit legs.

Les frais de la demande en délivrance sont toujours à charge de la succession (article 1016), sans que toutefois le règlement de ces frais ne puisse porter atteinte à la réserve. Ainsi, si ces frais devaient entamer la réserve, ils restent à charge du légataire.

Pour le surplus, si le testament est olographe ou mystique, le légataire particulier doit en outre se faire envoyer en possession, par ordonnance rendue sur sa requête par le président du Tribunal d'arrondissement. Pour l'explication de cette dernière formalité, il est renvoyé au numéro 358, 2e hypothèse, traitant des legs universels et de la saisine du légataire universel.

ii) Le legs porte sur une somme d'argent

Dans ce cas, le légataire particulier devient créancier de l'héritier ou du légataire universel investi de la saisine.

Pour obtenir le paiement de son legs, le légataire particulier dispose de deux actions à l'égard de l'héritier ou du légataire universel, à savoir :

- une action personnelle,
- une action hypothécaire.

- **L'action personnelle**

  Le légataire, qui ne se voit pas régler son legs par l'héritier, ou par le légataire universel ou à titre universel, peut intenter une action judiciaire à son encontre en paiement du legs. Cette action est régie par les dispositions légales de droit commun.

  S'il y a plusieurs débiteurs, c'est-à-dire lorsque des héritiers concourent avec des légataires universels ou à titre universel, le légataire d'une somme d'argent est tenu de diviser son action et de ne poursuivre chacun de ces débiteurs que jusqu'à concurrence de sa part successorale. En effet, chaque débiteur n'est tenu de cette charge que jusqu'à concurrence de sa portion recueillie dans la succession (article 1017, alinéa 1er). Si l'un de ces débiteurs est insolvable, cette insolvabilité ne saurait être répercutée sur les autres débiteurs, mais reste à charge du légataire créancier.

- **L'action hypothécaire**

Le légataire d'une somme d'argent dispose d'une deuxième action. La loi lui confère en effet une hypothèque légale, qui porte sur tous les immeubles de la succession. En vertu de l'article 1017, alinéa 2, les débiteurs d'un legs « en seront tenus hypothécairement pour le tout, jusqu'à concurrence de la valeur des immeubles de la succession dont ils seront détenteurs ».

L'existence d'une hypothèque légale au profit du légataire particulier ne saurait être contestée, au motif que cette hypothèque n'est pas mentionnée par l'article 2121, qui énumère les hypothèques légales. La jurisprudence a toujours consacré la validité de cette hypothèque légale, en argumentant qu'elle est implicitement visée par l'article 1017, alinéa 2. Cette position est partagée par la jurisprudence luxembourgeoise, qui a jugé que « le légataire luxembourgeois du de cujus étranger, qui a testé à l'étranger, peut prendre inscription d'hypothèque sur les immeubles de la succession situés dans le Grand-Duché » (Cour, 18 mai 1928, Pasicrisie 11, page 285) ou encore « l'hypothèque du légataire peut être inscrite tant pour les choses indéterminées que pour les choses déterminées de la succession, bien que la remise de ces dernières puisse aussi s'obtenir par l'action en revendication » (même arrêt).

L'hypothèque légale, existant au profit du légataire particulier, n'est pas dispensée d'inscription au bureau des hypothèques auprès de l'Administration de l'Enregistrement et des Domaines.

Toutefois, cette hypothèque, bien qu'étant légale, n'est pas d'ordre public. Elle peut donc être écartée par le testateur dans son testament.

L'hypothèque légale susvisée a pour effet de conférer à son titulaire un droit de préférence et un droit de suite sur les immeubles de la succession. Le légataire non payé de son legs peut saisir le ou les immeubles hypothéqués, organiser leur vente forcée et se faire payer sur le produit de la vente.

En cas de pluralité de débiteurs, cette hypothèque légale permet également au légataire créancier de poursuivre, pour la totalité de sa créance, celui des débiteurs qui se trouve être en possession de l'immeuble hypothéqué, sauf à ce dernier d'exercer un recours contre ses codébiteurs.

b) Le droit aux fruits de la chose léguée

En vertu de l'article 1014, alinéa 2, le légataire particulier n'a droit aux fruits du bien légué qu'à compter du jour de sa demande en délivrance de son legs ou du jour où cette délivrance lui a été volontairement consentie.

L'article 1015 apporte toutefois une double exception à cette règle, en décidant que « les intérêts ou fruits de la chose léguée courront au profit du légataire, dès le jour du décès, et sans qu'il ait formé sa demande en justice » dans les deux cas suivants :

a) lorsque le testateur a expressément déclaré une telle volonté. Il suffit d'ailleurs à ce sujet que la volonté du testateur résulte clairement des clauses du testament. Le testateur peut ainsi faire courir, au profit du légataire, les intérêts ou les fruits sur la chose léguée à compter du jour de son décès, par exemple, en dispensant le légataire de former une demande en délivrance du legs. Bien qu'une telle disposition soit inopérante pour faire dispenser le légataire de présenter une demande en délivrance de son legs, celle-ci étant d'ordre public, elle produit toutefois ce résultat qu'elle attribue au légataire un droit aux fruits de la chose léguée à compter du jour du décès du testateur.

b) lorsque la chose léguée consiste dans une rente viagère ou une pension alimentaire. Dans cette hypothèse, la loi présume la volonté du défunt de conférer au légataire un droit aux intérêts ou aux fruits à compter du jour de son décès.

4.3.3 Les obligations incombant au légataire à titre particulier

400 Aux termes de l'article 1024, « le légataire particulier ne sera point tenu des dettes de la succession, sauf la réduction du legs..., et sauf l'action hypothécaire des créanciers ».

Il se dégage du texte légal précité que la loi apporte une double exception au principe suivant lequel le légataire particulier n'est pas tenu des dettes de la succession. Ces exceptions sont les suivantes :

a) Le légataire particulier peut subir la réduction de son legs, en raison des dettes grevant la succession. Cette hypothèse peut se présenter, lorsque la somme des legs consentis dépasse l'actif net de la succession. Une telle situation est susceptible de naître, en raison de la circonstance que les légataires ne sont payés qu'après les créanciers de la succession, du moins si ces derniers ont fait opposition, au cas où la succession a été acceptée sous bénéfice d'inventaire (article 808). Si l'actif net de la succession n'est pas suffisant pour payer le legs dans sa totalité, ce dernier doit subir une réduction proportionnelle.

b) Lorsque le legs consenti au légataire porte sur un immeuble hypothéqué, le légataire peut être contraint de payer le créancier hypothécaire pour la totalité de la créance garantie par l'hypothèque, à moins qu'il ne renonce au legs. Si le légataire préfère toutefois régler le créancier hypothécaire, il a un recours contre les héritiers et les légataires tenus au règlement des dettes successorales.

À ces deux cas précités, il convient d'en ajouter un troisième. Le légataire particulier peut être tenu d'acquitter une dette de la succession, ou même un autre legs particulier à prélever sur son propre legs, lorsque le testateur a mis, expressément ou tacitement, une telle obligation à sa charge et que le légataire l'a acceptée, en demandant la délivrance de son legs.

E. – LES CLAUSES D'INALIÉNABILITÉ INSÉRÉES DANS UN TESTAMENT

Il arrive qu'un testateur, tout en gratifiant un légataire d'un bien, et notamment d'un immeuble, lui interdise – par une clause insérée dans son testament – d'aliéner, durant une certaine période, par exemple 20 ans, l'immeuble légué. 401

Dans quelle mesure une telle clause est-elle valable ?

Nous voudrions signaler qu'une clause d'inaliénabilité ne se limite pas au seul testament. Elle peut se rencontrer également dans des actes à titre onéreux, comme une vente. Elle fait parfois l'objet également d'une donation. Toutefois, on la rencontre le plus souvent dans un testament, alors que le testateur peut avoir le souci du bon emploi que fera, après son décès, le légataire du bien lui légué.

Avant d'analyser la validité d'une telle clause, il convient de dire quelques mots sur la conception du Code civil en matière de circulation des biens.

On connaît la phobie du Code civil quant aux biens de nature morte, très en usage dans l'ancien droit. Ce Code veut que les biens, tant meubles qu'immeubles, puissent circuler librement, à moins qu'il n'existe des motifs légitimes (d'ordre familial, de santé ou de sécurité publique), justifiant des entraves à leur libre circulation. Ce souci du Code civil a trouvé son expression la plus prononcée notamment dans ses articles 537 et 544.

L'article 537 est libellé comme suit : « Les particuliers ont la libre disposition des biens qui leur appartiennent, sous les modifications établies par les lois ».

L'article 544 est conçu ainsi : « La propriété est le droit de jouir et de disposer des choses, pourvu qu'on n'en fasse pas un usage prohibé par la loi ou par des règlements, ou qu'on ne cause un trouble excédant les inconvénients normaux du voisinage rompant l'équilibre des droits équivalents ».

Du point de vue économique, toute limite imposée au libre commerce des biens freine aussi le crédit. Elle empêche de constituer des sûretés réelles sur l'immeuble frappé d'une indisponibilité temporaire. En effet, l'inaliénabilité d'un bien a pour corollaire son insaisissabilité. La saisie est en effet susceptible d'aboutir à la vente du bien saisi, c.-à-d. à son aliénation, qui est justement exclue par la clause sous analyse.

La question se pose si, étant donné la formulation des articles 537 et 544, des clauses conventionnelles d'inaliénabilité sont permises d'une façon générale. Malgré le caractère assez strict des articles susvisés, la jurisprudence a toujours déclaré valides de telles clauses, pour autant qu'elles répondent à deux conditions essentielles.

F. – CONDITIONS DE VALIDITÉ DES CLAUSES D'INALIÉNABILITÉ

En vertu d'une jurisprudence constante, tant française que luxembourgeoise, les clauses d'inaliénabilité, pour être reconnues valables par le tribunal, doivent :

a) avoir un caractère temporaire,

b) se justifier par un intérêt sérieux et légitime.

1. Quant au caractère temporaire

Les clauses d'inaliénabilité doivent être limitées dans le temps quant à la durée de leur effet. Elles ne peuvent en aucun cas avoir une durée indéfinie.

Quelle est la durée maximale d'une telle clause, pour qu'elle soit licite ?

La jurisprudence ne s'est pas fixée sur une durée fixe au-delà de laquelle la clause ne serait plus valide. Elle s'est orientée plutôt vers des critères choisis en fonction de l'utilité que la clause en question laisse encore au bénéficiaire du bien grevé d'une telle clause. Celle-ci est nulle si elle empêche le propriétaire de disposer du bien sa vie durant.

Telle est également la motivation d'un jugement du tribunal civil de Luxembourg du 7 juin 2001, N° du rôle 67.952. Dans le litige soumis au tribunal, le testateur avait légué à divers légataires un terrain ayant une grande valeur, en leur interdisant de l'aliéner pendant une période de 25 ans.

Dans ce jugement, le tribunal, en se référant à l'âge d'un des légataires (70 ans), a retenu qu'au moins ce légataire était privé du droit de disposer sa vie durant de sa part du terrain légué, de sorte que la clause en question devrait être déclarée non valide. Pour motiver sa décision, les juges se sont référés à un jugement français, déclarant non valable une clause d'inaliénabilité de 30 ans, « alors qu'elle est mise à charge d'un légataire de 52 ans, qui se trouve ainsi pratiquement privé de toute possibilité d'aliéner sa part du bien sa vie durant » (TGI de Rochefort-sur-Mer, 20 octobre 1993, *JCP* 1994, IV, 1694).

2. Quant à l'intérêt sérieux et légitime

Même si le tribunal devait juger que la clause d'inaliénabilité n'a pas une durée excessive, il a encore à examiner si cette clause répond à un intérêt sérieux et légitime.

Cet intérêt peut être imposé dans l'intérêt du disposant lui-même (ce cas de figure ne joue pratiquement pas dans l'hypothèse d'un testament), dans l'intérêt du légataire ou de celui d'un tiers.

Le testateur peut imposer cette clause au légataire pour le protéger contre son inexpérience ou sa légèreté. Généralement, cette restriction à la libre disposition est imposée jusqu'à ce que le gratifie ait atteint un âge déterminé, par exemple, 25 ou 30 ans.

La clause peut parfois être imposée dans l'intérêt d'un tiers. Ainsi, le testateur lègue à une personne l'usufruit d'une maison et la nue-propriété à une autre. Le disposant peut imposer au nu-propriétaire une interdiction temporaire de vendre pour protéger l'usufruitier contre le risque que ferait courir à ce dernier un changement de nu-propriétaire. De même, si un testateur a chargé le légataire d'un immeuble de payer une rente viagère à une tierce personne, ce testateur peut imposer au gratifié l'interdiction d'aliéner, jusqu'au décès du bénéficiaire de la rente, le bien légué pour assurer le service de ladite rente.

La Cour de cassation française a décidé que, la clause d'inaliénabilité dérogeant au principe de la libre disposition des biens, il appartient à celui qui se prévaut d'une telle clause de justifier de l'intérêt sérieux et légitime qu'il allègue (arrêt de principe rendu par la Cour de cassation, 1re Ch. Civ. 15 juin 1994, *D.* 1995, 341).

Souvent une telle justification de la clause précitée n'est pas indiquée au testament, qui se borne à imposer une durée d'inaliénabilité déterminée.

Dans un tel cas, les légataires plaidant pour la validité de la clause en question auront des difficultés à justifier au tribunal l'intérêt qu'avait eu le testateur à imposer cette clause. Un testateur n'ayant pas indiqué les raisons de l'inaliénabilité imposée, il appartient aux juges d'apprécier l'intérêt bien compris du légataire pour savoir si la clause se justifie par une raison sérieuse et légitime et, partant, si la clause doit être maintenue ou non.

Notons pour clore cet examen des conditions de validité d'une clause d'inaliénabilité que les critères dégagés par la jurisprudence (inaliénabilité temporaire et intérêt sérieux et légitime) ont été sanctionnés légalement en France par l'article 900-1 du Code civil français. Le texte correspondant a le libellé suivant : « Les clauses d'inaliénabilité affectant un bien donné ou légué ne sont valables que si elles sont temporaires et justifiées par un intérêt sérieux et légitime. Même dans ce cas, le donataire ou le légataire peut être judiciairement autorisé à disposer du bien si l'intérêt qui avait justifié la clause a disparu ou s'il advient qu'un intérêt plus important l'exige ».

Il est évident qu'à défaut d'une disposition légale correspondante au Grand-Duché de Luxembourg, une clause d'inaliénabilité, une fois reconnue comme valable par le tribunal, doit être respectée. Le légataire ne peut pas être dispensé judiciairement du respect dû à cette clause, si les raisons d'être de celle-ci ont disparu ou si, tout en subsistant encore, elles gênent considérablement ses intérêts économiques (par exemple, nécessité de se procurer des fonds pour échapper à la déconfiture).

G. – CLAUSE D'INALIÉNABILITÉ ET RÉSERVE HÉRÉDITAIRE

402 Parfois des parents, redoutant la prodigalité d'un de leurs descendants, établissent un testament-partage, dans lequel ils lèguent, à titre de part héréditaire, un immeuble à l'enfant ou au petit-enfant en question, en lui interdisant d'aliéner temporairement ce bien. Nous supposons que la clause en question répond aux critères exposés ci-dessus. Il se pose la question de la légalité d'une telle clause.

Celle-ci n'est pas valable si elle s'oppose à l'indisponibilité de la réserve héréditaire. À moins d'être écarté de la succession de ses parents pour cause d'indignité successorale, ou d'avoir renoncé à cette succession, tout héritier réservataire a droit à l'intégralité de sa réserve, qui ne saurait être affectée de conditions d'indisponibilité, quels que soient les justifications ou motifs invoqués en ce sens.

Si les parents redoutent qu'un enfant, en raison de sa prodigalité, aille dilapider rapidement sa part héréditaire, ils doivent avoir recours aux moyens de protection qu'offre le Code civil en faveur des incapables majeurs (curatelle ou placement sous sauvegarde de justice).

Si la clause d'inaliénabilité est incompatible avec l'institution de la réserve, elle peut en revanche affecter des biens faisant partie de la quotité disponible composant la part héréditaire échue à ce descendant.

Pour que la clause puisse jouer quant à la quotité disponible, il faudrait que, dans un testament-partage, il y ait une ventilation des biens héréditaires entre biens réservataires et biens relevant de la quotité disponible.

Une telle ventilation n'est pas facile à réaliser en pratique et suppose que l'enfant prodigue bénéficie d'au moins deux biens distincts, l'un représentant la réserve et le second la quotité disponible, qui peut être affectée d'une clause d'inaliénabilité.

Il est évident qu'un même immeuble ne saurait être librement disponible, quant à la réserve, et grevé d'inaliénabilité, en ce qui concerne la quotité disponible.

H. – EFFETS DE LA CLAUSE D'INALIÉNABILITÉ

Nous avons vu que, si la clause d'inaliénabilité a été reconnue valable par le tribunal, elle doit être respectée par le ou les légataires du bien que cette clause affecte.

Quid si la clause a été déclarée invalide par le tribunal ? La jurisprudence fait application dans ce cas des dispositions de l'article 900, aux termes duquel, dans toute disposition entre vifs ou testamentaire, les conditions impossibles seront réputées non écrites.

Il s'ensuit que la nullité de la clause n'affecte que celle-ci et non le testament tout entier, qui subsistera partant en ce qui concerne le legs ayant prévu la clause en question, à moins que l'inaliénabilité n'en ait été une cause impulsive et déterminante pour le testateur.

I. – OPPOSABILITÉ DE LA CLAUSE D'INALIÉNABILITÉ AUX TIERS

Le légataire d'un bien grevé d'une clause d'inaliénabilité peut être tenté **403**
de vendre ce bien, malgré l'existence de la clause. Quels seraient les effets d'une telle vente ?

À cet égard, il convient de distinguer entre meubles et immeubles. En ce qui concerne les premiers cités (par exemple, des titres de bourse), il sera difficile de sanctionner le non-respect de la clause, étant donné qu'à l'égard des meubles, jouent les dispositions de l'article 2279 qui disposent qu'« En fait de meubles, la possession vaut titre ».

En matière d'immeubles, il existe l'obligation de la publicité des droits réels immobiliers, telle qu'elle est organisée par la loi modifiée du 25 septembre 1905 sur la transcription des droits réels immobiliers. Pour être opposables aux tiers, tous droits réels et même certaines créances doivent avoir été publiés auprès du conservateur des hypothèques de l'Administration de l'Enregistrement et des Domaines, afin de protéger le tiers acquéreur d'un bien contre des surprises désagréables.

La loi susvisée ne prévoit pas la transcription d'une clause d'inaliénabilité affectant un immeuble. En raison de la sécurité juridique devant régir la circulation des immeubles, il faut néanmoins admettre qu'une telle clause, non publiée, n'est pas opposable à un acquéreur de l'immeuble grevé.

Cette question ne semble cependant pas être tellement cruciale, étant donné qu'une aliénation d'un immeuble affecté d'une clause d'inaliénabilité testamentaire ne court guère le risque d'une résolution de l'aliénation intervenue, alors qu'on se demande qui intenterait une telle action judiciaire, le disposant étant par la nature des choses décédé à ce moment.

On pourrait argumenter que des héritiers légaux du disposant, dans la mesure où il en existe, pourraient contester une telle vente. En théorie, cette possibilité existe. On peut néanmoins se demander si les héritiers ont intérêt à mettre en cause l'acte d'aliénation intervenu malgré la clause d'inaliénabilité. En effet, ces héritiers ne voudraient guère intenter un procès incertain, qui normalement ne leur apporte pas d'avantage matériel. En effet, même au cas où la vente susvisée était annulée, l'immeuble vendu rentrerait toujours dans la propriété du légataire et les héritiers n'en deviendraient pas pour autant propriétaire, à moins que le testament n'ait prévu, à titre de sanction, une condition résolutoire du legs en cas de non-respect de la clause, ce qui devrait être assez rare.

Les créanciers disposant d'un privilège ou d'une hypothèque sur l'immeuble aliéné, malgré l'existence de la clause d'inaliénabilité, n'ont pas d'intérêt à contester cette vente. En effet, leurs droits ne sont pas affectés par l'aliénation intervenue, alors qu'ils pourraient porter leur créance sur le prix de vente.

Il convient de signaler en marge que le respect d'une clause d'inaliénabilité est mieux assuré dans le cas où celle-ci a été insérée dans une donation. En effet, celle-ci doit toujours être transcrite avec la clause qui l'affecte. Le notaire, se rendant compte de l'existence de la restriction à la vente, refusera de passer l'acte d'aliénation, sous peine de s'exposer à des dommages-intérêts de la part du donateur, à supposer que celui-ci soit toujours en vie au moment de cette aliénation. Ce dernier pourrait aussi intenter une action en résolution de la vente contre l'acquéreur de l'immeuble grevé de la clause susvisée. Le donateur pourrait éventuellement aussi demander la révocation de la donation pour non-respect de la charge l'ayant affectée.

J. – L'ACCEPTATION OU LA RÉPUDIATION DES LEGS

404 Tout comme l'héritier légal, le légataire peut adopter trois attitudes possibles face au legs qui lui est dévolu :

- il peut l'accepter,
- il peut le répudier,
- il peut l'accepter sous bénéfice d'inventaire.

Pour la définition, la portée et les conséquences de ces trois attitudes, il est renvoyé à la 1re partie, traitant de la dévolution successorale ab intestat.

Le Code civil reste muet quant à l'attitude que peut adopter un légataire, en ce qui concerne le legs. Il est toutefois évident, et la jurisprudence n'a d'ailleurs jamais cessé de l'affirmer, que le légataire ne saurait, en aucun cas, être contraint d'accepter un legs. Le fait que la transmission de la propriété des biens, formant l'objet du legs, s'opère de plein droit au jour du décès du testateur, ne saurait, en aucune façon, porter atteinte à la liberté laissée au légataire de répudier le legs.

Il arrive en effet que le légataire préfère refuser le legs. Ceci peut être le cas, lorsque le legs ne comporte pas seulement des avantages pour lui, mais également des charges, comme l'obligation de payer les dettes du défunt. Or, avant de connaître l'ampleur exacte de cette charge, le légataire ne saurait apprécier si le legs lui procure encore un avantage, après qu'il a assumé la charge lui imposée.

La question se pose alors de savoir comment le légataire peut exercer l'option lui réservée face au legs. Y a-t-il lieu de procéder de la même manière que pour l'acceptation ou la répudiation des successions ab intestat ?

1. Forme de l'acceptation ou de la répudiation d'un legs

Le Code civil ne comporte pas de dispositions spécifiques traitant de l'acceptation et de la répudiation des legs testamentaires. La jurisprudence avait donc à trancher la question si l'acceptation et la répudiation d'un legs sont soumises à des conditions de forme particulières, pour intervenir valablement ou si, au contraire, les règles prévues aux articles 778 et 784, traitant respectivement de l'acceptation d'une succession ab intestat et de la renonciation à celle-ci, doivent être appliquées, par analogie, à la matière de l'acceptation et de la répudiation d'un legs testamentaire. 405

Les tribunaux luxembourgeois ont à ce sujet suivi un arrêt de principe de la Cour de cassation française, Chambre des Requêtes, du 3 décembre 1900, qui a décidé que les règles énoncées par les articles 778 et 784, ne trouvent pas application à cette matière.

Il en résulte que l'acceptation d'un legs peut se faire par tous les moyens, sans que le légataire soit tenu de respecter les conditions prévues par l'article 778 (acceptation expresse dans un acte notarié ou acceptation tacite documentée par un acte posé par l'héritier, laissant conclure à son acceptation manifeste de la succession).

D'autre part, la renonciation, par le légataire, au legs particulier n'a pas besoin d'être faite par une déclaration expresse au greffe du Tribunal d'arrondissement. Une telle formalité n'est en effet requise par l'article 784 que pour la renonciation d'un héritier à une succession. La répudiation par le légataire d'un legs particulier peut donc intervenir tacitement. Une répudiation tacite d'un legs peut ainsi, en particulier, se dégager de l'attitude adoptée par le légataire, par exemple de son refus d'exécuter les charges que le testateur lui a imposées. La question s'il y a acceptation ou répudiation d'un legs est laissée à l'appréciation souveraine du tribunal. Cette acceptation ou ce refus, étant une question de pur fait, échappe au contrôle de la Cour de cassation.

Si ces principes sont largement admis par la jurisprudence, en ce qui concerne les legs particuliers, cette dernière est toutefois moins unanime quant aux legs universels et à titre universel.

La jurisprudence a en effet décidé, à plusieurs reprises, qu'un légataire universel, tenu des dettes et charges de la succession, même au-delà de la valeur du legs, doit pouvoir, en tout état de cause, accepter le legs sous bénéfice d'inventaire. Or, une telle acceptation ne peut valablement intervenir que dans le respect des conditions de forme et de fond stipulées par la loi pour ce mode d'acceptation d'une succession, à savoir par une déclaration expresse par le légataire au greffe du tribunal civil.

Comme le légataire universel est tenu de recourir à une déclaration au greffe pour accepter le legs sous bénéfice d'inventaire et qu'il se trouve ainsi assimilé, en ce qui concerne cet acte, à un héritier, est-il également à assimiler à un héritier, pour les autres options, qu'il peut exercer par rapport au legs, telles que l'acceptation d'un legs ou la renonciation à celui-ci ?

En d'autres termes, le légataire universel doit-il se soumettre aux conditions de forme de l'article 784 pour répudier un legs ? Certains arrêts admettent cette solution, d'autres par contre la rejettent. La jurisprudence, loin d'avoir trouvé une solution unanime quant aux légataires universels, est encore plus divisée en ce qui concerne les légataires à titre universel.

2. Les conditions de fond de l'acceptation ou de la répudiation

Les règles prescrites en matière de successions doivent être écartées de la matière des legs, chaque fois que ces prescriptions ne répondent pas au droit commun. Ainsi, la règle énoncée par l'article 782, suivant laquelle, si les héritiers du de cujus ne sont pas d'accord sur l'option à choisir face à la succession, ils sont censés avoir accepté cette succession sous bénéfice d'inventaire, est évidemment inapplicable aux legs. En effet, les légataires peuvent exprimer leur option de façon divisée.

Par contre, le principe édicté par l'article 788, qui confère aux créanciers d'un héritier le droit d'accepter la succession lui dévolue, au nom et à la place de leur débiteur, s'applique également aux créanciers d'un légataire, dès lors qu'il ne constitue que l'expression du droit oblique, conféré aux créanciers d'un débiteur.

3. Les effets de la répudiation d'un legs

La jurisprudence n'a jamais hésité à appliquer à la présente matière les règles édictées par le Code civil relatives aux successions ab intestat. 406

Ainsi, tout comme l'héritier, autorisé à cet effet par l'article 790, le légataire, qui a renoncé à son legs, peut revenir sur sa renonciation aussi longtemps que d'autres légataires, appelés à recueillir son legs à son défaut, n'ont pas accepté le legs répudié.

La répudiation de son legs par un légataire a pour effet d'accroître la part des autres légataires, dans le cas où le legs a été fait conjointement à plusieurs légataires.

L'article 1044 répute comme fait conjointement tout legs, stipulé par une seule et même disposition testamentaire, à condition que le testateur n'ait pas spécifié la part de chaque légataire dans la chose léguée.

Aux termes de l'article 1045, le legs est encore réputé fait conjointement, quand il porte sur une chose, qui n'est pas susceptible d'être divisée sans détérioration et qui a été léguée par le même testament à plusieurs légataires, même séparément.

La renonciation par l'un des légataires à sa part dans la chose léguée a pour effet d'augmenter proportionnellement les parts revenant aux autres légataires.

Citons à titre d'exemple le cas du testament, qui transmet à trois légataires la maison de campagne du testateur, sans toutefois spécifier la part à laquelle chacun de ces légataires peut prétendre dans cet immeuble. Si l'un des légataires renonce à son legs, la part de chacun des autres légataires se trouve accrue. Ainsi, au lieu de pouvoir prétendre seulement à un tiers de la maison léguée, chacun de ces légataires, acceptant le legs, a droit à la moitié de cet immeuble.

Il en est autrement au cas où le testament a expressément spécifié que la maison est léguée à chacun des trois légataires pour un tiers indivis. Dans cette hypothèse, la renonciation d'un légataire à son legs n'a pas pour effet d'accroître celui de ses colégataires, qui ne peuvent toujours prétendre qu'à un tiers de la maison léguée. La répudiation du legs par le légataire renonçant accroît au contraire la part successorale revenant aux héritiers légaux.

D'un autre côté, l'acceptation et la répudiation d'un même legs ne peuvent pas être divisées. Le légataire ne peut accepter ou renoncer que pour le tout. Il ne saurait en aucun cas accepter un legs pour une partie et le répudier pour l'autre, par exemple, en ce qui concerne les charges auxquelles le testateur a soumis le legs.

Par contre, s'il y a plusieurs legs faits à une même personne, celle-ci peut accepter l'un et répudier l'autre, à moins qu'il ne se dégage de l'énoncé du testament même que le testateur a entendu imposer au légataire l'obligation, soit d'accepter tous les legs, soit d'y renoncer dans leur ensemble.

K. – LA RÉVOCATION DES TESTAMENTS ET LA RÉPUDIATION DES LEGS

Un testament est susceptible de perdre ses effets juridiques. Cette perte peut se produire de plusieurs manières :

- le testament peut, par la volonté et à l'initiative du seul testateur, être annulé pour le tout ou en partie. Une telle annulation d'une disposition testamentaire est communément désignée par **« révocation »** (cf. numéros 407 et suivants),
- le testament peut aussi perdre son efficacité à la suite de l'intervention d'une cause indépendante de la volonté du testateur, comme le prédécès du légataire, la destruction de la chose léguée ou la réalisation d'une condition résolutoire à laquelle le testateur avait soumis le legs stipulé. Un tel anéantissement de l'efficacité du testament est qualifié de **« caducité »** (cf. numéros 414 et suivants),
- un legs testamentaire est susceptible d'être privé de ses effets à la suite d'une révocation qui est prononcée par le tribunal, dans l'une des hypothèses fixées par le Code civil. Une telle **« révocation judiciaire »** d'un testament est susceptible d'être prononcée pour les mêmes causes que celles gouvernant la révocation d'une donation entre vifs, telle que l'ingratitude du légataire ou l'inexécution des charges que le testateur lui avait imposées (numéros 419 et suivants),
- un testament peut finalement être frappé de **nullité** pour une cause antérieure ou concomitante à sa rédaction, comme le dol ou la violence, exercé par le légataire sur le testateur, l'incapacité du testateur de disposer de sa fortune par voie de testament, l'inobservation des formes requises à peine de nullité, etc. (numéros 422 et suivants).

1. La révocation des testaments

La révocation d'un testament signifie l'annulation de tout ou de partie du testament par la volonté du testateur. L'article 895 prévoit expressément cette révocation, en disposant que : « Le testament est un acte par lequel le testateur dispose, pour le temps où il n'existera plus, de tout ou partie de ses biens, et qu'il peut révoquer ». 407

La révocation, qui est faite par le testateur, est susceptible d'affecter, soit le testament tout entier, soit une disposition testamentaire particulière, comme un legs isolé, les autres legs restant valables.

La révocation d'un testament, ou d'un legs particulier, intervient de deux manières différentes. Elle peut être soit expresse, soit tacite.

1.1. *La révocation expresse*

Les formes, dans lesquelles intervient une révocation expresse d'une disposition testamentaire, sont définies par l'article 1035. Ce texte prévoit que « Les testaments ne pourront être révoqués, en tout ou en partie, que par un testament postérieur ou par un acte devant notaire portant déclaration du changement de volonté ». 408

Une révocation expresse d'un testament, ou d'un legs particulier, peut donc se réaliser de deux manières différentes : par un nouveau testament ou par un acte notarié.

1.2. *La révocation par un testament postérieur*

La révocation expresse d'un testament peut intervenir par un nouveau testament, dans lequel le testateur fait part de sa volonté de révoquer son premier testament. 409

Une telle révocation est toujours susceptible de se réaliser, quelle qu'ait été la forme du premier testament. Nous avons déjà relevé ci-avant qu'un testament, qu'il ait été dressé dans la forme olographe ou dans la forme authentique, ne saurait jamais engager le testateur de façon définitive et pour le restant de sa vie.

Pour opérer la révocation d'un testament, la forme du nouveau testament importe peu. Une telle révocation est en effet valable, si elle intervient par un testament postérieur, rédigé dans une forme quelconque.

Qu'en est-il maintenant de la révocation d'un testament authentique ? – En d'autres mots, est-ce que la révocation d'un testament authentique nécessite le recours à un second testament authentique, en vertu du principe du parallélisme des formes, ou est-ce que cette révocation peut au contraire s'opérer par une autre forme de testament, telle que p. ex. par un testament olographe ? –

La doctrine et la jurisprudence ont longtemps hésité à se prononcer en faveur d'une révocation d'un testament authentique par un testament subséquent non authentique, en préconisant le respect du principe du parallélisme des formes et en se fondant sur la combinaison des articles 980 et 1035 du Code civil.

Cette thèse n'était, cependant, pas partagée par la Chambre des Notaires qui interprétait autrement l'article 980 précité. Celui-ci ne serait pas dérogatoire à l'article 1035, mais complémentaire à celui-ci. Suivant cette Chambre, un testament authentique pourrait donc bien être modifié par un testament olographe.

La jurisprudence constante en la matière a été maintenue jusqu'à un arrêt rendu par la Cour de cassation du Grand-Duché de Luxembourg le 5 juillet 2018 (registre n° 77/2018), rendu dans le cadre d'un litige au sujet d'un testament olographe qui a, non seulement opéré une révocation d'un testament notarié antérieur, mais en outre mis en avant de nouvelles dispositions et de nouveaux legs.

Dans l'arrêt précité, la Cour de cassation a cassé un arrêt rendu par la Cour d'appel, qui avait refusé de reconnaître la validité de la révocation d'un testament authentique opérée par le testament olographe subséquent, aux motifs que :

a) l'article 1035 du Code civil ne soumet la révocation d'un testament existant à aucune condition de forme, telle que le recours à un nouveau testament authentique,

b) l'article 980 du même Code ne déroge pas à la règle instituée par l'article 1035, selon laquelle le testateur peut révoquer un testament antérieur, quelle qu'en soit la forme, par un testament postérieur, quelle qu'en soit la forme.

Le principe résultant de l'arrêt précité doit néanmoins être nuancé suivant la distinction énoncée ci-après :

° 1re hypothèse : le second testament s'est borné à révoquer le testament authentique antérieur, sans prévoir de nouvelles dispositions et/ou de nouveaux legs.

Dans cette hypothèse, l'article 980 du Code civil, tel qu'il a été modifié en dernier lieu par une loi du 8 novembre 1984, qui dispose que « *Les actes portant révocation des testaments publics sont reçus par deux notaires ou par un notaire assisté de deux témoins* » s'applique. La forme authentique du second testament est donc requise pour opérer une révocation valide du testament antérieur.

Une référence au droit français en la matière n'est pas possible, alors que notre article 980 n'a pas d'équivalent en droit français.

La loi luxembourgeoise diffère sur ce point de la loi française. Pour cette dernière, la révocation d'un testament authentique pourra valablement intervenir même par un testament olographe. La loi française n'exige partant pas que la règle de la correspondance des formes entre le testament révoquant et le testament à révoquer soit respectée.

° 2e hypothèse : le second testament a, non seulement prononcé la révocation du testament authentique antérieur, mais a également ajouté de nouvelles dispositions et/ou de nouveaux legs au premier testament.

Dans cette hypothèse, en vertu de l'article 1035 du Code civil, la forme du testament postérieur n'est pas relevant et toutes les formes de testaments sont admissibles.

La jurisprudence exige toutefois, dans l'hypothèse susvisée, que le testament, valant révocation, soit régulier en la forme et émane d'un testateur capable.

L'article 1037 consacre ce principe relativement à deux hypothèses, en disposant que « La révocation faite dans un testament postérieur aura tout son effet, quoique ce nouvel acte reste sans exécution par l'incapacité de l'héritier institué ou du légataire ou par leur refus de recueillir ». Toutefois, l'indication des hypothèses dans lesquelles la règle stipulée par l'article 1037 trouve application, n'est pas limitative. Cette disposition s'applique également au cas où les nouveaux legs deviennent caducs à la suite du prédécès du légataire ou qu'ils sont déclarés nuls.

La jurisprudence a toutefois décidé que la règle de l'article 1037 doit être écartée, dès lors qu'il résulte de l'interprétation donnée par le tribunal des termes du testament que le testateur avait l'intention de rendre la révocation du testament antérieur conditionnelle et de soumettre l'effet de celle-ci à l'exécution des nouvelles dispositions testamentaires contenues dans le testament postérieur. Partant, si les nouveaux legs sont nuls ou caducs la révocation, soumise à l'accomplissement de la condition de leur exécution, est censée n'être jamais intervenue.

Il échet de signaler encore que la révocation une fois intervenue, est définitive, même dans l'hypothèse où le nouveau testament devrait, pour une raison ou une autre, être déclaré nul ou caduc.

1.3. *La révocation par un acte notarié*

La révocation expresse d'un testament peut aussi se faire par un acte 410
notarié, contenant la déclaration expresse de la volonté du testateur de révoquer une disposition testamentaire antérieure. Cette variété d'acte

n'est pas soumise aux conditions de forme spéciales requises pour la validité d'un testament authentique ; elle n'est soumise qu'aux règles de forme exigées pour la validité des actes notariés en général.

Quelle que soit la forme employée par le testateur pour révoquer un testament antérieur – nouveau testament ou acte notarié – la révocation est elle-même également révocable.

La révocation de la révocation peut se faire, suivant les dispositions de l'article 1035 par un testament nouveau ou par acte notarié.

Tout comme la révocation d'un testament, la révocation de la révocation peut aussi être tacite. La rétractation de la révocation a pour effet de faire revivre le testament primitif, révoqué antérieurement.

1.4. *La révocation tacite*

411 La révocation tacite d'un testament a lieu, lorsque le testateur, sans le dire expressément dans l'une des formes telles que nous venons de les mentionner pour la révocation expresse, met à néant des dispositions testamentaires antérieures, en posant un autre acte, qu'il soit juridique ou simplement matériel.

Une telle révocation tacite par le testateur peut se produire de deux manières différentes :

a) par l'établissement d'un nouveau testament dont les dispositions sont incompatibles avec celles du testament primitif, de sorte qu'elles ne peuvent pas être mises à exécution cumulativement ;

b) par l'aliénation volontaire par le testateur de la chose léguée.

Ces deux hypothèses de révocation tacite sont expressément visées par l'article 1038.

1.5. *L'incompatibilité ou la contrariété entre une disposition testamentaire antérieure et une disposition ultérieure*

La révocation tacite d'un testament peut résulter du fait que le testateur rédige un nouveau testament dont les dispositions se trouvent en contradiction avec celles du testament primitif ou qu'elles sont incompatibles avec ces dernières, de sorte qu'il est impossible de mettre à exécution les deux catégories de dispositions testamentaires ensemble et de façon cumulative. 412

À titre d'exemple, l'on peut citer le testament par lequel le testateur dispose de l'intégralité de sa fortune au profit d'une personne X. Si le testateur rédige dans la suite un second testament, par lequel il lègue toute sa fortune à Y, il est évident que ces deux dispositions testamentaires, étant contradictoires l'une par rapport à l'autre, ne peuvent pas être exécutées cumulativement. Dans ces conditions, le second testament a tacitement révoqué les dispositions du premier.

Il se peut toutefois que la révocation tacite ne porte pas sur l'intégralité du testament primitif, mais seulement sur une partie des premières dispositions ou sur un legs particulier. En cela, notre droit n'a pas repris les principes établis par le droit romain, suivant lesquels la rédaction d'un nouveau testament entraîne nécessairement et forcément l'annulation de toutes les dispositions contenues dans le testament antérieur. Le droit actuel reconnaît ainsi la validité d'une révocation seulement partielle d'un testament.

L'article 1036 constate la règle visée ci-dessus dans les termes suivants : « Les testaments postérieurs, qui ne révoqueront pas d'une manière expresse les précédents, n'annuleront dans ceux-ci que celles des dispositions y contenues, qui se trouveront incompatibles avec les nouvelles, ou qui seront contraires ».

Donc, si le testateur a rédigé deux testaments successifs, le testament postérieur n'opère pas, dans tous les cas et de plein droit, révocation tacite du testament plus ancien. Il se peut en effet qu'il soit tout à fait possible d'exécuter cumulativement les dispositions de l'un et de l'autre testament.

Le Code civil ne prescrit le contraire que dans deux hypothèses : celle où les nouvelles dispositions sont incompatibles avec les anciennes et celle où ces dispositions sont contraires aux anciennes. Dans ces deux hypothèses, les nouvelles dispositions testamentaires ont opéré une révocation tacite des anciennes.

Nous allons analyser ci-après ce qu'il faut entendre par « incompatibilité » et par « contrariété » de dispositions testamentaires.

1.5.1 L'incompatibilité entre deux dispositions testamentaires

Il y a incompatibilité entre deux dispositions testamentaires lorsque l'on ne peut pas concevoir l'exécution cumulative de l'une et de l'autre. Cette impossibilité d'exécution cumulative peut être, soit matérielle, soit juridique.

À titre d'exemple d'une incompatibilité matérielle, l'on peut citer le cas d'un testateur qui, dans son premier testament, a libéré son débiteur d'une dette et qui, par un second testament, lègue la créance contre son légataire à un autre légataire.

Une incompatibilité juridique est donnée si le testateur a légué la pleine-propriété d'un immeuble à un légataire et que, par son second testament, il ne lui en donne plus que la nue-propriété. Le second testament a donc opéré la révocation tacite du premier legs en ce qui concerne l'usufruit de l'immeuble.

1.5.2 La contrariété entre deux dispositions testamentaires

Il y a contrariété entre deux dispositions testamentaires successives, lorsqu'elles prévoient le legs d'un même objet à des légataires différents.

Il y a également contrariété entre deux testaments, lorsque le premier institue légataire universel une autre personne que ne le fait le second.

La contrariété de deux testaments successifs se distingue de l'incompatibilité en ce que, en cas de contrariété, les deux dispositions testamentaires pourraient s'exécuter cumulativement, si elles étaient contenues dans un seul et même testament, même si, dans cette hypothèse, elles restreignaient leurs effets respectifs, alors qu'au contraire, en cas d'incompatibilité, les deux dispositions ne peuvent jamais s'exécuter cumulativement, même si elles étaient contenues dans le même testament.

Comme exemple, l'on peut citer celui du testament qui contient le legs d'un immeuble tant à X qu'à Y. Conformément aux dispositions de l'article 1045, le testateur a entendu léguer à chacun de ces deux légataires la moitié de son immeuble. Si, par contre, au lieu d'être contenues dans le même testament, ces deux dispositions faisaient l'objet de deux testaments distincts, il est évident que la règle susvisée n'est plus valable. Dans ce cas, le Code civil présume qu'en rédigeant le second testament, le testateur a implicitement entendu mettre à néant les dispositions du premier.

En pratique, l'on rencontre parfois des situations qui, à première vue, laisseraient conclure à une révocation tacite d'une première disposition testamentaire par un nouveau testament. Une telle conclusion peut s'avérer exacte, mais cela ne doit pas nécessairement être le cas.

Ainsi, par exemple, le testateur a, dans un premier testament, fait des legs particuliers à plusieurs légataires et, par un deuxième testament, il institue une autre personne légataire universel de l'intégralité de sa fortune. Dans pareille hypothèse, il n'y a pas révocation tacite du premier testament par le deuxième en date. En effet, il est possible d'exécuter cumulativement les deux testaments. En ce sens, il n'y a pas contrariété entre ces testaments respectifs. Les legs à titre particulier gardent leur effet, mais restreignent par conséquent le legs universel. En effet, comme il a été relevé ci-avant, il suffit, pour qu'il y ait legs universel, que le légataire institué soit appelé à recueillir éventuellement la totalité de la succession.

Lorsque le testateur a institué par un premier testament une personne comme son légataire universel et que, dans un testament ultérieur, il fait d'une autre personne son légataire à titre universel, il n'y a pas non plus contrariété entre ces deux testaments, alors qu'ils sont susceptibles d'être cumulativement exécutés. Le legs, revenant au légataire universel par le premier testament, restant un legs universel, il doit être amputé du legs bénéficiant au légataire à titre universel.

Cette même règle s'applique si le légataire universel n'est institué que par le second testament, alors qu'un premier testament a prévu un legs à titre universel.

En tout état de cause, la question de savoir s'il y a véritablement incompatibilité ou contrariété entre testaments successifs, dépend, outre l'application des articles 1044 et 1045, de l'interprétation donnée par le tribunal à la volonté et à l'intention du testateur, qui se révèlent à la lecture des termes mêmes des testaments en cause.

1.6. *L'aliénation volontaire des choses léguées*

Ce cas de révocation testamentaire est expressément prévu par l'article 1038 **413**
dans les termes suivants : « Toute aliénation, celle même par vente avec faculté de rachat ou par échange, que fera le testateur de tout ou de partie de la chose léguée, emportera la révocation du legs pour tout ce qui a été aliéné, encore que l'aliénation postérieure soit nulle et que l'objet soit rentré dans la main du testateur ».

Cette variété de révocation tacite se base sur une présomption de volonté du testateur de mettre à néant une disposition testamentaire, prise au sujet de l'objet aliéné avant l'aliénation intervenue.

Cette façon de révocation tacite ne saurait s'appliquer qu'aux seuls legs à titre particulier. Par contre, un legs universel, ou un legs à titre universel, n'est pas révoqué par l'aliénation opérée par le testateur de certains des objets sur lesquels porte le testament.

Cette règle n'est même pas mise en doute si le testateur a vendu, à la suite de l'institution d'un légataire universel, l'ensemble des biens qu'il possédait au moment de la rédaction de son testament. Cette règle se justifie par le fait que le légataire universel conserve son droit de recueillir éventuellement la totalité de la succession du testateur, qui se composera alors des biens nouveaux que le testateur pourrait acquérir à la suite des aliénations.

De même, le legs d'une somme d'argent reste valable, même si le testateur a dépensé tous ses fonds liquides ; le legs se réduit alors au legs d'une créance contre la succession.

- D'après les dispositions de l'article 1038, la révocation tacite du testament, ou du legs particulier antérieur, a lieu, alors même que l'aliénation est dans la suite déclarée nulle et que le bien légué a été restitué au testateur.

Cette règle s'inspire de l'idée que le testateur, qui a aliéné la chose léguée, a en fait entendu par là même révoquer une disposition testamentaire antérieure. Cette présomption de volonté du testateur ne saurait être remise en cause par le fait que l'acte d'aliénation a dans la suite été invalidé. Il en serait autrement seulement si la nullité de l'aliénation de la chose léguée était encourue du chef de l'incapacité du vendeur, alors que celle-ci empêcherait également sa volonté de révoquer un legs antérieur d'être certaine et libre.

Il faut toutefois, pour que l'effet évocateur se produise, qu'il y ait eu aliénation effective ; la simple intention du testateur de vendre l'objet légué ne suffit pas pour valoir révocation tacite d'un legs.

- La révocation tacite du legs a également lieu, lorsque la chose vendue est revenue entre les mains du testateur pour une cause quelconque, telle que la nullité de la vente, l'exercice d'une faculté de rachat par le vendeur, ou par la réalisation d'une condition résolutoire.
- La révocation tacite du legs ne se produit toutefois qu'à la condition que l'aliénation du bien légué par le testateur ait été volontaire. En effet, seule une aliénation volontaire fait présumer la volonté du testateur de révoquer un legs antérieur. Ainsi, ni une licitation du bien légué, ordonnée par le tribunal, ni l'expropriation du testateur pour cause d'utilité publique, ne portent révocation tacite du legs. Cependant, dans ces derniers cas et nous allons le voir ci-après, le legs est devenu caduc pour cause de perte de la chose léguée.

Les causes de révocation tacite d'un testament, ou d'un legs, se dégageant des dispositions des articles 1036, 1037 et 1038, sont énumérées limitativement par la loi. La jurisprudence refuse d'y ajouter d'autres causes de révocation tacite.

2. La caducité des legs

La caducité d'un legs désigne la perte de l'efficacité du legs pour une cause indépendante de la volonté du testateur. Les causes de caducité sont au nombre de cinq et résultent des articles 1039 à 1043. Ce sont les suivantes :

1) le prédécès du légataire,
2) la défaillance de la condition affectant le legs,
3) l'incapacité du légataire,
4) la répudiation du legs par le légataire,
5) la perte totale de la chose léguée.

2.1. *Le prédécès du légataire*

L'article 1039 dispose que « Toute disposition testamentaire sera caduque si celui en faveur de qui elle est faite n'a pas survécu au testateur ». 414

Il se dégage de cette règle qu'en cas de prédécès du légataire, le legs n'est pas transmis automatiquement aux héritiers de ce dernier.

Cette règle ne connaît d'exception que dans l'hypothèse, où le testateur a entendu gratifier tant le légataire que les héritiers de celui-ci, ou si les termes, dans lesquels le testament a été rédigé, permettent de dégager la volonté du testateur de comprendre les héritiers du légataire dans la vocation à recueillir le legs stipulé.

L'article 1040 vise une autre hypothèse qui entraîne la caducité du legs. En vertu de ces dispositions le legs, qui a été stipulé sous une condition suspensive et qui partant ne saurait recevoir exécution avant la réalisation de la condition stipulée, est caduc si le légataire vient à décéder avant l'accomplissement de cette condition, que ce décès intervienne avant ou après la mort du testateur.

L'hypothèse visée par l'article 1040 se distingue nettement de celle prévue par l'article 1039, en ce que la caducité du legs est encourue, même si la mort du légataire intervient postérieurement au décès du testateur.

Les conditions d'application de l'article 1040 ne sont toutefois établies que si le testament comprend une condition proprement dite, c'est-à-dire qu'il était dans l'intention du testateur que la disposition testamentaire ne devrait recevoir exécution que lors de la réalisation d'un évènement futur et incertain (condition positive) ou en cas de la non-réalisation d'un tel évènement (condition négative). Tel est le cas, par exemple, lorsque l'exécution du legs est soumise à la condition que le légataire ait des enfants nés de son mariage (condition positive) ou encore que le légataire n'ait pas accepté un autre héritage (condition négative).

Si le légataire décède avant la réalisation de la condition stipulée par le testament, le legs y contenu ne doit pas recevoir exécution. En ce sens, le testament n'a pas pu opérer le moindre transfert de propriété des biens légués au légataire. Si ce dernier vient à mourir avant la réalisation de la condition, il ne saurait transmettre, à son décès, aucun droit sur ces biens à ses héritiers, dans la mesure où il ne l'a pas recueilli lui-même.

Par contre, les conditions d'application de l'article 1040 ne se trouvent pas remplies si le testament ne contient, dans l'intention du testateur, pas une condition, mais un simple terme, destiné à faire retarder l'exécution du legs jusqu'à une certaine date future, comme par exemple, jusqu'à la majorité du légataire.

Cette dernière hypothèse est visée par l'article 1041 dans les termes suivants : « La condition qui, dans l'intention du testateur, ne fait que suspendre l'exécution de la disposition, n'empêchera pas l'héritier institué, ou le légataire, d'avoir un droit acquis et transmissible à ses héritiers ».

Il s'ensuit que, dans l'hypothèse visée par l'article 1041, le droit de propriété sur le bien légué est acquis au légataire lors du décès du testateur, même si son exécution est retardée jusqu'à l'arrivée du terme. Si donc le légataire venait à décéder avant l'arrivée du terme, il transmettrait à ses héritiers ses droits sur les biens lui légués.

Si le testament a prévu une condition résolutoire, c'est-à-dire une condition qui a pour effet d'anéantir le legs avec effet rétroactif, lorsque la condition se réalise, le légataire recueille tout de suite le legs par le seul fait qu'il survit au testateur. Toutefois, son droit de propriété sur les biens légués est effacé rétroactivement lorsque la condition vient à se réaliser et il est obligé de restituer les biens légués aux héritiers du testateur. Tel est le cas lorsque le testament stipule que le legs sera caduc et que le bien légué sera repris par les héritiers du testateur, quand le légataire contractera un second mariage.

2.2. *La défaillance de la condition affectant le legs*

415 Cette hypothèse de caducité du legs vise exclusivement les legs stipulés sous une condition suspensive, c'est-à-dire une condition retardant la prise d'effets juridiques du legs jusqu'à la réalisation d'un événement fortuit futur. Si le legs est soumis à la réalisation d'une condition suspensive, le légataire n'acquiert un droit de propriété sur les biens lui légués qu'au moment où la condition se réalise.

Si donc le légataire décède, alors que la condition ne s'est pas encore réalisée, le legs devient caduc. C'est l'hypothèse visée par l'article 1040. Ce cas ayant déjà été analysé au numéro 375, il est renvoyé à ces développements.

2.3. *L'incapacité du légataire*

Ce cas de caducité est visé par l'article 1043 dans les termes suivants : « La disposition testamentaire sera caduque lorsque l'héritier institué ou le légataire la répudiera ou se trouvera incapable de la recueillir ». 416

Il est évident que l'incapacité du légataire qui intéresse est celle qui survient postérieurement au décès du testateur. En effet, si l'incapacité du légataire avait déjà existé au moment du décès du testateur, le legs ne deviendrait pas caduc, mais encourrait la nullité.

2.4. *La répudiation du legs*

La répudiation du legs par le légataire désigne sa renonciation à recueillir le legs. Cette cause de caducité est prévue à l'article 1043. 417

Cette répudiation du legs par le légataire ne peut se produire avant le décès du testateur, dès lors que c'est seulement par ce décès que le légataire acquiert un droit sur le legs. Or, l'on ne peut pas renoncer à un droit dont on ne dispose pas.

La répudiation ne peut donc intervenir qu'après le décès du testateur ou, en cas de legs stipulé sous une condition suspensive, après la réalisation de la condition.

2.5. *La perte totale de la chose léguée*

En vertu des dispositions de l'article 1042, alinéa 1er : « Le legs sera caduc si la chose léguée a totalement péri pendant la vie du testateur ». 418

Pour que cette caducité du legs intervienne, il faut que la chose léguée ait péri en totalité avant le décès du testateur. Ainsi, le legs d'une maison d'habitation est caduc, si cet immeuble est détruit en totalité au cours d'un incendie ou qu'il tombe en ruine. Si cet immeuble est assuré contre l'incendie, le legs ne porte pas sur l'indemnité d'assurance, à moins qu'une clause spéciale du testament ne l'ait prévu.

Si la chose léguée ne périt pas totalement, le légataire recueille la partie restante de ce bien, partie pour laquelle le legs testamentaire reste valable.

L'article 1042, alinéa 2 consacre le cas où la perte de la chose léguée se produit après le décès du testateur : « (Le legs sera caduc)... si elle (la chose léguée) a péri depuis la mort du testateur sans le fait et la faute de l'héritier, quoique celui-ci ait été mis en retard de la délivrer, lorsqu'elle eut également dû périr entre les mains du légataire ».

Il se dégage du texte précité que deux cas bien distincts sont à envisager.

1) Si la chose a péri sans la faute de l'héritier ou du légataire mais, au contraire, pour une cause indépendante de la volonté de ces derniers,

tel un cas de force majeure, le legs ne peut plus être réclamé, ni être revendiqué par l'héritier ou le légataire. Ce dernier a toutefois droit aux restes et aux accessoires de la chose léguée, s'il en subsiste.

2) Si la chose léguée a péri, alors que l'héritier était en demeure de la délivrer au légataire, c'est-à-dire lorsque celui-ci a d'ores et déjà formulé sa demande en délivrance du legs à l'héritier ou au légataire universel investi de la saisine, ce dernier est tenu pour responsable de la perte de la chose léguée à l'égard du légataire. Cette règle ne connaît d'exception que dans la mesure où l'héritier ou le légataire investi de la saisine prouve que la chose aurait également péri, si elle s'était déjà trouvée entre les mains du légataire.

En tout état de cause, l'héritier est également responsable, lorsque la chose léguée a péri par son propre fait ou par sa faute, qu'il ait été ou non mis en demeure de délivrer le legs.

3. La révocation judiciaire des legs

419 Comme il a déjà été relevé, les legs sont révocables pour les causes qui autorisent la révocation des donations entre vifs.

Aux termes de l'article 1046, « Les mêmes causes qui, suivant l'article 954 et les deux premières dispositions de l'article 955, autoriseront la demande en révocation de la donation entre vifs, seront admises pour la demande en révocation des dispositions testamentaires ».

Normalement, la demande en révocation judiciaire d'un testament ou d'une disposition testamentaire particulière est introduite, après le décès du testateur, par les héritiers légaux de ce dernier. Il est évident que ces héritiers poursuivent un but intéressé, en demandant la révocation judiciaire du testament du défunt, dans la mesure où ils se trouvent écartés de la succession de ce dernier par ces mêmes dispositions testamentaires. S'ils parviennent à faire révoquer ce testament par la voie judiciaire, ils s'assurent par là même le droit de recueillir la part légale dans la succession ab intestat du défunt.

Nous rappelons à cet égard que les héritiers du testateur peuvent se prévaloir de deux des trois causes admises par le Code civil pour la révocation des donations entre vifs, pour faire révoquer des dispositions testamentaires. Ces causes de révocation, applicables aux testaments, sont les suivantes :

- l'inexécution des charges par le légataire,
- l'ingratitude du légataire.

Analysons ces deux causes de révocation au regard des dispositions testamentaires.

3.1. *La révocation du legs pour inexécution des charges*

La révocation judiciaire d'un legs peut être demandée si le légataire n'exécute pas les charges que le testament lui a imposées. 420

Pour les causes d'ouverture de l'action en révocation judiciaire d'un testament, il est renvoyé aux développements relatifs à l'action en révocation d'une donation entre vifs pour inexécution des charges, qui sont applicables à la présente matière. (cf. numéro 277 et suivants).

La demande en révocation doit être formée en justice. Il appartient en effet au tribunal d'apprécier si l'inexécution des charges incombant au légataire est établie et, d'autre part, si cette inexécution est suffisamment grave pour justifier la révocation judiciaire du legs.

Cette demande en révocation peut être formée par toute personne qui a un intérêt à la faire prononcer par le tribunal, c'est-à-dire qui en tire un avantage. Comme il a déjà été mentionné, les héritiers légaux y ont certainement un intérêt personnel, de même que les légataires universels ou les légataires à titre universel, dont la vocation à recueillir la totalité de la succession, ou l'universalité d'une partie de cette succession, peut les inciter à faire écarter des dispositions testamentaires susceptibles de restreindre leur part successorale. Cependant, pour ces légataires, ce droit est plutôt théorique, alors que normalement ce sont eux qui ont à supporter ces charges plutôt que les légataires particuliers.

Il a été jugé que le droit de demander la révocation d'une disposition testamentaire est indivisible. Il s'ensuit qu'en cas de pluralité d'héritiers, chacun d'eux est habilité à demander la révocation d'un legs pour sa totalité.

L'action en révocation judiciaire est ouverte à toute personne intéressée pendant le délai de droit commun, c'est-à-dire pendant 30 ans. Ce délai commence à courir à partir du jour où il est certain que la charge n'a pas été exécutée.

En vertu du principe de l'indivisibilité de l'action en révocation, celle-ci peut être exercée tant que la prescription de l'action par expiration du délai pour agir n'est pas acquise contre tous les héritiers. Il s'ensuit qu'il suffirait que l'un des héritiers puisse se prévaloir d'une cause de suspension du délai de prescription, pour qu'il puisse encore exercer l'action en révocation du legs, même si la prescription de l'action est déjà acquise à l'égard de tous les autres héritiers.

Mais, au lieu d'exercer l'action en révocation judiciaire d'une disposition testamentaire, les héritiers peuvent aussi poursuivre contre le légataire, resté en défaut d'accomplir les charges lui incombant, l'exécution forcée de ces mêmes charges. Cette même possibilité appartient également tant à l'exécuteur testamentaire qu'aux bénéficiaires des charges. Ces derniers nommés ne peuvent toutefois, en aucun cas, poursuivre la révocation judiciaire du legs.

Pour de plus amples renseignements quant à l'action en révocation du legs pour inexécution des charges, il est renvoyé à ce qui a été exposé à propos des donations entre vifs (cf. numéros 277 et suivants).

3.2. *La révocation du legs pour cause d'ingratitude du légataire*

421 Nous avons exposé, à propos des donations entre vifs, que seuls trois cas d'ingratitude dans le chef du donataire peuvent justifier la révocation de la donation par le tribunal, à savoir :

- l'attentat à la vie du donateur,
- les excès, sévices et injures graves contre sa personne,
- le refus d'aliments au donateur.

L'article 1046 reprend les deux premiers cas d'ingratitude, pour justifier la révocation d'une disposition testamentaire, mais en exclut le troisième. D'ailleurs, il semble évident que le refus d'aliments au testateur ne saurait constituer une ingratitude caractérisée de la part du bénéficiaire du legs, alors que le légataire n'acquiert des droits sur le legs qu'au décès du testateur. Par ailleurs, cette obligation ne saurait de toute façon plus s'exécuter après le décès du testateur.

Il en est autrement dans l'hypothèse où le testament a imposé, sous forme de condition, la charge au légataire de fournir des aliments au testateur jusqu'à son décès. Une telle disposition encourt la caducité, si la condition n'est pas remplie par le légataire, même si cette condition est de nature à ne pouvoir être remplie que du vivant du testateur. Dans ce cas, la caducité du legs s'applique en vertu des dispositions règlementant la défaillance de la condition affectant le legs (cf. *supra*, numéro 415).

Les causes de révocation d'un legs pour ingratitude du légataire sont donc les suivantes :

- l'attentat à la vie du testateur,
- les excès, sévices et injures graves contre la personne du testateur.

À ces deux causes, l'article 1047 en ajoute une troisième, à savoir l'injure à la mémoire du testateur.

L'article 1047 dispose à cet égard que « Si cette demande (en révocation) est fondée sur une injure grave faite à la mémoire du testateur, elle doit être intentée dans l'année, à compter du jour du délit ». Au cas où l'action en révocation du chef de cette cause d'ingratitude n'est pas intentée dans le délai d'un an à compter de l'injure constatée, elle est périmée et ne peut plus être introduite par les héritiers du défunt.

Il s'est d'ailleurs posé la question si le même délai de prescription doit être appliqué par analogie à l'action en révocation basée sur l'une des autres causes d'ingratitude du légataire. La jurisprudence de la Cour de cassation française, suivie en cela par les juridictions luxembourgeoises, s'est depuis longtemps prononcée en faveur du délai de prescription annuel.

Cette règle de procédure ne connaît d'exception que si le fait invoqué à l'appui de l'action en révocation constitue une infraction pénale. Dans pareille hypothèse, le point de départ du délai annuel est reporté au jour où un jugement de condamnation définitif est intervenu contre le légataire.

Il échet encore de relever que, la révocation étant une peine civile, les dispositions du Code civil y relatives doivent être interprétées limitativement.

Les faits invoqués par les héritiers à l'appui de leur action en révocation du legs, sont, soit antérieurs, soit postérieurs au décès du testateur. L'action en révocation elle-même ne peut toutefois être intentée que postérieurement au décès du testateur, dès lors que les droits de propriété sur les biens légués ne sont acquis au légataire que par l'effet de ce décès. D'autre part, lorsque le testateur est victime de son vivant d'un fait d'ingratitude de la part du légataire, il lui suffit de révoquer tout simplement le legs, dont il entendait faire bénéficier le légataire. Si le testateur n'y procède pas, il faut en déduire qu'il a accordé son pardon au légataire.

Notre droit ne considère plus, comme l'a fait l'ancien droit, l'inconduite de la veuve comme une injure grave à la mémoire du mari décédé, et par voie de conséquence non plus comme cause de révocation d'une disposition testamentaire, faite par le défunt en faveur du conjoint.

La demande en révocation n'appartient pas aux créanciers, ni du testateur, ni des héritiers, ni des légataires.

La révocation du legs entraîne, à l'égard du légataire, l'anéantissement de son legs avec effet rétroactif au jour du décès du testateur. Ce légataire n'est cependant tenu de restituer les fruits des biens légués qu'à compter du jour de la demande en justice.

À l'égard des tiers, la jurisprudence décide que la mise à néant de la disposition testamentaire ne produit pas d'effet rétroactif. Lorsque le legs a porté sur un immeuble, son anéantissement ne sort ses effets, quant aux tiers, qu'à compter du jour de la publication de la demande en révocation judiciaire. Il est renvoyé à cet égard aux développements concernant la révocation d'une donation entre vifs à l'égard des tiers.

Signalons encore que le legs n'est pas, comme la donation, révocable pour cause de survenance d'un enfant au testateur. Le texte de l'article 1046 exclut en effet expressément cette cause de révocation, limitée aux seules donations entre vifs. Le legs reste donc valable, même si le testateur est décédé, ne connaissant pas l'état de grossesse de son conjoint, et que cette dernière met ensuite au monde un enfant posthume.

3.3. *La nullité d'une disposition testamentaire*

422 La nullité d'un legs peut être encourue pour plusieurs causes, telles que :

- le non-respect d'une condition de forme dans la rédaction du testament, si cette formalité est requise à peine de nullité.
- la non-observation d'une condition de fond, exigée à peine de nullité du testament, ex. : le testament fait par un incapable de disposer de sa fortune à titre gratuit ou rédigé en faveur d'un incapable de recevoir à titre gratuit, le testament laissé par un mineur âgé de moins de 16 ans,
- l'absence de consentement libre et éclairé du testateur au moment de la confection du testament, comme le testament laissé par un testateur, atteint d'une insanité d'esprit ou dont le consentement a été surpris par erreur, dol ou violence.

Toutes ces causes de nullité d'une disposition testamentaire ayant été étudiées dans les chapitres correspondants, nous n'allons plus y revenir. Le lecteur est donc renvoyé aux chapitres traitant de ces différentes causes de nullité.

3.4. *Les effets de la révocation, de la caducité, de la nullité d'une disposition testamentaire : l'accroissement des legs*

423 La révocation volontaire ou judiciaire, la caducité et la nullité d'un legs ont pour effet d'empêcher que les biens légués soient alloués au légataire institué et, par voie de conséquence, celle d'accroître la part successorale revenant, soit à l'héritier légal, soit au légataire universel et à titre universel. Leur obligation d'acquitter le legs en question n'existe donc plus.

Quels sont les attributaires des biens légués par un testament dépourvu d'efficacité ?

Plusieurs situations peuvent être distinguées à la suite de la révocation, de la caducité et de la nullité des legs, suivant que le testament tombe en entier ou seulement en partie, et suivant la volonté exprimée par le testateur.

A) Lorsque le testament est entièrement privé d'effet, le de cujus est réputé être décédé ab intestat, c'est-à-dire sans avoir laissé de dispositions de dernière volonté. Sa succession est par voie de conséquence dévolue à ses héritiers légaux. Il s'ensuit donc que les biens, compris dans les legs révoqués, caducs ou nuls, reviennent aux héritiers légaux.

B) Lorsque seuls certains legs particuliers sont supprimés par l'effet d'une révocation, d'une nullité ou d'une caducité, ce fait profite à ceux qui étaient chargés de les acquitter, c'est-à-dire, suivant l'hypothèse spécifique, l'héritier légal, le légataire universel ou le légataire à titre universel.

C) En particulier :

- La révocation ou la caducité, d'un legs universel profite à l'héritier légal du défunt, sauf si le de cujus a institué un deuxième légataire universel.
- Lorsque le testateur a institué un légataire universel, la révocation ou la caducité d'un legs fait au profit d'un autre légataire, à titre universel ou particulier, accroît le legs revenant au légataire universel.
- À défaut d'institution d'un légataire universel, la révocation ou la caducité d'un legs à titre universel ou d'un legs particulier profite à l'héritier légal.

D) Le testateur peut faire échec aux règles qui précèdent, en exprimant sa volonté contraire dans son testament, en précisant à qui doivent être dévolus les biens légués, au cas où le légataire institué ne les recueille pas.

E) Ainsi, le testateur peut instituer un légataire subsidiaire, qui est appelé à se voir attribuer les biens légués, si le premier légataire ne les recueille pas. Une telle disposition testamentaire est appelée « *substitution vulgaire* ». Il s'agit de ne pas confondre une telle substitution vulgaire – parfaitement licite en vertu des dispositions de l'article 898 – avec la substitution fidéicommissaire, qui est prohibée par la loi, sauf quelques exceptions expressément énumérées. Dans la substitution vulgaire, il y a tout simplement deux legs, dont le second est soumis à une condition, à savoir la caducité ou la révocation du premier legs.

F) Lorsque le testament comprend une telle substitution vulgaire, c'est le légataire subsidiaire qui bénéficie de la révocation ou de la caducité du legs stipulé au profit du premier légataire.

Les articles 1044 et 1045 visent deux autres hypothèses, dans lesquelles la révocation ou la caducité d'un legs ne profite pas à l'héritier légal du défunt ou au légataire universel, ou à titre universel. Ces hypothèses sont qualifiées « d'accroissement de legs », en ce que le legs d'un autre légataire se trouvera augmenté à la suite de la révocation ou de la caducité d'un legs, stipulé au profit d'un colégataire. Les hypothèses précitées sont les suivantes :

1) L'article 1044 prévoit celle où le legs est fait au profit de plusieurs légataires conjointement. Le legs est réputé conjoint, lorsqu'il a été stipulé par une seule et même disposition testamentaire, et lorsque le testateur n'a pas assigné la part devant revenir à chacun des légataires.
2) Lorsque les conditions d'application précitées se trouvent remplies, la révocation ou la caducité du legs, stipulé au profit de l'un des légataires accroît proportionnellement les legs des autres. À titre d'exemple, lorsque le testateur a, par un même testament, légué sa maison à ses trois neveux, sans préciser la part devant revenir à chacun d'eux et si le legs stipulé à l'un de ces trois légataires devient caduc ou nul, les deux autres légataires recueillent chacun non pas un tiers, mais la moitié de l'immeuble légué. Ce legs se trouve donc accru aux colégataires.
3) Tel n'est cependant pas le cas si le testateur a assigné à chaque légataire une quote-part déterminée d'un bien ; dans notre exemple un tiers de la maison à chaque neveu. Dans ce cas, il n'y a pas accroissement du legs des deux autres neveux, mais ce tiers de la maison légué revient aux héritiers légaux.
4) Le second cas d'accroissement de legs vise le testament qui a prévu plusieurs legs séparés d'une chose indivisible au profit de plusieurs légataires.
5) La répudiation par l'un de ces légataires de son legs, la révocation ou la caducité de ce legs, a pour conséquence que les legs des autres légataires se trouvent proportionnellement accrus.

La question se pose de savoir si le Code civil n'aurait pas dû tenir compte avant tout des intentions du testateur, exprimées par les termes de son testament, au lieu de limiter strictement les hypothèses dans lesquelles le legs caduc, ou révoqué, doit revenir à un autre légataire.

Il serait logique que la question de savoir à qui un legs caduc, ou révoqué, doit revenir, devrait dépendre prioritairement des intentions du testateur. Les tribunaux hésitent donc de s'en tenir seulement aux articles 1044 et 1045 ; mais ils recherchent souvent les intentions présumées du testateur, dans la mesure où il est possible de les déduire des termes mêmes du testament.

L'attitude adoptée par la jurisprudence fait clairement ressortir que les dispositions des articles 1044 et 1045 sont inutilement compliquées et manquent de logique. Ils sont en partie inspirés par la méfiance de l'ancien régime à l'égard des testaments, moyens de faire sortir les biens de la famille.

Les auteurs de cet ouvrage donnent en conséquence à considérer si on ne pourrait pas faciliter ce régime, en faisant revenir, en toute hypothèse, le legs, annulé ou devenu caduc, à un autre légataire institué, par un accroissement de sa part, sans s'arrêter aux distinctions artificielles et archaïques instituées par les articles 1044 et 1045.

En effet, en testant, le défunt a manifestement préféré ses légataires à ses héritiers, sinon il n'aurait pas écarté, en tout ou en partie, ces derniers de sa succession.

L. – LES EXÉCUTEURS TESTAMENTAIRES (ARTICLES 1025 À 1034)

L'exécuteur testamentaire est la personne désignée par le testateur dans le testament et investi par lui du mandat d'assurer l'exécution de ses dispositions de dernière volonté et, plus particulièrement, l'acquittement des legs.

L'institution d'un exécuteur testamentaire présente le plus souvent des avantages, surtout en considération du fait que les héritiers légaux pourraient avoir tendance à chercher à se dérober à leurs obligations à l'égard des légataires particuliers.

Notons que l'institution d'un exécuteur testamentaire reste toujours facultative pour le testateur.

1. Nature des fonctions de l'exécuteur testamentaire

L'exécuteur testamentaire est investi d'un mandat, mais d'un mandat sou- 424
mis à des règles particulières.

Ce principe implique les conséquences suivantes :

1) L'exécuteur testamentaire garde toute liberté d'accepter la mission lui confiée par le testateur ou de la décliner. Cette règle ne constitue que la transposition, dans le domaine des successions, de la règle de droit commun, suivant laquelle tout mandataire peut librement refuser le mandat, sans avoir à justifier ce refus ou à avancer les motifs qui l'y amènent.
2) L'exécuteur testamentaire accomplit un mandat qui, comme tout autre mandat, est gratuit. Il arrive cependant assez souvent que le testateur entend compenser le temps et le travail fournis par son exécuteur testamentaire, en le gratifiant d'un legs propre, plus ou moins important. Il n'est pas non plus interdit au testateur d'allouer une rémunération en espèces à l'exécuteur testamentaire.
3) L'exécuteur testamentaire, dans la mesure où il doit payer des frais en relation avec l'exécution de sa mission, peut évidemment mettre ceux-ci à charge de la succession. Aux termes de l'article 1034, « Les frais faits par l'exécuteur testamentaire pour l'apposition des scellés,

l'inventaire, le compte et les autres frais relatifs à ses fonctions, seront à la charge de la succession ».

4) L'énumération des frais précités n'est pas limitative suivant la jurisprudence. Elle relève en effet que, si l'exécution testamentaire est en principe gratuite, elle ne saurait être pour l'exécuteur testamentaire une source de préjudice. Ainsi, l'exécuteur testamentaire est en droit de se faire rembourser par la succession, au cas où il a avancé de l'argent lors d'un procès engagé par un héritier du défunt en rapport avec sa succession, comme les frais proprement dits et les honoraires de son avocat.

5) Il a même été jugé que, si l'exécuteur testamentaire est un praticien professionnel, tel un notaire ou un avocat, il doit être rémunéré pour le temps déployé, alors même que le testament ne lui alloue aucune indemnité.

6) L'exécuteur testamentaire ne doit pas seulement voir prendre à charge par la masse successorale les frais occasionnés par l'exécution de sa mission, mais également les pertes que comporte l'exécution du mandat lui confié.

7) Le mandat d'exécuteur testamentaire peut être valablement confié à une personne incapable de recevoir un legs du défunt, comme le tuteur, le médecin ayant soigné le de cujus dans sa dernière maladie, le ministre du culte qui l'a assisté durant cette même période, le notaire qui a reçu son testament authentique, de même que l'un des témoins de ce testament.

8) Si l'exécuteur testamentaire vient à décéder durant l'exécution de son mandat, ses pouvoirs ne passent pas à ses héritiers. L'article 1032 en dispose expressément ainsi.

9) L'exécuteur testamentaire est tenu, sauf disposition contraire expresse du testament, qui l'a nommé à ces fonctions, de toutes les obligations incombant en général à un mandataire.

Le mandat de l'exécuteur testamentaire reste cependant soumis à des règles spéciales, qui diffèrent, à de nombreux égards, de celles du mandat ordinaire. En particulier :

1) Alors que le mandat, confié à un mandataire ordinaire, prend automatiquement fin par la mort du mandant (article 2003), le mandat confié à l'exécuteur testamentaire ne commence qu'avec le décès du mandant, c'est-à-dire du testateur.

2) L'exécuteur testamentaire, une fois qu'il a accepté sa mission, ne peut plus se retirer de cette charge, à moins qu'il ne se trouve dans l'impossibilité de continuer le mandat, sans éprouver lui-même un préjudice considérable. C'est ce que décide l'article 2007, dernier alinéa. Le mandataire ordinaire, par contre, peut librement renoncer au mandat lui confié.

3) Alors que le mandat ordinaire peut être conféré, en vertu de l'article 1985, par écrit ou même verbalement, l'exécuteur testamentaire, au contraire, n'est nommé que par testament. De même, la révocation de l'exécuteur testamentaire du vivant du testateur intervient de la même manière que celle d'un testament.

4) Le mandat de l'exécution testamentaire ne peut être confié – contrairement à un mandat ordinaire – qu'à une personne capable de s'obliger. L'article 1028 dispose en effet que « Celui qui ne peut s'obliger, ne peut pas être exécuteur testamentaire ».

5) La raison en est que l'exécuteur testamentaire engage sa responsabilité personnelle à l'égard des héritiers du testateur et que ces derniers peuvent lui demander des comptes de l'exécution de sa mission.

6) Mais le Code civil va encore plus loin, en exigeant une capacité spéciale dans le chef de l'exécuteur testamentaire. Ainsi l'article 1030 dispose que « Le mineur ne pourra être exécuteur testamentaire, même avec l'autorisation de son tuteur ou curateur ».

7) Dans le contrat de mandat ordinaire, les parties fixent librement la durée du mandat dont est chargé le mandataire, ainsi que l'étendue de sa mission et de ses pouvoirs. Au contraire, le testateur ne peut conférer à son exécuteur testamentaire que les pouvoirs fixés par la loi. De même, cette dernière établit la durée maximale de certains des pouvoirs conférés à l'exécuteur testamentaire.

2. Pouvoirs et fonctions de l'exécuteur testamentaire

2.1. *L'exécution du testament*

La mission principale de l'exécuteur testamentaire consiste à assurer l'exécution du testament, d'après la volonté et les modalités arrêtées par le testateur. **425**

L'article 1031 lui confie à cet égard notamment les charges suivantes :

- apposer des scellés à la demeure du de cujus, s'il y a des héritiers mineurs ou des héritiers absents,
- procéder à l'établissement de l'inventaire des biens de la succession, en présence de l'héritier présomptif ou lui dûment appelé,
- provoquer la vente du mobilier, à défaut de deniers suffisants pour acquitter les legs,
- veiller à ce que le testament soit exécuté et, en cas de contestation portant sur son exécution, intervenir pour en soutenir la validité,

- rendre compte de sa gestion à l'expiration de l'année du décès du testateur.

De façon générale, l'exécuteur testamentaire a le droit d'agir en justice pour faire exécuter les dispositions testamentaires par tous ceux des héritiers légaux ou des légataires institués, qui tenteraient de se soustraire à leur obligation d'acquitter les legs ou d'exécuter les charges imposées.

L'exécuteur testamentaire est en outre chargé de provoquer toutes les mesures conservatoires utiles, telles que l'inscription de l'hypothèque des légataires, la nomination d'un curateur à une succession vacante. Ce pouvoir se dégage de sa mission générale de surveillance et de contrôle de l'exécution des dispositions testamentaires.

2.2. *La saisine des biens successoraux*

426 Mais l'exécuteur testamentaire peut aussi se voir investir d'une fonction spéciale, lorsque le testament lui confère la saisine des biens de la succession, c'est-à-dire lorsque le testament le met en possession de tout ou partie de la succession. L'article 1026 accorde en effet cette faculté au testateur : « Il (le testateur) pourra donner à l'exécuteur testamentaire la saisine de tout, ou seulement d'une partie de son mobilier ; mais elle ne pourra durer au-delà de l'an et jour à compter de son décès ». L'alinéa 2 de ce même article ajoute que « S'il ne la leur a pas donnée, ils ne pourront l'exiger ».

Il se dégage des dispositions précitées que l'institution de la saisine au profit de l'exécuteur testamentaire reste une simple faculté pour le testateur.

La saisine, conférée à l'exécuteur testamentaire, revêt toutefois quelques caractères particuliers qu'il échet de relever.

- la saisine de l'exécuteur testamentaire ne porte que sur la possession des biens successoraux et cette possession doit se borner à ce qui est nécessaire pour assurer l'exécution de sa mission ;
- la saisine, dont est pourvu l'exécuteur testamentaire, n'empêche pas que les légataires doivent formuler leur demande en délivrance de leurs legs particuliers, non pas à l'exécuteur testamentaire, mais toujours aux héritiers légaux ou au légataire universel ;
- la saisine de l'exécuteur testamentaire ne porte que sur les meubles, corporels ou incorporels de la succession, à l'exclusion des fruits et revenus des immeubles, qui appartiennent aux héritiers ;
- l'exécuteur testamentaire, investi de la saisine, ne peut pas payer les dettes de la succession, sans le consentement des héritiers.

2.3. *Le paiement des legs*

L'exécuteur testamentaire, investi de la saisine, est tenu d'assurer le paiement des legs mobiliers. Si les deniers laissés par le défunt sont insuffisants pour ce faire, l'exécuteur testamentaire doit, conformément à l'article 1031, alinéa 3, provoquer la vente du mobilier de la succession. **427**

Il se dégage toutefois des termes de l'article précité que l'exécuteur testamentaire ne peut que « provoquer » la vente de ces effets et non pas « vendre ». Par conséquent, à défaut d'accord donné par les héritiers, l'exécuteur testamentaire n'est pas autorisé à vendre librement ; il doit s'adresser à la justice pour faire ordonner la vente.

Par contre, l'exécuteur testamentaire est investi du droit de poursuivre le recouvrement des créances de la succession, d'en recevoir le paiement et de donner quittance aux débiteurs.

2.4. *L'élargissement ou la restriction des pouvoirs de l'exécuteur testamentaire*

Il est certain que le testateur peut restreindre les pouvoirs de son exécuteur testamentaire, comme, par exemple, en limitant la saisine à une partie du mobilier seulement. Cette faculté se dégage des termes de l'article 1026. **428**

Le testateur peut-il aussi élargir les fonctions de l'exécuteur testamentaire institué, par rapport au cadre fixé par le Code civil ?

La doctrine dominante estime que, dans la mesure où les pouvoirs de l'exécuteur testamentaire portent atteinte aux droits des héritiers, ces pouvoirs sont énumérés limitativement par le Code. La jurisprudence s'est toutefois orientée dans le sens contraire, reconnaissant ainsi au testateur le droit d'élargir les pouvoirs de l'exécuteur testamentaire par son testament.

Il est toutefois évident que le testateur ne saurait user de ce droit pour aller à l'encontre des dispositions expresses du Code civil. Ainsi, le testateur ne peut investir l'exécuteur testamentaire de la saisine des immeubles de sa succession, dans la mesure où l'article 1026 n'accorde à l'exécuteur testamentaire que la saisine des meubles. La jurisprudence permet toutefois au testateur d'étendre les pouvoirs de l'exécuteur testamentaire, chaque fois que cela est possible, sans heurter le texte légal.

Ainsi, elle a notamment admis que le testateur peut autoriser son exécuteur testamentaire à vendre des immeubles de la succession, même à l'amiable, d'en toucher le prix et de payer ainsi des dettes de la succession.

La faculté accordée au testateur d'élargir les pouvoirs de l'exécuteur testamentaire connaît toutefois deux restrictions.

D'un côté, la jurisprudence ne reconnaît cette faculté au testateur que dans la mesure où il ne laisse pas d'héritiers réservataires.

D'un autre côté, la jurisprudence semble ne pas admettre que le testateur puisse autoriser son exécuteur testamentaire à procéder au partage de sa succession.

M. – LA DURÉE DE LA SAISINE

429 L'article 1026 dispose que la saisine de l'exécuteur testamentaire ne peut pas dépasser un an et un jour à compter du décès du testateur. Il n'appartient pas au testateur d'étendre ce délai.

De même, les tribunaux ne sauraient prolonger la saisine de l'exécuteur testamentaire à la demande de ce dernier, au motif qu'il n'aurait pas pu terminer sa mission dans le délai légal, dès lors que les termes de l'article 1026 sont impératifs.

Il est toutefois évident que la mission confiée à l'exécuteur testamentaire ne se termine pas avec la fin de la saisine. Il est tenu de continuer sa mission de surveiller l'exécution du testament même après l'expiration du délai d'un an et d'un jour.

La disposition de l'article 1026 doit donc s'interpréter en ce sens que le Code civil ne veut pas que l'exécuteur testamentaire, investi de la saisine des meubles de la succession, reste trop longtemps en possession de ces effets.

Même si l'article 1026 prévoit que le point de départ du délai d'un an et d'un jour est le décès du testateur, la jurisprudence a tendance à décider que si, pour des raisons indépendantes de sa volonté, l'exécuteur testamentaire n'a pas pu commencer sa mission au délai indiqué ci-avant, celui-ci ne commence à courir qu'à partir du jour où il a été mis en mesure d'entamer l'accomplissement de sa mission. Tel est le cas, lorsque l'exécuteur testamentaire n'a pas eu connaissance du décès du testateur ou de la mission dont le testament l'a chargé, ou encore lorsque ce testament a fait l'objet d'une contestation de la part des héritiers légaux.

L'article 1027 prévoit toutefois une hypothèse, dans laquelle la durée de la saisine peut être restreinte. Il en est ainsi lorsque l'héritier offre de remettre à l'exécuteur testamentaire une somme d'argent suffisante pour lui permettre de payer les legs mobiliers ou s'il justifie du paiement de ces legs au profit des légataires.

Dans un pareil cas, l'héritier peut faire cesser la saisine de l'exécuteur testamentaire, qui est alors tenu de lui restituer les meubles de la succession.

La mission de l'exécuteur testamentaire prend fin par l'arrivée des évènements suivants :

1) son décès (article 1032) ;
2) l'achèvement de sa mission ;
3) la démission de l'exécuteur testamentaire, lorsqu'il se trouve dans l'impossibilité de continuer sa mission, sans en éprouver un préjudice considérable (article 2007, alinéa 2) ;
4) sa destitution prononcée par le tribunal à la demande des héritiers légaux ou des légataires universels, au cas où sa gestion fait preuve d'incapacité ou d'infidélité de sa part ;
5) l'annulation du testament qui l'a institué.

N. – LA RESPONSABILITÉ DE L'EXÉCUTEUR TESTAMENTAIRE

L'article 1031, alinéa 5 décide que l'exécuteur testamentaire doit, à l'expiration de l'année du décès du testateur, rendre compte de sa gestion. Cette reddition des comptes intervient à l'égard des héritiers ou des légataires universels. Au même moment, l'exécuteur testamentaire doit aussi leur rendre le restant des meubles de la succession, dont il avait la saisine. **430**

Toutefois, si la saisine prend fin avant l'achèvement de la mission de l'exécuteur testamentaire, la reddition des comptes et la restitution des meubles de la succession, dont question ci-avant, ont lieu au moment où cesse la saisine.

L'exécuteur testamentaire engage la même responsabilité que tout mandataire, pour les fautes commises dans l'exécution de sa mission. Il est précisé que l'exécuteur testamentaire répond non seulement de sa faute lourde constitutive d'un dol, mais également de ses simples fautes de gestion. Sa responsabilité est évidemment appréciée plus sévèrement, lorsque sa mission n'a pas été gratuite, mais qu'il a reçu un legs ou un autre émolument, en rémunération de ses services (article 1992).

En cas de pluralité d'exécuteurs testamentaires, tous sont solidairement responsables des fautes commises dans leur gestion, même si un seul d'entre eux a agi. C'est l'article 1033 qui en dispose ainsi.

Cette règle connaît toutefois une exception, dans la mesure où le testateur a divisé les fonctions des exécuteurs testamentaires et qu'il leur a assigné des missions nettement distinctes, à condition que chacun se soit strictement restreint à n'exécuter que les fonctions lui confiées. Dans pareille hypothèse, le Code civil n'établit entre eux qu'une responsabilité divisée, en ce sens que chacun n'est tenu que de la faute de gestion commise personnellement.

Le tribunal compétent pour connaître de l'action en responsabilité dirigée contre un exécuteur testamentaire, est celui du domicile de ce dernier, et non pas celui du lieu de l'ouverture de la succession.

La question s'est posée si le testateur a la faculté de dispenser l'exécuteur testamentaire saisi de faire une reddition de comptes à la cessation de la saisine. La jurisprudence a répondu par l'affirmative, à condition que le testateur n'ait pas laissé d'héritiers réservataires.

Chapitre 4

Les testaments en droit international privé

A. – CONSIDÉRATIONS GÉNÉRALES

431 La matière des testaments soulève assez souvent, tout comme les successions ab intestat, des questions quant à la détermination de la loi applicable, si les dispositions de dernière volonté du testateur se rattachent à plusieurs pays.

Dans la mesure où un tel acte juridique emprunte un caractère international, il faut s'interroger quelle est la loi appelée à gouverner ses conditions de forme et de fond. Imaginons l'hypothèse qu'un testateur luxembourgeois, habitant vers la fin de sa vie un pays étranger, entend y procéder à l'établissement d'un testament olographe. Quelle loi appréciera si ce testateur jouit de la capacité juridique pour faire une disposition de dernière volonté ? – D'autre part, si le testament est rédigé à l'étranger, est-il reconnu au Grand-Duché en vue d'y être exécuté ?

Les réponses à ces questions sont fournies par les règles nationales régissant le droit international privé, d'un côté, et par les règles internationales (conventions internationales), de l'autre côté. Nous analyserons ci-après, dans un premier chapitre, quelles sont les règles qui trouvent application pour résoudre des conflits concernant les conditions de forme et de fond d'un testament comportant un élément d'extranéité.

Il a été constaté que les législations nationales sont fort différentes entre elles quant à la matière du droit successoral, de sorte qu'en vue de solutionner des conflits quant au choix de la loi s'appliquant à une succession déterminée, choix qui fixe les conditions de forme et de fond du testament concerné, de même que quant aux compétences judiciaires, il a paru utile de procéder à une certaine uniformisation de ces règles nationales respectives par des conventions internationales.

Plusieurs conventions internationales ont vu le jour, à commencer par la Convention de La Haye du 5 octobre 1961 portant sur les conflits de lois en matière de forme des dispositions testamentaires, à laquelle le Grand-Duché a adhéré et qui est entrée en vigueur le 5 janvier 1964.

Le Grand-Duché de Luxembourg a également signé et ratifié la Convention du 16 mai 1972 relative à l'établissement d'un système d'inscription des testaments. Cette convention a pour objet de « *faciliter, après le décès du testateur, la découverte de son testament* ». Les États membres s'y sont engagés à créer ou à désigner « *un organisme unique ou plusieurs organismes qui seront chargés des inscriptions prévues par la Convention et qui répondront aux demandes de renseignements présentées.*

Finalement, le Parlement européen et le Conseil de l'Union européenne ont adopté le 4 juillet 2012 le règlement N° 650/2012 qui s'applique à « *la compétence, la loi applicable, la reconnaissance et l'exécution des décisions, et l'acceptation et l'exécution des actes authentiques en matière de successions et à la création d'un certificat successoral européen* ».

Ce règlement a été signé par vingt-cinq États membres de l'Union et est entré en application le 17 juillet 2015 aux successions qui se sont ouvertes à compter de cette même date d'entrée en vigueur.

Comme nous l'avons déjà signalé, ce règlement UE concerne les successions ab intestat et les dispositions à cause de mort.

B. – LES RÈGLES GOUVERNANT LES SUCCESSIONS TESTAMENTAIRES TRANSFRONTALIÈRES

Régime applicable aux dispositions à cause de mort : **432**

Nous rappelons qu'au sens du règlement UE 650/2012, ces dispositions visent les testaments, les testaments conjonctifs et les pactes successoraux. Le règlement 650/2012 ne régit cependant pas ces trois actes juridiques par un même régime.

Il distingue en effet entre les testaments et les testaments conjonctifs, d'un côté, qui sont soumis aux dispositions de l'article 24 du règlement, et les pactes successoraux, qui sont traités par l'article 25 du règlement.

Nous limitons notre analyse aux testaments et testaments conjonctifs, alors que les pactes successoraux ne trouvent guère application dans notre législation successorale.

Nous rappelons qu'aux termes de l'article 3 c) du règlement, le testament conjonctif est un testament établi par deux ou plusieurs personnes dans un document unique. Il est connu que le testament conjonctif est prohibé au Grand-Duché de Luxembourg par l'article 968 du Code civil, à moins qu'il n'ait été conclu à l'étranger, sous les formes requises par la législation nationale de ce pays.

La jurisprudence est en effet favorable à la reconnaissance et l'exécution dans notre pays de testaments conjonctifs conclus à l'étranger, en retenant que « *la prohibition du testament conjonctif ne tient ni à la capacité, ni au contenu même des dispositions qu'il renferme, mais ne constitue qu'une condition de forme relative à l'expression de la volonté du testateur* ». (jugement rendu par le Tribunal d'arrondissement de et à Luxembourg, le 13 janvier 1960, *P.* 18, page 144).

Les dispositions prévues par l'article 24 du règlement, concernant les testaments et les testaments conjonctifs :

Le paragraphe 1er de l'article 24 du règlement dispose que « La recevabilité et la validité au fond d'une disposition à cause de mort autre qu'un pacte successoral, sont régies par la loi qui, en vertu du présent règlement, aurait été applicable à la succession de la personne ayant pris la disposition, si elle était décédée le jour de l'établissement de la disposition ».

Cette règle renvoie donc à la loi successorale hypothétique qui se serait appliquée à la succession ab intestat du testateur, c.-à-d. à celle s'ouvrant si le défunt n'avait pas testé. Dans ce cas, l'article 21 du règlement (qui renvoie à la loi de la résidence habituelle du défunt) ou l'article 22 (choix de la loi applicable à sa succession fait par le de cujus) s'appliquerait.

La loi successorale hypothétique doit être déterminée par référence au jour du testament dressé par le de cujus. La détermination de ce jour est une question de fait.

Ainsi que le stipule le paragraphe 1er de l'article 24, celui-ci s'applique à la recevabilité et à la validité au fond d'un testament ou d'un testament conjonctif. Il ne vise donc pas nécessairement les dispositions spécifiques non successorales dans le testament, lesquelles peuvent être soumises à une législation spéciale différente.

Les dispositions analysées au présent point s'appliquent également à la modification ou à la révocation du testament.

Le paragraphe 2 de l'article 24 du règlement prévoit que, nonobstant le paragraphe 1er commenté ci-dessus, une personne peut choisir comme loi régissant sa disposition à cause de mort, celle qu'elle aurait pu choisir en vertu de l'article 22 du règlement, selon les conditions qui y sont fixées.

Le règlement 650/2012 précise tant les dispositions au fond requises pour la validité d'un testament que les dispositions requises pour sa forme.

Les dispositions gouvernant la validité quant au fond du testament sont exposées par l'article 26 du règlement. Les éléments visés par cet article sont les suivants :

1) la capacité de la personne qui établit son testament,
2) les causes particulières qui empêchent le testateur de disposer en faveur de certaines personnes ou qui empêchent une personne de recevoir des legs de la personne qui dispose,
3) l'admissibilité de la représentation aux fins de l'établissement d'un testament,
4) l'interprétation du testament,
5) la fraude, la contrainte, l'erreur ou toute autre question relative au consentement de la personne qui dispose par testament.

Validité quant à la forme de la disposition à cause de mort :

Ces dispositions sont fixées par l'article 27 du règlement.

Une disposition à cause de mort est juridiquement valide, si elle est conforme à la loi :

a) de l'État dans lequel la disposition a été prise,
b) de l'État dont le testateur possédait la nationalité, soit au moment où la disposition a été prise, soit au moment de son décès,

c) de l'État dans lequel le testateur avait fixé son domicile, soit au moment où il établit son testament, soit au moment de son décès,

d) de l'État, dans lequel le testateur avait établi sa résidence habituelle, soit au moment où il établit son testament, soit au moment où il décède,

e) de l'État de la situation du ou des biens immobiliers qu'il laisse à son décès, pour autant qu'il dispose par son testament de ce ou ces immeubles.

Par dérogation à l'article 27 du règlement 650/2012, l'article 75, paragraphe 1er, alinéa 2, prévoit que les États qui ont ratifié la Convention de La Haye du 5 octobre 1961 sur les conflits de lois en matière de forme des dispositions testamentaires, continuent à appliquer cette Convention, au lieu d'appliquer l'article 27 susvisé, pour ce qui est de la validité quant à la forme des testaments.

Tel sera le cas du Grand-Duché de Luxembourg, qui a ratifié la Convention de La Haye du 5 octobre 1961 par la loi du 13 juin 1978 (Mémorial A N° 35 du 28.06.1978, pages 662-663). Pour le détail des dispositions de cette Convention, il est renvoyé au numéro 395 de notre livre « Les testaments en droit international privé ».

Analyses sommaires des dispositions à cause de mort

Les dispositions à cause de mort sont réglées par les articles 24 à 27 du règlement. L'article 3 sub d) vise, par la notion de dispositions à cause de mort, « *un testament ou un testament conjonctif ou un pacte successoral* ». Le terme de « testament » ne nécessite pas d'explications spéciales, alors qu'il est commenté en détail dans la partie 3 de notre livre « Successions et donations ».

Par contre, la notion de « testament conjonctif » est peu connue en droit français et luxembourgeois.

Un testament conjonctif est, aux termes de l'article 3 sub c) du règlement, « un testament établi par deux ou plusieurs personnes ».

Or, notre législation successorale connaît seulement un testament établi par une seule personne, le législateur craignant que, si plusieurs personnes, par exemple deux conjoints, pouvaient établir ensemble un seul et même testament pour leurs successions respectives, une telle possibilité limiterait la faculté de l'un des testateurs de modifier ou de révoquer son testament.

Par contre, la pratique du testament conjonctif est courante dans les pays de droit germanique.

Le pacte successoral est défini par l'article 3 sous b) du règlement, comme étant « un accord, y compris un accord résultant de testaments mutuels, qui confère, modifie ou retire, avec ou sans contre-prestation, des droits dans la succession future d'une ou de plusieurs personnes, parties au pacte ».

Le pacte successoral n'est pas admis dans notre pays et, en règle générale, dans les pays de droit français. Cette restriction est basée sur l'interdiction des pactes sur succession future, telle qu'elle est exprimée notamment à l'article 791 du Code civil. Pour la portée de cette interdiction, le lecteur voudra se reporter aux points 61 et 62 du présent livre. Du fait de l'interdiction dans notre pays du pacte successoral, nous renonçons à commenter les dispositions de l'article 25 traitant de ce sujet.

Nous voudrions cependant soulever la question de savoir si un tribunal luxembourgeois devait être saisi de la problématique de la validité d'un testament conjonctif ou d'un pacte successoral passé à l'étranger, par exemple en Allemagne, comment il trancherait la question de la validité ou de la non-validité d'un tel acte. À notre avis, tout dépendra de la question de savoir pour quelle loi successorale le défunt a opté de son vivant pour gouverner sa succession. S'il a opté pour une loi successorale qui admet une telle disposition à cause de mort, aucun problème ne devrait en principe se poser pour que la juridiction nationale reconnaisse la validité de cette disposition pour s'appliquer à la succession concernée.

De telles dispositions à cause de mort se posent notamment en rapport à leur contrariété à l'ordre public. L'article 35 du règlement prévoit en effet que l'application de la loi d'un État désigné par le présent règlement ne peut être écartée que si cette application est manifestement incompatible avec l'ordre public. Nous traiterons de ce dernier problème à la page 581 et nous y analysons également la question si le pacte successoral peut être écarté en application de l'article 35 du règlement.

Chapitre 5

Le contrat de partenariat

A. – GÉNÉRALITÉS

433 Un assez grand nombre de couples de sexes différents ou de même sexe cohabitent souvent dans un même ménage, sans être mariées. Jusqu'à l'entrée en vigueur de la loi du 9 juillet 2004 relative aux effets légaux de certains partenariats, les personnes en question vivaient souvent dans une situation financière assez précaire, à moins que chacune d'elles dispose de revenus suffisants pour ne pas être dépendante de la situation financière de son partenaire.

Ces personnes, du fait d'une cohabitation, même prolongée, n'étaient pas affiliées à la sécurité sociale (Caisses de maladie et de pension) de leur concubin, à moins qu'elles ne l'aient été à titre personnel du chef de l'exercice d'une activité professionnelle.

La loi du 9 juillet 2004 précitée a, quant à la sécurité sociale, amélioré la situation du partenaire qui se limitait à entretenir le ménage et à élever les enfants communs.

Cette loi n'a cependant pas innové dans le domaine successoral, en accordant certains droits successoraux au partenaire survivant, en cas de prédécès de son cohabitant, en l'assimilant en quelque sorte au conjoint survivant. À moins d'avoir bénéficié d'une donation ou d'un legs testamentaire, le survivant est donc écarté de la succession du partenaire prédécédé.

Le seul avantage légal, dont profite le partenaire survivant qui a bénéficié d'une libéralité (donation ou testament), a trait aux droits fiscaux à payer sur cette libéralité. À cet égard, ce partenaire est assimilé au conjoint survivant quant au taux de faveur pour les droits de succession. Pour plus de détail, il est référé au point 7 ci-après.

La loi précitée du 4 juillet 2004 a été complétée par celle du 3 août 2010, sans que cette dernière loi n'ait apporté une amélioration du point de vue successoral du partenaire survivant.

Cependant une modification importante a été introduite par la loi du 4 juillet 2014 qui a permis, à partir du 1er janvier 2015, le mariage aux couples de même sexe, en permettant une assimilation quasi-totale aux personnes hétérosexuelles.

Avant l'entrée en vigueur de cette dernière loi, à défaut de pouvoir se marier, les personnes de même sexe n'avaient que l'alternative de vivre en concubinage ou de se « pacser ». Par contre, les personnes de sexes différents disposent de trois possibilités (simple concubinage, contrat de partenariat ou mariage). À cet égard, cette faculté a donc été étendue aux couples de même sexe à partir du 1er janvier 2015, qui ont donc désormais la possibilité de se marier, avec tous les avantages légaux prévus par le droit successoral.

Le partenariat reste tout de même une relation conventionnelle largement adoptée par des couples de sexes différents ou de même sexe pour des raisons fiscales, sans pour autant franchir le pas de l'institution du mariage.

Pour bénéficier des avantages légaux visés par les lois de 2004 et de 2010, les partenaires doivent toutefois satisfaire à certaines exigences légales visées à l'article 2 de la loi modifiée de 2004.

B. – L'OBLIGATION DE CONCLURE UN PARTENARIAT RÉPONDANT AUX EXIGENCES LÉGALES

1. Définition et conditions d'application

L'article 2 de la loi modifiée du 9 juillet 2004 définit le partenariat comme une communauté de vie de deux personnes, de sexes différents ou de même sexe, qui vivent en couple et qui ont fait une déclaration de leur partenariat auprès de la commune de leur domicile. La loi susvisée qualifie ces personnes de partenaires. Pour pouvoir former un partenariat, au sens de l'article 2 précité, les partenaires doivent répondre aux exigences légales suivantes : 434

1) être capables de contracter un engagement juridique ;
2) ne pas être liés par un mariage ou par un autre partenariat. Donc, une personne, étant séparée de fait de son conjoint, reste toujours légalement mariée à celui-ci et ne peut pas conclure, avec un tiers, un partenariat bénéficiant des avantages visés par la loi modifiée du 9 juillet 2004. D'autre part, un partenaire ne peut pas, en même temps, faire partie de plus d'un partenariat ;
3) ne pas être parent ou allié, à un degré empêchant le mariage entre eux. Cette condition exclut pratiquement de cette faveur toute la proche famille, tels qu'ascendants, descendants, frères et sœurs, oncles et nièces, tantes et neveux, etc. ;
4) les partenaires doivent résider légalement sur le territoire luxembourgeois, à moins qu'ils ne soient ressortissants communautaires.

La loi du 3 août 2010, qui a modifié celle du 9 juillet 2004, prévoit que les partenaires ayant enregistré leur partenariat à l'étranger, peuvent adresser une demande au Parquet général à des fins d'inscription au répertoire civil et dans le fichier visé par les articles 1126 et suivants du NCPC, à condition que les deux parties remplissent, à la date de la conclusion du partenariat à l'étranger, les conditions visées ci-dessus.

2. La déclaration de partenariat

L'article 3 de la loi de 2004 exige que les partenaires fassent conjointement, par écrit, une déclaration de leur partenariat auprès de l'officier de l'état civil de leur commune. Celui-ci vérifie si les deux partenaires satisfont aux exigences légales. Dans l'affirmative, il remet une attestation à ceux-ci, mentionnant que leur partenariat a été déclaré. En même temps l'officier de l'état civil transmet la déclaration de partenariat au Parquet général, aux fins de conservation au répertoire civil et d'inscription dans le fichier visé par les articles 1126 et suivants du NCPC. Par cette inscription, la déclaration de partenariat sera opposable aux tiers.

La loi du 9 juillet 2010 a ajouté l'exigence que, pour les personnes ayant leur acte de naissance dressé ou transcrit au Grand-Duché de Luxembourg, il en soit fait mention en marge de l'acte de naissance de chaque partenaire, de la déclaration de partenariat.

3. Effets patrimoniaux du partenariat

Les partenaires qui ont fait une déclaration de partenariat peuvent fixer les effets patrimoniaux de leur ménage par une convention écrite.

À défaut d'une telle convention, les articles 5 à 7 de la loi modifiée du 9 juillet 2004 fixent les obligations patrimoniales auxquelles sont soumis les partenaires. Ainsi, ceux-ci doivent s'apporter mutuellement une aide matérielle. La contribution aux charges du partenariat est faite par les deux partenaires en fonction de leurs facultés respectives. Les partenaires sont solidairement responsables à l'égard des tiers des dettes contractées pour les besoins de la vie courante de leur communauté domestique et pour les dépenses relatives au logement commun.

Sous réserve des dettes visées à l'alinéa précédent, chacun des partenaires reste seul tenu des dettes nées dans son chef avant ou pendant le partenariat. Sauf stipulation contraire des parties, chacun des partenaires conserve les meubles et immeubles, dont il peut prouver qu'ils lui appartiennent en propre, et les fruits et revenus en découlant. À défaut de preuve du caractère propre de tels biens, ceux-ci sont présumés être communs aux deux partenaires.

4. La fin du partenariat (article 13 de la loi)

Le partenariat prend fin en cas de mariage ou de décès de l'un des partenaires, de même que sur la déclaration conjointe des deux partenaires devant l'officier de l'état civil de leur commune. Le partenariat peut également se terminer par une déclaration unilatérale de l'un des deux partenaires. Dans ce cas, cette déclaration doit au préalable avoir été signifiée à l'autre partenaire. L'officier de l'état civil doit transmettre cette déclaration de cessation du partenariat au Parquet général, aux fins visées sous le point 2 ci-dessus.

Lorsque le partenariat prend fin, l'aide matérielle mutuelle cesse, sauf stipulation contraire des partenaires ou ordonnée par une décision judiciaire. Aucune pension alimentaire ne sera plus due en cas d'un engagement dans un autre partenariat ou d'un mariage du créancier d'aliments.

5. Le régime successoral applicable au partenaire survivant

Nous avons déjà relevé que le partenaire survivant n'est pas l'héritier légal du partenaire prédécédé. Il n'est donc légalement pas assimilé au conjoint survivant marié. Dans ce contexte, l'article 11 de la loi du 9 juillet 2004 dispose que les partenaires sont libres de se gratifier par acte entre vifs ou testamentaire, sous réserve des dispositions du titre II du livre troisième du Code civil. Ce titre II vise les donations et notamment la capacité de disposer par testament, ainsi que les limites ne pouvant être dépassées par les donations consenties, sous peine de porter atteinte à la réserve légale.

6. Le régime des libéralités entre partenaires

En ce qui concerne les *donations*, la situation juridique pour les partenaires est assez délicate.

En effet, le Code civil prévoit, quant aux donations, un régime spécial pour les conjoints par rapport à celui applicable aux personnes non mariées. Les donations de droit commun, sauf de rares exceptions, sont irrévocables et le donateur doit se dessaisir, dès la conclusion de la donation, du ou des biens qui fait/font l'objet de celle-ci. Par contre, les donations entre conjoints, du moins lorsqu'elles ne sont pas stipulées dans un contrat de mariage, sont toujours révocables. Par ailleurs, ces donations ne prennent effet qu'au jour du décès du conjoint-donateur. Celui-ci n'a donc pas à se dessaisir, au jour de la donation, du ou des biens qui en font l'objet. Les donations visées par l'article 11 de la loi du 9 juillet 2004 ne peuvent pas être assimilées à une donation entre conjoints, alors que le texte ne le dit pas.

Il convient donc de conclure que les donations que peuvent se faire mutuellement les partenaires, répondent, quant à leur effet, à des donations de droit commun. Elles sont donc irrévocables et prennent effet immédiatement. Cette constatation est surtout amère pour le partenaire-donateur, lorsqu'il a été quitté par l'autre partenaire.

Il est donc déconseillé aux personnes ayant conclu un partenariat de se faire des donations réciproques pour échapper à des surprises désagréables lorsque le partenariat prend fin avant le décès de l'un des partenaires. Mieux vaut opter pour la forme du testament, qui peut toujours être révoqué, lorsque le légataire institué a mis fin au partenariat avant le décès du donateur.

Pour les *testaments* au profit d'un partenaire, peu de problèmes se posent. Il est évident qu'un tel testament ne saurait dépasser la quotité disponible, lorsque le partenaire-testateur laisse des héritiers réservataires. Il est clair aussi qu'un tel testament est toujours révocable et le testateur ne manquera certainement pas de révoquer ce testament, lorsque le partenariat a pris fin.

7. Le régime fiscal de faveur en matière de libéralités entre partenaires

C'est dans le cadre des droits fiscaux à payer sur les donations et sur les legs testamentaires entre partenaires, que les mesures en faveur de ces derniers apportent les plus grands avantages. Dans ce domaine, le législateur a prévu une assimilation quasi-totale entre des partenaires liés par une déclaration de partenariat et les personnes mariées. Ces deux catégories sont en effet traitées sur un pied d'égalité quand elles se trouvent dans une situation comparable.

7.1. *Les droits d'enregistrement à payer en cas de donation entre partenaires (article 26)*

La loi modifiée du 9 juillet 2004 susvisée assimile aux conjoints, quant aux droits fiscaux à payer sur les donations qu'ils se font entre eux, les partenaires dont le partenariat déclaré remonte à au moins trois ans. Tout comme pour les donations faites entre des personnes mariées, celles consenties entre partenaires sont taxées au taux de 4,8 %, alors que, sans cette mesure, ce taux serait de 14,4 %. Notons toutefois que cette assimilation entre les deux catégories précitées n'est pas complète. En effet, pour les conjoints, les donations faites entre eux ou à leur profit, sont taxées au taux de 2,4 %, lorsqu'elles sont contenues dans un contrat de mariage. Cette faveur n'est pas extensible aux partenaires pour la raison que, n'étant pas mariés, les partenaires ne peuvent logiquement pas conclure de contrat de mariage.

7.2. *Droits de succession (articles 27 et 28)*

À cet égard, l'assimilation entre les partenaires dont le partenariat déclaré remonte à trois ans au moins, et les personnes mariées est totale (pour les taux applicables entre conjoints, cf. le numéro 235).

Ainsi, les partenaires bénéficient également, depuis l'entrée en vigueur de la loi du 15 décembre 2017 modifiant entre autres la loi du 27 décembre 1817 sur le droit de succession, de l'exonération des droits de succession sur la part qu'ils recueillent dans la succession du partenaire prémourant sans distinction qu'il ait encore ou non un ou des enfants de leur union ou des descendants de ceux-ci.

La même assimilation existe au cas où des droits de mutation seraient dus.

Notons qu'en l'absence des dispositions de faveur visées sous le présent numéro, le taux des droits de succession à payer par le partenaire survivant serait de 15 %, en plus d'éventuelles majorations.

Index alphabétique

(les chiffres renvoient aux numéros en marge du texte)

S

Table des matières